기독교윤리학과 세계사랑

부산장신대 기독교사회문화연구소 학술총서 3
기독교윤리학과 세계사랑

2025년 10월 25일 초판 인쇄
2025년 10월 30일 초판 발행

지은이 | 박종균
펴낸이 | 이찬규
펴낸곳 | 북코리아
등록번호 | 제03-01240호
주소 | 13209 경기도 성남시 중원구 사기막골로45번길 14
　　　우림2차 A동 1007호
전화 | 02-704-7840
팩스 | 02-704-7848
이메일 | ibookorea@naver.com
홈페이지 | www.북코리아.kr
ISBN | 979-11-94299-71-4 (93200)

값 43,000원

* 본서의 무단복제를 금하며, 잘못된 책은 구입처에서 바꾸어 드립니다.

부산장신대
기독교사회문화연구소
학술총서
3

기독교
윤리학과
세계사랑

박종균 지음

북코리아

머리말

플라톤의 『국가』 제2권을 보면 글라우콘이라는 아테네의 한 청년이 아테네의 현자라 불리던 소크라테스에게 리디아 왕의 양떼를 돌보던 기게스라는 이름의 목동 이야기를 하는 대목이 있다. 그 이야기에 따르면 왕의 양떼를 돌보던 목동이 어느 날 소나기를 피해 동굴로 들어갔다가 낙숫물이 떨어지는 곳에서 이상한 금반지를 줍게 되었다. 비가 갠 후 그는 다른 목동들과 이야기를 나누던 중 무심코 그 반지를 문질렀다가 자신이 다른 사람들에게 보이지 않는 투명인간이 되었음을 알게 되었다. 그가 주운 반지가 바로 투명인간이 되게 하는 마술반지였던 것이다. 그 후 그는 왕의 양떼에 대해 보고한다는 명목으로 궁에 들어가서 마술반지의 힘을 빌려 왕비를 차지한 후에 왕비와 공모해 왕을 살해하고 왕이 되었다는 것이다. 글라우콘은 이 이야기를 마친 후에 다음과 같이 자신의 생각을 피력하고 있다.

그런데 만약 이와 같은 반지가 두 개 있어서 하나는 올바른 사람이, 그리고 다른 하나는 부정한 사람이 끼게 된다면, 그런 경우에 정의에 머무르면서 남의 것에 마음을 두거나 손을 대지 않도록 하는 그러한 철석같은 마음을 유지할 사람은 아무도 없을 것같이 생각됩니다. 말하자면 시장에서 자기가 갖고 싶은 것은 무엇이든지 자신 있게 가질 수 있고, 또 어느 집에든지 들어가서 같이 어울리고 싶은 사람과 얼마든지 어울릴 수 있다면, 그리고 또 자기가 그러고 싶은 사람이라면 마음대로 죽이거나 사슬을 풀어줄 수 있으며, 또 그 밖의 여러 가지 일에서 마치 신과도 같이 행할 수 있다면 말입니다. 이처럼 행동하는 한, 그는 부정한 인간과 조금도 다를 것이 없으니, 양쪽 다 똑같은 방향으로 갈 것입니다 … 사람은 자기가 부정을 안심하고 행할 수 있다는 생각이 들 경우에는 능히 부정을 행할 것이니까요.[1]

왜 우리는 도덕적으로 살아야 하는가? 글라우콘은 여기서 우리가 기게스와 같이 마술반지를 소유하고 있는데도 도덕적으로 살아갈 수 있겠는가를 묻는다. 사실상 우리가 도덕적으로 살아가는 것이 혹 남으로부터 받을 비난이나 수치심 나아가 처벌을 염려해서가 아닐까? 과연 감시의 눈길이 없고 아무에게도 들킬 염려가 전혀 없고 따라서 처벌받을 가능성이 전혀 없는 경우에도 도덕적으로 살아야 할 이유가 있을까? 결국 글라우콘은 모든 이해관계를 초월해 우리가 올바르게 행위하고 살아야 할 근거가 대체 있기나 한 것인지를 근원적으로 묻고 있는 것이다.

이에 대한 소크라테스의 대답은 너무도 교과서적이다. 인간에게는 이성이 있고, 이성이 자신을 통치해야만 행복할 수 있다. 따라서 부정이 아무리 많은 이득을 가져온다 해도 오직 이성이 원하는 올바른 행위만이 진정으로 그를 행복할 수 있게 해준다고 말한다. 도덕적인 행위는 그 자체로서 보상되는 것이며, 그 보상은 비열한 방법으로 왕관을 쟁탈한 기게스보다 비할 데 없이 크다는 것이다. 소크라테스의 답변에 과연 현대인은 쉽게 수긍할 수 있을까? 아무런 손해도 피해도 뒤따르지 않는다는 게 확실하게 보장이 되는 순간에도 우리는 양심에 따를 필요가 있을까? 중요한 것은 현대인들에게 별 유익이 없어 보이는 소크라테스의 말에 수긍하든 비웃든 그 말에 잠시라도 고민하는 순간 비로소 윤리적인 것이 시작된다는 것이다.

---

1 Platon, 『국가』, 조우현 역(서울: 올재, 2014), 2.359a-2.360d.

윤리학을 공부하면 도덕에 관한 지식을 알 수 있을지 몰라도 도덕적으로 살아가는 데는 별로 도움이 되지 않는다는 말을 종종 듣는다. 그럴 때 참으로 난감하다. 대중들이 생각하는 도덕적 삶은 도덕적 행동, 곧 실천을 의미할 것이다. 많은 사람들은 우리가 도덕적이지 못한 것은 앎의 문제가 아니라 아는 대로 실천하지 못하는 데서 기인된 것이라 생각한다. 그러나 잊지 말아야 할 것은 윤리학은 도덕적 사유를 공부하는 학문이라는 점이다. 그리고 도덕적 사유란 우선 도덕에 관심을 갖는 것이고, 그 출발점은 자신의 삶에 대한 반성이다. "왜 내 마음대로 살면 안 되는가?", "바르게 산다는 것은 무엇인가?", "어려운 사람들을 왜 도와야 하는가?", "뉴라이트 역사의식을 초등학생들에게 주입시키는 것은 무방한 것인가 아니면 비판받아야 하는 것인가?", "안락사를 금지하는 것은 개인의 자유에 반하는 것 아닌가?", "문명을 위해서는 환경파괴가 필수적인가?", "성소수자에 대한 차별법을 금지하자는 것은 도덕적으로 정당화될 수 있는가?", "성 도덕은 사적인 문제인데 공적으로 논의할 필요가 있을까?", "평화의 신이 말씀한 성서에 왜 폭력적인 내용이 넘쳐날까? 기독교의 신은 폭력의 신인가? 평화의 신인가?", "포스트휴먼 시대, AI시대 잘 적응하는 것이 잘 사는 것일까?" 이런 유형의 의문을 품은 사람은 이미 도덕적으로 사유하기 시작한 사람이고, 도덕적으로 살아가는 사람이라고 할 수 있으며, 일상의 윤리학자라 말할 수 있을 것이다. 이런 물음은 굳이 윤리학을 공부해보지 않았더라도 생각하는 존재라면 누구나 할 수 있는 도덕적 사유이다. 그러나 여기서 한 걸음 더 나가야 한다. 도덕적 사유는 어떠한 도덕의 보편적 원리와 규칙에 따라야 한다는 수준까지 미쳐야 한다. 그렇기에 기분 나는 대로 생각하고 판단하고 행동하는 것은 윤리학적으로 엄밀히 말해 도덕적 삶이라고 할 수 없다. 그런 점에서 윤리학은 우리가 보다 성숙한 도덕적 성찰을 하기 위해 필요한 도덕적 지식, 이를테면 이상적인 삶의 방식, 도덕적 옳고 그름의 원리, 도덕적 의무와 책임에 관한 지식을 제공해주는 학문이라 말할 수 있다.

그러나 윤리학이 공학도나 의학도가 공학과 의학을 통해 습득하려는 기술적인 지식의 습득과는 상이한 종류의 공부라는 것을 직감할 수 있다. 의학을 공부하는 목적은 능력있는 의사가 되기 위한 것은 아주 분명하다. 그러나 미학을 공부하는 목적이 훌륭한 미술가나 음악가가 되기 위한 것은 아니다. 그런 목적으로 공부하는 학생들이 없지는 않으나 보편적으로 미학을 공부하는 목적은 예술을 어떻게 감상하고 판단하고 비평하는지에 대한 더 깊은 이해를 위해 그렇게 한다. 윤리학 공부도 이와 유사한 방식의 공부라 할 수 있을 것이다. 윤리학을 공부하는 것은 도덕적 사변이나 논쟁을 더욱 깊이 이해하고 참여하는 능력을 함양하는 것이다. 윤리학 공부가 곧바로 선하거나 덕스러운 사람이 되는 것은 아니지만, 이를 통해 도덕적 의문에 대해 계속되는 윤리적 사유를 통해 도덕판단이 훨씬 더 숙련되어갈 수는 있는 것이다.

이 책을 관통하는 두 동맥은 다음과 같다. 첫째, 우리가 도덕성에 대해 생각하는 것은 그것이 행동에 대해 분명하고 확실한 방향을 제시함으로써 종결되어야 한다는 생각은 잘못이라는 생각이다. 자연과학과 같은 학문 분야에서는 확실하고 명백한 진리를 찾고, 찾기를 기대하며 또한 이를 성취한다. 그러나 모든 영역의 학문에서 이와 같은 방식을 적용할 수 있는 것은 아니며, 같은 정도의 확실성을 기대할 수도 없다. 예컨대, 역사가는 과학자처럼 역사를 실험할 수 없다. 이러저러한 이유로 인해 역사가의 결론은 종종 과학자보다 덜 확고하고 더 논쟁적이다. 하지만 그렇다고 해서 역사가가 내리는 결론이 반드시 덜 진실하다고 말할 수 있는 것은 아니다. 또한 베토벤이 가장 뛰어난 교향곡 작곡가였다거나 생상스는 그에 훨씬 미치지 못한다는 미학적 판단은 역사적 판단보다 더 내리기 어렵다. 하지만 그렇다고 진위를 아예 판별할 수 없는 것은 아니다. 이 음악의 예에서 베토벤이 매우 훌륭한 교향곡 작곡가라는 것과 같은 판단은 진실이고 그렇게 옹호될 수 있다고 실제로 말할 수 있다. 반면, 생상스가 베토벤에 훨씬 미치지 못한다는 것과 같은 두 번째 판단의 문제는 실제로 해결할 방법이 없다. 그러나 어떤 경우든지 간에 판단을 지지하는 일관되고 적절한 주장과 그렇지 못한 주장 사이에는 분명한 차이가 있다. 한 작곡가가 다른 작곡가보다 정확히 어느 정도 더 뛰어난지의 문제를 해결할 수 있든지 없든지 간에(아마도 불가능할 것이지만), 우리는 그 문제에 대해 합당한 주장을 하는 것과 터무니없이 주장을 펴는 것은 확실히 구분할 수 있다. 중요한 것은 다른 주제의 문제나 학문 영역에서는 진실을 확보하려는 시도에 있어 서로 다른 방법들을 요구하고 있고, 서로 다른 정도의 확실성을 필요로 한다는 것이다.

그렇다고 하더라도 인간 지식의 확실성이 진실의 확실성과 혼동되어서는 안 될 것이다. 우리가 증명할 수 없다고 할지라도 어떤 것은 진실일 수 있다. 본서에 전체적으로 흐르는 논조는 도덕성에 관한 모종의 진실이 확실히 있다는 것과, 그중 어떤 것은 도덕성에 대한 진실로 간주하고 이를 잠정적으로 받아들여야 한다고 결론 내리는 것만으로 족하다는 것이다. 과학은 본질적으로 확실하고 도덕은 모호하다는 생각은 버려야 할 편견에 불과하다. 윤리에 비해 과학이 상대적으로 월등한 확실성을 가짐에도, 우리는 빅뱅의 본질에 대해서 확신하지 못한다. 반대로 자살이 도덕적으로 정당한지 결정하기는 매우 어려운 반면, 인간은 도덕적 주체로서 신뢰를 얻기 위해서는 타율적이기보다는 자율적이어야 한다는 점은 증명할 필요도 없이 절대적으로 확실하며, 조국과 민족을 위해 자신을 희생한 삶이 개인적 출세와 영달을 위해 민족을 배신하길 마다하지 않았던 이기적인 삶보다 윤리적이라는 것은 확실하다는 점이다.

여기서 논의되는 다양한 윤리적인 논의들은 도덕적 의사결정을 안내하기 위한 가이드북이나 지침서, 또는 윤리적 실천의 모범적인 모델이 아니라는 점을 이해해주길 바란다. 미학적 논의가 형태에 있어 이상적 미의 원리를 정초하려고 시도하듯이, 여기서의 윤리적 논의들은 도덕적 이상이나 도덕성의 본질을 이해하려는 하나의 소박한 시도이다. 이상적 세계를 원리나 규칙과 같은 용어를 사용하여 그려내려는 작은 비전 정도로만 생각해도 좋을 것이다. 가령 칸트의 의무론의 의의는 현재 우리가 타인들을 인격적인 존재로 과연 살아가고 있으며 과연 그렇게 도덕적일 수 있을지의 여부와는 관련이 없다. 그것의 의의는 도덕적으로 완전한 사회는 무엇보다도 개인이 도덕적이어야 하고 타인들을 수단으로만 대해서 안 되고 존귀한 인격으로 대하는 것을 목적으로 부단하게 도야할 필요에 대해 도덕적 각성의 기회를 제공하는데 있다. 그리고 이러한 견해는 보다 나은 사회는 사람들이 계산적으로 유익함을 가져다주는 쾌락의 결과에 상관없이 인간적 본연의 의무를 다하고, 개별성을 표현하면서 공동선을 발전시키면서 살도록 하는 권유하는 점에서 칸트 윤리가 주는 도덕적 의의를 숙고하는 것이다. 심지어 규범윤리학의 근간을 무너뜨린 데 결정타를 날렸다는 평을 받는 메타윤리조차도 나름대로의 윤리학적 사유방식을 제공하고 있기에 '학문'으로서의 윤리학을 탐구하는데 유의미하다. 도덕언어의 논리 분석이나 규범윤리의 이론의 근거와 이유를 규명하는 도덕적 사유방법을 통해서 규범윤리, 사회윤리, 응용윤리의 토대를 든든히 할 수 있는 하나의 방법론을 제공받기 때문이다.

둘째, 기독교 신앙과 윤리의 관계 설정이다. 이것은 기독교 세계에서 윤리학을 연구하는 자들이 늘 받게 되는 물음이다. 도대체 기독교 신앙은 윤리학과 어떤 관계를 설정해야 하는가? 기독교윤리에는 그것의 유효성이 오직 신앙을 통해서만 인식될 수 있는 규범적 제안들이 있는가? 있다고 한다면 그것이 무엇이며 그것의 정당성은 어디에서 확보될 수 있는가? 역사적으로 숙고해보면 기독교 교회에는 그러한 질문에 답하려는 많은 시도들과 다양한 전통이 있다는 것을 알 수 있다. 그러나 가장 거칠게 들여다보더라도 다음의 큰 이견이 눈에 띈다.

로마서 2장 14절 이하의 말씀은 모세의 율법을 모르는 이방인들은 율법이 요구하는 것을 자신의 본성에 따라 행하고 있다는 것을 보여준다. 왜냐하면 그들에게 율법의 요구는 마음에 새겨져 있고 양심으로 증명되기 때문이다. 토마스 아퀴나스에 따르면, 인간은 신적 이성 혹은 영원한 법을 나누어 갖는다고 한다. 즉 신적 빛의 반사인 자연적 이성의 빛을 따라 인간은 선과 악을 분별할 수 있다는 것이다. 이 참여를 토마스는 '자연법'으로 표명한다. 신앙적 진리는 인간이성을 뛰어넘지만 인간은 자연적 이성에 따라 윤리적으로 옳은 행위를 하도록 이끌린다. 개혁주의 신학의 대부 격인 칼뱅도 역시 비슷하게 인간은 자연법을 근거로 윤리적 규범을 인식한다고 주장한다. 그리고 20세기의 가장 위대한 신학자 중의 한 사람인 불트만은 "도덕적 요청의 내용을 보건대 특별한 기독교윤리란 존재하지 않는다 … 누구나 양심을 가지고 있으며 무엇이 옳고 그른지를 알 수 있다. 진정한 기독교 복음의 선포는 윤리와 관련하여 특별한 요구를 내세울 필요가 없다"[2]고 까지 말한다.

반면 루터는 인간이 도덕적일 수 있는 "의"의 근거는 신 앞에서 인간이 자신의 선행의 실행 때문이 아니라 그리스도의 의 때문에 의로 여겨진다고 선언한다. 그래서 루터가 말하는 "낯선 의"(iustitia aliena)는 인간의 내면이 아니라 인간《밖에서》발생한 것으로 오직 신앙을 통해서만 가능하다. 이 신앙과 더불어 그리스도가 인간 안으로 들어오게 되는 것이기에, 이러한 낯선 의만이 신과 인간의 유일한 통로가 되는 것이다. 루터가 말하고자 하는 것은, 모든 인간은 마음이 순수한 것이 아니라 언제나 분열되어 있고 죄에 얽매어 있기 때문에 마음에서 나온 순수한 헌신으로는 신의 뜻을 이룰 수 없다는 것이다. 그리스도에 대한 믿음만이 첫째 되며 최상의 선행인 것이다. 루터에게 있어서 신앙은 모든 윤리적인 행위 원천이며 근거가 된다. 인간의 선한 행위는 필히 신앙과 연관되어야 한다. 신앙과 연관되어 있지 않은 선행은 선행이라 할 수 없다. 그러므로 루터에게 있어서 신앙은 모든 행위의 근본이자 실제적 행위다. 신앙으로 인간이 신에게 의롭다 인정을 받은 후에

---

2 Rudolf Bultmann, *Glauben und Verstehen: gesammelte Aufsätze* (Tübingen: J. C. B. Mohr, 1965), 125.

인간은 새로운 인간이 된다. 말하자면, 좋은 나무가 좋은 열매를 자연적으로 맺는 것처럼 새롭게 된 인간이 선한 행위를 하게 된다는 것이다.

그러나 기독교윤리학은 근거 짓기를 위해 어떤 형태의 신앙(신앙우선주의든, 이성우선주의든, 절충주의든)에 의존을 한다고 하더라도, 그것이 신앙심을 표현하는 것이 아니라 하나의 학으로 성립되기 위해서는 최소한 윤리의 근거 짓기에 대한 숙고가 수반되어야 한다는 것이다. 그리고 이에 대한 숙고는 "도덕적인 행위"나 "책임 있는 행위"의 추구에서 시작되어야만 한다고 여긴다. 도덕 개념은 행위에 대해 전제 없는 정당화의 목적 표상을 포함한다. 행위하는 사람이 자신의 행위를 상대방에게 정당화하는 것은 기본적으로 가능해야 한다는 말이다. 그런 정당화는 기독교 세계관과 신앙관의 전제를 호소함으로써 쉽게 비켜나갈 수 있는 문제가 아니다. 말하자면 신앙인에게 신앙과 교리를 비롯한 신학적 사안 때문에 특별한 규범이 생겨난다는 것을 부정하는 것은 아니다 하더라도 신앙인이 자신의 신념에 기초한 신앙적 윤리가 최소한 타인에게 어떤 물리적·정신적 강제나 폭력을 가해서는 안 된다는 윤리적 합의에 동의할 수 있어야 한다. 즉 윤리적 정당성을 결여한 신앙적 윤리는 윤리적일 수 없다는 말이다.

그러나 이렇게 생각한다고 해서 도덕적 인식에서 기독교 신앙의 긍정적 가능성을 배제하자는 말로 받아들여서는 안 된다. 모든 윤리적 성찰에는 생생한 도덕이 전제가 되는데, 이것이 그리스도인들의 윤리적 삶에게는 성서와 교회의 전통과 관습일 것이다. 실천이성도 유한한 이성이라는 점을 망각해선 안 될 것이다. 자기가 몸담고 있는 전통을 고려하지 않은 채 공백 상태에서 도덕을 만들어낼 수 있다고 믿는 사람은 순진한 이상주의자거나 지독한 독단주의자라 여길 수 있다. 긍정적인 의미에서의 선입견이란 있게 마련이다. 전통은 자신에게 윤리적 삶의 체험을 위한 전제가 된다. 집단적인 오류의 가능성과 도덕적으로 중요한 상황변화의 가능성을 간과해서는 안 된다는 점을 전제한다면, 우리의 신앙 전통을 존중한다는 것은 매우 유의미한 일이라 생각한다. 그럼에도, 어떻게 그런 인식에 도달하게 되었는지에 대한 질문은 어떻게 인식을 근거 지을 것인가에 관한 질문과는 구분되어야 할 것이다. 기독교 신앙과 살아 있는 기독교회 전통의 긍정적인 의미는 윤리적 의식의 발생에도 긍정적인 영향을 줄 것이라는 매우 분명한 사실임에도, 그것은 윤리의 근거지음의 문제와는 구별되어야 할 것이다. 윤리의 근거 지음에서 신앙과 교회의 전통에만 기대야 한다는 신앙우선주의의 논리는 교의학이나 보다 근본주의적 기독교윤리학을 연구하는 다른 학형들의 몫으로 남겨두고 싶다.

본서의 이름에 "세계사랑"이란 친숙한 개념이 포함되어 있다. 내가 과거 수년간 연구했던 한나 아렌트(Hannah Arendt)의 용어다. 아렌트가 인간이 만든 상품과 자본에 의해 인간이 소외되고 더 나아가 지배되는 현실, "죽음의 수용소" 없이도 매일 일어나는 전쟁으로 무차별로 양산되는 "잉여인간"의 현실에 대해 '영혼의 영원성'이나 '저 세계'가 아니라 '이 세계의 불멸성', 여기 세계의 지속가능성에 대한 자각을 환기시키며 공적인 영역에서 정치적 행위를 통해 만들어가야 한다는 '세계사랑'(amor mundi)의 충고와 설득이다.

특히 현재의 대한민국은 12.3내란, 서울서부지법 난동 등의 사건을 겪으며 극우 파시즘의 온갖 차별주의와 혐오주의를 마주하고 있다. 개탄스러운 사태는 바로 이런 세계혐오의 한 가운데에 하늘의 거룩한 나라를 지향하는 개신교가 그 중심을 차지하고 있다는 사실이다. 그런데 이해되지도 이해할 수도 없는 것은 이 세계를 악한 것인 양 평가 절하하는 교회가 그 어떤 집단 못지않게 기복주의, 물량주의, 대량주의로 대변되는 세속주의의 늪에서 헤어나지 못하고 있다는 것이다. 위기의 21세기에, 아렌트는 우리 그리스도인들에게 질문한다. 우리는 과연 어떤 세계를 진정으로 원하는가? 이러한 질문은 역으로 우리가 처한 위기의 현실이 바로 우리가 또는 우리 교회가 사랑한 대상과 동일시된 결과라는 것을 깨닫게 한다. 끝 모를 나락으로 추락하는 교회의 현주소, 소멸되지 않을 것만 같은 이념 과잉과 혐오주의의 난동, 자본의 전지구화로 인한 비인간화의 위기와 생태적 위기, 이 모든 현실은 바로 우리가 선택하고 집착한 사랑의 결과물이라는 사실일 것이다. 아렌트의 세계사랑에 대한 열정은 비관주의가 아니라 절망 속에서도 늘 현실적인 희망을 갖게 하는 사랑이다. 죽음이 기운이 팽배한 암흑 같은 지금 이 순간에도 다시 새롭게 시작할 수 있다는 그래서 더 나은 세계가 가능하다는 것을 우리에게 상기시킨다. 용서를 통해 과거의 잘못과 결별하고 공적이고 정치적인 사랑으로부터 자발적 행위를 통해 타자들도 거주할만한 세계를 만들어 갈 것이라는 약속을 통해 새로운 세계를 만들 수 있다고 격려한다. 아렌트의 세계사랑은 신이 사랑하여 자신의 아들을 보내준 이 세계에 한 가운데서 인간들이 살만한 세계로 만드는 일과 다르지 않다.

    이제 이 책이 담고 있는 내용을 간략히 언급하겠다. 우리의 일상은 타자와 더불어 살아가는 관계 속의 삶이다. 가족, 이웃, 동료, 동네 사람, 외국인, 심지어 자연과의 관계에 이르기까지 다양한 관계 속에서 살아간다. 이 관계 속에서 우리는 크고 작은 갈등을 수없이 겪게 된다. 개인과 개인, 개인과 집단, 집단과 집단, 인간과 자연 간에 관계를 맺는 형식에 따라서 윤리적 삶을 개인윤리, 사회윤리, 환경윤리, 경제윤리, 정치윤리, 기술윤리, 의료윤리, 성윤리 등의 영역으로 구분하기도 한다. 이처럼 윤리학은 이러한 관계 속에서 살아가면서 다른 사람이나 대상을 어떻게 대할 것인가를 규정한 관계질서의 원리와 근거를 규명하는 것이다. 여기서는 윤리학의 이론적 배경으로서 1장에서는 윤리학에서 기본적으로 다루는 개념과 이론들을 논의하고자 한다. 2장은 윤리(도덕)신학에 해당하는 부분으로 신학적으로 비중있는 윤리사상들을 고찰할 것이다. 신학사상에 등장한 모든 학자들의 사상을 다루기는 불가능하기에, 21세기의 문명적 전환점에서 숙고할 가치가 있는 사상을 선정했다. 만일 왜 그들만 인가를 질문한다면 곤혹스러울 수밖에 없다. 참고로 내가 제일 존경하고 사랑하는 신학자 본회퍼는 너무 귀한 나머지 본서에 이어서 계획하고 있는 저술에서 별도로 다룰 예정임을 밝히며 용서를 구한다.

    3장부터는 내가 고민해오던 윤리학의 실제적이고 응용의 영역에 대한 논의들이다. 현대의 수많은 문제들을 일일이 다 포착하기도 힘들겠지만 그것에 대해 기독교윤리학적으로 응답할 전지전능한 능력을 갖추지 못한 나로서는 한계를 정할 수밖에 없었다. 이 책에서는 성서윤리, 정치윤리, 언론윤리, 성윤리, 기술윤리의 차원에서 포스트휴먼 시대의 윤리를 다루었다.

    3장에서는 "성서윤리"를 다룬다. 다른 종교와 달리 기독교는 확정된 경전(정경)이 있고 그것의 권위에 대해 절대시한다. 이슬람에도 쿠란이 있지 않은가는 논외로 하자. 가톨릭과 개신교에서 정경(canon)에 대한 온도의 차이는 있을지언정 현재 우리가 읽고 있는 카논으로서의 성서에 대한 교회 회의의 결정에 대해 의심하지 않는다. 그 회의 결정에 의심하는 것 자체가 불신앙으로 간주한다. 철저하게 교회와 그것이 만든 교의에 대한 믿음이 확고하게 자리하기 때문이다. 예수의 가르침을 믿고 따르는 문제와 그러한 교의를 믿는 것이 동일한 것인가에 대한 물음은 불신앙으로 치부될 가능성이 크다. 가톨릭에서 분리된 개신교(특히 한국의 개신교)조차 로마제국의 가톨릭교회 회의의 결정에 대해 더욱 확고한 신뢰와 믿음을 견지하고 있다. 성서는 신의 말씀과 지혜를 담고 있기에 기독교에서는 가장 중요한 레퍼런스가 될 수밖에 없다. 하지만 성서지상주의(biblicalsim)로 가버리면 문제가 심각해진다. 마치 교회가 교회지상주의로 나가버릴 때 중세말의 교회가 추락한 양상을 떠올리면 단번에 이해가 될 것이다. 전 세계적으로 성서지상주의의 전형인 성서 문자주의(literalism)가 위력을 발휘하는 곳은 한국과 미국의 일부 복음주의가 강한 지역 외엔 찾아보기 힘들다. 일단 성서는 우리의 신약성서와 타나크(TaNaK)를 막론하고 현대의 윤리나 인류에 반하는 내용들이 많다. 아주 가까이 로마제국이 "로마에 의한 평화"(pax Romana)를 기치로 마구 번창할 무렵 식민지 팔레스타인을 포함한 레반트 지역에서 기독교가 출현하고 확산했으니 성서에서 가장 모던한 내용이 바울서신들이며 그 이후에 형성된 복음서들이다. 타나크가 형성되는 시기로 올라가면 고대 근동, 심지어 청동기 시대까지 이른다. 문자주의자들에 의하면 우주탄생, 지구탄생, 생명탄생의 시점까지 소급된다. 그 어마한 시공간의 격차 가운데 세계관의 차이, 가치관의 차이가 없는 영원불변하는 사실로서의 진리가 가능할까. 설령 고대의 가치관에 기초했을 때 이해될 수 있는 면이 없지 않다하더라도 근현대인에게 당시 이야기를 "사실적 진리"나 "윤리적 명령"으로 강제하는 것이 가능할까. 그리고 그러한 강제를 일방적으로 수용하는 것이 참된 신앙일까. 결국 문제는 그러한 본문들에서 "사실적인 하나의 진리"가 아니라 "어떤 진리들"을 찾는가가 문제일 것이다. 성서가 어떻게 시대와 사회를 초월하여 21세기에도 진리로 받아들일 면모가 있는지를 반성하지 않는 것이야 말로 최악의 성서읽기, 낮은 수준의 신앙이 아닐 수 없다. 3장에서는 "평화와 폭력"의 윤리적 문제를 성서를 중심으로 숙고하고 있다.

제4장은 "환경 위기와 윤리"를 다룬다. 오늘날 전 지구적으로 겪고 있는 환경 위기 또는 생태 위기의 도래와 함께 다양한 생태에 대한 윤리적 담론이 대두되어왔다. 이 장에서는 먼저 다양한 생태윤리의 특징을 개관한다. 철저한 인간중심주의의 윤리, 동물해방의 윤리, 생명중심의 윤리, 근본 생태주의의 윤리, 기독교 생태윤리 등의 이념적 특징을 도출하고 그것의 한계를 논구할 것이다. 나는 그 어떤 생태적 담론보다도 사회생태학적 입장이 사회윤리적 성격이 강하다는 점에서 주목하고자 한다. 특히 제1세계와는 달리 제3세계의 생태적 위기는 사회적 억압과 착취에 깊숙이 관련되어 있기에 사회 생태학의 분석은 상당한 설득력을 갖는다. 제1세계의 생태적 담론이 매우 추상적이고, 사변적인 성격이 강해 인간의 역할을 구체화하는데 모호함과 혼란을 주고 있다. 그리고 생태 위기의 제일의 원인이 실제적으로 자본주의와 관련된 부분이 많은데 자본주의 사회에 대한 분석 없는 생태적 사고는 현실감이 떨어지고 낭만적으로 흐를 가능성이 크다. 이에 비해, 사회 생태학은 사회 윤리적으로 생태 문제를 해결함으로써 보다 구체적인 과제

를 우리에게 제시해주고 있다. 나아가 사회생태학은 오늘날 자본주의에 대한 대안적 문명 가치를 지니고 있다고 생각한다.

제5장과 6장은 정치윤리를 다룬다. 5장에서는 2024년 12월 3일 민주화의 선진국 대한민국에서 발생한 "내란 사태"를 겪으며, 2016-17년 촛불혁명의 승리로 잊어졌던 민주주의의 문제를 다시 생각할 수밖에 없는 지경에 이르고 말았다. 민주적인 정치행위의 바람직한 방향성을 정립하기 위하여 아렌트(Hannah Arendt)의 정치철학을 소환했다. 그 이유는 내란을 막은 "빛의 혁명", "응원봉의 정치문화"의 원동력을 정치철학적으로 해석하는 본격적인 연구가 아직은 충분하지 않은 가운데, 아렌트의 논의가 다른 그 어떤 이론보다도 '정치적인 것'(the political)의 핵심을 인간과 인간간의 말과 대화를 통한 소통으로 이해하고 있다는 점에서, 그녀의 정치사상이 한국 정치가 처한 소통부재에 따른 친위쿠데타라는 국가폭력과 이것에 저항했던 빛의 혁명의 타당성을 설명하거나 이것의 바람직한 방향을 제시하는 데 있어서 일정한 시사점과 방법론을 찾을 수 있을 것으로 보기 때문이다. 위기의 한국 민주주의와 아직도 극우반공 이념의 수렁에서 허우적거리는 한국 교회로 하여금 사회윤리적 반성을 위한 혜안을 제시해줄지도 모른다는 막연한 기대에서 아렌트를 소환하게 되었다.

6장 역시 "한국 민주주의 위기와 한국 개신교"를 다루는 정치윤리의 장이다. 미리 밝히자면, 이 글은 2025년 4월 26일 감신대에서 열린 한국기독교윤리학회 정기학술대회("광장으로 나온 개신교: 개신교 신앙의 스펙트럼과 정치주체와의 지형도")에서 기조강연을 맡은 필자가 발표한 글, "극우 파시즘의 유령이 한국 개신교를 배회하고 있다"를 약간 수정하여 수록한 것이다. 이 글은 이번 "12.3 내란 사태"에서 보여준 광신적 개신교 파시즘이 결코 우발적 사태가 아니라 탄탄한 역사적 기원과 근거를 바탕 한다는 점을 주장한다. 파시스트 운동이 공유하는 정치적 특성과 기독교 근본주의와 자본주의의 신성화의 결합한 것이 기독교 파시즘이다. 기독교 근본주의를 중요한 지지 기반으로 삼고 있는 미국이나 한국의 파시즘은 기독교 근본주의가 신정일치 국가에서나 실현 가능한 규범들을 인간 삶의 모든 영역 속에서 적용해야 한다는 신념 체계를 공유하고 있을 뿐 아니라 그 규율을 공적 영역에서도 실현해야 한다는 망상에 가까운 비합리적이고 반지성주의적 태도를 고수한다. 나는 현재 목도하는 한국 극우 파시즘 개신교의 뿌리를 가까이는 개신교를 비호해주었던 독재 파시스트 정권들과의 친화성을 보인 근본적 성향에서, 좀 더 거슬러 올라가면 한국 개신교의 모태인 미국 복음주의와 근본주의의 반지성주의에서, 더 거슬러 올라가면 개신교를 탄생시킨 종교개혁운동에서, 아니 더욱 원천적으로는 기독교가 로마제국의 종교가 된 그 시점으로까지 거슬러 올라가 종교적 파시즘의 계보를 살펴보고 있다.

7장은 언론 윤리를 다룬다. 필자는 한국 시민사회의 여론 형성에서 가장 큰 역할을 해야 하는 언론이 겪고 있는 신뢰의 위기 사태를 한국 사회의 민주주의의 위기 현상과 맞물려 접근할 것을 주장하며, 민주주의의 공고화를 위해 한국 언론이 지향해야 할 규범적인 측면을 탐색하고 있다. 필자는 언론의 규범적 가치를 논하기 위해, 한국 언론의 신뢰 상실 현상을 진단한다. 우선 하버마스(Jürgen Habermas)의 공론장 개념을 저널리즘의 차원에서 이해하고, 한국 언론의 신뢰 상실의 현상을 공론장의 붕괴라는 맥락에서 고찰하고자 한다. 언론의 신뢰상실은 반드시 민주주의라는 사회적 맥락과 연관해서 조망되어야 할 필요가 있다는 점에서, 한국 사회의 민주화의 전개 속에서 언론이 어떻게 공론장의 기능을 상실해왔는지를 살펴본다. 그리고 난후 한국 사회의 언론이 신뢰 회복을 위해 지향해야 할 공론장의 확보를 규범적으로 숙고한다. 이를 위해 주목하는 것은, 절차적 공정성을 중시하는 '옳음'의 윤리와 공공선적 가치수행을 중시하는 '좋음'의 윤리이다. 한편으로, 민주주의 사회란 종교적, 철학적, 도덕적 원리 측면에서 서로 병존하고 화해할 수 없는 원리들의 다양성이 공존하는 사회이기에 어떤 하나의 원리로 단일화될 수 없다. 그렇기에 이런 다양성의 원리들의 서로 패권을 얻기 위해 경쟁하는 절차적 공정성의 문제, 즉 다원성과 합리성 그리고 정의로서의 '옳음'이 규범적 중요성을 갖는다. 다른 한편, 보편·추상적 방법론에 우선성을 두고 '옳음'의 규범을 중요시하는 것보다 특수, 구체에 우선성을 두고 '좋음'과 가치가 규범적 중요성을 갖기도 한다. 여기서는 지혜가 도덕과 직접적으로 연관되며 공동체의 공공선을 추구하기 위해 구성원간의 우애와 신뢰가 공정성보다 더 중요한 의미를 갖는다. 이러한 '옳음'과 '좋음'의 규범성에 기초하여 각각 하버마스의 공론장과 대안언론의 공론장 이론을 논의하고 그것에 기초해 한국의 언론회복을 위한 실천적 과제를 모색한다.

8장은 "성(性)해방에서 진정성의 윤리로"라는 제목으로 성윤리를 다룬다. 21세기를 살아가는 우리는 여전히 성윤리가 윤리학의 담론에서 민감하고 말하기 껄끄러운 부분이라 여긴다. 따라서 그 원인이 어디에서 비롯된 것인가는 불문에 붙인 채 성윤리는 인간생활에 관련된 공개적 논의에선 금기시된 사안이거나 사적인 은밀한 영역의 문제로 간주되어왔다. 그러나 90년대 이후 성담론의 폭발로 인해 근래에는 성문제가 자동차운전이나 다를 바 없으며 전혀 특별한 도덕적 문제를 야기하지 않는다는 입장이 일반화되면서 우리 사회는 성문제에 있어 매우 이중적인 태도를 보이고 있다. 이런 문제의식과 함께 이 장에서는 일찍이 성의 이상과 현실의 문제를 철학적으로 제기한 플라톤의 사상을 검토하면서 그가 던져주는 성과 사랑의 물음을 성찰하고, 통상 우리말로 성(性)이라 하지만 성이 함의하는 3중적 구조(sex, gender, sexuality)에 대한 의미의 명료화를 시도한다. 또한 성윤리의 제 문제를 논의하는 과정이 이어질 것인데, 본서가 지향하는 개론적 특성이 주는 한계로 인해 성과 관련된 제 문제 전체를 다룰 수 없기에 정상적인 성과 비정상적인 성의 구분에 대한 논의, 그리고 비정상적 성의 범주로 간주되는 자위, 결혼 밖의 성(간음), 그리고 동성애 문제에 한정하여 논구할 것이다. 그리고 끝으로 "진정성의 윤리"라는 이름으로 성윤리에 대한 하나의 방향을 모색하는 시도가 있을 것이다.

끝으로 9장은 "포스트 휴먼", "포스트 휴머니즘"의 문제에 대한 윤리적이고 종교적인 성찰을 담고 있다. 포스트 휴먼을 둘러싼 논의는 인간이 한낱 자연물인지 그 이상의 어떤 품격을 가지고 있는지에 대한 존재론적인 논란을 일차적으로 야기 시킨다. 인간 위격의 근본을 뒤흔드는 상황을 빚을 수 있는 유사인종(posthomo sapiens)의 출현 가능성이 비약적인 기술적 진보로 인해 급격히 높아지고 있기 때문이다. 인간의 지능 못지않은 또는 그것을 능가하는 인공지능(AI)이 개발되고, 그에 힘입어 종래에 인간이 해냈던 일들을 수월하게, 경우에 따라서는 비교할 수 없이 탁월하게 수행해내는 로봇이 곳곳에서 활동하며, 인체에 대한 물리학적·생물학적 탐구가 진전해감에 따라 자연인과 얼핏 구별하기도 어렵고, 어느 면에서 훨씬 탁월한 사이보그가 활보하는 사회도 멀지 않아 보인다. 이 글은 우선 가급적 개념적 혼란에 대한 정리의 차원에서 트랜스휴머니즘, 포스트휴머니즘, 그리고 비판적 포스트휴머니즘 등과 같은 개념들을 정리하고 있고 전체적으로는 비판적 포스트휴머니즘의 시각에 일정 정도로 기대어 포스트휴먼 시대에 그리스도인인 우리는 무엇을 실천하고 무엇을 신앙할 것인가의 문제를 논의하고 있다. 참고로 이 글은 2025년 5월 11일 열린 부산장신대 기독교사회문화연구소 제34회 정기학술제(AI와 포스트휴머니즘 시대의 기독교)에서 발표한 글, "포스트휴먼 시대, 우리는 무엇을 행할 수 있으며 믿을 수 있는가?"를 대폭 보완한 것임을 밝혀둔다.

본서에서 다루는 윤리적인 문제들의 개별적인 주제들은 독립된 내용을 다루고 있기에 어떤 순서로 읽더라도 상관이 없을 것이다. 다만 사회윤리나 응용윤리에서 필히 다루어야 할 많은 내용들 전체를 포괄하지 못했다는 것은 아쉬움으로 남는다. 모든 저술하는 이들이 공감하는 감정일 것이다. 굳이 변명을 하자면, 한 권의 책에서 윤리학의 모든 영역을 다룰 수 없었고 현실의 공간적 제약으로 원래의 더 야심찬 구상에서 후퇴할 수밖에 없었다.

본래의 의도는 보다 창의적이고 응집력 있는 논의를 해보려는 기획이 있었다. 일반적으로 논의되지 못한 윤리적 논쟁을 더 드러내고 신선하고 독창적인 발상을 드러내 보려는 욕망이 있었다. 그러나 그것이 얼마나 무모한 착각이었는가 하는 것은 시작한지 얼마 지나지 않아 즉시 깨닫게 되었다. 앞으로 윤리학을 더욱 열심히 공부해야겠다는 다짐으로 부끄러움을 만회하고 싶다. 그리고 이론뿐만 아니라 실천학으로서의 윤리학에 대해서도 더 큰 책임감을 느낄 것이며 학우들에 강조했던 "역사적 예수의 삶"을 말만이 아닌 몸으로 살겠다는 다짐을 해본다.

끝으로 감사의 말을 남기고 싶다. 이 책을 쓰면서 아니 그 이전과 이후 계속해서 감사드리지 않으면 안 되는 분들이 있다. 필자의 인생 전체를 두고 감사해야 할 분들이다. 언제나 삶을 경건하게 음미할 수 있게 해주고 이 세상에서 신의 손길을 느끼게 해준 경건한 바흐(J. S. Bach), 어려울 때마다 역경을 헤쳐 나갈 수 있는 불굴의 의지를 가르쳐 준 큰 산 베토벤(L. van Beethoven), 그리고 험난한 인생 항로에서 늘 미소 지을 수 있게 해준 복음 전령사 모차르트(W. A. Mozart)를 잊을 수 없다. 공교롭게도 감사하는 이 순간 굴드(Glenn Gould)가 연주하는 바흐의 파르티타 6번(BWV830)이 서재를 감싸고 있다. 정말이지 바흐는 신이 인류에게 선사한 최대의 축복이다. 그리고 저술과 관련하여 필히 감사의 말을 전해야 할 분들이 있다. 학문의 길로 입문시켜주신 스승 맹용길 교수님과 연구할 수 있는 발판을 마련해준 기독교사회문화연구소 운영 이사회(이사장 최윤철) 목사님들, 한국기독교윤리학회 및 한국기독교사회윤리학회의 선배 동료 학인들, 우리사회의 민주화와 특히 사학민주화를 위해 힘쓰시는 전국사학민주화교수노조(위원장 김경한)에서 활동하시는 교수님들, 멋진 제자들이자 벗들인 부장신 동아리 CSC동지들에게도 감사한 마음을 전하지 않을 수 없다. 원래 주인공은 맨 나중에 거론하는 법, 우리 오이코스의 사령관인 아내에게 감사하지 않는다면 천벌을 받을 것이다. 힘들 때마다 이분들이 보내준 위로와 격려가 없었다면 이 모든 것이 불가능했을 것이다. 그들의 관심과 사랑을 잊지 않는 것이 윤리의 근본이라 믿는다. 끝으로 난생처음으로 해본 북펀딩을 조언하고 거기에 적극 참여해주신 분들에게 감사하지 않을 수 없으며, 이 책을 만들어주신 북코리아 이찬규 사장님과 교정 교열을 위해 수고해주신 김지윤 선생님께도 고마운 마음을 남긴다.

2025년 8월 9일 도봉산 신선대에서
박종균

참고문헌

Bultmann, Rudolf. *Glauben und Verstehen: gesammelte Aufsätze*. Tübingen: J. C. B. Mohr, 1965.

Platon. 『국가』. 조우현 역, 서울: 올재, 2014.

CONTENTS

머리말   5

1장   윤리학의 기본 개념과 이론   31

1   서론   33
2   윤리학의 기본 개념   35
    2.1 윤리도덕의 기원   35
    2.2 도덕적 규범의 성격   42
    2.3 도덕법칙, 사실판단, 가치판단   45
    2.4 윤리학의 과제   48
    2.5 법, 윤리, 도덕   51
    2.6 도덕판단의 근거   57
    2.7 신념윤리와 책임윤리   110
3   윤리학의 분류   114
    3.1 기술윤리학   114
    3.2 규범윤리학   116
    3.3 분석(메타)윤리학   118
    3.4 사회윤리학   120
    3.5 응용윤리학   124
    3.6 자유주의 윤리와 공동체주의 윤리   126

4	윤리학의 주요 이론	132
	4.1 의무론적 윤리	132
	4.2 결과론적 윤리	152
	4.3 메타윤리	172
	4.4 덕 윤리	196
5	결론	223

2장 윤리신학 사상   231

1	서론	233
2	신학적 윤리	235
	2.1 아우구스티누스의 행복윤리	238
	2.2 토마스 아퀴나스의 자연법 윤리	246
	2.3 자연법 윤리와 종교개혁가들	254
	2.4 현대 자연법 윤리	262
	2.5 바르트(Karl Barth)의 신 명령 윤리	263
	2.6 틸리히의 신율적 윤리	268
	2.7 플레처의 상황윤리	275
	2.8 리처드 니버의 책임윤리	280
	2.9 라인홀드 니버의 사회윤리	289
	2.10 존 요더의 평화윤리	290
	2.11 신학적 윤리의 재고	296
3	반종교적 윤리	304
	3.1 도덕은 종교와 무관	305

		3.2 종교는 인간 소외	308
		3.3 반종교적 도덕에 대한 재고	318
	4	도덕의 종교	320
		4.1 칸트의 도덕신학	321
	5	결론	343

3장   '성서'와 평화를 위한 윤리   353

1	서론		355
2	성서와 폭력		357
	2.1 거룩한 전쟁의 폭력		357
	2.2 메시아 신앙과 폭력		363
	2.3 메시아 신앙과 유대전쟁		366
	2.4 메시아 신앙과 예수		371
3	역사적 기독교와 폭력		382
	3.1 타협주의		383
	3.2 비폭력주의		386
	3.3 정화의 폭력		390
4	폭력 극복을 위한 기독교적 노력		395
5	결론		398

4장   환경 위기와 윤리　　　　　　　　　　　　　403

1　서론　　　　　　　　　　　　　　　　　　　405
2　생태윤리의 유형　　　　　　　　　　　　　410
　　2.1 인간 중심주의 윤리　　　　　　　　　　410
　　2.2 감각 중심주의 윤리　　　　　　　　　　415
　　2.3 생명중심주의 윤리　　　　　　　　　　419
3　생태중심주의 윤리　　　　　　　　　　　　434
　　3.1 얀 네스의 근본생태학　　　　　　　　　434
　　3.2 동학의 생명사상　　　　　　　　　　　435
　　3.3 힐데가르트 폰 빙엔의 생태영성　　　　　436
　　3.4 매튜 폭스의 우주적 그리스도론　　　　　439
　　3.5 에코페미니즘　　　　　　　　　　　　440
　　3.6 레오폴드의 대지윤리　　　　　　　　　445
4　사회생태학　　　　　　　　　　　　　　　448
5　결론　　　　　　　　　　　　　　　　　　454

5장   정치적인 것과 정치윤리: 빛의 혁명과 아렌트의 정치철학　459

1　서론　　　　　　　　　　　　　　　　　　　461
2　정치적 행위　　　　　　　　　　　　　　　467
　　2.1 노동, 작업, 행위　　　　　　　　　　　469
　　2.2 복수성과 공적 영역　　　　　　　　　　475

	2.3 정치적 행위와 판단	481
3	정치적 행위로서의 혁명	488
	3.1 폭력과 권력	490
	3.2 혁명	493
	3.3 직접민주주의	497
4	빛의 혁명의 정치철학적 의의	500
5	결론	508

6장 한국 민주주의 위기와 한국 개신교   517

1	서론	519
2	기독교의 파시즘	523
3	종교개혁운동의 파시즘	527
4	미국 근본주의 개신교와 한국 파시즘 기독교	533
5	결론	544

7장   한국 언론의 위기와 윤리적 반성   551

1　서론   553
2　공론장으로서의 언론과 한국 언론의 신뢰 상실   557
　　2.1 언론의 공론장   559
　　2.2 한국 언론의 신뢰 상실과 공론장의 붕괴   564
3　제도언론과 공론장 회복   590
4　대안언론과 공론장 회복   597
5　결론   604

8장   성(性)해방에서 진정성의 윤리로   613

1　서론   615
2　플라톤적 사랑   619
3　성의 삼중성   627
4　현대 성담론의 몇 가지 주제들   635
　　4.1 정상적인 성과 비정상적인 성   635
　　4.2 자위행위   639
　　4.3 간음   647
　　4.4 동성애   653
5　결론: 자유로운 섹스에서 진정성의 윤리로   662

9장   포스트휴먼 시대의 윤리와 종교   673

1 서론   675
2 포스트휴먼, 트랜스휴머니즘, 포스트휴머니즘   679
   2.1 포스트휴먼   679
   2.2 트랜스휴먼, 트랜스휴머니즘   680
   2.3 포스트휴머니즘   683
3 포스트휴먼 시대의 윤리   688
   3.1 관계론적 윤리   688
   3.2 시몽동의 기술철학   701
   3.3 되기 윤리   709
   3.4 포스트휴먼 시대의 사회윤리   714
4 포스트휴먼 시대의 종교   716
   4.1 탈세속주의 종교   717
   4.2 데이터 종교   725
   4.3 트랜스휴머니즘 종교   727
   4.4 프롬의 기술사회의 종교   732
   4.5 본래적인 삶과 사랑의 윤리   738
5 결론   748

1장

윤리학의 기본 개념과 이론

1 서론
2 윤리학의 기본 개념
3 윤리학의 분류
4 윤리학의 주요 이론
5 결론

1 서론

　인간은 삶의 과정에서 어떻게 행동하는 것이 옳으며 어떻게 사는 것이 인간답게 사는 것인가 등에 대해 진지하게 생각하기 마련이며, 이 과정에서 어떤 행동에 대해선 후회하기도 하고 부끄러워하기도 하면서 자기나 타인의 행동의 옳고 그름을 반성하며, 때로는 심각한 양심의 가책을 받기도 한다. 그런데 자기나 남의 행동을 평가하는 데 있어, 어떤 행위는 '선하다' 혹은 '옳다'고 하는 반면, 어떤 행위는 '악하다' 혹은 '그르다'고 평가한다. 그리고 선하고 옳은 일은 마땅히 행해야 하고, 그릇되고 악한 일은 피해야 한다고 생각한다. 그렇다면 어떤 행위를 옳거나 그르게 만드는 것은 무엇인가? 어떤 사람이 어떤 행위를 해야 한다거나 또는 해서는 안 된다고 판단할 때 의미하는 바는 무엇인가? 이것은 오랫동안 윤리학에서 궁구해온 물음이다. 만일 타인에 대한 폭력, 살인, 강간 및 절도 행위와 같은 것이 왜 옳지 않은 것인지를 말할 수 없다면, 이것을 금지하는 행위가 어떻게 정당화될 수 있겠는가? 윤리학은 바로 우리의 도덕적 신념에 대해 정당한 이유를 제시하고자 하는 학문이다. 또한 윤리학은 도덕성에 관한 매우 일반적인 신념들의 함의를 명료하게 하고, 어떻게 이 신념들이 일관되게 실천으로 나타날 수 있는지를 보여준다.

　이 장에서는 윤리학의 기본 개념들과 통상적인 분류, 그리고 윤리학의 제 이론들을 다루게 된다. 적지 않은 개념들과 이론들이 소개될 것이다. 그러나 소개하는 것은 많은 이론 중에서 한 입장을 고수해야 한다는 것을 강요하는 의미가 아니다. 철저하게 하나의 입장에 충실하게 헌신할 수는 있지만, 어떠한 접근으로도 도덕성 자체에 대해 적절하고 완벽하게 설명할 수는 없다는 것이 나의 생각이다. 다원화된 현대사회에서 어떤 개별 사상가나 학파의 주장만이 전적으로 옳다는 생각은 수용되기 어렵다. 아무리 설득력 있는 이론이라도 모든 것을 포괄할 수는 없으며, "이 상황에서 도덕적으로 옳은 행위는 무엇인가?"라는 질문에 가장 완벽하고 정확한 답을 내려줄 수 없다는 것을 고려하면서, 도덕성을 이해하기 위해서는 조각을 맞추며 절충하는 접근이 필요하다는 것이 나의 생각이다. 결국 역설적이지만 아무리 설득력 있는 윤리 이론일지라도 모든 것을 설명할 수는 없다는 점을 기본적인 입장으로 취하면서 논의를 시작하고자 한다.

2
윤리학의 기본 개념

2.1 윤리도덕의 기원

윤리의 기원에 관한 학설은 크게 두 부류로 나눠진다. 하나는 윤리가 인간 이전에 이미 어떤 초월적 존재에 의해 주어졌다는 견해이고, 다른 하나는 윤리를 인간 역사의 경험적 산물로 보는 견해이다.[1]

그리고 윤리의 기원이 인간에게 경험이전적으로 이미 주어져 있다는 견해도 다시 두 가지로 나눌 수 있다. 그 하나는 '신학적 윤리설'로서, 신이 우주를 창조하고 인간을 창조했을 때, 윤리적인 규범을 명령으로 내려주었다는 주장이다. 물론 인간에게 필요한 모든 규범을 구체적으로 내려주었다는 것이 아니라 십계명과 같은 가장 기본적인 원칙을 명령했고 그 모든 규범은 기본 원칙에서 파생되었다고 보는 것이다.

윤리의 유래가 경험이전적이라는 또 하나의 견해는 '형이상학적 윤리설'이라 불리는 것이다. 어떠한 인격신이 인간에게 도덕율을 내려 주었다고 보는 대신, 우주 자연의 입법 원리 속에 도덕율의 근원이 있다고 보는 견해

---

[1] 김태길, "윤리학의 근본문제", 철학문화연구소 편, 『철학강의』(서울: 철학과현실사, 1993), 152-157 참조.

가 여기에 속한다. 예컨대 자연은 이미 정해진 이법에 따라 운행되는데, 자연의 일부인 인간 역시 이 이법을 따라야 한다는 전제 아래, 자연을 지배하는 그 이법이 윤리의 근본 원리에 해당한다고 주장하는 학설이 여기에 속한다. 예컨대, 목적론적 세계관에서 볼 수 있듯이, 우주는 어떤 목적을 가진 체계라는 것을 전제했을 때, 인간은 이 우주의 목적을 실현하기 위해 이바지하는 존재로 보고, 우주의 목적에 부합하는 행위는 옳은 행위요, 부합하지 않는 행위는 그릇된 행위라고 보는 것이다.

신학적 윤리론은 종교적 신앙에 바탕을 두고 있기에, 엄밀한 의미에서 인식의 문제라기 보다는 믿음의 문제와 관련이 있다. 형이상학적 윤리설도 일정 부분 '믿음'의 요소가 들어간 것은 사실이지만, 종교적 신앙과 성질이 다른 믿음이다. 종교적 믿음에는 감정적 요소가 강한 데 비해, 형이상학적 믿음에는 지적인 요소가 강하다.

윤리적 기원을 경험이전적인 것이 아니라 인간 역사의 경험적 산물로 보는 견해도 있다. 인간은 유사이전부터 집단을 이루고 살았다. 그렇기 때문에 집단생활에 도움이 되는 행위는 당위적인 행위가 되고, 집단에 해가 되는 행위는 '해서는 안 될 행위'로 다루어질 공산이 크다. 모든 집단에는 그 집단을 이끄는 힘있는 개인 또는 계층이 생기게 되고, 지배력을 가진 개인이나 계층은 '해서는 안 되는 행위'로서 비난의 대상이 되는 행위는 억제하는 방향으로 영향력을 행사하는 반면, '마땅히 해야 할 행위'로서 칭찬의 대상이 되는 행위는 권장하는 방향으로 영향력을 행사하기 마련이다. 이러한 사태가 지속되는 가운데, 거짓말, 도적질, 탐욕 따위의 행위에 대해서는 '해서는 안 되는 행위'라는 고정관념이 형성되고, 정직함, 자기희생, 이웃돕기 등 칭찬의 대상이 되는 행위에 대해서는 '마땅히 해야 할 행위'라는 고정 관념이 형성된다. 이러한 고정관념은 '습관'이나 '관습'이라 불린다. 습관이나 관습은 사회에서 오래전부터 역사적으로 되풀이되는 관행적인 행동양식을 의미하며 이것이 도덕이나 윤리가 된 것이다. 말하자면 관습이나 습관이 도덕·윤리의 기본이자 그 이전 단계라는 것이며, 개인이나 집단이 되풀이하는 특정 행동양식을 의미하는 '관습'이야말로 윤리적 규범의 모태가 된다는 것이다.

일반적으로 사회규범을 관습·도덕·법으로 분류할 경우, 관습은 행동양식에 따르는 가치원리와 사회적 제재가 도덕만큼 확립되어 있지 않거나, 법만큼 조직화되어 있지 않은 상태를 말한다. 윤리도덕과 관습의 원초적인 관련성은 그 어원에서도 쉽게 드러난다. 도덕은 라틴어 *mos*나 *mores*에서 온 것으로서 *mores*는 관습이라는 의미를 지니고 있다. 독일어 *Sitte* 역시 도덕이라는 의미 외에 관습의 의미가 있다. 또 *ethics*나 *Ethik* 모두 그리스어인 *ethos*에서 온 것으로 에토스 역시 풍속 내지 관습을 의미한다.

그러나 중요한 것은 관습이 모두 도덕이 아니듯 도덕에 관한 문제도 모두 관습에 관한 문제는 아닌 것이다. 관습은 원래 무자각적으로 형성되는 개별적 습관의 사회적 집적이므로, 고유문화를 안정적으로 형성하고 있는 비교적 작은 집단에서 기능하는 일이 많고, 따라서 개념적합목적적 반성이나 조직화가 의식적으로 수행되는 일은 적다. 이런 면에서 관습은 보수적 성격을 면하기 어렵고, 사회적인 확대·발전과 진보적 개혁을 도모하고자 할 때 장애가 되기도 한다. 이런 경우 특수한 가치원리를 의식적으로 지키려는 이념적종교적 사회규범처럼 사회진보를 가로막는 사회규범으로서의 관습은 거부될 수밖에 없다. 원시사회에서는 관습이 곧 도덕이고 법일 수 있었지만 발전된 사회에서 관습은 차차 합리화되고 고정화되면서, 특정한 상황에 적합한 법이나 도덕으로 나타나게 된다. 따라서 시간과 장소에 따라 관습과 윤리도덕은 변하는 것이 당연한 것이다.

그리고 관습이 사회적 규범으로 통용된다 하더라도 그것이 합리적인 것인가 하는 문제는 별도로 고려해야 한다. 그리고 경우에 따라서는 윤리도덕은 관습에 저항하는 윤리도덕으로 주장되어야 하기 때문이다. 관습적 에토스에 저항하는 에토스를 당위적 에토스라 말할 수도 있을 것이다. 당위적

에토스에 충실한 사람은 단순히 도덕적인 규칙을 기계적으로 준수하길 거부한다. 도덕원리가 적어도 자신에게 주는 의미에 대해 확신하고 있기에 그 인식에 부합하는 행위를 하고자 한다. 단순히 규범을 지키지 않으면 치를 대가가 두려워서 지키는 것이나 몸에 밴 습관에 따라서 지키는 것이 아니라, 경우에 따라서는 관습에 위배됨으로 말미암아 주위의 다수의 인간들로부터의 어떤 유혹과 협박 그리고 심지어 실제로 가해지는 억압과 폭력에도, 그것이 당위적이라는 신념을 확신하는 가운데서 행위하는 것을 윤리도덕적이라 간주할 수도 있는 것이다.

다시 본론으로 돌아가서, 윤리적 기원이 경험이전이든 경험적이든, 어느 한쪽의 주장이 절대적으로 옳고 따라서 다른 주장은 완전히 배제해야 한다는 주장은 수용될 수 없다. 그 이유는 인간 내부에 이미 도덕을 형성할 수 있는 단초가 마련돼 있고 그 단초는 인간의 경험과 판단에 의해 비로소 도덕규범으로 형성된다고 보기 때문이다. 그러니까 도덕은 인간의 선천적 요소와 후천적 경험이 결합됨으로써 형성되는 것으로 보아야 할 것이다. 이를 위해 경험주의 윤리적 접근을 시도하고 있는 미즐리(Mary Midgley)의 논의를 살펴보는 것도 의미가 있을 것이다.[2]

미즐리는 동물행동학에 기초하여 윤리의 기원을 찾는다. 그는 윤리의 기원을 찾기 이전에 동물행동학의 접근에 있어서 수반되는 이데올로기를 비판한다.[3] 그중 하나는 행동주의자(behaviorists)의 논제로, 인간은 자연적 성향을 전혀 갖지 않은 백지 상태(tabula rasa)라는 입장이고, 다른 하나는 사회적 성향이 존재한다는 것은 분명하지만, 이들 모두 '이기적'이라는 사회생물학의 입장이다. 미즐리에 따르면, 전자는 전쟁, 인종차별주의 그리고 노예제도를 정당화하는데 사용되는 위험스러운 생각(이런 것들이 과연 인간의 본래적

---

2   Mary Midgley, "윤리의 기원", Peter Singer ed., *Companion to ethics*, 김미영 외 역, 『윤리의 기원과 역사』(서울: 철학과현실사, 2004), 32-44 참조.
3   Ibid., 34-35.

인 성향인가에 대한)을 숙고하지 않는다는 도덕적 의미를 함축하고 있다. 후자의 경우, 사회생물학자들은 '이기적'이라는 단어를 "유전자의 증진, 즉 한 생물이 소유하고 있는 유전자가 미래의 생존 및 확산에 기여할 수 있는 것"이라는 의미로 사용하고 있는바, 이것은 강력한 이기주의 이론인 사이비 다윈주의[4]와 다름이 없게 된다는 것이다.

미즐리에 따르면, 동물행동학은 인간을 포함한 수많은 포유류와 조류들의 사회생활은 의식적인 차원에서건 무의식적인 차원에서건 모든 삶의 과정에서는 '적대적인 경쟁'[5]이 오히려 매우 드문 현상이며, 조화로운 협동이 더 큰 배경으로 자리하고 있다는 것을 증명해준다는 것이다. 예컨대, 음식 양보를 포함한 자식에 대한 헌신적인 사랑은 매우 흔한 것이며, 부모 외의 다른 개체들이 이런 사랑을 베푸는 경우도 발견된다. 일부 동물들, 특히 코끼리는 고아가 된 아기 코끼리를 양자로 삼기도 한다. 강자가 약자를 방어해주는 경우는 흔하며 방어해주는 개체들이 목숨을 버리면서까지 그런 행위를 한다는 수많은 사례가 있다. 또한 늙고 힘없는 조류들에게 음식이 제공되기도 하며 친구들 사이에서의 호혜적 도움도 흔히 살펴볼 수 있는 바

---

[4] 미즐리가 말하는 '사이비 다윈주의'란 사회진화론을 의미한다. 다윈이 생물에서 관찰한 자연선택이론을 개인, 집단, 인종에 적용시킨 이론으로, H. 스펜서, W. 썸너 등이 여기에 속한다. 이 이론은 각 민족의 민족성이나 정신 능력문화 등은 그 인종적 소질에 의해 결정적인 영향을 받는다고 하면서 더 우월한 민족만이 번영할 수 있으며, 따라서 "백인의 책무"라는 이데올로기가 성립된다. 유색 인종이 거주하는 미개발 지역을 개척하여 그들로 하여금 서양문명의 은혜를 받도록 하는 것이 백인인종의 책무라는 주장이다(미국에서는 선주민들이 거주하는 땅을 빼앗고 그들을 몰아내는 것을 야만적인 선주민들에 대한 "문명화", 신이 계시해준 미국인들의 "명백한 운명"(manifest destiny)이라 확신했다). 당시 제국주의 종교인 기독교의 선교에서도 이러한 이데올로기가 작용되고 있었다는 것은 주지의 사실이다. 더 나아가 사회진화론은 전쟁 찬미론을 대두시키는 결과를 초래하게 되어, 쇼비니스트 트라이츠케(Heinrich von Treitschke)는 전쟁이란 약하고 병든 국가를 치료하기 위한 방법이라는 견해까지 제시하기 이른다. 정인여 외 편, 『정치학대사전』(서울: 박영사, 1980), 655; 이석호, 『인간의 이해』(서울: 철학과현실사, 2001), 84-85.

[5] 미즐리는 '경쟁'의 의미를 구분한다. 즉, 우연적으로 일어나는 경쟁과 이데올로기적인 의미에서 인간적 사회에서 일어나는 경쟁은 다르다는 것이다. 자연상태에서 발생하는 경쟁은 우연적인 경쟁에 해당하는 것이며, 그것은 의도적이고 이데올로기적인 의미에서의 경쟁이라고 볼 수 없다는 것이다. Ibid., 27.

이다.[6]

　　이러한 제 행위는 사회적 포유류와 조류들(예를 들면, 늑대, 비버, 갈가마귀, 모든 유인원 등)이 이기적이고 잔인한 존재가 아니며, 사실상 단순사회를 형성하고 유지하는 데 필요한 강력한 동기들을 지니고 있음을 분명히 보여 준다 하겠다. 그런데 이들이 그러한 습성을 창출해낸 것은 이해타산적인 계산 능력 때문이 아니다. 사회적 동물들은 흡스적인 자연상태, 즉 만인의 만인에 대한 원초적 전쟁 상태에서 교활한 계산을 통해 자신들의 사회를 구성해내지 않는다. 그들은 더불어 살아갈 수 있고 사냥, 축조, 공동 방어 등의 작업에서 놀라운 능력을 갖추고 있다. 이들이 그렇게 하는 까닭은 그저 자연스럽게 사랑하고 있고, 서로 신뢰하기 때문이다.[7]

　　그렇다면 인간을 포함한 사회적 동물들의 그러한 자연적 성향들과 도덕 사이에는 어떤 관계가 있는가? 미즐리는 이러한 성향들이 도덕 그 자체를 구성하지는 않지만 도덕이 가능하도록 하는 데 무엇인가 핵심적 내용을 제공하고 있다고 주장한다. 그러한 성향들과 도덕의 관계는 자연스러운 호기심과 과학의 관계, 자연스러운 경이찬탄과 예술의 관계와 매우 유사하다는 것이다.[8] 자연스러운 호기심이 과학을, 자연스러운 경이가 예술을, 자연스러운 애정이 도덕을 형성할 수 있을지 없을지의 여부는 지능의 역할, 특히 언어에 달려 있다. 인간 이외의 동물사회에서는 서로 간의 충돌을 또 다른 자연적 성향을 통해 해결할 수 있지만 도덕을 구성할 수는 없다. 반면에 다른 사람의 삶을 크게 의식하며 살아가야 하는 우리 인간들은 서로 간의 충돌을 어느 정도 일관적이라고 느껴지는 방식으로 조율할 필요가 있다. 갈등과 충돌을 조율한다는 것은 원리와 규칙에 합의한다는 것이고, 바로 이러한 과정에서 도덕이 형성된다는 것이다. 요컨대 도덕이란 인간과 동물이 공

6　Ibid., 32-33.

7　Ibid., 33.

8　Ibid., 36-37.

유하는 모태에서 단초를 얻고 여기에다 인간의 후천적 노력을 더해 형성된다는 주장이다.

도덕에 대한 경험주의적 접근에서 문화인류학자 크리스토퍼 보엠(Christopher Boehm)의 연구도 유의미하다. 보엠은 세계 수렵 채집인의 사회적·도덕적 행동에 초점을 맞춘 갈등 해결, 이타주의, 도덕성의 진화, 그리고 불화와 전쟁 등의 주제를 연구했다. 보엠은 인류의 도덕을 협동과 평등이라는 관점에서 들여다보았다. 25만 년 전 우리 인류는 외부의 적으로부터 아이를 지켜내기 위해 공동육아로 함께 살아가면서 공동생활을 했다고 한다. 그런 공동생활 속에서 식량을 얻기 위해 함께 사냥했고, 그렇게 협력해서 얻은 성과를 공평하게 나누기 시작했다. 만일 힘이 강한 부족원이 그 성과를 다 가지려고 욕심을 내면 합심하여 제압하는 것, 그것이 곧 도덕이라 정의했다. 즉 도덕을 바로 협력과 평등이라는 관점에서 해석했다는 말이다. 이렇게 도덕은 삶을 지탱하는 삶의 기준이 되었던 것이다. 이런 보엠 교수의 개인적 학설을 뒷받침해주는 연구가 최근 발표되었다.

옥스퍼드대학 연구팀은 최근 시카고대학교의 국제 학술지 『최신인류학』(Current Anthropology)에 인간 고유성의 사회적·문화적·심리적 측면을 바탕으로 하는 협력 이론을 제시하는 연구 결과를 발표했다.[9] 전 세계 60개 공동체에서의 협력 공동체 이론 테스트 결과를 발표하여 인류학자 보엠의 이론에 대한 입증을 시도한 것이었다. 60개 민족문화를 대상으로 그들이 도덕이라 생각하는 것을 나열해보니 60만 개의 키워드가 나왔는데, 이들 중 모든 민족에 공통적으로 적용되는 일곱 가지의 공통적인 키워드를 도출해냈다. 첫째, 가족을 돕는 행위, 둘째, 소속된 집단을 돕는 행위, 셋째, 누군가의 호의에 대해 보답하는 행위, 넷째, 용기 있는 행위, 다섯째, 윗사람에게 순종하는 행위, 여섯째, 구성원에게 자원을 공평하게 분배하는 행위, 일곱째, 타

---

[9] Burton Voorhees & Dwight Read & Liane Gabora, "Identity, Kinship, and the Evolution of Cooperation", *Current Anthropology*, 61-2 (2020), 194-218.

인의 재산을 빼앗지 않는 행위가 일곱 가지 키워드이다.

여기서 만국공통어인 '협력'이라는 개념을 최종 키워드로 도출하게 되었는데, 일곱 가지 키워드를 관통하는 핵심이 바로 '협력'이었다는 것이다. 연구의 결과를 정리하자면, 도덕이란 바로 협력과 평등의 관점에서 존립하며, 공동체의 가장 큰 중요성은 바로 협력에 있음을 경험적으로 규명한 유의미한 시도였다 하겠다.

2.2 도덕적 규범의 성격

윤리학에서 관심을 기울이는 내용은 그 중심에 항상 "어떻게 살아야 하는가?"라는 물음이 자리하고 있다. 윤리학은 어떻게 사는 것이 옳고 어떻게 사는 것이 그른가에 대해 숙고하는 학문이다. 물론 거기엔 "왜 그것이 옳은가?"에 대한 질문에 대해 묻고 답하는 작업도 포함된다. 숙고를 통한 물음과 대답은, 단순하게 답을 얻는 것과는 상당한 거리를 두는 과정을 의미한다. 예컨대, 착한 국민이 되는 길이라든지 착한 학생이 되는 방법을 알려주는 것이 윤리학이 아니다. 그런 의미에서 과거 군사정권에 의해 대한민국의 모든 교육에서 강요된 "국민윤리"는 가장 반윤리적인 공부였다고 단언할 수 있다.

우리는 크리스마스나 명절이 되면 성금을 모아 불우한 이웃을 방문한다. 가장 접근이 용이한 장소가 고아원이나 양로원일 것이다. 불우한 이웃에게 정을 나눈다는 것은 필시 착한 행위임에 틀림없다. 그런데 그 시설을 담당한 원장이 아이들이나 노인들에게 베풀어져야 할 우리의 정성을 상습적으로 착복한 사실이 드러났을 경우, 우리는 고민하지 않을 수 없다. 그 사실을 알고도 그 시설을 계속 후원해야 하는가 말아야 하는가? 우리의 선행으로 나쁜 사람들이 배를 불리고 있다. 그러나 선행을 중단했을 경우 어려운 이웃들의 삶은 더 힘들어 질 것이다. 사회 조직에서 발생하는 "내부 고발"이라는 것도 상당히 당혹스러운 사태이다. 조직이나 자신 또는 가족을 위해 비리에 눈을 감아야 하는가 아니면 사회전체의 의를 위해 부정을 폭로해서 교정해야 하는가? 우리는 이 모든 경우에 있어 내키는 대로 행동할 수 없다. 그렇기 때문에 어떻게 사는 것이 착하고 바르게 사는 것인지에 대해 숙고하지 않을 수 없다. 이렇게 숙고한다는 것 그 자체가 윤리학적 사고이다.

윤리학의 문제는 "어떻게 살아야 하는가?"인데 이것은 "어떤 것이 착한 행위인가?"라는 물음을 포함한다. 우리의 삶은 우리의 행위로 구성되기 때문이다. 우리의 일련의 행위들이 우리의 삶을 형성한다. 어떤 사람의 일련의 행위들을 무시하고 그 사람이 훌륭한 삶을 살았는지 그렇지 않았는지를 판단할 수 없다. 즉 삶에 대해 평가하기 위해서는 개별 행위들을 평가해야 한다. 최근 국민들을 공포와 분노의 도가니로 몰아넣었던 부녀자 연쇄 살인범의 삶과 종교에 상관없이 많은 이들에게 감동을 주었던 이태석 신부의 삶 중 어느 것이 더 훌륭한 삶인가? 두 사람의 삶을 세밀하게 전부 다 관찰하지 못했다 하더라도, 어느 삶이 더 낫고 어떤 삶이 나쁘다는 것을 판단하기에 충분할 정도로 안다.

윤리학은 일차적으로 행위의 문제에 관심을 기울인다. "어떤 행위는 옳고 어떤 행위는 그른가?" 이를 달리 표현하면 "행위의 규범"에 관한 문제라고 할 수 있다. 우리가 따라야 할 규범은 무엇인가에 대한 문제다. 그러나 도덕규범을 해야 할 것과 하지 말아야 할 것을 상세히 적어 놓은 목록이나 처방 같은 것으로 오해하기 쉽다. 동시에, 대부분의 사람들이 어린 시절부터 배운 도덕관념은 대부분 매우 단순한 것이기 때문에 일방적으로 주입되며, 전혀 모순이 없는 절대적인 것으로 수용된다. 이리하여 "훔치지 말라", "거짓말하지 말라", "약속을 지켜라" 등과 같은 규범에 대해서 사람들은 별 의식 없이 이를 무비판적으로 수용한다.

그러나 "훔치지 말라"는 규범의 경우, 흔히 사람들은 타인의 물건을 주인의 허락 없이 취했을 경우에만 이러한 규범을 어긴 것으로 여기지, 임금을 제때 지급하지 않거나 부당하게 노동력을 착취하는 경우에 대해서는 이러한 도덕적 판단을 동일하게 적용하지 않는다. 또 자명하기 그지없는 "거짓말하지 말라"는 규범의 경우 어떤 정치가가 교묘한 방법으로 경쟁자의 인격과 명예를 손상시킬 수 있는 허위정보를 유포시킨다면 그것은 흔히 있을 수 있는 일로 치부하면서 적용시키기를 꺼려할 것이다.

이러한 도덕규범에 대한 상반된 태도는 우리사회에서 흔히 발견되는 가치의 이중적 기준을 잘 보여준다. 이러한 이중적 기준이 우리사회에 존재하는 이유는, 일차적으로는 성장과정을 통해 주입된 단순한 도덕관념이 제대로 기능하지 못했기 때문이기도 하지만, 보다 근본적으로 어떤 행동에 대해서 좋다 혹은 나쁘다 판단할 수 있는 기준이나 근거가 애매하고 모호하다는 데서 비롯된 것이다.

사실, "어떻게 살아야 하는가, 그리고 어떻게 행동하는 것이 도덕적인 삶인가?"라는 질문에 대해서 합리적이고도 객관적으로 답한다는 것이 결코 쉽지 않다. 예컨대, '살인하지 말라'는 규범의 경우, 이 규범을 받아들이는 사람들도 예외는 인정한다. 그러나 어떤 경우에 예외를 인정할 것인지를 결정해야 하고, 그 근거를 분명히 밝혀야 할 것이다. 사람들은 대체로 정당한 방어를 위해서 상대를 죽이거나, 상황에 따른 어쩔 수 없는 살인행위를 용인하기를 요구한다. 예를 들어 경찰이 직무수행 중 더 많은 생명을 보호하기 위해 불가피하게 피의자를 살해한다거나, 전쟁 중에 자신의 생존을 위해 적군의 생명을 빼앗는 것은 정당하다고 여겨진다. 그러나 정당방위도 상황에 따라서는 애매한 경우가 있기 때문에 '정당한 살인의 기준이 무엇인가?'라는 물음이 다시 제기될 수 있다.

이처럼 한 사회의 도덕적 규범은 미리 모범답안처럼 규정될 수 있는 성질의 것이 아니다. 더 비판적으로 그리고 합리적으로 분석하고 이해할 때에만 올바른 도덕적 판단으로 기능할 수 있으며, 이를 위해 무엇이 옳고 좋은 행동인지를 묻고 결정하는 윤리적 탐구가 언제나 필요하다.

2.3 도덕법칙, 사실판단, 가치판단

도덕법칙은 인간행동에 관한 기본적인 규칙을 말하지만, 인간행동이 전부 도덕법칙과 관계된 것은 아니다. 예를 들어 이웃의 생명과 재산에 대한 존중의 의무, 결혼생활에 대한 의무 등의 행위나 절도, 사기, 살인 등의 행동에 대한 판단에는 반드시 도덕법칙이 필요하다. 그러나 식사를 할 때 숟가락을 어느 손에 쥐어야 하는가, 잠자리에 들 때는 어떤 옷을 입어야 하는가, 야구를 볼 때 어떤 팀을 응원해야 하는가, 전자제품은 어떤 회사의 제품을 구입해야 하는가 등의 판단에 관한 문제는 도덕적인 판단의 대상이 되지 않는, 다시 말해 도덕법칙이 요구되지 않는 문제이다. 이렇게 본다면 인간의 모든 행동이 도덕적 판단의 대상이 되는 것이 아니라, 일정한 기준이 필요함을 알 수 있다.

사물이나 사태에 대해 어떤 판단을 내릴 때 그 판단은 두 종류로 구분할 수 있다. 하나는 **사실판단**이고 다른 하나는 **가치판단**이다. 이때 사실판단이란 어떤 사물, 사태, 사건, 행동에 대한 객관적이고 중립적인 서술을 의미하고, 가치판단이란 동일한 사태, 사건, 행동에 대해 '좋음과 나쁨' 혹은 '옳음과 그름'이라는 정의적 개념에 의한 판단을 의미한다. "축구공에 바람이 빠졌다"는 진술은 사실판단이고, "그 축구공은 잔디에서 사용하기에 좋다"는 진술은 가치판단이다. "저 사람은 부산사람이다"는 진술은 사실판단이지만, "저 사람은 참 좋은 사람이다"는 진술을 가치판단이다. "저 사람이 물건을 훔쳤다"는 진술은 사실판단이지만, "저 사람이 물건을 훔친 것은 나쁘다"는 진술은 가치판단이다. "장미꽃이 화병에 꽂혀 있다"는 진술은 사실판단이지만, "꽃병에 꽂힌 장미꽃이 아름답다"는 진술은 가치판단이다.

이렇게 볼 때 가치판단의 근거인 가치란 일반적으로 인간 욕망의 대상 혹은 욕망에 관한 판단 과정임을 의미한다. 또 같은 가치판단이라도 "그 축구공은 잔디에서 사용하기에 좋다"는 **도구적 판단**에, "물건을 훔친 것은 나쁘다"나 "저 사람은 좋은 사람이다"는 **도덕적 판단**에, "장미꽃이 아름답다"는 **미적 판단**에 속한다.

사실판단은 어떤 사실에 대한 객관적인 진위의 판단이 가능한 데 비해, 가치판단은 개인의 주관적인 가치관이 개입되기 때문에 객관적인 진위의 판별이 쉽지 않다는 문제점이 있다. 예를 들어 같은 여성을 보고도 미적 판단이 다를 수 있고, 같은 사람의 행위에 대해서도 도덕적 판단이 다를 수 있다. 그렇다면 가치판단 중에서 특히 도덕판단은 개인적이고 주관적 판단에만 머물 뿐 어떠한 보편적 기준도 제시할 수 없는 상대적인 영역에 머물러야 하는 판단인가? 그렇지 않다. 전통적으로 윤리학자들은 도덕판단에서 시공을 초월하는 보편적 기준을 추구하기 위해 노력해왔다. 이러한 도덕판단의 기준은 인간의 보편적인 이성이 제시해주고 있는 것이다.

"사람이 왜 윤리적으로 살아야 하는가?"라는 물음은 윤리 내부에서의 개별적인 물음과는 차원을 달리한다. 이를테면 "지하철에서 구걸하는 장애인에게 돈을 줄 것인가 말 것인가?", "우연히 갖게 된 아이에 대해 임신중절을 해야 하는가 원치 않아도 낳아야 하는가?" 등의 물음에는 개별적인 윤리적 가치가 전제된다. 그러나 "나는 왜 윤리적 살아야 하는가?"의 물음은 윤리 그 자체에 대한 보편적인 물음이다. 따라서 이러한 물음은 개인의 관점이나 입장, 기분과 이익을 초월하는 물음으로서 개인적 삶의 태도와 방식을 넘어서서 보편적 규정에 근거하여 행해야 할 당위(ought)적 이유를 묻고 있는 것이다. 앞에서 보았듯 도덕적 판단은 사실판단과 다를 뿐만 아니라 가치판단과도 다르다. 이는 '당위'의 문제와 관련이 있다는 점을 염두에 두어야 한다.

이처럼 인간은 자신의 이익만을 고집하지 않는 한, 어느 정도의 보편적인 윤리를 정립하고 지키려고 노력한다. 설령 교통법규를 자주 위반하는 사람이라 할지라도 교통법규가 존재할 필요가 없는 것이라 여기지는 않을 것이며, 심지어 전문적으로 절도를 일삼는 사람조차도 "남의 물건을 훔쳐서는 안 된다"는 규범이 전혀 불필요하다고 여기지 않을 것이다. 자신이 비록 그 법과 규범들을 어기고는 있지만, 그것의 존재에 대해서는 인정할 수밖에 없는 것이다. 결국 인간의 실천이성과 양심은 개인의 이익이나 특정한 관점을 포함하는 자신의 통념을 초월하여 보편을 따르도록, 즉 보편적 윤리를 행위 하도록 요청받는 것이다. 물론 이를 따를 것인가 거부할 것인가는 개인의 가치판단과 처지에 따라 결정될 것이지만, '이성적 존재'인 인간은 특정한 규범을 통해서 자신의 자유가 제약받는 한이 있더라도 이러한 계약을 통해 새롭게 규범을 제정하고 질서를 창조하면서 자유를 추구하며 살려고 노력할 것이다.

나중에 다시 상론하겠지만, 간략하게 한 가지만 더 언급하고 싶은 것은 "우리는 왜 보편적 규범을 따라야 하는가?"라는 물음이다. 이 물음에 대해 윤리학에서는 전통적으로 두 가지로 답변한다 "보편적인 규범이 어떤 목적을 위해 선하기 때문이다"와 "보편적 규범이 그 자체로 선하기 때문이다." 이다. 달리 말하면, 전자는 "우리의 목적에 도움이 되는 행위를 하라고 말하는 규범은 보편적으로 옳은 것이고 그렇지 않은 규범은 그르다"는 것이다. 후자는 "보편적으로 절대 옳은 규범들이 있으며 그 규범들이나 그 규범을 따르기 위한 다른 규범들만이 옳고 그렇지 않으면 옳지 않다."라고 번역할 수 있다. 목적과 규범의 연관성을 따지는 것이 목적론적 윤리(teleological ethic)가 되는 것이며 규범 자체의 속성을 따지는 것이 곧 의무론적인 윤리(deontological ethic)가 되는 것이다. 규범을 정당화하는 방식의 차이인 것이다. 목적론적 윤리는 규범 이외의 것으로 규범을 정당화하는 것이며, 의무론적 윤리는 규범 그 자체를 직접 말하는 것이다. 그렇기 때문에 의무론적 윤리의 핵심은 규범을 무조건적인 옳음으로 보려는 경향이 있다. 뿐만 아니라,

목적론적 윤리의 '목적'이 구체적인 결과를 의미한다는 점에서(행위나 규범의 옳고 그름을 따질 때 그 행위의 결과를 기준으로 하기 때문에) "결과론적 윤리"라고 볼 수도 있고, 의무론적 윤리는 규범 그 자체에 관심하기에 "규범 중심의 윤리"(진정한 의미에서 규범윤리)라고 부를 수도 있다. 이점에 대해서는 이후 윤리이론을 구체적으로 다룰 때 다시 상세하게 언급될 것이다.

2.4 윤리학의 과제

앞에서 윤리나 도덕은 공통적으로 '사회적 관습'이란 의미를 갖고 있다고 했다. 이는 윤리나 도덕이 처음에는 반성되지 않은 사회적 관습 또는 사회의 고정관념이나 미풍양속으로 통용되었다는 것을 의미한다. 그러나 반성되지 않은 사회적 관습이란 시대적 한계를 벗어나지 못할 뿐만 아니라 경우에 따라서는 불합리하고 맹목적인 성격을 드러내기도 한다. 시대를 앞선 지혜자들은 바로 이것을 의식하면서 전통적인 관습적 도덕의 정당성에 대해 비판을 가했던 것이다. 엄밀한 의미에서는 이것이 진정한 윤리학의 시작이었다 말할 수 있겠다. 소크라테스, 플라톤, 아리스토텔레스가 활동했던 고전 헬라철학의 시대가 바로 윤리학의 성립시기인 것이다. 이러한 반성을 통해 관습적 윤리나 도덕의 불합리성과 맹목성을 개선하게 된다.

그러나 윤리가 관습적 윤리나 도덕을 반성한다는 것은 그것의 문제점을 단순히 성찰하는 것에서 머문다는 의미가 아니다. 윤리학이 기존의 도덕의 정당성을 비판적으로 검토하려면 판단기준으로 적용할 어떤 궁극적인 원리가 있어야 한다. 그것이 바로 '좋음'(선)과 '옳음'이다. 동서양을 막론하고 선이란 두 가지 극단 사이에서 움직여왔다. 동아시아에서는 선을 '좋은 것'(the goodness), 즉 자기에게 이익이 되는 것(양혜왕)과 인의, 즉 착함과 의로움(맹자)의 대립으로 파악한다.[10] 서양윤리 역사에서는 선이란 '좋음'(goodness, 최고의 선, 행복, 아리스토텔레스)과 '옳음'(칸트)으로 이해했다.

이처럼 "선이란 무엇인가?"라는 물음은 선의 의미를 어떻게 파악하는가에 따라 전혀 다른 방식으로 전개될 수 있다. 이익이 되는 것과 착함이나 옳음이 같은 것일 수 없다. 마음의 착함 속에서 선을 찾는 칸트의 입장에서 보면 결과적으로 아무리 많은 행복이 주어진다 해도 마음이 착하지 않을 경우 그것은 결코 선이 될 수 없다.

착함과 좋음은 결코 같은 것이 아니다. 그렇다고 양자가 무관하다고 말할 수도 없다. 왜냐하면 착함은 사람들을 위해 좋은 것을 추구하는 것이지 결코 나쁜 것을 추구하는 것일 수 없기 때문이다. 바로 여기서 윤리학의 문제는 같은 것도 아니고 전혀 무관한 것도 아닌 착함과 좋음을 선의 개념 속에서 어떻게 매개하느냐 하는 데 있다.[11]

윤리학은 또 '옳음'에 대해서도 관심을 기울인다. 어떤 행위의 결과가

---

10 참고로 '선'에 대한 老子의 사상을 짚어보는 것도 흥미로울 것이다. 『道德經』 제2장은 이렇게 시작된다. "天下皆知美之爲美, 斯惡已. 皆知善之爲善, 斯不善已"(하늘 아래 사람들은 모두 아름다운 것이 아름답다고 알고 있다. 그런데 그것은 추한 것이다. 하늘 아래 사람들은 모두 선한 것이 선하다고만 알고 있다. 그런데 그것은 선하지 않은 것이다.) 세상 사람들은 미(美)와 선(善)을 현실에서 통용되는 가치 속에 갇혀 있는 바위와 같은 고체로 인식하는 데 반해 노자는 미와 선을 현실적 가치 너머 바위 위로 흐르는 물과 같이 인식한다. 그래서 노자는 세상 사람들이 생각하는 미나 선은 그 상대적 의미일 뿐 미나 선의 참모습이 아니라고 주장한다. 그러면 노자가 그리는 미나 선은 어떤 모습일까? 노자는 美의 상대어로서 醜(추)가 아닌 惡(오)를 사용하고 있다. 중국 고대어에서는 惡은 악이 아니라 오다. 오라는 것은 "싫음"이요, "추함"이다. 美의 반대는 惡(오)요, 그것은 "싫음"이요, "추함"이다. 이 말은 "악"은 독립적으로 존재하지 않는다는 뜻이다. 그리고 노자는 선(善)을 이야기하지 않았다. 미(美)를 설명했을 뿐이다. 노자에게 선(善)은 미(美)의 연장적 개념(槪念)이기 때문이다. 그러면 우리가 알고 있는 선의 상대적 개념인 악은 무엇인가? 노자는 그것을 불선(不善), 즉 선(善)이 아닌 것이라고 한다. 선이 아니므로 실체로서 존재하지 않는다는 것이다. 노자에게 악은 인간의 행위에 의해서 유발된 증오와 분노의 감정일 뿐, 선험적이고 보편적인 인간의 본성이 아니다. 이 점에 대해 도올은 노자의 혜안은 20세기 이모티비즘 윤리와 맥이 닿는 것이라 짚고 있다. 김용옥, 『노자와 21세기』(서울: 통나무, 1999), 122-125 참조.

11 김상봉, "윤리 도덕", 우리사상연구소 편, 『우리말철학사전 2: 생명, 상징, 예술』(서울: 지식산업사, 2004), 229-230.

바람직하고 가치 있는 것이라면 그 행위는 옳은 행위라 할 수 있지만 만일 그 결과가 바람직하지 못하고 가치 없는 것이라면 그 행위는 옳은 행위라 단정 지을 수 없다. 따라서 어떤 행위의 옳고 그름은 그 행위가 초래하는 결과의 좋고 나쁨에 달려 있다.

한편 어떤 행위의 옳고 그름은 결과가 아닌 동기에 따라서도 구분된다. 그 행위의 당사자가 선한 의지로 실행했다면 결과에 상관없이 그 행위는 옳은 행위요, 나쁜 의지로 실행했다면 그른 행위라 할 수 있다. 따라서 어떤 행위의 옳고 그름은 그 행위의 결과 또는 동기의 좋고 나쁨에 긴밀한 관련이 있음을 알 수 있다. 그렇다고 해서 옳고 그른 것이 전적으로 좋고 나쁜 것에 의거하지는 않는다. 옳고 그름은 좋고 나쁨과 전적으로 같지도 않으며 무관한 것도 아니기 때문이다. 윤리학은 이 양자의 관계를 선의 개념 속에서 어떻게 매개하느냐 하는 것이 하나의 중요한 문제가 된다.

윤리학에서 빼놓을 수 없는 중요한 과제는 '당위'(ought)에 대한 연구이다. 그러면 '당위'는 무엇인가? 이에 대한 답은 인간이란 존재의 이중적 특성에서 찾을 수 있다. 인간은 한편으로는 자연의 일부로서 살아가는 자연 의존적 존재이기도 하지만, 다른 한편으로 자연 의존성을 거스를 수 있는 자연 초월적 존재이기도 하다. 만약 인간이 순수한 의미의 자연 상태 속에서만 살아간다면 그를 결코 참된 의미에서의 인간이라 할 수 없을 것이다. 인간은 오직 자연상태를 벗어나 사회 안에서 인격의 도야를 통해서만 비로소 인간으로 존재할 수 있다. 그리고 인간이 참다운 인간으로 존재하려면 자기 스스로 자신의 인격을 다듬어 나가는 노력이 필요하며, 그 노력 속에 인간 존재의 본질이 담겨 있다.

이런 의미에서 인간이 '있음'(사실)에서 어떻게 '마땅히 해야 함'(당위)으로 나아갈 것인가 하는 것은 인간에게 주어진 가장 근원적인 과제이다. 인간은 저절로 있는 또는 있게 될 존재가 아니라 이루어져야만 할 존재이다. 당위는 인간 존재의 본질적 계기인 것이다. 당위는 인간의 자기 초월, 즉 '있음'의 존재에서 '있어야 할' 존재로서 자기를 형성하는 것이다. 이러한 자기 형성이 전적으로 중단될 때, 인간은 더 이상 인간으로서 존재할 수 없다. 그것은 인간성의 전면적 파괴를 의미하기 때문이다. 인간은 오직 이러한 자기 정립, 자기 형성을 통해서만 참된 인간일 수 있고, 참된 인간으로서 존재하는 한에서 당위는 인간 존재의 본질적 계기가 된다. 문제는 자연의 일부로서의 존재방식인 '있음'과 자연 초월적 존재로서의 존재방식인 '있어야 함', 이 양자를 어떻게 매개하느냐 하는 것이다. 이 또한 중요한 윤리학의 과제가 아닐 수 없다.

2.5 법, 윤리, 도덕

법과 윤리_ 윤리와 도덕을 설명하는 데는 의외로 복잡한 문제가 놓여 있기에, 비교적 쉬운 윤리와 법의 관계에 대해서 먼저 알아보자. 법과 윤리의 차이를 아는 것은 간단하다. 이렇게 물어보자. "대한민국은 법치국가다. 그런데 정말 법이 정의롭게 집행되고 있다고 생각하는가?" 대부분의 사람들은 이러한 질문에 대해 결코 긍정적으로 답하지 않을 것이다. 예를 들지 않더라도 법이 정의롭게 집행되지 않는 경우를 너무도 많이 경험하고 살기 때문이다. 법 집행은 정의롭지 않으며, 권력자들과 일반 서민들에 대한 적용이 다르다. 그렇기에 법치주의라는 말도 부나 권력을 가진 자들을 위한 것이라는 말로 조롱당한다. 법치주의에 대한 조롱으로 "유전무죄(有錢無罪), 무전유죄(無錢有罪)"만큼 적나라한 표현도 없을 것이다. 법 집행이 정의롭지 못하다는 것은 법이 윤리적으로 옳게 실행되지 못했다는 의미다. 그것은 법 자체의 문제라기보다는 그 행사에 문제를 제기하는 것이다. 그리고 그 문제 제기의 기준은 법의 문제일 수 없다. 법의 기준에서는 법적으로 아무런 잘못을 지적할 수 없기 때문이다. 심지어 법의 이름으로 불법을 저지를 수도 있다. 그래서 법과 법집행을 문제 삼을 수 있는 기준은 윤리다. 윤리는 옳고 그름에 대한 궁극적인 기준이다. 쉬운 예를 든다면, 과거 군사정권 시절 국가안보를 이유로 독재자들은 반공법, 긴급조치위반법 등등으로 민주화운동에 가담했던 사람들을 중범죄자 취급하여 말할 수 없는 고통을 안겨다 주었다. 양심수들은 정권이 규정한 법을 어겼기 때문에 그 기준에 의해서 모진 처벌을 받았다. 그러나 분명하다. 법 자체가 권력 유지를 위해 만들어진 잘못된 법이며 또한 집행 자체도 부당한 것이었다. 그렇게 비판적으로 평가하고 판단할 수 있는 기준이 윤리다. 이를 통해 윤리가 법보다 훨씬 근본적이라는 것을 알 수 있을 것이다. 법이나 윤리가 둘 다 규범적 성격을 띠지만 근본성에서 분명한 차이를 갖는다. 따라서 제대로 된 법과 올바른 법의 집행이 이루어졌을 경우야만 윤리적인 법, 윤리적인 법집행이라 말할 수 있다.

그리고 법이 윤리보다 훨씬 물리적 강제성을 띠는 것도 양자의 차이다. 양심수의 예에서 볼 수 있듯 법적인 처벌을 받는다고 해서 모두 비윤리적이라고 할 수 없다. 그러나 그렇다하더라도 법을 어기면 해당하는 처벌을 받는다. 양심적으로 파렴치한 행위가 분명한 경우라도 법을 어기지 않았으면 처벌받지 않는다. 그러나 아무리 선한 동기가 있었고 훌륭해 보이는 행위라 할지라도 법을 어겼으면 처벌을 받는다. 그리고 같은 맥락에서 규범이나 법을 어겼을 때의 감당해야 하는 부담도 그 성질이 다르다. 형편이 허락되면서도 옆에 있는 불우한 이웃을 돕지 않는 것은 양심적으로 부담을 느끼는 문제이지만, 교통법규를 위반하거나 절도를 하는 경우는 전혀 다른 종류인 물리적(경제적, 신체적) 부담을 감수해야 한다. 그렇다고 해서 양심적 부담이 물리적 부담보다 훨씬 가벼운 것이라는 말은 아니다. 예컨대 할 수만 있으면 탈세를 위해 법망을 피하고 싶어 하지만 법의 처벌이 두려워 마지못해 법을 지키는 기업인이 윤리적 각성에 의해 즉 양심적 부담감에 의해 형편이 어려운 학생들을 위해 선뜻 장학금을 내놓을 수 있기 때문이다. 이는 내면적으로 작용하는 윤리적 강제가 외적으로 작용하는 법적 강제보다 결코 가벼운 것은 아니라는 증거이기도 하다.

윤리와 도덕_ 이제는 법과 윤리의 구분보다 훨씬 더 까다로운 윤리와 도덕의 관계를 알아보자. 사실 윤리와 도덕은 일상생활에서 엄격하게 구분해 사용되지는 않는다. 어법상 또는 표현 과정상 서로 융통성 있게 쓰이고 있는 형편이다. 앞에서 보았듯이 어원적으로 도덕은 관습이나 범절의 의미를 지니고 있고, 윤리 역시 풍속 내지 관습을 의미한다. 이렇게 보면 윤리나 도덕은 어원적으로는 비슷한 의미를 지니고 있는 셈이다.

분명하게 해둘 것은 윤리학에서 도덕과 윤리는 개념적으로 별다른 차이 없이 사용되고 있다는 것을 먼저 밝히는 것이 좋을 것 같다. 윤리학은 우리가 도덕적 삶을 살아가는데 필요한 도덕의 기본적 원리만이 아니라, 도덕적 가치와 덕목에 관한 도덕지식, 나아가 이러한 도덕규칙과 가치에 부합할 수 있도록 행위자의 도덕적 품성을 탐구하는 학문이다. 윤리학의 탐구영역과 주제를 도덕적 진리의 탐구와 그 인식론, 도덕행위론, 도덕성 정당화론으로 설정하는 것도 도덕과 윤리의 영역이 따로 구분되는 것이 아니기 때문이다.

그럼에도 이 두 말이 구분되는 경우가 있다. 특히 한국사회에서는 두 용어가 일상에서 구별될 때가 있다. 예컨대, '기업윤리', '직업윤리', '공직자윤리', '정보윤리', '국회윤리위원회'라는 표현은 사용해도 '기업도덕', '직업도덕', '공직자 도덕', '정보도덕', '국회도덕위원회'라는 말은 잘 쓰지 않는다. 그리고 '공직자의 도덕성', '성직자의 도덕성' 등과 같은 표현은 사용해도 '정치인의 윤리성', '성직자의 윤리성'같은 말은 잘 쓰지 않는다. 이들 표현에서 알 수 있듯이 윤리는 한 집단 사회의 윤리적 기준 또는 어떤 직업이나 직책에 관련된 도덕 문제에 해당하는 것이라 할 수 있다. 반면 도덕은 각 개인이 자신의 행동을 살펴보는 기준, 한 개인의 덕성 또는 도덕적 인격, 성품에 해

당하는 개념이라 할 수 있다.[12]

윤리학에서는 학문적으로 윤리와 도덕을 아예 개념적으로 구별하여 사용하는 경우가 있다. 사하키안(W. S. Sahakian)의 경우가 가장 보편적일 텐데, 윤리는 이론에 관한 것으로, 도덕은 실천에 관한 것으로 규정하고 있다.[13] 도덕은 주로 양심, 자율성, 품성과 관련된 개인의 내면성 문제를 다루는 것으로 이해되고, 윤리는 도덕적 삶의 원리와 법칙 등 도덕규범을 다루는 것으로 이해되는 경우이다. 이것은 우리나라 교육의 교과목에서도 찾을 수 있다. 초등, 중등 과정에서는 도덕 과목을, 고등 과정에서는 윤리 과목을 배운다. 이것은 도덕이 실천적 내용을, 윤리가 이론적 내용을 다룬다는 의미가 반영되어 있다고 볼 수 있다.

도덕과 윤리를 엄밀히 구분하는 김용선의 경우는 도덕이 윤리보다 상위개념이며 윤리의 정당성은 도덕에 의해 검증을 거쳐야 한다고 주장한다.

> 윤리는 인간이 살아가면서 지켜야 할 기본적인 규범이며 도덕은 인간이 가져야 할 주관적이고 감성적인 격률이다. 그런데 이 같은 인간이 가져야 할 주관적이고 감성적인 격률이라는 점에서 도덕은 진실로 아름다운 지식이라 말할 수 있다. 그것은 도덕이 사회적 강제성으로 지켜져야 하는 것이 아니고 자율적 통제에 의해서 지켜져야 하는 것을 의미하는 것이기 때문이다. 반면 윤리는 사회 존속을 위해 강제성을 동반한다. 윤리는 사회를 지키기 위한 타율적 지침이다. 따라서 윤리는 도덕의 아류라 할 수 있다. 그것은 도덕의 세계가 이루어지지 않는 한 윤리의 세계는 그 기능을 발휘할 수 없기 때문이다.[14]

---

12 박이문, 『사유의 열쇠』(서울: 산처럼, 2004), 301-302 참조.
13 William Sahakian, *Ethics: an introduction to theories and problems* (New York: Barnes & Noble Books, 1974), 6.
14 김용선, 『지식 대 도덕』(서울: 철학과현실사, 1993), 249, 256.

도덕은 아름다운 지식이고 자율적 통제에 의한 자율적 준칙인 반면, 윤리는 사회를 지키기 위해 필요한 타율적 지침이며, 도덕의 일부분이다. 이러한 주장을 받아들이게 되면 도덕과 윤리, 도덕규범과 윤리규범, 도덕생활과 윤리생활의 개념도 당연히 구분되어야 할 것이다.

이에 비해 리꾀르(Ricoeur) 역시 윤리와 도덕의 개념을 매우 엄격하게 구분하면서 도덕보다는 윤리를 우선시하고 있다. 물론 리꾀르가 사용하는 윤리와 도덕은 그 의미를 분명히 이해할 필요가 있다. 그는 하나의 완성된 삶의 목표에 대해서는 윤리라는 용어를 사용하고, 보편성에 대한 요구와 강제효과에 의해 특징지어지는 규범들에 있는 이 목표의 명료화(articulation)에 대해서는 도덕이라는 용어를 쓴다.[15] 말하자면, 윤리는 '선'(좋음)과 관련된 것이고, 도덕은 '의무'와 관련된 것이다. 그래서 윤리는 완전한 삶의 목표에 연결되고, 도덕은 보편성과 강제효과를 동시에 가지는 규범에 연결된다. 그는 윤리를 우리 삶의 목표와 관련된 보다 넓은 의미의 영역을 다루는 것으로, 그리고 도덕을 우리의 의무적인 규범과 관련된 보다 좁은 의미의 영역을 다루는 것으로 간주하는 것이다.

윤리를 삶의 목표와 관련짓는 것은 그가 『해석의 갈등』(The Conflict of Interpretation)에서 스피노자를 언급할 때 구체적으로 잘 드러난다. 스피노자의 『에티카』는 일반적인 윤리학이 아니라, 그 속에 형이상학과 인식론을 동시에 포함하고 있는 철학 전체라고 할 수 있다. 거기서 윤리는 모든 것을 아우르는 개념이다. 리꾀르의 표현을 빌린다면, 윤리는 "철학의 전체 기획"이다.[16]

철학은 소외를 자유와 아름다움으로 변화시키는 한에서 윤리이며, 스피노자가 볼 때 이 전환은 자기 자신(the self)에 대한 인식이 유일한 실

15　Paul Ricoeur, *Oneself as Another* (Chicago: The University of Chicago Press, 1992), 170.

16　Ricoeur, *The Conflict of Interpretation*, 329.

체의 인식에 맞추어질 때 이루어지지만, 이러한 사변적 과정은 소외된 개인이 전체를 인식함으로써 변화되는 한에서 윤리적 의미를 지닌다. 철학은 윤리이지만, 윤리는 순수하게 도덕에만 관련된 것이 아니다. 우리가 "윤리"라는 단어의 스피노자적 용법을 따른다면, 우리는 반성이 도덕 비판이기에 앞서 윤리라고 해야만 한다. 그 목표는 존재하려는 노력에서 그리고 존재하려는 욕구에서 자아(ego)를 파악하는데 있다.[17]

삶에 있어서 '선'은 지향적이며 따라서 목표와 관련이 있다. 그것은 도덕적 의무의 옳고 그름의 문제나 당위의 문제 이전에 욕구나 이상, 신념, 소망의 문제이다.[18] 이러한 사고는 리꾀르가 윤리를 목적론에 그리고 도덕을 의무론으로 나누어 적용할 때 더욱 분명해진다. 그에 의하면, 윤리는 아리스토텔레스의 유산으로 목적론적 전망에 의해 특징지어지는 것이고, 도덕은 칸트의 유산으로 규범을 존경하는 의무에 의해, 즉 의무론적 관점에 의해 정의되는 것이다.[19]

이 두 이론은 서양 윤리학에서 중요한 두 전통이라 할 수 있다. 리꾀르는 두 이론 중에 어느 이론이 옳으냐를 선택하는 문제를 제시하지는 않는다. 그에게 있어, 윤리와 도덕, 즉 윤리적 이론에 있어서 목적론과 의무론은 상호보완적인 면을 가지는 것이다.[20] 물론 리꾀르는 윤리와 도덕이 각각 그 자체로 고유한 의미의 영역을 이룬다고 보았다. 그러나 이 둘의 지위를 동등하게 보지는 않았다. 그에 따르면, 윤리는 근원적인 개념인 반면, 도덕은 파생적인 개념이다. 말하자면 도덕적 의무는 윤리의 근본구조가 아니라는 것이다. 도덕은 윤리에 필수적인 것이긴 하지만 종속적이며 보완적인 것일

17　Ibid.

18　윤성우, 『폴 리꾀르의 철학』(서울: 철학과현실사, 2004), 227.

19　Ricoeur, *The Conflict of Interpretation*, 170.

20　Ibid.

뿐이다.

이상에서 살펴본 바와 같이 도덕과 윤리의 개념 규정이 학자들에 따라 상이하게 나타나고 있다. 저마다의 도덕과 윤리에 내포된 의미상의 차이를 유념하면서, 동시에 나는 그 개념적 차이에 크게 주목하지 않고 우리말의 언어적 쓰임에 맞추어 사용할 것이다.

2.6 도덕판단의 근거

인간이 타인들과의 관계 속에서 최선의 삶을 실현하기 위한 최선의 법칙이 윤리적 규범이다. 그리고 이러한 규범은 실천을 통해서 나타나기에 도덕에 관한 철학적 논의, 즉 윤리학을 인식론이나 형이상학 등의 이론철학과 대비해 '실천철학'이라고도 한다. 철학의 궁극적인 목표가 삶의 문제를 해결하는 데 있다면, 이러한 삶의 구체적인 문제 해결이 도덕적 실천이라는 방식으로도 가능할 것이다.

하지만 일상의 삶에서 윤리적 상황에 대해 인식할 때는, 이성적인 판단보다 감정적이고 의지적인 판단을 더 중요시하는 경향이 있다. 우리 사회에서 선거 때마다 경험할 수 있는 것이지만, 어떤 정치가가 교묘한 방법으로 경쟁자의 인격과 명예를 손상시킬 수 있는 허위정보를 유포하는 경우 그것이 명백히 "거짓말을 해서는 안 된다"는 규범을 어겼음에도, 비윤리적인 행위를 한 후보가 속한 지역과 그 지역에 근거를 둔 정당에 의존해서 편향적으로 판단하는 것을 흔히 보게 된다. 거짓말이나 거짓 행위는 자신이 싫어하는 지역과 정당 소속일 경우 비난의 대상이 되며, 자신이 지지하는 지역과 정당 소속일 경우 그것은 문제가 되지 않는다. 행위에 대한 판단 기준이 감정 의존적으로 달라지는 것이다. 심지어 이러한 이성과 동떨어진 감정적인 판단을 도덕적 열정의 징표 또는 민심(public opinion)이라는 이름으로 포장되거나 정치적으로 이용되기도 한다.

　그렇기 때문에 철학에서는 헬라 고전시대 이래 진리 추구를 위해선 감정을 경계하고 이성의 지도를 선택했으며, 이런 차원에서 감정어린 판단은 이성적 판단에서 진리를 발견하는데 장애물로 인식되어온 것이다. 도덕판단 역시 궁극적으로 가장 중요한 삶의 원칙을 발견하는 것이다. 이를 위해 감정은 비이성적이고 주관적이며, 편견이나 문화적 조건의 산물인 경우가 많기 때문에, 윤리학에 있어서도 중요한 것은 이성적 판단이 된 것이다. 이런 차원에서 모든 지식과 마찬가지로 도덕적 문제에 있어서도 실천적 규범은 이론적 지식을 고려하지 않으면 안 되었다. 소크라테스의 말대로 올바른 행위는 올바른 앎에서 비롯되는 것이다. 소크라테스에서는 앎이 곧 실천이다. 담배를 지나치게 많이 피울 경우 몸에 해롭다는 사실을 알면서 계속 해로운 담배를 피우는 사람은 없을 것이라는 것이 소크라테스의 생각이다. 그럼에도 실제적으로는 몸에 해로운 줄 알면서도 계속 피우는 사람들이 있다. 그들은 결국 참된 실천지(phronesis)를 갖지 못했기 때문이다. 실천지는 실천에 이른 앎을 말하는데, 그러한 어리석은 사람들은 이성이 탁월하지 못하기 때문에 바른 실천지를 갖지 못한 것이다. 플라톤과 아리스토텔레스의 윤리의 기본을 제시한 소크라테스의 경우를 보더라도 바른 윤리학을 위해서는 이론적인 영역이 반드시 필요하다는 것을 알 수 있다. 그러므로 도덕판단은 개인의 단순한 기호적인 선택이나 주관적인 취향의 표현이 아니라, 어떤 사태에 대한 합리적이고 객관적인 판단이어야 한다.

　윤리학의 핵심 문제는 좋고 나쁨, 옳고 그름 등의 도덕판단 또는 도덕적 구별의 객관적 기초와 근거를 밝히는 일이다. 이러한 작업은 다양한 윤리적 문제들에 대한 규범을 설정하는 기틀이 된다. '도덕적 행위와 판단을 구별할 수 있는 객관적 근거는 무엇인가?'이다.

　서양의 철학적 사유는 전통적으로 최고선이라는 도덕적 목표 아래서 삶의 가치와 이상을 추구해왔으며, 최고선에 도달할 수 있는 다양한 방책을 제시해주었다. 최고선을 인생의 궁극적 목표로 이해하고 이에 대한 탐구와 해명에서 출발했던 헬라 윤리학을 특징짓는 핵심개념은 행복(eudaimonia)과 덕이다. 소크라테스는 인간이 진정으로 행복하려면 어떻게 살아야 하는지에 대해서 탐구했다. 소크라테스를 비롯한 수많은 헬라인들은 행복한 삶 혹은 좋은 삶이란 이성 능력을 성공적으로 발휘하는 데서 얻어진다고 생각했다. 그들은 행복이란 인간의 본성에 주어져 있는 이성능력을 유감없이 발휘하는 데서 얻어지며, 그것이 곧 인간이 실현해야 할 목적이라고 생각했다. 다시 말해 행복이란 이러한 능력을 잘 발휘한 결과로서 갖추어야 하는 덕이며, 이 덕을 지님으로써 행복에 이를 수 있다고 보았다.

반면에 기독교 전통은 신의 명령에 대한 복종과 구원을 통한 최고선의 실현을 가르쳤다. 중세 신학자들은 도덕법칙은 신이 인간에게 명령한 것으로 인간의 영혼 속에 새겨져 있으며, 인간은 그 법칙을 알 수 있는 능력을 선천적으로 소유하고 있다고 생각했다. 그들은 그러한 능력이 양심이며, 도덕이란 그런 법칙에 따라 선을 추구하고 악을 피하는 것이라고 생각했다. 아우구스티누스에 따르면 인간은 도덕법칙을 인식할 수 있도록 신에게서 양심을 부여받았다. 그러나 중세 기독교윤리학의 실질적인 난점은, 이러한 양심 혹은 도덕적 인식가능성이 최고선을 실현하기 위한 충분조건이 되지 못한다는 데 있었다. 도덕적 선의 실현은 우선적으로 인간을 선으로 인도하는 신의 말씀에 따르려는 의지 자체의 정화를 요구했다. 그리고 토미즘(Thomism)적 자연법 사상에서 인간의 마음속에 새겨진 신의 말씀으로서의 양심 및 이로부터 추론된 도덕원리들은 직관적으로 자명한 것이었고, 직접적이든 간접적이든 도덕적 행위를 평가하는 근본척도로 옹호되었다. 물론 다른 한편 루터 이후 개신교 신학자들은 인간의 도덕적 지위의 근거가 되는 자연법을 신의 은총과 독립해 있는 것으로 보려하지 않았다. 만약 자연법이 신의 은총과 독립해 있다면 오직 신의 은총을 통한 구원이라는 신념이 훼손되는 것으로 이해했다. 아무튼 중세적 자연법은 인간이란 신의 영광을 구현하도록 만들어진 신성한 사회에서 중심적 역할을 하는 존재라 보았다고 할 수 있다.

고대와 중세의 도덕적 사상들이 지닌 공통점은 모두가 당시의 사회문화적 전통이나 역사적 상황과 관련한 세계관과 인간관, 그리고 특히 중세에는 기독교 사상이 전제되고 있었다는 점이다. 선이나 도덕적 규범은 특정한 자연의 목적이나 신의 의지와 같은 전제에 기초하여 인간에게 주어지거나 부과된 것으로 파악했으며, 그러한 관념에 근거하여 도덕적 지침과 덕목이 만들어졌다. 그러나 근대는 과학혁명과 지리상의 발견, 절대왕정의 쇠퇴와 시민계급의 등장 등 숱한 변화를 겪으면서, 도덕적 선에 대한 과거와 다른 이해와 규범이 필요하게 되었다. 그리하여 근대 윤리학의 핵심적 관심은 도덕적 사고의 규범과 기준을 새로이 정초하는 것이었다. 이는 달리 말해 신의 의지를 도덕적 규범의 근거로 삼는 중세 사유에서 단절하는 것을 의미한다. 즉 이는 인간보다 신을, 개인보다는 사회를, 육체보다는 영혼을 강조함으로써 신앙을 모든 인간적 사고보다 우선으로 여기는 신앙 우선적 사고에서 벗어난 것을 말한다. 근대적 윤리학자들은 인간의 이성이나 의지 또는 개인의 자연스러운 감정에서 도덕적 사고의 근거와 기준을 찾고자 했다. 근대 윤리는 단순히 도덕적 덕목을 탐구한 고대와는 달리 도덕적 사고의 가능성과 그 근거 그리고 규범적 당위성을 탐구하는데 주안점을 두었다.

그리고 그 관심은 크게 대별해 '도덕적 행위와 판단을 구별할 수 있는 객관적 근거가 이성에 기초하는가 아니면 감정에 기초하는가'의 문제로 좁힐 수 있으며, 이를 합리주의자들의 이성주의 윤리론과 경험주의자들의 감정주의 윤리론으로 표현할 수 있겠다.

2.6.1 이성주의 윤리

데카르트_ 우리가 옳은 것이라고 믿고 있는 것들은 정말로 옳은 것인가? 그것들은 더 이상 의심의 여지 없이 직관적으로 진리임을 보장할 수 있는 것들인가? 서로 다른 지역들의 풍습이나 관습이 제각각 상이한데, 보편적인 도덕이 가능한가? 우리가 도덕이라고 믿고 있는 가치들이나 옳은 것이라 믿고 있는 이 모든 것들이 오히려 우리에게 '자연의 빛'을 흐리게 하고 이성의 소리를 듣지 못하게 하여 수많은 오류에 빠지게 할 수 있을지도 모른다. 또 어쩌면 도덕은 웅장한 궁전처럼 보이지만 모래와 진흙 위에 세워놓은 누각과 다름없는 것인지도 모른다. 왜냐하면 덕이 존경받을 만한 것이기는 하지만, 경우에 따라 어떻게 하는 것이 덕인지 직관적으로 인식되지 않는 경우가 많기 때문이다.

도덕이나 관습이 우리의 판단을 속이는 것처럼 감각 또한 마찬가지로 우리를 자주 기만할 뿐만 아니라 잘못된 추론으로 빈번하게 오류를 저지르게 한다. 가장 쉬운 예로 착시현상을 들 수 있다. 한 사물이 갖고 있는 객관적인 성질이라고 할 수 있는 크기나 색깔, 모양 등이 반드시 우리가 눈으로 직접 보는 것과 일치하는 것은 아니다. 착시현상은 우리의 감각과 경험이 객관적인 사물을 그대로 인식하는 데 왜곡과 한계가 있다는 것을 보여준다. 이 점에서 감각이나 경험 또는 관찰에 기초한 인식이 실제 사물의 있는 그대로의 모습과 일치한다고 확신할 수 없다. 다시 말해 감각경험에 의존하는 지식은 주관적이거나 우연적일 수 있으며, 명증적이지 못하다는 것이다.

이 때문에 데카르트는 이전에 자신이 참된 것, 옳은 것이라고 믿어왔던 것들을 거짓된 것, 아니면 의심해야 할 것으로 이해하여 모두 버리는 한편, 더 이상 의심할 수 없는 명증적인 지식의 기초를 탐구하기 시작한다. 그리고 그 방법으로 '회의'를 사용한다. 데카르트는 『방법서설』 제4부에서 주저하지 않고 다음과 같이 선언한다.

나는 전에 증명으로 받아들였던 모든 근거들을 거짓된 것으로 폐기했다. 그리고 우리가 깨어 있을 때 갖고 있는 모든 생각은 잠들어 있을 때조차도 그대로 나타날 수 있는 것이며, 이 경우 참된 것이란 어떤 것도 없다. 나는 바로 이 점을 알았기 때문에 내 정신 안에 들어왔던 모든 것들이 내가 나의 꿈속에서 보았던 환영과 마찬가지로 더 이상 참이 아니라고 가정했다. 그럼에도 불구하고 내가 이와 같이 모든 것을 거짓으로 간주하고 있는 동안에도 이와 같이 생각하고 있는 나는 여전히 반드시 그 무엇이어야 한다는 것을 알게 되었다. 그리고 '나는 생각한다. 고로 나는 존재한다'라는 이 진리는 너무나 명확하고 확실한 것이어서 그 어떤 회의주의자의 가정조차도 이를 흔들어 놓을 수 없다는 것을 알게 되었다. 나는 이것을 주저하지 않고 철학하는 제1원리로 받아들이기로 결정했다.[21]

데카르트는 이와 같은 자신의 철학 하는 제1원리로부터 진리에 이르는 명확한 방법으로 직관과 연역을 제시한다. "우리가 다루려는 대상에 관해서 다른 사람들이 생각했던 것이나 우리 자신이 예측하는 것이 아니라, 오직 명석하고 판명적으로 직관되거나 아니면 확실하게 연역된 것만을 고찰해야 한다. 왜냐하면 오직 이와 같은 방식을 통해서만 지식은 획득될 수 있기 때문이다."[22] 그에게 직관이란 변덕스러운 감각에서 비롯된 믿음이나 사물을 그릇되게 묘사하는 상상력과는 근본적으로 다른 것이다. 직관이란 순수하고 주의를 집중한 정신이 이루어낸 단순하고 판명(개념의 내용적 요소가 가지는 성질을 명확히 인식하는 일)한 파악이기 때문에 어떤 의심도 할 수 없다. 따라서 이것은 오직 이성의 빛에 의해서 인식된 것이다. '순수'하다는 말은 신체나 감각 또는 상상력을 배제한다는 것이며, '집중'한다는 말은 정신을 혼란에

---

21 Renè Descartes, 『방법서설』, 이현복 역(서울: 문예출판사, 1997), 184-185.
22 Ibid., 23.

빠지게 하는 선입견이나 편견을 배제한다는 뜻이다. 이렇게 볼 때 직관이란 연역보다 순수하고 확실한 것이다. 예를 들어 우리는 직관을 통해 삼각형이 세 변으로 이루어져 있다는 것을 인식하는 것이다.

반면, 연역이란 명확하게 인식된 하나의 명제로부터 다른 하나의 명제가 필연적으로 도출된다는 것이다. 계속해서 길게 연결된 연쇄적인 하나의 사슬 속에서 사슬의 마지막에 있는 결론이 사슬의 맨 처음에 있는 것과 필연적으로 연결되어 있음을 밝히는 것이다. 이 점에서 연역과 직관은 다르다고 할 수 있다. 즉 연역이 연결 고리들에 대한 단계적인 검토를 요구하는 데 반해, 직관은 참된 원리 그 자체를 통찰하기 때문이다. 데카르트는 우리의 정신과 우리의 학문하는 방법은 오직 이 두 가지를 따라야 하는데, 그 이유는 이 두 가지 이외의 다른 모든 방법은 우리를 오류로 이끌어갈 수 있기 때문이라고 지적한다.

데카르트에게 직관과 인과적 필연성이라는 연역의 방법은 그의 자연에 대한 해석과도 직접적으로 맞닿아 있다. 그는 정신(또는 의식, 마음)이 아닌 우리의 신체나 자연, 기계에 대해서 이분법적인 입장을 제시한다. '사유하는 자아'로부터 자신의 존재를 인식하고, 이를 철학 하는 제1원리로 삼은 데카르트는 사유와 의식의 능력을 갖고 있지 않은 신체와 나머지 모든 자연을 구분 짓는다. 그리고 이 모든 것들은 정신과 생명이 아니라 기계적 속성을 지닌 인과적 필연성의 법칙에 따라 작동하는 것으로 파악한다. 존재하는 모든 것들을 정신(또는 의식)이나 아니면 물체, 즉 시간과 공간을 점유하고 있는 연장으로 파악하는 그의 입장을 '실체이원론'이라고 한다.

> 나는 내가 신체를 갖고 있지 않으며, 세계도 없으며, 내가 있는 장소도 없다고 가정할 수 있지만 그렇다고 내 자신이 전혀 존재하지 않는다고 가정할 수는 없다. 오히려 이와는 반대로 내가 다른 것의 진리성을 의심하려 생각하고 있다는 사실 그 자체에서 나는 내가 존재하고 있다

는 것이 너무나 명확하다는 결론에 이르렀음을 알게 되었다. 내가 단지 생각하는 것만 중단한다면 내가 존재하고 있었다는 것을 믿게 할 만한 어떤 근거도 없음을 알았다. 바로 이것으로부터 나는 하나의 실체이며, 이것의 본질 또는 본성이 오직 생각하는 것임을 알게 되었다. 또 존재하기 위해서 어떤 장소도 필요하지 않으며, 어떤 물질적 사물에도 의존하지 않는다는 것을 알게 되었다. 따라서 나를 나이도록 해주는 이 정신은 물체와는 전혀 다른 것이며, 심지어 물체보다 더욱 쉽게 인식될 뿐만 아니라 비록 물체가 존재하지 않더라도 정신은 스스로 끊임없이 존재하는 것이다.[23]

데카르트에게 정신이란 비물질적인 실체로서 그 속성은 사유이다. 정신은 알고, 느끼며, 의지하며, 의견을 제시하고, 추론하며, 의심하는 등의 다양한 사유 활동을 한다. 반면, 연장적 실체로서 물질(또는 물체)은 다양한 형태와 모양을 지니며, 공간을 차지하고 운동을 한다. 따라서 정신과 물체 사이에는 근본적인 차이점이 존재한다. 데카르트는 『성찰』의 제6성찰에서 정신과 연장(또는 신체)으로서 실체에 대해 다음과 같이 설명한다.

정신과 신체 사이에는 큰 차이가 있다. 즉 물체는 본질적으로 언제나 분할 가능하지만 정신은 절대 분할할 수 없다. 실제로 내가 정신을 오직 사유하는 행위를 가지고서만 생각해볼 때 나는 이 경우 정신을 나눌 수 없으며, 오히려 나와 정신이 완전히 하나이자 통합된 것으로 이해하고 있음을 알 수 있다. 비록 나의 정신이 신체와 결합되어 있는 것처럼 보이지만, 만약에 팔, 다리 등 신체의 어느 한 부분을 잘라낸다고 하더라도 나는 그 때문에 내 정신으로부터 어떤 무엇인가가 제거되었다고 하지는 않는다. 그뿐만 아니라 의지력, 이해력, 감각 및 개념화 능력 등을 단지

---

23 Ibid., 186.

정신의 일부분에 지나지 않는다고 해서는 안 된다. 왜냐하면 이러한 모든 활동을 하는 주체는 언제나 하나의 동일한 정신이기 때문이다. 따라서 정신은 신체적이거나 연장적인 것들과는 완전히 다른 것이다.[24]

인간의 가장 중요한 속성을 정신으로부터 발견한 데카르트는 이것을 (인간의 신체를 포함한) 인간이 아닌 나머지 모든 자연세계의 존재들에게까지 확장하여 적용한다. 다시 말해 실체이분법적인 구도를 인간의 정신과 비인간, 즉 나머지 자연세계로 확대하여 적용한다.

만약에 원숭이 또는 이성이 없는 다른 동물들과 똑같은 기관과 모양을 하고 있는 기계가 있다면 우리는 바로 이러한 기계가 원숭이 또는 이성이 없는 다른 동물과 똑같은 본성을 지니고 있다고 할 수밖에 없다. 반면, 우리의 신체와 비슷하고 우리의 행동을 아무리 비슷하게 모방해 낼 수 있는 기계가 있다고 할지라도 그것이 진정한 인간일 수 없는 두 가지 명확한 이유가 있다. 첫째, 그와 같은 기계는 우리가 다른 사람들에게 자신의 생각을 이해시키기 위해서 말을 사용하거나 아니면 다른 기호를 조합하여 사용하는 경우가 결코 없다는 점이다. … 둘째, 그와 같은 기계가 어떤 일을 매우 잘 처리한다고 해서 또 다른 일을 역시 잘 처리해낸다는 것은 아니다. 이로부터 기계는 인식이 아니라 전적으로 기관의 배치에 따라서만 작동한다는 것이 드러난다. 왜냐하면 인간의 이성이란 모든 상황에 대해서 적절히 대처할 수 있는 보편적인 도구인 반면, 그와 같은 기계는 어떤 특별한 일을 수행하기 위한 개별적인 배치와 기관들을 통해서 이루어져야 하기 때문이다.[25]

---

24 Renè Descartes, 『성찰』, 이현복 역(서울: 문예출판사, 1997), 117.
25 Renè Descartes, 『방법서설』, 213.

데카르트에게 인간의 고유성은 정신능력으로서 이성, 즉 대화와 토론, 의사소통 능력에 있는 반면, 물체와 기계는 엄밀한 기계적 작동원리를 따르는 필연성의 지배를 받는 데 있다. 이 점에서 인간과 같은 정신능력을 지니지 않는 모든 존재는 동일한 범주의 연장적 실체에 지나지 않는다. 그에게 동물이나 자연은 일종의 '자연적인 자동 기계' 장치에 지나지 않는다. 반면, 아무리 적은 이성을 지닌 사람일지라도, 또 선천적으로 청각이나 시각 장애, 심지어 지적인 장애를 갖고 있는 사람일지라도 이들은 가장 탁월한 동물보다 더 우월한데, 그 이유는 이들은 자신의 의도와 생각을 표현할 수 있는 자기 나름의 다양한 상징화 능력을 갖고 있기 때문이다. 그렇지만 동물에게는 인간의 행위를 모방하여 행동하는 그 이상의 능력은 없다는 것이 데카르트의 생각이다.

인간이 갖고 있는 정신능력을 가치의 중심에 놓고 이로부터 인간에 대한 절대적 가치와 존엄성을 주장하는 입장을 일반적으로 '인간중심주의'라고 한다. 우리는 오직 인간만을 도덕적 자격과 고려의 대상으로 주장하는 반면, 정신능력이 없는 나머지 자연을 도덕적 고려의 대상에서 완전히 배제하는 데카르트의 자연관으로부터 이러한 인간중심주의의 전형을 발견할 수 있다. 그에게 동물 또는 자연이란 단지 필연성의 지배를 받은 기계적인 자동 장치에 지나지 않는 것이었다. "오히려 동물은 정신을 전혀 가지고 있지 않으며, 각 기관의 배치에 따라서 작동하는데, 이것이 바로 자연이다. 이것은 마치 시계가 톱니바퀴와 태엽만으로 만들어지지만 우리가 가지고 있는 능력보다 더 뛰어나게 시간을 정확하게 가리키고 있는 것과 같다."[26]

데카르트에 관한 지금까지의 내용은 대략 다음과 같이 요약할 수 있겠다. 첫째, 그는 명증적 지식을 얻기 위해 의심이라는 방법을 채택했다. 둘째, 그는 학문에서 직관과 연역의 방법만이 신뢰할 수 있다고 확신했다. 셋째,

---

[26] Ibid., 212.

직관과 연역은 인간에게 주어진 본유적 관념(innate idea)으로서 사유와 정신능력이 있기 때문에 가능하며, 이것이 인간의 고유한 속성이다. 넷째, 바로 이러한 속성을 통해 인간은 나머지 자연과 구별되는 매우 특별한 존재이다.

이로부터 우리는 데카르트가 인간과 자연에 대해서도 자신의 실체이원론에 기초한 이분법을 일관되게 적용하고 있음을 발견한다. 다시 말해, 그에게 자연이란 생명력이 없는 죽은 대상에 지나지 않으므로 인간이 자신의 실용적 이익을 위해 자연에 대해 행사하는 모든 간섭과 조작은 도덕적으로도 정당화된다. 그는 『방법서설』 제6부 "자연의 탐구를 더욱 진전시키기 위해 필요한 것, 또는 이 책의 집필 동기"에서 인간의 자연에 대한 이해를 간명하게 정리하여 제시한다.

> 우리는 주변의 모든 물체의 힘과 작용을 명확하게 앎으로써 장인처럼 이 모든 것을 적절하게 사용하고, 이를 통해서 우리는 자연의 주인이자 소유자가 될 수 있다. 이것은 지상의 열매와 모든 유용함을 제공하는 수많은 기술의 발명을 위해서도 바람직하며, 의심의 여지 없이 삶에서 최고선이자 다른 모든 선의 기초인 건강을 유지하기 위해서도 바람직한 일이다.[27]

오늘날 생태문제의 가치론적 배경으로 인간과 자연 사이의 이분법을 지적하는 것에 대해 일반적인 의견의 일치가 이루어져 있다. 또 이러한 이분법의 결과로서 인간의 목적을 위한 자연의 도구화가 생태 문제의 원인을 제공하는 중요한 단서가 되었다는 점에 대해서도 학문적으로 이견이 없는 것 같다. 그리고 이와 관련된 내용과 관점이 베이컨을 비롯한 근대 데카르트의 사상에서 가장 두드러지게 발견되고 있다는 지적에 대해서도 이견이

---

[27] Ibid., 220.

없다. 수동적이고 생명이 없는 자연, 그렇기 때문에 인간의 지배대상이 되어 인간의 복지와 이익을 위한 도구로서만 존재 이유가 부여되는 자연은 이후 서양의 근대 사상에서 일반적인 자연관이 되었다.

그리고 데카르트는 도덕에 관한 관심을 이론적으로 체계화하기 앞서 일상적인 생활을 규제하는 도덕을 제안하는데, 그것이 소위 '잠정적 도덕'(morale provisoire)이다. 이를 통해 제시하는 격률은 다음과 같다.[28] 첫째 자기 조국의 법률과 습관에 복종하고 신의 은총에 의해 어릴 적부터 가르침을 받아온 종교를 확고하게 지키고, 그 외의 것에서는 극단적인 것을 멀리하고 내가 함께 살아가야 하는 사람들 중에서 가장 분별 있는 사람들이 일상의 실제생활에서 취하고 있는 가장 온건한 의견에 따라 살아야 한다. 둘째 나의 행동에서 가능한 한 확고하고도 단호한 태도를 견지할 것이며, 아무리 의심스러운 의견이라도 일단 결심했을 경우에는 그것이 가장 확실한 경우와 마찬가지로 변함없는 태도로 그것에 지속적으로 따라야 한다. 셋째 언제나 주어진 운명에 따르기 보다는 오히려 자기 자신을 이기는 데 힘을 쓰고, 세계의 질서를 바로잡으려하기보다 자신의 욕망을 바꾸어보는 것에 힘써야 한다. 그리고 이러한 일에 익숙해지도록 훈련과 명상을 반복해야 한다.

스피노자_ 스피노자는 데카르트의 철학과 자연과학에 관심을 가졌으며, 데카르트의 실체 이원론을 극복하는 범신론적 체계를 확립했다.[29] 그가 데카르트의 영향을 받았다는 말은 스피노자의 학문적 방법론이 연역적·수학적·기하학적인 원리를 따르고 있다는 뜻이다. 스피노자는 자신의 『윤리

---

28 Renè Descartes, 『데카르트의 삶과 진리추구』, 이종훈 편역 (서울: 이담, 2012), 62-75.

29 스피노자는 참된 실체는 오직 신뿐이고 데카르트의 사유하는 실체와 연장하는 실체는 실체가 아니라 유일한 실체인 신의 속성 중 하나(변양태)일 뿐이라 주장했다. 그렇기에 신은 자신을 만들어내고 세계가 되었으므로 신은 곧 세계라는 주장이 가능했던 것이다. 이런 맥락에서 "신 즉 자연"이라는 범신론적 사고를 견지했다 하겠다.

학』(Ethica)을 자신이 자명하다고 생각하는 공리들로부터 출발하여 정리와 명제들을 이끌어낸다. 일단 자신의 주장에 자명한 것 또는 연역적으로 논증된 것으로 밝혀지면 그는 이를 충분히 이용하여 그 이후의 논증들을 계속해 나간다. 만일 어떤 언명이 그 자체로 자명하거나 아니면 자명한 공리부터 연역적으로 도출될 수 있는 것이라면 그것이 확실하게 참이라는 사실을 알 수 있다. 따라서 그것은 그로부터 도출되는 다른 명제들을 증명하는 데 안전하게 사용될 수 있다는 것이다. 또한 그는 인간과 자연 세계가 모두 거대한 기계적인 법칙이라는 필연성의 원리, 즉 인과성의 지배를 받는다고 생각했다.[30]

따라서 '자유'의 개념이 스피노자에게선 독특하다. "자유란 오직 자신의 본성에 의한 필연성에 따라서만 존재하며, 즉 자기 자신에 따라서만 존재하고 행동하도록 결정되는 것을 가리킨다."[31] 말하자면 스피노자는 자유롭다는 말을 자기 내면의 법칙을 따른다는 뜻으로 사용하고 있다. 또 내면의 법칙을 따른다는 말은 필연성의 원리를 따른다는 뜻이기도 하다. 따라서 그에게 자유와 필연은 서로 대립하는 개념이 아니라 서로 같은 의미를 지닌 개념이다. 반면 그에게 자유와 대립하는 개념은 구속으로, 이것은 외적 조건에 의해서 강제되거나 제약을 받음으로써 존재하게 되는 것을 말한다. 그러므로 우리가 '어떤 것에 대해 의지를 갖고 의욕한다'는 뜻의 "'의지'는 '자유'에 근거하는 '원인'일 수 없고 단지 외적 요인에 의한 필연적 원인, 즉 강제적 원인이라고 할 수 있다(제1부 정리 32)."[32] 이렇게 볼 때 스피노자가 사용하는 자유의 의미는 우리가 일반적으로 사용하는 의지의 자유 또는 자유의지의 개념과는 다른 것이라고 할 수 있다.

스피노자의 자유 개념은 인간에게만 적용되는 것이 아니라 신에 대해

---

[30] Rober Arrington, 『서양 윤리학사』, 295.
[31] Spinoza, 『에티카』, 강영계 역(서울: 서광사, 1990), 14.
[32] Ibid., 49.

서도 그대로 적용된다. 보다 정확히 말하면 신에 대해서 적용되는 자유의 개념이 인간을 포함한 모든 존재하는 것들에 대해서도 똑같이 적용된다고 해야 한다. 이렇게 볼 때 '신적인 필연성'은 신의 본질이자 사물의 본질을 의미한다고 하겠다. "사물의 본성에는 어떤 것도 우연히 주어진 것이란 없으며, 모든 것은 일정한 방식으로 존재하고 작용하도록 신적인 필연성에 의해 결정되어 있다(제1부 정리 29)."[33] 즉 존재하는 모든 것들은 신적인 본성에 따라 일정한 방식으로 필연적으로 존재하도록 되어 있기 때문에 신 안에서만 존재할 수 있다. 따라서 그 어떤 존재도 우연적으로 존재할 수 있는 것은 없다.

마찬가지로 우리가 갖고 있는 인식이 참이기 위해서는 오직 신의 무한한 본성과의 관계 속에서만 파악되어야 한다. 우리의 인식이 참이라는 뜻은 우리가 신적인 필연성의 원리에 따라 인식하고 있음을 표현하고 있다는 것과 같은 의미이다. 물론 우리가 오류를 범하고 있다는 말은 신적인 본성으로서 필연성의 원리를 어기고 외적 요인에 의해 자의적으로 인식하고 있다는 뜻이다. "우리의 모든 관념은 오직 신과의 관련성 안에서만 참이다(제2부 정리 32)."[34] "사물에 대한 타당하지 못한 인식으로서 허위는 타당하지 못한 관념이며 이것은 인식의 결핍에서 생긴다(제2부 정리 35)."[35] "이성의 본성은 사물을 우연에 의해서가 아니라 필연적으로 고찰하는 것이다(제2부 정리 44)."[36]

우리의 이성이 사물을 참되게 인식한다는 말은 신적인 필연성의 원리에 따라 인식한다는 것을 의미한다. 스피노자는 이것을 가리켜 사물을 "영원한 존재(즉 신)의 형식에 속하는 것으로 파악하는, 달리 말해 일반적으로 영원의 상(像) 아래서(sub specie aeternitatis) 바라보는 것"이라 말한다.[37] 즉 현실

---

[33] Ibid., 47.
[34] Ibid., 101.
[35] Ibid., 102.
[36] Ibid., 112.
[37] Ibid., 113.

적으로 존재하는 모든 것들은 신의 영원하고 무한한 속성을 표현하고 있기 때문에 우리는 이것들을 오직 신의 무한한 본질(또는 본성)에 따라서만 인식해야 한다는 것이다. 그리고 오직 이 경우에 한해서만 우리의 인식은 참, 즉 타당한 인식일 수 있고, 또 오직 이와 같은 이성적인 관조를 통해서만 평온한 행복에 이를 수 있다는 주장이다.

"정신은 자기 자신과 함께 자신의 활동 능력을 인식할 때 기쁨을 느낀다. 그리고 자신의 활동 능력을 자신과 함께 보다 명확하게 인식하면 할수록 더 큰 기쁨을 느낀다(제3부 정리 53)."[38] 스피노자는 우리의 인식활동이 신적인 필연성과 하나가 되어갈수록 그 기쁨 또한 더욱 커지는 것이라고 생각했다. 그리고 여기서 그가 말하는 '기쁨'이란 인간이 더 작은 완전성에서 더욱 큰 완전성으로 옮겨가는 과정을 의미한다. 반면 '슬픔'이란 그 반대이다.[39] 이것은 우리의 정신이 수동적인 상태, 즉 정서에 지배되어 예속되어 있는 상황을 말한다.

인간의 정신은 작용을 하기도 하지만 작용을 받기도 한다. "정신이 타당한 관념을 지닌 경우에는 필연적으로 작용하지만 타당하지 못한 관념을 지닌 경우는 필연적으로 작용을 받는다(제3부 정리 1)."[40] 스피노자가 말하는 '작용'이란 우리의 본성이 오직 내적인 원인(즉 신적인 필연성)에 의해서만 활동한다는 뜻이다. 따라서 정신이 타당한 관념을 지닌다는 것은 신의 본성(즉 자연)에 따르는 타당한 인식을 하고 있다는 뜻이고, 타당하지 못한 관념을 지닌다는 것은 부분적인 원인에 따르는 인식을 하고 있다는 뜻이다. 스피노자는 이것을 '정신의 능동'과 '정신의 수동'이라는 용어로 설명한다. 즉 정신이 능동적으로 작용을 하는 경우는 타당한 관념을 지니며 수동적으로 작용을

---

[38] Ibid., 180.
[39] Ibid., 189.
[40] Ibid., 132.

받는 경우는 타당하지 못한 관념을 지닌다는 뜻이다.[41]

"모든 존재는 자신의 존재를 지속하려고 하며 이것이 사물의 본질이다(제3부 정리 7)." 스피노자는 인간을 포함한 모든 존재하는 것들의 본성을 '코나투스'(conatus), 즉 자기 보존 욕구라고 생각했다.

> 코나투스가 정신에만 관계될 때에는 의지(voluntas)라고 일컬어지지만, 그것이 정신과 신체에 동시에 관계될 때에는 충동(appetitus)이라고 일컬어진다. 그러므로 충동은 자신의 유지에 유용한 것에서 생겨서 인간으로 하여금 그것을 행하도록 하는 인간의 본질 자체에 지나지 않는다. 다음으로 충동과 욕망의 차이는 욕망은 자신의 충동을 의식하는 한 주로 인간에게 관계된다는 것뿐이다. 따라서 욕망이란 의식을 동반하는 충동으로 정의될 수 있다. 그러므로 이상의 모든 것에서 다름과 같은 사실이 분명해진다. 즉 우리는 그것을 선이라고 판단하기 때문에 그것을 향하여 노력하고 의지하며 충동을 느끼고 욕구하는 것이 아니라, 반대로 노력하고 의지하며 충동을 느끼고 욕구하기 때문에 어떤 것을 선이라고 판단한다(제3부 정리 9).[42]

스피노자는 이러한 코나투스를 유지하고 나아가 완성하는 삶을 이상적이고 행복한 삶이라고 생각했다. 만약에 우리가 타당한 관념을 지닌다면 우리는 그에 비례하여 자기 보존을 이룰 수 있을 것이다. 이 때문에 우리의 정신은 우리에게 '기쁨'(스피노자는 인간의 정신이 더 큰 완전성을 향해 나가는 것을 기쁨이라고 표현한다)[43]을 가져다줄 것이라고 생각하는 것들에 대해서는 촉진시키려고 노력하지만 그와 반대되는 '슬픔'(이것은 더 작은 완전성을 향해 나가는 것이다. 양심

---

41 Ibid., 138.
42 Ibid., 164-165.
43 Ibid., 189.

의 가책이라고도 할 수 있다)을 가져다줄 것이라고 생각하는 것들에 대해서는 회피하려고 한다. 물론 이 모든 것들은 '자연, 즉 신적인 본성과의 관계 내에서만'이라는 것을 전제로 하고 있다. 그리고 이 모든 과정은 우리의 정신이 보다 큰 완전성으로 이행해가는 과정이다.

스피노자는 정신과의 관계 속에서 '정서'(또는 정념)를 정신이 수동적인 상태에 놓여 있는 것, 혼란한 관념을 지닌 정신으로 이해했다.[44] 따라서 인간의 정신이 정서의 지배를 받고 있는 상황 또는 인간의 정신이 무능력하여 정서를 억제하지 못하는 상황을 두고 정신이 예속(또는 노예)의 상태에 놓여 있다고 설명한다. 따라서 그에게 정신이 예속적 상황에 놓여 있다는 말은 정신이 부당한 관념을 지니고 있거나 본성에 대한 인식의 결핍으로 오류에 빠져 있다는 뜻이다.[45] 그러므로 악은 부당한 인식이다.[46] "각각의 개인은 자신의 이익을 추구하면 할수록, 즉 자신의 존재를 유지하기 위해 노력하면 할수록 더욱더 유덕하게 된다. 반대로 자신의 존재를 유지하려는 노력을 소홀히 하면 할수록 무력해진다(제4부 정리 20)."[47]

그러므로 우리의 정신이 정념의 노예상태로부터 해방되기 위해서는 인간의 본질인 정신의 덕이 자기 보존을 위해서 작용하도록 하는 노력이 반드시 필요하다. 즉 자신의 본성과 반대되는 외적인 원인에 지배되지 않도록 해야 한다. 예를 들어 금식이나 자살행위는 자신을 자신의 본성인 필연성의 원리에 따라 존재하지 못하게 하는 것이기 때문에 외적인 조건에 좌우되는 것이라고 할 수 있다. "그 어떤 덕도 자기를 보존하려는 노력보다 우선할 수 없다(제4부 정리 22)."[48] "참으로 덕 있는 행동이란 이성

---

[44] Ibid., 202.
[45] Ibid., 213.
[46] Ibid., 265.
[47] Ibid., 228.
[48] Ibid., 228.

의 지도에 따라 자기 이익을 추구하는 것이다(제4부 정리 24)."[49] "인간 정신의 최고선은 신을 인식하는 것이다(제4부 정리 28)."[50] "모든 것은 자신의 본성과 일치하는 경우에만 필연적으로 선이다(제4부 정리 31)."[51] "인간은 이성의 지도에 따를 경우에만 언제나 본성과 필연적으로 일치한다(제4부 정리 35)."[52]

스피노자는 신, 즉 자연의 일부인 인간의 본성을 정신, 즉 이성으로 파악했다. 따라서 인간에게 가장 이상적인 삶이란 자신의 본성의 근거인 신(자연)의 본성에 맞는 것이 무엇인지를 인식하고 인식한 그대로 살아가면 되는 것이다. 그리고 이렇게 살아가는 것이 자신을 보존하려는 욕구와 정확히 일치하는 삶이며, 그렇기 때문에 자신의 이익에 가장 잘 부합하는 것이다. 이 점에서 모든 사물은 자신의 본성과 일치하는 활동을 하는 한 필연적으로 선인 것이다. 또한 정념과 열정에 복종하는 삶은 인간의 본성과 대립하는 삶이다.

스피노자에 따르면 이성의 지도에 따르는 삶의 결과로서 얻게 되는 것이 바로 '자기만족'이다. "자기만족은 이성으로부터 나오며 이성으로부터 나오는 이 만족만이 최고의 것이다(제4부 정리 52)."[53] 오직 자신의 이성적 본성에 따라서만 인식하는 행위는 결과나 조건을 염두에 두고 하는 행위가 될 수 없다. 왜냐하면 목적이나 결과를 염두에 둔다는 것은 외적인 조건이나 상황 아니면 자신의 본성과는 어긋나는 세속적인 그릇된 가치에 예속되어 있다는 의미이기 때문이다. 마찬가지로 우리가 오직 신적인 필연성에 따라서 이성에 의해서만 인식하고 행위한다면 적어도 자신이 무능력이나 나쁜 욕망 때문에 주어지는 자기 비하나 후회 또한 하지 않을 것이다. 이성은 자

---

[49] Ibid., 229.
[50] Ibid., 231.
[51] Ibid., 233.
[52] Ibid., 236.
[53] Ibid., 254.

연에 반대되는 그 어떤 것도 요구하지 않으며 단지 자신의 본성에 충실하기만 할 뿐이다. "가장 유익한 삶이란 지성 또는 이성을 완전하게 하는 삶이다. 인간은 오직 이것을 통해서만 최상의 행복, 즉 지복에 이를 수 있다. 물론 지복이란 신을 직관적으로 인식함으로써 오는 정신의 만족일 뿐이다. 즉 신의 본성과 신의 본성으로부터 나오는 필연성의 내용들을 파악하는 것에 불과하다. 그러므로 이성에 의한 인도만이 모든 것을 타당하게 파악하도록 한다(제4부 부록 제4항)."[54]

결론적으로 인간이 자연의 일부가 아닐 수 있다는 것은 완전히 그릇된 인식이다. 그렇기 때문에 인간은 자연의 공통된 질서를 반드시 따라야 한다. 선이란 이성의 이러한 활동을 촉진하는 것을 의미하며, 악이란 이성의 이와 같은 활동을 방해하는 것을 말한다. 우리의 이성은 이로써 자유에 이를 수 있게 된다. "자유인의 지혜는 그가 죽음에 대해 생각하지 않고 삶을 성찰한다는 것에 있다(제4부 정리 67)."[55] "자신과 자신의 (기쁨의) 정서를 명확하게 인식하는 사람일수록 신을 한층 더 사랑한다(제5부 정리 15)."[56] "신에 대한 사랑은 정신을 가장 많이 소유함으로써 가능하다(제5부 정리 15)."[57] "신 안에는 인간의 본질을 영원한 상(像) 아래서 표현하는 관념이 필연적으로 존재한다(제5부 정리 22)."[58]

자유인은 오직 이성의 명령에만 따르기 때문에 죽음이 주는 공포나 세속의 일반적인 칭찬이나 분노에 좌우되지 않는다. 그는 오직 이성에 따라서만 행위할 뿐이기 때문에 또한 자유롭다. 또 그는 자신의 원인이자 자기 본성의 원인인 신 속에 자신을 표현하는 관념이 필연적으로 존재한다는 것을

---

[54] Ibid., 273.
[55] Ibid., 267.
[56] Ibid., 301.
[57] Ibid., 301.
[58] Ibid., 302.

이성을 통해 관조한다. 이것은 다음과 같은 명제를 함의한다. "우리의 정신은 자신과 신체를 영원한 상 아래에서 인식하는 경우에만 신에 대한 인식을 필연적으로 소유하게 되며, 이러한 인식은 자신이 신 안에 있으며 또한 신에 의해서 자신이 파악된다는 것을 아는 것이다(제5부 정리 30)."[59]

스피노자는 인간을 포함하여 각각의 사물이란 자연의 일부로서 저마다의 고유한 본질과 속성을 지니며, 그러한 속성은 각각의 사물들을 저마다의 고유한 질서와 법칙 아래에 놓이게 한다고 생각했다. 그런데 각각의 사물들이란 개별적으로도 자연이지만 종합해서 말한다면 전체로서의 자연이기도 하다. 각각의 사물들이 저마다의 고유한 질서와 법칙에 따라 존재하듯이 전체로서 자연 또한 질서와 법칙에 따라 이루어진 필연성의 원리를 따른다. 마치 거대한 하나의 기계처럼 잘 짜맞추어진 전체로서의 자연은 상호 필연적인 인과성을 지니면서 운영된다.

그런데 자연의 일부로서의 인간인 인간의 본성은 이성이기 때문에 인간은 이러한 전체로서의 자연(스피노자는 이것을 그 자체로서 존재하며 무한한 속성을 지닌 자, 즉 신이라 한다. 신, 즉 자연)에 내재하는 필연성의 원리를 오직 이성에 의해서 관조하지 않으면 안 된다. 왜냐하면 각각의 사물은 저마다 지니는 본성을 보다 완전한 모습, 즉 전체로서 자연의 본성과 하나가 됨으로써 자신을 가장 완전하게 보존할 수 있기 때문이다. 따라서 인간은 자신의 본성인 이성을 통해 자연의 본성이자 신의 본성 안에 내재하는 필연성의 원리를 인식하고 이에 따름으로써 자신의 본성을 완전히 실현해야 한다. 신적인 본성을 인식하려는 인간의 이와 같은 노력을 스피노자는 "신에 대한 인간의 지적인 사랑"(amor intellectualis dei)[60]이라고 표현한다. 그리고 이러한 지적인 사랑의

---

[59] Ibid., 310.
[60] 제5부 정리 33. Ibid., 357-358. 스피노자는 신에 대한 지적인 사랑은 정념으로서의 사랑이 가지는 결함이 없다는 점을 강조한다. 신에 대한 사랑은 정신에서 가장 중요한 자리를 차지해야 하고, 또한 미움으로 변할 수 없다. 더 나아가 그것은 이기적이지도 않고 질투나 시기심으로 더럽혀질

결과는 자기만족이자 지적인 만족(또는 구원)이다. 그에 의하면 우리에게 진정한 의미의 자유란 바로 이 지점에 존재한다. 이를 통해 인간은 자신이 도달할 수 있는 최고의 경지, 즉 평온한 행복에 이르게 된다. 이는 또한 정념의 예속 상황에서 해방된 자유인의 경지이기도 하다.

라이프니츠_ 스피노자는 신만이 실체요, 만물은 신의 한 양태라고 했음에 대해, 라이프니츠는 모든 개체가 각각 활동하는 힘을 지닌 실체라고 하면서 다원론적 실체론을 제시했다. 이런 실체들을 그는 각각 '단자'(monad)라 했다. 따라서 그의 철학체계를 단자론[61]이라 일컫는 까닭이 여기에 있다. 단자는 궁극적인 불가분의 단순한 실체로서 만유를 조직·구성하는 독립적인 개체를 의미한다. 그러나 단자는 원자와는 다른 것이다. 단자는 연장되지 않으며 모양도 크기도 없다. 단자는 수학적이거나 물질적인 점이 아니라 형이상학적으로 현존하는 점(點)이다. 개별적 단자들은 서로 독립적이며 상호간에 어떠한 인과관계도 갖지 않는다. 모양도 크기도 없는 점이란 상상하기 어렵지만, 라이프니츠가 의도했던 예는 단자를 물질적인 원자와 구별하고자 했다. 따라서 단자는 다음과 같은 점에서 원자와는 근본적으로 다르다. 첫째로, 원자는 양적 차이는 있으나 질적으로는 같은 것임에 반해, 단자는 서로 질적인 차이를 갖는다는 것이다. 라이프니츠에 의하면 전혀 동일한 두 개의 개체적 실체는 존재하지 않는다. 따라서 단자는 하나하나가 각각 독자적인 세계다. 둘째로, 원자는 공간적 크기를 갖지만, 단자는 불가분의 '형이상학적인 점'인 것이다. 아무리 미세하다 해도 그것이 공간적인 것을 갖는

수도 없다. 그렇기에 신에 대한 사랑은 적합한 관념에 기반을 두지 않고 혼동과 허위에 종속된 "신에 대한 상상적 사랑"이 아니라 "신에 대한 지적인 사랑"이 되어야만 신을 사랑하는 사람들이 이성적 행위자로서 그들의 전적인 힘(코나투스)을 발휘할 수 있게 되는 것이다.

61　라이프치히 단자론에 관해서는 스텀프와 피저의 저술에서 주로 인용했다. Samuel Stumpt & James Fieser, 『소크라테스에서 포스트모더니즘까지』, 이광래 역(서울: 열린책들, 2005), 377.

이상 그것은 분할 가능해야 한다. 단자는 이러한 공간적 규정을 넘어선 비물질적 실체다. 라이프니츠에 의하면 공간이란 비실재적인 것이며, 그것은 주관적인 표상에 불과하다는 것이다. 그는 주장하기를 우주 또는 자연계는 모든 곳에서 이러한 단자로서의 통일성과 작용력을 갖춘 살아 있는 유기체로 채워져 있다는 것이다.

이러한 단자는 다음과 같은 특성을 가지고 있다. 즉, 단자는 외부와 교섭하는 창을 가지고 있지 않다.[62] 단자는 다른 것과 합성되지 않고 분해할 수 없는 것이기 때문에 영원하며 생성·소멸되지 않는다. 또 단자는 비공간적이기 때문에 외부로부터 어떠한 영향을 받지도 않으며, 서로 간에 작용하는 법도 없고 일체의 변화는 완전히 내적 원리로부터 자발적·독립적으로 자기 안에서 생겨나는 것이다. 따라서 단자는 각각 절대로 독립적이며, 이런 단자에는 사물이 출입할 수 있는 창이 없는 것이다. 그뿐만 아니라 단자의 본질은 정신이라고 일컬으면서, 라이프니츠는 단자의 본질을 비물질적인 것으로 강조하고 있다. 이런 각각의 단자는 서로 구별되며 그 자신의 행동 원리와 힘을 갖추고 있다는 것이다.

우주는 단자를 구성 요소로 하는 합성체다. 이런 단자들은 하나의 계열을 이루고 있다. 원초적 단자는 신이며, 그 밖의 것은 모두 신에 의해 만들어진 존재다. 최고의 단자인 신으로부터 천사와 인간, 동물, 식물을 거쳐 단순한 물질로 간주되는 최하위 단자에 이르기까지 모두 연속적인 하나의 계열을 이루고 있는 것이다.

우주와 자연계는 단자들로서의 통일성과 작용력을 갖춘 유기체로 채워져 있다. 이런 단자들은 각기 창조된 목적에 따라 행동한다. 창이 없는 단자는 자신의 목적에 따라 통일체로 질서정연한 우주를 형성한다. 각 단자가 서로 분리되어 있긴 하지만 그들 각자의 목적은 대규모의 조화를 이룬다.

---

[62] Ibid.

그것은 마치 여러 개의 시계가 정확하게 맞는다면 같은 시간이 되었을 때 동시에 종을 울리는 것과 같다.[63] 라이프니츠는 이들 단자를 음악가들의 여러 악기와 합창단에 비유했는데, "그들은 제각기 연주하며 또 제각기 자리를 잡고 있기 때문에 서로 듣거나 볼 수도 없음에도 불구하고 그들 자신의 악보에 따라 완전한 화음을 이룸으로써 듣는 이에게 그들 사이에 어떠한 연관 관계가 있는 것이 아닌가 할 정도로 놀라운 조화를 볼 수 있게 한다."[64]

그러므로 각 단자는 하나의 분리된 세계이지만 각 단자의 모든 활동은 다른 단자의 활동과 조화를 이루며 생성된다는 것이다. 다시 말해서, 단자들 사이에는 마치 함수에서와 같이 항상 정확한 일치 대응 관계가 존재한다는 것인데, 이것은 신에 의해 세워진 예정 조화의 관계라는 것이다. 따라서 만유는 궁극에서 이러한 예정 조화의 질서에 지배되고 있으며, 우주와 자연계에서 일어나는 어떠한 것도 이 질서에 따라 이루어진다고 라이프니츠는 주장한다. 예정조화설이 논리학까지 연장되면 신적인 필연성이 가정되는 '충족이유율(Principle of sufficient reason)'이 도출된다. 가령 인간의 관점에서는 분석적 명제에서 작동되는 것은 모순율이다. 모순율을 통해 우리는 모순을 포함하고 있는 것을 거짓이라고 판단하고, 거짓에 대립되거나 모순되는 것을 참이라 판단한다. 반면 충족이유율은 세상에 존재하는 것은 다 존재할 만한 이유가 있다는 법칙이다. "우리는 왜 이렇게 되고 다르게 되지 않았는가라는 충분한 이유가 없다면, 어떠한 사실도 참이라는 것 혹은 존재한다는 것이 있을 수 없고, 어떠한 명제도 진리라는 것이 가능하지 않다고 생각한다"는 원리이다. 그러나 이 규정에는 충분한 이유라고 하는 것 안에 진리의 논리적 이유(근거)만이 아니라 사실의 실재적 이유(근거)도 포함되어 있다.[65] 인과율과 비슷하지만 충족이유율은 자연계의 법칙이 아니라 신의 법칙이라는

63　Ibid.

64　Ibid., 277-378.

65　윤병태 외, 『철학대사전』(서울: 도서출판청사, 2017), 2205.

점에서 다르다. 라이프니츠는 충족이유율을 인정하는 것이 이성에 맞는 태도이며 그렇지 않으면 비합리적이라 단정한다.

존재하는 것은 존재하지 않는 것보다 더 좋다. 또한 존재하는 것들도 가급적 많은 양이 존재할수록 더 좋다. 신은 많은 것을 창조할 공가능성(compossibilities)이 있었다. 심지어 우주를 최대한 존재로 가득 차게 창조하는 것이 신의 창조 방식이다. 그렇다면 신은 세계도 하나가 아니라 여럿을 창조했을 것이다. 그 많은 세계들 가운데 우리 세계가 현실화되었다는 것은 다른 가능성이 현실화되지 못했다는 것이고, 이는 곧 이 세계가 최선의 세계라 할 수 있을 것이다. 이런 '예정조화설(pre-established harmonism)'은 인간의 심신의 관계에도 적용된다. 즉, 신체와 정신은 각각 자기 본질의 법칙에 따라 신체는 기계적으로 정신은 목적적으로 활동한다. 그러나 몸과 마음의 두 측면의 기능은 각자의 고유한 법칙에 따르면서도, 완전한 조화와 통일이 이루어지도록 미리 정해져 있다는 것이다.

이에 근거해 이성적 인간에서 도덕적 판단의 근거를 도출한다. 세계에 대한 신의 선의지는 이성적 숙고를 통해 알 수 있다. 그리고 신의 의지에 대한 복종이 선이며, 그에 역행하는 행위는 악이다. 그런데 선과 악은 개인의 경향성에 근거한다. 도덕적 선은 이성적 경향에서, 악은 육체적 경향에서 유래한다. 인간은 영혼과 육체로 이루어져 있는데, 영혼은 의식활동이 명료한 이성적인 실체이며, 육체는 의식이 명료하지 못한, 즉 이성적이지 못한 낮은 단계의 실체들의 집합이다. 이성적인 실체의 상태는 능동적, 그렇지 못한 실체의 상태는 수동적이라 칭한다. 말하자면 어떤 개인이 육체적 경향이 강하고 정신이 이에 종속된다면 이것은 악이다. 그러나 이성적인 숙고가 강하여 육체적인 경향을 극복하면 선에 해당된다. 우리가 어떤 선택을 해야 하는 상황에서 맑은 정신상태로 신의 의지와 상황에 관련된 모든 사태를 잘 파악한다면 올바른 선택을 할 수 있다. 하지만 그렇지 못한 경우에는 옳지 못한 선택, 이를테면 순간적인 이익이나 육체적인 경향성에 종속된 선택을 하게 될 것이다. 전자의 경우는 선, 후자의 경우는 악에 해당한다. 그런데 라이프니츠에 의하면 인간은 악에서 완전히 벗어날 수 없는데, 그 이유는 인간은 육체를 가진 존재인 까닭에 의지와 행위가 육체적 경향성에 의해 영향을 받을 가능성에 노출되어 있으며, 결과적으로 도덕적 악의 가능성을 잠재적으로 수반하게 되는 것이다.

그럼에도 불구하고 선이 그 질에 있어서 어떠한 경우에도 악을 능가한다는 것이 라이프니츠의 통찰이다. 비록 사악한 인간의 수가 선한 인간의 수보다 많을 때도 그러하다. 왜냐하면 "가장 적은 수의 사람들의 선 전체는 가장 많은 수의 인간의 악 전체를 능가한다. … 신은 무한하고, 악마는 한정되어 있다. 선은 무한히 성장할 수 있으나, 악은 한계를 가지고"[66] 있기 때문이다.

칸트_ 17세기 후반 영국의 윤리학자들은 인간이 가지고 있는 능력 중 이성이 아닌 감정에서 도덕의 보편적 기준을 발견했다. 이들에 따르면, 각각의 모든 인간은 자신 안에 특수한 감정 능력을 갖고 있으며, 이 능력은 '무엇이 도덕적으로 옳고 그른지'를 우리 모두에게 언제나 동일하게 즉 보편적으로 제시한다는 것이다. 이러한 전환과 함께 이제 우리는 선악의 보편적 기준을 찾기 위해 인간 이외의 것(특히 신과 같은 절대자)으로 시선을 돌릴 필요가 없게 되었다.

하지만 칸트는 달리 생각했다. 무엇보다도 도덕감정론은 근대적 인간 이해의 또 다른 측면, 즉 '인간의 본질은 이성이다. 오직 사유 능력만이 인간을 인간답게 만드는 기준이다'라는 근대적인 인간 이해와 충돌하기 때문이다. 칸트는 근대적 인간 이해와 도덕감정론이 양립되기 어려운 것으로 이

---

66 Leibniz, 『변신론: 신의 선, 인간의 자유, 악의 기원에 관하여』, 부록, 두 번째 반론. Johannes Hirschberger, 『서양철학사(下)』(서울: 이문출판사, 1991), 268-269에서 재인용.

해했다.[67] 무엇보다도 칸트는 선악의 보편적 기준을 감정 능력에서 찾는 것은 불합리하다고 생각했다. 왜냐하면 감정은 언제나 수동적으로 작동할 뿐이어서, 설사 그것의 본성이 보편적이고 합리적이라 하더라도, 경험에 의한 왜곡의 위험에서 벗어날 수 없다고 여겼기 때문이다. 반면에 이성은 자신의 힘만으로 스스로를 움직이고 자신 외의 어떤 것에도 의존하지 않고 활동할 수 있다. 또한 그 활동은 자신 안에 규칙을 갖고 있어서 이성적 존재자라면 누구나 그것을 이해할 수 있고 그것에 따라 행동할 수 있다. 칸트는 이와 같은 이성의 자율성과 보편성에 주목했으며 모든 윤리학의 기초를 이성 능력에 놓고자 했던 것이다.

이성에 토대한 윤리학은 홉스에 의해 잘못 이해된 근대적 이성 및 근대적 인간 이해에 대한 비판과 극복의 한 측면이라 할 수 있다. 홉스의 눈으로 인간을 보는 한, 이성은 이익 추구를 위한 일개 도구라는 위상에서 벗어날 수 없게 된다. 비록 홉스 자신은 이성을 이른바 자연법을 발견·이해하는 능력으로 제시했다고 해도 그러하다. 어떻게 하면 나의 이익을 추구할 수 있을지, 그 문제의 해결을 위해 더 이상 신에게 의지할 수 없게 된 근대인은 자신의 사유 능력 즉 이성에 의지할 수밖에 없었다. 하지만 근대의 시작과 함께 고귀한 이성적 존재인 인간이 계산적으로만 영리해지는 세태를 통감하며 위대한 이성의 제자리를 회복하고자 했던 것이다. 인간 삶의 중심에 이성을 위한 자리를 확고하게 마련하고 인간 삶 안에 이성적인 모습을 가능한 한 많이 창출하고자 했기에, 칸트는 인간다운 삶과 이성적 삶을 동의어로 이해했던 것이다.

칸트 윤리학의 주요 개념인 '선의지', '자유의지', '당위', '도덕법칙', '정언명령', '도덕의 왕국' 등은 본 서의 "의무론적 윤리"에서 상론될 것이므로 여기서는 그의 이성 중심 윤리의 대강을 간단하게 언급할 것이다. 먼저 선

---

67   Immanuel Kant, 『도덕형이상학을 위한 기초 놓기』, 이원봉 역(서울: 책세상, 2002), 56 참조.

이란 좋음을 의미한다. 좋음에는 많은 종류가 있는데, 가령 육체적으로 좋은 것들이나 기질적으로 좋은 것들은 물론이고 정신적으로 좋은 것들과 사회적으로 좋은 것들도 있다. 하지만 우리가 도덕적으로 좋음이라 부르는 것은 그런 것들과는 전혀 다르다. 건강, 돈, 지위, 명예 등은 모두 좋은 것들이지만 그것을 도덕적 의미에서 좋은 것이라고 말할 수는 없다. 칸트는 도덕적 좋음의 대상을 의지라 한정했다. 오직 의지만이 진정으로 도덕적인 의미에서 선하며 선할 수 있다. 즉 많은 종류의 선들이 있고 그것들 중의 하나가 도덕적 선이기는 하지만 오직 의지만이 도덕적으로 선한 것일 수 있으며, 그 이외 다른 모든 것들은 도덕적 선이 될 수는 없다는 것이다.

칸트에 따르면 유일하게 선한 것일 수 있는 것은 의지다. 그리고 의지란 행위하는 능력이다. 의지만이 도덕적 의미에서 선하거나 악할 수 있는 것이라면, 그것은 곧 행위만이 선하거나 악할 수 있다는 것을 말한다. 행위가 아닌 것들 중에서도 우리가 흔히 선한 것이라고 생각하는 것들, 가령 인간의 품성은 도덕적으로 선하지도 약하지도 않으며 또한 그러한 품성을 가진 사람 역시 도덕적 의미에서는 선한 사람 또는 악한 사람일 수 없다. 심지어 선한 삶 또는 악한 삶이라는 것도 성립될 수 없다. 도덕적 선을 정확하고 불변적인 의미로 이해하려면 성품, 인간성, 삶은 그리 적절한 대상이 아님이 분명해진다. 도덕적 선의 개념이 정확하게 사용될 수 있는 대상, 혹은 달리 말해, 도덕적 판단의 대상이 될 수 있는 것은 엄밀한 의미에서 인간의 행위다.

인간의 행위는 의지에 의한 행위이다.[68] 가령 '내가 새벽에 운동을 하고자 의지한다면, 반드시 나는 운동을 한다'고 생각한다. 내가 의욕한 것을 행하지 않는 경우가 '게으름', '건강' 등의 사유로 현실에서는 일어날 순 있으나, 이성적인 사람이라면 새벽 운동을 하기로 결단하고도 그리고 모든 면에서 그렇게 할 수 있는데도 불구하고 하지 않는 경우란 있을 수 없다. 의지한

---

[68] Ibid., 31, 33-34.

바에 대해 그것을 행위하는 것은 당연하고도 합리적인 귀결이다. 그리고 인간의 행위가 기분에 따라 우연적으로 일어나는 행위가 아니라 행위자에 의해 숙고되고 선택된 행위, 즉 의지된 행위에 대해서만 책임을 물을 수 있고 선악에 대해 판단할 수 있는 것이다. 따라서 오직 의지행위만이 도덕적으로 선할 수 있다. 하지만 모든 의지행위가 도덕적으로 선한 것은 아니다. 그것은 선할 수도 있고 악할 수도 있다. 칸트에 따르면, 하나의 의지행위가 선한 것일 수 있으려면 두 가지 조건을 충족시켜야 한다. 그것은 객관적으로 선해야 하며 동시에 주관적으로 선해야 하는 것이다.

객관적으로 선한 행위란 제3자의 관점에서 보았을 때 선한 행위 내지는 모든 이성적 존재자의 눈에 선한 것으로 보이는 행위를 말한다. 여기에는 물론 하나의 전제가 놓여 있다. 이성적 존재자는 하나의 행위에 관해 도덕적으로 동일하게 판단할 것이라는 사실이다. 이 전제에 따르면 가령 '남의 것을 훔치는 행위는 나쁘다'라는 사실에 대해서 모든 이성적 존재자는 도덕적으로 동일하게 판단할 것이란 사실이다. 이를 달리 말하면, 이성적 존재자는 도덕적 판단을 위한 하나의 동일한 기준을 가지고 있다 할 수 있다. 이렇듯 하나의 행위가 선한 것일 수 있으려면 행위자 자신의 확신이나 양심만으로는 부족하며 그 이상의 것, 즉 객관적이고 보편적인 이성적 기준으로 판단했을 때 선한 것이어야 한다.

반면 주관적으로 선한 행위란 행위자 관점에서 행위를 평가하는 것이다. 예를 들어 지하철에서 거액의 현찰이 든 지갑을 발견하고는 분실물 센터에 그것을 맡기는 행위를 했다면 분명 도덕적인 행위라 말할 수 있을 것이다. 그 지갑은 나의 소유물이 아닌 타인의 소유물이기에 분실물 센터에 전달한 행위는 객관적으로만 보면 당연히 도덕적 행위라 할 수 있겠다. 하지만 만일 그 행위의 동기가 옆에 있는 승객들의 시선이나 지하철 내에 설치된 CCTV의 감시, 혹은 만일 결과적으로 따를지도 모를 보상 때문이었다면 그 행위는 결과적으로 도덕처럼 보일 뿐 도덕적이라 할 수 없다는 것이다. 내 것이 아닌 것은 소유자에게 마땅히 돌려주어야 한다는 동기에서 행위했을 때만 도덕적이라 할 수 있는바, 그것이 바로 주관적으로 선한 행위라 할 수 있는 것이다. 행위자 주관의 내면에 초점을 맞추고 행위의 내적 이유인 행위 동기에 대해 판단하는 것이다.

이처럼 도덕적으로 선한 행위란 객관적으로 선하며 동시에 주관적으로 선한 행위다. 동일한 사실을 칸트의 언어로는 이렇게 표현할 수 있다. 먼저 이성은 객관적 판단을 위해 보편적 기준을 제공하는데, 그것이 바로 도덕법칙이다. 도덕법칙들 중에서 가장 보편적 법칙, 따라서 "보편화 가능한 행위만이 도덕적으로 선하다"라는 내용을 가진 법칙이다. 이 법칙이 다른 모든 특수한 행위들의 도덕성 여부를 결정하는 기준이다.[69] "타인의 잃어버린 물건을 돌려주는 것은 선하다"라고 말할 수 있는 것은 그것이 이 기준에 부합하기 때문이며 "도둑질은 나쁘다"라고 말할 수 있는 것은 그것이 선한 기준에 부합하지 않기 때문이다.

그런데 모든 도덕법칙은 도덕적인 행위를 이성적 존재자라면 마땅히 해야만 하는 것으로 제시지만, 우리 인간은 비이성적인 본성을 갖고 있기 때문에 어떤 행위가 선한 것이며 따라서 이성적 존재자라면 마땅히 해야 하는 것임을 알고 있으면서도 때로는 그것에서 도피하려는 경향이 있다. 이와 같이 불완전한 우리 인간에게 도덕적 행위는 "원하지 않아도 해야만 하는 강제된 행위, 즉 의무"로 여겨지게 된다.[70] 도덕적 행위는 자연적 경향성에 따르려는 불완전한 인간에게 도덕법칙에 의해 절대적 의무로 부과되며, 도덕적으로 행위할 것은 무조건적으로 명령되기 때문이다. 따라서 어떤 행위가 그것이 의무이면서 동시에 그것이 의무라는 이유만으로 행해졌을 때 도덕적으로 선하다 할 수 있는 것이다.[71]

---

69   Immanuel Kant, 『실천이성비판』, 백종현 역(서울: 아카넷, 2002), 197.

70   Ibid., 184.

71   Immanuel Kant, 『도덕형이상학을 위한 기초 놓기』, 28, 38, 49, 53, 55, 56, 71 참조.

이 모두를 이해할 수 있으려면 우리는 칸트의 또 다른 전제를 이해할 수 있어야 한다. '인간의 사유 능력인 이성은 보편적 도덕법칙의 원천이며, 인간은 이성의 도덕법칙을 자기 자신에게 제시하면서 동시에 그것에 따라 행동하는 능력을 가진 존재자다'라는 칸트의 인간 이해이다. 만일 인간이 이렇듯 자신의 도덕적 행위를 위한 보편적 규칙을 스스로 제공할 수 있는 존재자라면, 즉 자율적 존재자라면 이제 우리 인간은 도덕적 행위를 하기 위해 인간 이외의 다른 것에 의지할 필요가 없게 될 것이다.

헤겔_ 플라톤에게 최고선의 이데아가 있었던 것처럼 헤겔에게는 절대 정신이 있다. 즉 이 세계의 진정한 모습은 '절대 정신'의 자기실현이라는 뜻이다. 그런데 헤겔의 관념론에서 절대 정신은 자신을 완성된 형태로 즉각적으로 드러내는 것이 아니라 보다 발전적이고 점진적인 모습으로 실현해 나감으로써 궁극적으로 자신을 완성한다. 이때 '보다 발전적이고 점진적인'이란 말은 바꾸어 말하면 '한층 이성적이고' 또는 '자신의 본질인 이성을 더욱더 의식해가는 과정'으로서 '자기를 전개해 나아감'이라 할 수 있다. 헤겔에게 이러한 발전과정은 동시에 소외의 극복과정이기도 하다. 소외란 개인의 의지와 전체 의지 사이에 발생하는 불일치를 말한다. 보다 쉽게 말하면, 개인의 주관적인 의지가 사회 전체의 객관적인 의지와 조화 또는 통일성을 이루지 못하고 있는 상황이다. 유기적 통일성을 상실하고 있는 이와 같은 불일치로서 소외는 특히 원자화되고 독립된 개인들을 강조하는 사고와 사회에서 두드러진다. 따라서 소외를 극복하는 과정이란 주관적인 의식(정신)이 객관적인 정신과 하나가 되어감으로써 궁극적으로 하나의 완성된 통일성을 실현한다는 뜻이다. 이것이 또한 정신의 자기실현이다.

신적인 개념으로서 정신, 즉 절대 정신이 이처럼 보다 발전적인 모습으로 자신을 완성시켜가는 일련의 진보과정을 헤겔은 변증법을 가지고 설명한다. 그의 변증법을 이해하기 위해서는 몇 가지 용어들 즉 운동과 발전, 자체 모순과 대립, 지양에 대한 이해가 먼저 있어야 한다. 헤겔의 사유의 바탕에는 개체의 독립성이 아니라 전체의 유기적 동일성이 자리 잡고 있다. 따라서 진리는 전체 속에서 발견되며, 이것의 가장 완전한 모습이 절대 정신의 실현이다.

그러나 절대 정신의 완성된 모습은 정체적인 상태가 아니라 구체적인 한 상태에서 다른 상태로 끊임없이 유전함으로써 이루어진다. 이 경우, 변증법에서 말하는 유전이란 운동을 통해 질적으로 고양된 발전을 한다는 의미이다. 변증법에서는 이것을 가리켜 '지양'(止揚)이라고 한다. 지양이란 일반적으로 "더 높은 단계로 오르기 위해 어떤 것을 하지 않음"의 뜻이지만 헤겔의 변증법에서 지양(Aufhebung)은 '폐기'와 '보존'이라는 모순된 의미를 동시에 갖고 있다. 이처럼 하나의 현상 안에 서로를 부정하는 의미가 담겨 있기 때문에 이를 가리켜 변증법에서는 '자체 모순을 통한 발전'이라고 한다. "각 정립(正)은 자신 안에 이미 반정립(反)을 품고 있고, 이 양자는 서로를 지양함으로써 종합(合)"[72]되는 것이다.

헤겔의 사유체계를 설명할 때 이와 같은 변증법이 중요한 이유는 다음과 같다. 첫째, 그에게 변증법은 우리 인간 정신(사유)의 본성이자 이 세계의 본성이기 때문이다. 둘째, 변증법은 어떻게 해서 변화와 운동이 일어나고 그 결과가 어떻게 종합 또는 완성에 이르는지를 보여주기 때문이다. 셋째, 정-반-합에서 '합'이란 단순히 이전의 상태를 종합한다는 뜻이 아니라 앞의 두 단계를 양적이며 질적인 차원에서 종합하고 극복함으로써 궁극적으로 유기적 통일성을 지향하여 완성한다는 의미이기 때문이다. 이 점에서 변증법적인 발전의 과정은 전체, 즉 유기적 통일성의 실현을 위한 역동적인 과정이다.

헤겔은 이러한 변증법적인 발전과정을 자연과 물리현상에만 국한시

---

[72] Peter Kunzmann, Franz Burkard, 『그림으로 읽는 철학사』, 홍기수 · 이정숙 역(서울: 예경, 2000), 153.

키는 것이 아니라 인간의 정신 및 사회, 정치, 역사 등 모든 영역에 적용한다. 이것을 그의 절대 관념론과 결합시키면 국가 사회 그 자체는 물론 그 안에서 일어나는 모든 현상 또한 정신의 변증법적인 자기 전개 과정이라고 할 수 있다. 예를 들어 헤겔은 자신의 변증법적인 과정을 '법(정) → 도덕(반) → 윤리(인륜, 합)'의 과정으로 파악한다.

사유재산의 권리는 다른 사람의 것과 나의 것을 계약을 통해 교환하며, 이러한 행위를 통해 사회적 영역으로 나아간다. 그렇지만 자유로운 개인들은 '계약'을 통해 자기 스스로를 소유로부터 '소외'시킬 수 있다. 계약은 두 자유의지의 산물이지만, 이들이 갖고 있는 자유의지가 항상 이성적임으로써 보편적인 의지와 조화를 이루는 것은 아니다. 이 때문에 여기에는 항상 정의와 대립하는 부정의, 즉 악의 가능성이 존재한다. 범죄와 사기는 주관적 의지와 보편적 의지 사이에 조화가 깨졌음을 말한다. 정의와 불의 사이의 대립과 갈등은 새로운 국면으로 지양된다. 범죄를 벌하는 것은 정의를 확립하는 이성적인 과정이다. 이 점에서 처벌이란 특수한 주관적 의지를 극복함으로써 의지가 보편적인 것을 욕구하고 있다는 것을 보여준다.[73]

이처럼 자유로운 의지들의 사유재산권과 상호 계약, 그리고 정의와 부정의 사이의 갈등에 따라 발생하는 문제들은 보편적인 것을 지향하는 외적인 법적 장치를 통해서 해결되고 지양된다.

보편적인 것을 향한 의지, 즉 보편적인 것을 그 자체로 욕구하는 의지가 바로 도덕적 의지이다. 이것이 바로 도덕성의 영역이다. 한 개인은 바로 이 영역에서 주체가 된다. 양심이란 무엇이 의무이고 옳은 것인지를

---

[73] Robert Arrington, 『서양윤리학사』, 김성호 역(서울: 서광사, 2003), 466-470.

자기 스스로 자기 내부에서 인식하는 주관적인 자기의식의 절대적 표현이다. 그렇지만 무엇이 이상적이고 참된 양심인가에 대해 문제가 발생할 수 있다. 왜냐하면 각 개인은 오직 자기 자신의 입장에 근거해서 결정을 내릴 수 있기 때문이다. 이렇게 되면 절대적이고 보편적인 것이 개인이 바라는 것에 따라 결정될 수 있기 때문에 수시로 바뀔 수 있게 된다. 이 때문에 도덕성의 영역에서는 우리 자신의 판단이 객관적이라고 주장하기 어렵게 된다. … 양심은 잠재적으로 약하게 될 수도 있다.[74]

도덕성의 영역이 갖는 한계는 동시에 각 개인이 갖고 있는 양심의 한계이기도 하다. 따라서 주관적이고 자의적일 수 있는 양심의 가능성에 비례하여 또한 악이 발생할 수 있다.

이제 주관적인 의견과 변덕을 넘어서 절대적인 타당성을 갖는 윤리(인륜)적인 삶의 단계로 지양(Aufhebung)하게 된다. 윤리적 실체와 법칙, 그리고 윤리가 지닌 힘은 주관을 넘어서 객관으로 존재하게 한다. 그러므로 이 단계에서 개인은 진정으로 존재하게 된다. … 또 이 단계에서 개인은 소외된 상태에 머물지 않는다. 반대로 주관정신은 자신의 진정한 본질이 윤리적인 질서와 법칙 안에 포함되어 있음을 확인한다. 개인은 윤리적 삶, 즉 의무 안에서 본질적으로 자신의 해방, 바꿔 말하면 본질적인 자유를 발견한다. … 인간은 윤리적 공동체에서 무엇을 행해야 하며, 또 덕을 형성하기 위해 어떤 의무를 수행하면 되는지를 쉽게 알 수 있다. 자신의 상황에 비추어 잘 알려진 명확한 규칙들을 단지 따르기만 하면 된다. 이 점에서 성실함은 그에게 가장 중요한 특성이다. … 그렇기 때문에 윤리적 질서 안에서의 삶은 결코 강제가 아니라 사실

---

[74] Ibid., 470-477.

상의 해방이다.[75]

도덕성의 영역에서는 아무리 반성하더라도 보편적인 것(윤리적 질서)과 대립하는 자신의 주관적 이익과 충동에서 자유로울 수 없는 한계가 있다. 그렇지만 윤리적·인륜적 단계에서는 자신에게 주어진 의무만을 충실하게 수행하면 주관성으로부터 해방될 수도 있고, 자신의 본질적인 자유 또한 실현할 수도 있다. 따라서 인륜적 공동체에서의 삶이란 자신에게 주어진 사회적 역할을 의무와 책임으로서 받아들이는 삶이다.

한편, 헤겔 철학의 전체 구조가 그렇듯이 윤리적 삶 또한 세 단계의 변증법적인 발전과정을 밟는다. 그것들은 가족(정) → 시민사회(반) → 국가(합)이다. 우리는 가족을 통해 윤리적 삶을 시작하며, 가족 안에서는 주관적인 개체성을 포기함으로써 서로 결합한다. 가족의 구성에 따른 자녀의 출산과 성장, 그리고 결혼은 새로운 계기를 형성하는데, 이것이 시민사회이다. 시민사회는 사회·경제적 조직체이기 때문에 이 단계에서 개인은 상호 의존하면서 자신의 삶의 목적을 계획하고 실현하면서 살아간다. 비록 시민사회가 상호 의존적인 체계이기는 하지만 여전히 중요한 것은 자신들의 이익이다. 시민사회는 경제적 질서에 기초하고 있기 때문이다. 이 때문에 주관의 이익과 정체성이 전체 사회와 일치하는 단계, 즉 개인의 특수성과 전체의 보편성이 조화를 이루는 변증법적인 지양이 필요하다. 헤겔은 이것을 국가로 파악했다. 국가 안에서 개인은 진정한 개인, 즉 전체와 유기적 통일성을 이루게 되며, 윤리적 질서 아래 놓이게 된다. 이로부터 다음과 같은 명제가 도출된다. "진리는 전체이다. 하지만 전체의 본질은 오직 발전을 통해서만 완성된다."[76] "국가는 객관화된 정신이며 국가란 자유의 실현이다. 이 점에서 국가

---

75 Ibid., 478-480.

76 Peter Kunzmann & Franz Burkard, 『그림으로 읽는 철학사』, 153.

는 지상의 정신이다."⁷⁷

국가는 윤리적 이념들의 실현이며 부동의 절대 목적 그 자체이다. 국가는 개인에 대해 최고의 권리를 가지며, 개인에게 최고의 의무란 국가의 구성원이 되는 것이다. 국가는 객관화된 정신이기 때문에 개인이 자신의 객관성과 진정한 개체성을 지니고 윤리적 삶을 산다는 것은 오직 국가의 구성원으로서 살 때만 가능하다. 개인의 본질이자 궁극적인 목표는 이러한 보편적인 삶을 사는 것이다.⁷⁸

국가에 대한 이와 같은 강조 때문에 헤겔은 전체주의를 정당화한 것으로 비판받기도 한다. 그렇지만 헤겔의 전체 체제를 고려할 때 국가는 하나의 유기체로서 윤리적 공동체이다. 그렇기 때문에 국가는 권력을 임의적이거나 변덕스럽게 행사하는 악의 축이 아니라 각각의 개인들이 진정으로 이성적으로 되었을 때, 이들 각각의 개인들이 따르게 될 참된 이성적인 규칙들의 종합으로서 윤리적 공동체이다. 이 점에서 국가는 인간의 의지와 정신이 가장 완전한 형태로 드러난 이념인 것이다. 국가의 본질은 이성, 즉 정신이며, 오직 이러한 한에서 절대 권력인 것이다.

물론 헤겔의 국가론은 다양한 해석을 불러왔고, 그 정치적 입장에 따라 많은 적대자⁷⁹와 동시에 추종자들을 만들어낸 것이 사실이지만, 헤겔은 자유주의적인 이론가이며, 그가 결코 개인을 무시한 전체주의자가 아니라는

---

77 Robert Arrington, 『서양윤리학사』, 486.

78 Ibid., 485.

79 헤겔은 프로이센 국가의 어용철학자이며 군국주의의 옹호자라는 주장이며, 대표적으로 칼 포퍼의 주장에 따르면, 헤겔의 국가철학은 시민사회의 진정한 모순을 은폐·화해시키는 외적 장치에 불과하며, 따라서 헤겔은 플라톤과 더불어 열린사회를 거부하는 자유주의의 적이며, 전쟁을 찬양하고, 분쟁의 해결을 위한 여하한 국제조직을 부정하는 전쟁 옹호자이며, 나아가 지배이데올로기를 생산해낸 신비적인 국가지상주의자, 전체주의 이론의 주창자에 다름 아니라는 비판이다. Karl Popper, 『열린사회의 그 적들 II』(서울: 민음사, 1983), 114.

것이다.[80] 그리고 헤겔의 민족정신이란 신비적이거나 몰의식적인 그 무엇을 의미하는 것이 아니라 합리성과 이성을 근거한 "자기의식적인 인륜적 실체"라는 것이다.[81] 헤겔이 당시의 보수적인 반혁명세력에 대해서 프랑스혁명의 원리와 정신을 설파하면서, 동시에 교조적이고도 과격한 혁명주의자들에게는 그 이념이 추상적이고 비역사적이라고 비난한 이러한 양면성은 당시 헤겔이 처해 있던 프로이센의 상황과 연결시켜서 이해할 때만 그 본래의 의도가 파악 가능하다는 것이다. 이런 관점에서 보면, 헤겔을 서구 근대정치이론의 선구자로 봐도 무방하다 하겠다.

당대의 프로이센 국가를 철학적으로 정당화한 그의 국가이념은 특히 많은 오해의 소지가 있었음은 부인할 수 없지만, 그러나 무엇보다도 헤겔의 국가론이 근본적으로 개인의 자유와 권리를 보호하기 위해서 설립된 근대적 국가질서가 시민사회적 질서로 남아 있음으로써, 개인이 외면적 관계로 추상되어 버리고, 개인의 구체성이 박탈될 수 있다는 근대적 위기의식으로부터 출발했음을 인식할 필요가 있다. 헤겔에 있어서 공동체란 개별자들에게 외면적인 억압장치가 아니라 구성원들의 자기실현의 목적이어야 한다. 국가라는 제도가 시민사회의 질서와는 양립할 수 없는 한층 높은 윤리적 요소가 포함되어 있고, 이 요소가 개별자와 보편자를 하나로 이어주는 인륜적 통일성의 근거가 되는 이유는, 그럴 경우에만 각 개인은 자신의 구체성과 자립성을 최대한 추구하면서도 동시에 보편적인 것을 공동체 안에서 추구할 수 있기 때문이다. 이것이 바로 헤겔이 의미하는 구체적인 자유, 즉 "상황 지어진 자유"[82]이며, 이것은 달리 말해서 인간을 규정하는 구체적 상황을 받아들이고, 이 상황과 더불어 자신을 새롭게 인식하는 자유인 것이다. 헤겔이 보기에 개체의 구체적 상황이란 바로 국가 속에서의 상황이며, 가장 구체적

---

[80] John Plamenatz, 『정치사상사 3』, 김홍민 역(서울: 풀빛, 1986), 198.

[81] Shlomo Avineri, 『헤겔의 정치사상: 근대 시민사회의 변증법』, 김장권 역(서울: 한벗, 1981), 251.

[82] Charles Taylor, *Hegel* (Cambridge: Cambridge University Press, 1975), 160.

자유도 바로 국가 속에서의 자유인 것이다. 이러한 의미에서 헤겔의 국가는 단순히 권력의 국가도 아니고, 전체적인 국가도 아니며, 그 안에서 최대의 자유가 지배하는 최선의 국가다.

이러한 최선의 국가에서의 최대의 자유의 향유는 역설적으로, 얼마나 자신의 한계를 인식하면서 자신을 공동체 전체를 위해서 규제할 수 있느냐라는 개별적인 윤리적 과제의 수행에 달려 있다. 다시 말해서 구체적인 역사적 상황과 더불어 주어진 인륜적 이념과의 반성적 관계 속에서 개인의 합리성이 자신의 유한성을 자각하면서, 동시에 공동체의 도덕성을 창출할 때 인륜적 이념은 가능하며, 동시에 인륜적 이념에 의해서만 공동체 내에서 존재하는 개인적 도덕성 또한 가능하다는 것이다.

2.6.2 감정주의 윤리

17세기 이래 정서나 감정, 욕망, 상상력, 정념과 같은 측면에 대한 탐구가 학문 영역에서 어느 정도 영향력을 미치고 있었다. 18세기 들어 이러한 변화는 무엇보다 윤리학의 영역에서 더욱 뚜렷하게 나타났다. 도덕의 문제는 사물의 본성에 대한 고찰만으로는 해결할 수 없는 그 자체의 고유하고 적절한 방식으로 연구되어야 한다는 생각이 대두하게 된 것이다. 이런 흐름을 주도한 학자들이 소위 도덕감각학파(the moral sense school)로 불린 영국의 경험론적 도덕론자들이다. 이들의 이론을 이성주의적 윤리론과 대비하여 감정주의 윤리라 부른다. 이들은 도덕심리학적 탐구에 근거하여 현실에서 인간의 행위는 합리론자들이 말하듯 이성에 의해 좌우되는 것이 아니라고 주장한다. 그들은 감정이나 욕망이 인간 행위의 원동력이 되고 있음을 역설하고 도덕의 토대를 새롭게 정초시키고자 했다.

홉스_ 근대 최초의 유물론자로서 홉스는 아리스토텔레스의 목적론적 형이상학이나 데카르트의 실제이원론과 자아개념, 그리고 연역적 학문 방법론을 거부했다. 또 그는 과학적으로 설명이 불가능한 신학 자체를 철학과 학문의 영역에서 배제하려고 했다. 신의 존재만큼은 인정했지만 홉스에게 신의 존재/부재는 무의미한 것이었다. 왜냐하면 홉스에게 실체란 물질뿐인데, 그에게 신이란 비물질적인 실체이기 때문이다. 그에게 중요한 것은 물체와 물체의 운동일 뿐이었다. "이 세계에 있는 가시적인 사람들과 이것들의 놀라운 질서 때문에 인간은 이것들에 원인이 있을 것이라고 상상할 것이며, 이것을 신이라 부른다. 그렇지만 아무도 신에 대한 관념이나 이미지를 갖고 있지 않다."[83] 홉스에 의하면 문제들의 운동을 연구하는 학문으로서 철학은 물질적 물체(자연철학), 인간의 신체, 정치적 집단을 연구한다. 그에게는 국가 또한 인공적 물체일 뿐이다. 이처럼 모든 것을 물체와 물체의 운동으로 환원하여 생각하는 그는 유일한자였으며, 따라서 철학의 임무 또한 운동하는 물체를 연구하는 것으로 생각했다. 그에게 물체로서의 동물은 두 가지 형태의 운동을 한다. 하나는 의식적인 노력 없이 생명을 유지하는 기계적인 운동으로 피의 순환운동, 호흡과 영양섭취 등이 여기에 속한다. 다른 하나는 자발적인 운동으로 욕구나 욕망 혐오로부터 비롯되는 어떤 것을 향한 운동이다. 홉스의 도덕철학은 여기에서 시작한다. "어떤 사람이 욕구하거나 욕망하는 것은 그것이 무엇이든 그가 선이라고 부르는 것이다. 그리고 그가 혐오하고 증오하는 것은 악이라고 부른다. 또 그가 경멸하는 대상은 하찮고 중요하지 않은 것이라고 여긴다."[84]

홉스에게 선과 악의 개념은 절대적인 것이 아니라 상대적이다. 또 도덕을 인간이라는 물체의 자발적인 운동과정, 즉 육체라는 물체가 욕구하거나 혐오하는 것에 수반되는 것으로 이해한다. 그에게 보편적이며 절대적인 선

---

[83] Samuel Stumpt & James Fieser, 『소크라테스에서 포스트모더니즘까지』, 336.

[84] Charles Copleston, 『영국경험론』, 이재영 역 (서울: 서광사, 1991), 49.

악의 개념이나 기준은 존재하지 않으며, 중요한 것은 개인이 욕구하느냐 아니면 혐오하느냐이다. 이처럼 홉스에게 자발적인 운동이란 욕구와 혐오의 문제와 관련되는 것이기 때문에 이것은 자기 보존 욕구로 환원시켜 이해할 수 있다. "모든 유기체는 자신의 생명활동을 보존하려고 하며, 그렇기 때문에 죽음을 회피하려고 노력한다. 각자는 자신에게 어떤 것이 좋은 것인지를 스스로 결정한다."[85] "인간은 본질적으로 이기적이고, 자신의 생명을 보존하기 위해서는 어떤 일도 할 수 있는 준비가 되어 있으며, 때때로 공격적이고 파괴적인 행위도 서슴지 않을 만큼 반사회적 성격을 지니고 태어난다."[86] 따라서 자기 보존 욕구(즉 욕구와 혐오)는 홉스에게 가치의 최고 기준이며, 유기체의 바로 이와 같은 속성 때문에 각 개체는 이기적일 수밖에 없다는 것이 홉스의 진단이다.

심리적 이기주의와 원자적 개인주의에 기초한 홉스의 인간에 대한 이해는 궁극적으로 인공적 물체인 국가를 구성하는 것으로 나아간다. 홉스에 의하면 모든 사람의 자발적인 행위는 궁극적으로 자신의 이익 추구를 지향하기 때문에 자연상태에서 각 개인은 자신의 이러한 본질을 실현하기 위해 자신의 권리를 자신의 의지대로 사용할 수 있다. 따라서 적어도 자연상태에서 각각의 모든 개인은 자신의 욕구를 실현하려 하고 혐오를 회피하려 하기 때문에 그들이 어떤 행동을 하든 선/악의 개념으로 판단할 수는 없다. 왜냐하면 인간의 본질인 자기 보존 욕구에 따른 자연권의 행사는 선악의 문제로 환원할 수 없기 때문이다.

이처럼 홉스는 인간의 이기적인 본성을 자연스러운 것으로 파악했기 때문에 그것의 행사와 도덕적 판단은 무관한 것이었다. 또 홉스가 진정으로 말하려는 것은 인간의 본성이 이기적이라는 사실이 아니라 어떻게 평화로

---

85 Peter Kunzmann & Franz Wiedmann, 『그림으로 읽는 철학사』, 116.
86 김용환, 『홉스의 사회 정치 철학』(서울: 철학과현실사, 1999), 156.

운 시민사회가 가능한가였다. 이를 위해 그는 이기적인 인간의 본성을 하나의 장치로서 활용했던 것이다.[87] 그는 인간의 이기적인 본성이 경쟁심, 자기 확신의 결핍에서 생기는 불신, 명예에 대한 열망을 낳으며, 이것이 분쟁과 갈등의 원인이 된다고 지적한다.[88]

그렇다면 인간에게 평화와 시민사회, 그리고 선악의 도덕적 판단의 문제는 어떻게 발생하게 되는가? 홉스는 이 문제를 자연상태로부터 출발하여 국가의 탄생에 이르는 일련의 과정을 통해서 설명한다. 원초적인 "자연상태에서 인간은 만인의 만인에 대한 투쟁 상태에 놓인다. 두 사람이 동일한 대상에 대해 소유하고 싶은 욕구를 가지거나 그 양이 충분하지 못해 서로 만족할 수 없을 때 두 사람은 적이 될 수밖에 없다. 이들은 자기 보존이라는 목적을 위해 서로를 굴복시키거나 파괴하려고 노력한다. 그러므로 자신을 위협하는 힘이 더 이상 없다고 판단할 때까지 모든 사람을 지배하려는 것은 자연스럽다"[89]는 것이다.

자연상태에서는 산업이 발전할 수 없다. 왜냐하면 그 성과가 불확실하기 때문에, 토지의 경작이나 항해, 예술과 학문, 사회 등이 존재할 수 없다. 그렇지만 가장 나쁜 것은 폭력에 의해 죽을지도 모른다는 끊임없는 공포와 위험이며, 인간의 삶이 고독하고, 빈곤하며, 잔인하고, 그리고 짧다는 것이다.[90] 그렇지만 홉스는 자연상태라는 가설적 상황을 말하면서도 동시에 인간이 순수하게 고립적인 상황만 선호한다고 주장하지 않는다. 오히려 인간에게는 이기적인 본성도 존재하지만 또한 평화를 추구하는 측면도 함께 있음을 지적하고 있다. 인간은 태어나면서부터 본질적으로 고립(또는 고독)과 적이 된다고 생각한 것이다. 사람은 함께하기를 원하며, 심지어 자연이 그렇

---

87 김용환, 『리바이어던: 국가라는 이름의 괴물』(서울: 살림, 2005), 109.
88 Charles Copleston, 『영국경험론』, 56.
89 Rober Arrington, 『서양 윤리학사』, 258.
90 Charles Copleston, 『영국경험론』, 56.

게 요구한다는 것을 인정할 수밖에 없다는 것이며,[91] 모든 인간은 평화를 얻을 수 있다는 희망을 버리지 않으면 그것이 불가능한 경우에만 전쟁에 호소한다는 것이다.[92]

적대적인 자연상태로부터 평화상태로 이행하기 위한 기초를 마련한 홉스는 이제 계약과 그 결과로서 국가가 어떻게 탄생하게 되는가를 설명한다. 자연법은 이성이 발견한 원리 또는 일반적인 규칙인데, 인간은 이것을 통해 생명을 파괴하는 행위, 생명을 보존하기 위한 수단을 박탈하는 행위, 그리고 생명 보존을 위해 가장 중요하다고 생각하는 것들을 무시하는 행위들을 더 이상 하지 못하도록 제지당하게 된다는 것이다.[93]

홉스에게 자연권 또는 자유란 자신의 생명 보존을 위해 원하는 무엇이든 할 수 있는 것이므로 외적인 장애나 방해가 없는 상태를 말한다. 즉 자유란 방해나 반대가 없는 것이며, 자유의 반대란 자발적인 운동이 외적인 방해를 받는다는 뜻이다. 따라서 자연상태의 자연권에서 이성이 발견한 자연법의 단계로 이동한다는 것은 자유에 대한 제한이자 구속이라고 할 수 있다. 즉 자유가 멈추는 곳에서 의무가 시작되는 것이다. 이성이 발견한 일반적인 규칙 또는 지침으로서 자연법을 거칠게 요약하자면, 모든 인간은 자연상태에서라도 이성적으로 자기 보존을 위해 평화를 추구할 것이라는 것, 그리고 평화를 위해서는 자신들의 권리(자연권)를 기꺼이 포기할 수 있다는 것, 각 개인은 자신이 맺은 계약을 반드시 이행해야 하는데, 그 누구도 자신의 문제에 대해 스스로 재판관이 되어선 안 된다는 것이다.[94]

홉스에게 계약이란 자연적 권리에 대한 상호 양도를 의미한다. 한쪽이 계약을 이행하고 다른 한쪽 또한 마찬가지로 계약을 이행할 것이라는 믿

---

91 김용환, 『리바이어던: 국가라는 이름의 괴물』, 70.
92 Ibid., 80.
93 Rober Arrington, 『서양 윤리학사』, 263.
94 김용환, 『리바이어던: 국가라는 이름의 괴물』, 215-220.

음, 즉 계약에 대한 믿음이 전제되어 있어야 한다. 그렇지만 이것은 이행되지 않을 수 있는 상황이 항시 존재하기에 계약의 강제적 이행을 위한 장치가 반드시 필요하다. 이러한 이유 때문에 홉스는 강제적 이행을 위해 공동의 권력(common wealth)을 확립하고자 했다. 그는 이것을 자연적 인격체라는 말과 구별하여 인공적 인격체(artificial body)라 불렀다. 이것은 다른 사람의 말과 행동을 대표하는 인격이라는 뜻이다.

이처럼 홉스는 인간의 자기 보존 욕구 때문에 "칼이 없는 계약은 단지 말에 불과하며, 인간을 안전하게 할 아무런 힘도 갖지 못한다"[95]고 보았다. 그렇기 때문에 공동의 권력으로서 인공적인 인격체의 확립을 통해 자기 보호를 보장받지 않으면 안 된다는 믿음을 갖고 있었다. 이 인공적인 인격체, 즉 '리바이어던'(Leviathan)을 통해 우리는 비로소 평화와 자기 보존을 보장받을 수 있게 된다는 것이다.[96] 인공적 물체인 리바이어던의 절대 권력은 리바이어던의 책 표지에 상징적으로 표현되어 있다. 한 명의 거인이 있는데, 그 머리 위에는 "지상에서 이보다 더 강력한 자는 없다. 누가 그와 겨루랴"(Non est potestat super terram quae comparetur ei)라는 라틴어 문구가 새겨져 있다.[97] 그리고 그의 몸은 수많은 사람들로 이루어져 있으며, 머리에는 왕관이 씌어 있다. 이것은 거인이 각 개인의 자연권의 양도 결과로서 형성된 절대 권력임을 상징한다. 그의 아래에는 정비된 도시들이 있고, 그 아래 왼쪽에는 포성을 멈춘 전쟁 무기들이 놓여 있다. 그리고 그의 아래 오른쪽에는 교회의 권위를 상징하는 주교의 모자가 놓여 있고, 종교 간 갈등과 논쟁을 보여주는 그림이 있다. 그런데 이 모든 것들이 거인의 아래에 놓여 있다. 이것은 성과 속이 거인의 아래에서 비로소 평화와 질서를 확립할 수 있음을 의미한다. 홉

95　Charles Copleston, 『영국경험론』, 63.

96　Rober Arrington, 『서양 윤리학사』, 276.

97　김용환, 『리바이어던: 국가라는 이름의 괴물』, 103.

스는 이 모든 것을 고려하여 제목을 『리바이어던』이라고 붙였던 것이다.[98]

사실 리바이어던은 구약성서에 등장하는 괴물로 혼돈과 무질서, 교만을 상징한다.[99] 그렇지만 홉스는 이와는 반대되는 뜻으로 자기 보호, 안전과 질서, 평화를 지켜주는 상징으로 사용하고 있다. 홉스에게 어떤 정부, 어떤 권력의 형태가 가장 바람직한 것인가 하는 문제는 이차적인 것이었다. 그에게 정말로 중요한 과제는 청교도 혁명을 전후한 영국사회의 혼란과 갈등을 질서와 안정된 체제로 수습하는 것이었다. 홉스가 이에 대한 현실적인 방안으로 절대 군주를 채택하기는 했지만, 그와 같은 절대 권력의 형성 근거와 정당화 논리에는 근대적인 사고가 깊이 배어 있다.

결론적으로 도덕과 도덕적 판단, 그리고 정의의 문제를 물체(또는 유기체)의 자발적인 운동과정, 즉 욕구는 지향하는 반면, 혐오는 회피하려는 자연적 성향을 따르는 것으로 이해하는 홉스의 도덕철학은 윤리에서의 자연주의적 관점을 지닌다고 하겠다. 왜냐하면 홉스의 윤리에는 도덕적 가치를 평가하려고 하기보다는 경험적으로 관찰 가능한 인간의 행동 경향성을 기술하면서 이를 도덕의 기준으로 사용하고 있기 때문이다. 또 중세의 끝자락과 근대의 시작을 중첩적으로 살았던 홉스의 사회계약론과 그 결과로부터 그의 사회 정치사상이 지닌 근대적인 성격과 함께 절대 군주정을 옹호하는 보수주의적 성격이 동시에 존재하고 있음을 확인할 수 있다.

로크_ 데카르트와 같은 합리주의자들은 일반적으로 본유관념(innate idea), 즉 태어나면서부터 인간의 정신 안에 관념이 존재한다는 것을 의심 없

---

[98] Ibid., 98.

[99] '리바이어던'은 『구약성서』 욥기 41장에 나오는 바다의 괴물인 레비아탄으로서, 인간의 힘을 넘는 매우 강한 동물을 뜻한다. 홉스는 국가라는 거대한 창조물을 이 동물에 비유한 것이다. 성립 과정에 대해 여러 가지의 억측이 있으나 사실 홉스는 영국에 그때까지 주권의 소재가 명확치 않았던 사실이 내란 혁명의 최대 원인이라고 확신하고, 인간 분석을 통해 주권의 필요성을 논하고, 절대주권을 확립함으로써 인민의 안전과 평화를 달성할 것을 원하여 이 책을 저술한 것이다.

이 받아들인다. 그렇지만 인식의 토대를 오직 경험에서 발견하려 했던 로크는 애당초 본유적 관념을 받아들이지 않는다. 로크의 주장을 따른다면, 경험이 모든 지식과 관념의 근본 원인이기 때문에 만약에 우리가 모종의 대상에 대한 경험을 하지 않았다면 우리는 그 대상에 대한 어떠한 관념도 지닐 수 없게 된다. 예를 들어 '인간은 정의로워야 한다'는 도덕원리나 '정의'라는 관념은 곧바로 우리의 행위를 구속하는 보편적인 원리가 될 수 없고, 가르치고 학습하는 과정, 즉 경험을 통해서만 규범적 원리로 작동할 수 있게 되는 것이다. 다시 말해 만약에 우리가 어떤 것에 상응하는 행동경험을 전혀 갖지 않았다면 우리는 그 단어의 의미를 전혀 이해하지 못하게 된다. "정신이 아무런 문자도 없고 어떠한 관념도 없는 이른바 백지 상태(tabula rasa)라고 가정하자. 어떻게 여기에 정신이 채워지는가? 언제 정신이 이성과 지식에 관한 모든 재료들을 갖게 되는가?" 이에 대해 로크는 단호하게 그것은 바로 '경험'이라 말한다.[100]

따라서 우리가 세계에 대해서 무엇을 생각하든 그것은 모두 감각과 경험을 통해 획득된 것이라 할 수 있다. 로크에게 감각이란 그 자체로서 하나의 지식, 즉 '감각적 지식'이었던 것이다. 예를 들어 '노란색'이라고 할 때 우리는 노란색이라는 존재에 관한 '감각적 지식'을 갖는 것이지, 노란색의 본질에 관한 '감각적 지식'을 갖는 것이 아니다. 우리는 성질이나 힘 이면에 알려지지 않고 알려질 수도 없는 '실체'를 알 수는 없는 것이다.[101]

감각과 경험을 지식의 토대로 삼았던 그의 경험주의는 도덕과 윤리에도 적용된다. 로크는 "선 또는 악이라는 말은 단지 쾌락이나 고통에 비교함으로써 알 수 있다. 우리가 선이라고 부르는 것은 쾌락을 일으키거나 증진시켜주는 경향이 있는 것, 고통을 감소시켜주는 경향이 있는 것인 반면에

---

100 Samuel Stumpt & James Fieser, 『소크라테스에서 포스트모더니즘까지』, 392.
101 Bryan Magee, 『위대한 철학자들』, 수선철학회 역 (서울: 동녘, 2004), 145-146.

악이란 고통을 불러일으키거나 증가시키는 경향이 있는 것, 쾌락을 감소시키는 경향이 있는 것"[102]이라 주장한다.

로크의 철학적 가치는 정치철학 부분에서 빛을 발한다. 그의 사상은 서양의 근대 자유주의 사상의 근간을 총괄하고 있기에 그러하다. 『시민정부에 관한 두 편의 논문』(Two Treatises of Government)의 첫 번째 논문은 왕권신수설을 비판하는 내용으로 구성되었고, 두 번째 논문 "시민정부의 참된 기원 및 목적에 관한 시론"(An Essay Concerning the True Original, Extent and End of Civil-Government)[103]에서는 로크의 정치사상인 사회계약에 기초한 정부의 형성 및 시민의 권리에 대해 논설하고 있다. 당시 왕당파로서 '왕권신수설'(Divine Right of Kings)을 옹호했던 로버트 필머(Robert Filmer)의 기본 입장은 인간은 태어나면서부터 자유롭지 못하다는 것이며, 이에 기초하여 그는 절대군주제를 주장했다.[104] 인간이란 신에 의한 최초의 사람인 아담의 지배권으로부터 벗어날 수 없기 때문에 태어나면서부터 자유롭지 못하다고 주장한 것이다. 그는 신이 아담에게 선물로 준 것이 권력, 즉 지배권인 것처럼 현실 세계의 권력이란 신이 왕에게 준 것이라고 주장했다. 결론적으로 왕의 통치권력이란 신이 자신의 의지를 드러내기 위한 장치라는 주장이다. 그렇지만 로크는 신이 아담에게만 지상에 대한 지배력을 준 것이 아니라 모든 인간에게 공동으로 나누어주었다는 주장에 기초하여 이를 반박했다. 로크는 자신의 주장을 정당화하기 위해 국가와 통치권력이 형성되기 이전이라는 자연상태 개념을 활용한다.

로크의 자연상태는 공포와 빈곤, 잔인함과 고독함만이 지배하는 홉스의 그것과는 반대로 이성이라는 자연법에 따라 운영된다. 자연상태에서 인

102　Charles Copleston, 『영국경험론』, 173.
103　국내에서는 『통치론』이라 번역되어 있다. John Locke, 『통치론』, 강정인·문지영 역(서울: 까치, 2011).
104　Charles Copleston, 『영국경험론』, 177.

간은 이성에 따라 모두가 평등하고 자유로우며, 자신의 생명과 재산에 대해 동등한 권리를 갖는다. 로크는 이처럼 이성에 의한 자연적 도덕법을 믿고 있었기 때문에 현실의 사회·국가에서도 자신을 보존할 권리(생명권), 자신의 자유에 대한 권리(자유권), 그리고 자신의 재산에 대한 지배권(소유권) 등이 그대로 보장받아야 한다고 생각했다.[105] 물론 각각의 개인들은 서로에 대해서 이와 같은 권리들을 인정하기 때문에 자신의 자유를 제한적으로 행사해야 한다. 로크는 생명과 자유, 소유물을 모두 '재산', 즉 개인의 소유라는 개념으로 이해했다. 이것은 로크가 부르주아 계급의 일원으로서 자연권들 중에서 재산권에 대해서 그만큼 관심이 높았다는 의미도 될 것이다.

로크는 땅은 물론 땅 위의 모든 것들은 공동의 재화이며, 이것들에 대해 가해지는 개인의 노동을 통해서만 개인의 것이 된다는 소유권을 주장한다. 즉, 자연의 숲에 있는 사과나무의 열매는 공동의 것이지만, 그 열매를 어떤 개인의 소유가 되게 하는 것은 그 개인이 열매를 따기 위해 투여한 그의 '노동'이라는 의미다.[106] 또 한 개인의 노동의 결과가 어떤 것을 그의 소유로 만들게 한다면 그 개인의 노동 또한 그의 소유라는 의미도 되는데, 이것은 로크가 각 개인은 자기 인신(person)에 대해 주인이라는 생각을 확고히 한 것이라 할 수 있겠다.[107]

한편 로크는 자연상태를 화폐가 도입되기 이전의 상태와 이후의 자연상태로 구분한다. 즉 이제 소유권을 갖게 된 개인들은 필요 이상의 재산을 축적할 수 있게 되었고, 잉여의 부분은 화폐로 축적할 수 있게 되었는데, 로크는 이로부터 불평등과 소유권에 대한 다툼이 일어난다고 생각했다. 다시 말해 이성적인 인간은 비록 자연상태에서 자연적 도덕법을 준수하지만 모두가 언제나 반드시 그렇다는 것은 아니다. 그래서 "인간은 자연상태의 모

---

[105] Ibid., 177-178.
[106] Ibid., 179.
[107] John Locke, 『통치론』, 34-35.

든 특권에서도 불구하고 이 상태에 머물러 있는 것이 오히려 나쁜 상황 속에 처해 있는 것이 되기에 신속하게 사회를 만들게 되는 것이다."[108]

자연상태에서 일어나는 자연법의 위반은 단순한 도덕적 책임이 아니라 법적인 책임을 수반하게 된다. 그런데 이러한 법적인 책임 문제는 자연상태의 개인들에게만 전적으로 맡길 수 없다. 왜냐하면 각자는 자신의 이해관계에 대해서는 관대하지만 다른 사람에 대해서는 공정하게 처리하기 어렵기 때문이다. 그렇기 때문에 각자는 자신의 생명과 자유, 재산을 실질적으로 보장받을 수 있는 공정한 중재자를 필요로 하게 된다. 즉 사람들은 자신의 생명, 자유, 재산을 서로 보존하는 것에 동의하게 되는 것인데, 이것이 국가(commonwealth)가 수립되는 목적에 해당된다.[109] "사람들은 태어나면서부터 모두 자유롭고, 평등하며, 독립적이기 때문에 어느 누구도 자신의 동의 없이 이러한 상태로부터 벗어나 다른 사람의 정치권력에 의해 지배받아서는 안 된다. 인간이 자신의 자유를 포기하고 시민사회의 구속을 받게 되는 유일한 길은 다른 사람들과 함께 동의하여 하나의 공동체를 만드는 경우이다. 그렇게 하는 목적은 자기들의 재산을 안전하게 향유하며, 자신의 공동체 일원이 아닌 사람들로부터 안전을 보장받음으로써 서로 안락하고 안전하며 평화로운 생활을 하기 위해서이다."[110]

이로써 자연상태의 개인들은 하나의 정치 공동체, 즉 국가에 자신들의 자연권을 양도하는 것에 동의하고 자신의 자연권을 보다 지속적이고 안전하게 보장받을 수 있게 되었다. 그런데 만약에 이렇게 형성된 국가, 즉 정부의 권력이 인민의 평화, 안전 및 공동선을 위해 행사되지 않고 그 목적에서 벗어나 자의적으로 법을 만들어 사회 구성원들을 지배하고자 한다면 각 구성원들은 어떻게 대응해야 하는가? 이에 대해 로크는 정치 공동체가 권력을

---

[108] Charles Copleston, 『영국경험론』, 182.
[109] Ibid., 182.
[110] Ibid., 183.

남용하려 한다면 공동체의 구성원들은 신뢰를 깨버린 정부에 대해 불복종과 함께 적극적으로 저항하고 자유의 상태로 돌아갈 권리를 갖는다고 주장한다.[111]

정부의 권력남용이라는 상황에 대해 인민은 폭력적으로 저항할 권리를 갖고 있으며, 이에 따라 정부의 권력은 해체된다. 인민의 이러한 저항이 정당한 이유는 자연상태의 각 개인들은 사회계약의 주체로서 자신들의 자연권을 전적으로 양도하지 않았으며, 단지 자연권을 실질적으로 보장받기 위해 자신들이 갖고 있는 자연권의 일부만을 양도했을 뿐이기 때문이다. 자연상태의 개인들 중에서 그 누구도 스스로 노예와 같은 복종상태로 들어가기 위해 자신의 자연권을 포기하지는 않는다. 특히 로크는 정부의 권력남용에 대해 혁명적 저항을 할 것인지의 여부를 결정하는 주체가 국민임을 주장함으로써 국민이 실질적인 주권자임을 밝히고 있다.[112] 이 같은 주장을 오늘날의 의미로 해석한다면 정부의 권력은 국민에 의한 것이며, 그렇기 때문에 국민을 위해 행사해야 한다는 강력한 민주적 의미를 함축하고 있다.

흄_ 흄은 경험주의자이면서 동시에 회의주의자였기 때문에 인간이 본질적으로 이성적인 존재라는 일반적인 입장에 동의하지 않았다. 오히려 그는 우리의 삶에서 이성이 차지하고 있던 지배적인 지위를 감정과 정념의 것으로 되돌려놓으려고 했다. 흄의 이러한 입장은 먼저 자신의 인식론, 즉 우리는 어떻게 앎을 형성하게 되는가라는 물음에서부터 시작한다. 흄은 로크의 인식론에 영향을 받았기 때문에 관념 또는 지각이 우리 안에 어떻게 형성되는가에 대해서도 로크의 입장과 다르지 않았다.

예를 들어 가만히 눈을 감고 우리가 수업하는 강의실을 생각해보자. 이

---

111 Udo Thiel, 『로크』, 이남석 역 (서울: 한길사, 1998), 154.
112 강정인 외, 『서양 근대 정치사상사』 (서울: 책세상, 2007), 291.

때 내 머릿속에 떠오르는 강의실, 즉 강의실의 관념은 사실 그동안 내가 '강의실'에서 느끼고 경험했던 인상(impression)들로부터 추론된 것이다. 그렇기 때문에 이미 경험했던 직접적이고 생생한 인상들이 먼저 없었다면 강의실이라는 관념이나 지식 또한 존재할 수 없게 된다. 이 점에서 인상은 관념에 선행하며, 관념은 인상의 복사물이라고 할 수 있다. 어린아이에게 딸기가 어떤 맛인지를 알게 하려면 먼저 그 아이에게 직접 딸기를 맛볼 수 있도록 해주면 되는 것이다('생생한 인상', '직접적인 지각'). 그런 다음 아이는 딸기가 어떤 맛인지를 알게 되는(관념) 것이다. 관념은 우리가 직접 경험한 인상들에 대해 사유와 추리를 통해 기억들을 떠올리는 것(회상)이라고 할 수 있다. 결론적으로 우리는 첫인상을 경험하지 못했다면 그와 관련된 어떤 관념도 갖지 못하게 된다. 또 이러한 결론이 맞다면 경험하지 않은 것들에 대해서도 우리는 이미 그와 관련된 어떤 관념을 지니고 있다고 주장하는 본유적 관념이나 생득적 관념은 가질 수 없게 되는 것이다.

그런데 우리는 어떻게 한 번도 경험한 적이 없는 '완벽한 원'에 관한 관념을 지닐 수 있을까? 흄은 그 이유를 관념들의 결합 때문이라고 주장한다. 즉 우리는 비록 '완벽한 원'을 경험한 적은 없지만 학교 등을 통해 후천적으로 습득한 '완벽'이라는 생각과 특히 수학 시간에 배운 '원'에 대한 사고의 경험이 주는 인상들로부터 얻어낸 관념들이 결합되어 '완벽한 원'이라는 관념을 지닐 수 있다는 것이다. 흄은 이처럼 색깔이나 모양, 맛과 같은 직접적인 '단순관념'들과 이러한 관념들을 결합(연합)시킨 '복합 관념'을 통해서 경험하지 않은 '완벽한 원'에 대한 새로운 관념을 형성할 수 있게 되는 것이라 보았다. 흄은 또 단순관념들과 복합관념들은 크게 세 가지 형식(유사성, 인접성, 인과성)으로 서로 결합하며,[113] 이를 통해 우리의 관념(또는 사고)은 또 다른 관

---

113 흄에 따르면 관념들이 결합하는 것은 특정한 법칙에 따른 것이 아니라 '연합'(association)의 결과물일 뿐이다. 흄은 이를 '유사'(resemblance)에 의한 연합, '인접'(contiguity)에 의한 연합, '인과'(cause and effect)에 의한 연합으로 구분한다. 흄의 설명에서 중요한 것은 우리의 사고를 구성

념(또는 사고)으로 옮겨갈 수 있다고 생각했다.

하지만 흄은 인과관계란 사실 그대로 존재하는 것에 대해 의심했다. 흄은 모든 지식의 출발점은 경험이라고 보았기 때문에 우리는 이전의 경험을 통해 원인적 사건과 결과적 사건들 사이에 필연적인 인과관계가 있다는 것으로 받아들이게 된다고 보았다. 따라서 흄은 과거의 그와 같은 규칙적인 경험 때문에 미래에도 똑같은 결과가 일어날 것이라고 가정할 수는 없다고 주장한다. 즉 과거의 귀납추리를 가지고 미래에도 반드시 그럴 것이라고 단정할 수 없다는 것이다. 바로 이 점 때문에 흄은 귀납이란 단지 우리가 대체로 그러하다고 받아들이는 일반적인 습관일 뿐이라고 생각했다. 그리고 이러한 일반적인 습관에 따라 우리는 삶을 살아가고 있으며, 이것을 필연적인 또는 이성의 법칙인 것처럼 받아들인다는 것이다. 이렇게 본다면 우리의 삶은 이성이 아니라 습관이나 관습적 경험에 의존하는 삶이라고 할 수 있을 것이다. 또 그렇기 때문에 귀납적인 방법을 가지고서는 귀납적인 추론이 필연적으로 옳은 것이라고 증명할 수도 없게 된다. 바로 이것이 경험주의의 귀납 추론이 갖고 있는 한계이기도 하고 흄이 회의주의자인 이유이기도 하다.

경험주의의 귀납 추론이 보편적인 진리를 보장할 수 없다는 점을 지적한 흄은 이것을 인간의 행위문제로 확장하여 적용한다. 즉 만약에 인과율이 존재하지 않는다면 인간의 행위나 가치판단의 문제에서도 보편적이고 절대적인 규칙이나 선을 주장할 수 없다는 것이다. 이에 근거하여 흄은 이성의 지위와 역할에 제약을 걸면서 동시에 정념과 감정의 역할에 주목한다. 그는 『인간본성론』에서 이성과 정념의 관계에 대해 다음과 같이 진술한다. "나는 철학 전반의 오류를 증명하기 위해 다음과 같은 것을 증명하려고 한다. 첫째, 오직 이성만을 통해서는 어떤 의지적 활동이나 행위의 계기가 될 수 없다. 둘째, 이성은 의지의 방향을 결정함에 있어 결코 정념과 반대될 수

하는 관념들의 연합은 결국 특정한 관념과 다른 관념이 우연적으로 연결되는 방식으로 이루어진다는 것이다.

없다."¹¹⁴ "이성은 정념(감정)의 노예일 뿐이고, 단지 노예여야만 한다. 이성은 정념에 봉사하고 복종하는 것 이외에 다른 어떤 임무나 권리도 주장할 수 없다."¹¹⁵ "이성을 통해서 행동이 나오지는 않는다. 이성은 단지 행동을 설명(즉 마치 행동과 행동의 동기 사이에 개연성이 있는 것처럼)할 뿐이다. 어떤 대상을 향해 혐오나 선호의 감정이 일어나는 것(즉 행동이 일어나는 것)은 고통 또는 쾌락에 대한 기대 때문이다."¹¹⁶ "이성만으로는 어떤 행위나 의지작용도 일으킬 수 없다. 또 이성은 의지작용을 막거나 정념 또는 감정과 우위를 다툴 수도 없다. 이 결론은 필연적이다."¹¹⁷ "도덕은 행동이나 정서(affection)에 영향을 미치기 때문에 도덕은 이성에서 유래할 수 없다 … 도덕은 정념을 자극하여 어떤 행위를 하게 하거나 못 하게 한다. 이성은 이런 능력이 전혀 없다. 그러므로 도덕규칙은 이성의 결론이 아니다."¹¹⁸

생득 관념이나 본유관념을 인정하지 않는 흄의 도덕철학에서 가장 주목할 점은 두 가지인데, 첫째, 이성이 아니라 감정(정념)에 대한 강조이다. 둘째, 이 때문에 (도덕)행위의 동기 또한 이성이 아니라 감정(feeling) 또는 정념(passion)에서 비롯된다는 주장이다. 그의 이러한 주장은 '덕은 이성적인 활동과 일치하는 행위'라고 생각했던 합리주의적 관점과는 반대되는 것이라고 하겠다. 흄은 정념 또는 감각경험이 도덕적 지식과 판단의 기초라는 사실은 다음의 예를 통해서도 증명된다고 생각했다.

자식이 부모를 죽이는 행위에 대해 우리는 악덕 또는 배은망덕이라고 비판한다. 그런데 '죽임'이라고 하는 것에 우리가 악덕이라고 할 만한 어떤 참된 존재가 있기 때문에 그런 것인가? 흄의 생각은 '아니다'이다. 우리는

---

114 최희봉, 『흄』(서울: 이룸, 2004), 96.
115 Frederick Copleston, 『영국경험론』, 428.
116 최희봉, 『흄』, 97.
117 Frederick Copleston, 『영국경험론』, 428.
118 최희봉, 『흄』, 100.

'자식이 부모를 죽였다'는 행위로부터 일어나는 우리의 감정경험, 즉 어떤 정념과 혐오 그리고 고통을 발견할 수 있을 뿐이다. 이와 같은 거부와 부인의 감정(또는 정서)을 통해 그러한 행위가 악덕임을 아는 것이다. 그러므로 악덕이란 바로 자신 안에 있는 것이지 대상 자체에 있는 것이 아니다. 이 때문에 우리는 어린 묘목이 자라서 나중에 자신을 낳게 한 어미 나무를 말라 죽게 하더라도 그 어린 묘목에 대해서 도덕적 판단을 내리지 않는 것이다. 우리는 그 묘목의 행위(또는 사실)로부터 어떤 정서적 반응이나 도덕적 판단(승인과 부인, 칭찬과 비난, 쾌락과 고통)을 일으킬 만한 감정의 활동을 경험하지 않기 때문이다.

어떤 행위에 대한 판단으로서 느낌이란 시인과 부인의 정서를 말한다. 그런데 이러한 감정은 우리 또는 다른 사람들에 대해 자긍심과 수치심, 사랑과 증오의 감정을 일으킨다. 따라서 이러한 감정은 생명이 없는 존재들이 주는 쾌락의 감정과는 다른 것이다. 그리고 이 정서 또는 감정은 개인의 주관적인 감정만을 의미하지는 않는다. 흄이 더욱 강조하려고 한 것은 이러한 도덕적 감정의 보편적인 측면이다. "도덕적 판단은 도덕감정에서 비롯된다. … 우리가 칭찬하려는 것, 훌륭하다고 하려는 것을 구성하는 것은 느낌(feeling)이다."[119] 훌륭한 음악이나 포도주가 쾌락을 낳지만 이것들이 주는 쾌락은 단순한 쾌락일 뿐이다. 생명이 없는 것이 주는 쾌락과 한 개인의 인격이 주는 쾌락은 차원이 다른 것이다. 어떤 성격과 행동이 주는 쾌락이나 고통의 감정은 우리에게 칭찬과 비난을 일으키는 독특한 종류의 것이라 할 수 있다. 어떤 성격이 우리에게 도덕적으로 선/악하다고 하는 감정을 불러일으키는 경우, 이것은 개인적인 이해관계와 관련지어서가 아니라 일반적인 이해와 관련지어 생각하는 것이다.[120] 흄에 따르면, 고귀하고 관대한 행

---

119 Ibid., 111.
120 Ibid., 110.

위는 가장 정당하고 아름다우며, 잔인하고 배반적인 행위는 가장 혐오감을 야기한다. 제3자에게 기쁜 공감을 주는 것은 무엇이든지 덕이라고 할 수 있으며, 그 반대는 무엇이든지 악이다.[121] 덕과 악덕의 차이는 대상에 대한 정서(감정)를 통해 이루어진다. 따라서 도덕성은 판단되는 것이 아니라 느껴진다고 하는 것이 더욱 적절할 것이다.[122]

이처럼 사회적 차원의 도덕적 덕을 중요하게 여겼던 흄은 "자비심 많은 온화한 감정, 사교성 있고, 성품은 선하며, 인간적이고 인정 많으며, 매사에 감사하며, 관대하고, 자신의 마음을 지닌"[123] 등의 형용사적인 표현을 인간의 본성이 도달할 수 있는 가장 높은 수준의 도덕적 감정이라고 생각했다. 결론적으로 흄이 말하고자 했던 도덕감정이란 "인류에게 공통된 정서", 즉 "공감"(sympathy)이며, 바로 이 감정이 "우리 모두로 하여금 일반적인 승인"을 이끌어내게 된다. 따라서 궁극적으로 "도덕은 사회적이고 보편적이며 포괄적이게 되어 인류 전체에까지 확장될 수 있는" 정서여야 한다. 이 점에서 도덕성과 자기 이익은 구별되어야 하며, 도덕성은 일반적인 유용성, 즉 "사회적이고 보편적인 정서"의 공유를 전제한다.[124]

윤리학에서 주관주의란 진리와 옳고 그름을 단지 이성이 아니라 '의견'이나 '감정'의 문제로 환원하는 것을 말한다.[125] 따라서 객관적인 기준이나 근거를 주장하기보다는 주관적인 심리상태에 근거하여 판단기준을 마련한다. 도덕·윤리적 판단에 대해서도 주관주의는 개인적 또는 사회적(집단적) 감정이나 시인(是認)의 문제로 환원하여 주장한다. 개인의 의견이나 감정을 옳고 그름의 기준으로 삼는 것을 개인적 주관주의라고 하며, 집단의 의견이

---

121 Samuel Stumpt & James Fieser, 『소크라테스에서 포스트모더니즘까지』, 422.
122 최희봉, 『흄』, 108.
123 Robert Arrington, 『서양윤리학사』, 384.
124 Ibid., 397.
125 William Sahakian, 『윤리학의 이론과 역사』, 황경식·송휘칠 역(서울: 박영사, 2005), 209.

나 정서를 옳고 그름의 기준으로 삼는 것을 사회적 주관주의라고 한다. 이렇게 볼 때 흄은 도덕적 판단의 기준을 사회적 정서와 시인에 두고 있기 때문에 사회적 주관주의적 입장에 서 있다고 할 수 있다. 한편, 회의적 경험주의자인 흄의 사고는 칸트가 이성의 독단에서 깨어나는 데 결정적인 영향을 미쳤고, 이후 영국에서 전개되는 공리주의 형성에도 중요한 영향을 주었다.

2.7 신념윤리와 책임윤리

베버(Max Weber)에 의하면, 우리들이 윤리적으로 지향하고 있는 모든 행위는 근본적으로 신념윤리(Gesinnungsethik)와 책임윤리(Verantwortungsethik)다.[126] 말하자면, 윤리적인 모든 행위는 근본적으로 서로 다른 두 가지 격률(maxim: 주관적인 실천 원칙), 즉 신념윤리 아니면 책임윤리에 놓이게 된다는 말이다.

신념윤리에 따르면 행위의 도덕적 가치는 행위의 결과가 아니라 행위자의 심정, 즉 의향에 있다. 신념윤리를 신봉하는 사람들은 행동의 결과는 윤리와 아무런 관련이 없다고 생각한다. 신념윤리에 따라 행동하는 것은 순수한 가치 합리적인 지향을 가리키는 것이다. 그것은 어떤 윤리적, 심미적, 종교적 또는 다른 형태의 행위의 절대적 그리고 본질적 가치를 그 행위의 결과와 관계없이 그 행위 자체로서 의식적으로 믿는 것에 근거하여 행하는 것이다.[127] 기독교의 절대 평화주의가 신념윤리의 좋은 예가 될 것이다. "원

---

[126] Gesinnungsethik은 심정윤리, 의향윤리, 신념윤리, 소신윤리 등으로 번역될 수 있다. Gesinnung은 심정 또는 의향을 의미하지만, 베버는 이 용어를 행위자의 확고한 가치 입장을 의미하는 것으로 사용하고 있다. 그래서 신념윤리나 소신윤리가 좀 더 의미가 잘 전달될 수도 있을 것으로 본다. 통상적으로 심정윤리라는 말을 보다 많이 사용되고 있으나 일본어 번역투가 강하기에 나는 신념윤리라 표기하겠다.

[127] M. Weber, *Economy and Society* (California: University of California Press, 1978), 24-25.

수도 사랑하라"는 예수의 산상설교의 말씀을 절대적 명령으로 여기는 그들은 그 어떠한 형태의 전쟁에도 반대할 뿐 아니라 경우에 따라서는 국방의 의무를 요구하는 국가에서 병역의 규정을 신앙적 양심에 의거하여 거부하고(절대윤리는 그 결과에 대해서는 고려하지 않는다) 현실에서 닥쳐오는 어려움을 자발적으로 감내하는 경우를 볼 수 있다.

신념윤리를 따르는 사람은 순수한 심정의 행위에서 나오는 결과가 나쁠 경우, 그렇게 된 책임을 행위자 자신에게 돌리는 것이 아니라 세계에 돌리거나 아니면 다른 사람들의 어리석음 또는 그 사람들을 그렇게 창조한 신의 뜻으로 돌린다.[128] 신념윤리는 논리상 도덕적으로 위험한 수단을 사용하는 일체의 행위를 거부한다.[129] 심정의 순수성을 고집하는 한 다른 가능성은 없다. 최소한 논리적으로는 그렇다. 따라서 신념윤리에 따르면 목적은 수단을 신성화하지 않는다. 신념윤리의 이러한 태도는 그것이 선한 열매는 선한 나무에서만 나올 수 있고 나쁜 열매는 나쁜 나무에서만이 나올 수 있다는 단순한 명제에 근거하고 있기 때문이다.[130]

반면에 책임윤리에 따르면 행동의 결과는 윤리적으로 최상의 관련성이 있으며, 그 결과에 대해서 개인적인 책임을 져야 한다. 책임윤리에 따라서 행위한다는 것은 목적 합리성에 따라 행위하는 것이다. 그것은 행위의 실현 가능성을 수단과 목적의 관점에서 추론하고, 예측할 수 있는 자기 행동의 결과를 설명한다. 또한 목적에 대해서뿐 아니라 목적을 부차적 결과에 대비해서 그리고 모든 가능한 목적을 서로 비교하여 합리적으로 그 수단을 숙고하는 것이다.[131] 요컨대 책임윤리는 예측할 수 있는 결과 전체를 고려해서 전체적으로 어떤 결과의 조합이 최상인가를 고려함으로써 어떻게 행동

128　M. Weber, *From Max Weber: Essays in Sociology* (London: Routledge & Kegan, 1974), 121.
129　Ibid., 122.
130　Ibid.
131　M. Weber, *Economy and Society*, 26.

할 것인가를 결정하는 사람의 태도를 의미한다.

    신념윤리와 달리 책임윤리를 따르는 사람들은 자기 행위의 결과를 예측할 수 있는 한에서 그 결과를 다른 사람들에게 떠넘길 수 없다고 생각한다. 그는 이런 결과가 된 것은 자기의 탓이라고 생각한다.[132] 그래서 책임윤리를 따르는 사람은 좋은 결과를 위해서라면 그 자체만을 떼놓고 보며 나쁜 행동도 기꺼이 행하는 사람이다. 예를 들어 책임윤리에 따라 행위하는 신앙인이 사람에게 해악을 가하는 것은 "원수도 사랑하라"는 도덕적 계율에 위배되는 것이라는 점을 잘 알면서도 더 큰 해악을 방지하기 위해 히틀러와 같은 독재자 암살 모의에 적극 가담하게 되는 사람이다. 또 책임윤리에 따라 행동하는 사람은 자신의 조국을 침략하고 약탈하는 제국주의자들의 폭력에 물리적 폭력으로 대응할 수 있는 자들이다. 따라서 책임윤리는 목적이 수단을 정당화한다고 믿는다. 책임윤리에 따르면 선한 목적을 달성하기 위해서는 많은 경우, 윤리적으로 의심스러운 것이나 적어도 위험한 수단을 감수하지 않으면 안 되며, 또한 나쁜 부수적 결과가 일어날 가능성이나 개연성도 함께 감수하지 않으면 안 된다.[133] 책임윤리는 이 세계에서 때때로 선한 나무가 악한 열매를 맺기도 하며 악한 나무가 선한 열매를 맺기도 한다는 것을 잘 알고 있다. 책임윤리는 이러한 세계의 윤리적 비합리성(die ethische Irrationalität der Welt)을 고려한다.[134]

    신념윤리와 책임윤리는 합리적 논증에 의해서는 화해될 수 없는 것인데, 이러한 논의는 윤리학에서 의무론적 윤리와 목적론적 윤리 체계의 논의와 유사한 점이 있다. 의무론적 윤리체계는 어떤 행동을 일반적으로 그것의 결과와는 관계없이 선 또는 악으로 간주하는 윤리 체계이고, 목적론적 윤리 체계는 행동의 도덕적 가치를 가능한 전체 결과의 가치에 의해서 평가하는

---

[132] M. Weber, *From Max Weber: Essays in Sociology*, 121.

[133] Ibid., 121.

[134] Ibid., 122.

윤리 체계이다. 아무튼 베버는 신념윤리는 성자(saint)에게 알맞은 윤리이고 책임윤리는 정치가에게 알맞은 윤리라고 생각했다.[135]

그러나 베버가 신념윤리와 책임윤리를 구별했다고 해서 이 둘을 양자택일의 문제로 바라보는 것은 문제가 있다. 사실, 행동의 결과를 완전히 무시하는 윤리 체계는 성립되기 어렵다. 왜냐하면 특정한 결과를 언급하지 않고 행동을 정의하는 것은 불가능하기 때문이다. 행동은 결과를 낳을 수밖에 없는 것이다. 또한 자신의 소신과 신념을 가지지 않고 오직 결과만을 고려하는 윤리 체계도 있을 수 없다. 왜냐하면 수단목적의 관점에서 결과를 고려하기 위해서는 먼저 목적이 주어져야 하기 때문이다. 이런 점에서 보면 책임윤리와 신념윤리를 타협불가능한 대립으로 해석하는 견해는 베버의 의도를 왜곡할 가능성이 없지 않다.

이런 문제의식이 베버에게서도 감지되고 있다. 베버는 신념윤리는 무책임과 같지 않으며, 책임윤리도 무신념과 같지 않다고 이미 언급하고 있기 때문이다.[136] 베버에 의하면 아무런 신념도 갖지 않은 사람은 정신적으로 사망한 사람과 같다. 가치 지향성이 인격의 중요한 특징라고 한다면, 아무런 가치 지향성도 가지지 않고 순수하게 책임윤리적으로 행위하는 것은 인격의 존엄성을 가질 수 없는 정신이 죽은 사람이나 다름없는 것이다. 이런 점에서 보면 신념윤리와 책임윤리는 상호보완적이라 할 수 있겠다.[137]

---

[135] 신념윤리는 종교인에 어울리고 책임윤리는 정치가에 어울린다고 보면서도, 그리고 근대 윤리로서의 적합성을 책임윤리에 무게를 두고 있음에도, 정치가에게 결정적으로 필요한 자질을 말할 때, "정열, 책임감, 그리고 거리두기"라고 했다. 뜨거운 열정과 냉철한 거리두기 능력이 책임감의 전제 조건이 되는 것이다. 책임감이 없는 정열은 불모의 흥분으로 떨어지게 되며, 책임감이 결여된 거리두기 능력은 거리 상실의 나락으로 빠지고 만다. 결과적으로 거리두기 능력의 상실은 정치적 무능력과 동일시된다. 하지만 정치가에게 요구되는 책임윤리에 신념윤리의 요소인 열정이 책임감을 전제로 요구된다는 점에서 책임윤리와 신념윤리가 완전히 이분법적으로 나뉘는 것이 아니라는 점을 이해할 수 있다. M. Weber, "직업으로서의 정치", 『직업으로서의 학문』, 이상률 역 (서울: 문예출판사, 1994), 127.

[136] M. Weber, *From Max Weber: Essays in Sociology*, 120.

[137] Ibid., 127.

3
윤리학의 분류

3.1 기술윤리학

　윤리학은 '도덕'이라는 인간 행위의 영역에 관심을 기울인다. 마치 생물학이 생명을 대상으로 삼듯이 윤리학은 도덕 현상을 연구 대상으로 삼는다. 그러나 윤리학 말고도 도덕을 연구하는 또 다른 분야가 있다. 예를 들면 심리학자들은 한 개인의 도덕판단은 정확히 기술할 수 있고 그 원인과 결과도 정확히 탐구할 수 있다고 본다. 한 개인이 어떤 도덕적 신념과 태도를 가지게 되는 이유와 배경, 그리고 그 신념과 태도가 개인의 행동에 미치는 영향을 밝히는 설명을 할 수 있다는 것이다. 또한 인류학자, 사회학자, 역사학자, 사회심리학자들은 사회적 차원에서 과학적 탐구를 통해 현실 도덕에 대한 경험적 지식을 얻을 수 있다고 본다. 이런 시각에서 그들은 여러 다른 사회와 각 시대의 다양한 도덕률을 탐구했다. 한 개인의 생활, 그리고 사회제도 속에 존재하는 도덕 현상에 대한 경험적 지식을 얻고자 그들은 현실 도덕에 대한 과학적 기술·설명 방식을 택한다.
　그러나 그들은 다양한 문화권에 살고 있는 사람들의 도덕적 신념, 관습, 관행을 탐색하고 서술할 뿐 그것들에 대해 어떤 가치판단이나 평가도 내리지 않는다. 도덕에 대한 이와 같은 과학적 연구를 기술(descriptive)윤리학이라 부른다.

도덕에 관한 기술윤리학자들의 연구를 서술적 연구라 한다면 윤리학자들의 도덕에 관한 연구는 철학적 연구라 할 수 있다. 윤리학은 사실의 기술이나 묘사에 만족하지 않고 기술윤리학에서 제공하는 자료를 이용하여 각 문화권의 도덕을 상호비교하고 도덕적 이상에 대한 평가를 내린다. 심리학, 인류학, 사회학, 역사학, 사회심리학이 서술적 과학이라면 윤리학은 규범과학이다. 따라서 기술윤리학은 엄밀한 의미에서 윤리학이라 보기 어렵다.

윤리학자들은 "이러한 사람들이 이러저러한 도덕규칙을 받아들이는 이유는 무엇인가?"라고 묻는 대신 "이러저러한 경우에 이와 같은 도덕규칙을 받아들일 때 어떤 이유가 좋은 이유가 되는가?"라고 묻는다.[138] 윤리학자들은 도덕의 실천이 그 사회의 어떤 계급에 속하는 사람들의 이익에 도움을 주고 있는가의 현상을 설명하는 대신, 공동선을 증진시키며, 사회정의의 요구 조건을 만족시키는 도덕규범이 있는지 그리고 공동선이나 사회정의가 모든 사회의 도덕규범을 평가하는 원리로 작용할 수 있는지를 묻는다. 윤리학자가 추구하는 주목적은 "모든 도덕 행위자들에게 타당한 도덕규범의 일관된 체계를 어떻게 구성할 것인가?"하는 것이다. 그러한 체계를 흔히 '규범윤리적 체계'라고 부르는데 이를 정립하고자 하는 것이 규범윤리학이다.

---

[138] Paul Taylor, *Principles of ethics*, 김영진 역, 『윤리학의 기본원리』(서울: 서광사, 1985), 15-18 참조.

3.2 규범윤리학

규범의 사전적 의미는 '사유,'의지, 감정 등이 일정한 이상이나 목적을 이루기 위하여 마땅히 따라야 할 법칙과 원리'이다. 이러한 규범을 탐구하는 학문에는 논리학, 미학, 윤리학이 있다. 바른 인식을 얻기 위해 규범이 될 수 있는 사유의 형식과 법칙을 연구하는 학문이 논리학이요, 미의 규범을 세우는 것을 목적으로 하는 학문이 미학이라 한다면 윤리의 규범을 세우는 것을 목적으로 하는 학문이 규범윤리학이다.

규범윤리학은 이상적인 삶을 살아가는 데 규범이 될 수 있는 삶의 목적과 행위의 법칙을 찾아 제시하고자 하는 것을 주 과제로 삼는다. 다시 말해 규범윤리학은 "인간이라면 누구나 그것의 실현을 위해 진력해야 할 보편타당한 삶의 목적은 무엇인가?", "인간이라면 누구나 마땅히 따라야 할 행위의 법칙은 무엇인가?"라는 물음을 궁구한다. 여기서 보편타당한 삶의 목적을 찾아 제시하고자 하는 입장을 목적론(teleological ethic)이라 하고, 보편타당한 법칙을 찾아 제시하고자 하는 입장을 의무론(deontological ethic)이라 한다. 흔히 윤리학은 '옳은 것과 좋은 것에 관한 연구'라고 말하는데, 목적론에서 탐구하는 것이 '최고의 선'이며, 의무론에서 탐구하는 것이 '옳은 행위의 법칙'이다.

목적론적 윤리학은 인생에 우리가 그 실현을 위해 진력해야 할 객관적인 목적이 존재한다는 신념을 출발점으로 삼는다. 그리고 모든 행위의 시비는 그 행위가 인생의 궁극목적(최고선) 달성에 이바지하는지의 여부에 따라 평가된다. 따라서 목적론적 윤리학이 답변해야 할 근본적인 문제는 "인생의 궁극적인 목적이 무엇이냐?"라는 것이다. 한편 의무론 윤리학은 인생이 힘써 도달해야 할 목적이 따로 주어져 있다는 것을 믿지 않는 대신, 옳은 행위와 그른 행위를 판별하는 데 표준이 되는 보편타당한 도덕법칙이 주어져 있다고 믿는다. 모든 행위의 시비는 이 도덕법칙에 일치하는지의 여부에 따라 평가된다. 따라서 의무론이 답변해야 할 근본 문제는 "시대와 지역의 차이를 초월하여 적용될 수 있는 보편타당한 행위의 법칙이 무엇이냐?"라는 것이다. 궁극적인 삶의 목적인 최고선에 가장 큰 중요성을 부여하는 목적론적 윤리학자들은 일단 최고선이 인식되면 옳은 행위가 저절로 확인되고 실현된다고 주장한다. 옳은 것은 좋은 것에 의해 결정된다고 보는 것이다.

목적론과 반대 방향에서 이론을 구성해가는 의무론에서는 옳은 행위 등을 가장 중요한 요소로 취급한다. 옳은 것을 행하면 반드시 좋은 결과가 나타난다고 주장한다. 여기서는 좋은 목적이나 좋은 것에 비해 의무나 법칙이 우선되며 옳음에 위배되는 것은 무가치한 것으로 여긴다. 옳음은 보다 근본적인 것으로 환원 불가능하며 오로지 직관에 의해서만 파악할 수 있는 개념이다. 따라서 의무론자들은 직관론자라 불리기도 한다.

의무론은 규칙의무론과 행위의무론으로 나누어 설명할 수 있다. 전자에서는 우리가 마땅히 지켜야 할 도덕규칙이 있다는 전제하에 행위의 옳고 그름은 그 규칙과의 일치 여부에 따라 평가한다. 그런데 여기서는 우리가 지켜야 할 도덕법칙이 아주 많이 존재하므로 '이들이 상충할 경우 이를 어떻게 해결할 것인가'하는 것이 크나큰 난제로 부각된다. 이 난제가 해결되려면 이를 해소할 수 있는 보편타당한 행위 법칙이 제시되어야 함에도, 이러한 법칙이 존재한다는 전제 자체부터 의심받는다. 반면에 후자에서는 그러한 규칙의 존재를 인정하지 않는 대신 우리가 마땅히 행해야 할 구체적인 개별적 행위가 있고, 또 우리는 이를 직관적으로 파악할 수 있다고 본다. 여기서 제기될 수 있는 문제는 '어떤 구체적 상황에서 행위자 각각의 직관이 서로 다를 경우 어떤 것이 옳은가?'하는 인식론적 물음이다. 다시 말해 이 입장은 도덕 이론의 형식적 제약조건인 보편화가능성의 원리를 설명할 수 없다는 치명적 약점이 있다.[139]

---

139 김상득, 『생명의료윤리학』(서울: 철학과현실사, 2000), 378-279 참조.

3.3 분석(메타)윤리학

분석윤리학은 1930년대에 영미에서 활발하게 전개된 분석철학의 영향으로 대두되었다. 분석철학에서는 철학의 역할을 세계에 대한 이론을 진술하는 데 있지 않고 세계에 대한 진술 그 자체를 대상으로 삼는 데 있다고 본다. 이러한 시각에서 분석철학에서는 윤리학의 역할을 좋음과 옳음에 관한 실천적 연구에 있지 않고 그러한 연구에서 사용되는 용어들의 의미를 분석하고 도덕적 추론의 규칙과 인식 방법을 연구하는 데 있다고 본다.

물론 규범윤리학에서도 도덕 언어들에 대한 분석을 하지 않은 것은 아니다. 예를 들어 소크라테스의 대화법을 보면 도덕 언어의 분석이 중요한 부분을 차지하고 있음을 알 수 있다. 그러나 분석윤리학은 윤리학의 관심을 도덕 언어의 분석에 국한해야 한다고 주장하는 점이 특징이다. 그러한 분석윤리학의 선언은 무어(G. E. Moore)에게서 비롯되었다.

분석윤리학의 연구 주제는 첫째, 도덕 언어의 의미 분석이다. '좋다', '나쁘다', '옳다', '그르다', '훌륭하다', '끔찍하다', '의무', '양심', '해야 한다' 등 기본개념들의 의미를 명확하게 분석하고 나서야 그 개념들을 바탕으로 하는 도덕 체계를 확립할 수 있다는 입장이다. 물론 이런 생각의 이면에는 '좋다'와 같은 개념에는 보편적인 의미가 있을 것이라는 전제가 깔려 있다.

분석윤리학의 두 번째 연구 주제는 윤리적 명제의 특수성을 분석하는 것이다. 예를 들면 "시험 칠 때 부정행위는 나쁘다", "곤경에 처한 사람을 돕는 것은 바람직하다" 등의 명제들은 명령이나 지시하는 뜻 외에도 권유하거나 설득하는 뜻을 지니고 있다고 본다. 일반적으로 우리가 쓰고 있는 윤리적 명제들이 어떠한 의미를 함축하고 있는지를 분석함으로써 도덕 언어들의 의미를 더 정확하게 이해하고자 하는 것이다.

분석윤리학의 세 번째 연구 주제는 사실명제와 당위명제의 논리적 관계 분석이다. 예를 들면, 사람은 누구나 쾌락을 추구하고 고통을 피하려고 하는 것이 사실이라면, 그러한 사실을 근거로 "남에게 고통을 주는 행동을 해서는 안 된다"는 당위명제를 도출할 수 있느냐는 문제가 제기된다. 규범윤리학을 종교적 권위나 정치권력에 의존함이 없이 누구나 받아들일 수 있는 어떤 보편타당한 사실에 근거하게 하려면 사실명제에서 당위명제를 도출할 수 있어야 한다. 그런데 논리적 추론의 정당성이 보장해주는 것은 명제의 진리값이다. 환언하면 그 명제가 사실에 부합하는 참 명제임을 보장해주는 것이 논리적 타당성이다. 그러므로 아무리 보편타당한 사실명제에서 출발한다 해도 거기서 도출해낼 수 있는 것은 어디까지나 사실명제일 뿐, 당위명제로서의 진리값은 보장받을 수 없게 된다. 분석윤리학은 바로 이러한 주장을 폄으로써 규범윤리학에서 전개하고 있는 논리적 추론의 정당성 여부를 문제 삼는다.

이상과 같은 분석윤리학의 관심은 인간의 언어, 인간의 인식 능력이나 사고방식에 대해 새로운 철학적 관심을 불러일으켰다. 그러나 그러한 관심은 언어와 인식에 대한 철학적 이해를 깊게 해주었을 뿐, 규범윤리학이 만족할 만한 도덕 체계를 마련하는 데 별다른 도움은 되지 못했다. 말하자면 메타윤리학은 주로 도덕적 지식의 본질이나 주요 도덕적 용어의 의미에 관한 기술적 문제를 논하는 데 몰두하여 의미론과 인식론에 치우쳐 있었기에 실천적인 주제에 대한 연구는 무시되고 있었다. 그 결과 메타윤리적 탐구의 결과는 그것의 중립적 성격 때문에 규범적 결론과 아무런 관련이 없게 되었다. 그리고 소위 '사실가치'의 이분법과 관련하여 사실적 명제들에서는 어떠한 규범적 명제도 도출할 수 없게 되었다. 사실 세계에 대한 설명을 통해서는 어떠한 의미 있는 도덕판단도 나올 수 없다고 결론지은 것이다. 사실가치의 이분법은 사실적 탐구에 근거한 어떤 이론도 윤리적으로 타당할 수 없다는 것을 의미하는 듯 보였기 때문이다. 결국 윤리학은 윤리적인 도움을 필요로 했던 당시 사회의 절박한 요구에 부응하기 위해 스스로 변화할 수밖에 없었다. 물론 그러한 변화는 규범윤리학의 부활로 이어졌다.

3.4 사회윤리학

사회윤리와 사회윤리학(social ethics)은 규범윤리학에 속하지만 전통적인 개인윤리학(personal ethics)과는 다른 개념이다. 앞에서 신념윤리와 책임윤리를 다루는 부분에서도 언급했던 바와 같이, 개인윤리가 인간과 인간 사이에서 지켜야 할 도덕성을 관심의 대상으로 삼았다면, 사회윤리는 인간과 사회 사이의 상황을 고려한 응용윤리라고 할 수 있다. 즉 개인윤리가 주체적 자아에 기초했다면 사회윤리의 관심사는 사회적이고 초월적인 자아인 것이다. 그러나 개인윤리와 사회윤리가 완전히 상호 배치되는 개념은 아니다. 사회적 자아는 개인적이고 주체적인 자아를 바탕으로 보완 관계에 있기 때문이다. 체계적으로 완전히 구분되기보다는 사회윤리가 개인윤리와 변별됨으로써 현대사회의 새로운 상황에 대응하는 윤리적 관점이라고 해야 할 것이다.

현대에 이르러 사회윤리학이 중요한 주제로 부상한 이유는 대략 두 가지 정도로 요약할 수 있다. 첫째 메타윤리학에 대한 반성이다. 사회윤리학 이전에 현대 윤리학자들을 사로잡은 메타윤리학의 문제는 매우 공리공론적인 느낌을 주었다. 그래서 학자들은 보다 실천적이고 실제적인 윤리학의 문제를 연구해야 한다는 책임감을 느꼈다. 그래서 윤리학의 발전을 위해 새로운 관점이 필요했다. 그래서 윤리학은 사회윤리학, 응용윤리학, 덕의 윤리학 등으로 관심의 중심이 이동한 것이다.

둘째, 시대가 바뀌면서 우리의 삶도 바뀌었다. 현대사회의 복잡성과 정부와 같은 사회조직의 영향력이 커져서 사람들의 삶에 영향을 미치는 문젯거리의 많은 부분이 과거와는 달라진 것이다. 이 부분이 사회윤리학의 등장에 가장 중요하다. 왜냐하면 윤리학은 그 본성상 우리 삶에 대해 직접 사유하는 철학인데, 우리의 삶 자체가 바뀌었다면 그것에 따라 윤리학의 내용이 바뀌는 것이 옳기 때문이다. 예컨대 집단이기주의(우리사회의 고질적인 병폐인 지역차별주의, 연고주의, 학벌주의 등등)로 인한 사회문제는 개인윤리적 측면보다는 사회윤리 차원에서 접근해야 할 것이다. 사회 제도나 구조가 잘못되어 있을 경우 개인의 도덕적 각성과 판단에만 호소해서는 문제 해결이 불가능할 것이다. 그러할 경우 개인적 노력보다는, 사회 구성원 다수의 힘으로 그 문제 된 제도를 고치려고 노력하는 사회윤리적 접근이 있어야 하는 것이다.[140]

더 나아가 자세히 들여다보면 무심코 지나쳤던 사소한 것에서 전 지구화된 자본주의 구조가 인간의 삶을 소외시키는 것을 알 수 있다. 우리는 사랑하는 연인을 위해 비싼 값을 치르고 다이아몬드 반지를 선물한다. 개인적인 행위에 주목해서는 개인 윤리적으로 아무런 문제가 없다. 그러나 만일 1990년대 아프리카의 다이아몬드 광산을 둘러싼 내전으로 20만 명의 목숨을 잃은 시에라리온의 역사를 알게 된다면, 그리고 그 과정에서 세계의 최대 다이아몬드 채굴 회사 De Beers Group과 세계의 유수한 다이아몬드 회사들이 11년 내전에서 협력했던 사실을 알게 된다면, 그리고 그것이 마약 밀수와 전 세계적인 테러 단체의 활동과 연루된 일이라면, 문제가 달라진다.[141] "1996년 '싹쓸이 작전'에서 이렇게 소름끼치는 만행을 저지른 RUF반군들은 그 후 코노에서 캐낸 수백만 달러어치의 다이아몬드를 세계의 여러 판매망을 통해 팔았다. 그 다이아몬드가 지금은 틀림없이 그 잔혹한 사건들을 전혀 모르는 남편과 아내들의 보물로 소중히 간직되고 있을 것이다."[142]

---

140   개인윤리와 사회윤리의 개념 정리를 위해서는 고범서, 『사회윤리학』(서울: 나남출판사, 1993)을 참조하라.

141   저널리스트 캠벨이 경험한 시에라리온 내전을 다룬 『다이아몬드 잔혹사』를 보면 다이아몬드를 둘러싼 인간의 탐욕이 얼마나 최악의 비극을 낳을 수 있는지를 적나라하게 보여주고 있다. 다이아몬드를 차지하기 위해 벌이는 투쟁 가운데 RUF(혁명연합전선)의 만행을 다루는 대목은 독자로 하여금 그 참혹한 사실성에 의구심을 들게 할 정도다. Greg Campbell, *Blood Diamond*, 김승욱 역, 『다이아몬드 잔혹사』(서울: 작가정신, 2004) 참조.

142   Ibid., 21. 반군들은 공포심을 극대화시키기 위해, '알아서 지불하기 작전', '생물멸절 작전', '싹쓸이 작전' 등의 이름으로 코이두를 비롯한 양질의 다이아몬드가 매장된 지역 주민들을 도끼로 목이나 사지를 절단하는 만행을 저질렀다. RUF가 벌인 다이아몬드 전쟁만 국한시키더라도 이를 통해 약 7만 5천 명이 사망했고, 2만 명이 불구자가 되었다(www.crimesofwar.org, Greg Campbell, 『다

또한 요즘 우리 문화와 무관한 서양의 발렌타인데이 축제를 기념해 한국의 젊은이들이 엄청난 양의 초콜릿을 소비한다. 이것 역시 개인 윤리적으로는 딱히 문제될 것 없다. 그러나 별다른 생각 없이 즐겨 먹고 선물했던 초콜릿이 그 생산과정에서 전 세계적으로 아동 노동력 착취가 가장 심한 산업이라는 사실을 알게 된다면 상황은 달라진다. 아동 인권 보호 단체에 의하면 초콜릿의 주원료인 코코아 재배 과정에서 무려 25만 명에 이르는 아동들이 코코아 농장에서 매일 10시간씩 일하며 밥도 제대로 먹지 못하는 노예 취급을 받고 있다고 한다. 이 단체의 보고서에 따르면 세계 코코아 생산량의 45%가 아프리카 서부 대서양 연안의 코트디부아르에서 생산된다고 한다. 그런데 이 지역 코코아 농장 노동자는 주로 인근 말리에서 인신매매된 아동들이다. 서부 아프리카에서 지난 몇 년간 코코아 농장을 비롯한 농업 부문 노동력 확보를 위해 9-12세 아동들 수천 명이 매매됐다는 유엔보고서도 있다. 이 같은 아동 착취는 세계 각지의 초콜릿 가공 산업과 밀접하게 연결되어 있다. 그리하여 시중에 팔리는 초콜릿 중 상당수는 어린이 노동력을 착취해 만든 원료가 사용됐다고 할 수 있다.[143] 코트디부아르는 왜 인신매매된 아동들의 노동력을 착취하는가. 역사적으로 코트디부아르는 수출지향적 발전 방식을 고수해왔기 때문에 커피나 목재, 카카오의 수출에 의존해왔다. 1970년대 중후반에 접어들어 정부의 다양한 가격 우대 조치덕분에 코코아 붐이 일었다. 코코아는 커피를 대체하여 주요 수출 상품이 되었고 많은 농부들이 코코아에 의존할 정도로 확고하게 자리 잡게 되었다. 현재 코트디

이아몬드 잔혹사』, 69에서 재인용). 2000년 12월 20일 뉴욕에서 열린 *Global Policy Forum*에서 유엔안전보장이사회에 제출된 문서에 따르면 RUF가 세계 다이아몬드 시장을 통해서 벌어들인 돈이 매년 2500만-1억 2500만 달러 수준일 것으로 추정된다. *Report of the Panel of Experts Appointed Pursuant to Security Council Resolution* 1306 (2000), https://www.securitycouncilreport.org/un-documents/document/sl-s2000-1195.php (2025. 7. 19. 접속).

143 Samlanchith Chanthavong, "Chocolate and Slavery: Child Labor in Cote d'Ivoire", http://www1.american.edu/ted/chocolate-slave.htm

부아르 경제의 3분의 1이 코코아 수출에 기초를 두고 있다. 가뭄과 같은 자연조건과 국제 가격의 변동에 쉽게 영향받을 수밖에 없는 품목인 코코아는 1996년부터 코코아 콩 1파운드의 가격이 64센트에서 51센트로 떨어졌고 수익이 적어진 농부들은 싼 노동력으로 가격을 떨어뜨릴 방법을 찾다 노예 노동에까지 의존하게 만든 것이다.[144] 초콜릿에는 서국 제국주의 식민 역사, 코트디부아르의 경제 구조와 말리의 경제적 조건, 반인륜적인 아동 인신매매와 아동 노동력 착취의 문제 등의 사회구조적 요인들이 복합적으로 얽혀 있는 것이다.

결국 사람들이 아프리카에서의 복합적인 사회구조에 대한 문제의식 없이 그냥 초콜릿을 향유하기만 한다면, 직접적이라고 표현할 수는 없지만 인신매매와 아동 노동력 착취를 구조적으로 방조 내지는 돕는 꼴이 되고 만다.

이것은 새삼스러운 일이 아니다. 아프리카만의 문제도 아니다. 교통과 통신이 혁명적으로 발달한 오늘날 세계는 모든 부분에서 긴밀하게 상호작용하고 있다. 그래서 우리가 어떤 행위를 할 때 윤리적이기 위해서는 숙고해야 할 이유들이 더욱 많이 생겨나고 있다. 그래서 윤리학자들이 주목한 것이 사회구조의 윤리성이다. 우리의 행위가 유발할 수 있는 윤리적 결과들이 바로 사회구조에 의해서 달라지기 때문이다. 즉 사회구조는 이제 우리의 삶이 윤리적인지 그렇지 않은지를 결정하는 매우 중요한 요소가 된 것이다. 말하자면, 내가 내 돈으로 다이아몬드나 초콜릿을 사는 것은 전적으로 내 자유 의지에 속한 것이다. 그리고 그것을 향유할 권리가 나에게는 존재한다. 그러나 윤리적으로 아무런 문제가 없어 보이는 나의 순수한 사적인 행위도 윤리적으로 나쁜 행위로 만들 수 있다. 그것은 잘못된 사회구조로 인해 비어진 것이다. 물론 사회윤리학에서도 여전히 '도둑과 살인, 강도, 강간 행위는 나쁘고 이웃을 위해 헌신하는 것은 착한 행위다'라고 간주하지 않는 것

---

[144] Ibid.

은 아니다. 다만 과거처럼 지역적으로 고립되어 단순하게 개인적인 관점에서만 생각해서는 안 되는 시대가 도래했고, 사회구조적인 차원에서 윤리적으로 고려해야 할 필요성이 대두된 것이다.

3.5 응용윤리학

응용윤리학은 20세기 초반 강력한 영향력을 발휘했던 분석윤리학의 기세가 약화되기 시작한 60년대 후반부터 본격적으로 대두되었다. 응용윤리학이 등장하는 시대는 인권운동, 반전운동, 학생운동이 활발하게 전개되던 시기였다. 예를 들어 흑인민권운동은 인간답게 살 권리를 요구했고, 여성해방운동은 임신중절에 대한 인식에 영향을 끼쳤으며, 환경운동은 환경의 가치에 대한 새로운 인식을 심어주었다. 그리고 흑인민권운동가들이 앞장섰던 베트남전쟁 반전운동은 여러 가지 사회적 모순에 대한 저항의지를 고취했다.

이러한 시대적 변화에 더 이상 이론적인 문제만을 다룰 수 없게 된 철학자들은 현실적인 문제에 대해서도 관심을 기울이게 되었다. 즉, 철학자들은 정의, 평등, 시민불복종, 인종차별, 환경보호 등의 대중적이고 실천적인 문제들을 시야에 넣어야 했다. 그리하여 전통적인 규범윤리학 대신 구체적인 현실의 문제에 관심을 집중하는 윤리학, 이른바 '응용윤리학' 또는 '실천윤리학'이 대두하게 된다.

응용윤리학의 핵심적 물음은 "구체적인 도덕문제를 어떻게 해결해 나갈 것인가?"이다. 응용윤리학은 단순히 도덕이론을 구체적 도덕문제에 적용하는 차원을 넘어서, 구체적인 도덕문제에서 출발하여 도덕이론의 확립을 시도한다. 여기에는 환경윤리, 생명의료윤리, 기업직업윤리, 사이버윤리, 과학기술윤리 등과 같은 분야가 포함된다.

특히 응용윤리학 분야에서 과학기술 문제가 크게 두드러지고 있는 이유는 과학기술 발달과 이에 따른 산업화로 현대인의 삶의 방식이 근본적으로 변화하여, 새로운 도덕적 문제가 야기했기 때문이다. 의학 기술의 발달과 정보 산업 등의 발전도 새로운 가치판단을 야기하고 있다.

환경윤리적인 면에서 볼 때 오늘날 환경문제는 지역적 차원을 넘어 점점 전 지구적인 차원으로 그 영향과 심각성이 더해지고 있다. 세계 각국의 산업화로 인해 환경오염 문제는 날로 심해지고 있는데, 환경오염은 토양오염과 수질오염, 대기오염을 다 포괄한다. 최근에 우리가 직접적으로 경험했듯이 대기오염은 지구 온난화를 가져와 전 지구의 기후를 변화시켰을뿐 아니라 생태계를 파괴하고 있다. 인간이 자연을 파괴하면 앞으로 인간을 포함한 모든 생명체가 생존하기 어렵다는 근본 문제가 제기됨으로써, 오늘날 생태윤리의 차원에서 환경윤리 문제에 대해 많은 사람들이 관심을 갖고 성찰하며 논의한다.

의학과 기술의 발달은 의료 행위에 숱한 윤리적 문제를 초래하고 있다. 예를 들어, 낙태, 안락사, 유전자 조작, 인체 실험, 인공수정, 장기이식, 인간 배아복제 등이다. 이뿐 아니라 정보 산업과 통신의 발달도 현대인의 생활에 더 많은 윤리적 문제를 안겨주고 있다. 통신 기술과 정보산업 등의 발전은 새로운 가치판단을 야기하게 되었다. 컴퓨터와 컴퓨터에 기초한 정보 통신 시스템이 우리의 생활 속에 깊이 뿌리를 내려 갖가지 윤리적 문제를 초래하고 있다. 컴퓨터를 통한 음란물의 대량 살포, 익명성에 의한 언어폭력과 욕설, 컴퓨터 바이러스 대량 유포, 컴퓨터 통신이나 컴퓨터 자체에 대한 해킹 등 이루 말할 수 없는 윤리적 문제들이 대두되고 있다. 그래서 이런 사이버상의 윤리적 문제를 해결하기 위하여 많은 사람들은 사람들이 고심하고 있다. 이 밖에 기업윤리나 직업윤리는 일종의 경제생활의 윤리로서 우리의 실질적인 생활과 깊은 관련성을 갖는다. 기업윤리는 기업의 사회적 책임, 노사 갈등 해소, 기업가의 책임 한계 등이 논의된다. 직업윤리는 각 직업의 특수성에 따라 부여되는 책임과 의무에 관한 것이다. 정치가의 윤리, 공무원의 윤리, 교사의 윤리, 의사의 윤리, 기업가의 윤리, 군인의 윤리, 근로자의 윤리, 목회자의 윤리 등을 말하는 것이다.

3.6 자유주의 윤리와 공동체주의 윤리

서구의 자유주의는 서구의 근대적 개인의 탄생과 직접적으로 연관되어 있다. 유럽에서는 17~18세기에 이르면 개인주의가 전면에 등장하는데, 개인은 자율적이고 독립적인 주체로, 더 나아가 사회의 기본 단위로 설정된다.[145] 이 개인은 세 가지 모습을 띠는데, 자의식과 이성을 지닌 주체, 자신을 소유하는 자유주의 시장의 주체, 민주주의적 인본주의를 신봉하는 평등한 시민의 모습이다.[146]

자유주의는 이러한 근대적 개인을 기반으로 하고 있다. 계층에 따라 위계적이었던 기존의 공동체로부터 해방된 개인들은 자유롭고 독립적으로 사회적 관계를 구성한다. 국가뿐만 아니라 다양한 종류의 공동체들은 자유롭고 독립적인 개인들이 구성한 가공물에 지나지 않는다. 그것들은 개인들 간의 협상과 합의를 통해 폐기되거나 재구성되는 종속변수에 지나지 않는다.

그렇다면 이 자유롭고 독립적인 개인들은 진정 협상과 합의를 통해 사회적 공동체성을 구축할 수 있을까? 만약 개인들이 기본적으로 자기중심적이면서 이해타산적인 존재로 규정된다면, 이 길은 무산될 것으로 보인다. 이러한 존재는 타인들과 맺은 협상과 합의를 언제든 파기할 수 있기 때문이

---

[145] Alain Laurent, 『개인주의의 역사』, 김용민 역(서울: 한길사, 2001), 21.
[146] Ibid., 42.

다.[147] 로크처럼 모든 인간에게 평등하게 자유와 생명과 자기 소유물에 대한 권리를 보장한다 해도, 이들 간의 충돌을, 특히 사적 소유권과 타 가치들의 충돌을 해결하기 어려울 뿐만 아니라 사적 소유권의 절대화를 제어하기도 어렵다.[148]

모든 것이 가격으로 환산되어 매매되는 시장에서의 교환 메커니즘이 사회 전 분야로 확장되는 기저에는 모든 것을 도구화하는 합리적 이해타산 방식이 작동되기 때문이다. 이를 시장에서의 상행위로 제한하고 시장 이외의 영역에서 개인의 기본권을 보장하기 위해서는 개인들 스스로가 사적 소유권의 한계를 설정하고 상호 연대할 수 있는 또 다른 기반을 필요로 한다. 말하자면 공동체적 연대를 위한 최소한의 기준이 필연적으로 요구되는 셈이다.

서구에서 치열하게 전개된 1970~1980년대 자유주의와 공동체주의 간의 논쟁도 궁극적으로는 개인과 공동체의 관계를 어떻게 설정할 것인지의 문제와 연관되어 있다 하겠다. 공동체주의는 모든 것을 돈으로 환산해서 자유롭게 교환할 수 있다는 시장 자유주의 논리의 전 사회적 확장에 반대한다. 다양한 공동체에서 형성된 가치들도 존중되어야 한다는 것이다.[149] 특정한 공동체 내에서 역사적으로 형성된 제도나 문화가 그 구성원 개개인의 정체성 형성에 있어서 가장 핵심적으로 영향을 미치고 있다는 점을 강조한다. 개인은 그가 속해 있는 공동체 내에서 길러진다.[150] 개인의 자유나 권리의

---

147 개체의 권리를 우선시하는 홉스식 자연권을 기반으로 할 경우, '만인의 만인에 대한 투쟁'을 벗어날 방안을 개체들이 스스로 만들 수 없는 딜레마 상황에 빠지게 된다. Thomas Hobbes, *Leviathan*, in ed. W. Molesworth, *The English Works of Thomas Hobbes of Malmesbury*, 3 (London: John bohn, 1992), 157-158.

148 John Locke, 『통치론』, 강정인·문지영 역(서울: 까치, 1996), 13-15. 로크식 자기 소유권이 사적 소유권까지 인간 노동과 자연 사이의 관계에서 자연적으로 발생한다고 보면, 사회적 연대를 통한 공동체성의 확보는 난관에 봉착하게 된다.

149 Michael Walzer, 『정의와 다원적 평등』, 정원섭 외 역(서울: 철학과현실사, 1999), 47, 52-58.

150 Michael Sandel, *Liberalism and the Limits of Justice* (Cambridge: Cambridge University Press, 1982),

구체적인 내용도 그가 속해 있는 특정한 공동체적 규범의 테두리 안에서 형성된 것이다. 개인이 사회화 과정 속에서 형성한 판단 기준들은, 그가 속한 공동체의 가치에 일차적으로 의존하고 있다. 이런 점에서 공동체적 가치가 우선순위를 갖는다.

자유주의는 이러한 공동체적 제도와 가치가 갖는 전통적 해석 방식에서 기존의 관습이나 규율의 강제력에 의문을 제기한다. 자유주의는 개인의 자유와 권리에 의거해 새롭게 제도와 규칙을 만들고 그것에 정당성을 부여하면서 형성되어온 역사를 중시한다. 자유주의는 개인의 자율성에 근거한 개선 가능성을 인정한다.[151] 기존의 공동체적 가치보다 개인의 자유와 권리를 우선시하는 자유주의는 개인의 자율성과 독립성을 그 핵심으로 하는 개인주의와 태생적 친화성을 갖기 때문이다.

일반적으로 서구에서의 자유주의와 공동체주의의 역사적 주도권은 전통 공동체에 대한 해석과 연계되어 있다. 역사적으로 전승된 기존의 전통에 대해 보다 비중을 두고 있는 공동체주의는 근대의 자유롭고 평등한 개인의 권리라는 개념의 역사적 허구성을 비판한다.[152] 이에 반해 근대적 개인을 기반으로 하는 자유주의는 공동체주의를 전통으로 회귀하려는 복고적인 사상으로 간주한다. 자유로운 이동과 교환이 보장된 근대적 개인에게는 자유를 억압하고 기존의 위계성에 개인을 묶어두려는 공동체적 전통과 규율은 비판의 대상이라는 것이다. 이런 점에서 서구 근대에서는 공동체주의에 대해 자유주의가 승리해온 것처럼 보인다.

그러나 1980년대에 이르면, 자유주의가 상정한 독립적인 개인의 자유와 권리라는 규범적 전제는 비현실적인 허구적 상상의 산물이라는 비판에

180-182. 샌델은 이러한 자아를 자유주의의 "이모티비즘적 자아"(emotivistic self)와 대비하여 "구성적 자아"(constitute self)라는 개념으로 설명한다.

151 Edward Craig (ed.), *Routledge Encyclopedia of Philosophy* (New York: Routledge, 1998), 467.
152 Alasdair MacIntyre, 『덕의 상실』, 이진우 역 (서울: 문예출판사, 1997), 112-113.

직면한다. 공동체주의의 자유주의의 개인관에 대한 주요 비판 논점은 다음과 같이 요약할 수 있겠다. 첫째, 자유주의는 존재론적으로나 동기에 있어서 잘못된 개인주의에 의거해 있다. 자유주의적 존재론은 개인들만이 존재하며 집단에 관한 모든 추정적인 속성들은 개인들의 속성들로 환원될 수 있다고 주장한다. 둘째, 자유주의는 정치적 공동체에 참가하는 것을 개인들의 다양한 사적인 목표들을 획득하기 위한 수단으로서만 가치 있다고 간주함으로써, 평가절하 하고 있다. 셋째, 자유주의는 개인이 특정한 공동체와 관계해서 자아 정체성을 형성한다는 점을 간과하고 있다. 따라서 사람들의 의무와 연대 그리고 책임이 공동체 안에서 점유하고 있는 역할에 의해서 결정된다는 점을 이해하는 데 실패하고 있다.[153]

개인은 가족, 공동체 혹은 민족이나 국가 내에서 사회적 존재로서 길러지고, 이 사회적 맥락 안에서 개인의 정체성이 형성된다는 것이다. 개인의 자유, 권리 등의 개념도 사회적 맥락에 따라 그 내용이 규정됨은 물론이다. 그러나 이러한 정체성이 수동적으로만 형성되는 것은 아니다. 개인이 타자와의 관계에서 자신의 정체성을 성찰적으로 재구성하기도 할 것이다. 자유주의는 개인에 대한 맥락적 설명과 해석에 덧붙여 개인의 자유로운 성찰 능력을 강조한다. 이 성찰을 통해 자신의 정체성을 스스로 자율적으로 교정할 수 있다는 점을 강조하는 것이다. 공동체주의에 대한 자유주의의 반론은 공동체주의의 방법론에 내재된 규범적 기준의 결핍을 향하고 있다. 자유주의를 비판하는 공동체주의의 논점이 갖는 한계는 그 논점이 기존의 공동체의 문화와 전통에 의거해 개인을 규정하지만, 그 규정이 맥락주의적 해석을 벗어나 보편주의로 이행할 수 있는 방안을 보여주지 못한다는 점에 있다. 즉 개인이 공동체 내에서 사회적 개인으로 성장하면서 갖게 된 정체성의 발생학적 측면에 대한 설명 및 해석에 매몰될 경우, 그것이 갖는 특수성과 맥락

---

[153] Edward Craig (ed.), *Routledge Encyclopedia of Philosophy*, 466.

주의적 해석에만 갇힘으로써 그것의 타당성을 검토하고 보다 보편적인 논점으로 이행하기가 어려워진다는 것이다. 자유주의 진영의 공동체주의를 향한 비판의 핵심은 바로 이 점에 있다. 보편주의로 이행할 수 있기 위해서는 개인 정체성의 형성과 그것의 정당화의 문제를 구분하고 최소한 기존의 특수한 실체적 내용들에 대해 보다 확장된 공동체 내에서 공정하게 평가할 수 있는 비판적인 기준을 제시해야 한다. 이런 점에서 "공동체주의자들은 사회 존재론적인 전망과 도덕 인식론적인 전망을 명확하게 구분하지 못하고 있다"[154]는 자유주의 진영의 비판은 핵심을 찌른다 하겠다.

이 두 이론 사이의 논쟁에서 알 수 있듯이, 개인의 정체성에 대한 발생사적인 해석과 그것의 정당화의 문제는 층위를 달리하고 있다. 개인의 자유와 권리에 대한 규범적 정당화를 강조했던 자유주의적 입론들은 역사적으로 특정한 공동체 내에서 형성된 전통적인 제도나 가치를 평가하는 기준으로서 작용해왔다. 그러나 이처럼 서구의 맥락에서 이론화된 자유주의와 공동체주의의 논점과 쟁점을 한국사회에 문자적으로 적용하기에는 많은 무리가 따른다. 한국에서는 근대적 개인도 개인주의도 자유주의도 그 발생사적 맥락을 결여한 채, 계몽적 수준에서 담론장에 도입되고 논의되는 차원을 넘어서지 못했기 때문이다. 오히려 1980년대 후반기에 이르러서야 개인과 자유 그리고 권리 등의 개념이 실체화되기 시작한다. 공동체주의의 경우도 사정은 비슷하다. 그것은 20세기 후반기를 풍미했던 서구적 자유주의에 대한 비판 및 보완으로서 등장한 것으로, 서구의 성숙한 자유주의를 그 배경에 깔고 있기 때문이다. 이에 비해 한국사회는 전통적으로 유교적·공동체적 전통이 강하게 작동되어온 사회다. 전통적인 형태가 온존되고 있는 한국식 공동체주의의 가장 특징적인 사례는 한국의 가족주의에서 찾을 수 있다. 조

---

[154] Wolfgang Kersting, "Die Liberalismus-Kommunitarismus-Kontroverse in der amerikanischen politischen Philosophie", hg. Volker Gerhardt, *Politisches Denken. Jahrbuch 1991* (Stuttgart: J. B. Metzler, 1992), 82-102 참고.

선 후기에 강화된 부계혈연 중심의 가족주의는 가족 구성원의 인식 및 행위의 기준 축이었으며, 가족을 생존과 영속을 위한 주요한 전략적 단위로 삼아왔다.[155] 폐쇄적 가족주의는 일제하, 한국전쟁, 근대 도시화와 산업화 시기의 사회적 위기 상황에서도 개인을 일차적으로 지켜주는 울타리로서 늘 작동되어왔으며, 1970~1980년대 본격적인 산업화 시기에도 개인은 개인주의화되지 않았다. 국가의 책임 전가로 가족은 구성원들의 생존과 안정을 위해 폐쇄적이며 배타적인 가족주의를 유지해왔던 것이다.[156] 오히려 우리 사회는 혈연과 지연, 학연 등의 연고주의에 얽혀 있기에 개인들은 가족주의 및 유사가족주의의 테두리 속에서 삶을 유지해왔다고 보는 것이 더 타당할 것이며, 공동체주의의 강점인 연고주의가 오히려 우리의 경우에는 정치, 사회, 경제, 문화, 종교, 교육 등 전반에서 학맥, 인맥, 가족주의와 관련된 비리나 부패와 같은 부작용의 모습으로 표출되는 경향이 강하다.

이상에서 살펴본 바와 같이 현대의 윤리학이나 기독교윤리학에서는 각종 응용윤리학들을 비롯한 자유주의 윤리와 공동체주의 윤리의 논쟁에도 깊은 관심을 갖고 그에 대한 올바른 이해의 노력을 견지해야 할 것이다.

---

155 김동춘, "유교와 한국의 가족주의", 『경제와 사회』 55(2002), 102.
156 권용혁, "한국의 가족주의에 대한 사회철학적 성찰", 『사회와 철학』 25(2013), 211-212.

4
윤리학의 주요 이론

여기서는 도덕적으로 판단할 때 윤리학이 전통적으로 접근해온 이론들을 일반적인 방식으로 정리해보고자 한다. 먼저 '의무에 기초한 이론'과 '결과에 기초한 이론'을 다룰 것이다. 이것은 도덕문제를 이해하기 위한 가장 일반적인 대립구조이다. 나아가 앞선 윤리가 통상 특정 행위들의 옳음과 그름에 집중하는 것과 달리, 성격에 초점을 맞추며 개인의 삶 전체에 관심을 갖는 아리스토텔레스의 '덕론'(Virtue theory)과 이를 따르는 윤리적 입장을 고찰할 것이다. 이 세 이론의 주요 특징을 개괄하는 한편, 그 이론들이 내포하고 있는 약점을 지적할 것이다. 그런 다음 메타윤리학(metaethics)의 영역인 도덕적 언어의 의미에 관한 보다 추상적인 윤리학적 물음으로 나아갈 것이다.

4.1 의무론적 윤리

의무에 기초한 윤리이론은 모든 이들이 수행해야 하거나 수행해서는 안 되는 어떤 의무를 반드시 가지며, 도덕적으로 행위하는 것은 이 행위로부터 어떤 결과가 생기든 우리의 의무를 행하는 것이라고 강조한다. 의무론적 윤리(deontological ethic)가 결과론적 윤리와 구별되는 점이 바로 '어떤 행위들은 뒤따르는 결과에 상관없이 절대적으로 옳거나 그르다'고 생각하는 것이다. 여기서는 칸트의 의무론을 중심으로 살펴보려고 한다. 칸트를 인식론적 독단의 잠에서 깨운 인물이 흄이지만, 칸트는 흄과는 윤리적으로 전혀 다른 입장을 취했다. 흄이 감정의 따스함에 호소하지 않고서는 도덕이 실천적으로는 아무런 뜻도 없는 것으로 되어버린다고 하여, 인간의 경향성을 택했던 것과는 반대로 칸트는 오로지 이성에 의한 합법칙성을 택했다. 그는 행복·복지·이익·경향성·도덕적 감정 등을 주장하는 영국의 감정주의 윤리와 행복주의 윤리의 모든 형태를 주관주의적이고 상대주의적이라고 하여 거부했다. "인간의 경향성에는 아무것도 기대하지 않고, 법칙의 원칙과 이 법칙에 대한 당연한 존경에 모든 것을 기대하는 것"이 도덕철학의 과제라는 것이다.[157] 이렇게 해서 칸트의 윤리학은 확고한 의무론적 윤리학이 된 것이다. 그의 윤리를 이해하기 위해서는 가장 기본적인 개념을 이해해야 한다. 최소한 의지의 자율, 선의지, 정언명령, 도덕공동체의 개념을 파악하는 것이 필수적이다.

의지의 자율_ 의지의 자율이란 이성적인 행위자가 자신이 해야 할 바를 스스로 규정할 수 있는 능력이다. 자율적인 의지는 자기 통제적인 의지이다. 이러한 능력은 개인이 어떤 행동을 하는 데 대해 제시된 이유를 찬성하거나 보류할 수 있는 능력이다. 예를 들면, 화창한 날씨에도 학교에 수업하러 갈 것인가, 수업 대신 애인과 함께 야외 나들이를 갈 것인가를 고민하다가 야외 나들이를 선택한 것을 자율이라고 하지 않는다. 또는 수업을 빼먹으면 예상되는 학점의 불이익, 그리고 이어지는 장학금 수혜 과정에서의 불리함 등으로 마지못해 수업 참석을 결정했다면 이것 역시 자율이 아니다. 전자는 쾌락을 선호하는 자연적 경향성을 따른 것이므로 자율이라고 말할

---

[157] Johannes Hirschberger, 『서양철학사(하)』, 492.

수 없다. 후자는 결석했을 때에 외부적으로 주어지는 여러 가지 불이익을 고려한 계산된 행위이므로 자율적 행위라고 말할 수 없다. 이것은 오히려 타율적 결정에 따른 것이라 할 수 있다. 이 상황에서 자율적 행위란 어떤 것일까? 내가 내 자신에게 부여한 법칙에 따라서 행위하는 것이다. 수업하러 가는 것보다는 야외에서 재미있는 시간을 보내는 것이 더 즐거운데도, 학생으로서 수업에 참여해야 하는 것은 당연한 의무이고 이것은 학교가 정한 것이 아니라 내가 스스로 나 자신에게 부여한 법칙이자 의무이기에 따르는 행위가 바로 자율적 행위이다. 어떤 상황에서 수행해야 할 행위에 대한 이유로서 어떠한 도덕적 이유가 제안된다 하더라도, 각자의 자율적 의지는 그것을 자신의 것으로 받아들일 것인지 거부할 것인지를 최종적으로 결정해야 한다. 그 이유를 받아들인다면 비록 그렇게 행하지 못하는 경우가 있더라도, 그 이유에 따라 행위하기로 결단을 내린 것이다.

칸트 윤리학에서 의지의 자율을 설명하는 핵심은 자유 개념이다. 칸트에게서 자유는 모든 이성적 존재자의 의지의 속성으로 전제되어야 하는 것이다.[158] 도덕성은 이성적 존재로서 우리에게만 법칙으로 쓰이는 것이므로, 그것은 모든 이성적 존재자들에게 타당해야 되고, 또 오로지 자유의 속성에서 도출되어야 하기 때문이다. 도덕성의 결정적 개념을 최종적으로 자유의 이념에 소급시키지만, 우리는 그 이념을 어떤 현실적인 것으로, 인간의 자연 본성 안에서 경험적으로 증명할 수 없다.[159] 우리는 다만 우리가 의지를 가

---

[158] Immanuel Kant, *Kritik der praktischen Vernunft*, A 51. 칸트 저술의 판본들이 많기 때문에 원판의 쪽수를 명기할 것이다. 통상적인 방식대로 원판의 경우 A, 재판의 경우 B로 표기한다. https://ia600107.us.archive.org/20/items/kritikderreinenv00imma_234/kritikderreinenv00imma_234.pdf

[159] 칸트에 의하면 우리는 자연의 관점과 자유의 관점, 둘 중 어느 것도 피할 수 없다. 설명과 이해를 위해서는 자연의 관점(자연적 결정론이 지배하는)을 택해야 하는 반면 행위를 위해서는 자유의 관점을 택해야 한다. 왜냐하면 행위함에 있어 우리는 자신의 도덕성의 법칙에 따라서 자신을 규정하는 이성적 행위자로 간주해야만 하기 때문이다. 그래서 우리는 인간을 자연의 일부인 동시에 자유로운 존재로 간주해야 한다. 그러나 우리는 그러한 자유를 설명할 수 없다. 왜냐하면 원인을 확인하는 설명은 현상계에서 이루어지는 것이기 때문이다. 그런 의미에서 인간의 자유는 그

진 존재라고 생각하고 전제할 수밖에 없다. 이러한 이념의 전제를 통해 행위의 주관적 원칙, 즉 준칙을 보편타당한 법칙으로 수립할 수 있다.

그렇다면 우리는 "단지 이성적 존재자로서 나는 왜 이 원리에 복종해야만 하는가?"라는 의문을 가질 수 있다. 이것은 "나는 왜 도덕적이어야 하는가?"라는 도덕성의 정당화 물음이다. 칸트는 도덕법칙에 복종하도록 나를 다그치는 것은 '이해관심'(interest)이 아님을 분명하다고 말한다. 그런데 모든 이성적 존재자가 아무런 방해 없이 오직 이성에 의해 자신의 행동을 결정한다면, '내가 해야 함'은 곧 '내가 하고자 함'이다. 다시 말해 이 경우 '당위'와 '의지'는 일치한다. 그러나 감성과 같은 다른 종류의 동기들로 촉발되고, 이성 단독으로는 항상 아무것도 되는 일이 없는 존재들에게 행위의 필연성은 단지 '당위'로 표현될 따름이다. 도덕법칙, 곧 의지의 자율의 원리는 자유의 이념을 전제할 뿐이고, 이 원리의 실재성과 객관적 필연성을 증명할 수 없다. 그래서 칸트는 『실천이성비판』서문에서 도덕법칙과 자유의 관계를 다음과 같이 주장한다. 인식질서에서는 도덕법칙이 첫째이다. 그 전에 (논리적 전제로서) 자유를 인식할 필요 없이 도덕법칙은 인식된다. 도덕법칙은 "우리가 가장 먼저 자유를 의식할 수 있는 조건이다." 즉 도덕법칙은 자유의 인식근거(ratio cognoscendi)이다. 이와는 반대로 존재질서에서는 자유가 첫째이다. 자유는 도덕법칙을 가능하게 하고 따라서 그것은 도덕법칙의 존재근거(ratio essendi)이다.[160]

선의지_ 전통적으로 최고의 선은 행복쾌락신자연 등을 의미했다. 그런 것들이 도덕행위의 선악을 판정하는 궁극적 표준으로 작용해온 것이다.

리고 이로부터 도출되는 도덕성은 결코 파악될 수 없는 것이다. Immanuel Kant, *Grundlegung zur Metaphysik der Sitten*, BA 49. BA는 재판과 초판의 쪽수. https://dn720808.ca.archive.org/0/items/immanuelkantsgru00kant/immanuelkantsgru00kant.pdf

[160] *Kritik der praktischen Vernunft*, Vorrede1 (A 5).

그러나 칸트는 최고의 선으로 선의지를 내세웠다. 옳은 행동을 오로지 그것이 옳다는 이유에서 항상 선택하는 의지를 칸트는 "선의지"(der gute Wille: 선하고자 하는 의지)라 부른다. 칸트는 선을 사랑하는 선의지 외에는 무조건 선하다고 볼 수 있는 것은 아무 것도 없다고 보았다.[161] 오직 선의지만이 독자적이요, 무제약적으로 선한 것이다. 환언하면 선의지만이 최고의 선이다. 최고선의 조건으로 칸트는 다음의 조건을 말한다. 첫째, 무엇을 위한 선이 아니라 의욕하는 그 자체로서 선한 것이어야 한다. 둘째, 어떠한 상황에서도 제한을 받지 않는 선이어야 한다. 즉, 강압이나 이해관계에 따라 도덕적 행위를 했다면 그것은 참된 의미의 선이라고 할 수 없다. 셋째, 행위의 결과에 따라 이루어지는 선이어서는 안 된다.[162]

이에 대해서 보다 구체적인 예를 들어보자. 성서에 의하면 가롯 유다는 예수를 배신했다. 그리고 예수는 로마 군인들에게 체포되어 죽임을 당한다. 이 십자가 처형 사건을 기독교에서는 만인을 위한 대속의 사건으로 해석하고 그것을 교리화하여 현재까지 전래해왔다. 그렇다면 이런 질문도 가능할 것이다. 가롯 유다의 배신이 결과적으로 예수 그리스도가 모든 인류의 죄를 구속하는 중대한 계기가 되었다는 점에서, 유다의 배신은 선한 행위였다고 볼 수 있는가? 칸트의 입장에서는 결코 아니다. 왜냐하면 유다에게는 선의지가 없었기 때문이다. 유다는 선한 행위를 하기 위한 노력에서 스승을 로마군에게 팔아넘긴 것이 아니라 이기적인 자기 목적을 위해 스승을 배신한 것이며 그 결과 예수는 십자가 처형의 형벌을 받은 것이다. 따라서 기독교적으로 이 사건이 신의 인류를 위한 대속적 죽음의 사건 또는 위대한 신의 절대적인 아가페적 사건이 되었기에, 유다의 배신행위는 전체 인류에게 가

---

[161] "행복이란 이름으로 불릴 만한 심신의 총체적인 안녕과 현재 상태의 총체적 만족 등은 선의지가 동반되지 않는다면 우리를 우쭐하게 만들며, 심지어 많은 경우 우리를 오만에 빠뜨리기도 한다." Grundlegung zur Metaphysik der Sitten, BA 1.

[162] Grundlegung zur Metaphysik der Sitten, BA 3.

장 큰 유익을 가져다준 선한 행위로 평가할 수 있을지 모른다. 그러나 칸트에서는 행위의 순수한 동기에서 이루어진 것만이 선이 될 수 있다.

이와 같이 모든 행위에 대해 그것이 도덕적으로 옳은지의 여부를 따지기 위해서는 그 행위가 바로 선의지에 기초한 행위인지를 물어야 한다는 것이다. 선의지는 선하게 살기 위한 절대적 조건이다. 선의지란 옳은 행동을 오로지 그것이 옳다는 이유에서 항상 의무적으로 택하는 의지를 말하기에, 그것은 행위의 결과를 고려하는 마음이나 또는 자연적인 경향성을 따라서 옳은 행동으로 향하는 의지가 아니다. 여기서 우리는 선의지가 의무에서 유래한(자율적으로 선택한 의무감과 같은) 것이라는 점을 알 수 있다.

그러나 만일 선의지를 가진 사람이 구체적으로 어떤 규범에 따라서 행위를 해야 할지 모른다면 어떻게 될까? 그 사람은 어리석게도 선한 의도로 행위함에도 나쁜 행위를 하게 될 수도 있을 것이다. 그래서 필요한 것이 "행위를 규정하는 준칙(maxim)"이다.[163] 특정한 의도, 목적, 행위, 욕구의 대상 등은 행위의 도덕적 가치와 전혀 무관하다. 행위의 준칙만이 도덕적 가치를 지니는 것이다. 준칙은 "의지의 주관적 원리"[164] 또는 "행위의 주관적 원리"[165]를 말한다.

칸트에 의하면 준칙에 의거해 행위를 했다고 하더라도 아직 의무에서 유래한 행위라고 할 수 없다. 오직 행위의 토대에 있는 나의 준칙이 하나의 특정한 심사, 즉 정언명령의 심사를 거치는 경우에만 나의 행위는 의무에서 유래한 행위라 말할 수 있는 것이다. 정언명령은 선의지를 가진 사람이 구체적으로 어떤 규범에 따라서 행위해야 하는지를 말해준다.

칸트가 예를 드는 바와 같이, 어떤 상인이 어수룩해 보이는 고객이나 어린이들에게도 바가지를 씌우지 않고 물건을 판매했을 경우 우리는 그 상

---

163 *Grundlegung zur Metaphysik der Sitten*, BA 13f.

164 *Grundlegung zur Metaphysik der Sitten*, BA 15.

165 *Grundlegung zur Metaphysik der Sitten*, BA 51.

인의 정직성을 높이 평가할 수 있을 것이다. 그러나 칸트에 의하면 그 정직해 보이는 상인의 행위는 의무에서 유래한(aus Pflicht) 행위가 아니라 의무에 상응하는(pflichtmäßig) 행위에 불과하다는 것이다. 그 상인은 자신의 이익을 위해, 즉 고객 유치를 위해 정직한 행위를 했을 수도 있기 때문에 의무에서 유래한 행위와는 거리가 있다는 것이다.[166] "더 많은 고객을 유치하기 위해서 고객들에게 정직하게 대하라"는 준칙에 따라 행위를 할 수도 있을 것이고, 아니면 "만취 상태의 고객이나 지력이 떨어지는 고객에게는 굳이 정직하게 대하라"는 준칙에 따라 행위할 수도 있을 것이다. 그러나 진정으로 도덕적인 사람이라면 "그렇게 하는 것이 너의 의무이기 때문에 모든 고객에 대해 항상 정직하게 대하라"라는 보편적인 준칙에 따라 행위 할 것이다. 말하자면 도덕적이려면 행위의 이유나 법칙으로서의 준칙을 보편화할 수 있어야 한다는 것이다. 나를 포함한 모든 사람에게 똑같이 적용할 수 있는 준칙(정언명령)에 따른 행위일 때, 그것을 의무에서 유래한 행위라 할 수 있는 것이며 그것만이 도덕적인 행위가 되는 것이다.

칸트가 행위의 결과보다 동기를 중시한 이유는 모든 사람들이 도덕적일 수 있다는 확신에서 비롯된다. 우리는 우리가 통제할 수 있는 것들에 대해서만 도덕적 책임이 있다. "'당위'는 '가능'을 포함한다"(Sollen impliziert Können)는 말은 의지의 자유, 행동의 자유를 말하는바, "너는 할 수 있다. 왜냐하면 해야 되기 때문이다"(Du kannst, denn du sollst)[167]란 말과 동일하다. 하지만 그 행위의 결과는 흔히 우리의 통제 밖에 있다. 그러므로 행위의 결과는 도덕에 결정적일 수 없다는 것이다. 예컨대 의무감에서 물에 빠진 사람을 구하고자 시도했지만 결과적으로 그 사람이 죽었다고 할지라도, 그 행위는 동기가 옳았기 때문에 도덕적이다. 행위가 선하지 않은 결과를 낳았다 할지

---

166 *Grundlegung zur Metaphysik der Sitten*, BA 8f.
167 *Kritik der praktischen Vernunft*, A 171.

라도, 그것은 행위가 갖는 도덕적 가치와는 무관한 일이다. 만일 도덕이 모든 인간에게 가능한 것이려면, 그것은 전적으로 의지에, 특히 의무감에 기초해야만 한다는 것이다.

정언명령_ 칸트에 따르면 인간은 합리적 인간으로서 일정한 의무를 갖는다. 그리고 이 의무는 정언적(定言的: categorical)이다. 즉 절대적이고 무조건적이다. 이러한 의무는 그것에 복종함으로써 뒤따르는 결과가 어떠하든 적용된다. 칸트에게 도덕이란 정언적 명령들의 체계이다. "정언명령은 행위의 결과와는 관계없이 그 자체로서 객관적으로 필요한 행위를 명령한다."[168] 그는 정언적 명령을 가언적 명령(hypothetical imperative)과 대비시킨다. 가언적 명령은 "단지 하나의 행위가 다른 어떤 가능성 내지는 현실적 목적을 위해 선하다는 사실뿐이다."[169] "만일 네가 존경받기를 원한다면, 선행을 베풀어야 한다" 또는 "만일 네가 벌금을 내지 않으려면 교통법규를 잘 지켜야 한다"와 같이 어떤 목적을 달성하거나 회피하기 원한다면 하거나 또는 해서는 안 될 것을 말해준다. 그러나 정언명령은 모든 사람들에게 적용되는 무조건적인 절대적 명령이다. 이는 오로지 도덕법칙 그 자체를 목적으로 하여 이 목적을 실현할 것을 명령하는 법칙이다. 도덕법칙은 최고의 법칙이고, 오로지 도덕법칙을 존중함으로 말미암아 행위해야 한다는 것만을 규정하기 때문에 단 하나의 도덕법칙이 있어야 한다. 따라서 단 하나의 도덕법칙으로서 정언명령을 제시하고 있는 것이다.[170] 이러한 정언명령은 보편적 행위의 법칙에 대한 형식을 말하는 것이다. 즉, 보편적으로 행위해야 하는 법칙적 형식만을 제시하고 있는 것이지, 질료적 차원에서 구체적인 실천법칙은 아닌

---

168 *Grundlegung zur Metaphysik der Sitten*, BA 39f.

169 *Grundlegung zur Metaphysik der Sitten*, BA 40.

170 Samuel Stumpf, James Fieser, 『소크라테스에서 포스트모더니즘까지』, 452.

것이다.[171]

칸트는 이러한 정언명령을 순수실천이성의 근본 법칙이라고 선언하면서, 다음과 같이 정언명령의 내용을 제시하고 있다. "네가 그에 따라서 행할 수 있는 의지의 준칙이 동시에 마치 보편적 법칙이 되는 것처럼 그렇게 행위하라"(Handle nur nach derjenigen Maxime, durch die du zugleich wollen kannst, daß sie ein allegemeines Gesetz werde)[172] 이러한 도덕적 명령이 요구하는 것은 도덕적 행위란 준칙에 따라 행동하라는 것인데, 그 준칙에 따른 행동의 결정이 나를 포함한 모든 사람의 행위가 보편적이고 무조건적이 되도록 지시하는 의지와 일관돼야 한다는 것이다. 즉, 이것은 구체적인 행위의 지침을 제시하는 것이 아니라 행위의 형식적인 법칙을 제시하고 있는 것이다. 그래서 칸트는 정언명령의 형식성과 추상성을 염두에 두고, 이에 대한 몇 가지 해석을 가함으로써 현실적인 행동지침을 밝히고자 한다.

정언명령의 첫째 해석은 "마치 네 행위의 준칙이 네 의지에 의해 보편적인 자연법칙이 되어야 하는 것처럼 행하라"(Handle so, als ob die Maxime deiner Handlung zum allgemeinen Naturgesetz werden sollte)는 것이다.[173] 이 의미는 내가 행동할 때 지침으로 삼고 있는 준칙이 자연법칙처럼 보편적인 성격을 띤다고 생각하면, 과연 그 준칙이 도덕적인 의무를 규정하고 있는지를 판정하기가 쉽다는 뜻이다. 칸트는 도덕법칙이 보편화된 준칙에 그치는 것이 아니라, 현실적으로 바람직한 혹은 타당한 것이어야 함을 규정하고자 했다. 그래서 정

---

171 칸트는 욕구 능력의 "객관"(질료)를 의지의 규정 근거로 전제하는 모든 실천 원리는 경험적이고, 따라서 그런 것들은 결코 실천법칙을 제공할 수 없다고 말한다(*Kritik der praktischen Vernunft*, A 38f). 그래서 "우리가 법칙으로부터 모든 질료, 즉 의지의 모든 대상을 제거해버리면, 남는 것은 보편적 법칙 수립이라는 단순한 형식뿐이다(Ibid., A 48)"라고 주장한다. 그리고 의지의 질료가 법칙으로서 쓸모가 없는 이유를 보여주기 위해 "내가 소유하고 있는 위탁품(실제 주인은 죽고 없는)"의 예를 들고 있다(Ibid., A 49).

172 *Grundlegung zur Metaphysik der Sitten*, BA 52.

173 *Grundlegung zur Metaphysik der Sitten*, BA 52.

언명령의 타당성을 밝히기 위해 네 가지 구체적인 행위지침을 들고 있는데, 그것이 '자살약속자기계발타인을 돕는 행위'이다.

첫째, 칸트는 연속되는 불행 때문에 삶에 염증을 느낀 사람이 자기애의 관점에서 자살할 수 있다는 준칙이 자연질서의 법칙과 유사한 법칙이 될 수 있는지를 묻는다. 자기애의 준칙을 자연법칙으로 삼고 보편화시킬 경우, 인생이 잘 풀릴 때는 삶의 유지를 의미하고, 고달플 때는 삶의 파괴로 귀착되기 때문에 모순에 빠지는 것이다.[174] 둘째, 경제적 어려움에 처한 사람이 자신이 갚을 능력이 없다는 것을 뻔히 알면서도 친구에게 반드시 갚을 것을 약속하는 준칙을 보편적인 준칙으로 삼을 수 있을 것인가? 지키려는 의도가 없으면서도 아무렇지 않게 약속을 하는 것이 법칙으로 보편화된다면, 약속 자체를 불가능하게 만들며, 또한 약속을 통해 도달하고자 하는 목적 자체를 불가능하게 만든다는 것이다.[175] 셋째, 약간의 교육을 받기만 하면 유용한 사람이 될 만한 재능을 타고 난 사람이 그 재능을 향상시키려 노력하기보다는 "타고난 소질을 계발하는 데 아무런 노력을 기울지 않겠다"는 준칙을 세운다면, 그것은 쾌락을 추구하는 자연적 경향성에는 일치하겠지만 의무로 여길 수는 없다는 것이다. "자신 안에 있는 능력이 모두 발현되기를 원하는 것은 이성적 존재자에게는 필연적이다. 왜냐하면 능력이란 어떤 것이든 가능한 목적을 위해 존재하는 것이며, 그러한 능력은 이미 주어졌기 때문이다."[176] 끝으로 경제적 여유가 있는 사람이 "곤경에 처한 사람은 그 누구도 돕지 않겠다"는 것을 보편적 준칙으로 삼을 수 있는가를 묻는다. 이에 대해 칸트는 인간은 유한한 존재이기에 다른 사람의 도움을 욕망할 수밖에 없다는 것을 전제하면서, "만일 네가 곤경에 처했을 때 도움을 받기 원한다면

---

174 *Grundlegung zur Metaphysik der Sitten*, BA 53f.
175 *Grundlegung zur Metaphysik der Sitten*, BA 54f.
176 *Grundlegung zur Metaphysik der Sitten*, BA 55.

역시 곤경에 처한 다른 사람을 돕지 않으면 안 된다"고 말한다.[177]

정언명령의 두 번째 해석은 "너 자신의 인격과 모든 사람의 인격 가운데 있는 인간성을 항상 동시에 목적으로 삼고 결코 수단으로서만 사용하지 않도록 행위하라"(Handle so, daß du die Menschheit, sowohl in deiner Person, als in der Person eines jeden anderen, jederzeit zugleich als Zweck, niemals bloß als Mittel brauchest)이다.[178] 이것은 다른 사람을 이용해서는 안 되며 언제나 그들의 인간성을 고려해야 한다는 의미이다. 그들은 자율적인 존재이며, 자유롭게 행동하고 선택할 능력이 있는 존재이기에 존중 받을 권리가 있다는 것이다. 실제 우리가 살면서 만나는 대부분의 사람들은 우리에게 수단으로서 필요하다. 심지어 배우자마저도 자식을 낳고 가정을 꾸려나가기 위한 수단으로서 필요한 측면이 분명히 있다. 그리고 사람을 어느 정도 수단시 하지 않고 삶을 영위하는 것은 불가능하다. 그렇기 때문에 칸트는 타인을 단지 수단으로만 대하지 말고 목적으로도 대하라는 것이다. 기업주는 이윤이라는 목적을 위해 종업원들을 수단으로 대할 수밖에 없다. 그러나 수단으로만 대해서는 안 되고 목적으로도 대해야 하는 것이다. 자신의 기업을 위해 고용된 피고용자들을 오직 기업의 이윤을 위해서만 존재하는 것으로 간주한다면 그것은 수단으로 대하는 것이다. 그런데 여기서 중요한 것은 만일, 매일 함께 일하는 자신의 식구나 다름없는 피고용자의 처지에 대한 공감(sympathy)이나 동정심 또는 동료 의식 때문에 고용주가 그들을 인간적으로 대우하고 복지를 향상시키는 경우는 어떠한가? 이것은 다른 회사의 직원들이 아니라 자신의 회사에 근무하는 직원들이기 때문에 생긴 각별한 애정이라고 할 수 있다. 물론 이런 식의 인간 존중도 무의미한 것은 아니지만, 도덕적이라고 보기 힘들다. 칸트에게서 인간존중은 타인에게 끌리는 동료애, 우정, 심지어는 가족 사랑

---

[177] *Grundlegung zur Metaphysik der Sitten*, BA 56.
[178] *Grundlegung zur Metaphysik der Sitten*, BA 66.

의 감정과도 무관하다. 친구든 직장동료든 가족이든 그들에 대한 존중은 그들이 누구인가와 아무런 상관이 없는 인간존중을 말한다. 이것은 인간 자체에 대한 존중이다. 그들이 인간인 한 이성의 능력을 소유한 존재임이 명확하기에 그들은 존중받을 가치가 있는 것이다. 때문에 타인의 경우와 마찬가지로 나 자신에 대한 존중 역시 의무적이다.

그렇기 때문에 칸트는 타인을 살해하는 것과 마찬가지로 자신을 살해하는 것도 사람을 목적이 아니라 수단으로만 대한 행위라고 본 것이며, 정언명령을 어긴 부도덕한 행위가 되는 것이다. 뿐만 아니라 칸트는 자유로운 성행위와 매춘을 비도덕적이라고 이해한다. 만일 이성을 인간 자체로 보지 않고 성적 매력에 이끌려 행위했을 경우 이성을 욕구의 수단으로 대한 것이며, 그것은 인간성을 존중하지 않는 행위가 되는 것이다.[179] 자유로운 성행위를 통해 서로 만족함을 얻었다 할지라도 두 사람은 서로에 대해 인간성을 욕보인 경우가 되는 셈이다. 이처럼 칸트의 자율(自由)은 심지어 자신의 몸에 대해서조차 제한을 가하는 자율이다. 오늘날의 자유주의적 시각에서는 그의 사고는 쉽게 납득되기 어려운 측면을 갖고 있다. 자유주의적인 관점에서는 자신의 재산이나 육체는 당연히 자신의 권리에 속한 것이다. 그러나 인간 자신의 몸조차도 자신의 소유물(수단)일 수 없다는 것이 칸트적 사유이다. 자신에 대해서도 수단이 아니라 목적으로 대하며, 도덕적 의무를 다해야 하는 것이다. 이렇게 되면 타인의 몸을 수단으로 대할 수 없다는 것은 더욱 자명해진다. 자유주의 사회에서 매춘은 쌍방이 합의에 따른 하나의 거래 행위이다. 그러나 성인들끼리 자유롭게 합의한 행위라 할지라도 매춘은 인간의 존엄성을 해치는 행위이므로 칸트는 반대했던 것이다. 인간은 성욕을 채우기 위한 수단으로 상대의 몸을 살 권리가 없을 뿐 아니라, 자신의 몸을 물건

---

[179] Kant, *Lectures on Ethics* (Cambridge: Hackett Publishing, 1981), 164.

처럼 내놓고 어떤 대가를 바랄 수 있는 권리가 없다.[180] 매춘은 타인이든 자신이든 사람의 몸을 수단으로 대하는 부도덕한 행위인 것이다. 이를 통해 칸트는 우주에서 오직 목적으로만 존재해야 할 자유로운 존재가 바로 이성적 존재자(인간)라는 점을 부각시키고 있음을 유념해야 할 것이다.

여기서 우리가 주목해야 하는 것은 정언명령의 첫 번째 해석과 두 번째 해석은 결국 같은 내용을 말하는 것이라는 점이다. 왜 내가 타인들과 똑같은 이유로 행위를 할 수 있어야 하는가? 타인들의 부정행위를 비판하는 그 준칙이 자기에게도 적용될 수 있도록 행위하지 않으면 안 되는 이유는 무엇인가? 결국 그것은 타인들을 인격적으로 존중하기 때문이다. 칸트적 입장에서 보면, 자신에 대해서만 관대하고 타자들에 대해서는 엄격한 준칙을 원리로 행위하는 사람들이야 말로 가장 비도덕적인 인간이 아닐 수 없는 것이다.

정언명령의 세 번째 해석은 "모든 이성적 존재자는 자신의 준칙들에 의거하여 자신이 언제나 목적들의 보편적 왕국의 한 입법자일 수 있도록 그렇게 행동해야 한다."(Demnach muß ein jedes vernünftiges Wesen so handeln, als ob es durch seine Maximen jederzeit ein gesetzgebendes Glied im allgemeinen Reiche der Zwecke wäre)[181] '목적들의 보편적인 왕국'이란 인과율이 지배하는 자연의 나라에 대해 목적 자체로서 절대적인 가치를 가지는 인격이 자율적인 도덕적 의지를 통해 결합되는 상태를 말하며, 이러한 인간 사회가 가장 이상적인 도덕적 공동체라는 것이다. 즉, 신분이나 출신 혹은 재산 정도에 상관없이 누구나 자기의 자유의지를 행사하여 도덕법칙을 준수할 때, 그러한 사람은 하나의 인격으로 존중받고 절대적 목적으로 대우받을 수 있으며, 그러한 사회가 도래했을 때 모든 사람의 인격이 지상의 목적으로 대접받는 정의로운 사회가

180　Ibid., 165-166.

181　*Grundlegung zur Metaphysik der Sitten*, BA 83.

실현될 수 있다는 것이다.

도덕 공동체_ 목적들의 왕국으로서의 도덕공동체에 대한 이상은 칸트 윤리의 출발점이었던 의지의 자율 개념과 밀접하게 관련되어 있다. 인간을 목적으로 대한다는 것은 그를 절대적 또는 무조건적 가치를 지닌 존재로 인식한다는 의미와 다르지 않기 때문이다. 이러한 인식은 무엇보다도 우리가 그 존재에 대해 자기 통제적 행위자판단자가치평가자로서 그의 자율을 항상 존중해주는 방식으로 대한다는 의미다. 인간을 단지 조건적인 가치를 갖는 사물로 대할 때 자율을 침해를 받는다. 목적의 왕국에서 개인은 주권자 또는 입법자이면서 동시에 그가 규정한 규칙에 복종해야 하는 신민이다. 도덕공동체는 구성원들이 따라야 할 규칙을 스스로 규정하는 자율적 집단인 것이다. 만일 강제적 구속에 의해서 타율적으로 행동하게 된다면, 그것은 도덕공동체의 모습이 아니다. 우리가 어떤 행동을 해야 할 도덕적 의무가 있다고 믿을 때, 그 행동을 해야 할 도덕적 이유가 있다고 생각한다. 우리는 도덕적 이유를 자신의 이유로 받아들이기 때문에, 그것을 강요받지 않을 때에도, 그리고 그것을 하지 않을 수 있을 때에도 그것을 행하는 것이 자신의 의무라고 생각한다. 도덕규칙이 정하는 바를 행하는 것에 대해 우리가 타당한 도덕적 이유를 가지고 수용할 수 있음을 밝힐 때에만, 우리를 구속하는 도덕규칙으로 간주된다. 만약 우리가 그러한 이유를 받아들이지 않는다면 우리는 그 규칙을 따를 도덕적 의무를 갖는다고 생각하지 않기 때문이다. 이처럼 '의지의 자율'은 칸트 윤리학을 이해하는 핵심어다.

칸트 윤리학의 난점_ 이러한 칸트 윤리학은 몇 가지 주요한 반박에 부딪힌다. 첫째 칸트 이론에 가해지는 가장 흔한 비판으로 행위의 결과적 요소를 용납하지 않는 형식주의에 집중이 된다. 이에 관련해서는 두 가지를 언급하려 한다. 먼저 칸트의 신념윤리와 관련된 비판이다. 이것은 고의는 아니지만 무능함으로 인해 다수의 죽음을 초래하게 한 선한 의지를 지닌 바보들은 자칫 칸트에 따르면 도덕적 비난을 면할 수 있게 된다. 그들은 일차적으로 의도에 따라 판정될 것이다. 그러나 어떤 경우에서는 행위의 결과가 도덕적 가치의 평가에 관련된다는 것을 알 수 있다. 만원 지하철에서 휘발유 통에 성냥불을 그으려는 미치광이의 목숨을 귀하게 여기려는 선한 의지에 대해 어떻게 판단할 것인가. 엄청난 인명에게 위해가 가해질 수 있는 위급한 상황에서 행위의 결과를 무시하고 동기만을 중시한다는 점은 무책임하고 무능하다는 느낌을 받기 쉽다. 여기서 신념윤리의 약점이 자리한다.

둘째, 의무론의 순수성과 관련하여 제기되는 의문이다. 칸트는 선의를 본래 선하다고 정의하면서 선의지에 따른 행위만이 도덕적 가치를 지니며 그 행위의 결과는 아무런 상관이 없다고 주장했다. 그러나 그는 도덕법칙의 보편성을 논의하면서 거짓 약속이 보편화되면 약속이라는 제도가 깨어지고 사회적 혼란을 야기한다고 했다. 그러나 그는 여기서 어떤 행위의 도덕적이냐 아니냐의 여부가 그 행위의 결과와 무관할 수 없음을 인정하는 셈이어서 과연 순수한 의무론이 가능한가에 대한 의문을 남긴다. 그러므로 의무론적(법칙론적) 윤리론은 공리주의나 목적론적 요소 등 구체적이고 실질적인 행위 지침의 내용들을 보완해야 한다는 지적이다.[182]

셋째, 준칙을 보편화하는 과정에서 나는 어떻게 다른 사람의 입장이 될 수 있는가이다. 칸트의 정언명령은 자기 자신의 어떤 물음을 자신의 물음이 아니라 다른 사람의 물음으로 간주하라는 요구이다. 그것은 나 자신이 다른 사람의 어떤 처지에서 무엇을 할 것인가를 성찰하라는 역지사지의 요구이다. 그러나 실제로 그 누구도 그렇게 하기에 힘들다. 한국 사회의 문제 중에 '지역(차별)감정'이 있다. 이것은 같은 유일신을 믿고 예수를 그리스도라고 고백하는 교회에서조차 극복하지 못한다. 특정한 지역에 대한 차별의식은

---

[182] William Sahakian, 『윤리학의 이론과 역사』, 179.

잘못이라는 것을 알지만 그렇게 하는 것이 당연한 현실이라고 체질화되어 있는 현실에서 "당신이 특정 지역 출신이라는 이유로 다른 지역에서 차별받으면 좋겠습니까? 따라서 역지사지의 마음을 가져보세요"라고 요구한다는 것은 거의 불가능하다. 이것은 강도짓을 하는 자와 당하는 자가 서로 역지사지를 요구하는 것만큼이나 불가능하다. 즉 칸트의 윤리가 현실에서는 공허할 수 있다는 말이다.

넷째, 칸트의 의무론은 인간의 경향성과 의무감이 언제나 서로 다른 길로 인간을 끌고 간다는 전제에서 나온다. 그러나 내가 하고 싶어 하는 행위가 내가 마땅히 해야 하는 행위와 일치하는 경우도 많다. 그럴 경우 나는 의무감에서 행위 하기보다는 경향성에서 행위하는 것으로 보아야 한다. 뿐만 아니라 경향성과 의무감을 한 사람의 내면에서 명확하게 구별해내기란 불가능하다. 오히려 의무를 이행하려고 하는 태도 역시 경향성의 한 형태라고 생각할 수도 있다. 나중에 '덕의 윤리'에서 다시 다루겠지만, 아리스토텔레스 이후 그의 노선을 따르는 윤리에 의하면 '의무에서 나오는 행위'란 인간의 도덕적 성숙의 최종 단계가 아니라 한 단계일 따름이다. 더운 여름 공부하기 싫어져서 지루한 수업을 빼먹고 싶은 욕구가 생기지만 오로지 의무감으로 수업에 참석하는 경우와 수업을 빼먹고 싶은 유혹이 전혀 들지 않는 경우를 비교해보면 후자가 더 낫다고 말할 수 있지 않을까. 덕의 윤리에서는 당연히 그렇게 본다. 도덕적으로 성숙해져가는 초기 단계에서 나는 아무렇게나 행위하려는 유혹에 저항해야 하겠지만 스스로 훈련을 통해 무엇이 진정으로 나에게 유익한가를 성찰함으로써 마침내 자연스럽게 수업에 참여하는 것이 즐거워 질 수 있을 정도로 성숙하게 된다. 이때 즐겁게 공부하고 수업에 적극 참여하는 것은 의무감 때문이 아니라 이미 성숙한 성품을 따른 경향성 때문이라고 해야 할 것이다. 그래서 일찍이 흄은 의무감보다 인간의 자연적 경향성이 인간에게 더 집요하게 영향력을 행사하며, 그것은 인간의

마음에 나타나서 인간의 어떠한 견해와도 결합한다고 주장했던 것이다.[183]

다섯째, 쇼펜하우어와 같은 윤리적 이기주의자들이 가하는 비판으로서, 칸트의 의무론 역시 이기주의의 변형에 불과하다는 주장이다. 아무리 이타적인 행위처럼 보이는 것이라도 결국은 그 깊은 곳에는 이기주의적인 동기가 내포되어 있다는 것이다. 칸트의 정언명령 즉 "그것이 동시에 보편적 법칙이 되기를 네가 의욕할 수 있는 그러한 준칙에 따라서만 행위하라"는 "타인이 너에게 행하는 것을 원치 않는다면, 너도 타인에게 그것을 행하지 마라"의 변형인 셈이다. 쇼펜하우어에 따르면, 정의와 인간애와 같은 것은 궁극적으로 이기주의에 뿌리박고 있다는 것이며,[184] 나아가 칸트의 의무론도 결코 정언명령이 아니라 이기주의에 기초한 가언명령이며, 십계명 형식으로 위장한 이기주의라고 비판하고 있다.[185]

여섯째, 칸트가 도덕과 무관한 것으로 처리한 동정심, 동감 및 측은지심과 같은 감정들은 도덕적으로 의미 없는 것일까? 불쌍한 사람에게 동정심을 느끼는 것은 다른 각도에서는 도덕적으로 칭찬할만하다고 여겨질 수도 있는 것이 일반적인 도덕 감정일 것이다. 동정심, 동감, 죄스러움 및 자책감과 같은 도덕적 감정은 도덕에서 일방적으로 분리시켜야 할 대상이 아니라 도덕적 행위의 중심 요소로서 보완되어야 할 성질의 것으로 보인다.

일곱째, 칸트는 의무의 절대성을 강조하여 무조건적 명령의 형태를 중요시하지만 현실에서 두 개의 의무들이 서로 충돌하는 경우가 비일비재하다. 그런 경우 칸트는 어느 의무가 더 중요하며 또 어떤 의무를 먼저 이행해야 하는지에 대해 어떤 명확한 답변을 제시하지 않는다는 비판이다. 칸트

---

[183] David Hume, *Dialog Concerning Natural Religion* (New York: Social Science, 1948), 221.

[184] Ralph Weiner, *Der Lachende Schopenhauer*, 최홍우 역, 『쇼펜하우어 세상을 향해 웃다』(서울; 시아출판사, 2006), 265.

[185] Arthur Schopenhauer, *Über die Grundlage der Moral*, 김미영 역, 『도덕의 기초에 관하여』(서울: 책세상, 2003), 88.

윤리의 중요한 부분인 정언명령에 있어서, 그 내용이 모든 규범의 옳고 그름을 판단하는 기준이 되는 규범(의무)을 설명한다. 문제는, 그 하나의 규범으로 실제 우리가 삶을 살아가는 데에 필요한 모든 문제 상황을 해결할 수 있는가에 대한 문제제기인 것이다. 특히 두 가지 이상의 의무가 상충하는 경우, 정언명령은 우리의 판단에 도움을 주지 못할 수도 있다는 것이다. 예를 들어 과거 우리나라를 강점하고 늑탈한 일본제국주의의 주요 인물이었던 이토오를 처단한 안중근 선생의 행위를 생각해보자. 비전투 상황에서 한 인간에게 총격을 가해 살해한 것은 "무고한 사람을 죽여서는 안 된다"는 의무를 위반한 비도덕적인 행위일 수가 있다. 그러나 이토오로 대표되는 일본제국주의가 한국에게 가한 헤아리기 힘든 엄청난 폭압과 인간 존엄성을 말살한 행위에 대한 저항의 몸짓으로 본다면 그것은 "비인륜적 만행을 방조해서는 안 된다"는 의무를 충실히 이행한 도덕적인 행위일 수 있는 것이다. 이러한 상황에서 살해를 해서는 안 되는가? 마땅히 살해를 해야 하는가? 칸트의 정언명령은 이런 갈등에 대해서 답할 수 없다. 왜냐하면 정언명령은 단지 행위의 결과를 고려하지 않고 단지 그것이 의무이기 때문에 행위 해야 한다고 생각하기 때문이다. 바로 이와 같은 문제 때문에 이미 언급한 바와 같이 칸트의 윤리학은 형식적이기만 하고 실질적인 내용은 없는 이론이라는 비판을 받는다.

로스의 조건부 의무론_ 로스(William D. Ross)는 이러한 난점에 대해 몇 가지 보완하고 있다. 칸트가 단 하나의 정언명령을 궁극적인 의무로 내세운 반면에 로스는 일곱 개의 직견적(prima facie) 최상위 의무를 내세운다. 여기서 "직견적"이라는 말은 원래의 뜻은 라틴어로 "얼핏 보기에"라는 의미로서, 예외적인 드문 경우들에 있어서 그것은 준수되지 않을 수도 있지만 대개의 경우는 옳다는 의미로 사용된다. 쉽게 말해, 정상적인 사람이라면 누구에게

나 자명한[186](무조건 옳은) 의무라는 의미이다. 모든 도덕 주체들이 따라야 한다고 로스가 제시한 기본적 도덕 의무들, 즉 직견적인 최상의 의무들은 다음과 같은 일곱 가지이다.

① 누구나 약속을 지키고 진실을 말해야 한다(promise keeping).
② 누구나 다른 사람들에게 괴로움을 주는 잘못된 것들을 시정해야 한다(Fidelity).
③ 누구나 호의에 감사를 표해야 한다(Gratitude for favors).
④ 누구나 덕과 지성, 그리고 행복에 관련된 타인의 몫을 향상시켜야 한다(Beneficence).
⑤ 누구나 가치들을 정의롭게 분배해야 한다(Justice).
⑥ 누구나 자신의 덕과 지성을 향상시켜야 한다(Selfimprovement).
⑦ 누구나 타인에게 상해를 가하지 말아야 한다(Non-maleficence).

로스 이론에서는 우리의 직관적 의무가 절대적인 것은 아니라는 점이다. 즉, 모든 원리는 특수한 상황에서 다른 원리에 의해 무시당할 수 있다. 그래서 prima facie는 조건부라는 의미로도 사용된다. 로스가 말하고자 하는 바는 위에서 제시된 일곱 가지 도덕적 의무가 모두 하나의 의무가 다른 의무와 갈등하기 전까지 우리를 잠정적으로 구속한다는 것이다. 만약 갈등하는 상황이 발생하게 되면, 더 약한 의무는 사라지고 더 강한 의무가 우리의 실제적 의무(actual duties)가 될 수도 있는 것이다. 그러므로 비록 조건부 의무가 실제적 의무는 아닐지라도, 상황에 따라서는 실제적 의무가 될 수도 있는 것이다. 예를 들어, 약속을 했다면, 우리는 약속을 이행해야 하는 의무가

---

186 로스가 여기서 언급하는 "자명함"이란 "우리가 충분한 정신적 성숙 상태에서 그 명제에 충분한 주의를 기울였을 때 어떠한 증명이나 그 자체 외의 어떠한 증거도 필요 없다는 의미에서 자명한 것이다." W. D. Ross, *The Right and the Good* (Oxford: Oxford University Press, 1930), 39-41 참조.

도덕적으로 고려되어야 하는 상황에 놓이게 된다. 만약 갈등하는 조건부 의무가 아무것도 관련되어 있지 않을 경우, 그때는 약속을 지키라는 의무는 자동적으로 실제적 의무가 된다.

그런데 로스에게 두 가지 의무가 갈등하는 경우는 어떻게 될까? 일본 제국주의의 상징을 처단함으로써 우리에게는 역사적 정의를 드러내고 야만적인 권력에게 일침을 가했던 행위는 타인에게 부당하게 괴로움을 주는 행위에 대한 시정의 의무를 다한 것이다. 그리고 그것은 칸트의 경우에서 보았듯 타인에게 상해를 가해서는 안 된다는 의무와 상충한다. 이토오를 처단함으로써 일제의 만행을 깨우친 것이라면 그래서 한국의 주권을 지키려는 의도였다면, "타인에게 상해를 가해선 안 된다"는 의무를 위반한 비도덕적인 것으로 볼 수 없는 것이다. 민족의 운명을 위해 "살인해서는 안 된다"는 의무를 어긴 경우라 할지라도 그 의무가 타당하지 않음을 의미하는 것은 아니기 때문이다. 그것은 항상 객관적 타당성을 갖는다. 하지만 모든 상황에서 그것이 결정적이지는 않다는 의미에서 "조건부적"이라 할 수 있는 것이다.

로스의 일곱 개의 의무 목록이 완전하다고 할 수는 없겠지만, 그래도 확실한 것은 위의 의무들이 "왜 이래야만 하는가?"라는 것을 따질 필요 없이 "자명한" 의무라는 것이다. 다른 사람에게 해를 끼치지 말아야 한다는 것이나, 약속을 지키고 거짓말을 하지 말아야 한다는 것은 "대개의 경우"(prima facie) 그 자체로서 옳다고 볼 수 있을 것이다. 그 자체로서 알 수 있는 것을 '직관적으로 알 수 있다'고 표현한다. 다시 말해, 직견적 의무들은 '직관적으로 알 수 있는 것'이다. 마치 노란색을 보면 그것이 왜 노란색인지 따질 필요 없이 직관적으로 노랗다는 것을 알 수 있는 것처럼, 직견적 의무들도 직관적으로 알 수 있다고 의무론자들은 믿는다.

의무론의 직관주의가 목적론의 쾌락주의와 대응한다면, 목적론의 결과주의에 대응하는 것은 의무론의 "동기주의"라 할 수 있다. 결과주의 윤리가 어떤 행위의 옳고 그름이 그 행위의 결과에 따라서 달라진다는 것이라면, 동기주의는 모든 행위의 옳고 그름은 그 행위를 하는 사람의 내적인 이유, 즉 동기에 의해서 달라진다고 본다. 칸트의 선의지는 이 동기를 설명하는 대표적인 개념이다. 로스의 윤리론에서도 일곱 가지 의무를 따르는 행위가 옳은 행위인데 그때 그 행위가 옳은 까닭은 단지 의무를 따르고자 하는 동기 때문이지, 그 결과 때문이 아니다.

로스의 의무론에는 의무들이 여럿 있기 때문에 장점이 있다. 유연성이 있고, 실질적인 내용도 풍부하다. 정언명령 하나로 삶의 모든 문제에 대해서 답하려는 칸트의 일원론적 윤리론에 비해 훨씬 편리한 출발점을 가지고 있는 셈이다. 하지만 바로 그점에서 또 치명적인 단점을 가지고 있다. 그것은 역시 모든 윤리론들에게 묻는 근본적인 물음에 대해서 답하지 못한다는 것이다. 즉 "의무들이 상충할 때 우리는 어떻게 해야 하는가?" 상충하는 의무들에 대해서 판단기준을 가지고 있지 않다는 것은 로스의 의무론에서 결코 지나칠 수 없는 문제점이 될 수 있다. 이것에 대답하지 못한다면 일곱 개 조건부 의무론은 언어의 유희로 끝날 가능성이 많다.

4.2 결과론적 윤리

해야 할 행위와 하지 말아야 할 행위가 결정된다는 것은 곧 행위 규범이 결정되는 것과 같다. 이때 해야 할 행위를 지시하는 규범은 옳은 규범이고 하지 말아야 할 행위를 지시하는 규범은 그른 규범이다. 이 모든 것이 목적에 의해 결정되는 것이 목적론적 윤리다. 산행 애호가들은 잘 알지만 건조한 계절에는 각별하게 주의하는 것이 산행 시 화기 소지를 엄금하는 것이다. 산불로 인해 삼림이 큰 손실을 입기 때문이다. 늘 푸르른 산을 유지하기 위해서는 이 규칙을 따라야 한다. 산에서 삼겹살도 구워먹고 싶고, 따뜻한 라면 국물이 그립다 하더라도 산림 보호를 위해서는 절대적으로 화기 소지를 금해야 한다. 이 규칙을 어기고 산에서 함부로 화기를 사용하거나 담배를 피워 산불이 났을 경우, 다시 말해 산림보존의 목적을 이루지 못했을 경우 산행에서 화기엄금이란 규칙이 올바른 규칙이었다는 것이 증명된다. 이때 올바른 규칙이란 목적 달성에 도움이 되는 행위를 하라고 지시하는 규칙이다.

목적론적 윤리를 결과론적 윤리(consequentialism)라고도 표현 가능한데, 이것은 어떤 행위의 옳고 그름은 그 행위의 내재적인 의도를 초월해 그 행위가 낳는 결과(consequence)에 의해서 결정되어야 함을 의미하기 때문이다. 이러한 도덕적 결과론은 어떤 행위가 옳은지 그른지를 행위자의 의도나 동기에 기초해서가 아니라 그 행위의 결과에 기초해서 판단하는 윤리이론을 기술하는 데 사용된다. 목적론적 윤리에서 본래적 가치[187]를 갖는 목적을 달성하는 데 유용할 때 행한 행위는 옳은 것이다. 예컨대 우리는 건강하기를 원하고 의사는 이 목적을 달성하는데 도움을 줄 수 있는 사람이라고 믿기 때문에 병원에 가는 것은 좋은 일이라고 여긴다. 그러나 병원에 가는 행위 자체를 좋은 것이라고 생각하는 사람은 없을 것이다. 환언하면 병원을 찾는 행위는 그 행위 자체를 원해서가 아니라 어떤 다른 것을 위해서이다. 그리고 어떤 다른 것은 목적 자체로서가 아니라 또 다른 목적에 대한 수단으로 가치 있는 것이다. 칸트적인 의무론의 경우, '거짓말하는 것은 나쁘다'는 규범이 그 어떤 불이익을 결과하든 간에 언제나 도덕적으로 옳은 것이며 본질적인 가치라고 여기겠지만, 이와 달리 결과론적 윤리는 거짓말하는 행위를 이것이 가져오는 또는 가져오리라 기대되는 결과들에 기초해서 판단하고자 한다. 그렇다면 결과론적 윤리는 결국 이기적인 자기 목적에 충실한 윤리를 말하는가? 그것은 반드시 그런 것은 아니다. 그 목적이 자신에게만 도움이 되는 것이라면 이기적인 목적론적 윤리가 될 것이지만, 그 목적이 '모든 사

---

[187] 본래적 가치란 어떤 것이 어떤 더 높은 목적의 수단으로서가 아니라 목적 자체로서 가지는 가치를 말한다.

람에게 돌아가는 이익의 전체가 어떤 식으로든 커지도록 해야 한다"는 목적을 제시한다면, 그것은 공리주의라고 할 수 있을 것이다. 여기에서는 윤리적 이기주의와 공리주의를 중심으로 목적론적 윤리를 다루고자 한다.

4.2.1 윤리적 이기주의

목적론적 윤리론은 도덕적 의무의 유일한 토대가 선의 생산과 악의 억제라는 전제 위에 구축되어 있다.[188] 따라서 행위의 목적은 악에 대한 선의 우위를 최대화하는 것이다. 하지만 악에 대한 선의 우위를 누구를 위해 도출할 것인가? 한 가지 가능한 답이 "자신을 위해서"이다. 이러한 입장을 "윤리적 이기주의"(ethical egoism)라 한다. 윤리적 이기주의에 따르면 유일한 도덕적 의무는 행위자 자신의 행복을 증진시키는 것인 바, 항상 악에 대한 선의 우위가 자신에게 최대가 되도록 행동하는 것을 규범으로 하고 있다.

윤리적 이기주의에 얽힌 오해를 먼저 짚을 필요가 있을 것이다. 먼저 이기주의자에 대한 오해다. 이기주의자를 천박한 이기주의자(egoist)들과 혼동하지 말아야 한다. 통상 이기주의자에 대한 묘사는 지극히 부정적이다. "자기중심의 인정머리 없고 냉혹하고 파렴치하고 무자비하게 자기의 힘을 강화하려는 사람, 남에게 그 어떤 피해가 가더라도 전혀 개의치 않고 인생에서 좋은 것들을 추구하는 사람, 오로지 자신만을 생각하고 혹 남을 생각하더라도 오직 자기 목적을 이루기 위한 수단으로 생각하는 사람"[189] 등이다. 이렇게 주위의 모든 사람을 자기 목적을 위한 수단으로만 여기고 자기

---

[188] Carl Wellman, *Morals and Ethics* (Glenview: Scott, Foresman, 1975), 39; Stanley Grenz, *The Moral Quest: Foundation of Christian Ethics*. 신원하 역, 『기독교윤리학의 토대와 흐름』(서울: IVP, 2001), 38-39에서 재인용.

[189] Kurt Baier, *A Companion to Ethics*, 김성한 외 역, 『규범윤리의 전통』(서울: 철학과현실사, 2005), 96-97.

목적에 도움이 되지 않는 타인은 즉시 소모품처럼 취급해버리는 그러한 천박한 이기주의자를 이기주의자라고 말할 수 있을까. 그런 완벽하게 삐뚤어진 인간이 현실에 제대로 적응하지 못하는 범죄인이나 정신 이상자의 형태로 존재할 가능성이 없지는 않다. 그러나 진정 자기이익을 지독하게 추구하는 사람이 경솔하게 타인들에게 혐오감을 주면서까지 눈앞의 이익에만 집착할 수 있을까. 타인을 모욕하고 짓밟으면서 얻는 순간적인 이익은 장차 크나큰 손실이 될 수 있다는 사실을 모르는 자를 정상적인 사람이라고 할 수 있을까. 소위 천박한 비인격적 이기주의자들은 엄밀히 말해 심리적으로 병리적으로 정상이 아닌 자들, 즉 치료가 필요한 환자로 여기는 것이 옳을 것이다. 따라서 이기주의자는 지극히 이성적이고 합리적 행위를 하는 도덕적 주체라는 인식이 전제되어야 한다. 이기주의 옹호자 링컨의 유명한 일화를 보면 이기주의에 대한 이해가 보다 용이해 질 것이다.

언젠가 그는 마차를 타고 가면서 이기심에 관한 논쟁을 벌였다. 늪 위의 다리를 건널 때, 마침 늙은 멧돼지가, 늪에 빠져 허우적거리는 새끼들을 보고 애처롭게 울부짖고 있었다. "마부! 잠시 마차를 세워주시오!" 링컨은 달려가 새끼돼지들을 늪에서 건져주었다. 그가 돌아왔을 때 논쟁하던 친구가 물었다. "어떻게 그 같은 선행이 이기심에서 나온다는 말입니까?"라고. 링컨이 대답했다. "도대체 무슨 소리입니까. 이러한 선행은 바로 이기심에서 나온 겁니다. 늙은 돼지가 자가 새끼들을 보면서 고통스러워하는 모습을 그대로 지나쳤다면 내 마음은 계속 편치 않았을 겁니다. 그런데 그 어린 새끼들을 구해주고 나니 내 마음이 한결 편안해 지지 않았습니까?[190]

---

[190] John Hospers, *Human conduct: problems of ethics*, 최용철 역, 『인간행위론: 현대윤리학의 제문제』 (서울: 간디서원, 2003), 125.

이처럼 쾌락은 삶에 기쁨을 주고 고통은 부담을 준다는 점에서 이기심은 쾌락을 추구하는 인간적 본성이며 이것은 타자나 다른 생명체에게도 선이 될 수 있다는 예가 아닐 수 없다. 오직 자신을 이롭게 할 뿐 타인의 고통이나 불행을 결코 바라지 않는 이기심이 가능하다는 점에 대해서는 열린 태도가 필요할 것이다. 특히 종교적인 차원에서, 맹목적으로 이기심을 가장 비열한 악덕처럼 여기고 악행의 근본인 것처럼 여기는 사태에 대해서는 좀 더 성찰적인 안목이 필요하다 하겠다.

그리고 나아가 윤리적 이기주의 이해에서 매우 기본적이지만 당위성의 관점에서 이해해야 한다는 점을 유의하면 좋을 것이다. 예컨대 장학금을 두고서 고민하는 학생들의 경우를 생각해보자. 어떤 기준으로 장학금 수혜 대상자를 선정할 것인가. 성적이 좋은 학생들은 당연히 성적순으로 대상을 정하자 할 것이다. 외모에 자신이 있는 학생은 외모를 기준으로 정하자 우길 것이다. 아니면 IQ가 높은 학생은 지능지수를 기준으로 정해야 한다고 주장할 것이다. 모든 학생들이 각자 자기만의 우월성을 기준으로 자신의 이익을 추구하려 할 것이다. 그러나 자기의 이익을 위해 자신의 장점만을 부각하려한다면 바로 이것이 이기주의라고 할 수 있다. 그런데 이러한 이기주의는 윤리와는 무관하다. 그리고 모든 학생들은 예외 없이 장학금을 받고 싶어 한다는 사실을 진술하거나 또는 모든 학생들은 장학생이 되고 싶어 하는 심리를 가지고 있다는 경향성을 설명하는 것은 윤리가 아니다. 사람들은 항상 자기 이익의 동기에 따라 행위한다는 주장은 심리적 이기주의라 표현한다. 심리적 이기주의 자체는 윤리적인 것이 아니다.[191]

---

[191] 심리적 이기주의와 윤리적 이기주의와 명확하게 구분되지 않는 경우도 있는데, 쇼펜하우어와 니체의 경우는 그것들이 혼재되어 나타난다. 쇼펜하우어는 "이기주의는 모든 의지작용을 위해 언제나 준비되어 있고 근원이며 살아있는 가장 가까운 규범"으로 이 규범은 어떤 도덕원리보다 우월하다고 주장한다. 그래서 심지어 칸트의 정언명령도 따지고 보면 이기주의의 발로라고 꼬집는다(Schopenhauer,『도덕의 기초에 관하여』, 84). 니체는 기독교의 계명에 무조건적으로 따르는 맹종과 자기희생을 자기부정의 대표적 사례로 꼽으며 당당한 주인으로 사는 삶을 위해서는 마땅히

윤리적 이기주의는 모든 사람이 이기주의이어야 한다는 주장이다. 즉 모든 사람들이 어떠하게 살아야 한다는 당위성을 지녀야 윤리라 할 수 있다. 윤리적 이기주의는 어느 한 사람만을 중요시 하는 것이 아니다. 모든 사람이 중요하게 다 고려되어야 한다는 보편적 관점이 있어야 윤리적이라 말할 수 있다. 윤리적 이기주의에서는 자기 자신만이 특별한 존재가 되어서는 안 된다. 모든 사람들이 동등한 권리를 누려야 하는 것이다. 이기주의적 윤리의 관점에서는 이익을 위해 가장 말썽이 적고 무리가 없는 기준은 무엇인지를 성찰할 수 있다. 그것은 당연히 '성적'일 것이다. 외모나 IQ 같은 것은 이성적으로 고려할 때 전혀 합리적인 기준이 될 수 없다는 것을 인지할 것이다. 그래서 장학금은 성적에 의해서 주어져야 한다는 당위를 내세우게 될 것이며, 나보다 더 성적이 좋은 학생이 마땅히 그것의 수혜자가 되어야 한다는 것이 윤리다. 그러나 장학금 수혜자가 되는 것이 나의 이익에 부합하고 나의 행복을 증진해주는 것이기에 나도 장학생이 되기 위해 더 열심히 공부해야 할 것이다. 또한 높은 학점을 받기에 유리한 과목 선택을 전략적으로 모색할 수도 있을 것이다.

윤리적 이기주의를 옹호하는 아인 랜드(Ayn Rand)는 오히려 이기심(selfishness)이 덕이며, 이타주의(altruism)는 "죽음이 그 궁극적인 목적이요, 가치의 기준이며 자제, 단념, 자기부정, 자기파괴를 포함하는 다른 모든 형태의 고통이 그 옹호자들의 덕목임을 논리적으로 주장하는 것"[192]과 다름없는 부정적이고 파괴적인 것으로 묘사한다. 랜드에 따르면, 개인은 마땅히 자신의 행위로 이득을 취해야 하며, 자신의 이익과 관련된 적절한 관심이 도덕적 실존의 본질이며, 인간은 그 자신의 도덕적 행위의 수혜자여야만 한다. 그럼에도 사회는 이기주의는 악이고 이타주의는 선이며, 집단주의적 평범함은 선

폐기해야 할 노예의 도덕으로 간주한다. Friedrich Nietzche, 『선악의 저편도덕의 계보』, 김정현 역 (서울: 책세상, 2002), 62-63.

192 Ayn Rand, *The Virtue of Selfishness* (New York: Signet/New American Library, 1964), 27-32.

이고 대담한 창의성은 악이라고 우리를 기만해왔다는 것이다.[193]

이러한 랜드의 극단적인 윤리적 이기주의 주장은 즉시 반박당할 수 있다. 우리 자신의 선을 증진시키는 것과 자기 이익은 어느 정도 관련될 수는 있으나, 그것이 어떤 대가를 치르고서라도 쟁취해야하는 것은 아니다. 이기심은 나 자신의 선을 위해 타인의 선을 희생시킬 수 있는 것을 내포한다는 점에서 자기 이익과 동일시되기 어려운 탈선이 아닐 수 없다.

윤리적 이기주의를 반박하는 논증 중에는, 첫째 그것이 도덕의 필요조건, 즉 행위의 안내 지침 역할을 충족하지 못하기 때문에 올바른 윤리가 될 수 없다는 주장이 있다. 메들린(Brian Medlin)은 윤리적 이기주의는 사람들에게 양립 불가능한 요구에 기초해서 모순된 행위를 하라고 선전하는 것과 같다고 한다.[194] 내가 학우들과 성적 경쟁에서 이길 수 있도록 나의 이기적 욕구를 보편화시켜야 하는데, 다른 한편으로 나는 학우들 각각의 이기적 요구가 나와의 경쟁에서 이기도록 하는 처방을 내려야 한다. 이것은 양립 불가능한 처방이라는 것이다. 따라서 욕구의 갈등을 조정할 수 있는 방식을 제기하지 않았기 때문에 결국 나는 아무 것도 말하지 않은 것과 마찬가지라는 결과라는 것이다.

둘째, 이기주의자가 자신의 이기적 계획 그 자체에 해를 끼치지 않고서는 자신의 계획을 공론화할 수 없다는 점에서 윤리적 이기주의에 반박하는 주장이 있다. 어떤 것이든 그것이 도덕 이론이기 위해서는 도덕의 원리가 공개적으로 알려져야 할 필요가 있어 보인다. 보편적 규정으로 제시될 수 없는 것이라면, 이는 행위의 지침으로서 또는 이익 갈등을 해결할 수 있는 방도로서 기능할 수 없기 때문이다. 그러나 이기주의자들의 계획을 공지하

---

193 Ibid., 80ff.

194 Brian Medlin, "Ultimate Principles and Ethical Egoism," *Australasian Journal of Philosophy*, 35-2 (1957), 111-118 in Louis Pojman & James Fieser, 박찬구 외 역, 『윤리학 옳고 그름의 발견』(서울: 울력, 2010), 184에서 재인용.

는 것은 자신의 이익에 해가 될 것이다. 그리고 자신을 제외한 타인들은 자신의 이익에 부합하는 계획을 모르거나 혹 알게 된다면 이타적인 입장에 서기를 바랄 것이다. 그렇기 때문에 윤리적 이기주의는 갈등을 해결할 수 없는 사적인 도덕 기능밖에 할 수 없는 것이다.

셋째, 이기주의는 그것의 목적을 달성하기 위해서는 어느 정도 영리하게 이기주의를 포기하고 이타주의를 수용해야 한다는 점이다. "사랑은 자기의 유익을 구하지 아니하며…"라는 바울의 말처럼 이타주의적인 인간관계가 행복한 인생이 될 수 있으며, 그렇지 못했을 경우 결여된 인생이라 할 수 있을 것이다. 다시 말해 최고의 반성적 수준에서의 행복을 추구하기 위해서는 타자들과 좋은 관계를 형성해야 할 것이고, 그러기 위해서는 정의롭고 이타적으로 행위하는 성향을 가질 수밖에 없다는 것이다. 노골적으로 자신의 이기심을 드러내는 윤리적 이기주의로는 결국 자기 목적 달성도 어려울 수 있다는 말이다.

따라서 윤리적 이기주의는 개인의 이기심을 배제할 수 없으나 그것만을 지향할 경우 타당성을 확보하기 힘든 이론임을 알 수 있다. 이 이론은 스스로를 일관되게 공개적으로 알릴 수 없다. 그리고 선한 사마리아 사람이 보여준 친절함, 그리고 조국, 연인, 친구를 위해 목숨을 아끼지 않고 헌신하는 마음과 같은 심오한 인간적 가치를 배제하는 경향으로 흐를 수 있다. 또한 그것은 공정성의 원리를 파괴하고, 우리가 직관적으로 느끼는 이타적 행위에 대한 도덕적 요구를 무력화할 수 있다.

실제 윤리적 이기주의의 폐해가 가장 심한 사회 중의 하나가 우리 사회다. 일제강점기 때 반민족적인 범죄를 행한 자들과 그들의 후손의 영향력이 정부와 정치권, 언론 등 우리 사회 각 분야에 깊숙이 배어있는 것이 사실이다. 이승만 정권은 친일파 청산을 외면하고 권력을 쟁취하기 위해 오히려 심판의 대상인 그들은 적극 포용하고 말았다. 그 이후 군사정권들은 이승만의 노선에서 한 치도 변경되지 않았다. 1993년 김영삼 정부 초기 현 독립유

공자 가운데 친일 혐의자를 색출하려던 노력이 있었지만, 정관계언론계를 장악한 후손들에 의해 좌절되었고, 이명박 정부와 박근혜 정부에서는 오히려 매국적 행위를 정당화하는 역사학계의 노력이 탄력을 받고 있는 실정이다. 일제에 적극 협력하던 일본군 장교 출신의 딸 박근혜 정부의 탄생 이 자체가 우리의 역사적윤리적 현실을 극명하게 보여준다 하겠다. 소위 친일파의 후손들은 권력과 부를 소유하고 있다. 매국 행위로 얻은 땅에 대한 반환 소송에서도 승소한 경우도 심심찮게 보도된다. 이에 비해 민족을 위해 애쓴 분들의 후손은 여전히 대를 이어 가난에 허덕이고 있다.

한국의 윤리적 이기주의는 노골적인 비윤리적 행위를 통해 자신의 이익을 달성한 가장 성공적인 케이스가 될 것이다. 이로 인해 국가나 민족의 위기 상황에서 이기주의를 벗어나 공동체의 안녕을 위해 자신을 희생하고 헌신하는 윤리성을 무가치한 것으로 여기게 하며, 적어도 우리 사회에서는 노골적인 이기심에 기초한 윤리적 이기주의가 왜 부도덕한지를 말하기 힘든 상황이다.

다른 한편 윤리적 이기주의는 기독교적으로 수용될 수 있다. 특히 한국 기독교에 팽배해있는 기복주의적 신앙 양태에서 이러한 윤리적 태도를 읽을 수 있다. 자신을 위해 최대한의 유익을 추구하려는 모습은 피안의 세계에서의 영원한 복을 신앙적 확신으로 보장받을 뿐 아니라, 차안의 세계에서도 재물과 명예, 그리고 건강과 장수의 복을 획득하려는 신앙적 소망과 실천 속에서 극명하게 드러난다. 다른 한편, 외양상 이타적으로 여겨지지만, 내면적으로는 윤리적 이기주의를 복음적으로 추구하는 행위도 가능할 것이다. 죽고 나서 천당에 가기 위해 또는 역으로 지옥에 가지 않기 위해 악에 대한 선의 우위를 최대화하려고 노력할 수 있다. 이것은 자신의 목적을 위해 이타주의를 수단으로 사용하는 경우라 하겠다.[195]

---

[195] 어떤 윤리학자들은 우리가 참된 자기 사랑, 즉 만물에 대한 사랑과 갈등을 일으키지 않는 자기 사랑과 자아에만 한정된 사랑을 분별함으로써 이런 딜레마에서 벗어날 수 있다고 주장한다. Arthur

4.2.2 공리주의

공리주의(Utilitarianism) 역시 가장 잘 알려진 형태의 결과주의 윤리론이다. 공리란 유용함(功利)을 구한다는 의미이다.[196] 행복이 좋은 것이라면, 그 행복을 마땅히 극대화해야 하는 것이다. 그리고 행복의 극대화는 나의 행복을 극대화하는 관심만으로는 부족하다. 그래서 행복을 누리는 범위를 나의 이웃, 내가 사는 사회, 나의 국가, 전 인류를 포함하여 행복을 누릴 수 있는 모든 존재로 넓혀나가는 것이다. 극대화하는 선은 행복뿐 아니라, 이익, 결과 등이기도 하다. 공리주의에 따르면 행위와 관련된 사람 모두에게 가능한 한 최선의 결과를 산출하는 행위를 해야 하는 것이 의무이다. 윤리적 의무란 한 개인의 차원이 아닌 보편적인 차원에서 악에 대한 선의 우위를 최대화하도록 행위 하는 것이다. 즉 행동결과를 판단할 가치의 표준은 반드시 공평하고 보편적이어야 한다. 공리주의는 모든 인간 행위의 궁극적인 목적이 행복이라는 가정에 기초해 있다.

양적 공리주의_ '선하다'(good)를 '그 무엇이든 최대 다수의 최대 행복을 가져오는 것'(the greatest happiness of the greatest number)[197]으로 정의한다면 양적 공리주의라 할 수 있다. 어느 상황에서든 옳은 행위란 여러 가지 가능한 행위 과정의 결과들을 검토함으로써 판별될 수 있다고 믿는다. 가장 많은 사람에게 가장 큰 행복, 또는 적어도 행복에서 불행을 뺀 양의 최대치를 결과하리라 예견되는 것은 무엇이든 그 상황 안에서 옳은 행위다. 그런데 공

F. Holmes, *Ethics* (Illinois: InterVarsity Press, 1984), 35. Stanley Grenz, *The Moral Quest: Foundation of Christian Ethics*, 361에서 재인용.

[196] John Stuart Mill, *Utilitarianism* (Indianapolis: BobbsMerrill, 1971), ch. 2.

[197] '최대 다수의 최대 행복'은 정치가요 신학자였던 프리스틀리(J. Priestley)의 '정부론'에 담겨진 말로써 벤담이 윤리적 판단의 원리로 삼았다.

리주의의 바탕은 이익 극대화의 원칙이다. 이러한 이익 극대화의 원칙은 먼저 내가 나의 이익을 배려하는 방식이어야 한다. 공리주의의 원칙은 나를 포함하여 다른 사람들이 누리는 이익을 극대화하라는 원칙이다. 그렇다면 저마다 자기 이익을 자기가 추구해야 한다는 원칙이 공리주의이다. 그래서 사람들은 저마다 자기 이익을 극대화하는 것이 전체 이익의 극대화에 이르는 지름길이라 여긴다. 일반 행복의 극대화는 먼저 자기 행복의 극대화를 통해 달성될 수 있다는 것이다. 이런 점에서 자기 이익을 추구하는 이기주의가 공리주의 바탕임은 분명하다. 이기주의를 바탕으로 공리주의의 목표가 세워진다. 다시 말해, 공리주의의 목표는 일반 이익이지만, 그 목표 달성을 위한 수단은 이기주의다.

선의 극대화 원칙은 결국 자기 이익의 극대화 원칙이다. 벤담은 두 원칙에 입각해서 선을 쾌락으로, 악을 고통으로 여기는 쾌락주의를 내세웠다. 쾌락주의만큼 이익 극대화의 목표를 수월하게 달성하는 것이 없다고 확신한 것이다. 쾌락주의에 입각한 그의 쾌락 연산(pleasure calculus)은 선의 극대화라는 궁극적 목표의 수단이다. 그래서 '공리' '공리성' '효용' '효용가치'는 이익 극대화라는 목적의 '수단' 혹은 '수단 가치'를 의미한다.

선의 유일한 기준으로 제시한 쾌락/고통을 어떻게 비교할 수 있는가. 서로 비교하기 위해서는 쾌락/고통을 측정 할 수 있어야 할 것이다. 그래서 쾌락/고통을 측정하는 쾌락 연산의 일곱 가지 기준을 제시한 것이다.[198]

① 강도(intensity): 쾌락 중에서 더 강렬한 쾌락을 그렇지 못한 것보다 선호해야 한다.
② 지속성(duration): 쾌락 중에서 더 오래 지속하는 쾌락을 더 선호해야 한다.

---

[198] Jeremy Bentham, *Introduction to the Principles of Morals and Legislation* in *The Works of Jeremy Bentham*, 1, ed. John Bowring (New York: Russelll and Russell, 1962), ch. 5.

③ 확실성(certainty): 발생할 것이 확실한 쾌락을 확률이 확실치 못한 쾌락보다 더 선호해야 한다.
④ 근접성(nearness): 다른 조건이 같을 경우 시공간상 가까운 쾌락을 더 선호해야 한다.
⑤ 다산성(fecundity): 더 많은 쾌락을 가져올 쾌락, '더 많은 수확을 올릴 수 있는 쾌락'을 선호해야 한다.
⑥ 순수성(purity): 가능하면 고통을 수반하지 않을 순수한 쾌락을 선호해야 한다.
⑦ 크기(extents): 다른 조건이 같을 경우 타인에게 미칠 영향력이 더 큰 쾌락을 선호해야 한다.

그렇지만 이러한 쾌락의 측정도는 모든 쾌락에 다 적용할 수는 없다. 왜냐하면 한 가지 쾌락이 이러한 일곱 가지의 내용을 모두 가지고 있는 일이 극히 드물기 때문이며, 쾌락의 수용은 개별적인 것이기 때문이다. 가령 물질적 쾌락은 강도는 있지만 지속성과 순수성은 약한 것이며, 정신적 쾌락은 순수성과 지속성은 있지만 강도나 다산성 및 확실성은 약한 것이다. 그리고 어떤 쾌락이 다른 쾌락에 비해 더욱 강력하다고 말할 수 있을지는 모르지만 강도의 차이를 판정할 수 있는 기준은 없어 보인다. 자신이 쾌락의 감정의 강도는 어렴풋이 느낄 수 있다 할지라도 다른 사람의 느낌을 어떻게 판정할 수 있으며 그것을 어떻게 수치로 나타낼 수 있을까? 이러한 비교의 객관성 자체에 대해 의구심을 불러일으킨다. 어떻게 보면 벤담의 쾌락 연산은 도저히 이룰 수 없는 꿈이었다. 어느 누구도 이 쾌락을 저 쾌락보다 3배 더 강하다고 말하지 않는다. 와인과 소주를 마시면서 와인이 소주보다 4배 더 쾌락적이라고 말하지 않는다. 이 모든 것을 고려했을 때 이러한 쾌락의 측정은 매우 불명확한 양화에 기초한 발상이 아닐 수 없다.[199] 쾌락 계산법

---

[199] James Griffin, *WellBeing* (Oxford: Oxford University Press, 1986), 75-92.

은 '선의 극대화'라는 공리주의의 원칙에 부응하려는 열망이다. 그러나 이러한 열망은 쾌락과 고통을 감수하는 개인들의 차이를 무시하고 있음을 알 수 있다. 이른바 '양적 쾌락주의'는 개인이 느낄 수 있는 질적인 차이를 무화시킨 것이다. 따라서 양적 공리주의의 쾌락 계산법은 어떤 인간도 더 나을 것 없이 똑같은 한 사람으로 균질적으로 대해야 한다는 수학 정신의 발로이며, 또 다른 측면에서는 정치적인 민주주의 원리의 배경이 되기도 한다.

질적 공리주의_ 벤담의 후계자 밀(J. S. Mill)은 아무리 양적으로 많은 쾌락이라도 질적으로 우수한 쾌락보다 더 선호될 수 없다고 주장한다. 이른바 '질적인 쾌락주의'다. 밀에 의하면, 두 개의 쾌락이 있을 때, 어떤 것이 설령 상당한 불만족을 수반하리라는 것을 알면서도 그것을 선호하고 우리 본성이 다른 쾌락의 양에 현혹되어 그 문제의 쾌락을 포기하려 하지 않는다면, 질적으로 더 가치 있는 쾌락이라고 정당화할 수 있다는 것이다.[200] 이점에서 밀은 쾌락주의자로서의 진정성을 의심받는다. 왜냐하면 경험에서 오는 두 쾌락을 비교할 때 쾌락 이외의 다른 기준을 제시하기 때문이다.

물론 밀은 품위와 교양을 고상한 쾌락이라고 주장한다.[201] 공리주의에 따르면 행복이란 쾌락 아니면 고통 없음이다. 그리고 불행은 쾌락 없음 아니면 고통이다. 그렇지만 밀은 행복이 단순히 쾌락의 양의 증대가 아니라고 주장한다. 지성을 갖추고 교양을 지니며 감정과 양심을 가진 사람이라면 동물들이 누리는 쾌락을 마음껏 즐기게 해준다 해도 여전히 만족스러워하지 않을 것이기 때문이다.[202] 품위가 높은 사람에게는 품위가 행복 구성의 필수

---

[200] J. S. Mill, *Utilitarianism*, 27.

[201] 테일러(R. Taylor)는 이점에서 밀이 쾌락과 쾌락의 재료를 혼동하고 있다고 지적한다. 품위와 교양은 쾌락이 아니라 쾌락을 가져다주는 고상한 재료일 따름이라는 것이다. Richard Taylor, *Good and Evil* (New York: Prometheus, 1984), 93-94.

[202] J. S. Mill, *Utilitarianism*, 27.

요소이다. 따라서 품위를 손상하는 것은 결코 진정한 욕망의 대상이 못된다. "결국 만족스러운 돼지보다 불만족스러운 인간인 편이 더 낫다. 바보보다는 불만족스러운 소크라테스가 더 낫다. 바보나 돼지가 이와 다르게 생각한다면 그것은 그들이 한쪽 문제만 알고 있기 때문이다. 반면 바보나 돼지와 비교되는 다른 사람들은 두 측면을 모두 알고 있기 때문이다."[203] 저급한 쾌락에 빠져들기 쉬운 것은 높은 수준의 쾌락을 향유하지 못하기 때문인 것이다.

감성에 따라 쾌감이 고조된 흥분된 상태의 지속을 행복으로 삼을 수 없다. 고조된 쾌감은 짧은 순간 지속될 뿐이기 때문이다.[204] 그러나 교양 있는 사람은 "자신의 삶의 주변에서 흥미로운 일을 무궁무진하게 찾아낸다. 자연의 아름다움, 예술의 발전, 시인의 상상력, 역사에 남을 만한 사건, 사람이 과거와 현재를 거치면서 살아가는 길과 그 미래의 모습 등 수많은 일들이 그 사람의 관심을 끈다."[205] 아무리 하찮은 사람이라도 자기 이익만을 추구하는 독선적 이기주의자로 살아갈 수밖에 없는 것은 아니다. 올바르게 양육된 사람이라면 누구든지 의미있고 공공의 이익에 진지한 관심을 보이는 삶을 살 수 있다.[206]

그런데 밀에 따르면, 교양 있는 자는 자유가 보장되어야 한다. 인간은 고립된 개인으로서는 완전하지 못하다. 이런 결핍된 존재인 인간에게 필요한 것이 자유다. 개인이 발전해 나가기 위해서 필요한 것이 자유이며, 효용의 증대를 위해서 필요한 것도 자유다. 밀에 의하면, "효용은 진보하는 존재인 개인의 변치 않을 이익에 기반을 둔 가장 넓은 개념"[207]이다. 개인이 어떻

---

[203] Ibid., 29.
[204] Ibid., 35.
[205] Ibid., 36.
[206] Ibid., 37.
[207] J. S. Mill, *On Liberty*, 서병훈 역, 『자유론』(서울: 책세상, 2005), 115.

게 하면 행복할 수 있는지 가장 잘 아는 자는 바로 본인 자신이다. 개인에게 자유를 보장한다면 개인은 자신의 효용을 증대하는 방향으로 나아가며, 저마다 효용이 증대하는 사회 전체의 공리 증대로 이어진다. 그래서 자유가 보장되어야 한다는 것이다.

그래서 교양 있는 사람들이라면 저마다 스스로 보유한 자원을 활용하여 행복을 성취한다. 주변에서 항시 만나게 되는 고통스러운 현실(빈곤, 질병 등)들을 개인의 건전한 상식과 건실한 태도가 합쳐진 사회적 지혜를 발휘하여 예방하거나 해소할 수 있다는 낙관적인 사고를 갖는다.[208] 정작 밀에게 중요한 것은 빈곤이나 질병이 아니라 형편없는 처신, 무절제한 욕망, 그것에 기인한 불완전한 사회였다. 진정으로 인간에게 고통을 안겨다 주는 것은 바로 스스로 주의하고 노력하는 태도의 결여, 그리고 이로써 비롯한 무분별한 독선의 유혹이었던 것이다.

이렇게 놓고 보면, 밀이 말하는 이익, 공리, 효용의 실체가 드러난다. 이것은 일단 자기만의 이익을 추구하는 독선적 이기주의는 결코 아니다. 그러나 독선적 이기주의를 포기한다고 해서 자신의 희생을 감내하라는 의미(selfdenial) 역시 아니다. 자신의 희생으로 타인의 행복이 증대하는 것은 개인의 행복이라고 말할 수 없다. 희생의 감수는 그 자체로 가치있는 것이 아니며 행복의 총량을 증대시키지도 않기에 어쩌면 낭비일지도 모른다.[209] 올바른 행위와 그릇된 행위를 구별하는 기준은 무조건적으로 행복이다. 그런데 이 행복은 자신의 행복이 전제되어야 한다. 그리고 자신의 행복에 타인의 행복이 포함되는 것이다. 나의 행복을 먼저 소중히 여길 줄 아는 사람이 타인의 행복도 즐길 수 있다는 것이다.

그러나 밀의 공리주의는 '엘리트주의'라는 비판에 직면한다. 어떤 지식

---

[208] J. S. Mill, *Utilitarianism*, 38.

[209] Ibid., 37.

인이 자신의 특정한 선호 및 자신이 속한 계급적 이익과 가치를 정당화하는 방식일 수도 있기 때문이다.

공리주의의 난점_ 공리주의가 그 원칙에서는 매력적인 이론처럼 보이지만 이것을 실제로 적용할 경우 많은 문제에 직면한다. 첫째, 인류 전체의 이익을 도모하고자 하는 공리주의는 인류 전체 구성원들의 요구 내용을 먼저 알아야 한다. 그런데 불행하게도 인류 전체의 구성원이 과연 무엇을 요구하는지를 알 길이 없다. 기껏해야 전체 구성원으로 내가 무엇을 요구하는가를 알 수 있을 따름이다.

둘째, 공리주의는 가능한 결과들을 다루어야 한다. 하지만 특정한 행위의 결과들을 정확히 예측하기란 대개의 경우 불가능하거나 극히 어렵다. 어려움에 처한 친구에게 도움의 손길을 주는 것이 옳다고 생각하여 선행을 베풀었지만, 선행을 받은 친구는 자존심이 무척 강한 사람이기에 그런 선한 의지의 실천에 대해 불쾌감이나 모욕을 느낄 수도 있는 것이다. 이는 그 누구도 미래에 일어날 일을 장담하지 못한다는 데 문제가 있다. 미래의 결과를 정확히 예측할 수 있는 사람은 존재하지 않는다. 미래의 결과를 정확히 예측할 수 없는 만큼 최선의 결과를 가져올 의무 이행은 운이 좋으면 몰라도 현실에서는 불가능하다. 그렇다면 마땅히 해야 할 의무는 '최선의 결과를 가져다주는 행위'가 아니라 솔직히 '최선의 결과를 가져다줄 것이라고 믿는 행위'이여야 한다. 예상되는 결과가 충분히 알려지기 전에 결단하고 행위를 해야 할 경우가 허다하기 때문이다. 그리고 실제 결과는 행위가 끝난 이후에야 파악할 수 있는 것이다. 그래서 마땅히 해야 할 행위는 확률에 따라 최선의 결과를 가져다줄 행위이다. 행위의 순간 적절한 최선의 증거에 입각해서 최선의 결과를 가져다줄 것으로 보이는 현명한 행위가 마땅히 해야 하는 행위가 되는 것이다. 그렇지만 최선의 결과를 가져다줄 것이라고 생각하는 행위도 의무로서는 결코 만족스럽지 못하다. 사람은 온갖 괴상하고도 어리석은 일을 진지하게 생각하기도 하고, 무지한 상태에서 최선의 결과를 가져올 것이라 확신하기도 하다. 심지어 죽어가는 아이에게 병원 대신 기도원의 안수기도가 아이에게 최선의 결과를 가져다줄 것이라고 장담할 수 있을까? 이때, '최선의 결과를 가져올 것이라고 생각하는 행위'를 실제 '최선의 결과를 가져다줄 행위'라고 여기기 어렵다.

셋째, 공리주의에 대한 강한 반대는 이것이 통상 비도덕적이라 간주하는 많은 행위들을 정당화할 수 있다는 데 기인한다. 예컨대 오늘날도 이슬람을 신봉하는 어떤 국가에서 행해지고 있는 "눈에는 눈, 이에는 이"(lex talionis)라는 형벌원칙이 엄격하게 적용되어 다양한 범죄를 줄이는 데 직접적으로 효과가 있으며, 따라서 전체적으로 보아 쾌락을 낳는다는 주장이 입증될 수 있다면, 공리주의자는 그러한 형벌이 도덕적으로 옳다고 해야 할 것이다. 그러나 이러한 결론은 우리의 정의 감각에 맞지 않다. 사소한 것을 훔친 사람의 손을 범죄를 저질렀기 때문에 잘라버리는 것은, 그것이 사회전체에 가져다줄 이익과 관계없이 너무 비인간적인 원칙이 아닐 수 없다.

넷째, 행복이란 단순히 마음의 즐거운 상태라고 믿는 벤담과 같은 공리주의자들은 더한 반대에 부딪힌다. 극단적인 예이긴 하지만, 최대 다수의 행복(쾌락)을 위해 향정신성 마약을 대중들이 모르는 방식으로 퍼뜨린다면(설령 알았다 해도 상관없다. 대중들 다수가 강력히 그것을 원한다면), 공리주의의 원칙에 따른다고 할 때, 그런 사회를 도덕적으로 향상된 사회라고 할 수 있을 것이다. 그러나 우리에게 상식이 있다면, 이러한 판단이 결코 도덕적이라고 여기지 않을 것이다.

다섯째, 공리주의의 목표는 인류 전체 이익의 극대화이다. 그렇지만 인류 전체 이익의 극대화란 결국 인류 사회 구성원의 이익 극대화이기도 하다. 당연히 '나'는 인류 구성원의 하나이다. 그렇지만 문제는 사회 전체 이익의 증진이 곧 나의 이익 증진을 보장하느냐이다. 사회 전체 이익의 분배과정에서 나는 소외받는 처지로 전락할지도 모른다. 미래는 현재와는 달리 불확실한 미지의 세계이다. 그렇다면 사회 전체의 이익을 늘려서 나의 이익을 얻으려는 간접의 방법보다는 차라리 내가 나의 이익을 직접 추구하는 것이 훨씬 유리하지 않을까. 나의 이익을 제대로 늘릴 수 있는 사람은 바로 '나'가 아닌가.

규칙 공리주의_ 지금까지 논의된 것은 사실상 행위공리주의라고 부를 수 있다. 이러한 공리주의가 가진 많은 부적절한 결론들에 대한 반대를 우회하는 한 가지 길로서 규칙 공리주의(rule utilitarianism)[210]라는 수정된 이론이 있다. 이것은 행위공리주의의 가장 좋은 요소들과 의무론 윤리의 가장 좋은 요소들을 결합시키려는 시도이다. 규칙 공리주의는 행위의 결과들을 저마다 따로 평가하기 보다는 최대 다수의 최대 행복을 낳는 경향이 있는 행위 유형들에 대한 일반 규칙들을 채택한다. 이것에 의하면, 한 행위는 타당한 행위규칙에 일치하면 옳고 위반하면 그르다. 그리고 행위에 대한 규칙의 타당성을 결정하는 척도는 유용성이다.[211] 예컨대 A라는 사람은 완전범죄의 살인을 저지르고 처벌을 받지 않고, B라는 사람은 약간의 단서를 남겨 마침내 체포되어 처벌을 받는다고 가정해보자. 상식적으로 두 행위가 처벌의 여부에 관계없이 모두 그르다는 것을 인정할 것이다. 그러나 행위공리주의에 의하면 완전범죄의 경우 두 번째 행위만큼은 나쁘지 않아 보인다. 왜냐하면 첫 번째 행위가 두 번째 행위보다 더 적은 불행을 결과하기 때문이다. 물론 행위공리주의에 의하면 A라는 사람은 양심의 가책을 평생 받을 것이기 때문에 죗값을 치르는 것보다 더 나쁘다고 말할 수도 있을 것이다. 하

---

[210] R. B. Brandt가 처음으로 행위공리주의와 규칙공리주의를 구분하기 시작했다. 플레처(Joseph Fletcher)는 행위공리주의를 차라리 '상황윤리'(situation ethics)라고 부르자고 제안한다. 행위공리주의는 일종의 상황윤리라 할 수 있다는 것이다. 상황윤리란 일반적인 행위의 규칙을 반드시 따르기보다는 상황에 따라 도덕적 행위 방식을 적절하게 선택할 수 있는 윤리 체계를 말한다. William Frankena, *Ethics*, 황경식 역, 『윤리학』(서울: 종로서적, 1984), 64, 71.

[211] Ibid., 83.

지만 A라는 사람이 양심이 무딘 사람이라면 그것에 힘입어 제2, 제3의 범죄를 획책할 수도 있을 것이다. 바로 이점에서 행위공리주의는 반론과 재반론의 악순환에 허덕일 가능성이 높다. 그러나 규칙공리주의에 의하면 두 살인 행위는 똑같이 그르다. 이유는 행위의 규칙 즉 우리는 타인의 생명을 존중해야 한다는 규칙을 어기고 있기 때문이다. 개별적인 행위의 결과가 행위의 옳고 그름을 결정하지 않으므로 그 범죄는 어떤 경우라도 그르다고 판별될 수 있는 것이다.

공리주의에 던져지는 가장 큰 물음은 '현명한 행위가 도대체 무엇인가' 하는 것이다. 공리주의자에게는 어떤 행위가 최선의 결과를 가져다줄 것인가를 숙고하는 사려 깊음이 무엇보다 중요하다. 공리주의자 무어(G. E. Moore)는 규칙 준수의 문제에 대해 매우 사려 깊은 접근을 시도하고 있다. 지금 당장 최선의 결과를 주지 않더라도 도덕 규칙의 준수는 대개 최선의 결과를 가져다준다는 것이다. 왜냐하면 도덕규칙은 역사의 검증을 거친 규칙이기 때문이다. 도덕규칙을 무시한다면 인류가 지금까지 축적해온 경험을 무시하거나 거부하는 셈인 것이다.[212] 무어는 규칙을 준수해야 하는 이유를 다음 네 가지로 제시한다. 이것은 공리주의가 사려 깊음을 미덕으로 삼는다는 예로 이해할 수 있다.

첫째, 내가 처한 상황이 규칙을 적용하기 어려운 예외상황이라고 말할 수 있을 만큼 나는 모든 결과를 충분히 알지 못한다. 거의 대부분의 경우 규칙을 지키는 편이 그렇지 않은 편에 비해 효과를 지닌다. 그렇다면 어떤 특별한 경우 그 규칙을 어기는 것이 잘못될 확률은 무척 높다. 개별 판단의 결과와 그 불확실성의 정도는 매우 높은 만큼 나의 판단이 일반판단을 뒤집을 수 있는지 무척 의심스럽다.[213]

---

212 John Hospers, *Human conduct: problems of ethics*, 230.

213 George Edward Moore, *Principia Ethica* (Cambridge: Cambridge Univ. Press, 1903), http://fair-use.org/g-e-moore/principia-ethica. ch. 5. §90-§109 참조. (2025. 4. 4. 검색)

둘째, 나는 규칙을 어겨서라도 어떤 결과를 얻기를 강렬히 바랄 정도로 편벽되기 쉽다. 한마디로 나는 나의 선택을 합리화하기 쉽다. 규칙을 어기기를 원한다는 사실로 말미암아 내가 하길 원하는 행위를 정당화하는 방식으로 행위 결과를 조작하기 쉽다. 무어는 지적한다. "규칙이 지켜지지 않아야 할 경우가 있다는 것을 확신할 수 있어도 우리는 그것이 어떤 경우인가를 결코 알지 못하며 따라서 규칙을 어기지 말아야 한다."[214]

셋째, 설령 현재 상황이 규칙 위반을 정당화하는 상황임이 분명하더라도, 또 내가 매우 공정하여 나의 이익에만 기울어지지 않아도, 규칙위반은 다른 사람들에게 규칙위반의 사례가 되기도 한다. 나의 규칙위반이 설령 올바르더라도 다른 사람의 잘못된 규칙위반 행위에 영향을 미칠 수 있다. 정당한 규칙위반임에도 규칙위반의 본보기로서 부당한 규칙위반을 조장하기 쉽다.[215]

넷째, 규칙위반의 예외를 만드는 것은 다른 사람들에게 본보기일뿐 아니라 앞으로 나의 행위의 선례이기도 하다. 설령 규칙위반이 정당하더라도, 그것은 규칙위반의 습관을 강화하여 정당한 규칙마저 위반하고 싶게 만든다. 따라서 무어는 결론을 내린다. "누구든지 지성과 감성을 명석하게 유지하기란 불가능하다. 설령 가능하더라도 일단 그른 행위를 승인하면 처음으로 그것이 정당했던 상황과는 다른 상황에서도 똑같이 그른 행위를 승인하기 쉽다."[216]

공리주의는 사려 깊음의 미덕을 인간을 넘어 동물에게까지 확대한다. 인간 이외의 동물들이 겪을 고통을 세계 전체의 이익에서 배제할 이유가 없다는 것이다. 실상 인간들은 다른 동물들에게 불필요한 고통을 가하고 있다.

---

[214] Ibid., §91.
[215] Ibid., §98.
[216] Ibid., §109.

가축 도살장과 대량 사육장의 열악한 조건을 보면 금방 알 수 있다.[217]

4.3 메타윤리

사실 우리가 가치평가를 내릴 때, 우리는 사실판단과는 다른 방식으로 어떤 것을 평가한다. 이것을 '사실가치의 문제'라고 부른다. 사실가치의 문제는 가치가 사실과 본질적으로 다른지, 도덕적 평가가 사실로부터 도출되는지, 도덕적 평가가 사실판단과 마찬가지로 참/거짓을 판명할 수 있는지를 결정하는 문제다. 바로 사실가치 문제를 제기하는데 사용되는 방법을 통상 메타윤리(metaethic)라고 명명한다. 즉 윤리적 명제를 분석함에 있어서 그 명제의 실천적 내용과 규범성 그리고 지시적 내용에 관심을 두는 것이 아니라 그 명제의 개념적 명석(clearness)과 그 개념의 검증 가능성에 관심한다. 메타윤리는 과거의 윤리학을 분석하고 비판하여 그들의 허구적 개념을 제거하고 사실판단으로 검증가능하며 정당화할 수 있는 개념만을 문제 삼으려 한 것이다. 그리하여 기존의 윤리학이 명제로서 성립하느냐의 여부를 비판적으로 검토한다.

메타윤리는 크게 보아 도덕적인 영역에서 과학적 인식의 가능성을 인정하는 인지적 윤리학과 그 가능성을 부인하는 비인지적 윤리학으로 대별될 수 있다. 이것은 '사실적 발화'와 '사실과 무관한 발화'를 구별하기 위해 도입된 용어다. 어떤 진술이 사실적 내용을 가질 때, 그것을 인지적이라 한다. 말하자면 우리는 그것의 진리치(그것의 참/거짓)를 알 수 있다는 것을 말한다. 그리고 어떤 진술이 사실적 내용을 결여할 때, 그것은 비인지적이다. 즉 그것은 진리치를 가지지 않는 것이다. 물론 전통적인 윤리이론들은 모두 인

---

[217] J. Hospers, *Human conduct: problems of ethics*, 236.

지주의에 해당한다. 도덕적 진술들은 진리치를 지니고 있기 때문이다.

여기서는 메타윤리를 다음의 네 가지 입장을 통해 설명하고자 한다. 인지적 윤리학이라 할 수 있는 자연주의적 윤리학(naturalistic ethics)과 직관론적 윤리학(intuitional ethics), 비인지적 윤리학(noncognitive ethics)이라 할 수 있는 이모티비즘 윤리학과 일상 언어학파의 윤리학(ethics of ordinary linguistic school)이 그것이다. 비인지주의 윤리학은 윤리적 명제나 판단이 다른 사람에게 어떤 감정을 자극하는 구실을 할 따름이지 어떤 객관적 사실을 나타내는 것이 아니라고 보는 입장이다. 그러므로 윤리적 명제들은 인식되는 것이 아니고 다만 감정의 유발에 불과한 것이므로 이모티비즘(emotivism)이라고 한다. 일상 언어학파 윤리학은 평소에 사용하는 일상언어를 분석하여 윤리적 판단이나 명제의 독특한 이론을 탐구함으로써 학문으로서의 윤리학을 정립하려고 했다.

4.3.1 자연주의 윤리학

자연주의 윤리학은 가치가 무엇을 의미하는가를 밝힘에 있어서 이 가치가 자연적인 성질을 갖는다고 주장하는 윤리이론이다. 도덕판단은 발화자 또는 행위자가 속한 공동체의 정서적인 상황과 감정들을 기술하고 있다는 주장이다. 도덕판단이 실제 '존재하는'(is) 것, 즉 사물의 존재방식과 연관되어 있기에, 도덕판단은 도덕 외적 진술, 즉 사실적인 주장으로 번역될 수 있다는 것이다.[218] 쉽게 말해, 자연주의의 기본적인 주장은 도덕판단이 자연의 세계에서 일어나는 어떤 것에 대한 진술이라는 것이다. 이와 관련해서 20세기 초반에 등장했던 미국 철학자들은 '어떻게 가치가 이익과 욕구에서

---

[218] Henry Sidgwick, *Outlines of th History of Ethics* (Boston: Beacon, 1960), 78.

생겨날 수 있는가?'라는 문제를 집중적으로 탐구했다.[219]

자연주의는 도덕판단을 진화론적인 이익과 손실, 즉 인간의 생존에 도움이 되는가 아니면 그것을 위협하는가와 연관해 논해지기도 한다.[220] 진화론적 윤리는 다윈의 진화론에서 자연선택설을 원용한다. 생존 경쟁에서 어떤 종은 살아남지만 어떤 종은 도태한다. 이런 사고에서 자연 도태는 결정적인 역할을 하며, 이 도태에서 어떤 종의 구조는 생명력이 왕성한 것으로 드러나지만 다른 종은 몰락한다. 이것이 시사하는 바는 진화라는 개념을 진보와 동일시하며, 진화를 앞서 있는 조야한 상태에서 보다 가치 있고, 높으며, 선한 상태로 발전하는 개념으로 간주하는 것이다. "진화론적 윤리"는 "진보"에 관해서 생물학적인 동시에 가치있는 언어로 말하고자 하며, 살아남는 최고의 능력을 갖춘 생물이 가장 "선한 것"으로 간주한다. 그것이 인간이다. 그리고 인간이라는 종 안에서도 과학기술적인 문명의 진보를 근거로 다른 인종보다 자신이 더 선하다고 주장할 수 있다. 자연주의적 추리에 의해 진보된 인종은 낙후된 인종보다 도덕적으로 선하다는 판단을 할 수 있게 되는 것이다.[221]

자연주의 사유의 또 다른 형식으로 쾌락주의를 언급할 수 있다. 자연적 상황은 우리가 기뻐하는 사물과 우리가 불쾌해 하는 사물을 구별하는 일을 시사해준다. 예를 들어 어떤 쾌적한 성격을 야기하는 사태를 도덕적인 선으로 간주하게 되는 것이다. 이것은 우리의 자연적 관심 상황의 연장이다. 예를 들어 공리주의는 자신을 위해 고통을 최소화하고 쾌락을 극대화하게 된 상태를 행복이라 할 수 있다. 행복이 우리의 절대적인 목적으로 추구된다는 사실은 행복이 우리의 '선'이라는 사실을 증명한다고 여기는 것이다. 우리가 실제로 행복을 획득하고자 노력한다는 사실이 공리주의에서는 우리가 행복

---

219 Ralph Barton Perry, *General Theory of Value* (Cambridge: Harvard University Press, 1926) 참조.
220 E. Sober, ed., *Conceptual Issues in Evolutionary Biology* (Cambridge: MIT Press, 1993) 참조.
221 G. E. Moore, *Principia Ethica*, cha II §30, §31 스펜서의 진화론적 윤리에 대한 무어의 비판 참조.

을 획득하려고 노력해야 마땅하다는 명제를 성립시키는 것이다.

그러나 이러한 자연주의적 논증은 멀리는 흄, 가까이는 무어에 의해 존재와 당위의 혼동이라는 소위 '자연주의적 오류'라는 비판에 직면하게 된다.

4.3.2 윤리적 직관주의

사실가치의 문제제기는 감정주의 윤리를 다룰 때 이미 언급했듯이 흄에 의해서 이루어졌다. 그는 당시의 도덕에 대한 표준적인 견해들을 연구하면서 그것들이 모두 근본적인 오류를 범하고 있다는 것을 깨달았다. 특히, 이 이론들은 세계에 관한 특정한 사실들을 관찰하는 데서 시작한 다음, 이 사실들에서 우리의 도덕적 의무에 관한 진술들을 결론으로 도출했다는 사실을 발견하게 되었다. 그 이론들은 존재(무엇이 어떠하다)에 관한 진술에서 당위(무엇이 어떠해야 하는가)에 관한 진술로 바로 이행했다는 것이다. 이것이 존재에서 당위를 도출하는 오류라고 불리는 것이다.

> 내가 관찰한 바로, 지금까지 접한 모든 도덕 체계에서 저자들은 한동안 일상적 추론을 진행하고, 신의 존재를 입증하거나 또는 인간사에 관해 관찰하면서, 놀랍게도 갑자기 명제들을 명제의 일반적 계사인 '이다'와 '아니다' 대신에 '해야 한다' 또는 '해서는 안 된다'로 연결한다. 나는 그렇지 않은 명제를 보지 못했다.[222]

흄에 의하면, 우리는 이 오류를 일상적인 도덕이론뿐만 아니라 정교한 도덕이론에서도 발견할 수 있다. 일상적인 도덕의 예는 다음과 같은 것이 있다. "신은 존재한다. 그러므로 우리는 신의 도덕적 명령에 복종해야 한다."

---

[222] David Hume, *A Treatise of Human Nature* (New York: E. P. Dutton & Co. Inc, 1956), 335.

"신이 우리를 사후에 처벌하고 보상할 것이다. 그러므로 우리는 도덕적으로 행위해야 한다." "인간은 사회적 존재다. 그러므로 우리는 도덕적으로 행위해야 한다." "규칙이 없다면 사회는 혼돈에 빠질 것이다. 그러므로 우리는 도덕적으로 행위해야 한다." 다음은 두 가지 정교한 도덕이론의 예이다. "이성을 통해서 우리는 적절한 행위에 대한 영원한 진리를 발견할 수 있다. 그러므로 우리는 이성의 지시에 따라 도덕적으로 행위해야 한다." "우리는 부적절한 행위를 탐지하는 일종의 육감을 지니고 있다. 그러므로 우리는 육감의 지시에 따라 도덕적으로 행위해야 한다."

이 모든 것들이 지니고 있는 문제는 각 진술의 서두에 있는 사실과 당위가 필연적으로 관계된 것이 아니라, 각 진술의 말미에 도덕적 요소로 이행하는 것과 관련이 있다. '존재'(is)에 포함되어 있지 않은 새로운 것, 즉 '당위'(ought)가 부과되는 것이다. 따라서 흄에 의하면 어떤 유형의 이성적 추론이나 사실적 추론을 통해서도 '존재'로부터 '당위'를 도출될 수 없다. 그 오류는 도덕판단이 수학이나 논리학이나 과학에서 사용되는 것과 같은 종류의 합리적 연역이라는 가정에 있다. 존재당위 문제에 대한 흄의 해결책은, 도덕적 평가는 전혀 합리적 추론이 아니라는 것이다. 오히려 도덕적 평가는 정서적 반응으로, 우리가 경험하는 쾌락과 고통의 감정이다. 예컨대 잔인한 폭력 사태와 같은 구체적인 '사실'을 목격한다고 가정하자. 그럴 경우 우리는 그것이 그르다고 합리적으로 추론하지 않는다. 대신 그것이 잘못되었다고 느낀다. 말하자면 새로운 도덕적 요소를 도입하는 것은 감정인 것이다.

흄의 이론은 현대 도덕이론에 두 가지 방식으로 강한 영향을 주었다. 첫째, 존재에서 당위를 도출하는 오류는 우리가 합리적 관찰과 추론을 통해서 아는 사실과 우리에게 다른 방식으로 다가오는 가치 사이의 중요한 차이를 조명해준다. 이것이 우리가 오늘날 논의하는 사실가치문제에 놓인 근본적 생각이다. 둘째, 도덕적 평가는 감정이지 합리적 판단이 아니라는 흄의 이론은 도덕적 발화를 감정표현과 동일시하는데 영감을 주었다. 이를 윤리학에서는 이모티비즘이라 부른다. 이모티비즘의 윤리적 주장에 대해서는 다음 절에서 다룰 것이다.

무어(G. E. Moore)는 20세기 도덕철학을 지배했던 윤리적 용어의 의미와 사실가치의 관계에 관한 연구의 문을 열었다. 무어는 철학자들이 일차적으로 윤리학의 영역을 분명하게 정의하지 못하고 그들이 묻고 대답할 수 있는 물음의 종류를 제한하지 못함으로써 윤리적 문제들에 관한 혼란에 빠졌다고 선언한다. 윤리학은 도덕적으로 선한 행위에 관한 의사 결정 절차에 도달하는 실질적 과제와 분명히 관련돼 있다. 그러나 무어에 따르면, 이것을 하기 전에 우리는 '선'이라는 용어 자체의 의미를 발견할 필요가 있다는 것이다.

철학자들은 과거에도 '선'개념의 의미를 이해할 필요성에 대해 인지했다. 그들은 선을 다양한 방식으로 정의하고자 했다. 공리주의자들은 선을 쾌락과 동일시했으며, 칸트는 선을 인격의 이성적 의지와 동일시했다. 진화론자들은 선을 "좀 더 진화되어가는"을 의미하는 것으로 이해했다. 그러나 무어에 따르면, '선'이라는 개념은 정의 불가능하다는 기본적인 이유 때문에, 이 모든 이론은 잘못된 것이다. 실제로 무어는 '선'을 '선한 것'[223]이나 '쾌락' 또는 "좀 더 진화되어가는"과 같은 구체적인 자연적 속성과 동일시하는 것은 오류라고 주장한다. 그는 이러한 오류를 "자연주의적 오류"(naturalistic fallacy)라고 명명했다.

'선'이 정의 불가능한 이유는 그것이 단순 속성 즉, 부분을 가지지 않기 때문에 구성요소에 의해서 정의될 수 없는 속성이기 때문이다.[224] 예를 들어, 노란색은 단순 관념이다. 그래서 우리는 노란색이 무엇인지 모르는 사람

---

[223] 무어는 '선한 것'(the good)은 정의할 수 있는 것이라고 본다. 선한 것은 '선한'이라는 형용사가 붙은 구체적인 대상물이다. 예를 들어, 집 혹은 교육, 선행 같은 것은 '선한 것'들이라고 할 수 있다는 것이다. G. E. Moore, *Principia Ethica*, cha1 §10.

[224] Ibid.

에게는 노란색에 대해 설명할 수 없다. 단순 관념은 궁극적인 본질이기 때문에 그것을 경험해보았고 또 생각할 수 있는 사람들에 의해서만 사고되고 지각된다. 이와 대조적으로 '말'과 같은 복합개념(복합적인 대상물)은 구성 요소들에 의해 정의될 수 있다. "말은 발굽의 발가락 수가 홀수인 큰 포유동물이다"라고 정의내릴 수 있는 것이다. 그러나 '선'은 단순개념인 '노랑'과 유사하다. 우리는 도덕적 선을 보면 직관적으로 그것을 인식할 수 있다. 그러나 도덕적 선은 철저하게 정의를 거부한다.

무어는 어떤 도덕이론이 자연주의적 오류를 범하는지를 알아볼 수 있는 한 가지 검사를 제안한다. 그 검사는 "열린 물음 논증"(open question argument)이라 불린다.

> 전제 1: (자연주의자에 따르면) 만일 "X가 선하다"고 정의한다면, "X가 선한 것이 사실인가?"라는 물음은 무의미하다.
> 전제 2: "X가 선한 것이 사실인가?"라는 물음은 무의미하지 않다.(즉 그것은 열린 물음이다. 왜냐하면 "X가 선하지 않다"라고 가정해도 자기모순에 빠지지 않기 때문이다)
> 결론: "X가 선하다"는 정의는 거짓이다.("X가 선하다"는 전제1의 정의를 전제로 "X는 선하지 않다"는 명제에 대입하면 동어반복인데도 동어반복이 아니라는 결론을 얻었으므로 모순이 되기에)[225]

그러므로 "선하다"와 같은 술어(가치어)는 자연적인 술어(비가치어)로 환원하여 정의할 수 없다는 것이다. 말하자면 우리가 '선'과 동일시하는 어떤 속성에 대해서 "그 속성은 정말로 선한가?"라고 물을 수 있다는 것이다. 예를 들어, 만약 내가 "선"을 쾌락을 극대화하는 것과 동일시한다면, "쾌락을

---

[225] Ibid., cha1 §13.

극대화하는 것은 정말로 선한가?"라 물을 수 있다. 이 물음은 쾌락을 극대화하는 것과 '선'은 동일한 것이 아니라는 것을 의미한다. 이 문제는 우리가 처음부터 선이 단순하고 정의 불가능한 성질이라는 사실을 수용하지 않고 '선'을 자연적 속성("쾌락을 극대화하는 것"과 같은)과 동일시하려고 한 데서 시작된 것이다.[226] 무어의 자연주의적 오류는 또 다른 방식으로 사실가치문제를 명료화하는 것이다. 무어에 의하면, 선의 가치는 "쾌락을 극대화하는 것"과 "좀 더 진화되어가는"과 같은 사실과 동일시될 수 없다는 것이다.

사실가치문제에 대한 무어 자신의 해결책은 우리가 사실들(쾌락을 극대화하는 것) 안에 있는 가치의 출현을 직관적으로 인식할 수 있다는 것이다(인지주의 윤리). 그러므로 자선은 실제로 쾌락을 극대화할 수도 있다. 그때 우리는 자선에서 직관적으로 선을 인식할 수 있다. 그러나 선이 쾌락의 극대화를 수반한다는 것을 인정하는 것과 선을 쾌락의 극대화와 동일시하는 것은 별개의 것이다. 얼마나 많은 것들이 도덕적 선을 수반하는지를 우리가 직관적으로 인식하는 것과 무관하게 우리가 조사하는 사실과 우리가 그 사실에서 발견하는 가치 사이에는 언제나 간극이 있다.

직관론적 윤리학은 비자연주의 윤리학으로서 가치는 직관적으로 인식되는 것이며 가치는 객관적 실재성을 갖는다고 본다. 즉 가치는 자명하다는 것이다. 예컨대 자식이 부모에게 효도하는 것은 자명한 것이며, 법 앞에서 만인이 평등하다는 것은 자명한 것이라는 주장이다. 직관이 중요한 이유는 도덕적인 난관에 봉착했을 경우 대부분 생각할 시간적 여유가 없으며 경우에 따라서는 생각하는 것이 위험을 초래하기도 한다는 사실에 있다.

그러나 직관론의 자명성은 여러 가지 비판에 직면하고 있다. 첫째로 A에게는 자명한 가치가 B에게는 조금도 자명하게 느껴지지 않을 수 있으며,

---

[226] 무어는 옳은 행위는 가장 선한 결과를 산출하는 것이라는 공리주의 노선을 따른다. 하지만 '쾌락이 유일한 선'이라 여기는 쾌락적 공리주의와 구분하기 위해 그의 공리주의를 선적 공리주의로 부르기도 한다. 이석호, 『근세현대 서양윤리사상사』(서울: 철학과현실사, 2010), 368.

심지어 과거에는 의심할 여지 없이 의무로서 존중되던 도덕이 오늘날에는 폐기되어야 할 봉건적 유물로 배척받기도 하는 것이다.[227] 둘째로 직관론자가 주장하는 자명한 원리가 오직 하나일 경우에는, 그 일원론적 원리는 자연히 추상적·형식적인 규범에 불과하며, 현실적인 문제상황에서 구체적인 행동지침의 구실을 하기 어렵다. 다른 한편 자명한 원리의 수가 둘 이상의 경우에는 그 원리들이 명령하는 의무가 서로 충돌함으로 말미암아 도덕체계의 자기모순을 드러내는 수가 있다. 또한 어떤 도덕의 원리를 타당한 것으로서 지지는 하면서도, 그 원리가 선천적으로 또는 객관적으로 자명한 원리라고는 느끼지 않는 사람들이 있다. 어떠한 도덕의 원리도 객관적으로 주어진 절대적 규범이라는 의미로 자명한 것은 없다고 여기는 것이다.

이러한 점에서 서로 다른 사람들이 지닌 각양각색의 상호 대립된 직관을 두고 그중 어느 직관이 가장 훌륭한 직관인지를 판단, 분별할 수 있는 비판적 윤리적 사고가 요구되는 것이다.

4.3.3 이모티비즘

20세기에 들어 유행처럼 번진 윤리학의 자기부정현상으로 말미암아 적어도 규범윤리학은 재기불능 상태에 빠진 듯 보였다. 평가 발언의 논리적 성격이 서술적 명제의 논리적 성격과 다르고, 사실로는 당위를 추리할 수 없다는 논지가 카르납(Carnap), 에이어(A. J. Ayre) 등과 같은 분석철학자들에 의해 더욱 정교하게 전개되었다. 이들의 명석하고 치밀한 논리를 엎는다는 것은 불가능하리라는 인상을 주었다. 앞에서 살펴본 자연주의 윤리나 직관

---

[227] 장발이 단발보다 나쁘다고 보는 직관을 지니도록 교육을 받아왔다면? 여성은 조신해야지 행동적이어서는 안 된다고 보는 직관을 지니도록 교육받아 왔다면? 이같은 직관론적 윤리는 자신이 지닌 직관이 진실로 훌륭한 직관인지를 어떻게 보증받을 것인가 하는 근본적인 물음에 직면하게 된다.

론적 윤리처럼 윤리학적 회의를 물리치려고 했던 노력이 없었던 것은 아니나, 논리적 치밀성에 있어 분석철학자들의 결론을 뒤엎을 만큼 치밀하고 강력하지는 못했다.

　기존의 형이상학적 윤리학 및 가치론이 독자적인 학문의 영역에서 밀려나게 된 것은 논리실증주의(logical positivism)[228]에 기인한 바가 크다. 왜냐하면 윤리적 명제들인 "거짓말을 하지 말라" 든가 "도둑질하는 것은 악이다" 등의 명제는 어떤 사실을 알려 주는 것이 아니고 말하는 사람의 감정을 표현하는 것에 불과하기 때문이다. 논리실증주의에서 문장의 의미는 그것의 검증방법에서 발견된다고 믿었다. 그 검증에 따르면, 모든 유의미한 문장은 다음 둘 중의 하나여야만 한다. (a) 동어반복(정의에 의해 참인 진술과 "A는 A이다"라는 형식의 진술 또는 그와 같은 진술과 환원 가능한 진술) 이거나 아니면 (b) 경험적으로 검증 가능한 것("그 장미는 붉다"와 같이 세계의 관찰에 관한 진술)이 그것이다.

　이러한 검증을 통해서 보면, "모든 삼각형은 세 변을 갖는다"와 같은 수학적 진술이나 "미인은 이쁘다"와 같은 분석명제는 유의미하다. 왜냐하면 그것은 논리적으로 동어반복이기에 굳이 경험에 호소하지 않더라도 참임을 직관적으로 확인할 수 있기 때문이다. "남대문은 서울에 있다"는 진술은 경험적으로 검증 가능한 종합명제이기에 유의미하다. 하지만 "효도는 선하다"나 "신은 사랑이다"와 같은 가치 진술이나 신학적 진술은 논리적으로나 경험적으로 검증 가능한 진술도 아니기 때문에 무의미한 것이 된다. 그래서 윤리적 명제는 감정을 표현하는 기호에 불과하다는 급진적인 주장을 하는

---

[228] 빈 서클을 중심으로한 논리 실증주의는 모든 철학적 명제를 논리적으로 분석하여 그 명제의 의미를 명료하게 하는 것에 철학적 탐구의 근거를 두었다. 그들은 먼저 형이상학적 명제의 애매성을 지적하고, 그들의 명제들이 진위를 가릴 수 없는 무의미한 사이비 명제라고 주장한다. 논리 실증주의자들은 분석판단에 의한 지식은 확실한 것이지만, 사실에 관해서는 아무 것도 언명할 수 없다는 사상에서 출발하여 경험적 판단에 의한, 즉 검증할 수 있는 사실적 지식을 얻으려고 하는 과학적 방법을 철학적 연구대상으로 삼은 것이다. 그리하여 철학적 의무는 어떤 사실에 대한 적극적 지식을 얻으려고 하는 것이 아니라 우리의 일상 언어에 깃들어 있는 애매성을 제거하고 그러한 명제의 검증성을 분석하여 명제의 정당화를 위한 작업에 철학적 의무를 두었던 것이다.

것이다.

카르납은 윤리적 명제를 서술적 언명(descriptive statement)과 규범적 언명(normative statement)으로 나눈다. 전자는 "법을 어기는 자는 나쁘다"나 "도둑질한 자는 양심의 가책을 받는다"와 같은 명제들인데 이런 명제들은 사회학과 심리학에서 다룰 문제이고 사실은 감정의 전달에 불과한 것이라고 한다. 그런데 후자의 명제는 "거짓말을 하지 말라"나 "인격은 수단으로 대하지 말고 목적으로 대하라" 등인데, 이들 명제는 윤리적인 언명이라고 할 수 있을지 모르나 실은 사실을 전달하는 명제가 아니므로 그 진위를 밝힐 수 없는 무의미한 발언에 불과한 것이 된다.

에이어 역시 『언어, 진리 그리고 논리』(Language, Truth and Logic) 6장에서 모든 윤리적 언명은 사실상 무의미하다고 주장한다.[229] 문장이 분석의 대상이 되려면 의미 있는 문장이어야 하는데, 의미 있는 문장이 되려면, 첫째 그 문장이 사용한 언사(term)의 정의에 대해 진위를 가릴 수 있는 비사실적 논리적 언명(nonfactual logical statement)이거나, 아니면 경험적 관찰을 통해서 그 진위를 확률적으로 밝힐 수 있는 사실적 언명(factual statement)을 가져야 한다는 것이다. 그러나 윤리적 언명들은 이러한 바에 대해 어디에도 해당되지 않는다. 오히려 윤리적 언명이 표현하고 있는 바는 화자의 감정이다.[230] 도덕판단은 언어로서는 전혀 의미가 없고, 다만 투덜거림, 한숨지음, 또는 웃음과 같은 감정의 표현들에 지나지 않는다. 그러므로 "살인하지 말라" 또는 "진실을 말해야 한다"고 할 때, 화자는 자신이 살인이나 진실을 말하는 것에 대해 느끼는 감정을 표현하고 있을 따름이다. 화자가 말하는 바는 어떠한 객관적 사실도 전달해주는 바가 없기에 참이라고도 거짓이라고도 말할 수 없으며, 고로 그러한 윤리적 언명은 의미가 없는 것이다. 그것은 살인에 대

---

229 Alfred J. Ayre, *Language, Truth and Logic* (New York: Dover, 1952), 6장 참고.
230 도덕적 발화가 단지 감정의 표현이라는 사고는 흄의 입장에 확고히 서있는 것이라 할 수 있겠다.

해 '우!'하고 야유하고, 진실 말하기에 대해서는 '와!'라고 환호하는 식의 외침과 다를 바 없다.

스티븐슨(Charles L. Stevenson)은 이모티비즘의 입장을 취하면서도 카르납이나 에이어의 입장을 완화시켜 이른바 절충적 이모티비즘의 입장을 취한다. 스티븐슨은 윤리적 언어의 의미를 분석하는 데서 출발하는데, 우선적으로 심리적 의미의 뜻(the psychological sense of meaning)을 규명하는 것으로 시작한다. 그에 따르면 "심리학적인 뜻의 의미는 주어진 언어에 대해 그 사용이 보여주는 반응을 총칭한 것이다."[231] 환언하면 어떤 말에는 그 말이 지니는 의미가 아무리 받아들이는 주관에 따라 다르더라도 그 말이 지니는 항구적인 의미가 있으며 이러한 의미가 바로 심리적인 의미를 형성한다고 한다. 즉 사람에 따라서 약간의 다른 의미를 갖고 있기는 하지만 윤리적 명제가 지니는 근본적인 의미는 모든 사람에게 공감을 주는 심리적 의미를 형성한다는 것이다. 스티븐슨은 이러한 의미를 경향적 특성(dispositional property)[232] 이라고 했는데 모든 윤리적 명제에 이러한 경향적 특성이 있다는 것이다.

어떤 발언으로 유발된 윤리적 명제의 심리적 반응 중에서 정서적인 측면이 정의적(情意的: emotional) 의미이며, 인식적(cognitive) 측면이 서술적(descriptive) 의미이다. "다른 사람에게 사기를 치는 것은 나쁜 행위이다"는 명제에서 화자와 청자의 감정을 자극하는 것이 정의적인 의미에 해당되며, 그 명제가 지니고 있는 잠재적인 사실의 언급이 서술적인 것이다. 스티븐슨은 언어의 이러한 두 가지 용법에서 윤리적 의견의 일치/불일치를 구별하고 있다. 그런데 의견의 불일치에는 두 가지 종류가 있는바, 하나는 소견의 불일치(disagreement in belief)이며 다른 하나는 태도의 불일치(disagreement in attitude)이다. 환언하면 전자는 과학적 지식 혹은 사실문제에 대한 의견의 불

---

[231] Charles Lesley Stevenson, *Ethics and Language* (Conn.: Yale University Press, 1944), 42.
[232] Ibid., 139.

일치이고, 후자는 평가적 태도로 반대의견을 말하는 것이다. 소견의 불일치는 사실에 대한 확인을 통해 해소할 수 있다. 그러나 태도의 불일치를 해결할 수 있는 유일한 방법은 심리적 수단을 활용하는 수밖에 없다는 것이다. "사람은 누구에게나 동정심을 베풀어야 한다"는 명제에 대해 사람들의 평가적 태도는 다르게 나타날 것이다. 즉 동정심은 항상 좋은 것만이 아니라 거지근성을 심어주는 계기가 된다는 의미에서 태도의 불일치를 보일 수 있다.

따라서 스티븐슨은 윤리적 의견의 일치/불일치는 우선 태도의 일치/불일치에서 연유하는 것으로 해석한다.[233] 그러므로 태도의 불일치는 과학적 확신과는 달리 합리적으로 해결하는 길이 없고 다만 심리적 공감대를 가질 수밖에 없는 것이다. 따라서 태도의 불일치를 일치하도록 하는 방법을 스티븐슨은 비합리적인 방법, 달리 말해 설득적(persuasive) 방법이라 불렀다. 고로 윤리적 명제의 의미를 지시하는 데는 과학적 방법이 사용될 수 없고 감정이나 태도에 의한 설득적 방법을 취할 수밖에 없는 것이다. 결국 스티븐슨의 이론을 완화된 이모티비즘이라고 하는 이유는, 윤리적 언명을 발화할 때 화자는 그저 자신의 느낌을 표현하는 것에 그치는 것이 아니라, 다른 사람들에게 자신의 느낌을 공유할 것을 부추기고 설득하고 있다고 주장하는 점에서 그렇다.

이모티비즘 윤리의 난점_ 극단적 이모티비즘이 안고 있는 문제는 첫째, 그것이 기초하고 있는 의미의 검증이론이 중대한 문제를 안고 있다는 비판이다. 말하자면, 의미의 검증이론 자체가 자신의 검사를 통과하지 못한다는 것이다. 주지하는 바와 같이 "진술이 동어반복이거나 경험적으로 검증 가능할 때 그리고 오직 그때에만 그 진술은 유의미하다"는 검증원리 자체는 "동어반복인가 아니면 경험적으로 검증 가능한가?"라고 물을 수 있다. 검증

---

[233] Ibid., 3.

원리는 동어반복도 아니고, 검증도 가능하지 않다. 따라서 그 원리는 무의미하다고 해야 한다. 만약 이것이 사실이라면, 우리는 검증원리를 도덕적 언명에 대한 검사 기준으로 사용할 의무가 없게 된다. 그러므로 극단적 이모티비즘 분석의 나머지도 붕괴될 수밖에 없는 것이다.

둘째, 윤리적 불일치가 근본적으로 태도의 불일치라는 이모티비즘의 견해는 문제가 있다. 특히, 그것은 태도를 변화시키는 이유와 태도를 변화시키는 원인 사이의 차이를 간과하고 있다. A가 B와 친일파 청산 문제로 논쟁을 하고 있다고 가정하자. 민족주의적 사관을 견지하는 A가 식민지근대화론에 세뇌된 B를 설득하는 방법에 두 가지가 있다고 하자. 첫 번째 방법은 A가 B에게 자신이 지지하는 입장의 이유와 근거들을 제시하고, B가 마침내 A의 의견에 동의하게 되는 것이다. 두 번째 방법은 그 문제에 대한 B의 감정적 태도를 바꾸기 위해 물리적 폭력을 가하거나 약물을 투약하는 것이다. 전자의 방법은 견해 변화의 이유와 관계가 있고, 후자의 방법은 견해 변화의 원인과 관계가 있다. 하지만 이모티비즘에서는 태도를 변화시키는 이 두 가지 방법의 차이를 구별할 수 없다. 이모티비즘에 따르면, 태도의 변화는 어떻게 해서든지 우리의 감정에 대한 모종의 인과적 조작을 통해서만 이루어질 것이다. 그러나 이것은 문제가 있다. 모든 사람들은 전자의 방법만이 도덕적 불일치를 해결하는 정당한 방법이라고 여길 것이기 때문이다.

셋째, 도덕은 단순한 감정 혹은 감정이나 태도에 따라 행동하는 것 이상으로 심오한 것이다. 도덕판단은 보편화 가능한 것이다. 만일 누군가가 도둑질하는 것이 그르다면, 그와 유사한 처지에 있는 사람이 도둑질하는 것 역시 그르다. 이모티비즘은 도덕을 보편적으로 적용되지 않는 고립된 감정적 표현이나 태도로 환원해버린다. 도덕은 "도둑질하는 것은 그르다"와 같이 보편적 요소를 가지는 원리를 적용하는 것으로 보는 것이 타당하다.

4.3.4 일상 언어학파의 윤리론

윤리학적 회의론을 극복하고자 하는 노력이 20세기 중엽 이후 분석철학 가운데서 태동하기 시작했다. 이들의 시도는 독단과 감정에 호소하지 않고 분석적 논리로써 윤리학적 회의주의를 넘어서고자 한 것이다. 이는 존 오스틴(John Austin)이나 썰(J. R. Searle)의 중개를 통해 마침내 논리 실증주의를 대체할 철학의 한 양식으로 발전했다. 이것은 '언어철학'이라고 불린다. 이 기준은 언어의 일상적 사용이었다. 언어분석철학은 이모티비즘 윤리가 모든 종류의 발화에 과학적 기준이라는 구속을 강제하는 실수를 저질렀음을 지적한다.

앞에 보았듯이 이모티비즘 윤리학자들은 규범윤리학의 가능성을 포기하고 있다. 그러나 일상언어 학파[234]에 속하는 윤리학자들은 대체로 윤리학의 인지적 요소를 어느 정도 인정하는 경향을 보이고 있다. 썰(J. R. Searle)은 사실판단을 전제로 삼고 가치판단을 결론으로 도출할 수 있다고 주장함으로써 존재와 당위 사이에 넘을 수 없는 장벽이 존재한다는 종래의 견해를 극복하려고 했다.[235] 썰이 제기한 명제는 다음과 같다: (1) 존스는 스미스에

---

[234] 일상언어학파는 논리실증주의에서 발전해 나온 학파다. 이들 두 학파는 전통적인 철학에 대해서 부정적인 견해를 가지고 철학의 명료성과 정밀성을 덕으로 삼았지만, 서로 간의 철학은 무척 다르다. 논리실증주의가 과학주의적이고 반형이상학적이었던 반면, 일상언어학파는 반과학주의적이었고 형이상학에 대해서 중립적인 입장이었다. 일상언어학파가 반과학주의적이었던 것은 과학이 기술적(technical)이지 않은 개념들에 논리적으로 의존하는 기술적인 분야이기 때문이다. 과학은 기술적인 단어들에 의존하지만, 모든 기술적 단어들은 일상적 의미를 가진 단어나 다른 기술적 단어에 의해 정의되어야 한다. 만약 기술적 단어들이 다른 기술적 단어에 의해 정의된다면, 결국 이들은 일상적 의미를 가진 단어들에 의해 정의되어야만 한다. 왜냐하면 기술적인 단어들은 그 개념에 있어서 이미 이해된 것들에 의한 설명을 요구하기 때문이다. 결국 모든 과학은 세계에 대한 이론 이전의 이해에 의존한다고 볼 수 있는 것이다(http://user.chollian.net/~bypark/ordinary.html).

[235] K. Pahel & M. Schiller (ed.), *Readings in Contemporary Ethical Theory* (New York: Prentice Hall, 1970), 157.

게, "나는 돈 5달러를 너에게 줄 것을 약속한다"고 말했다 (2) 존스는 스미스에게 5달러를 줄 것을 약속했다. (3) 존스는 스미스에게 5달러를 지불할 의무를 져야 할 처지에 놓였다 (4) 존스는 스미스에게 5달러를 지불할 의무가 있다 (5) 존스는 스미스에게 5달러를 지불해야 한다.(ought)

썰이 제시한 명제들은 엄밀한 의미의 추론을 통해서 하나씩 다음 것이 생겨난 것은 아니지만, 앞의 명제와 뒤의 것이 밀접한 관계가 있음은 사실이며, 사이사이에 보조적 명제만 삽입한다면, 더 엄밀한 논리적인 추론이 될 수 있다. (1)명제는 분명히 사실판단이며 (5)명제는 의심할 바 없는 가치판단이다. (1)명제에 보조적인 명제, 즉 "약속의 발언은 협박이나 사기를 당한 상황에서가 아니라, 정상적인 상황이었다" 또는 "스미스에게 5달러를 지불한 것이 큰 불행을 초래할 걱정은 없다"는 등의 몇 가지 보조적인 사실판단만 삽입이 된다면 사실판단에서 가치판단이 도출될 수 있다는 것이 썰의 견해이다.[236]

그러나 헤어(R. M. Hare)는 썰 논지의 약점을 지적한다. 썰의 명제(1)에서 (5)까지의 전개는 통념의 힘이 아니었다면 불가능하다는 견해이다. "약속은 지켜져야 한다"는 통념을 무시하는 견지에 선다면, 썰이 이룬 결론은 도출되기 어렵다는 것이다.[237] 어떤 약속을 했다는 사실이 약속 이행이 의무를 져야 할 처지에 놓이게 하는 것은, "약속을 했다"는 사실 때문만이 아니며, "약속은 지켜져야 한다"는 통념과 관례가 배경에서 작동했기 때문이다. 따라서 "약속은 지켜져야 한다"는 규범은 절대성을 가진 선천적 도덕원리가 아니라, 약속을 한 상황이 비정상적이거나 약속의 내용이 부당할 경우에는 그것을 지킬 의무가 없다고 보는 편이 옳을 것이다. 썰의 논리가 "존재에서 당위를 도출할 수 없다"는 주장을 크게 뒤집지는 못했지만, 어떤 제도적 사

---

[236] Ibid., 157-161.

[237] Richard Mervyn Hare, "The Promising Game," in ed. Philippa Foot, *Theories of Ethics* (London: Oxford University Press, 1967), 116f.

실이, 그 제도가 지배하는 사회 내에서 규범적 원리를 위한 기초로 구실을 한다는 점을 규명했다는 것에서 그 의의를 찾아야 할 것이다.

헤어는 한 걸음 더 나아가 도덕적인 판단의 의미에는 보편성과 규정성이 내포되어 있다는 점을 강조한다.[238] 물론 에이어 역시 도덕적 발화의 비인지적 요소를 말하면서 정서적(emotive) 요소와 더불어 규정적 요소가 있음을 헤어보다 먼저 언급했다.[239] 그러나 헤어는 도덕적 언명이 진위를 가릴 수 없고, 도덕판단은 태도적인 것이라는 데 동의하면서도 에이어와는 달리 그는 규정적 요소에 더 강조점을 둔다.

헤어에 따르면, 도덕판단은 기술적(사실) 요소와 규정적(가치) 요소를 모두 가진다는 것이다. 기술적 요소는 "선행은 쾌락을 증진시킨다"와 같은 특별한 행동에 관한 사실과 관계한다. 규정적 요소는 행동을 지도하고 청자들이 발화자의 가치태도를 채택하도록 권장한다. 말하자면, 도덕판단을 할 때 규정적 요소는 기술적 요소에 수반되는 것이다. 그런데 규정적 요소가 기술적 요소보다 중요한 이유는, 사물에 관한 사실적 기술은 변할 수 있기 때문이다. 어떤 경우에는 "선행이 쾌락을 증진시킨다"로 기술할 수도 있고, 어떤 경우에는 "선행이 신의 의지에 따른 것이다"라고 기술할 수도 있기 때문이다. 그러나 우리의 기술들이 어떻게 변하건 규정적 요소는 그것과 무관하게 동일하게 남아있다. 말하자면 선행을 어떻게 기술하든 청자들이 선행에 대한 화자의 태도를 채택하도록 권장하고 있는 것이다. "우리가 어떤 것을 권장하거나 비난할 때, 그것은 항상, 적어도 간접적으로나마, 우리 자신이나 다른 사람들의, 현재나 미래의 선택을 지도하기 위한 것이다."[240]

---

[238] R. M. Hare, *Freedom and Reason* (Oxford: Oxford University Press, 1963), 7-29.

[239] 예컨대, "효도는 선한 일이다"라는 윤리적 언명에서 "효도! 와우"는 감정적인 요소에 해당한다. (그러니까) "효도를 행하라!"는 것은 규정적인 요소에 해당한다. 그러나 에이어는 두 요소 모두 비인지적이라는 것이며, 후자보다는 전자에 초점을 두고 있다.

[240] R. M. Hare, *Freedom and Reason*, 127.

헤어 이론의 독특성은 첫째, 도덕판단이 규정적 요소를 통해서 명령문을 내포한다는 것과 논리적 형식을 띠고 있다는 것이다. "(시험 때) 부정행위를 해서는 안 된다"는 도덕판단은 "제발 부정행위를 하지마라!"는 명령문을 다르게 표현한 것뿐이다. "부정행위는 잘못이다"는 판단을 수용할 때, 자신은 그 규정에 따라 살겠다고 서약하는 것이 된다. "너는 부정행위를 해서는 안 된다"는 나의 도덕판단은 너의 행동을 지도하기 위해서 의도된 것이다. 그런데 이러한 규정적 판단에는 논리가 있다. 도덕판단에 진리치가 있지는 않지만, 논리적 형식은 있다는 것이다. 헤어는 기술적 언명과 규정적 언명의 구별에 관해 다음의 논제를 논리적 형식으로 주장한다: "적어도 하나의 명령법을 포함하지 않는 전제의 집합에서는 어떠한 명령법의 결론도 타당하게 도출될 수 없다."[241]

이 논제를 도덕판단에 적용해보면, 타당한 도덕적 논증은 도덕적 결론에 도달하기 위해 적어도 하나의 명령법적 전제를 포함해야 함을 알 수 있다. "1. A는 학기말 시험을 보고 있다. 2. 그러므로 A는 학기말 시험에서 부정행위를 해서는 안 된다"는 추론은 "1. 학생들은 시험에서 절대로 부정행위를 해서는 안 된다"와 같은 생략된 명령법 형식의 대전제가 반드시 추가되어야만 한다. "1. 학생들은 시험에서 절대로 부정행위를 해서는 안 된다. 2. A는 학기말 시험을 보고 있다. 3. 그러므로 A는 학기말 시험에서 부정행위를 해서는 안 된다."

헤어는 존재에서 당위를 도출할 수 없다는 자연주의적 오류에 대해 기본적으로 동의하고 있지만, 전제들 가운데 적어도 하나가 당위를 포함하고 있다면 우리는 정당하게 이 가치 요소를 결론 안에 포함시킬 수 있다는 것이다.

---

241 R. M. Hare, *The Language of Morals* (Oxford: Clarendon Press, 1952), 28.

헤어 도덕이론의 두 번째 독특성은 보편화 가능성이다.[242] 주의해야 할 바는 보편성의 의미가 보편타당성을 언제나 가지고 있다는 것이 아니라 도덕판단을 할 때 모든 유사한 경우에 대해 동일한 판단을 내려야 한다는 의미이다. 즉 행위자가 자신의 판단을 기꺼이 보편화하고자 하는 않는 한, 그 판단은 도덕판단이 아니다. 헤어는 칸트의 주장을 약간 변형시켜, "'이 상황에서 내가 A를 해야 하는가?'라고 묻는 것은 '그와 같은 상황에서 A를 하는 것이 하나의 보편법칙이 되기를 내가 바라는가?'라고 묻는 것이다"[243]라고 말한다.

그러나 규정성과 보편화 가능성은 도덕적 언명이 충족시켜야 할 형식적 제약에 불과한 까닭에 헤어는 도덕적 사유를 제약하는 요인으로, 관련된 사실에 관한 인식, 인간이 갖는 성향(inclination) 또는 관심(interest), 그리고 입장을 바꾸어놓고 생각하는 상상력 이 세 가지를 들고 있다.[244] 예컨대, 내 물건을 훔쳐갔다고 여겨지는 A를 고발할 것인가 말 것인가를 고민하고 있다고 가정하자. 이럴 경우 내가 내리는 도덕적 판단이 타당성을 갖기 위해서는, 첫째로 내린 결론의 근거에 관한 사실판단이 정확해야 한다. A가 훔친 것이 나의 물건이 맞는가? 훔친 물건이 어느 정도의 가치가 있는 것인가? 훔친 행위가 일어난 정황은 어떠했는가? 등등의 문제에 대해 정확한 사실을 알고서 내린 결론이 아니면, 타당성을 갖는 결론이 되기 어렵다.

두 번째로 필요한 조건은 도덕적 판단이 보편적 규제성을 가질 수 있는 논리적 가능성이다. 예컨대, "모든 학생은 공부를 잘해야 한다"는 주장은 이행하기 어려운 명령을 내포하기 때문에 타당한 도덕판단이 될 수 없다. 하지만 "도둑질한 사람은 벌을 받아야 한다"는 주장은 보편적 규제성을 갖는

---

242 헤어의 "보편화 가능성"에 대해서는 그의 책 *Freedom and Reason*, 90-93에서 들고 있는 마태복음 18장의 예를 주목할 것.

243 *The Language of Morals*, 70.

244 *Freedom and Reason*, 91-94.

것이 논리적으로 가능하다. 물론 그 판단이 논리적으로는 가능하지만 그것을 우리가 보편적 실천원리로 받아들이길 원하지 않는다면, 그것은 타당한 도덕판단이 되기 어려울 것이다. 개인의 성향이나 관심사에 있어서 국가적으로 실시되는 선거에서의 부정행위로 인해 처벌받는 것을 규범으로 도무지 수용하기 않으려는 사람들(어떤 수단이 동원되었건 자신이 선호하는 인물이 선출되기만 한다면 기꺼이 만족할 수 있는)에게는 "국가의 공식적인 선거에서 부정을 저지른 행위는 벌을 받아야 한다"는 원리가 타당한 도덕판단이 될 수 없을 것이다. 따라서 헤어는 도덕판단을 결정하는 하나의 요인으로서 인간의 성향과 관심을 논의한 것이다.

　　세 번째로 필요한 조건은 '입장을 바꾸고 생각하는 상상력'이다. 이것은 우리들의 성향 또는 관심이 작용함에 있어, 경험의 부족에서 오는 편향됨의 오류를 막는 데 필요하다. 예컨대, 도둑질을 해본 경험이 없거나 법적으로 벌을 받아 본 경험이 없는 사람이 어떤 결정을 보편적 도덕원리로서 받아들일 수 있는지의 여부를 판단할 때, 그 무지로 말미암아 경솔한 판단에 이른다면, 그러한 판단의 보편타당성을 인정하기 어렵기 때문이다.

　　헤어에 따르면, 선험적인 도덕원리는 존재할 수 없지만, 실천적 문제에 봉착한 인간이 취할 수 있는 최선의 선택은, 우선 관련된 사실을 정확한 지식으로 파악하고, 다음에는 최대한의 상상력을 동원하여 입장을 바꾸어 생각해보고, 같은 사정 하에서 같은 문제에 당면한 모든 사람들이 그렇게 행동해도 좋다는 것을 인간적으로 긍정할 수 있는 처방에 따라 행동하는 것이다. 이 같은 신중한 고려를 통해 내려진 처방이 만인의 동의를 얻을 수 있다면, 그것은 곧 보편적 도덕원리로서의 타당성을 갖는 처방이기도 하다. 헤어는 도덕판단의 대립과 불일치를 초래하는 원인들을 지적하고 있지만 그 원인들이 인내력과 노력으로 인해 극복될 수 있다는 낙관적인 견해를 피력한다.[245]

245　도덕판단의 불일치를 초래하는 첫째 요인으로 도덕 언어의 의미를 사람들이 서로 다른 뜻으로 이해하여 사용할 경우인데, 이때의 대립 내지 불일치는 언어상의 불일치에 불과하며, 엄밀한 의미

끝으로 그의 이론에서 찾을 수 있는 규범윤리적 통찰은 도덕적 추론에서의 원리의 중요성을 인정한 점이다. 그는 도덕적 추론은 원리와 관계되어 있으며, 원리가 없다면 대부분의 교육도 불가능할 것이라고 주장한다. 왜냐하면 대개의 경우 세세한 특수 항목을 가르치는 것이 아니라 행위를 인도하는 원리의 집합을 가르치기 때문이다. 즉, 우리는 고립된 개별적 행위를 배우는 것이 아니라 상황의 유형과 행위의 유형을 배운다.[246] 예를 들어, 운전을 배울 때, 우리는 먼저 기본원리를 배운 후에 언제 그 원리를 사용하고 언제 복잡한 상황에 맞도록 그 원리들을 조정해야 하는지에 대해서 배운다. 좋은 운전자는 원리를 습관화시켜서 그 원리가 자신의 행동을 정확히 지배하도록 하는 사람이다.[247] 그러므로 우리는 도덕에서 습관적으로 우리의 행동을 지도하는 데 사용할 원리가 필요한 것이다. 그러나 어떤 도덕원리를 따라야 하는가를 일목요연하게 파악할 수 있는 원리들의 완전한 목록은 없다는 것이다. 헤어에 따르면, 도덕원리란 인간의 주체적인 결단 또는 선택에 의해 생기는 것이며 그것이 외부에서 주어지는 선천적 소여가 아니라는 것이다. 어떤 사람이 "이것은 거짓이다. 그래서 나는 그것을 말하지 않겠다" 혹은 "이것은 거짓이다. 그러나 나는 그것을 항상 말하고 그리고 그것을 나의 원리의 한 예외로 삼겠다"라고 말할 때 그는 양자 가운데 어느 것을 말할 것인가를 스스로 결단하고 있는 것이다. 즉 행위자에게 있어서 문제가 되는 것은 그가 원리를 지키느냐 그렇지 않느냐의 결단에 있는 것이다. 이러한

의 도덕적 불일치는 아니라는 것이다. 둘째로 관련된 사실에 대한 인식이 서로 다르기에 도덕판단이 대립할 수도 있으나, 충분한 인내력만 발휘한다면, 사실에 대한 정확한 인식에 도달한다는 것은 원칙적으로 가능한 일이라고 본다. 셋째로 입장을 바꾸어서 생각하는 상상력의 부족은 상상력의 개발을 통해 점차 줄일 수 있으며, 끝으로 성향의 차이에서 오는 도덕판단의 불일치는 적어도 삶의 중대한 문제에 대한 사람들의 성향은 같다고 볼 수 있으므로 이것 역시 심각한 문제는 될 수 없다고 본다. 이러한 주장을 통해 헤어는 만인이 동의할 수 있는 도덕판단의 가능성을 시사하는 동시에, 보편타당성을 지닌 도덕체계를 위한 기초를 다지려 했다(Ibid., 95-97).

246 *The Language of Morals*, 61-62.
247 Ibid., 63.

결단은 내가 나의 주체적인 결단에 의해 나의 도덕적 원리로 내가 선택하는 결단인 것이다. 그러나 헤어는 도덕원리를 위한 결단은 아무렇게나 내려지는 것이 아니라 어떤 이성적 근거를 따라서 내려지는 것임을 인정하여, 윤리적 사유 속에 깃든 지성적 요소를 부각시키려 했다. 그는 윤리학이 자연과학과 같은 성질의 학문이 될 수 있다는 생각에 대해서는 회의적이었으나, 이성적 활동으로서의 윤리학을 단념할 수는 없는 것으로 보았다.

나아가 우리가 어떤 주어진 상황에서 어떻게 행위 할 것인가를 배울 때 우리는 그 행위를 하나의 고립된 행위로서가 아니라 그와 동일한 상황에서 언제나 그렇게 하겠다는 원리로 동시에 배우게 된다.[248] 그렇기 때문에 결단 역시 단순히 고립된 하나의 행위의 결단이 아니라, 같은 상황에서는 언제나 그렇게 하겠다는 원리의 결단이다.[249] 주사위 던지듯 제 멋대로 하는 행동이 아니라, 적어도 숙고 과정을 통해 하나의 결단을 내린다면 거기엔 반드시 선택의 원리가 있는 것이며, 행동의 선택과 동시에 그 원리도 결단하고 있는 것이다. 결단이야말로 헤어가 윤리인식 긍정에의 길을 개척해나가는 데 있어서 매우 중요한 구실을 하는 것이라 할 수 있다.

그러나 여기서 간과해선 안 될 바는, 헤어의 논리가 어디까지나 대립된 도덕판단을 화해시킬 수 있는 현실적 가능성에 관한 논리라는 것이지, 도덕원리의 절대적 타당성을 증명할 수 있다는 것은 아니라는 점이다.

윤리적 난점_ 헤어는 자신의 윤리 이론을 보편적 규정주의(universal prescriptivism)이라 부른다. 도덕적 판단이란 기본적으로 규정적 판단이고 그런 판단은 '보편화가 가능하다'는 점에서 다른 판단과 구별된다. 따라서 도덕적 판단의 합리성은 그것의 명령적 성격에 있는 것이 아니라 그것의 보편

---

[248] Ibid., 60.
[249] Ibid.

화 가능성에 있다는 것이다. 이것이 도덕판단의 근거이자 기초가 된다. 인간은 자유로운 행위자이므로 규범적 물음을 제기하고, 그 물음에서 제시된 도덕적 판단들이 행위 지침이 된다는 것이다. 그러나 문제는 보편화 가능한 규정적 원리가 전부 도덕적 원리가 아니라는 데 있다. 예를 들어 "독극물을 먹지마라. 그러면 생명을 잃을 수도 있다"와 같은 원리는 특정한 행동을 요구하기 때문에 규정적이며, 또한 그것의 지시내용이 모든 사람에게 적용될 수 있으므로 보편적이다. 그러나 그러한 보편화 가능한 규정적 원리를 도덕적 원리라 할 수는 없다. 적국의 기밀을 알아내기 위해 암약하던 첩보원이 체포되었을 때 예상되는 강제 자백의 상황을 예상하고 유독물질을 먹는 행위는 전혀 비도덕적으로 볼 수 없을 것이다. 따라서 도덕적 원리에 근거하는 것과 보편화 가능한 규정을 준수하는 것 사이에는 큰 차이가 있다는 점을 간과해서는 안 될 것이다. 도덕적 원리를 따르는 것은 어떤 환경에서라도 항상 그 원리를 필연적으로 따른다는 것을 의미하지는 않는다.

메타윤리학의 난점_ 지금까지 살펴본 바와 같이 메타윤리학은 그 본성상 오로지 윤리적인 언사와 도덕판단들의 의미를 분석하고 도덕적 논증들 사이의 논리적 관계를 규정하거나, 그런 관계가 없음을 규정하는 개념적인 작업을 그 주된 과제로 삼고 있다. 그리고 이런 작업을 통해 윤리적 내용의 애매성을 제거하려는 의도였다. 따라서 메타윤리는 어떤 윤리적 원리나 규칙, 규범들도 제시하지 않고, 우리가 어떻게 행위해야만 하는지, 어떤 삶을 살아야 하는지에 대한 규범적인 질문에 답하려는 어떠한 시도도 거부한다. 특히 비인지주의적 윤리는 도덕문제에 있어서 철저하게 가치중립적인 입장을 견지하고 있다. 이모티비즘 윤리는 논리실증주의적인 관점에서 가치상대주의 내지 가치회의주의를 주장하면서 윤리학은 하나의 학문으로 성립할 수 없다는 입장을 견지한다.

그러나 원래 윤리적 명제들은 확실한 사실을 지적하는 것이 아니고 사실적 내용에 의미를 부여하는 것이므로 윤리적 명제를 경험적인 사실 명제처럼 다룰 수는 없는 것이다. 사실 윤리적 명제들은 확실성을 검증하기 전에, 즉 확실성을 증명하는 것에 관계없이 보편성을 갖는 것이다. 가령 "도둑질은 나쁘다", "살인은 나쁘다" 등과 같은 언명은 직관적으로 보편적인 가치를 지닌 명제이며, 모든 사람이 그렇게 하도록 하는 것인 동시에, 그렇게 인식되는 것이다. 이런 점에서 비인지주의적 메타윤리는 그것의 명제와 개념의 분석에서 애매성을 노출하고 있다 하겠다.

특히 이모티비즘의 문제는 비록 이 입장이 참이라 해도, 위험한 결과를 낳기 쉽다는 것이다. 즉 만일 모든 사람이 "거짓말하는 것은 그르다"와 같은 언명이 그저 "거짓말? 우!"라고 말하는 것과 같은 의미라고 믿게 된다면, 사회질서는 무너지고 말 것이다. 도덕판단은 개인을 초월해 모든 사람에게 적용된다는 칸트식의 논리는 개인들이 일반적으로 도덕률을 지킬 좋은 이유를 제공한다. 그러나 만일 도덕판단을 내리는 것이 기껏해야 우리의 감정 표현에 지나지 않는다면, 어떤 도덕판단을 내리는가는 전혀 중요하지 않게 된다. 그것이 느낌에 불과한 것이라면 "어린이를 학대하는 것은 옳다"고 주장할 수도 있기 때문이다. 이런 주장을 한다 해도 이런 판단에 대해 심각한 도덕적 논증을 시도할 수 없을 것인 바, 할 수 있는 것이라곤 기껏해야 그 문제에 대해 자신들의 도덕적 느낌을 표현하는 것에 불과할 것이기 때문이다. 따라서 이러한 메타윤리학은 전통적인 규범윤리학의 기반을 근본적으로 무너뜨리면서 현대사회에서의 윤리학의 위기를 더욱 심화시켰다 할 수 있으며, 이것이 오늘날 다시 '덕의 윤리'가 부활되는 계기가 되기도 했다.

4.4 덕 윤리

공동체적인 사회의 특징을 지닌 전통사회에서는 최대의 윤리인 덕 윤리가 강조되었고, 이익사회의 특징을 보이는 근현대사회에서는 최소의 도덕인 의무 윤리 내지 도덕법칙이 강조되고 있다. 사회구조에 따라 도덕(윤리)은 서로 다른 체계를 가진다. 사회구조의 변화와 더불어 변천된 덕 윤리의 모습은 다음과 같다. 즉, 혈연과 가계의 구조로 이루어졌고, 한 개인의 의무와 특권이 사회적 지위에 의해 결정되었던 고대 그리스 사회에서는, 개인들에게 요청되는 사회적 역할을 수행할 수 있는 능력으로서의 개인의 '탁월성'(arete)이 강조되었다. '덕'(arete: virtus)은 '힘'과 '탁월성'을 의미했고[250], 대표적인 것은 '용기'와 '명예'였다. 그러나 소수의 영웅들이 그러한 덕들을 가지며, 일반인들이 가질 수 있는 덕들은 관심을 두지 않았다. 고대 그리스 사회에서는 혈연과 가계에서 폴리스로 덕 논의의 중심이 옮겨졌으며, 우정, 용기, 자기절제, 지혜, 정의 등의 덕이 강조되었다. 여기서는 특정한 사회적 역할 외에 행위와 정책의 정당성을 보장하는 척도로서나 최선의 삶의 모습을 구현하는 덕 개념이 강조되었다.

소크라테스는 시민들에게 덕의 본질을 질문함으로써 단순한 '탁월성' 내지 사회적 역할 수행 능력 이상의 덕 개념을 강조했다. 그는 "성찰하지 않는 삶은 살 가치가 없다"면서 아테네의 관습적 신념에 물든 당대인들에게 도전했다. 덕을 가진 인간은 덕을 갖지 않은 인간보다 더 잘못될 수가 없다.

---

[250] 덕(virtue, Tugend)이란 자신의 고유한 기능을 충분히 발휘한 상태를 말한다. 그리고 덕의 본래의 뜻은 우수하다, 능숙하다, 세련되었다는 내용인데, 이것은 헬라어 arete에서 유래한 것이다. arete란 사람들이 갖고 있는 것 중에서 자신만의 고유한 기능 혹은 우수성 및 능력을 말한다. Alasdair MacIntyre, *A Short History of Ethics* (New York: Macmillan, 1966), 14. arete는 사람의 직업이나 성에 따라 달라지는데 가령 전체적인 측면에서 본다면 사람다움, 사람으로서의 특수성, 사람으로서의 능숙함을 갖춘 것이 된다. 그런데 직업이나 성별에서 본다면 군인다움, 정치인다움, 교사다움 혹은 남성다움, 여성다움, 아버지다움 등등이다. 환언하면 분류된 직업에 속하는 사람으로서 가장 본질적인 속성을 충실히 실천할 수 있는 상태를 덕이라고 한다(Ibid., 18).

그래서 인간의 영혼이 최상의 상태에 있을 때, 즉 인간의 품성이 가지는 덕, 특히 정의가 갖추어졌을 때 인간은 행복해진다고 보았다. 인간은 모두 행복하기를 원하기 때문에, 덕이 있는 것이 무엇인지를 안다면 덕이 있는 것을 향하지 않을 수 없게 되는 것이다. 그래서 소크라테스는 인간의 영혼에서 무지와 악을 지식과 덕으로 대체하면 인간은 행복해진다고 보았다.[251]

플라톤은 소크라테스를 따라 올바로 알아야 선을 실천할 수 있다고 본다. 구체적인 현실 상황에서 어떻게 행해야 옳은가는 보편적인 선의 원리에 의해서 결정될 수 있다. 이 말은 구체적인 상황에서 옳은 행동의 결정은 우연히 운 좋게 되는 것이 아니라 보편적인 선에서 그 근거를 갖는다는 것이다. 예컨대 진정으로 용기 있는 행위는 용기의 이데아, 즉 용기의 원리를 알아야 한다. 이것은 마치 우리가 원을 원이게끔 하는 본질을 알아야 감각적으로 경험하는 어떤 도형이 원인지 아닌지를 판단하는 올바른 지식(근거)이 성립하는 것과 같다. 이데아 인식을 통한 근거 파악은 이론지만이 아니라 실천지에도 적용된다.

그런데 인간의 실천적 욕구나 기능은 순수한 이성적 능력과 다르다. 플라톤은 『국가론』에서 인간의 영혼의 여러 기능을 밝힌다. 인간은 목마를 때 물을 마시고 싶고, 배고플 때 밥 먹고 싶다. 사람이면 누구나 이런 육체적 욕구(epithymia)를 갖는다. 그런데 사람은 자주 너무 많이 먹고 마시게 되어 절도를 잃기 쉽다. 이러한 무절제로 말미암아 인간은 육체적 쾌락에 빠지거나 이기적이고 비겁하게 된다. 그러나 사람한테는 이런 무절제와 이기심, 탐욕을 창피하게 여기고 웬만한 고통과 욕구를 참고 이겨내는 기개(thymia)를 추구하는 능력도 있다. 사람은 수치를 느낄 줄 알고 명예를 생각하기에 쾌락을 멀리할 수 있다. 그러나 사람이 지나치게 명예를 추구하다보면 정도를 벗어날 수도 있다. 기개적 능력은 인간의 무절제한 쾌락을 제어하는 기능을

---

[251] Charles Young, "Moral Philosophy: Medieval and Renaissance," ed. Maryanne Cline Horowitz, *New Dictionary of the History of Ideas*, 4 (New York: Charles Scribner's Sons, 2005), 1788.

하지만, 때로는 지나칠 수 있다. 따라서 기개가 자신의 기능과 역할을 제대로 수행하기 위해서는 이성적 능력이 개입되어야 한다. 이성(logiston)이 작용해서 기개가 빠지기 쉬운 지나친 명예욕도 막을 수 있으며, 기개가 지나치게 쾌락을 억제하는 것도 막을 수 있다. 이렇게 본다면 욕구 능력의 덕인 절제나, 기개의 덕인 용기 등도 오직 이성이 제 기능을 다할 때 갖춰질 수 있다. 각각의 기능이 이성의 통제에 따라 제 기능을 다하며, 그럴 때 인간은 올바른 길을 갈 수 있다.[252] 그리고 영혼의 세 기능인 욕구, 기개, 이성에 각기 필요한 덕이 절제, 용기, 지혜이다. 그리고 이를 총괄하는 덕이 정의이다. 이것이 소위 플라톤의 4주덕(主德)이다. 이러한 덕을 가지고 살아가면 인간은 행복해질 수 있다.

그리고 실천적 지혜(phronesis)를 획득하기 위해서는 반드시 실천을 통한 습관이 형성되어 있어야 한다. 실천적 지혜를 갖는다는 것은 실천이 이루어진다는 것이요, 곧 실천적 습관과 성향을 갖는다는 것이다. 그런데 실천적 습관이 어느 정도 있다고 해서 곧 실천지를 가질 수 있는 것은 아니다. 실천지를 위해서는 실천적 습관에 따른 실천 외에도 그러한 실천을 해야 하는 근거를 알아야 한다. 플라톤 역시 안다면 행하지 않을 수 없다고 말할 것이다. 제대로 알기만 한다면 실천의지가 부족해서 행하지 못했다는 말을 할 수 없다는 것이다.

선이 무엇인지 알 수 있고 선을 행할 수 있으려면 이데아 세계에 대한 이해가 먼저 있어야 한다. 그래서 플라톤에게 선이라는 것은 추상적인 숙고의 대상이다. 선이 숙고의 대상이 된다는 것은 선이란 개개인이 요구하거나 선호하는 것으로 결정되지 않는다는 것을 의미한다. 말하자면 선은 우주의 객관적인 양상으로 존재한다. 이처럼 선이 객관적으로 존재하는 것으로 여

---

252 Platon, 『국가』, 조우현 역(서울: 삼성출판사, 1995), 586-587.

겨지면 선은 지식의 대상이 된다.[253] 이데아 중에서 가장 고상한 최고 이데아는 선의 이데아다. 이는 신과 같은 것이다. 신과 합일됨으로써 인간은 최고의 주관적인 선을 가지는데, 이것이 행복이다. 이를 달성하는 수단은 영혼에서 적절한 조화를 갖는 것인데, 영혼의 여러 부분을 최고의 능력인 지성에 종속시킴으로써 조화를 이룰 수 있다. 이렇게 조화를 이룬다는 것은 인간을 신적인 합일에 참여하게 하는 것이다. 이렇게 합일됨으로써 인간은 행복해진다.

아리스토텔레스는 '형이상학적 생물학'에서 시작하여 덕의 개념을 정의했다. 즉, 어떤 생물체의 선 내지 덕은 그것이 구성원으로 속해 있는 종의 목적을 달성하기 위해 독특한 능력이나 성향을 그 생물체가 유감없이 발휘하는 것이다. 인간의 경우도 마찬가지라 하겠다. 덕을 가진 사람은 좋은 삶을 사는 사람이며, 인간 종의 고유한 목적을 위해 능력과 성향을 성공적으로 실현하는 사람이다. 즉 이것은 인간의 삶의 목적(telos)을 말하는 것이며, 그는 이것을 '행복'(eudaimonia)이라 불렀다. 이것은 '최선의 삶'을 의미한다. 덕은 단순히 그 목적을 위한 수단에 불과한 것이 아니다. 그에게 덕은 인간 삶의 목적에 가능한 여러 수단 중의 하나가 아니라 그 목적의 필수적이고 중심적인 부분을 구성한다. 아리스토텔레스의 덕은 인간의 영혼이 지닌 이성적인 부분과 비이성적인 부분에 상응해 두 가지로 나타난다고 본 점에서 플라톤과는 차별성을 갖는다. 아리스토텔레스의 덕 윤리에 대해서는 다시 상론할 것이다.

고전 헬라시대와 달리 헬레니즘 시대의 철학은 행복이 인간의 궁극적인 목적이라는 데 동의했지만, 선이나 덕이 있는 것이 무엇인지를 추상적으로 설명하는 데 그치지 않고, 선한 삶을 영위하는 구체적인 방법을 제시하려고 했다. 이에 스토아학파(Stoicism)는 '정념의 부재'(apatheia) 혹은 '정신적

---

[253] Charles Young, "Moral Philosophy: Medieval and Renaissance," Ibid., 1789.

인 평정'(부동심)이라는 마음의 상태를 행복과 일치시켰다. 이러한 상태에 이르려면 인간은 욕구를 줄이고, 우주의 공정한 도덕질서를 이해하고 이에 부합되도록 자연에 따라 살아가야 한다. 우주의 모든 것은 법칙에 의해 통제되며, 인간의 최고선, 즉 행복은 보편적인 법칙에 자신의 행동을 순응시키는 것이기 때문이다. 즉 인간은 합리적인 존재로서, 인간의 본성을 표현하는 방식으로 살아야 한다.[254] 그러한 생활에 결정적인 것은 덕이다. 유쾌하거나 고통스럽거나 결과를 무시함으로써 덕이 나타난다. 이러한 덕에 대한 지식을 얻게 되면 우리는 냉정해지고, 빈곤, 고통, 그리고 나아가서는 노예상태나 죽음과 같은 악에도 무관심해진다. 인간은 외부의 변화에 대해 평정을 유지함으로써 운명의 부침에도 태연자약하고 행복한 삶을 영위할 수 있게 되는 것이다. 스토아학파의 특이한 점은 윤리적 행위에 의무 개념을 부각시켰다는 점이다. 우리가 옳은 행위를 한다고 할 때, 우연이나 경향성 때문에 행위를 하다가 객관적으로 올바른 일을 한 사람은 완전한 윤리적 행위를 한 것이 아니다. 당연히 그렇게 있어야 한다고 하는 관점에서, 즉 의무 그 자체를 위해서 특별힌 선을 행하는 사람이 완전한 윤리적 행위를 하는 사람이라고 본 것이다.[255]

헬레니즘 시대에 등장한 또 다른 사상이 에피쿠로스학파의 사상이다. 쾌락의 일차적인 형태는 육체의 감각적 쾌락(역동적 쾌락)이다. 그러나 이에 대비되는 수동적 쾌락은 고통을 수반하지 않는 쾌락인데, 참다운 우정검소한 삶철학적 담소 등의 지적인 쾌락이다. 행복하고 바람직한 삶을 영위하기 위해서는 역동적 쾌락보다는 수동적 쾌락을 추구해야 한다. 영속적인 쾌락을 추구했다는 의미에서, 그리고 고통이 없는 마음의 평정 상태(atarxia)에 이르러야 행복[256]이라고 여겼다는 의미에서 쾌락주의라고 할 수 있다. 마음의

---

[254] 하기락, 『서양윤리사상사』(서울: 형설출판사, 1989), 72.

[255] Johannes Hirschberger, 『서양철학사(상)』(서울: 이문출판사, 1991), 319.

[256] 엄정식, 『지혜의 윤리학』(서울: 지학사, 1986), 92.

평화와 자유를 얻기 위해 고통을 피하고 쾌락을 추구해야 한다는 당위성을 내세운 점에서 그의 윤리를 쾌락주의 윤리로 규정할 수 있는 것이다.[257] 그러나 엄격한 의미에서 볼 때 쾌락주의라기보다는 일종의 고행주의라 하는 편이 옳을 것이다. 영속적인 바람직한 쾌락을 얻기 위해서는 지혜용기절제 등의 덕을 엄격히 갖추어야 하기 때문이다.

고대의 윤리는 덕 있는 삶을 행복, 즉 최고의 선을 가지며 향유하는 것과 동일시했다. 이에 반해 중세의 기독교윤리적 관점에서는 덕 있는 삶은 근접할 수 있는 목적이며 인간에게 좋은 것이지만 궁극적인 목적이나 최고선은 아니다. 현세의 덕 있는 삶에 나타나는 행복은 고통과 슬픔을 동반하고 지상에서의 선을 박탈할 수도 있는 반면에 '완전한 행복'(beatitude)은 지상에서의 존재에게는 없고 내세에 있으며, 신, 즉 최고의 선과 일치함으로서 나타난다. 현세에서의 덕 있는 삶은 도덕적인 선으로서 인간으로 하여금 다음의 궁극적인 목적을 달성하도록 한다. 중세의 근간이 되는 기독교윤리는 선 자체인 신에게 인간의 궁극적인 목표를 두었다.[258] 말하자면, 기독교를 통해서 그 자체가 선인 신을 만나서 믿는 것이 인간의 삶의 목적이 되었다. 기독교윤리의 과제는 현세의 선이나 행복과 내세의 선이나 행복의 관계를 설정하는 것이었다. 말하자면, 교회의 입장에서는 덕보다 큰 보상, 즉 내세에서의 행복을 고대하면서 추구하는 것일 수밖에 없었다. 결국 중세에는 행복에 대한 논의를 신적인 것에 근접하는 것과 연관되었다.

그러나 헬라의 고전윤리와 중세 기독교윤리 사이의 차이에도, 중세의 윤리는 그 기본적인 토대를 하나는 플라톤의 형이상학적 관념과 아리스토

---

257 프랑케나는 인간의 본능적 행위 속에서 누구나 쾌락을 추구한다는 사실을 이끌어내어 해명하는 것을 "심리적 쾌락주의"라 부른다. 이런 점에서 보면, 에피쿠로스학파의 윤리는 심리적 쾌락주의를 바탕으로 한 윤리적 쾌락주의라 볼 수 있다. W. Frankena, 『윤리학』, 147-156 참조.

258 Jill Kraye, "Moral Philosophy: Medieval and Renaissance," ed. Maryanne Cline Horowitz, *New Dictionary of the History of Ideas*, 4 (New York: Charles Scribner's Sons, 2005), 1790.

텔레스의 목적론적 관념에 두고 있다. 플라톤은 선이 인간의 지식을 통해 접근할 수 있는 대상이기는 하지만, 현세의 일상적인 경험과는 거리가 먼 것이라고 보았다. 선에 대한 아우구스티누스의 관념은 선이 존재에 앞선다는 플라톤의 개념에 근거를 두고 있다. 경우에 따라서는 선과 신의 존재는 근본적으로 동일하다고 보았다. 그는 플라톤의 4주덕과 더불어 신학적인 덕인 믿음, 소망, 사랑을 덕으로 삼았다. 다른 한편으로 아퀴나스는 행복으로서의 선이라는 아리스토텔레스의 관념과 존재와 선은 객관적으로 하나라는 아리스토텔레스의 원칙을 받아들였다. 아리스토텔레스는 인간의 최고선은 현세의 삶에서 철학적인 관조로써 이루어지는 행복이라고 밝혔다. 그런데 이 주장은 인간의 궁극적인 최고 목표는 내세의 축복에서 얻을 수 있다는 기독교적 신념과 어긋난다. 그래서 이 문제를 해결하기 위해 아퀴나스는 아리스토텔레스가 논하는 주제는 '불완전한 행복', 즉 현세에서 인간의 힘으로 달성할 수 있는 자연적인 상태이며, 반면에 '완전한 행복' 혹은 지복은 은총을 통해 내세에서 달성할 수 있는 초자연적인 상태라는 입장을 취하게 되었다. 그는 도덕철학의 영역으로 아리스토텔레스가 기술하고 있는 인간의 본성에 의해 얻게 되는 덕을 통해 인간이 성취할 수 있는 제한적인 행복을 검토했다. 다른 한편, 신성으로 주입된 덕에 의해 나타나는 무제한적인 천상의 지복은 신학의 소관이라고 보았다.[259] 아퀴나스는 이렇게 제한적인 인간의 행복과 무제한적인 천상의 지복을 분리시켰지만, 궁극적인 선은 인간으로서의 육체적, 사회적, 지적 목적만이 아니라 정신적 목적까지도 지닌 것이라고 보았다. 그래서 플라톤적인 관념과 달리 아퀴나스의 관념에서는 세속의 선과 초세속의 선이 보완적인 것으로 여겨지고, 정신적인 선이 자연에 대립하는 것이라기보다는 자연을 완결시키거나 완전하게 하는 것으로 여겼다.[260]

---

[259] Ibid., 1790.

[260] James Montmarquet, "Good," ed. Maryanne Cline Horowitz, *New Dictionary of the History of Ideas*, 3 (New York: Charles Scribner's Sons, 2005), 953.

그러나 근대에 와서 의무론적 윤리나 법칙론적 윤리 또는 공리주의에 그 주도권을 내어주게 된 덕 윤리가, 20세기에 들어 다시 부상하는 사태를 맞고 있다. 덕 윤리의 재등장은 칸트 의무론이나 공리주의 같은 이론에 대한 비판과 맥을 같이하는 것이 사실이다. 이제 현대사회에서 새롭게 부활하고 있는 덕 윤리에 대한 심층적 이해를 위해 덕 윤리의 대변자인 아리스토텔레스, 덕 윤리의 부활을 주도했던 매킨타이어, 기독교 덕 윤리를 대표하는 하우어와스 그리고 길리건의 배려윤리에 대해 살펴보고자 한다.

4.4.1 아리스토텔레스의 덕 윤리

지적인 덕과 도덕적인 덕_ 아리스토텔레스는 덕을 지적인 덕(intellectual virtues)과 도덕적인 덕(moral virtues)으로 구별한다. 지적인 덕은 이성적 인식의 탁월성으로서 이성과 지혜를 통해 진리를 추구하고 이해하는 능력을 의미한다. 도덕적인 덕은 영혼의 비이성적인 부분의 탁월성인데, 이는 훈련을 하고 습관을 들여야 나타난다. 인간은 그 본성으로는 선하지도 않고 악하지도 않다. 선하거나 악한 습관을 가짐으로써 선하거나 악하게 된다. 인간의 품성이라는 것은 그의 습관이 합쳐진 것이다.[261]

따라서 지적인 덕은 영혼이 이성적인 덕을 적절하게 수행하는 것, 즉 진리의 달성을 전제로 한다. 아리스토텔레스는 지적인 덕으로 다섯 가지를 열거한다. 기술적 인식(techne), 학적 인식(episteme), 실천적 지혜(phronesis), 철학적 지혜(sophia), 직관적 이성(nous)이 그것이다. 기술적 인식은 어떤 것을 만들어내거나 생산하는 능력이다. 학적 인식은 보편적이고 필연적인 진리를 인식하는 능력이다. 과학적 지식이나 수학적 증명 등이 이에 해당한다. 실천적 지혜는 상황에 맞는 최선의 선택과 행동을 할 수 있도록 하는 능력

---

[261] Aristoteles, 『니코마코스윤리학』, 최명관 역(서울: 서광사, 1996), 1102a5_1103b26.

이다. 이는 도덕적 덕과 밀접하게 관련되어 있으며, 중용을 실천하는 데 필수적인 덕이다. 직관적 이성은 학적 인식의 토대가 되는 가장 기본적인 진리를 직접적으로 파악하는 능력이다. 철학적 지혜는 학적 인식과 직관적 이성을 통해 얻은 지식을 바탕으로 삶의 궁극적인 목적과 원리를 탐구하는 능력을 말한다. 아리스토텔레스는 지적인 덕을 통해 인간은 진리에 다가가고, 도덕적 덕을 실천하며, 궁극적으로 행복(eudaimonia)에 도달할 수 있다고 보았던 것이다.[262]

도덕적인 덕은 결국 성품(character)의 상태이다. 이는 훈련과 습관에 달려 있다. 그러나 거기에는 선택이 개재된다. 숙고하는 것이 포함되어 있기 때문이다. 그렇다면 도덕적으로 덕 있는 사람은 습관적으로 올바른 행동을 선택하는 사람이다. 덕 윤리에서 습관이 강조되는 이유는, 인간이 선해질 수도 악해질 수도 있는 존재이기 때문이다. 즉, 인간됨은 타고난 본성에 따라 결정되는 것이 아니라 행동을 통해 형성된다. 그러므로 인간은 덕을 가지기 위해 평생을 두고 인간으로서의 목적을 달성하게 하는 행동, 즉 선한 행동을 해야 하고, 그렇게 하기 위해서는 그런 행동을 하는 것이 습관화되도록 노력해야 한다. '제비 한 마리가 왔다고 해서 봄이 왔다고 말할 수 없다.'는 말은 선한 일을 한 번 했다고 선한 사람, 즉 덕을 갖춘 사람이 되는 것이 아니라, 평생을 두고 선한 일을 지속해야만 선한 인간, 덕스러운 인간이 된다는 의미이다. 요컨대 인간은 습관을 통해 탁월한 성품을 갖게 되거나 열등한 품성을 갖게 되는 것이다. 이것은 선한 것이 무엇인지 알면 선한 일을 하게 되어 선한 사람이 되는 것이 아니라, 선한 일을 알고 행하는 차원을 넘어 부단하게 선한 일을 행해야 선한 사람이 된다는 의미이다.[263] 결국 아리스토텔레스는 선이 경험적인 내용에 상응하는 것이라고 본 것이다. 덕은 인간에게

---

262 Ibid., 1139a4-1141a19.

263 Aristoteles, 『니코마코스윤리학』, 1103a.

내재하는 것이 아니라, 스스로 계발해야 하는 일종의 능력 같은 것이다. 인간이 덕이 있고 존경받는다면, 그가 좋은 습관을 가지게 되었기 때문에, 그리고 균형 잡힌 삶을 모색했기 때문이다.

말하자면 아리스토텔레스는 어떤 원칙을 지적으로 파악하는 데 두 가지 방식이 있다고 본 셈이다. 학적이거나 사변적인 방법은 변하지 않는 것에 적합하며, 반면에 변하는 것에는 숙고나 사려(신중)함의 방식이 적합하다. 전자의 이성은 진리를 목표로 하는 데 반해 후자의 이성은 올바른 욕구와 부합한다. 지적으로 파악하는 것은 도덕적 선택에서 큰 역할을 한다. 사변적 이성을 통해 진리를 파악하고, 숙고적이며 실천적인 이성을 통해 진리를 욕구와 일치시켜서 선택해 행동한다. 아는 것으로 갖게 되는 지적인 덕은 행함으로써 갖게 되는 도덕적인 덕과 직결되지 않는다. 그래서 아는 것을 행하게 하는 데 필요한 것은 아는 것을 행하도록 습관화하는 것이다. 즉, 인간은 습관화를 통해 자신이 가진 감정과 욕구를 이성과 조화시켜 절제할 수 있다. 그렇다면 인간은 아는 것만으로 아는 것을 행하게 되는 것이 아니라, 아는 것을 행하는 행동을 반복해 습관으로 만들어야만 아는 것을 행하게 되는 것이다. 이렇게 하여 감정이나 욕구가 이성과 조화를 이루게 되면, 즉 완전한 덕이 갖추어지게 되면, 행위자는 내적 갈등 없이 올바른 것을 행하게 된다.

행복_ 아리스토텔레스에 의하면, 궁극적 목적은 지고의 선이다. 즉 지고의 선은 그 자체로서 항상 바람직한 것이며, 결코 다른 어떤 것을 위한 수단이 아니다.[264] 행복이 지고의 선이며 궁극적인 목적이다. 오늘날에는 행

---

264 아리스토텔레스는 '본질적인 선'(intrinsical good)과 '도구적인 선'(instrumental good)을 구별했다. 전자는 그 자체로서 본질적으로 선한 것이며, 후자는 다른 어떤 목적에 대한 수단으로서 선한 것이다. 예를 들면, 공리주의자들에게는 쾌락이 유일하게 본질적인 선이다. 그래서 그들에게는 다른 것들, 예를 들어 돈, 건강 같은 것뿐만 아니라 정직, 관대, 성실 같은 덕도 쾌락을 달성한다는, 목적에 대한 수단으로서의 선일 따름이다. 반면 아리스토텔레스에 의하면 덕은 행복이라는 최고

복을 일반적으로 쾌락으로 이해한다. 즉, 감정의 주체에 의해 가장 정확하게 규정되는 감정 상태가 행복이다. 이런 점에서 행복은 주관적이며 지속시간이 짧다. 그런데 궁극적인 선으로서 최고의 목적이 되는 행복(eudaimonia)은 일반적으로 행복(happiness)라고 번역되지만, 그 의미와 범위가 다르다. eudaimonia는 완전하며 자급자족적이며 선택할 가치가 가장 높은 것이다. 일시적이며 주관적이고 감각적인 상태에 적용되는 것이 아니라 삶 전체에 적용되며, 삶의 계획처럼 기능을 한다.

우리가 그 자체를 위해 욕구하는 어떤 것이 목적을 가진다면, 그것이 바로 지고의 선이다. 말하자면, 인간에게 선한 것은 그 자체로서 인간이 바람직하다고 생각하는 것이다. 그래서 일단 선한 것을 갖게 되면 인간은 더 이상의 것을 요구하지 않는다. 행복은 궁극적이며 자족적인 것이다. 인간은 행복 이상의 것을 요구하지 않으며, 일단 행복을 가지면 인간은 더 이상의 것을 욕구하지 않기 때문이다. 그러므로 행복은 이 세상에서 최고의 선이며, 가장 고상하고 즐거운 것이다. 그러므로 행복이 인간의 선이 되어야 한다.

중용의 덕_ 행복의 본질을 더 구체적으로 규명하기 위해서는 인간의 기능을 알아야 한다. 인간의 기능은 합리적인 원칙을 따르거나 그 원칙을 함축하는 영혼의 활동이다. 그러므로 선한 인간의 기능은 덕에 부합하는 영혼의 활동이다. 앞에서 본 것처럼 아리스토텔레스는 두 가지 덕을 구별하는데, 철학적 지혜, 이해, 실천적 지혜를 '지적인 덕'으로, 그리고 관대한 것과 절제를 '도덕적인 덕'으로 본다. 아리스토텔레스에게 행복은 수학, 자연 철학 등 영원한 진리를 숙고하는 데서 우선적으로 이루어진다. 그러나 삶을 영위하는 데 나타나는 실천적 지혜는 아리스토텔레스에게 별개의 지적인 덕이며, 인간 품성이 가지는 덕은 이와 밀접하게 연관되어 있는 것으로, 행

목적을 달성하는 수단이기도 하지만, 그 자체로서 지고선의 부분이며, 그러한 만큼 그 자체로도 목적이다(James Montmarquet, "Good," 952).

동, 욕구, 감정의 내화된 성향이다.²⁶⁵

인간을 선하게 하고 행동을 잘하게 하는 성품의 상태가 덕이다. 더군다나 덕은 선택과 관계되는데, 올바른 선택은 이성에 의해 결정된다. 이성이 영혼의 욕구적인 부분을 통제하며, 이성적인 원칙 그 자체를 통제하기 때문이다. 그런데 욕구적인 부분을 통제하는 것이 도덕적인 덕을 행사하는 것이며, 지적인 덕은 이성적인 원칙을 통제하는 것이다.

도덕적으로 덕 있는 행동은 행동을 하는 사람에게 상대적인 양극단, 즉 지나친 것과 결핍된 것 사이의 중앙에 있다. 지나친 것과 결핍된 것은 악이다. 덕은 일종의 중간이다. 덕은 중앙에 있는 것을 목표로 하기 때문이다. 이 중앙이 무엇인지는 실천적 지혜가 있는 사람이 적용하고자 하는 규칙에 의해 결정된다. 아리스토텔레스는 육체의 강함이나 건강이 음식물의 지나친 섭취나 너무 적은 섭취, 너무 과한 운동이나 너무 적은 운동량에서 오는 것이 아니듯, 덕에 대해서도 적용시키고 있다. 용기의 덕은 비겁과 만용(무모함)의 중용이며, 절제는 쾌락을 무절제하게 탐닉하는 방탕과 모든 쾌락을 피하려는 무감각의 중용(mesotes)이다.²⁶⁶

본래 중용은 수학적인 중간 혹은 중심을 의미했으나, 아리스토텔레스가 사용하는 중용의 의미는 너무 지나치지도 않고 너무 모자라지도 않는 상태(medan agan)를 의미한다. 그러나 이러한 상태란 사람마다 서로 다르고 환경과 처지에 따라 차이가 있을 수밖에 없다. 그러므로 윤리적인 차원에서의 중용은 절대적 중간의 의미의 중용이 아니라 어떠한 상황에서 어떠한 역할을 누가 수행하느냐에 따라 달라질 수밖에 없는 상대적 중용을 의미한다.²⁶⁷ 이러한 중용이 아리스토텔레스가 제시하는 행위의 지침으로서의 중용의

---

265 Bernard Williams, *Ethics and the Limits of Philosophy* (Cambridge: Cambridge University of Press, 1985), 35-36.

266 Aristoteles, 『니코마코스윤리학』, 1104a15-25.

267 최재희, 『서양윤리사상사』(서울: 서울대출판부, 1984), 54 참조.

원칙이다. 이러한 중용의 원칙은 그때 그 상황에서 가장 알맞은 '필요한 적도.'(suitableness)를 의미한다. 이 같은 적도를 알기 위해서는 실천적 지혜가 뒤따라야 하는 것이다.

도덕적인 덕과 실천적인 지혜는 다르게 규정되지만, 사실에 있어서는 같은 것이다. 도덕적으로 덕을 가진 이는 선한 것을 하는 사람이다. 반면에 실천적인 지혜를 가진 이는 선한 행동이 무엇인지를 아는 사람이다. 선한 행동을 하기 위해서, 말하자면 도덕적으로 덕을 가지기 위해 인간은 선을 알아야 하며, 그래서 실천적인 지혜를 가져야 한다. 따라서 도덕적인 덕을 가진 이와 실천적인 지혜를 가진 이는 실제로는 분리될 수 없다. 역으로 말하면, 실천적인 지혜는 좋은 판단을 내리는 사람이며, 좋은 판단은 올바른 선택을 하는 사람에게서, 즉 도덕적으로 덕을 가진 사람에게서 발견된다.[268] 결국 아리스토텔레스에게 '중용을 선택하는 성품'이 덕이고, 이 선택은 바로 실천적 지혜가 숙고한 결과이다.

고전적 덕 윤리의 난점_ 덕을 탁월성이라고 할 때 '탁월하다'는 말은 명백한 개념이 아니다. 덕은 탁월한 성품인 도덕적 덕과 탁월한 이성인 지적 덕이 불가분의 관계를 가지고 있는 그 어떤 것이라고 하지만, 그것이 무엇인지는 막연하다. 덕이라는 개념을 떠올리는 순간 분명한 정의보다는 덕의 목록이 떠오르게 된다. 그런데 덕목들은 너무 다양하고, 시대에 따라 강조되는 덕목들이 다르기도 하다. 그리고 어떤 유형의 행위, 욕구, 느낌을 덕으로 간주할지를 확립하는 것도 어려운 일에 해당한다. 한 인간이 행복하게 살기 위해 필요한 것이 덕이라고 하지만, 중용, 정직, 용기, 절제, 관용, 충성 등의 덕의 목록이 어떤 근거에서 덕으로 지명되었는지 명확하지가 않다.

그리고 시대적, 사회적으로 전통이 변함에 따라 덕의 목록이 달라지는

---

268 Aristoteles, 『니코마코스윤리학』, 1104b4-1108b18.

것을 알 수 있다. 예를 들어 호머 시대에서 덕은 장군가장주인 등이 그 사회적 역할을 수행하기 위한 의무로 주어지고, 그 사회에 적합한 영적 덕의 목록이 사람들에게 의무로서 명령을 내리게 된다. 아리스토텔레스 시대는 그 사회적 배경이 폴리스이며 그에 적합한 덕의 목록은 특정한 사회적 역할이 아니라 보편적 인간의 본성을 두고 작성된다. 지혜절제정의와 같은 덕의 목록은 행복이라는 추상적 목표를 달성하기 위한 인간의 성품이다. 서양의 중세는 기독교적 세계관이 배경적 형이상학을 이루므로 아리스토텔레스의 인간적 덕의 목록과 별도로 신학적 덕이 목록에 추가되어 믿음소망사랑이 기본적 덕으로 꼽히게 된다.

　이렇게 덕의 목록이 변화한다는 것은 이전에는 특수한 전통에서 덕이었던 것이 다른 전통에서는 더 이상 덕이 아니게 되거나, 반대로 과거에는 덕이 아니었던 것이 새로운 전통에서는 덕의 목록에 올라올 수 있음을 말하는 것이다. 실제로 겸손이라는 기독교적 덕은 아리스토텔레스의 덕의 목록에 없을 뿐만 아니라 오히려 악덕에 해당한다. 용서와 인내의 덕도 이와 마찬가지다.

　그리고 이론가들마다 덕의 목록이 일치하지 않는다는 점에서도 논란이 있다. 위험한 것은 덕 윤리의 이론가들이 단순히 자신들의 편견에 따라 선호하는 삶의 방식을 덕으로 자신들이 싫어하는 활동들을 악덕으로 재정의할 수 있다는데 있다. 고전음악에 탐닉한 음악 애호가는 고전음악을 사랑하는 성품을 갖추는 것을 덕이라 말할지 모른다. 금욕주의자는 금주와 금연이 덕이라고 여길 것이며, 근본주의적 신앙에 세뇌된 사람은 성서를 문자적으로 해석하고 믿는 것을 최고의 덕으로 여길 것이다. 더 나아가 덕의 윤리를 신봉하는 자가 자신이 속한 사회에서 통상적으로 덕으로 간주되는 행위, 욕구, 느낌의 방식들만을 덕으로 받아들인다면, 이 이론은 본질적으로, 적어도 도덕적인 면에서는 사회를 개혁시킬 능력이 없는 수구적인 이론이 되고 말 것이다.

4.4.2 매킨타이어의 덕 윤리

매킨타이어(Alasdair MacIntyre)의 눈에는 칸트주의나 공리주의와 같은 서구를 대표하는 근대윤리가 우정이나 사랑과 같은 고귀한 인간관계를 제대로 다루지 못하고 있는 것으로 비춰진다. 칸트주의나 공리주의는 모든 사람을 평등하게 보는 공정한 이론이라고 하지만, 일상에서는 공정하게 행동하지 않는 것이 현실이다. 어느 누구보다 부모, 자녀, 형제, 친구처럼 가까운 사람들에게 더 많은 신경을 기울인다. 그들을 배려하고, 그들과 사랑과 믿음의 관계를 쌓아가는 것이 삶에서는 매우 의미있는 가치를 지닌다. 이러한 가치에 대해 칸트주의나 공리주의가 무관심했던 것이다. 또한 그러한 이론들은 인간의 정서에 대해서도 역시 무관심했다. 인간의 정서는 불합리의 근원이며 투철한 도덕적 사고에 장애가 되는 것으로 여겼던 것이다. 그러나 덕에 관심하는 윤리는 옳은 정서에 바탕을 둔 동기가 때로는 옳은 행위를 이끌어내는 데 필수적이란 사실을 지적한다. 아프리카의 난민 구호에 기부하는 행위가 최선의 결과를 고려하거나 도덕원칙에 대한 의무에서 비롯된 것이 아니라 힘든 삶을 살아가는 그들에 대한 강렬한 연민과 배려심에서 기인했다는 점이 하등하게 취급되어야 할 이유가 전혀 없다는 것이다. 즉 의무론이나 공리주의를 비롯한 기존의 윤리이론에 대해 불만에서 덕 윤리가 태동한 것이다.

덕 윤리의 정당성을 심도 있게 논구한 매킨타이어의 주장을 살펴보자. 그에 따르면, 덕 윤리를 수용하기 힘든 다원주의적이고 개인주의적인 사회구조를 가진 현대사회에서 다시 덕 윤리가 요청되는 이유는 '계몽주의 도덕의 실패'에서 기인한 것이라는 점이다. 계몽주의 도덕철학의 실패는 한마디로 말해 '목적론의 상실'이다. 아리스토텔레스의 목적론적 도식에서는 '현존하는 인간'(man as he is)과 '존재할 가능성으로서의 인간'(man as he could be)을 구분한다. 그 둘 사이의 간격을 메우는 것이 도덕철학의 역할이다. 다시 말해, 자신의 목적이 무엇이며 그 목적을 달성하는 방법은 무엇인지를 이해하여 존재하는 인간이 존재할 가능성이 있는 인간이 될 수 있게 하는 것이다. 그런데 근대 이후의 도덕철학자들은 인간 본성에 관한 목적론적 관점을 배격했다는 것이다. 이것은 인간은 자신의 목적을 정의할 수 있는 본질을 가지고 있다는 인간관을 거부함을 의미한다. 기독교와 아리스토텔레스를 거부한 근대 도덕철학은 '존재할 가능성이 있는 인간', 즉 '목적을 실현하면 가능한 인간'의 관념을 제거하면서, 존재에서 당위를 도출할 수 없다는 원리에 충실했다는 것이다. 결국, 목적을 상실한 채 현존하는 인간 본성에서 도덕적 내용을 찾으려는 시도는 당연히 성공할 수 없었던 것이다.[269] 그런데 매킨타이어는 계몽주의의 도덕적 실패가 현대사회의 이모티비즘으로 귀결된다고 주장한다.

> 이모티비즘은 모든 도덕적 판단이 선호의 표현들, 태도 및 감정의 표현들과 다를 바 없다는 학설이다. 사실판단은 그 진위에 관한 의견 일치를 가능하게 하는 합리적 기준이 있지만, 가치판단의 경우 그러한 기준이 존재하지 않는다. 따라서 가치판단은 항상 주관적인 판단일 수밖에 없다. 이모티비즘이 옳다면 모든 도덕적 불일치가 합리적으로 무한하다.[270]

매킨타이어에 의하면, 도덕적 표현의 의미에 관한 이론으로서 실패한 이모티비즘은 아직도 완전히 죽지 않고 현대사회에서 사회적 문화적 의미들을 함축하고 있다.[271] 그는 심미주의자(Aesthete), 경영자(Manager), 치료사(Therapist)라는 상징적인 세 인물을 통해 현대사회의 이모티비즘 문화를

---

[269] Alasdair MacIntyre, *After Virtue*, 이진우 역, 『덕의 상실』(서울: 문예출판사, 1997), 93.

[270] Ibid., 32.

[271] Ibid., 44.

설명한다. 심미주의자는 사회를 오직 자기 자신의 태도와 선호 체계를 가진 개인 의지들이 만나는 장소로밖에 보지 않는 사람들, 이 세계를 오직 자신들의 욕구를 충족시키기 위한 경쟁의 무대로 이해하는 사람들, 또 현실을 그들이 즐길 수 있는 쾌락의 기회의 연속으로 해석하는 까닭에 권태를 최대의 적으로 간주하는 사람들이다. 그들은 도덕적 모범과는 어울리지 않는 성격이며 점증하는 향락주의적 문화에서 쉽게 발견될 수 있는 인물들이다. 경영자는 조직이 보유하고 있는 인적 물적 가용 자원들을 목표를 위해 가능한 한 효율적으로 관리하고 조정한다. 모든 관료제적 조직은 어떤 형태로든 비용과 이익에 관한 명시적 또는 함축적 정의를 구현한다. 이 정의로부터 효율성의 기준이 도출된다. 관료제적 합리성은 수단과 목적을 경제적이고 효율적으로 결합시키는 합리성이다. 관료제적 조직 속에서의 경영자라는 인물은 이모티비즘이 구현하는 분열들을 함축하고 있다. 목표에 관한 물음들은 가치에 관한 물음들이며 이성은 가치에 관한 물음들에 침묵한다. 가치 갈등은 합리적으로 해결될 수 없다. 그것은 간단하게 선택될 문제다. 모든 신념들과 평가들은 비합리적인 것이며, 모든 것은 정서와 감정에 주어진 주관적 지침들이다. 치료사 역시 목표를 주어진 것으로서 자신의 지평 바깥에 놓인 것으로 생각한다. 그의 관심 또한 기술, 즉 신경증 징후를 통제된 에너지로 그리고 적응하지 못한 개인들을 잘 적응하는 개인들로 전환시키는 효율성에 있다. 경영자나 치료사나 모두 경영자와 치료사로서의 자신들의 역할들 속에서는 도덕적 논쟁에 참여하지도 않고 또 참여할 수도 없다. 그들은 자신들에 의해 그리고 그들을 자신들과 똑같은 시각으로 바라보는 사람들에 의해 논의의 여지가 없는 인물들로 관찰된다. 매킨타이어는 세 가지 인물들에 대한 설명을 통해 현대사회가 효율성(심미주의자의 경우는 쾌락에 의해 규정되는 효율성, 경영자의 경우는 경제적 효율성, 치료사의 경우는 치료적 효율성)이 각각의 영역에서 행동을 조작하고 통제하는 유일한 권위를 행사하고 있음을 지적

한다.[272]

효율성이 지배하는 현대사회는 가치의 영역과 사실의 영역이 엄격하게 구분된다. 도덕(가치)의 영역에서는 개인들에게 자유롭고 자의적인 선택들이 주권적 역할을 하는 삶의 양식이 주어지고, 효율성이 지배적 권위를 행사하는 사실의 영역에서는 관료제적 조직이 너무나 주권적이어서 자유로운 선택을 제한당하는 삶의 양식이 주어진다. 이런 두 가지 삶의 양식들은 장기적으로 지탱하기 힘들다. 그래서 현대사회는 관료제적 집단주의와 자유주의적 개인주의가 동지가 되기도 하고 적이 되기도 하는 사회다. 매킨타이어의 주장은, 관료주의와 이모티비즘(개인주의)이 불안하게 공존하는 현대사회에 어울리는 의무론적 도덕철학의 문제점들을 극복하기 위한 대안은 덕 윤리의 부활이며, 그것이 어울리는 사회구조는 소규모 공동체라는 것이다.

이모티비즘적 현대사회에서 어떤 행위규범이나 규칙을 수립한다는 것은 매우 어려운 일이며, 더욱이 도덕적 의무로 규정되어 있지 않지만 도덕적으로 바람직한 일들이 다양하다. 예를 들어, 길을 물어보는 사람에게 반드시 길을 가르쳐줄 의무나 규칙은 없지만, 대부분의 사람들은 길을 가르쳐주는 것이 옳은 일이며, 인간으로서 해야 할 일이라고 생각할 것이다. 그것은 도덕적 의무로 요구된 것이 아니고 해야 할 필연성도 없고 규칙도 아니지만, 도덕적으로 바람직한 행위인 것이다. 그래서 의무는 아니지만 도덕적으로 바람직한 행위를 나타낼 또 하나의 범주가 필요하게 된 것이다. 그것이 바로 덕인 것이다.

근대이후의 행위 윤리가 "나는 무엇을 해야 하는가?"라고 물었다면, 덕 윤리에서는 "나는 누구여야 하는가?"를 묻는다. 물론 행위와 인격 사이에는 밀접한 관계가 있다. 그리고 고전적인 덕 윤리나 근현대적 행위윤리 모두 인격과 행위의 통합성을 강조하고 있다. 그러나 그 통합성에 접근하는 길은

---

272 Ibid.

서로 그 방향이 다르다. 행위 윤리는 일정한 행위들의 반복적 수행을 통한 인격의 형성에 관심을 둔다면, 덕 윤리는 인격이나 성품, 즉 덕의 형성에서 출발하여 행위 수행을 거의 자동적인 현상으로 생각한다. 다시 말하면, 분명히 존재양식과 행위양식 사이에는 밀접한 관계가 있다. 어떤 사람도 단순히 어떤 존재 혹은 어떤 유형의 사람일 수는 없다. 그가 어떤 행위들을 함으로써 어떤 유형의 사람이 될 수 있다는 것이다. 그의 존재유형 내지 성품은 그가 행하는 행위들에 의해 형성된다는 것이다. 도덕적인 행위의 반복적 수행을 통해 도덕적인 성품이나 덕이 형성된다는 것이다. 덕 윤리는 인격이나 성격 특성으로서의 덕의 형성에 행위의 반복적 수행이 중요함을 충분히 인정한다. 그러나 행위 윤리는 행위 자체에 관심을 집중시킨 나머지 인격이나 덕의 형성에는 별 관심을 두지 않는다. 행위 윤리는 단지 사람들이 해야 하거나 하지 말아야 하는 것, 즉 행위 원칙이나 규칙만 강조하면서 어떤 원칙과 규칙이 바람직한 것이냐에 관심을 모은다는 것이다.

4.4.3 하우어와스의 덕 윤리

하우어와스(S. Hauerwas)는 덕의 윤리와 성품 윤리를 개발하기 위해 아리스토텔레스와 아퀴나스를 집중적으로 연구했고, 요더(John Yoder)를 연구하여 기독교윤리학의 패러다임으로서의 예수, 제자도의 대안적 공동체로서의 교회, 그리스도인의 삶의 표지로서의 비폭력 사상에 집중했다.[273] 하우어와스는 교회가 진실하고 평화로운 공동체가 되어야만 성서의 예수를 바로 이해할 수 있다고 보았다. 말하자면 예수처럼 살아야 예수에 대한 바른 이해가 따라올 수 있다는 것이다. 행하는 것만큼 알게 된다는 셈이다. 예수 이야

---

[273] Stanley Hauerwas, *A Community of Character: Toward a Contructive Christian Social Ethic* (Notre Dame: University of Notre Dame Press, 1991), 35. Richard Hays, 『신약의 윤리적 비전』, 유승원 역 (서울: IVP, 2002), 395에서 재인용.

기에 의해 성품과 정체성이 형성된 공동체가 교회이고 그 공동체가 전하는 예수 이야기에 의해 결정된 윤리를 실천하는 자가 그리스도인이다. 이것은 하우어와스의 아타나시우스 인용에서 잘 읽을 수 있다.

> 성서를 연구하고 제대로 이해하기 위해서는, 선한 삶과 순결한 영혼이 필요하다. 인간의 본성이 할 수 있는 한 최선을 다해, 기독교적인 덕이 마음을 인도하여 신의 말씀에 관한 진리를 파악할 수 있게 할 필요가 있다. 순결한 마음을 소유하여 성자들의 삶을 본받으려 하지 않는 한 성자들의 가르침을 이해할 수 없을 것이다… 성스러운 그리스도인들의 마음을 이해하기 원하는 사람이라면 누구든지 우선 자신의 삶을 정결케 하고 그들의 행위를 모방함으로써 성자들에게 다가가야 한다.[274]

하우어와스는 아타나시우스의 논리를 연장해서 해석 공동체인 교회의 성품에 적용했다. 교회의 가장 중요한 과제는 성서에서 발견하는 신의 이야기를 들을 능력을 갖추고 그 이야기에 충실한 방식으로 살아가는 공동체가 되는 것이다. 성품 형성의 공동체인 교회의 맥락 밖에서 일어나는 성서읽기는, 교회 정치와는 전혀 다른 정치 이데올로기를 뒷받침할 뿐이다. 달리 말해 예수의 성품 형성이 이루어지지 않은 상태에서는 반드시 삶의 왜곡이 일어날 수밖에 없다는 것이다. 그래서 어쩌면 성서지상주의자들이 오히려 천박한 이기주의, 탐욕주의, 폭력주의의 주체가 되는 경우가 발생하는 지도 모른다.

결국 신의 의지를 올바로 알기 위해서는 성서를 읽어야 할 것인데, 성서의 의미를 올바로 깨닫기 위해서는 공동체에서 도덕적으로 삶의 모범을 보이는 덕스러운 사람(성도)들을 주목하고 그들의 삶을 배우지 않으면 안 된다는 것이다. 그래야 예수 이야기를 전달할 능력을 갖춘 성품의 소유자가

---

[274] S. Hauerwas, *A Community of Character*, 36. Richard Hays, 『신약의 윤리적 비전』, 396에서 재인용.

될 수 있는 것이다.[275] "예수의 제자가 된다는 것은 새로운 공동체, 즉 예수의 십자가 순종에 의지하는 새로운 정치 구조의 일부분이 되는 것이다."[276]

하우어와스에 의하면, 공동체에서 예수 이야기에 의해 함양되는 덕은 우선 용서이다. 이야기는 공동체가 용서를 체화시킬 것을 훈련시킨다. 용서받은 죄인으로서 정직과 겸손으로 살아가도록 훈련받음으로써 기만과 강압 그리고 폭력에 의존하려는 열망에서 해방된다.[277] 용서의 덕과 관련하여 강조되는 것이 다양성이다. 그리스도 안에서 구성원들의 다양한 특별성을 귀하게 여기는 것이다. "각 개인이 복음에 충실하기 위해 투쟁하는 것은 우리 자신의 삶을 위해 필수적이다. 다른 사람들이 제자가 되기 위해 부르심을 입은 다른 방법들을 보는 것을 통해 나는 나의 이야기를 이해"[278]하는 것이다.

하우어와스가 공동체의 덕으로 강조하는 것은 융통성(flexibility)이다. 신의 은혜는 예측할 수 없다는 예수의 이야기에 터하여 예기치 못하고 전혀 낯선 모양으로 다가오는 것에 대해서도 두려워할 것이 아니라 신의 은총으로 기꺼이 환영하는 법을 배워야 한다는 것이다.[279] 이런 맥락에서 예수의 삶을 따르는 제자들은 증오와 원한이 자연스럽게 보이는 세계에서 도대체 불가능해 보이는 산상수훈의 원수 사랑의 요구가 실현 불가능한 이상이 아니라 실재에 대한 진리로 수용하며 실천 가능한 삶의 방식으로 깨닫게 된다.[280] 그리고 예수를 따르는 삶은 필연적으로 도상적 삶, 끝나지 않은 삶의 이야기이며 '공동의 모험'에 참여하는 삶이다. 이러한 모험적인 삶을 통해

275　Ibid., 397에서 재인용.
276　Ibid., 399에서 재인용.
277　Ibid., 399에서 재인용.
278　Ibid., 399에서 재인용.
279　Ibid., 400에서 재인용.
280　Ibid., 401에서 재인용.

자기 성장의 숙련된 기술(덕)이 쌓여 간다.[281]

하우어워스에게 있어서 교회의 텔로스는 분명하다. 예수의 이야기에 의해, 그리고 그 이야기를 구성원들에게 전해준 사람들의 삶의 모범을 따라서 형성하는 것이다. 그래서 교회는 예수 성품 공동체이며, 예수 이야기에 의해 자신들의 삶을 형성한 사람들에게 가능한 사회적 삶을 증거하면서, 모든 나라에 대한 정치적 대안 공동체로서 존재하도록 하는 것이다. 이 정치적 대안은 세상의 눈에서는 매우 낯선 것이다. 그러나 평화, 용서 그리고 원수 사랑의 대안적 삶의 방식은 공동체 안에서 마땅히 도야되어야 할 핵심적 성질의 것이다.

4.4.4 길리건의 배려윤리

길리건(Carol Gilligan)은 도덕발달과 관련하여 주류적인 생각과 반대되는, 즉 여자아이는 남자아이와는 다르게 발달한다고 주장했다.[282] 콜버그(L. Kohlberg)는 정의의 이상, 즉 도덕적 사유의 최고의 형식으로서 보편적으로 적용되는 추상적 원리를 강조하는 도덕발달 이론을 제시했다. 그런데 길리건은 콜버그의 연구가 완전히 남성 중심적이며, 이러한 종류의 합리적인 도덕적 사유는 여자아이의 관계를 강조하는 도덕적 추론과 대조가 된다고 지적했다. 남성들은 전형적으로 개인주의적, 개별적 자아 개념, 객관주의적 경향, 직업에 기초한 자신들의 정체성, 추상적이고 비편향적인 규칙들과 원리들에 대한 경향성을 지니기 때문에 '정의, 권리정향'(justice, right orientation)을 갖는다. 그러나 반면 여성은 다른 사람들과 연계된 그리고 상호의존적인 것

---

281 Ibid., 401에서 재인용.

282 Carol Gilligan, "New maps of development: New visions of maturity," *American Journal of Orthopsychiatry*, 52-2 (1982), 199-212.

으로서의 자아에 대한 개념, 친밀한 관계에 기초한 정체성, 자아와 타인들의 복지, 그리고 배려에 대한 관심, 위험을 가하거나 혹은 해를 주지 않는 것에 대한 민감성, 구체적인 상황에서 조화로운 관계를 위한 관심 등의 경향성을 지녀 '배려, 반응정향'(care, response orientation)을 갖는다는 것이다. 이렇게 남녀가 다른 경향을 가지는 이유는 어린 시기에 겪는 타인들과의 관계가 다르기 때문이라고 한다.[283]

덕 윤리와 관련된 길리건의 공헌은 배려윤리학(care ethics)의 발전이다. 배려윤리학은 보살핌과 맥락에 대한 감수성 같은 태도가 도덕적 삶의 중요한 측면이라는 논제를 가지고 있다. 타인의 의견에 복종적이며, 주관성이 없고 보편적일 수 없다는 부정적인 이유로 여성들의 입장은 무시되어왔지만, 이러한 것을 부정적인 측면이 아니라 여성 윤리의 장점으로 부각시킨 것이다. 여성 윤리는 남성의 윤리와는 달리 정의와 책임 면에서 약할지 모르나 타인의 감정에 공감하고, 타인의 입장을 생각할 수 있는 배려의 힘을 지니고 있다는 것이다.

> 여성들은 인간관계 속에서 자신을 규정할 뿐 아니라 보살핌의 능력을 기준으로 자신을 측정한다. 남성의 삶의 순환에서 여성이 담당하는 역할은 양육자, 보호자, 보조자 등인데, 이것은 여성 자신의 자아 규정에 영향을 미치는 인간관계를 짜 나가는 직조자로서의 역할이다. 또한 남성들은 성인 중기에 이르러 겨우 친밀성의 중요성을 깨닫지만, 여성들은 처음부터 친밀성이 중요하다는 것을 인식하고 있다.[284]

---

[283] 여기에 기초한 '정의 윤리'는 모든 사람들이 동등하게 대우 받아야 한다는 평등의 전제에 의존하고 공평한 규칙과 원리와 기준에 근거해서 합리적으로 사고하는 도덕판단의 지향성이다. 또한 정의 윤리는 남성들의 시각에서 개인의 권리와 정의에 관심을 두는 공정성과 정의에 관한 문제에 초점을 둔다. 사실 정의 윤리는 남성들의 시각에서 조명되었으며 남성들의 입장, 남성들의 시각에서 정의 윤리를 분석했다. 그리고 이것은 배려윤리가 등장하기 전까지 도덕성을 설명할 수 있는 지배적인 이론이었던 것이 사실이다.

[284] Carol Gilligan, 『다른 목소리로』, 허란주 역 (서울: 동녘, 1997), 64.

배려윤리는 남성의 윤리와는 달리 배려하고 보살피며 친밀성을 추구한다. 그래서 배려윤리는 다양한 페미니즘의 흐름 속에서 남성과 여성의 동일성 보다는 차이에 주목하고, 여성성에 대한 정당한 가치평가를 통한 양성평등 사회를 지향하고 있다 할 것이다. 또한 전통적으로 합리적이고 개인주의적인 사고에 근거해서 자유과 권리, 가치를 강조했던 서구인들에게 여성적인 덕과 모성애에 근거한 관계, 상호의존성, 책임, 공동체적 가치와 함께 정서적인 측면을 강조했다. 그리고 길리건은 배려의 목소리를 함양하기 위해 도덕 교육에서 '이야기(narrative) 사고방식'이 중요시되어야 할 것을 역설한다. 여성들은 남성들과 뚜렷하게 구별되는 도덕적 언어를 지니고 있기에 도덕 교육에서는 여성 당사자들의 실제적인 도덕적 경험이 이야기 될 수 있는 기회가 많이 주어져야 한다는 것이다. 이것은 내러티브를 통해 자신의 도덕적 경험 속에 담겨진 인지적, 감정적, 행동적 차원을 드러내고, 특히 자기가 구성한 이야기에 자신이 주인공이 됨으로써 여성은 자신의 권위와 책임감을 고양시킬 수 있게 된다는 것이다.[285]

배려윤리의 주장은 남성을 위한 도덕성과 여성을 위한 도덕성이 따로 존재하고 있다는 주장이라기보다는, 남성의 도덕성과 여성의 도덕성이 각각 다르게 발달한다는 것을 인정하자는 것이다. 여성이 정의와 합리성에 관심을 나타낼 수도 있으며, 남성이 타자에 대한 예민한 감수성을 나타낼 수도 있는 것이다. 즉, 우리는 원리에 대한 편향적인 강조를 교정할 필요가 있고, 도덕적 사유에서 덕의 측면을 구체화시킬 필요가 있다는 점이다. 특히 우리는 아이 양육, 가족 그리고 우정과 같은 인간관계에 주목해서 보살핌의 윤리학을 규칙 지배적인 윤리학보다 더 중요한 것으로 간주할 필요가 있다는 것이다.

배려윤리학은 기독교의 아가페 이론과 유사하다. 아가페의 영감은 요

---

[285] Ibid., 17.

한 일서 4장 7-8절에서 나온다. "사랑하는 자들아 우리가 서로 사랑하자. 사랑은 하나님께 속한 것이니 사랑하는 자마다 하나님으로부터 나서 하나님을 알고, 사랑하지 아니하는 자는 하나님을 알지 못하나니 이는 하나님은 사랑이심이라." 본질적으로 기독교의 사랑은, 모든 인류를 포함해 보편적으로 적용된 배려윤리학이고, 배려윤리학은 부모자식 관계, 결혼한 배우자, 친구, 그리고 사랑하는 사람과 같은 특수한 관계에 더 좁게 초점을 맞춘 기독교의 사랑이다.

배려윤리에 대한 문제점[286]을 한 가지만 지적하겠다. 배려나 보살핌이 없는 규칙이나 정의가 많은 문제점을 안고 있는 것과 마찬가지로, 규칙의 안내 없는 배려나 사랑도 맹목적일 수 있다는 점이다. 내 아이가 가증스러운 범죄를 저질렀을 때, 나는 비록 나의 아이를 사랑하지만, 그래도 내 아이뿐만 아니라 사회에 대한 전반적인 도덕적 의무를 지닌다. 나는 나의 아이를 눈물을 머금고 관계 당국에 신고해야 한다. 즉 배려윤리만으로는 사람들의 관계 속에서 발생하는 문제들을 해결할 수 없고, 공동체를 해석하기 힘들다. 보다 완전한 도덕 체계와 완전한 도덕적 삶을 위해서는 사랑과 정의가 필수적이다. 즉 배려윤리와 정의윤리는 상호 보완되고 통합되어야 올바른 도덕적 추론이 가능할 것이다.

덕 윤리의 과제_ 지금까지 살펴본 덕 윤리는 표준적 행위 중심의 윤리에 의미심장한 도전을 제기한다. 성품이 없는 원리는 무기력하다. 덕은 일반적으로 원리에 생명을 불어넣고, 도덕적 삶에 활력을 제공한다. 적어도 덕 윤리는 덕의 중요성을 부각시키는 데 성공했다고 말할 수 있다. 그동안 근

---

[286] 길리건의 배려윤리에 대한 비판은 소위 '성차별적 본질주의'라는 비판이다. 즉, '여성들이 왜 배려나 보살핌과 같은 특징을 보이게 되었는지'에 대한 심각한 고민이 생략되어 있다는 것이다. 그런 여성들의 성향이 가부장제의 산물은 아닌지에 대한 의심과 그러한 여성에 대한 고정관념을 그대로 인정함으로써 여성의 종속을 더욱 심화시킬 수도 있다는 비판이다.

대 이래로 윤리학에서는 덕이 무시되어왔다는 것, 그리고 그것을 우리의 도덕적 관점에 끌어들이는 것이 중요하다는 것은 윤리학 내에서 합의를 이루는 바이다. 반면 순수한 덕 윤리는 강한 행위 중심적 요소가 없이는 홀로 설 수 없다는 점이 고려되어야 할 것이다. 고전적인 덕 윤리는 행위자의 성품을 기술하고 평가하는 것을 기본으로 삼고 있을 뿐, 행위의 옳음에 대한 평가나 그 결과에 대한 평가를 도외시했기에 도덕철학에서 외면당했을 것이다. 실천 행위에 대한 평가가 아니라 인격 행위자에 대한 평가에 중심을 두거나 기껏해야 인격의 평가에서 행위의 평가를 도출하는 덕 윤리는 행위의 옳고 그름을 명백하게 구별하지 못한다는 것이다. 그리고 덕 윤리는 원리나 규칙을 갖지 않기 때문에 규범윤리의 핵심적인 요구인 행위 지침을 제공하지 못한다는 것이다. 따라서 규범성을 부정하는 덕 윤리는 오늘날 결코 부활할 수 없을 것이며, 새롭게 부활된 덕 윤리는 당연히 행위 중심의 덕 개념과 행위 지침으로 기능하는 덕 개념이 제시되어야 한다.

그래서 프랑케나(William Frankena)는 성품의 도덕과 원칙의 도덕은 상반된 것이 아니라 동일한 도덕의 상호보완적인 두 측면이라고 강조한다.

> 우리는 도덕을 일차적으로 어떤 원칙에 따르는 것으로 해석해야 할 것인가 아니면 어떤 성향이나 성품을 함양하는 것으로 해석해야 할 것인가? 이 둘 가운데 반드시 선택을 해야 하는 것인가? 원칙의 도덕이 그 원칙에 따라서 행위 하려는 성향이나 성품의 계발에 의하지 않고서는 현실에 구현된 방도를 알기가 어렵다. 그렇지 않고는 그 원칙에 의거해서 행위하려는 모든 동기는 타산적이거나 충동적으로 이타적인 그러한 특별한 종류의 것이 되지 않을 수 없다. 도덕이란 그 법칙을 나타내는 문자만이 아니라 그 근본정신에 관계되는 것인 한 자발적이든 자의식적이든 간에 규칙에의 단순한 합치만으로 만족할 수 없다. 다른 한편, 우리는 어떤 여건에서 특정한 방식으로 행위하려는 성향이나 경향을

내포함이 없이 품성을 생각할 수 없다. 이를테면 공리의 원칙이나 선의와 정의의 원칙과 같은 어떤 원칙에 동의하지 않는 한 어떤 품성이 무엇을 권장하고 가르치는 것인지를 알 수 있는 방도를 찾기 어렵다.[287]

도덕 규칙을 통해서 덕은 내용을 가질 수 있는 것이다. 따라서 원칙에 따라서 행위하려는 성향이 품성이라고 말할 수 있을 것이다. 품성 없는 원칙은 무력하고, 원칙 없는 품성은 맹목적이다.

---

[287] W. Frankena, 『윤리학』, 115-116.

5 결론

　20세기 후반기에 접어들면서 현대 윤리학은 두 가지의 매우 큰 과제와 정면으로 대결해야 할 처지에 놓이게 되었다. 그 과제의 하나는 윤리적 회의론을 극복함으로써 도덕판단의 시비를 가릴 수 있는 확고부동한 기준이 존재함을 밝히는 일이요, 다른 하나는 본래 실천을 위한 철학이었던 윤리학이, 메타윤리학이라는 논리와 언어분석의 굴레를 벗어나, 사회 현실의 문제에 대답하는 본연의 구실을 회복하는 것이었다. 20년대에서 30년대에 걸쳐 주목을 끌었던 논리실증주의의 투철한 이모티비즘의 주장이 너무 지나쳤다는 반성이 제기되면서, 윤리적 추론에도 객관적 근거와 이성적 요소가 존재한다는 주장들이 힘을 얻기 시작했다. 물론 그러한 주장들이 사실과 당위 사이의 논리적 간격을 확고하게 해결했다는 의미는 아니지만, 사회윤리 전반에 걸쳐 적용할 수 있는 도덕판단의 기본원리들이 호소력을 얻게 된 것이 사실이다.

　이 장에서 우리는 윤리적인 기본 개념들에 대한 정리와 더불어 도덕적으로 선/악, 옳음/그름을 판별하는 원칙은 다양한 윤리 이론들을 통해 논의될 수 있음을 보았다. 그러나 이러한 비판이 가능할 것이다. 즉 옳은 행위를 실천함에 있어 이렇게 다양하게 숙고한다는 것이 오히려 옳은 행위의 사실을 불가해한 것으로 만들어버렸다는 것과 매우 단순하게 사고하고 판단하는 것이 복잡하게 생각하는 것보다 윤리적 딜레마를 해결하는 데 훨씬 효과적일 수 있다는 비판이다. 그러나 굳이 변명을 하자면, 이렇게 말할 수 있겠다. 올바른 행동을 축구의 올바른 공놀이에 비유하고, 또한 옳은 행동에 관한 이론을 축구공의 운동에 관한 기계적이고 유체역학적인 이론에 비유해 보는 것이다. 훌륭한 축구선수는 공의 운동에 관한 명확한 수학적 계산이나 분석 없이도, 초과학적으로 분석이나 계산의 능력을 터득하여 고도로 복잡하고 민감한 상황에 탁월하게 판단하고 행동한다는 것을 알 수 있다. 축구공의 수학적·물리적 운동에 관한 이론을 정확하게 숙지한다고 해서 훌륭한 축구 선수가 되는 것이 아니듯, 옳은 행동에 관한 윤리적 이론을 공부함으로써 윤리적으로 올바르게 판단하고 행동하는 것은 아닌 것이다. 윤리학의 관심은 축구공의 운동에 관한 물리적 이론이 그렇듯 지극히 이론적이다. 그럼에도 그것은 모종의 실천적 적용을 가질 수 있다는 점을 인정하지 않으면 안 된다. 즉 윤리이론은 만일 그것에 대한 공부가 없었다면 의심하지 못했을 어떤 윤리적 사고체계의 결함과 약점을 찾아낼 수 있게 해주는 것이다.

마지막으로 언급하고 싶은 것은, 최근에 이르러 윤리학이 안락사, 낙태, 뇌사, 동물권(animal right), 성차별, 인종차별, 생태 등의 다양한 현실 주제에 관한 실천윤리의 문제들로 관심을 돌린 것이 사실이다. 윤리학은 이런 도덕적 문제들에 획일적이고 명쾌한 답변을 해주지는 못하지만 그래도 그런 문제들이 알기 쉽게 논의될 수 있는 틀을 제공해주기는 한다. 따라서 윤리학이 상아탑의 영역에서 내려와 우리 삶의 깊숙한 현장까지 진입하고 있는 일련의 흐름은 매우 바람직한 현상이라 하겠다.

참고문헌

강정인 외.『서양 근대 정치사상사』. 서울: 책세상, 2007.

고범서.『사회윤리학』. 서울: 나남출판사, 1993.

권용혁. "한국의 가족주의에 대한 사회철학적 성찰".『사회와 철학』25(2013).

김동춘. "유교와 한국의 가족주의".『경제와 사회』55(2002).

김상득.『생명의료윤리학』. 서울: 철학과현실사, 2000.

김상봉. "윤리 도덕". 우리사상연구소 편,『우리말철학사전 2: 생명, 상징, 예술』, 서울: 지식산업사, 2004.

김용선.『지식 대 도덕』. 서울: 철학과현실사, 1993.

김용옥.『노자와 21세기』. 서울: 통나무, 1999.

김용환.『리바이어던: 국가라는 이름의 괴물』. 서울: 살림, 2005.

_____.『홉스의 사회 정치 철학』. 서울: 철학과현실사, 1999.

김태길. "윤리학의 근본문제". 철학문화연구소 편,『철학강의』, 서울: 철학과현실사, 1993.

박이문.『사유의 열쇠』. 서울: 산처럼, 2004.

엄정식.『지혜의 윤리학』. 서울: 지학사, 1986.

윤병태 외.『철학대사전』. 서울: 도서출판청사, 2017.

윤성우.『폴 리쾨르의 철학』. 서울: 철학과현실사, 2004.

이석호.『근세현대 서양윤리사상사』. 서울: 철학과현실사, 2010.

_____.『인간의 이해』. 서울: 철학과현실사, 2001.

정인여 외 편,『정치학대사전』. 서울: 박영사, 1980.

최재희.『서양윤리사상사』. 서울: 서울대출판부, 1984.

최희봉,『흄』. 서울: 이룸, 2004.

하기락.『서양윤리사상사』. 서울: 형설출판사, 1989.

Aristoteles.『니코마코스윤리학』. 최명관 역, 서울: 서광사, 1996.

Arrington, Robert.『서양윤리학사』. 김성호 역, 서울: 서광사, 2003.

Avineri, Shlomo.『헤겔의 정치사상: 근대 시민사회의 변증법』. 김장권 역, 서울: 한벗, 1981.

Ayre, Alfred J.. *Language, Truth and Logic*. New York: Dover, 1952.

Baier, Kurt. *A Companion to Ethics*. 김성한 외 역,『규범윤리의 전통』, 서울: 철학과현실사, 2005.

Bentham, Jeremy, *Introduction to the Principles of Morals and Legislation* in *The Works of Jeremy Bentham*, 1. ed. John Bowring, New York: Russelll and Russell, 1962.

Campbell, Greg. *Blood Diamond*. 김승욱 역, 『다이아몬드 잔혹사』, 서울: 작가정신, 2004.

Chanthavong, Samlanchith. "Chocolate and Slavery: Child Labor in Cote d'Ivoire." http://www1.american.edu/ted/chocolate-slave.htm

Copleston, Charles. 『영국경험론』. 이재영 역. 서울: 서광사, 1991.

Craig, Edward (ed.). Routledge Encyclopedia of Philosophy. New York: Routledge, 1998.

Descartes, Renè. 『데카르트의 삶과 진리추구』. 이종훈 편역, 서울: 이담, 2012.

_____. 『방법서설』. 이현복 역, 서울: 문예출판사, 1997.

_____. 『성찰』. 이현복 역, 서울: 문예출판사, 1997.

Frankena, William. *Ethics*. 황경식 역, 『윤리학』, 서울: 종로서적, 1984.

Gilligan, Carol. "New maps of development: New visions of maturity." *American Journal of Orthopsychiatry*, 52-2 (1982), 199-212.

_____. 『다른 목소리로』. 허란주 역, 서울: 동녘, 1997.

Grenz, Stanley. *The Moral Quest: Foundation of Christian Ethics*. 신원하 역, 『기독교윤리학의 토대와 흐름』, 서울: IVP, 2001.

Griffin, James. *WellBeing*. Oxford: Oxford University Press, 1986.

Hare, Richard Mervyn. "The Promising Game." in ed. Philippa Foot, *Theories of Ethics*, London: Oxford University Press, 1967.

_____. *Freedom and Reason*. Oxford: Oxford University Press, 1963.

_____. *The Language of Morals*. Oxford: Clarendon Press, 1952.

Hauerwas, Stanley. *A Community of Character: Toward a Contructive Christian Social Ethic*. Notre Dame: University of Notre Dame Press, 1991.

Hays, Richard. 『신약의 윤리적 비전』. 유승원 역, 서울: IVP, 2002.

Hirschberger, Johannes. 『서양철학사(상)』. 서울: 이문출판사, 1991.

_____. 『서양철학사(하)』. 서울: 이문출판사, 1991.

Hobbes, Thomas. *Leviathan* in W. Molesworth (ed.), *The English Works of Thomas Hobbes of Malmesbury*. vol. 3. London: John bohn, 1992.

Holmes, Arthur F. *Ethics*. Illinois: InterVarsity Press, 1984.

Hospers, John. *Human conduct: problems of ethics*. 최용철 역, 『인간행위론: 현대윤리학의 제문제』, 서울: 간디서원, 2003.

Hume, David. *A Treatise of Human Nature*. New York: E. P. Dutton & Co. Inc, 1956.

_____. *Dialog Concerning Natural Religion*. New York: Social Science, 1948.

K. Pahel & M. Schiller (ed.), *Readings in Contemporary Ethical Theory*. New York: Prentice Hall, 1970.

Kant, Immanuel. 『도덕형이상학을 위한 기초 놓기』. 이원봉 역, 서울: 책세상, 2002.

_____. 『실천이성비판』. 백종현 역, 서울: 아카넷, 2002.

Kant, Immanuel. *Grundlegung zur Metaphysik der Sitten*. https://dn720808.ca.archive.org/0/items/immanuelkantsgru00kant/immanuelkantsgru00kant.pdf

_____. *Kritik der praktischen Vernunft*. https://ia600107.us.archive.org/20/items/kritikderreinenv00imma_234/kritikderreinenv00imma_234.pdf

_____. *Lectures on Ethics*. Cambridge: Hackett Publishing, 1981.

Kersting, Wolfgang. "Die Liberalismus-Kommunitarismus-Kontroverse in der amerikanischen politischen Philosophie." hg. Volker Gerhardt, *Politisches Denken. Jahrbuch 1991*, Stuttgart: J. B. Metzler, 1992.

Kraye, Jill. "Moral Philosophy: Medieval and Renaissance." ed. Maryanne Cline Horowitz, *New Dictionary of the History of Ideas*, 4, New York: Charles Scribner's Sons, 2005.

Kunzmann, Peter & Franz Burkard. 『그림으로 읽는 철학사』. 홍기수·이정숙 역, 서울: 예경, 2000.

Laurent, Alain. 『개인주의의 역사』. 김용민 역, 서울: 한길사, 2001.

Locke, John. 『통치론』. 강정인·문지영 역, 서울: 까치, 2011.

MacIntyre, Alasdair. 『덕의 상실』. 이진우 역, 서울: 문예출판사, 1997.

_____. *A Short History of Ethics*. New York: Macmillan, 1966.

_____. *After Virtue*. 이진우 역, 『덕의 상실』, 서울: 문예출판사, 1997.

Magee, Bryan. 『위대한 철학자들』. 수선철학회 역, 서울: 동녘, 2004.

Medlin, Brian. "Ultimate Principles and Ethical Egoism." *Australasian Journal of Philosophy*, 35-2 (1957), 111-118.

Midgley, Mary. "윤리의 기원." ed. Peter Singer, Companion to ethics, 김미영 외 역, 『윤리의 기원과 역사』, 서울: 철학과현실사, 2004.

Mill, John Stuart. *On Liberty*. 서병훈 역, 『자유론』, 서울: 책세상, 2005.

_____. *Utilitarianism*. Indianapolis: BobbsMerrill, 1971.

Montmarquet, James. "Good." ed. Maryanne Cline Horowitz. *New Dictionary of the History of Ideas*, 3, New York: Charles Scribner's Sons, 2005.

Moore, George Edward. *Principia Ethica*. Cambridge: Cambridge Univ. Press, 1903. http://fair-use.org/g-e-moore/principia-ethica (2025. 4. 4. 검색)

Nietzche, Friedrich. 『선악의 저편도덕의 계보』. 이정현 역, 서울: 책세상, 2002.

Perry, Ralph Barton. *General Theory of Value*. Cambridge: Harvard University Press, 1926.

Plamenatz, John. 『정치사상사 3』. 김홍명 역, 서울: 풀빛, 1986.

Platon. 『국가』. 조우현 역, 서울: 삼성출판사, 1995.

Pojman, Louis & James Fieser, 『윤리학 옳고 그름의 발견』. 박찬구 외 역, 서울: 울력, 2010.

Popper, Karl. 『열린사회의 그 적들 II』. 서울: 민음사, 1983.

Rand, Ayn. *The Virtue of Selfishness*. New York: Signet/New American Library, 1964.

Report of the Panel of Experts Appointed Pursuant to Security Council Resolution 1306(2000). https://www.securitycouncilreport.org/un-documents/document/sl-s2000-1195.php

Ricoeur, Paul. *Oneself as Another*. Chicago: The University of Chicago Press, 1992.

Ross, W. D.. *The Right and the Good*. Oxford: Oxford University Press, 1930.

Sahakian, William. 『윤리학의 이론과 역사』. 황경식 · 송휘칠 역, 서울: 박영사, 2005.

_____. *Ethics: an introduction to theories and problems*. New York: Barnes & Noble Books, 1974.

Sandel, Michael. Liberalism and the Limits of Justice. Cambridge: Cambridge University Press, 1982.

Schopenhauer, Arthur. *Über die Grundlage der Moral*. 김미영 역, 『도덕의 기초에 관하여』, 서울: 책세상, 2003.

Sidgwick, Henry. *Outlines of th History of Ethics*. Boston: Beacon, 1960.

Sober, E. (ed.). *Conceptual Issues in Evolutionary Biology*. Cambridge: MIT Press, 1993.

Spinoza. 『에티카』. 강영계 역, 서울: 서광사, 1990.

Stevenson, Charles Lesley. *Ethics and Language*. Conn.: Yale University Press, 1944.

Stumpt, Samuel & James Fieser, 『소크라테스에서 포스트모더니즘까지』. 이광래 역, 서울: 열린책들, 2005.

Taylor, Charles. *Hegel*. Cambridge: Cambridge University Press, 1975.

Taylor, Paul. *Principles of ethics*. 김영진 역, 『윤리학의 기본원리』, 서울: 서광사, 1985.

Taylor, Richard. *Good and Evil*. New York: Prometheus, 1984.

Thiel, Udo. 『로크』. 이남석 역, 서울: 한길사, 1998.

Voorhees, Burton & Dwight Read & Liane Gabora. "Identity, Kinship, and the Evolution of Cooperation." *Current Anthropology*, 61-2 (2020), 194-218.

Walzer, Michael. 『정의와 다원적 평등』. 정원섭 외 역, 서울: 철학과현실사. 1999.

Weber, Max. "직업으로서의 정치." 『직업으로서의 학문』, 이상률 역, 서울: 문예출판사, 1994.

_____. *Economy and Society*. California: University of California Press, 1978.

_____. *From Max Weber: Essays in Sociology*. London: Routledge & Kegan, 1974.

Weiner, Ralph. *Der Lachende Schopenhauer*. 최홍우 역, 『쇼펜하우어 세상을 향해 웃다』, 서울:

시아출판사, 2006.

Wellman, Carl. *Morals and Ethics*. Glenview: Scott, Foresman, 1975.

Williams, Bernard. *Ethics and the Limits of Philosophy*. Cambridge: Cambridge University of Press, 1985.

Young, Charles. "Moral Philosophy: Medieval and Renaissance." ed. Maryanne Cline Horowitz, *New Dictionary of the History of Ideas*, 4, New York: Charles Scribner's Sons, 2005.

2장

윤리신학 사상

1 서론
2 신학적 윤리
3 반종교적 윤리
4 도덕의 종교
5 결론

1 서론

유사 이래로, 도덕은 지속적으로 종교와 연관되어왔다. 도덕은 신성에 충실하게 따르는 것이고, 비도덕은 죄를 짓는 것과 동일시되었다. 특히 신학적 윤리는 우주를 창조한 '선한 신'을 전제로 한다. 신은 선하기 때문에 신이 창조한 모든 것은 선할 수밖에 없다. 그래서 최고의 선은 신이며 최고의 덕은 신에 대한 사랑이다. 이처럼 철학적 윤리와 신학적 윤리를 구별짓는 차이는 선을 규정하는 방식에 있다. 철학적 윤리에서 최고선은 쾌락 혹은 자아실현이지만 신학적 윤리에서 최고선은 신이다. 신학적 윤리는 가톨릭 윤리와 개신교 윤리로 대별해볼 수 있지만 도덕적 선악, 옳고 그름, 의무의 근거는 모두 절대선, 최고선으로서 신의 존재에 대한 믿음에 있다.

그런데 오늘날에 이르러 "도덕과 종교"의 의존관계를 따지는 작업은 생소한 것으로 여겨진다. 이슬람을 절대적으로 신봉하는 특정 지역을 제외하고는 어떤 특정 종교가 지배하는 시대나 장소에 살고 있지 않기 때문이다. 과거 서구 기독교문명권에서는 도덕을 신의 명령과 동일시해온 것이 사실이다. "신앙 없는 인간은 진정한 선도 정의도 알 수 없다"[1]는 파스칼의 말이나, "신이 존재하지 않는다면 모든 것이 허용될 수 있다"는 도스토예프스

---

1 Blaise Pascal, 『팡세』, 이환 역(서울: 서울대학교출판부, 1993), 174.

키의 말은 기독교 도덕의식을 잘 드러내고 있다 하겠다. 만일 신이 존재하지 않는다면 아무것도 윤리적으로 그르거나, 금지되거나, 요구되지 않는다는 것, 그래서 결국 인간은 모두 도덕적 허무주의자가 될 수밖에 없다는 것을 의미한다.

그러나 서구는 계몽주의 이후 의식구조에 큰 변화가 수반되었다. 계몽주의 파도는 이성의 이름으로 기존의 사회제도와 전통에 의문을 제기했으며, 모든 외적 권위(교회의 법과 가르침, 절대군주의 명령 등)에서 삶의 전 영역을 해방시켜왔다. 그리하여 자신의 행위와 판단의 기준을 더 이상 신의 명령과 같은 외적 권위에 의존하지 않고 스스로 지니고 있는 내적 능력, 즉 이성에서 찾고자 했다. 종교 없는 도덕, 자율적 도덕이 등장한 것이다. 이제 우리는 신이 정의롭고 선하다고 말하기 앞서 선과 정의가 무엇인지 먼저 알아야 하는 시대에 살고 있는 것이다.

이 장에서는 신학적 행복윤리, 신 명령 윤리, 가톨릭의 자연법 윤리 등의 신학적 윤리를 중심으로 도덕과 기독교의 상관성을 다룰 것이다. 그리고 신학적 윤리의 정당성에 대해 의심하거나 심지어 윤리적 정당성을 허용하지 않으려는 반기독교적 윤리론을 비판적으로 검토할 것이다. 그리고 신학적 윤리처럼 도덕은 신에 의해서만 창조되었다는 것을 수용하지 않더라도, 여전히 실존적으로 도덕은 종교적일 수밖에 없다고 주장하는 틸리히의 신율적 윤리의 논지와 도덕의 완전을 위해 신은 필연적으로 요청될 수밖에 없다고 주장하는 칸트의 도덕신학에 대해 살펴볼 것이다. 칸트는 계몽주의의 정점에서 근대철학의 과제와 문제점을 누구보다 예리하게 인식했고 인간주의 윤리학의 역사적인 신기원을 이룩했으며, 특히 도덕과 종교의 문제에 대해서도 새로운 시도를 했던 철학자이기에 논의할 가치가 충분하다.

2
신학적 윤리

　유신론적 기독교 신앙의 관점에서 보면, 신은 전지전능할 뿐만 아니라 완전한 선이므로 모든 존재의 근원이며 도덕적 의무의 근거이다. 우리가 옳고 그름의 지식을 알 수 있는 것도 신의 의지에 달려 있다. 우리의 도덕적 요구를 알 수 있는 것은, 신이 우리에게 무엇을 원하는지 알기 때문이다. 절대적이고 신성한 존재로서 신은 모든 완전성을 갖춘 초월적 존재자이다. 인간은 자신의 의지가 신의 의지로 지배되고 자신의 올바른 삶의 실현이 신의 명령에 복종하는 데 있다고 믿는다.

　신학적 윤리는 이처럼 도덕이 종교에 의존한다는 신념에 바탕을 두고, 인간의 도덕적 의무의 궁극적 근거를 신의 명령(의지)에 두는 윤리체계이다. 신학적 윤리의 가장 보편적 유형은 도덕의 본질을 '신의 명령'으로 이해하는 윤리이론이다. 이에 따르면, 인간은 불완전한 존재이기 때문에 전지전능하고 선 그 자체인 신의 도움 없이는 도덕적으로 올바른 삶을 살 수 없다. 인간이 선악, 도덕적 옳고 그름, 의무 등 도덕적 진리를 알 수 있는 것은 오로지 신의 계시를 통해서이다. 그러므로 도덕의 본질은 신의 명령이다. 신이 명령한 것이 도덕적으로 옳고, 신이 금지한 것이 도덕적으로 그르다. 어떤 행위가 도덕적인 의무인 이유는 신이 그런 행동을 하라고 명했기 때문이며, 어떤 행위를 수행하라는 신의 명령이 바로 그것을 의무로 만든다. 가령 살인하는 행위가 도덕적으로 나쁜 것은 신이 우리에게 살인하지 말라고 명한 바로 그 사실 때문이다.

인간의 눈에 그것이 선하게 보이든 그렇지 않든 상관없이 선한 신은 틀림없이 선하게 섭리할 것이기에 그의 명령에 복종하는 것은 인간을 행복하게 하는 지름길이며 따라서 신의 명령에 복종해야 하는 것이 신앙이자 윤리적 책임이다. 그러나 그런 신의 뜻이 어떻게 나타나며 어떻게 인간이 수용하느냐에 대한 과제가 문제로 등장한다. 그 시행과정에서 인간의 상황과 처지를 고려하는 정도에 따라 신학적 윤리의 스펙트럼은 무지개 색깔보다 더 다양하다. 달리 말해 신학적 윤리에는 해석학적인 문제가 대두될 수밖에 없는 것이다. 문자적 해석이냐 그 본래 의미를 파악해야 하느냐에 따라 윤리의 지형은 상당히 다르게 된다. 예컨대 성서를 통해 말씀하는 평화에 관한 신의 명령을 어떻게 해석하느냐에 따라 절대평화주의에서 십자군 전쟁(성전)주의까지 극과 극의 입장을 취할 수 있다. 여기다가 상황에 대한 해석까지 가세하면 신학 윤리의 지형은 훨씬 복잡하게 전개된다.

과거 유대인들의 토라나 할라카라고 불리는 구전에 따른 도덕 생활이나 중세 때 엄격한 교회법적인 도덕률, 청교도들의 성서주의에 기초한 엄격한 율법주의(legalism)는 세속화된 현대사회에서 찾아보기 쉽지 않다. 아무튼 신 명령 윤리를 주장하는 바르트나 브룬너에서부터 상황윤리를 주장하는 조셉 플레처에 이르기까지 정도의 차이는 있지만 맥락이나 상황이 전혀 고려되지 않는 신학적 윤리는 존립 불가능하다.

그러나 한국의 개신교가 근본주의 신학의 영향으로 율법주의적인 신학윤리가 일정 부분 도드라진 것이 사실이다. 그래서 하나의 주류적인 신학에서 기독교윤리 또는 신학적 윤리는 신 명령의 윤리이며 신 명령은 엄밀히 규칙의무론적이어야 함이 주장된다.[2] 말하자면 규칙의무론적 신 명령 윤

---

2   이상원, 『기독교윤리학』(서울: 총신대출판부, 2010), 41.

리는 신이 계시한 말씀인 성서를 객관적인 규범으로 수용되어야 한다는 것이다. 보수적인 신학 윤리는 바르트나 브룬너의 신 명령 윤리조차 행위의무론으로 규정하고 엄밀한 의미에서 신 명령 윤리와 다르다는 점이 강조된다. 그들은 신의 말씀을 강조만 했을 뿐 실제적으로 성서를 객관적인 신의 법으로서가 아니라 신자들 개인에게 실존적이고 주관적으로 들려오는 신의 음성으로 이해했기에 기독교적 상황윤리 등장의 단초를 제공하고 말았다는 것이다.[3] 간단히 말해, 성서를 객관적인 신의 법으로 이해하는 것이 참다운 신학적 윤리라는 주장이 되겠다.

그러나 그러한 보수적인 신학 윤리의 선언에도 성서 전체를 문자적으로 해석하고 그것을 오늘날의 윤리적 규범으로 삼는 경우는 절대로 없다. 성서를 신의 말씀으로 교리적으로 고백하면서도 성서 자체를 오늘날의 삶에서 신이 명령한 규범으로 명문화시키지는 못한다. 그보다는 자신들의 이념에 토대를 둔 신앙과 교리의 빛으로 성서와 삶의 맥락을 해석하고 부분적인 규범화를 시도한다는 편이 옳을 것이다. 주류적인 한국 개신교가 반공주의나 정치적 보수주의 이념을 신앙의 도그마로 삼고 그것을 윤리적 규범으로 정립한 것은 특정한 자신들의 정치적 이념으로 성서와 현재의 삶의 자리를 선택적으로 해석하고 실천하는 대표적인 예라 할 수 있다. 성서는 사회주의 이념을 정당화시킨다고 말할 수도 없지만, 성서가 자본주의나 성장제일주의 또는 물질중심의 기복주의를 조장한다고 볼 수도 없는 것이다. 성서를 훨씬 더 문자적으로 해석하고 실천하는 일부 소종파(sect)들의 경우도 정도의 차이는 있을지언정 성서 전체를 윤리 규정집으로 구체적으로 받아들이지는 않는다. 그들 역시 자신들의 관점에 기초해서 성서를 선택적으로 신의 명령으로 이해할 따름인 것이다.

여기서는 신학 윤리를 공부함에 있어 효용감이 주는 대표적인 신학자

---

[3] Ibid.

를 중심으로 논의를 시도하고자 한다. 아우구스티누스(신의 은총의 윤리), 토마스 아퀴나스(자연법적 윤리), 바르트(신 명령 윤리), 플레처(상황윤리), 그리고 리처드 니버(책임윤리)가 그 내용이 될 것이다.

2.1 아우구스티누스의 행복윤리

서구의 모든 철학이 플라톤의 각주라 한다면 서구 기독교 신학은 아우구스티누스에 대한 각주라고 할 수 있다.[4] 아우구스티누스는 가장 뛰어난 기독교 플라톤주의자였다. 그는 플라톤과 아리스토텔레스에서부터 비롯되는 고전적 유신론과, 기독교가 융합할 수 있는 토대를 마련한 인물이었다. 그는 플로티노스에게 지대한 영향을 받으면서 플라톤 전통을 체계화했다. 그렇지만 동시에 자신에게 큰 영향을 미친 플라톤 철학의 전통을 누구보다 예리하게 비판했다.[5] 신학적으로 아우구스티누스 이후 서방교회는 동방교회의 영향에서 자유로웠으며, 바울 사상을 재발견했다는 의미에서 그리스도교 신앙의 제2 창시자라고도 할 수 있다. 아우구스티누스는 서구 그리스도교 역사상 가장 위대한 신학자이며, 13세기 스콜라주의에 이르기까지 철학과 신학의 방법론과 내용이 줄곧 그의 영향 아래에 있었다고 해도 결코 과장된 표현이 아니다.

행복의 윤리_ 고대 철학자들과 마찬가지로 아우구스티누스도 모든 사람들이 행복해지기를 원하며, 지고의 선이 무엇이며 어떻게 도달할 수 있는

---

[4] 아우구스티누스의 인물평에 대한 부분은 신재식, 『아우구스티누스 & 아퀴나스』(서울: 김영사, 2008), 93, 110~111을 인용한다.

[5] Ibid., 110~111.

지를 밝히는 것이 철학의 임무라는 전제에 기초하여 자신의 윤리론을 전개한다. 윤리학이나 도덕철학은 최고선에 관한 탐구이다. 최고선이란 우리의 모든 행위에 대한 기준을 제공하는 선이며, 다른 어떤 목적에 대한 수단으로서가 아니라 그 자체로 추구되는 선이기도 하다. 일단 최고의 선에 도달하기만 하면 행복에 이르는데 아무것도 부족함이 없다.[6]

그러나 아우구스티누스는 참된 행복을 위해서는 인간은 진리를 소유해야 하고,[7] 인간은 시간 안에 사는 불안정하며 무상할 수밖에 없는 존재(본래 무에서 창조된 것이기 때문에 그 자체 내의 무의 성격으로부터 항상 위협을 받고 있기에)이므로 영원하고 안정성이 있는 대상에 의지해야 한다. 이런 조건에서 인간은 영원부터 존재하고 영원불변한 참존재(vere esse)인 신을 추구할 때에만 참된 행복을 누릴 수 있다는 것이다. 이러한 대상이 다름 아닌 신이다. 결국 인간이 소유해야 할 진리는 진리 자체인 신인 것이다.[8] 신이 진리 자체인 것은, 타락할 수 없는 존재이며 "인간의 최고의 선이 신에게 있기"[9] 때문이다.

그런데 신을 아는 것은 지식(scientia)의 문제가 아니라 지혜(sapientia)의 문제다. 지식이 '앎'(cognition)이라면, 지혜는 '다시 앎'(recognition)이다. 왜냐하면 자연 상태의 인간은 의지의 타락으로 말미암아 자연 이성이 교정된 이성이 되기까지는 신의 이데아를 볼 수 없기 때문이다.[10] "지혜는 인간과 신에

---

6 Augustinus, *De Civitate Dei*, VIII. 8. https://archive.org/details/augustinidecivitatedei00jensuoft

7 Augustinus, *Confessiones* X, xxiii, 33. "참으로 행복한 삶이란 진리로부터 나온 기쁨입니다." https://archive.org/details/staugustinesconf01augu

8 Augustinus, *De Trinitate*, X, xxiv, 35. "그것은 내가 진리를 찾은 곳에서 진리 자체이신 나의 신을 찾았기 때문입니다." http://individual.utoronto.ca/pking/articles/Augustines_Trinitarian_Analysis.pdf

9 *Confessiones*, VII, iv, 6.

10 R. E. Cushman, "Faith and Reason" in *A Companion to the study of St. Augustine* (New York: Oxford Press, 1955), 289. 양명수, 『어거스틴의 인식론』(서울: 한들출판사, 1999), 90에서 재인용.

관한 일들의 지식이다."¹¹ 결국 인간은 지식으로 행복해질 수가 없고, 신을 아는 지혜(참된 앎)가 있을 때 참으로 행복할 수 있는 것이다. 이성이 지혜를 알기 위해서는 반드시 신앙이 요청된다. 왜냐하면 이성은 이미 배운 것을 분리 또는 결합 할 수는 있지만, 신을 직관하고 이해하는 데까지 이를 수는 없기 때문이다.¹² 아우구스티누스에게 있어서 진리에 도달하는 가장 안전한 길은 이성에서 출발하여 이성적 확실성으로부터 신앙에 이르는 길(intelligo ut credam)이 아니라, 반대로 출발점을 신앙으로 삼아서 계시로부터 이성에 이르는 길(credo ut intelligam)이라는 것을 분명히 했다.¹³

참된 앎인 지혜의 인식 가능성은 인간의 정신에 신이 빛을 비춘다는 데 있다.(theory of illumination)¹⁴ 태양 빛이 사물들을 우리 눈에 보이게 하듯이 신의 빛이 정신을 비추면 정신이 영원한 진리를 볼 수 있다는 것이다. 인간이 아무리 이성적이고 지적이라고 해도 인간 스스로 영원한 진리를 얻을 수 있는 가능성은 없다. 오직 신에게서 오는 직접적인 조명을 통해서만 그 진리를 받아들이고 알 수 있다는 것이다. 즉 신의 빛이 우리의 정신을 먼저 비춰주어야 참된 인식을 얻을 수 있다는 것이다. 왜냐하면 신은 예지의 빛이기 때문에 신 안에서, 신에 의해, 신을 통해서만 밝아지게 되기 때문이다.¹⁵ 자연이성으로는 희미한 진리밖에 볼 수 없다. 인간의 정신이 혼탁해지면 결국 많은 오류와 거짓된 견해(doxa)들로 인해 정신과 삶이 혼미하게 될 수밖에 없다. 그래서 인간의 자연이성은 신의 빛에 의해 조명되어야 하는 것이다. 말하자면, 신과 계속 접촉하면서 진리가 인식된다는 것을 말한다. 이것은 진

---

11   *De Trinitate*, XIV, I, 3.
12   Augustinus, *De ordine*, II, 11, 30, http://www.augustinus.it/latino/ordine/index2.htm
13   Etienne Gilson, 『중세철학입문』, 강영계 역(서울: 서광사, 1983), 34.
14   Augustinus, *Soliloques*, I. 8. 15, https://archive.org/details/kingalfredsolde03augugoog.
15   *Soliloques.*, I. 1. 3.

리가 인간과 신의 인격적 만남에서 이루지는 것을 의미한다. "플라톤에서 진리에 대한 참여는 아우구스티누스에서 인격적 만남이 된 것이다."¹⁶ 따라서 이성에 따른 진리의 깨달음은 신을 온전히 받아들이는 신앙으로만 완전히 이루어질 수 있는 것이다.

그런데 아우구스티누스에서는 이성과 신앙의 관계를 통해 인식하기 위해서는 반드시 인간의 의지가 신을 향해 가야 한다. 인간의 의지가 이성과 서로 연합해 신을 인식할 수 있는 기능을 발휘할 수 있는 것이다. 인간의 의지는 행복 자체인 신을 향한 의지의 전환이 없이는 인간의 자연이성만으로는 희미한 진리 밖에 볼 수 없으며 결국 참다운 행복에 이를 수 없다. 여기서 아우구스티누스의 덕의 개념은 의지가 중심이 된다. 왜냐하면 의지의 방향에 따라 행복해지기도 하고 불행해 질 수도 있기 때문이다. 그래서 아우구스티누스는 덕에 대해 "바른 질서로 사랑함"¹⁷이라고 정의 내리고, 선의지는 "우리가 바르고 정직하게 살고 최고의 지혜에 도달하기 열망하는 의지"¹⁸라고 했다. 간단히 말하면, 선의지는 신을 열망하는 의지를 말한다. 그리고 의지가 신을 향하고 열망한다는 것은 신을 사랑하는 것이다.

아우구스티누스는 플라톤의 사주덕을 인정했다. 그러나 그는 기독교 덕인 믿음소망사랑 중에 최고의 덕인 사랑의 덕을 통해 영혼을 정화하고 축복의 경지에 이를 수 있으며, 또한 자기 의지를 무한하고 궁극적인 존재인 신에게 완전히 굴복시킴으로써 최고의 선을 이룰 수 있다고 보았다. 그래서 플라톤의 지혜는 선악을 구별하는 덕으로, 절제는 인간이 지혜를 얻기 위하여 준비하는 덕으로, 용기는 가난한 사람을 돌보고 보호할 때 발휘되는 덕으로, 정의는 모든 사람에게 돌아가야 할 것은 되돌려주는 힘으로 해석한다.

---

16 신재식, 『아우구스티누스 & 아퀴나스』, 89.

17 Augustinus, *De Civitate Dei*, XV, 22.

18 Augustinus, *De libero arbitrio*, I, xii, 25, http://www.documentacatholicaomnia.eu/03d/0354-0430_Augustinus,_De_Gratia_Et_Libero_Arbitrio_Ad_Valentinum_[Schaff],_EN.pdf

그런데 "우리들을 행복한 삶에 이르게 하는 덕은 신으로의 완전한 사랑 이외에 아무것도 아니다."[19] 말하자면 인간을 참된 진리로 인도하는 것이 바로 신에 대한 사랑이 되는 셈이다.

카리타스_ 아우구스티누스는 사랑의 대상에 따라 사용하다와 향유하다를 구분하고, 사랑의 질서에 따라 카리타스(caritas)와 쿠피디타스(cupiditas)를 구분지어 설명한다. 사랑은 항상 어떤 대상을 향해 끊임없는 운동을 하는데, 그 사랑의 좋고 나쁨은 그 사랑의 대상에 달려 있다. 그래서 행복하기 위해서는 질서 있게 사랑해야 하는 것이다.[20] 그는 행복을 설명하기 위해 향유(frui)와 사용(uti)을 구별한다. 사용(uti)은 관계적 가치를 총괄하는 개념으로, 항상 스스로를 넘어서려고 하는 경향이 있다. 따라서 이런 가치들은 아무리 얻고 또 얻더라도 결코 만족할 수 없으며, 평안함에 도달할 수 없다. 이 세상의 모든 가치는 여기에 속한 것이다.[21] 인간 주관적인 성향에 의해 이끌려지는 행복은 참된 행복이 아니다. 그것은 오히려 불행이다.[22] 이에 비해 향유(frui)는 어떤 사물 자체를 위해 그 사물에 대한 사랑에 매달려 있는 것이다.[23] 오직 최고선만이 그것 자체를 위해서 추구되고 소유될 수 있다. 최고선

---

19 박태훈, 『서양윤리사상사1』(서울: 이문출판사, 1987), 83.

20 *De Civitate Dei*, XV, 22. '질서'의 개념은 '무로부터의 창조' 개념에 기인한 것이다. 신은 존재 자체이고 모든 존재와 가치의 근원이 되며, 모든 피조물은 무로부터 창조되었기 때문에 신과 동등한 존재가 될 수 없다. 질서는 신에 의해 창조시에 부여된 것으로서, 피조물의 질서는 최상의 피조물부터 최하의 피조물에 이르기까지 정당한 위계에 의해 차등지어진다. 따라서 행복에 이르는 사랑의 대상은 위계적으로 가장 상위의 존재가 되는 것은 자연스러운 논리적 귀결이 된다.

21 Augustinus, *De dotrina christiana*, I, xxiii, 20-xxxiii, 36, http://www9.georgetown.edu/faculty/jod/augustine/ddc1.html. 아우구스티누스는 사랑의 위계에 따라 사랑의 대상을 네 가지로 나눈다: 신, 우리 자신, 우리 이웃, 그리고 우리자신과 이웃 밑에 있는 존재의 사물.

22 Johannes Hirschberger, 『서양철학사(상)』, 강성위 역(서울: 이문출판사, 1991), 474.

23 Augustinus, *De Civitate Dei*, XI, 25.

인 신을 향유해야만 인간은 행복할 수 있다.²⁴ 질서에 따라서 향유할 대상을 향유하고 사용해야 할 대상을 사용하는 바른 사랑이 카리타스²⁵이다. 반면, 향유해야 할 대상을 사용하고 사용해야 할 대상을 향유하여 가치의 질서가 전도되고 왜곡된 사랑이 쿠피디타스이다. 결국 신을 향한 사랑이 바른 사랑, 즉 카리타스이고 신으로부터 벗어난 자기사랑과 세상사랑은 왜곡된 사랑, 즉 쿠피디타스이다.

신의 은총_ 인간이 이 카리타스적인 사랑으로 참된 행복을 소유할 수 있는 것은 자동적으로 보장된 것이 아니다. 아무리 행복을 추구하고 이에 도달하기 위해 올바른 사랑의 질서를 회복하여 신의 사랑을 소유하려 해도 인간 능력의 결함 때문에 불가능하다는 것이 아우구스티누스의 주장이다. 인간은 피조물로서 무에서부터 만들어졌기 때문에 신과 동등할 수 없으며 가변적이고 불완전한 존재이다. 무로 귀환하려는 피조물로서의 가변성이 최고선에서 이탈할 수 있는 경향성을 갖게 한다. 이것을 도덕적으로 보면, 선한 의지의 결핍이라 할 수 있다. 말하자면, 도덕적인 관점에서 악이란 어떤 실체가 아니라 '의지의 왜곡'이며, 이것은 '신과 분리'이다. 즉, "악은 곧 신과의 분리"이다.²⁶ 아우구스티누스에 따르면, 이는 원죄에서 비롯한 것이며, 아담의 자유의지의 잘못된 선택이 모든 악의 원인인 것이다. 아담은 타락하기 전엔 죽지 않을 수도 있었고(posse non mori) 죄를 짓지 않을 수도 있었다(posse non peccare). 그러나 범죄 후 아담은 죄를 짓지 않을 수 없었으며(non

---

24   *De libero arbitrio*, II, xiii, 36. "최고선을 향유하는 사람은 정말 행복하다."
25   아우구스티누스에게 카리타스라는 용어는 두 가지 의미를 갖는다. 하나는 신이라는 실체적인 카리타스(Deus caritas est)이고, 다른 하나는 영혼에서의 신의 사랑이라는 것이다. Etienne Gilson, *Introduction a l'étude de Saint Augustin*, 김태규 역, 『아우구스티누스 사상의 이해』(서울: 성균관대학교출판부, 2010), 279.
26   *Confessiones*, VII, xvi, 22.

posse non peccare) 올바로 행위할 수도 없게 되었다(non posse recta agere).[27] 그렇다면 악은 불완전한 가운데 더욱 완전한 지성적 존재가 갖는 자유의지의 잘못된 사용의 결과라고 할 수 있다. 인간은 자유의지가 있고, 이 자유의지가 잘못 사용되었을 때 악에 빠진다.[28] 이것이 악의 현존에 대한 기독교의 가장 유력한 해명 중의 하나이다. 신이 악을 막는 유일한 방법은 자유의지 없는 인간을 창조하는 것뿐인데, 자유의지가 없는 인간은 자유의지를 지닌 인간보다 존중될 수 있는 존재가 아니다. 그러므로 자유의지의 결과인 악은 자유의지를 위해 어쩔 수 없이 인간이 치러야 할 대가이다. 그러나 이것은 수긍되기 힘든 점이 있다. 왜냐하면 이 세상의 모든 악이 인간의 자유의지의 산물은 아니기 때문이다. 가령 천재지변, 기아, 질병 등은 인간의 자유의지와 무관하게 일어나는 악이기 때문이다.

아무튼 아우구스티누스에 따르면, 자유의지의 타락으로 인해서 인간은 올바른 사랑의 대상인 신을 사랑하고 소유하려는 것이 근본적으로 불가능하게 되었다. 그러므로 인간의 행복을 위해서는 외부적인 무엇이 필요하다. 이것이 아우구스티누스가 말하는 신의 은총이다. 그래서 그는 자신의 나약한 의지로 선을 행할 수 없음을 탄식하며 바울의 고백을 자신의 것으로 삼는다. "오호라 나는 곤고한 사람이로다. 이 사망의 몸에서 누가 나를 건져 내랴?(롬 7:23) 다만 우리 주 예수 그리스도를 통한 당신의 은총밖에 없나이다."[29] 진리 자체인 신의 은총을 통해서만 참된 행복을 소유하고 참된 자유를 얻게 된다는 것이다. 신의 은총은 인간의 자유의지를 무시하고 인간의 의지를 강제로 일으킨다는 의미가 아니라, 인간이 자발적으로 선을 선택할 수 있도록 의지를 일으킨다는 의미이다. 또한 신의 은총은 인간의 악한 마

---

27 Augustinus, *De Praedestinatione sactorum ad Prosperum*, 18, 36. http://www.augustinus.it/latino/pre-destinazione_santi/predestinazione_santi.htm

28 *De Libero arbitrio*, 3. 25.

29 *Confessiones*, VIII, v, 12.

음을 변화시켜 의지로 하여금 신을 열망하게 해준다. 그래서 아우구스티누스는 "당신이 당신의 향기를 내 주위에 풍기셨을 때 나는 그 향기를 맡고서 당신을 더욱 갈망했습니다."[30]라고 고백한 것이다.

그런데 이러한 값없는 은총은 인간이 계속적으로 순종하며 선을 행하며 살 수 있도록 이끈다는 점에서, 인간의 선한 의지가 전혀 값어치 없고 무의미한 것은 아니다. 왜냐하면 약하고 보잘것없는 인간의 선한 의지에 신은 은총을 더함으로써 완전케 하기 때문이다. 그래서 신의 은총에 의해 회복된 의지의 자유는 오류와 후천적인 죄악들과 싸워 승리하고 오직 지고 불변한 최고선인 신만을 추구하게 되는 것이다.[31] 신앙으로 정화된 정신과 의지를 통해 올바른 사유를 하고 진리에 도달하여 참된 행복을 누릴 수 있다.

아우구스티누스의 윤리가 플라톤의 윤리를 계승하면서도 확연하게 구분되는 것은 그리스도의 가르침에 따라 신을 믿고 사랑하며, 동시에 신이 사랑하는 이웃을 사랑하면서, 구원과 영생의 희망 속에 살아가는 데서 찾아진다는 것이다.[32] 이러한 도덕적 삶은 바로 절대자의 요구이기 때문에 선하고 바람직한 삶이 되는 것이다. 그러니까 플라톤을 위시한 헬라의 도덕철학의 이상은 이 세상에서의 정의를 구현하기 위해 지혜와 절제와 용기, 정의의 덕이 존중되었다고 한다면, 아우구스티누스의 이상은 영혼의 구원과 영생이었다. 그래서 그리스도교 윤리에서는 신앙의 자세가 가장 근본적인 것이며, 용기보다는 인내가 높이 평가되고, 절제보다는 한층 강화된 금욕이 요구되었던 것이다. 특히 그가 강조한 인간의 원죄성은 오랜 역사를 통해 많은 신학자들을 통해 계승되었으며, 이러한 전통은 20세기에 들어서도 이성보다 신앙을 우선하는 신학에서는 강조되고 있다.

---

30 *Confessiones*, X, xxvii, 38.
31 *De Civitate Dei*, XXII, 24.
32 엄정식, 『지혜의 윤리학』(서울: 지학사, 1986), 84.

2.2 토마스 아퀴나스의 자연법 윤리

자연법 윤리는 신의 명령 대신에 '이성'을 대체한다. 자연이 자연법칙에 따라 움직이듯 인간 역시 행위를 지배하는 법칙이 있다는 것이다. 자연법이 도덕적 삶을 지배한다는 관념은 키케로와 스토아학파의 영향을 받은 교부들에게는 친숙한 것이었고, 바울 역시 기독교적 관점에서 이 개념에 특별한 의미를 부여했다.

> 율법 없는 이방인이 본성으로 율법의 일을 행할 때에는 이 사람은 율법이 없어도 자기가 자기에게 율법이 되나니. 이런 이들은 그 양심이 증거가 되어 그 생각들이 서로 혹은 고발하며 혹은 변명하여 그 마음에 새긴 율법의 행위를 나타내느니라.[33]

교부들은 종종 바울에 의해 보증된 것처럼 보이는 "마음속에 쓰인 율법"을 그리스로마 철학의 "자연법"과 같다고 생각했다. 그러나 이것을 체계적으로 논의하지는 못했다. 스콜라시대에 이르러 느슨한 형태의 자연법적 논의가 전개되다가[34] 토마스 아퀴나스에 이르러 그 논의가 플라톤의 전통을

---

[33] 롬 2:15.

[34] 12세기 스콜라주의에서 인간의 타락한 본성에 관한 격렬한 논쟁이 있었다. 원죄 이전 인간의 도덕적, 영적 지위는 무엇이었는가? 원죄 이후 그리스도의 계시까지의 상태는? 그리고 그리스도의 계시 이후에도 그것을 모르는 사람에게는? 이러한 논의를 통해 자연법이 신의 은총을 상실한 이후에도 살아남은 인간성의 원초적 도덕법칙이었다고 주장했다. 그것은 모든 인간이 남에게 해를 입히지 않고 서로에게 선행을 할 것을 요구하는 자연이성의 명령 안에 놓여 있었다. 바로 이 도덕적 의무의 최소한의 개념 위에다가, 십계명에 표현된 모세의 율법과 자연법을 동일시한 바울의 주장이 이식되었다. 나아가, 몇몇 신학자들과 법학자들은 자연법이 십계명의 엄격한 계명뿐 아니라 "세상의 재화에 대한 공유, 그리고 모든 개인의 자유와 같은 인간 본성에 적합한 권고들"로도 구성되었다고 보았다. 아리스토텔레스의 자연과학에 영향을 받은 옥세르의 윌리엄(William Auxerre)은 자연법을 구원을 위해 필수적인 "일차적 계율"(primary precept)과, 필수적이진 않지만 구원에 유용하고 도움을 주는 "이차적 계율"(secondary precept)로 구분할 것을 제안했다. 빈번하게 등장하는 일부다처제와 거짓말의 사례들에 대한 구약성서의 관용은 당시 고심거리가 아닐 수 없었는

따르는 아우구스티누스의 "영원한 법"의 개념과 아리스토텔레스와 키케로의 자연이성 개념을 서로 연결시키면서 본격적으로 시작된다. 자연법은 이성적 피조물이 영원한 법에 참여하는 것이다. 그 참여는 아리스토텔레스의 이성에 대한 용어로 기술되었다. 즉, 사변적 이성이 자명한 원리(모든 진실한 명제들이 그것에서 연역된다)를 파악하듯, 실천적 이성은 선을 행하고 악을 피해야 한다는 것을 최초의 자명한 원리로 파악한다. 실천적 이성의 이 첫째 원리는 사변적 이성의 질서 안에서 무모순적 원리와 유사하다.[35]

아퀴나스는 자연법을 영원법이 이성적 동물에 분여(分與)된 것이라 정의(Lex naturalis nihil aliud est quam participatio legis aeternae in rationali creatura)[36]한다. 이는 자연법과 영원법 간의 관계를 명확히 보여주는 말이다. 이 정의를 내리기 전에 아퀴나스는 시편 4:6을 해설하면서 우리가 그것으로 선과 악을 분별하고 자연법에 속하는 자연 이성의 빛은 신의 빛이 우리에게 각인된 것과 다르지 않다고 말한다.[37]

영원법에 참여_ 그런데 신이 인간의 본성에 자연법을 심어주었다는 점과 인간이 영원법에 참여한 것이 자연법이라는 점이 어떻게 연결되는가? 아퀴나스는 자연법이 비록 인간에게 심어졌다고 하지만 영원법과 실체적으로 다른 것이 아니라고 말한다. 그런데 영원법은 신의 영원한 지혜 혹은 섭리와 다르지 않다. 따라서 자연법은 인간이 신의 지혜를 분유한 것이라 할

데, 스콜라 신학자들은 자연법 계율의 다양한 수준을 구분하고, 긴급성과 인식가능성의 서로 다른 함의를 구분하여 도덕적 난제에 답하고자 했던 것이다. Dom Odon Lottin, "Le Droit naturel chez St. Thomas d'Aquin et ses prédécesseurs," *Psychologie et morale aux XIIe et XIIIe siècles* II (Gembloux: J. Duculot, 1949), 71~100.

35 Thomas Aquinas, *Summa Theologica*, I-II, q.91, a.1. http://www.basilica.org/pages/ebooks/St.%20Thomas%20Aquinas-Summa%20Theologica.pdf.
36 *Summa Theologica*, I-II, Q.91. A.2.
37 *Summa Theologica*, I-II, Q.91. A.2.

수 있다. 이는 신이 인간을 신의 형상(imago Dei)으로 만들었다는 내용과 통한다. 신이 인간을 자신의 형상대로 만들었다는 말은 인간의 겉모습이 신을 닮았다는 말이 아니라, 신의 지혜를 분유하고 따라서 피조물 중에 유일하게 이성적으로 사유한다는 말이다.

그런데 아퀴나스의 자연법은 어떠한 원리로 운용되는가? 아퀴나스는 자연법의 두 가지 계율에 대해 설명하면서 제1계율로 "선은 추구해야 하고 악은 피해야 한다"(bonum est faciendum et prosequendum, et malum vitandum)는 것을 제시했다. 그리고 이 계율이 일차적이고 가장 근본적이기 때문에 다른 모든 계율들은 이 계율에 의존한다고 주장했다.[38] 이론이성의 제1계율이 동일률과 모순율이라는 존재 개념에 근거하는 것과 마찬가지로 실천적 이성의 제1계율은 선이라는 개념에 근거한다. 그리고 이 말은 실천적 이성을 가진 인간이 본성적으로 선한 것 혹은 악한 것으로 이해하는 것이 바로 실천이성의 제1계율이고 행해야 하고 피해야 하는 모든 행위들은 이것과 관련된다는 말이다. 따라서 자연적 경향성 혹은 본성과 맞는 것은 선이고 본성에 반대되는 것은 악이라고 볼 수 있다. 이와 같이 자연법은 본성적으로 알려진 것으로서의 원리에 근거한다.[39]

아퀴나스는 자연법의 제2계율은 인간 본성에서 도출되는 변치 않는 도덕적 명제들로 제1계율과 연관된다. 그에 따르면 본성적 경향의 순서에 따라 다음과 같은 세 가지가 있다. 첫째는 모든 실체에 공통되는 것으로 자신의 존재를 보존하는 것(자신의 생명 유지권과 자기 완성의 권리), 둘째는 다른 동물들과 공통되는 것으로 자손을 번식시키고 돌보는 것(부부 공동체와 자녀 양육권), 셋째는 인간 고유한 이성의 본성에 따라 신(절대적 진리)에 대해 알려고 하는 것과 사회 속에서 살려는 것(올바른 중용, 누구에게도 불의를 행하지 말 것, 이웃에 대한 사랑,

---

[38] *Summa Theologica*, I–II, Q.94. A.2.

[39] *Summa Theologica*, I–II, Q.100. A.1.

황금률 등)이다.⁴⁰

인간은 영원법에 대해 인식할 수 있다. 그리고 인간은 영원법과 양립하는 자연적 경향을 가진다. 따라서 아퀴나스는 자연법의 제1계율이 인간에게만 고유한 인식의 방식(modus cognitionis) 혹은 동물에게도 공통적인 행위와 감성의 방식(modus actionis et passionis)이라는 두 가지 방식으로 영원법에 참여한다고 말한다.⁴¹ 그런데 이러한 두 가지 방식은 완전하지 않다. 인식의 방식과 관련하여 인간은 열정과 죄의 습관에 의해 영원법을 못보게 되고, 행위와 감성의 방식과 관련하여 인간은 나쁜 습관에 의해 덕으로의 경향이 타락된다고 한다. 따라서 완전한 도덕적 생활의 완성을 위하여 인간은 자연적 지식에 더하여 믿음과 지혜가 필요하게 되고, 선으로서의 경향성에 더하여 은혜와 덕이 필요하게 된다. 그래서 신은 영원법과 자연법에 더하여 신법(divine law)과 실정법(positive law)을 인간에게 부여했다. 신법은 인간이 신의 계시를 통해 부여받는 법인데, 인간의 판단 능력을 넘어서는 법칙을 제공하고 자연법을 보완함으로써 초자연적인 목적(신의 목적)을 지향하도록 도와준다. 실정법은 시민법과 같이 인간에 의해 만들어진 법으로, 인간이 그들이 속해 있는 특정 공동체의 일원으로서 지배하는 법이다.⁴²

양심_ 그러면 아퀴나스의 자연법 윤리는 어떤 과정을 통해 도덕적 결단에 이르게 되는가? 첫째 단계에서는 인간이 가장 일반적인 도덕원리를 이해하게 되는 원리인 신데레시스(synderesis: 양심의 불꽃, 죄를 범하지 않을 수 있는 힘)⁴³

---

40 한국가톨릭대사전편찬위원회 편, 『한국가톨릭대사전』 10권(서울: 한국교회사연구소, 1995), 7251.
41 *Summa Theologica*, I-II, Q. 93. A.6.
42 *Summa Theologica*, I-II, Q. 93~97. 실정법은 키케로가 최초로 명명한 것으로서 주로 살인금지, 형법의 기준, 소유권 조항으로 삼고 있는 법을 말한다.
43 신데레시스는 양심의 불꽃이다. 이 불꽃은 아담과 하와가 낙원에서 추방당했을 때도 꺼지지 않았고, 그에 의해 인간들은 욕망이나 격분에 의해 압도되거나 거짓된 이유로 오도되었을 때 죄를 짓

에 따라 자연법의 제1계율과 기본적인 행위의 구분을 이해하고 받아들이게 된다. 말하자면 신데레시스의 양심은 아퀴나스에게 있어서 실천적 이성의 제1원리에 대한 지성의 파악이다. 그렇기에 신데레시스는 이론적 이성이 제1원리를 파악하는 지적 능력만큼이나 오류를 저지를 수 없다. 그래서 콘스키엔치아(conscientia)의 양심을 신데레시스의 일반적 판단을 개별자(특정 사례)에 적용시키는 것을 위해 유보했다. 이런 의미에서 신데레시스의 양심은 오류를 저지를 수 없지만, 콘스키엔치아의 양심은 오류를 저지를 수 있다. 신데레시스는 다른 생명을 이롭게 하는 봉사와 희생은 좋은 행위이고 살인, 간음은 나쁜 행위라는 가장 기본적이고 일반적인 구분을 하는 것이다.[44]

둘째 단계에서는 실천적 이성을 통해 일반적인 원리들을 구체적인 문제들에 적용하는 단계이다. 사회에 대해 배려를 하는 입법자의 경우에 이 명제는 "공동선을 행하고, 공동체에 악이 되는 것은 피하라"는 명제로 할 수도 있고 여기서 "이웃을 사랑하라" 혹은 "타인의 것을 훔치지 말라", "살인하지 말라"와 같은 부수적인 명제를 파생시킬 수가 있을 것이다.

세 번째 단계인 결론에서는 신데레시스와 구별했던 콘스키엔치아를 가지고 이러한 행위는 해야 하고 저러한 행위는 해서는 안 된다는 실천적 결정을 내린다. 이 단계에서 비로소 도덕적 의무가 발생하게 된다. 그런데 여기서 보편자에서 개별자로 타당한 논증을 전개하는데 실패할 수 있는 가능성이 놓여있다. 만약 특정한 행위에 대한 판단의 근거로서 양심이 오류를 저지를 수 있다면, 사람은 양심이 오류를 저질렀을 때도 양심에 따라 행동해야만 하는가? 아퀴나스는 만일 오류가 어떤 상황에 대한 무지 때문에 일어났으면, 그리고 무지함이 그 자체 태만의 결과가 아니었다면, 오류를 저지

고 있음을 인식한다. C. Pierce, *Conscience in the New Testament* (London: SCM Press, 1953), 5장 참고.

[44] 신데레시스는 자연법의 계율들을 가지는 습관이고 인간 행위의 제 1원리이며 우리 마음의 법이다. *Summa Theologica*, I-II, Q. 94. A.1.

른 양심은 죄에서 벗어난다고 최종적으로 판단했다. 그러나 오류를 저지른 양심은 올바른 양심과는 다른 방식으로 구속력을 갖는다. 올바른 양심은 무조건적으로 구속력을 갖지만, 오류를 저지른 양심은 오직 조건적으로만 구속력을 갖는다. 만약 오류가 발견되면 그것은 제쳐둘 필요가 있기 때문이다. 올바른 양심은 그 자체로 구속력을 갖고 오류를 저지른 양심은 우연적으로 구속력을 갖는데, 왜냐하면 오류를 저지른 양심에 따라 행동하는 사람은 그것이 오류여서가 아니라 그의 눈에는 그것이 옳기 때문에 그렇게 하기 때문이다. 아퀴나스의 양심이론은 불확실성에 대한 광범위한 여지를 남겨 두고 있다.

그래서 양심이론은 다시 사려 또는 신중함(prudentia)[45]과 관련을 맺고 있다. 다양함에 대해 질서를 부여하기 위해서이다. 프루덴치아는 헬라어 프로네시스(phronesis)에 해당한다. 프로네시스는 플라톤과 스토아철학에서 "도덕적 지혜" 또는 "실천적 지혜"라는 광의적 의미로 사용되던 말이다. 플라톤는 "모든 덕의 통일인 사려(프로네시스)는 덕들의 전차 기수"[46]라고 주장했으

---

[45] prudentia는 영어로 prudence로 번역된다. 그런데 영어에서는 청교도들이 prudence를 근검절약, 특히 금전 문제에서의 근검절약과 연관시킨 탓에 prudence는 자신의 이익을 감안해 조심하고 계산을 한다는 의미로 쓰이게 되었다. 그러나 그것의 어원이 되는 헬라적 개념에서는 조심이나 자기 이익과는 상당히 거리가 멀다. 실천적 지성의 덕성 혹은 일반 원칙을 특정한 상황에서 적용하는 방법을 아는 덕성이라는 의미였다. 즉 원칙이 구체적인 형태를 택하게끔 행동하는 능력을 가리킨 것이다. 따라서 prudence는 그 자체가 덕일 뿐 아니라 모든 덕의 기초가 된다. 그것 없이는 인간은 덕이 있을 수 없다. 인간은 훌륭한 원리를 갖고도 그에 따라 행동하지 않을 수 있다. 그리고 설사 정의로운 행동을 하더라도, 처벌당할 수 있다는 공포심을 느끼며 그렇게 할 수도 있다. 이런 경우 prudence를 결했다고 말할 수 있는 것이다. 그런데 prudence가 근대에 들어와 물질적인 의미로 전이되었기 때문에 칸트는 prudence가 도덕의 영역이 아니라고 생각한 것이다. A. MacIntyre, *A Short History of Ethics* (New York: Macmillan, 1966), 74.

[46] 플라톤의 『파이드로스』에서 나오는 전차 비유는 인간 영혼의 세 부분을 상징하는 두 마리 말과 한 명의 전차 기수를 묘사한다. 여기서 기수는 이성을 나타내고, 한 마리는 선하고 순종적인 말(기개)이며, 다른 한 마리는 악하고 반항적인 말(욕망)을 상징한다. 이 비유는 영혼이 조화롭게 기능하기 위해서는 이성이 기개와 욕망을 잘 조절해야 함을 보여준다. 좋은 기수(이성)는 두 마리 말을 잘 조종하여 영혼이 이상적인 상태에 도달하도록 이끌 수 있지만, 반대로 기수가 무능하거나 두 말이 서로 싸우게 되면 영혼은 혼란과 고통에 빠지게 된다.

며, 키케로는 프로네시스를 "무엇을 행하고, 무엇을 삼가야 하는지에 대한 지식"으로 정의함과 동시에 사주덕(지혜, 용기, 절제, 사려) 중의 하나로 분류했다.[47] 그런데 아리스토텔레스는 프로네시스를 일반적인 도덕적 지혜만을 지칭하는 것이 아니라 특정한 행위의 선택을 지칭했다. 즉 사려는 영혼의 미덕이나 상태이면서, 또한 특정한 선택(중용적 선택) 안에서 발휘되는 것이다. 아퀴나스는 아리스토텔레스의 개념을 수용하여 사려를 "행해야 하는 것에 대한 올바른 추론"으로 정의하고 있다. 사려 깊게 선택하기 위해서는 주어진 목표를 위한 다양한 수단을 숙고하고, 최선의 수단을 건전하게 판단하고, 이 판단이 시사하는 각 단계들을 굳건히 받아들여야 하는 것이다.[48]

요약하면 자연법 윤리에서 어느 경우에나 우리가 해야 할 최선의 것은 그 행위에 대한 최선의 이유를 가지고 있는 행위 과정이다. 그러므로 신앙인이든 아니든 책임 있는 도덕판단은 인간에게 선천적으로 주어진 이성의 소리에 귀 기울이고 자신의 양심에 충실히 따르는 것이다. 그렇다면 도덕적 삶이란 결국 '이성에 따르는 삶'이다. 말하자면, 자연법 윤리의 관점에서는 이성적으로 행동하는 것과 그리스도인으로서 행동하는 것은 차이가 없다. 이성의 명령을 무시하는 것은 결국 신의 명령을 거역하는 것이다. 이것은 도덕에 관해서 그리스도인과 비그리스도인의 도덕적 의무는 완전히 다르지 않음을 의미한다. 도덕적 행위는 여러 가지 행동 과정에 대한 찬반 이유를 주의 깊게 통찰하고 난 후, 가장 이성적으로 생각되는 계획에 자신의 행동을 맞추는 것이다. 도덕 행위자가 어떻게 행동해야 할 것인가를 고려할 때 무조건 종교적일 필요는 없으며 여러 가지 선택 가능한 대안 중에서 이성과 양심에 비추어 최선의 근거를 택할 수 있는 것이다.

아퀴나스가 묘사하는 사려 깊은 사람은 보편적 원리와 특정한 상황

---

47   Cicero, *De Officiis*, I, 43, https://archive.org/details/deofficiiswithen00ciceuoft
48   *Summa Theologica*, II-II, q.47, aa.1-16.

에 대한 지식을 둘 다 갖추고 있다. 과거 경험에 대한 기억과 미래의 가능성에 대한 예지를 함께 엮을 수 있다. 그리고 새롭고 아직 일어나지 않은 상황에서도 쟁점이 되는 것을 인식할 수 있다. 사려 깊은 사람은 인간 삶의 궁극적 목적이 신성한 섭리에 의해 정해져 있지만, 그 궁극적 목적을 이루는 수단은 "다양한 사람과 상황에 따라 수많은 다양성을 가지고 있음"을 알고 있다. 그래서 사려 깊은 행동의 한 가지 특징은 용의주도함이다. 아퀴나스는 특정 행위와 관련된 상황은 잠재적으로 무한할 수 있다고 지적했다. 그러나 이 무한한 것들 중에서 단지 몇 가지만이 어떤 특정한 상황에서 무엇을 행하고, 또 삼가야 할지에 대한 판단을 변경할 만큼 중대하다. 그에 따르면 사려는 서로 관련된 것들을 선택한다. 인간의 행위는 너무 다양해서 악과 선이 함께 섞일 수 있기 때문에 신중함 또한 요구된다. 사려 깊은 사람이라 하더라도 악을 모두 회피할 수는 없는데, 악이 때로는 선을 가장하기 때문이다. 하지만 그는 예지를 가지고, 흔한 함정을 회피하여 가능한 한 해악을 줄일 수 있도록 신중해야 한다.[49]

결의론_ 그런데 자연법 윤리에서 보편적 원리와 약간 거리가 있는 윤리적인 문제를 다룰 때는 상당한 도덕적 훈련이 요구된다.[50] 예컨대 자살, 안락사, 이혼, 낙태, 동성애와 같은 문제를 다룰 때가 그러하다. 이러한 문제에 대한 자연법적 원리들은 비록 지성적인 사람이라 할지라도 즉각적인 이해가 쉽지 않다. 더구나 자연법의 원리들을 특수한 경우들에 적용시키는 것은 이보다 더욱 어렵기 때문에 신학윤리학자들은 온전한 도덕체계를 세워 가르치고 모범을 보이는 것이 필요하다는 결론에 이르게 된다. 이러한 윤리학적 방법론을 결의론(casuistry)[51]적 방법이라 부른다. 이러한 결의론적 방법론

---

49   *Summa Theologica*, II-II, q.47, a.15; q.49, a.7, ad 1-2, a.8, ad 3.
50   박충구, 『기독교윤리사』(서울: 대한기독교서회, 2003), 183~184 참조.
51   결의론이란 일반적 규칙들을 구체적인 경우에 적용하는 윤리적 방법론을 말한다. 모든 구체적

을 가지고 도덕교사의 역할을 하는 제도가 바로 교회이며, 따라서 가톨릭교회는 신도들의 도덕적 교사로서 교도권을 가지고 있는 것이다. 이런 까닭에 가톨릭교회에서는 기독교윤리학적 관점을 신앙인들의 삶에 적용시키는 구조가 매우 중요한 위치를 차지한다.

지금까지 살펴본 바와 같이 중세를 대표하는 아퀴나스의 자연법 윤리는 신적인 근거를 가지고 있었다. 그리고 도덕은 법과도 긴밀한 관계를 맺는다. 그러나 중세의 자연법 윤리는 근대에 이르러 계몽주의의 영향을 받아 세속화되고 신적인 법과의 긴밀한 관계가 약화되거나 단절되는 사태로 나아가게 된다.

2.3 자연법 윤리와 종교개혁가들

자연법 윤리에 대한 가톨릭과 종교개혁가들의 이해는 상이하다. 전자가 적극적으로 긍정한다면, 후자는 보다 소극적이거나 부정적이라 할 수 있다. 이것은 인간의 본성의 중요한 요소인 이성의 능력에 대한 이해의 차이에서 비롯된 것이다. 가톨릭은 이성의 능력에 대해 더 긍정적으로 보기에 자연법 윤리에 적극적인 반면, 종교개혁가들의 경우는 이성의 능력을 회의적으로 보기에 자연법 윤리에 대해 제한을 두려는 경향이 있다. 원죄로 인한 인간의 타락한 본성을 더욱 강조하는 프로테스탄트는 자연법에 대한 인

인 경우에 적용하는 규칙을 고려하기 때문에 규칙의 수가 많아지는 것은 불가피하다. 바리새인들의 결의론, 중세 가톨릭의 윤리도 대표적인 결의론 체계를 갖추고 있다. 그리고 결의론은 인간의 어떤 상황이나 행동도 윤리적인 판단에서 배제될 수 있는 것은 없다는 신념, 즉 아디아포라(adiaphora)란 결코 존재할 수 없다는 신념을 바탕에 깔고 있다. 칼 바르트는 결의론을 강하게 비판하면서, 이것은 윤리학자가 신의 자리에 앉는 일이며, 신의 명령은 일반적인 규칙이 아니라 언제나 특정한 상황에서 특정한 순간에 특정한 사람에게 주어지는 특정한 명령이기에 인간의 자유로운 순종을 위협하는 것이라 보았다. Karl Barth, *Kirchliche Dogmatik*, III/4 (Zürich: Evangelischer Verlag, 1951), 4ff.

식능력이 희박하다는 것이며, 설령 있다하더라도 계시나 신앙의 전제 하에서만 가능하다는 입장을 보인다. 특히 도덕적인 행위와 구원을 결부시키려는 신학, 즉 자연적 목적과 궁극적인 목적을 결부시킨 가톨릭신앙은 루터의 눈에는 불신앙과 다름없었다. 인간의 악은 도덕적인 행위보다 더 근본적인 것인데, 그 근원적인 악에서 도덕적인 죄의 결과가 비롯했다는 것이다. 그래서 윤리적 문제의 답은 도덕적인 것에 있기보다는 종교적인 것에 있는 것이며, 그것을 신의 은총과 그 은총에 대한 응답으로서의 신앙에서 찾았던 것이다. 그러나 루터가 자연법을 완전히 부정했다고 볼 수는 없다. 제한적이긴 하지만 창조질서나 두 왕국 이론에서 정의와 인간의 의무를 결정하는 이성의 기능에 대해 인정하고 있으며, 또한 신약성서의 황금률을 자연법의 한 진술로 확신하고 있음을 알 수 있다.[52] 그리고 칼뱅은 신의 절대주권과 은총, 그리고 신앙을 강조한 점에서는 루터가 다르지 않으나, 자연법과 십계명 그리고 성서의 새로운 계명에 대한 연속성을 인정한 점에서는 루터보다 가톨릭의 입장에 더 가까워 보인다.[53] 그는 자연법에 대한 설명으로 모세의 율법만이 아니라 예수의 교훈을 해석한다는 점에서, 그리고 도덕법이 모든 사람의 양심에 새겨져 있다고 본 점에서 가톨릭과 칼뱅은 친화적이라 볼 수 있겠다. 물론 자연법을 이해하는 자연이성에 대한 신뢰에 있어서는 칼뱅이 훨씬 더 약하다는 점을 간과할 수는 없다.

    신학적 자연법 윤리의 이해에서 주목해야 하는 것은, 아퀴나스의 윤리 역시 타락 이전의 아담이 아니라 타락 이후의 아담을 전제로 하고 있다는 점이다. 그러하기에 아퀴나스의 자연법은 죄악의 상태를 전제로 한 자연법임을 고려해야 하며, 그것은 고대의 이교적인 자연법보다는 소극적인 자연법이라는 점도 유념해야 한다. 그런데 이 원죄를 바로잡고 세상의 질서를

---

[52] James Gustafson, *Protestant and Roman Catholic Ethics, Prospects for Rapprochement* (Chicago: Chicago University Press, 1978), 10.

[53] Ibid., 19.

바로 세워야 할 사명이 부여된 기관이 교회인 것이다. 그러니 노예제도 같은 것은 처음부터 인정될 수밖에 없었다. 아담의 죄를 없애고 인류를 구원하기 위해서는 '처벌'(경우에 따라서 국가는 죄에 대한 '치료'를 관장하기도 한다)이라는 구원의 수단이 절실했던 것이다. 이런 방식으로 합법화되는 것이 국가가 국민에게 자행하는 폭력이다. 인간은 죄에 합당한 처벌을 받아야 하는 것이다. 이렇게 해서 인간의 존엄성을 위한 자연법은 인간을 억압하는 논리가 될 수도 있는 것이다. 자연법을 토대로 계층 질서와 노예에 대한 억압이 정당화되고 그것이 실정법으로 규정되기 때문이다. "은총은 자연을 파괴시키는 것이 아니라, 완성 시킨다"(Gratia naturam non tolluit, sed perficit)[54]는 말에서 교회의 목표가 단순히 저세상의 은총이 아니라는 것을 알 수 있으며, 이 세상을 목표에 포함시킨다는 의미에서 세상적인 권력에의 의지를 읽을 수 있다.

    루터는 국가란 법에 따라 자신의 권한을 피치 못하게 강제적으로 집행하는 기관이라 간주하면서 가톨릭교회의 권위에 맞섰다. 그에게는 교회보다는 오히려 국가가 세상의 모든 악을 제거해야 하는 신의 도구이다. 그래서 루터가 가장 거부하고자 한 사상은 엄밀히 말해 아퀴나스보다 더 급진적인 자연법(타락 이전의 완전했던 아담의 상태)을 갈망하는 사상이었다. 물론 루터는 교회의 수장인 교황의 절대 권력에는 반대했지만, 군주가 대표하는 국가 권력은 적극 옹호했다. 이점은 "범죄의 처벌과 치료"에 관한 아퀴나스의 기본 입장을 그대로 수용한 것이며, 이를 체제 옹호적으로 더 확실하게 밀고 나갔다.

    종교개혁 시기의 재세례파와 같은 급진주의자들의 자연법사상은 아퀴나스나 루터처럼 완화된 자연법사상(죄의 상태를 용인하는 자연법)과는 근본적으로 달랐다. 그들은 어떤 제한도 용인하지 않는 지상천국을 갈망했고, 이를 향해 혁명을 실천했다. 이들에게는 근본적인 자연법과 그리스도의 법은

---

54 *Summa Theologica*, I, q.1, a.8, res2.

동일한 것이었기 때문이다. 아퀴나스나 루터처럼 죄의 상태를 고려한 자연법은 모두 타락한 것이며, 그것을 통해 신의 은총을 독점하려는 종교권력의 술수라고 본 것이다. 그래서 뮌처(Thomas Müntzer)는 "거짓된 신앙의 강력한 폭로"라는 글에서 다음과 같이 요구한다.

> 그 밖에 우리는 지극히 폭력적이고, 자기중심적이며 신앙심 없는 인간들을 권좌에서 내쫓지 않으면 안 된다. 이들이 권좌와 모든 세상을 손아귀에 넣은 채, 성스럽고도 올바른 기독교 신앙을 방해하고 있기 때문이다. 올바른 기독교 신앙이 자신의 진정한 근원에서 퍼져 나가게 하려면, 우리는 그러한 인간들을 권좌에서 내쫓아야 한다.[55]

뮌처는 현존하는 인간이 소유권국가강제적 법령에서 완전히 자유로울 때 기독교의 경건성이 진정한 쓰라림, 진정한 은총과 함께 제 자리를 찾으리라는 견해를 피력한 것이다.

재세례파는 죄의 상태를 전제로 한 자연법을 악마의 법이라 규정했으나, 루터는 이러한 무정부적인 죄인들을 다스리는 수단으로서 국가의 폭력을 적극 지지한다. 그리고 자연법의 시행은 이러한 무질서를 일삼는 자들을 척결하는 방책으로 환원시켜 이해한다. 법이란 엄격할수록 좋고, 그것이 야만적인 방법으로 적용되어야 인간이 신에 가까이 갈 수 있다고 보았던 것이다. "전쟁을 치르는 자들도 성스러울 수 있는가?"(Ob kriegsleute auch im seligen Stande sein können)에서, 고대 그리스인들과 로마인들은 진정한 자연법을 알지 못했으며, 이에 반해서 페르시아와 타타르 등 중동 국가의 사람들은 자연법에 충실했다고 평한다.[56] 또한 이러한 방식으로 출현하는 것이 억압을 다루

---

55 Thomas Müntzer, "Ausgedrückte Entblößung des falschen Glaubens," http://www.mlwerke.de/mu/mu_002.htm

56 Martin Luther, *Ob kriegsleute auch im seligen Stande sein können*, http://www.glaubensstimme.de/

는 자연법 또는 전능한 폭력 국가의 자연법이라고 한다. 실제로 루터가 신학적으로 정당화시킨 국가는 기독교의 복음을 전혀 염두에 두지 않고 무자비한 폭력을 자행했다. 살인을 금지하는 신의 계명인 십계명이 루터에게는 기독교적으로 그다지 의미를 갖지 못했던 것이다. 십계명 같은 율법은 죄에 대한 두려움을 일깨우는 정도의 소극적인 의미만 지닐 뿐이다. 그에게서 복음은 개인적인 도덕으로 이해될 뿐이고 은혜의 왕국인 교회에서 추구될 수 있는 사안이었다. 악의 세력에 대항하고 보복하고 심판하는 국가의 권력의 차원에서 필요한 것은 복음이 아니라 강력한 법적 강제력이었다.

루터에서 그리스도인의 자유는 결코 육체적·세속적인 자유를 말하는 것이 아니다. 특히 노예와 농부에게는 어떠한 경우에도 저항하지 말고 모든 것을 수용하고 무조건 참고 견딜 것을 요구한다. 루터는 농민들의 불평에 심정적으로 동정을 보내기는 하지만, 자신들의 억울함과 부조리를 복음에 호소하는 것을 단호하게 거부한다. 농민들이나 노예들은 그들의 불평이 아무리 정당하다 해도 개선을 위한 청원 정도는 할 수는 있으나 대항해서 행동하는 것은 용납되지 않는 것이다.[57] 그들은 모든 것을 신께 의뢰하고 구원을 위한 기도밖에 할 것이 없다. 특히 루터는 농민들이 자신의 반란을 복음으로 정당화시키는 시도를 신성모독이요 두 왕국의 혼동이라 공격한다.[58] 농민들이 호소하는 복음의 자유는 세상 영역에서는 해당되지 않는다는 것이다. 복음은 그리스도 안에서 인간의 영적 해방과 관련 있는 순전히 영적 자유인 것이다. 복음은 세상 영역과 관계가 없다. 그러므로 복음은 농노 폐지를 정당화하기 위해서도 사용될 수 없다. 왜냐하면 그것은 세상 영역에 속한 것이고 세상에서 노예로 살면서도 그리스도 안에서 자유를 누릴 수 있

---

doku.php?id=autoren:l:luther:o:ob_kriegsleute_in_seligem_stande_sein_koennen

57 James Gargill Thompson, *The Political Thought of Martin Luther*, 김주한 역, 『마르틴 루터의 정치사상』(성남: 민들레책방, 2002), 149.

58 Ibid.

는 가능성이 크기 때문이다.[59]

루터는 인내에 대한 강조를 통해 자연법과 복음이 조화될 수 있으리라 보았다. "고통, 고통, 십자가, 십자가는 오로지 그리스도의 법이며, 이외의 어떤 것도 그리스도의 법이 아니다."[60] 죄인인 인간에게 필요한 것은 자연법적인 권리나 자유가 아니라 오직 신의 은혜였고, 세상의 질서를 위해서는 국가의 정의 실현이 필요했던 것이다.

루터는 이원론을 표방하면서, 최고의 권력체제로서의 국가 영역을 기독교의 영역에서 분리시켰다. 그리고 십계명과 같은 율법도 사랑의 신과 그리스도의 복음으로부터 분리시켰다. 그러나 칼뱅은 루터와 달리 십계명에서 복음의 정신을 찾았고, 복음에서 십계명의 가르침을 발견하고자 했다. 그래서 칼뱅은 "성서의 기록된 법(율법)은 자연법의 정당한 증거이며, 신은 이러한 수단을 통해서 애초부터 인간의 마음속에 새겨 넣은 우리의 기억을 회상시킨다"[61]고 말할 수 있었다. 특히 칼뱅은 "율법의 제3용법"(그리스도인들의 규범과 안내 및 행동의 규칙)을 통해 율법이 그리스도인의 삶을 성령이 인도하는 상황에서 매우 유익한 것임을 주장한다. 이는 율법을 통해서도 성령의 사역이 이루어진다는 의미이다.[62] 칼뱅은 구약 율법 폐기론자들과는 달리 구약 율법도 하나의 계시로서 신약과 상호보완 관계에 있으면서 그리스도인의 삶에 지침이 된다는 것이다. 다시 말해 십계명을 포함한 율법과 예언의 제3용법은 성령의 역사를 통한 황금률의 정신 구현을 보좌하는 역할을 하게 되는 것이다. 이처럼 칼뱅에 있어서는 율법이 폐기의 대상이 아니라 성령의 사역과 긴밀한 연관을 갖게 된다.[63]

---

59 Ibid.
60 M. Luther, *Die Hauptschriften* (Berlin: Christlicher Zeitschriftenverlag, 1958), 281, 298 참조.
61 John Calvin, *Calvin's Commentaries* (Edinburgh: Grand Rapid, 1981), Psalms 119:52.
62 John Hesselink, *Calvin's Concept of the law* (Pennsylvania: Pickwick Pub., 1992), 9.
63 Ibid., 10~11.

칼뱅의 자연법사상은 구약성서와 십계명에 담긴 신법에 관한 비유로만 해석될 수 있었기에, 산상수훈의 급진적 내용에도 당황하지 않지 않고 루터처럼 이상주의와 현실주의를 분리시키지도 않았다. 가령 신약성서의 "부자가 천국에 들어가는 것은 낙타가 바늘귀로 들어가는 것보다 어렵다"는 말에 대해 신의 뜻을 따르기 위해서는 자본을 축적할 수 있다고 주장함으로써 급진성을 약화시킨다. 산상수훈의 급진적 사랑의 요구도 '타인에 대한 충분한 사랑'으로 해석한다.[64] 이것은 구약성서에서도 수없이 언급될 수 있는 내용들이다. 그래서 칼뱅은 산상수훈을 모세와 예언서의 말씀과도 동일시했으며, 다윗의 시편과도 일치시켰던 것이다. 신은 불변하는 존재이기 때문에 어떠한 경우라도 십계명은 준수되어야 한다.

칼뱅은 사유재산과 부의 축적을 신의 은총으로 이해했기 때문에 재세례파들과 같은 이상주의와는 매우 거리가 멀었다. 당시 성장하고 있던 상업과 무역에 종사하는 그리스도인의 입장을 두둔하고자 했던 칼뱅에게 급진적인 자연법(경제적인 이상주의) 사상은 생각할 수 없는 사고였다. 그러나 칼뱅은 최소한 개인의 자유를 인식하고 있었다. 그리고 그 자유인들은 국가 권력에 대항하는 세력이 될 수 있었다. 그의 정치윤리에서 볼 수 있듯이, 만일 사악한 군주가 끔찍한 폭력을 행사한다면, 이는 십계명에 기술된 자연법의 정신에 위배되거나 이를 지속적으로 해체하는 행위에 해당하므로, 개인은 왕의 폭력에 무력으로 제재를 가할 수 있다고 칼뱅은 주장한 것이다.[65] 그리스도인은 한 분 주님을 모시고 있기에 인간적인 주인이나 상관이나 국가 위정자에게 바쳐야 할 복종은 절대적 권위를 갖는 신에게 바쳐야 할 복종에서 비롯한 조건적인 복종일 뿐이며, 신의 뜻에 반하는 정치권력의 경우 언제든지 가차 없이 저항할 수 있는 것이다.

---

[64] John Calvin, *Calvin's Commentaries*, Psalms 119:54.

[65] André Biéler, *The Social Humanism of Calvin*, tran. Paul Fuhrmann (Richmond: John Knox Press, 1964), 24.

신은 다양한 방식으로 압제적인 폭압적 전제정권을 타도한다. 때로는 신의 뜻과 섭리를 따르는 구원자가 보내질 수도 있고, 어떤 경우에는 공적인 보복자인 종들을 세워서 그들에게 임무를 맡긴 뒤, 그들을 무장시켜 불의한 지배체제를 심판한다. 그리고는 불의하게 압제를 받아왔던 사람들을 비참하고도 괴로움이 가득 찬 큰 재앙으로부터 해방시킨다 … 그들이 신으로부터 받은 합법적인 위탁에 의해 그러한 행위를 하도록 요청될 때, 폭압적인 왕에 대해 무장을 하여 대항하는 것은 신의 임명에 의해 부여된 왕의 위엄을 침해하는 것이 아니고 또한 그들에게 책임이 돌아가는 것도 아니다. 하늘로부터 온 권위에 의해 무장하는 것은 차라리 열등한 땅의 권세가 우월한 하늘의 권세에 의해 심판을 받는 것으로 보아야 할 것이다.[66]

칼뱅의 주장에서 볼 수 있듯, 물론 저항의 권리가 만인에게 허용된 것은 아니다. 그것은 적어도 국민들에게 봉사하는 위치에 있는 하급관리(종)에게 허용된 것이다. 그러나 당시 권력에 대한 저항을 통해 극심한 박해와 희생을 경험했던 재세례파의 비극을 생생하게 목도한 칼뱅의 경험을 고려한다면, 그의 저항권 주장에는 상당한 급진성이 내포되어 있다고 볼 수 있을 것이다. 구약성서의 고대 이스라엘 역사가 신의 뜻을 배신한 독재자에 대항한 예언자들의 선포로 가득하다는 점을 인정한다면, 인권을 중시하는 근대 합리주의 자연법사상이 신학적으로 고찰할 때, 구약성서를 토대로 자신의 자연법사상을 전개한 칼뱅에서 가장 큰 영향을 받았다고 평할 수 있을 것이다.

---

[66] John Calvin, *Institutes of the Christian Religion*, IV, 20. 33. http://oll.libertyfund.org/?option=com_staticxt&staticfile=show.php%3Ftitle=535&chapter=218654&layout=html&Itemid=27

2.4 현대 자연법 윤리

자연법 윤리는 현대의 여러 가지 어려운 문제에 직면하여 그 타당성이 의문시되고 있다. 틸리케(Helmut Thielicke)는 자연법이 기초하고 있는 인간관과 정의관의 불일치성을 지적한다. 인간개념은 일정한 정치적 맥락에서 발생하는 것이기에 인간본성을 정확하게 규정하기는 어렵다는 것이다.[67] 예컨대 고대 폴리스 사회에서는 인간은 폴리스의 시민을 의미했고, 서구 계몽주의 시대의 인간은 서구 백인 지성을 의미했던 것이다. 결과적으로 보편적 범주에 들지 않는 인간은 인간으로 대할 수 없기 때문에 노예제도는 당연히 허용되고 마는 것이다. 따라서 이러한 정치적 인간관계에 기초해 있는 자연법은 불변적 성격을 가질 수 없다는 것이다. 그리고 마찬가지로, 정의관에 있어서도, 모든 시대 모든 장소에서 순수 형식적 원리로 발견될 수 있는 정의관은 존재하지 않는다는 것이다.[68] 인간은 역사적으로 그 어떤 원인에서건 늘 평등하지 않았다는 것이며, 이런 상황에서 천부적인 인간적 권리(suum cuique: 각자의 정해진 몫)라는 것은 모호하다는 생각이다. 결국 틸리케 주장의 핵심은 자연법적 윤리가 형식적인 원리로는 항구성을 지닐지 몰라도, 내용적으로 구체성과 항구성을 갖추지 못하고 있다는 것이다. 실제 오늘날과 같은 다원주의 사회에서 관철할 수 있는 항구적으로 보편타당한 규범이란 존재하기 힘든 것이며, 모든 역사적 상황을 초월하는 초시간적 규범을 제시하는 것도 쉽지 않은 일일 것이다.

그러나 제2차 바티칸 공의회 이후 가톨릭의 자연법[69]은 '이성적 동물'

67　Helmut Thielicke, *Theological Ethics*, 1 (Michigan: William B. Eerdmans Publishing Co., 1966), 420~429.

68　Ibid., 421~425.

69　Eberhard Schockenhoff, *Naturrecht und Menschenwürde. Universale Ethik in einer geschichtlichen Welt* (Mainz: Grünewald, 1996). 백봉흠, "자연법과 인간의 존엄성: 국제법상 인권보장의 유래", 『가톨릭사회과학연구』 2(1983), 제5장 참조.

이라는 추상적 인간 본성에서 형이상학적으로 연역하는 것을 지양하고, 인간의 존엄성과 자유에 있어서 인권의 근거와 척도가 되는 개인의 '인격'(개인주의적집단주의적 인간이 아닌 개인적 자유의 주체인 인간으로서의 인격)을 자연법의 출발점으로 삼고 있다. 환언하면 인격으로서의 인간의 자유권이 오늘날 가톨릭 자연법 윤리의 핵심을 이룬다는 것이다. 그리고 그것을 지탱하고 있는 두 기둥이 '인간의 존엄성'과 '공동선'(bonum commune)이다. 여기서 중점적으로 다루어지는 주제는 인간의 자율성자유책임역사성 등이다. 그리고 연역적이고 형이상학적 방법론을 지양하고 경험적 연구방법과 그 성과를 가능한 한 고려하고 있으며, 특히 인격주의와 실존주의의 기본 사상을 적극적으로 수용하여 응용윤리 분야에 적응을 시도하고 있다. 이런 의미에서 오늘날 자연법은 초시간적이고 탈역사화된 원리가 아니라 '인간화'의 과제로 인식되고 있으며, 신의 뜻에 부응하여 인간 존엄성이 보장되는 사회 공동체 건설을 위해 부단하게 고민하고 노력하고 있다는 점을 정당하게 평가해야 할 것이다.

2.5 바르트(Karl Barth)의 신 명령 윤리

바르트는 윤리학을 인간의 활동에 관한 질문에 대해 인간적인 대답을 하려는 시도로 본다.[70] 그런데 이 활동은 다른 사람들과의 관계에서 일어나는 기대에 근거를 두고 있다. 이렇게 해서 윤리학은 관계 가운데 있는 기대로서의 인간의 활동에 관한 질문에 답하는 것이다.[71] 그런데 그는 윤리학을

---

[70] Karl Barth, *God Here and Now* (New York: Harper & Row, 1964), 86. 맹용길, 『하나님의 명령과 현실』(서울: 대한기독교출판사, 1980), 8에서 재인용. 우리말로 된 이 책은 맹용길 교수의 박사학위 논문을 번역한 것으로서 저술 연대와 상관없이 바르트 윤리 공부에서 필독이 요구된다.

[71] 맹용길, Ibid., 8~9.

교의학, 특히 신론의 과제로 생각한다. 그것은 윤리학을 인간에게 향한 신의 명령을 다루는 것으로 이해하기 때문이다. 따라서 윤리학은 당연히 신의 계시인 삼위일체 구조를 반영해야 하기에, 신의 명령은 창조주 신의 명령, 화목주 신의 명령, 구속주 신의 명령 개념을 포함한다.[72] 바르트는 신의 명령을 "명령법적 양태에서 인간의 존재와 본성이 자신의 창조주이며 주가 되는 분을 따라 내리는 최고로 권위 있고 객관적인(authentic) 해석"[73]이라고 정의한다. 그렇기에 바르트는 신학적 윤리학과 철학적 윤리학을 연관시키고 서로 보완하려는 노력에 반대하며, 특히 아퀴나스와 같이 신학적 윤리와 인간적 윤리를 접합시키는 자연법적 윤리는 용납될 수 없다.

바르트의 신학의 출발점 자체가 그리스도 안에 계시된 신의 말씀이다. 그리스도는 종교적 인간성이 아니고 신이 인간에게 자신을 계시하는 신의 말씀이다.[74] 신의 말씀은 신으로부터 인간을 향한 세상성을 담지하고 인간에게로 침범해 들어온다. 그런데 불행하게도 인간은 이 말씀을 인식할 수 있는 능력이 없다. 이런 점에서 인간의 지혜와 모든 방법은 쓸모없다는 것이다.[75] 따라서 신의 말씀을 파악하지 못하는 인간의 도덕과 윤리, 선행은 신의 말씀의 관점에서 보면 무의미하다. 이런 점에서 보면 바르트에게서 윤리란 사실 인간의 모든 노력의 한계를 지적한다는 의미이며, 인간에게 윤리가 가능할 수 있는 근거는 오직 자비로운 신이다. 그리고 신의 사랑과 자비로운 명령은 오직 예수 그리스도 안에서 계시되었다는 것이다.[76]

그렇다면 인간은 어떻게 신의 말씀에 접근해 갈 수 있는가. 그것은 도

---

72 Karl Barth, *Church Dogmatics*, II/2 (New York: T & T Clark, 1967), 549.

73 Karl Barth, *Church Dogmatics*, III/4 (New York: T & T Clark, 1961), 568.

74 맹용길, 『하나님의 명령과 현실』, 32.

75 박충구, 『기독교윤리사II』(서울: 대한기독교서회, 2001), 191.

76 Karl Barth, *The Holy Spirit and the Christian Life: The Theological Basis of Ethics* (Louisville: The Westminster, 1993), 213.

덕적 추론 과정이 요구되는 것이 아니며, 성서 이외의 다른 출처와 관련될 수 있는 것도 아니다. 바르트에게서 인간은 대주체인 신 안에서 괄호 안에 묶인 도덕적 주체이기에, 인간의 의지는 자율적일 수 없다. 인간은 신의 은혜 아래서만 존립할 수 있는 하나의 "불가능성"(impossibility)이다.[77] 이제 남은 유일한 방법은 신이 스스로 계시해야만 가능한 성질의 것이다. 결국 신의 말씀에 대한 우리의 판단과 이해가 중요한 것이 아니며, 선에 관한 기원적 사고에 대한 의문은 있을 수도 없다. "선악에 관한 문제는 신의 뜻 즉 예수의 십자가와 부활에 의해 단번에 해결되었기 때문에 인간에 있어서 모든 '선한 것'은 이미 인간에게 말씀되어진 것이다."[78] 그래서 오직 중요한 것은 신의 계시된 말씀에 대한 철저한 순종이다.[79] 고로 신학적 윤리는 신과의 만남 속에서 들려오는 신의 명령에 대해 순종하는가 아니면 불순종하는가의 문제를 다루는 것이다. 그런데 믿음보다 더 큰 복종이 없으므로 믿음에서 나온 책임적 응답이 가장 구체적인 신의 명령에 대한 순종이라 할 수 있다. "신의 명령 아래 서 있지 않은 인간 행동은 없으며 어떤 인간의 행동도 신의 명령과 관계를 떠난 경우도 없고, 또한 그 명령과의 관계에서 중립적 위치에 있는 경우도 없다."[80] 신이 요구하는 순종이 예수 안에서 완전히 드러났기 때문에, "우리 편에서 실제로 전혀 더 첨가할 것은 없고, 단지 우리의 행동을 통해서 이 사건을 인정하는 일만 남아 있다. 교회 교의학의 윤리적 문제는, 인간의 행동이 예수 그리스도의 은혜를 영화롭게 하는지 그리고 어느 정도까지 그렇게 하는지의 질문에 달려 있다."[81]

예수 그리스도는 인간에 대한 신적 요청의 근거이며 내용이자 형식이

---

[77] 맹용길, 『하나님의 명령과 현실』, 45.
[78] *Church Dogmatics*, II/2, 536.
[79] Ibid., 537.
[80] Ibid., 535.
[81] Ibid., 540.

다. 예수는 이미 신앙의 전무후무한 위대한 일을 성취했기 때문에 인간에게 더 이상 성취되어야 할 것을 요청하지 않는다. 인간은 단지 믿음으로 예수의 일을 우러러볼 뿐이다. 오직 믿음으로 그것을 인정하고 따르며, 확인할 뿐이다.[82] 바르트의 신앙은 행동으로서의 순종이 된다. 신의 명령은 구체적인 인간 역사 속에서 실현된 결정적인 신의 행동 속에 근거를 둔다. 따라서 신의 명령은 인간으로서 접근 불가능한 이상으로 다가오는 것이 아니다. 그것이 의무적 명령이든, 허용 명령이든 예수 그리스도의 인격 안에서 성취된 실재로서 인간에게 다가온다. 이렇듯 예수 그리스도의 인격은 신적인 요청의 근거와 내용일 뿐만 아니라 신적 요청의 형식이기도 하다.[83]

종교개혁의 신의 주권 사상을 계승한 바르트는 신의 말씀은 언제나 확정적이고, 신의 의지는 언제나 개별 상황에 맞게 구체적으로 주어진다.

> 신의 결정은 매우 확정적인 결정이다. 바로 그 안에서 우리의 결정에 대해 신의 주권적인 심판이 표현된다. 이것은 신이 명령과 심판 안에서 항상 구체적인 의미와 의도를 가지고, 아무리 작은 것이라도 우연이나 인간의 변덕에 맡겨두지 않고, 모든 것과 또한 개별적인 것을 예견하는 의지를 가지고 우리를 대면한다는 것을 의미한다. … 모든 가시적인 또는 비가시적인 구체적인 것들 속에서 신은 한 가지, 다른 어떤 것도 아닌 한 가지를 우리에게 기대하며, 우리가 신이 그렇게 원하는 것을 정확함을 가지고 행하는가의 여부에 따라 우리를 평가하고 심판한다.[84]

그러나 바르트의 난점은 신의 명령의 확정성에 대한 그의 설명이 애매모호한 해석학적 견해를 채택하도록 요청한다는 점이다. 바르트에 따르면

---

82 Ibid., 558.
83 Ibid., 606.
84 Ibid., 663~664.

신의 명령은 어떤 해석도 필요하지 않는데, 그것은 가장 작은 세부사항에 이르기까지 스스로를 해석하기 때문이라는 것이다.[85] 참으로 신의 말씀은 자기 해석적이어야만, "명령은 무조건적이며, 순종과 불순종 사이의 선택 외에는 어떤 선택의 여지도 우리에게 남겨져 있지 않다"[86]는 확신이 가능해지기 때문이다. 그러나 성서가 명료하고 성서 자신이 해석을 부여한다는 바르트의 강력한 확신은 교회 내에서조차 왜 동일한 사안에 대해도 해석의 심대한 불일치가 존재하는지에 대한 물음에 답하기 어려워진다.

성서 안에서 발견되는 신적인 법은 언제나 구체적인 명령이고, 이 명령은 현재의 우리에게도 현실 적합성을 가진 신의 명령으로 이해될 수 있는가?[87] 어떤 특별한 상황에 부딪혔을 경우 특수하지 않으면 안 된다. 바로 그럴 때 신의 명령은 매우 모호하게 된다.[88] 신의 명령에 복종한다는 것이 결국 성서를 주의 깊게 읽고, 신의 말씀에 귀를 기울이며 사는 일일지라도, 또한 우리의 삶이 예언자나 예수의 삶의 유비를 따라 산다고 할지라도 현대의 복잡한 삶의 정황 가운데서 수천년 전에 당대인들에게 명령한 신의 말씀이 수사적인 차원을 넘어서 과연 현실 적합성을 가질 수 있겠는가. 오늘의 상황에서 인간에게 요구되는 것은 모호성과는 거리를 둔 보다 명료한 판단의 기준일 것이다.

바르트는 정통주의 신학이 신의 명령과 뜻을 경직된 규범 속에 가두고 율법주의에 빠졌던 오류를 시정하고 신의 말씀의 자유, 신 앞에서의 자유를 강조했다. 그리고 윤리의 형식적 범주만을 제시하고 구체적인 상황 속에서 신에 대한 신앙 고백적 결단과 행위를 강조했다는 점에서 상황적 요소를 갖는다 하겠다. 그럼에도 바르트는 상황윤리로는 발전해 나가지 않는다. 상황

---

85 Ibid., 665.
86 Ibid., 669.
87 Ibid., 672.
88 박봉배, 『기독교윤리와 한국문화』(서울: 성광문화사, 1982), 159.

윤리에서처럼 신의 뜻이 실용주의적이고 다분히 결과론적인 방향으로 나가는 것을 바르트가 수용할 수는 없었기 때문이다. 따라서 그의 신학적 윤리는 구체적인 문제에 접근해 나가기에는 많은 난점을 안고 있다 하겠다.

2.6 틸리히의 신율적 윤리

실존주의를 토대로 존재신학을 전개하는 틸리히(Paul Tillich)는 도덕적 명령이 지나치게 자율적이거나 타율적으로 흘러 율법주의적인 도덕주의로 전락하는 것을 예방하고 오히려 절대적 명령으로 변혁시켜주는 것이 종교라고 인식했다. 그의 신율적(theonomous)[89] 윤리를 알아보자.

틸리히는 방법론적으로 바르트의 신학과 명확한 대조를 이룬다. 바르트는 신학의 전통적 개념을 그대로 고수했지만, 틸리히는 교회의 범위를 넘어서 문화 영역에 있는 모든 인간을 대상으로 신학을 전개했다. 그래서 신·그리스도·성령·계시·죄·용서·믿음·영생·신의 나라와 같은 기독교의 전통적인 개념과 표상들은 현대인들에게 낯선 것들이기에, 그들이 이해할 수 있도록 해석해야 한다고 생각했다. 말하자면, 성서의 종교 언어와 표상들을 현대의 상황에서 이해될 수 있게 하자는 것이었다. 그래서 바르트가 신의 영원한 삼위일체에서 시작하는 철저한 교회 신학을 전개했다면, 틸리히는 신의 존재를 인정하지만 먼저 인간의 실존적 상황의 문제에 대한 분석과 더불어 신학

---

[89] 틸리히의 '신율'은 신적 경륜(oikonomia), 구속경륜을 의미한다. 일찍이 교부 이레니우스가 사용했던 개념이다. 말하자면 신이 자신의 섭리로 인간과 세계를 이끌어간다는 의미다. 그러나 신적 경륜은 그 주체가 신이라고는 하지만 외부의 권위에 이끌린다는 점에서 타율적이라 할 수 있다. 그래서 틸리히가 말하는 신율은 통상 인간의 자율을 폐기하는 외부적인 권위를 갖는 신율과는 의미가 전혀 다르다. 전통적인 신율은 틸리히에게 있어서 타율이다. 신율은 자율을 폐기하는 것이 아니라 완성시킨다. 말하자면 신율은 섭리에 의해 모든 상황과 여건이 성숙되어 초월적으로 실현되는 자율을 말한다. "자신의 신적 근거를 알고 있는 자율이 곧 신율이다." Paul Tillich, 『19~20세기 프로테스탄트 사상사』, 송기득 역 (천안: 한국신학연구소, 1993), 38.

을 시작한다. 그래서 틸리히의 신학은 해석학적문화적 신학으로 정립된 것이다. 바르트와의 신학적 방법론에 관한 차이를 한 가지만 예를 든다면, 아마도 계시 이해를 말할 수 있을 것이다. 오직 예수 그리스도의 계시만을 주장했던 바르트가 거부했던 "존재 유비"(analogia entis)에 대해 틸리히는 오히려 존재 유비가 없다면 신에 대해 아무런 진술을 할 수 없다고 주장한다. 유한한 존재자들이 존재 자체 곧 신에게 참여되어 있다면, 모든 유한한 존재자들 속에 신의 계시가 있다고 볼 수 있다는 것이다. 그렇다면 인간을 포함한 전체 존재자들은 물론, 시간의 과정, 자연의 질서, 역사의 과정, 인간의 모든 활동들, 심지어 성행위와 언어도 황홀경의 상황에서 계시의 매개체가 될 수 있는 것이다.[90]

틸리히의 신학방법론은 "상관관계 방법론"[91]이라 부른다. 유한한 인간의 실존적 상황 속에 내포되어 있는 문제나 질문을 찾고, 이에 대해 신의 영원한 진리의 답변을 모색하는 방법을 말한다. 질문과 대답은 서로 독립되어 있지만, 동시에 서로 의존하며 상관되어 있다. 그러나 분명히 알아야 하는 것은 유한한 존재를 통해 제기하는 질문은 신의 존재에서 주어지는 대답에 의존할 수밖에 없다는 것이다. 그래서 상관 방법론은 신의 계시적 진리를 마치 인간적 상황과는 아무런 관계가 없는 것처럼 여기는 초자연주의적 방법론과 인간의 자연적 상태 자체에서 답을 찾아버리는 교만함으로 인해 인간의 실존 자체가 답이 아니라 하나의 질문임을 망각하는 자연주의적 방법을 동시에 극복하고자 하는 의도이다.

틸리히에 따르면, 모든 인간은 실존의 소외 상태에 예속되어 있는 동시에 절대적 존재 곧 신의 존재에 참여되어 있으며, 그의 존재를 폐기시키고자 하는 비존재의 위협을 이기고 존재할 수 있는 "존재의 힘"을 부여받는다.

---

90 김균진, 『20세기 신학사상 I』(서울: 연세대출판부, 2003), 285.
91 Ibid., 262~266 참조.

그러므로 그는 존재할 수 있으며, 존재하기 위해 언제나 절대적 존재를 질문하고 그것을 찾을 수밖에 없다. 그러나 절대적 존재는 인간의 존재 밖에 있는 것이 아니라 인간의 존재와 연결되어 있기 때문에, 인간은 그의 모든 활동에 있어서 절대적 존재를 부분적으로 경험하며, 절대적 존재로부터 그의 존재 의미를 발견한다. 이와 같이 절대적 존재 곧 절대자와 관계된 인간의 활동 전체를 틸리히는 '종교'[92]라 생각한다.

종교는 인간의 정신적 삶에서 필연적 차원이다. 그것은 인간의 삶의 많은 기능들 가운데 하나의 특수한 기능이 아니며, 삶의 많은 영역들 가운데 한 특수한 부분 영역이 아니다. 오히려 그것은 인간의 정신적 삶의 모든 기능들과 활동들의 깊은 차원이다. 말하자면, 종교는 "인간의 정신적 삶의 모든 기능들의 가장 깊은 곳에 있다. 종교는 총체성 속에 있는 인간의 정신의 심층적 측면이다."[93] 따라서 틸리히에 따르면, 종교적 차원이란 곧 궁극적 관심(ultimate concern)에 의해 포착된 절대성을 의미하는 것이기에 도덕성에 궁극적 차원을 가져다주는 종교를 어느 특정 종교로 보지 않는다. 오히려 그는 인간 존재의 심연에 관심을 두는 보편적 종교의 관점에서 이해한다. 그렇기 때문에 도덕성이 지니고 있는 종교적 요소를 도덕성 그 자체에 고유한 것으로 이해하는 틸리히에게 있어 모든 윤리는 종교적 윤리일 수밖에 없다.[94]

그러나 이것은 종교가 인간 정신의 특수한 기능(인식론적 영역·도덕적 영역·미학적 영역)들을 대체한다는 의미도 아니며, 그것들과 일치된다는 의미도 아니다. 그러나 종교는 인식적 영역에서는 궁극적 진리를 찾는 열정적 추구의 형태로 작용하고, 도덕적 영역에서는 도덕적 요구의 절대적 타당성의 형태로 작용하며, 미학의 영역에서는 궁극적 현실을 표현하고자 하는 절대적 동

---

92 이후 틸리히의 '종교'에 관한 논의는 Ibid., 308~309 참조.
93 Paul Tillich, *Theology of Culture* (New York: Oxford University Press, 1959), 7.
94 Paul Tillich, *Morality and Beyond* (London: The Fontana Library, 1963), 9~24.

경의 형태로 작용한다는 것이다. 그래서 틸리히는 "종교는 인간의 정신적 삶의 내용과 기초와 깊이"[95]라고 주장하는 것이다.

인간만이 영을 가진 존재 삶을 영위하는 존재이기에 본성적으로 도덕성을 지니고 있다면, 더 온전하고 궁극적인 도덕성이 되기 위해서는 더 높은 수준의 궁극적인 영을 소유할 필요가 있다. 이러한 고차원적인 영의 수준을 '성령의 수준'이라고 말한다. 틸리히에 따르면, 영(또는 성령)은 근대 이후 두 가지로 오해되어왔다. 첫째, 합리주의와 세속주의 세계관 속에서 영은 단순히 인간의 합리적이성적 능력을 가리키는 것으로 오해하여 인간의 지적 능력의 자리인 정신(mind)과 동일시되었다. 근대정신은 영을 심리화하고 주지화하는 잘못을 범한 것이다. 둘째, 영을 실체화하고 초월화시켜 인간의 육신과 분리되어 혼자 떠돌아다닐 수 있는 '혼령', '유령' 등으로 오해했다는 것이다. 이에 대해 틸리히는 인간 생명 안에서 '힘의 요소'와 '의미의 요소'가 통일되어 나타나는 것을 영이라 했다. 따라서 영적 생명 현상은 인간의 합리적 구조를 수용하면서도 그것을 극복·승화시키는 힘과 의미의 통일 내지 일치로 이해되는 것이다.[96] 그러므로 진정한 기독교적인 윤리가 되기 위해서는 성령의 현존을 전제해야 하는 것이다. 이 성령의 현존만이 결과적으로 신율적인 문화를 창조하고, 그 문화가 신율적인 도덕을 창조하게 된다는 것이다. 그렇게 만들어진 문화는 성령에 의해 변혁된 문화라 할 수 있으며, 그 도덕 역시 변혁된 신율의 도덕이 될 수 있는 것이다.[97]

틸리히는 윤리학을 도덕적 명령법의 궁극성과 타당성에 대한 기준, 그리고 그 명령법 내용의 출처 및 그것을 실현하는 힘을 묻는 인간의 도덕적 실존에 관한 학문으로 규정한다.[98] 곧 도덕의 학문이 윤리학이라는 말

---

[95] Paul Tillich, *Theology of Culture*, 8.
[96] 박만, 『폴 틸리히: 경계선상의 신학자』(서울: 살림출판사, 2003), 191~192.
[97] Paul Tillich, *Systematic Theology* III (Chicago: The University of Chicago Press, 1963), 266.
[98] Paul Tillich, *Love, Power and Justice* (London: Oxford University Press, 1976), 72.

이다. 틸리히는 윤리학의 탐구 대상으로서의 도덕을 근본적으로 자기통전(selfintegration)이란 말과 관련지어 설명한다. 자기통전이란 영을 가진 자기(self)가 이 세계에 대한 개체화와 참여의 변증법적 연관을 통해 자신의 중심을 찾아내는 것으로, 공동체 속에서 자신의 인격을 완성하는 것을 뜻한다.[99]

틸리히는 이 같은 자신의 윤리적 견해를 존재론적 기반 위에서 전개한다. 이 존재론적 기반과 그 구조는 자기와 세계의 양극이며, 서로의 작용에 의해 파생되는 세 가지 요소로 구성되어 있다. 즉 개체화와 참여, 역동성과 형태성, 자유와 운명이 바로 그것이다. 이 세 요소가 영을 가진 생명 속에 들어와 각기 다른 역할을 하게 한다. 즉, 개체화와 참여는 생명 속에서 자기통전의 운동을 야기하게 되는데, 이는 생명이 중심을 가지려는 운동이자 자기 동일성을 유지하려는 순환운동인 것이기에 도덕이 야기되고, 역동성과 형태성은 자기창조(selfcreativity)의 운동이 일어나게 하는데, 이는 새로운 것을 형성해나가는 수평적 운동으로 문화를 창출하게 한다. 끝으로 자유와 운명은 자기초월(selftranscendence)의 운동을 가능케 하는데, 위를 지향하는 승화(sublimation)로서의 수직운동이라고 할 수 있으므로 이것이 곧 종교라 할 수 있다.[100] 이러한 작용에도 틸리히는 도덕에 있어서의 문제점을 문화와 종교의 분리 현상으로 보고 있다. 그렇기 때문에 도덕과 종교의 일치성에 근거해서 신율적인 도덕을 강조하며, 도덕과 문화의 일치성에 근거해서 각 문화를 수용할 수 있는 도덕의 신축성을 강조한다.[101]

자율적인, 또는 타율적인 도덕은 궁극적인 도덕적 원동력을 가지지 못하며 오직 성령 현존의 충격하에서 창조되는 사랑(신율적 윤리)만이 도덕적 명

99　Paul Tillich, *Systematic Theology*, III, 39.

100　Ibid., 30~32.

101　Ibid., 158~160.

령법을 신성(divinity)에 참여케 함으로써 도덕적 동기를 부여해준다.[102] 성령, 즉 신의 영은 신과 별개의 존재가 아니라 현존하는 신을 말하며 신은 다름 아닌 성령의 현존을 말한다. 틸리히에게서 영은 '힘'과 '의미'의 통전이므로 신의 영, 곧 신의 현존 체험 안에서의 존재의 능력과 의미는 분열을 지양하고 온전히 하나 된 온전한 생으로 체험되므로 성령의 현존은 모호성에 둘러싸인 인간 실존의 소외를 치유한다.[103]

자율적 윤리나 타율적 윤리는 결국 모두 율법의 윤리이며, 율법으로서는 소외를 극복할 수 없으며, 오히려 율법으로는 자기에 대한 증오를 낳을 뿐이다. 성령의 현존이 없는, 즉 신율적이지 않은 윤리는 원동력을 나타낼 수 없으며 도덕적 명령의 무조건적 타당성을 나타낼 수 없다. 그러나 틸리히는 사랑에 그러한 능력이 있다는 것이다. 사랑은 인간 의지의 문제가 아니라 성령 현존의 장소이며 은총이다.[104]

성령의 현존에 의해 창조되는 사랑의 윤리인 신율적 윤리는 보편 타당성을 가진 윤리적 규범이 되는 동시에 모든 변화하는 상황에 구체적 적용 가능성이 있는 역동성(현실 적용성)을 갖고 있다고 한다. 그리고 사랑이 윤리적 규범으로서 타당성을 가졌다고 판단할 수 있는 근거를 사랑의 재결합(reunion)에서 찾고 있다.[105] 인간 실존에 관한 그의 분석에 의하면 인간의 현실적 상태는 분리의 상태로서, 인간은 자기 자신으로부터, 다른 사람으로부터, 그리고 신으로부터 분리되어 있다. 이 분리되고 소외된 상태가 바로 죄의 상태다.[106]

인간이 이기심, 남에 대한 경멸, 남을 학대하고 파괴하려는 경향에 빠져

---

102 Ibid., 274.
103 김경재, 『폴 틸리히의 생애와 사상』(서울: 대한기독교서회, 1990), 171.
104 Ibid., 171.
105 Paul Tillich, 『새로운 존재』, 강원용 역(서울: 대한기독교서회, 1960), 41~43.
106 Paul Tillich, 『흔들리는 터전』, 김천배 역(서울: 대한기독교서회, 1959), 202.

있는 것 못지않게 자기 경멸, 자기 증오, 자기 학대에 사로잡혀 있다는 것은 자기 자신의 분열의 심각성을 말해주는 것이다. 인간은 타인과의 관계에 있어서 같은 분열을 경험하고 있다. 개인과 개인, 집단과 집단, 사회계층과 계층, 이념과 이념, 세대와 세대, 성과 성, 국가와 국가 간의 장벽은 너무나 높고 두터워서 인간의 도덕적 능력으로서는 그것을 허물어뜨릴 수가 없다.[107]

그러나 인간은 본질적으로 분리되었던 존재가 아니라(만일 본질적으로 분리된 존재라면 결합이 불가능할 것이고, 근원적인 소속이 없었다면 결합을 생각할 수조차 없었겠지만), 단지 본질에서 소외되었기에 재결합을 동경한다. 이러한 양자의 관계에 총체적 결합을 촉진하고 분리를 극복하는 것이 사랑이 윤리적 규범으로서의 타당성을 가진 근거가 되는 것이다.[108] 인간은 재결합으로 새로운 존재를 경험함으로써 자신의 존재의 기반이요, 의미인 신과의 결합을 느낄 수 있으며 자신의 운명에 대한 사랑과 자신의 불안을 스스로 감당할 수 있는 용기를 갖게 된다. 또한 재결합된 새로운 존재는 또한 타인과의 재결합도 창조한다.[109] 틸리히에 의하면 사실상 재결합으로서의 새로운 존재는 이미 그리스도로서의 예수 안에서 구체화되었다. 그리스도 안에서는 분열적인 힘이 그와 신 사이에, 그와 인류 사이에 그리고 그와 그 자신과의 사이에 이루어진 사랑의 결합을 한 번도 깨뜨리지 못했다. 말하자면 그리스도 사건에 나타난 재결합은 인간의 본래적인 모습이며 완전한 의미가 되는 것이다.[110] 그래서 존재 자체의 본성으로서의 사랑, 그리고 모든 존재의 본성으로서의 사랑은 성령의 현존에 의해 창조되며 이와 같은 재결합을 가져다줌으로써 보편타당성을 가진 윤리적 규범이 되는 것이다.[111] 인간의 영 안에 또한 그 영을 향한 신적인

---

107 남재현, "폴 틸리히의 윤리학", 『신학논단』 9-10(1968), 102~103.
108 Ibid., 101.
109 Ibid., 102.
110 Ibid., 103.
111 Ibid., 104.

존재의 기반의 현존으로서의 성령의 현존은 구체적 상황에 내재되어 있는 도덕적 요구에 대해 인간의 눈과 귀가 열리도록 한다는 것이다.[112]

틸리히에 의하면 인간은 영적인 삶을 사는 존재이기 때문에 도덕성을 갖는다. 그런데 이 도덕성이 궁극적인 의미를 얻기 위해서는 종교적 차원이 부과되지 않으면 안 된다. 그런데 도덕성에 궁극적인 차원을 가져다주는 종교는 어느 특정한 종교라고만은 볼 수 없다. 인간의 존재 깊이에 관심을 두는 보편적인 종교를 말한다. 결국 도덕성에 있어서 종교적 요소란, 그것 자체의 고유한 것으로서 모든 윤리는 종교적 윤리일 수밖에 없다는 것이다. 그런데 기독교 이외의 모든 종교의 질문에 대한 궁극적인 답변이 기독교이므로 기독교적 또는 신학적 윤리는 모든 종교윤리의 궁극성을 제공하게 되는 것이다. 이것이 영(성령)이 현존하는 윤리, 신율적인 윤리로서의 기독교윤리인 것이다.

2.7 플레처의 상황윤리

상황윤리의 대표적인 기독교윤리학자는 플레처(Joseph Fletcher)라고 할 수 있다. 그러나 오히려 플레처는 지나친 율법주의와 무율법주의(antinomianism) 양자를 비판적으로 보완하기 위한 대안으로서 상황윤리를 제시한다고 주장한다.

먼저 율법주의에서 강조되는 도덕법칙은 도덕행위자를 자유스럽고 독립적인 도덕적 결단을 방해하는 부정적 기능을 하는 것으로 이해한다. 즉 독자적 반성 없이 맹목적으로 도덕법칙의 명령에 따르는 것을 반대한다. 그리고 무율법주의는 사르트르같은 실존주의자에게서 볼 수 있는 것처럼 인

---

112 P. Tillich, *Morality and Beyond*, 38.

간이 자기 행동을 결정함에 있어 하등의 법칙이나 격률(maxim)에 구애받을 필요가 없이 하나 하나의 실존적 순간이나 하나의 상황에서 그때그때의 장소에서 윤리적 결단을 내리는 태도를 말하는데, 이러한 태도는 도덕적인 결단을 내릴 때 원리에 입각하지 않고 경우에 알맞게 결단하며, 한 상황과 다른 상황 사이에 아무런 관련성을 인정하지 않는다.[113] 때문에 무율법주의는 즉흥적 판단과 도덕적 결정에서 무책임한 혼란을 야기할 수 있다. 플레처는 바로 이러한 도덕적 무정부주의의 이름으로 무율법주의를 반대한다. 그런고로 플레처는 율법주의와 무율법주의 사이에서 제3의 방법으로 상황윤리를 제시한 것이다.

　플레처의 상황윤리의 기원을 신약성서에서 예수와 바울이 토라의 교훈을 아가페의 원리로 대치했다는 데서 찾고 있다. 사랑이 율법을 대신하고 정신이 문자를 대신하는 것이다. 설령 율법을 따른다 하더라도 그것은 어디까지나 사랑을 위한 것이어야 한다.[114] 율법주의자들은 토라의 율법을 문자 그 자체로 최고의 가치가 있는 신성한 신의 명령으로 이해했다. 그러나 이와는 달리 예수는 정결법 같은 율법의 형식적 준수의 무의미성을 비판하고 율법의 본래적 정신, 즉 신이 인간을 위한 사랑의 정신에 충실한 것이 오히려 신의 의지에 합당하며 그러한 율법을 통해 인간이 속박되는 것이 아니라 오히려 자유함을 누려야 할 것을 가르쳤다는 것이다. 따라서 상황윤리는 예수의 아가페적 사랑을 유일한 규범으로 삼는다. 이 규범을 내세워 더 나은 해결책이 있으면 상황에 따라 기존의 법칙을 무시할 수 있다고 본다. 말하자면 사랑이 필요할 때 도덕법칙을 인정할 수도 있고 무시할 수도 있다.[115] 도덕적 의무는 그 처한 상황에서 대해서는 상대적이지만 하나의 상황 안에서는 절대적인 것으로 이 절대적인 요소는 사랑이며 상황을 측정하는 요소

113　Joseph Fletcher, *Situation Ethics: The New Morality* (Philadelphia: The Westminster Press, 1966), 23.
114　Ibid., 70.
115　Ibid., 26.

는 각각 구체적 상황 하에서 이루어지는 상관적 규범을 의미한다. 그래서 기독교윤리의 목적은 하나의 체계나 계획을 수립하는 것이 아니라 이 세계를 사랑에 연관시키는 것이며, 사랑의 힘으로 법률규칙원리이상규범의 지나친 규제를 극복하는 것이다.

상황윤리에서 절대적 가치인 사랑은 사랑 자체를 위한 것이 아니라 인간을 위한 것으로 인간의 사랑, 즉 이웃 사랑을 말한다. 말하자면, 어떠한 율법이나 법칙 또한 가치든지 그 어느 것도 그대로 선하다고 볼 수 없으며, 사랑만이 모든 상황 하에서 도덕적 판단 기준으로 적합하며, 사랑만이 율법이며 가치가 될 수 있는 선천적 선이라고 주장한다.[116]

플레처는 사랑이 절대적 선이며 유일한 규범일 뿐만 아니라 또한 정의라고 주장한다.[117] 실례로 만약 어떤 의사가 세 어린아이를 가진 젊은 엄마와 술에 만취한 늙은이가 모두 혈액주사가 필요한 경우 세 어린이의 엄마를 선택했다면 가장 사랑을 잘 나타낸 결정이라고 볼 수 있다는 것이다. 왜냐하면 그것은 소수가 아닌 다수를 돕는 사려 깊은 행위이기 때문이다. 사려를 수반하기에 이웃 사랑은 감정적이 아니며, 의지적이고 아가페적인 사랑이다. 사랑은 집단의 궁극적인 선을 위하여 진행되므로 옳음, 즉 정의를 실제적으로 진행시키며 현재에만 존속하는 것이 아니라, 미래에 대한 비전을 제시하는 것이기에, 사랑을 하기 위해서는 공정성을 가져야 한다. 사랑은 정의의 궁극적 원리이기에 사랑의 실현을 위해서는 자기의 양심에 따라 법률을 파괴할 수 있으며, 법에 불복종하거나 정부가 사랑의 정신에 위배될 때 저항하는 것도 상황윤리적 책임을 다하는 것이 된다.

이런 점에서 보면 플레처의 사랑은 감상주의적인 사랑이 아님을 알 수 있다. 사랑은 비판적이며 분별력을 의미한다. 사랑은 아가페적 사랑을 말하

---

116 Ibid., 61.
117 Ibid., 89.

며, 이것은 자기중심적인 사랑이 아니라 전적으로 타인에 대한 끝없는 관심이라 할 수 있다. 그래서 아가페적 사랑은 모든 욕망에 우선하며 감정적 동기나 정서적인 규범을 초월하며 한 개인에게만 제한되지 않는 총체적이며 모든 사회에 대한 균형된 관심을 갖는 것이다.[118]

플레처는 아가페 사랑의 실례를 다음과 같이 보여준다. 거지에게 동냥을 베풀어야 하는가 하지 말아야 하는가. 이 문제에 대해 플레처는 아가페의 견지에서 동냥을 베풀지 말아야 한다는 입장에 동의한다. 왜냐하면 진정한 아가페적 사랑은 거지를 동정해서 돈을 주는 것이 아니라 돈을 주지 않음으로써 거지에게 자립의지를 심어줄 수 있다는 것이다. 다시 말하면 개인의 감정이나 연민에 따라 행동하는 것이 아닌 냉철하게 숙고하여 무엇이 진정한 유익인가에 따라 행동하는 것이 아가페적이라는 것이다. 따라서 상황에 대한 관심은 물론 자기가 처한 상황에 대해 정확한 지식을 갖고, 그 지식을 바탕으로 분석, 검토되어야 사려 깊다고 할 수 있는 것이다.

상황윤리에서는 절대적 가치인 사랑이 최고의 목적이 된다. 그렇기 때문에 사랑을 궁극적으로 이행하려고 하는 모든 행위는 선하며, 따라서 사랑을 목적으로 하는 모든 수단은 정당화될 수 있다.[119] 그리고 절대 가치인 사랑은 항상 상황 하에서 이루어지는 것이지 어떤 관례적 법에 따르는 것이 아니다.[120] 예를 들어 유전적인 질병을 가진 아이를 갖게 된 산모의 경우 상황윤리에서는 법적으로 금지되어 있는 낙태 행위가 그녀에게는 상황에 맞는 최선의 사랑의 행위로 보는 것이다. 상황윤리는 법칙이 주는 안정성을 거부하고 현실과 부딪혀 결단의 용기로써 선한 의지를 지닌 자유의 인간으로 정립되고자 한다. 그러므로 모든 결정을 함에 있어서 경우의 다양성을 인정하고, 윤리적인 생활은 모험적이며 오류를 범할지라도 용감히 결단하

---

118 Ibid., 104.
119 Ibid., 120.
120 Ibid., 134.

고자 하며, 어떤 새로운 상황에 대해서든지 올바로 이해하고 사려 깊게 계산하여 개인의 행동을 결정하고자 한다.

플레처의 상황윤리는 몇 가지 심각한 문제에 직면한다. 우선 급변하는 사회적 상황 속에서 기존의 도덕적 규범의 타당성을 끊임없이 재평가해야 할 필요성을 인정한다 하더라도, 공동체의 삶이 도덕규범의 필요성과 유용성을 무시하고서 올바르게 영위될 수 있을 것인가에 대해서는 의심에 직면한다. 인간의 자율성에 대한 지나친 강조로 인해 도덕적 행위가 순간의 결단에 좌우될 수 있으며, 따라서 사회윤리에 대한 규범적 고려 없이 도덕적 행위자의 자의적 판단에 의존하는 주관주의와 편의주의로 흐를 가능성이 있다.

상황윤리는 사랑의 목적을 위해서라면 윤리적 규범이 위반되어도 무방하며, 사랑 이외의 모든 것은 관계 속에서 선도 되고 악도 되는 상대적인 것들이기에 본질적인 선이나 악은 존재할 수 없다고 본다. 그러나 강간, 아동 학대, 양민 학살은 본질적으로 악이지 어떤 경우에도 선이 될 수 없는 악이다. 수단이 잘못되면 목적도 훼손될 수밖에 없는 것이다. 다시 말해 윤리 규범이 없이는 결국 사랑을 논하기 불충분한 것이다.

따라서 기독교 상황윤리는 사랑만을 유일한 신의 명령, 즉 규범(원리)으로 보고 기존의 율법주의적 성향의 기독교윤리에서 인간을 해방해서 능동적인 도덕 주체로 설 수 있도록 유도한 공헌이 큼에도, 윤리적 규범을 경시함으로써 또 다른 윤리적 아노미를 야기하게 되었다는 점에서 약점을 노출한다.

2.8 리처드 니버의 책임윤리

니버(H. Richard Niebuhr)의 신학적 기초는 신의 주권(sovereignty)에 대한 깊은 인식에 있다.[121] 우주적인 신의 주권을 강조한 것은 그의 신에 대한 고백일 뿐만 아니라, 주권적 신에 대한 신뢰와 충성을 통해 경험해질 수 있다는 이유다. 신의 주권을 깨닫게 되면 인간은 결국 신을 부분적으로밖에 인식할 수 없다는 자각이 동반되기 때문이다. 이런 점에서 니버는 왜곡된 성서주의나 교파주의적 자만심에서 드러난 것 같은 자기 방어적 독단을 그리스도인들이 보이고 있는 무질서로 보게 되었다.[122] 신의 주권에 대한 강조는 방법론적으로 신중심의 윤리로 귀결될 수밖에 없다. 그는 신의 사랑을 신학과 윤리의 결정적인 요소로서의 그리스도만을 강조하기보다는 모든 창조와 연관하여 이해한다.[123]

프라이(Hans W. Frei)는 "니버의 신학적 출발점이 아들부터라기보다는 아버지와 함께 시작된다. 그에게 있어서 기독교 신학의 과제는 예수 그리스도 안에서의 신의 행위라는 견지에서 우리의 신앙의 변혁, 신의 능력과 통일성 그리고 선하심(goodness)에 대한 신앙적인 새로운 이해를 표현하는 것이다."[124]라고 말함으로써 니버가 철저하게 신 중심적 신학을 전개하고 있음을 말해주고 있다.

니버에게 그리스도인은 기독교 공동체에 속한 사람인데, 기독교 공동체란 예수 그리스도(그의 생애와 말과 행실과 운명)가 그들 자신과 그들의 세계를

---

121 H. Richard Niebuhr, "Reformation: Continuing Imperative," *Christian Century*, 77 (1960), 248.

122 Libertus A. Hoedemaker, *The Theology of H. Richard Niebuhr* (New York: Harpercollins, 1970), 4~243.

123 H. Richard Niebuhr, *The Purpose of the Church and Its Ministry* (New York: Harper & Bro., 1956), 44~45.

124 Hans W. Frei, "The Theology of H. Richard Niebuhr," in ed. Paul Ramsey, *Faith and Ethics* (New York: Harper and Brothers, 1957), 96.

이해하는 열쇠로서 최고 중요한 것이라고 인정하며, 그가 신과 인간과 선과 악에 대한 지식의 주요 원천이며, 끊임없는 양심의 동반자 그리고 악으로부터의 구원자라고 믿는 사람들로 구성된 공동체이며,[125] 또한 교회는 그리스도의 덕목(사랑, 소망, 순종, 믿음, 겸손 등)을 우선적으로 중요하게 여기는 공동체로 인식한다. 이러한 덕목들 또는 성품의 탁월성은 단순히 인격적 자질에 속한 것이 아니라, 예수의 신 중심적 삶의 결과다. 니버는 그리스도에 대한 다양한 해석과 그의 주요한 덕목들 중의 어떤 하나에 포섭되지 않고 관점의 다양성을 인정한다. 단지 그 해석이 신약성서의 예수 그리스도와 모순되어선 안 된다고 보는 것이다. 왜냐하면 성서는 그리스도의 원 초상화가 보여주는 행위와 인격이 현재의 그리스도인들에게 있어서도(비록 그들의 경험 안에 나타난 그의 역할이 각각 다르다 할지라도) 동일하게 역사하시는 권위요, 이 권위를 다양한 모습으로 행사하는 분은 한 분 그리스도라는 사실을 보여주기 때문이다.[126]

니버에게 그리스도의 의미는 성서적으로 아들됨(sonship)의 상징이다. 신과의 관계에서 표현된 이 상징은 그의 인격과 권위에 대한 신학적 관점을 위한 기준이 된다. 신의 아들로서 예수는 역사적이고 사회적인 존재의 권력들과 수많은 가치들에서 선하시고 강력한 유일신을 향하도록 해준다.[127] 아버지 신과의 관계에서 아들됨은 신을 향한 인간들, 인간들을 향한 신, 세상에서 타자에게로, 타자에서 세상으로 향하는 이중적인 운동을 함의하고 있다. 인간들이 이러한 그리스도에 관계될 때 비롯되는 책임성 역시 이중의 운동을 내포하게 된다.[128] 니버는 그리스도를 다음과 같은 말로써 결정적으

---

125 Ibid., 11.

126 Ibid., 13.

127 Douglas F. Ottati, *Meaning And Method in H. Richard Niebuhr' Theology* (Washington D. C.: The University Press of America, Inc., 1982), 96.

128 Niebuhr, *Christ and Culture* (New York: Harper & Bros., 1951), 28~29.

로 정의한다. "그리스도는 신에게서 사람에게로, 사람에게서 신에게로 계속적인 교대를 하는 운동의 초점으로 존재하는 분이시다."[129]

니버는 가시적 교회(visible church)와 불가시적 교회(invisible church)의 문제에 있어서 신정통주의와 노선을 달리했다. 신정통주의는 교회가 교회의 영원한 실재와는 모순된 존재임을 배타적으로 강조했다. 그러나 니버는 가시적 교회가 많은 문제가 있는 것은 사실이지만, 그럼에도 가시적 교회에 참여하지 않고서는 불가시적 교회로 참여하는 것은 바랄 수 없으며 불가시적 교회와 가시적 교회는 서로에게 속해 있을 뿐만 아니라 그리스도인이 모인 곳에는 어디서나 현존하는 것이라 여겼다.[130] 니버의 그러한 교회 이해 때문에 신의 주권과 인간 역사의 관계성 문제에 대해서 명확하게 응답할 수 있었다. 신에 관한 모든 경험은 역사 안에서 일어난다.

> 역사적 존재의 관점에서 우리는 오로지 우리 시대 가운데 있고 또 우리가 경험하는 역사라는 매개체(medium)를 통해 볼 수 있는 것들에 대해서만 말할 수 있다. 물고기가 물에서 살듯이, 우리는 역사 가운데 살고 있으며, 우리가 의미하는 신의 계시란 말은 오직 우리가 살고 있는 역사의 매개체를 통해 우리가 지시하고 있는 대로만 언급될 수가 있다.[131]

이것은 인간적인 공동체, 즉 자신들의 신 이해와 신앙 이해를 공동체의

---

[129] Ibid., 29.

[130] Jon Diefenthaler, *H. Richard Niebuhr: A Lifetime of Reflections on the Church and the World* (Macon: Mercer University Press, 1986), 84; H. Richard Niebuhr, "The Hidden Church and the Churches of Sight," *Religion in Life*, 15 (Winter 1945-1946), 107~116. 니버에게 있어서 가시적 교회와 불가시적 교회의 구분은 큰 의미가 없지만, 차이가 없는 것만은 아니다. "그것은 종말론적이라는 데 있다. 불가시적 교회는 가시적 교회 내에서의 절박한 현실이며, 적어도 부분적으로라도 신과 나머지 사람들과의 연합에 기여한다."

[131] H. Richard Niebuhr, *The Meaning of Revelation* (New York: Macmillan Co., 1941), 48.

역사 내에서 앞선 경험과 이해들을 통해서 구축하려는 공동체가 존재함을 의미하는 것이다.[132] 인간의 죄와 한계성 때문에, 역사적인 공동체는 상대적일 수밖에 없으며, 그 결과 절대적인 신과의 만남을 아무리 완벽하게 파악하고 표현하려고 애쓴다 할지라도 가능치 않은 것이 사실이다.[133] 공동체의 역사나 이야기(stories)는 신앙 경험에 대해 과학적인 타당성을 입증해줄 수는 없으나 신학을 고백적인 방식으로 표현하게 해준다. "신은 자아들과 공동체들의 주체적인 역사에 매몰되거나 유리됨이 없이, 그 역사들을 통해서 인식하고 섬길 수 있어야 한다."[134]

니버는 전통적으로 크게 두 가지의 윤리 사상의 흐름, 즉 의무론적(deontological) 윤리와 목적론적(teleological) 윤리가 있음을 말한다. 니버는 양대 윤리의 장점을 인식하면서도 제3의 대안, 즉 책임윤리 또는 응답윤리를 제시한다. 의무론적 윤리가 묻는 것은 "이 행위가 옳은가?", "그것이 법을 준수했는가 아니면 지키지 않았는가?"이다. 목적론적 윤리는 "이 행위가 선한가?", "그것은 우리가 바라는 목적으로 우리를 추동시킬 수 있는가?"를 묻는다. 그러나 책임윤리는 "무엇이 진행되고 있는가?"를 묻고 나서 "우리에게 일어난 것에 대해 응답할 수 있는 가장 적합한 것이 무엇인가?"를 묻는다는 것이다.

니버에게서 공동체의 중요성은 전통적인 윤리 방법론과의 비교에서 잘 드러난다. 목적론적 윤리는 타자아(alterego)들을 진지하게 고려하지 않고 개인주의로 안주하려는 경향성을 갖고 있으며, 의무론적 윤리는 타자들을 고려하지만, 타자들에 대한 개인의 관계는 기껏해야 법적으로 고려되기 때문에, 자아는 우선적으로 타자아들과의 관계에서 실존하는 것으로 이해되

---

132 H. Richard Niebuhr, *The Kingdom of God in America* (New York: Harper & Row Pub., 1937), 1.

133 H. Richard Niebuhr, *Christ and Culture*, 238.

134 Lonnie D. Kliever, *H. Richard Niebuhr, Makers of the Modern Theological Mind*, ed. by Bob E. Patterson (Waco: Word Books, 1977), 40~41.

어야 한다는 것이다. 니버는 응답 모델을 기독교윤리를 이해하기 위한 유일하고 필요 충분한 모델로서 주장하지는 않는다. 오히려 그는 의무론적 윤리와 목적론적 윤리의 계속되는 역할이 필요함을 인정하고 있다. 그럼에도 응답의 은유(metaphor)가 인간의 도덕적 경험에 가장 가까이 접근했다는 점을 강조하는 것이다.[135]

니버는 바르트의 방법론과는 대조를 이룬다. 바르트는 올바른 믿음을 강조하고 나서 도덕성을 마치 고정된 일련의 원리들을 엄격히 복종하는 문제로 만듦으로써 의무론적인 패턴을 따랐다.[136] 그러나 니버는 모든 도덕적 딜레마에 적합한 응답을 할 수 있다는 생각을 허용하지 않는다. 각각의 응답은 타자들과 대화를 통해서 그리고 무엇보다 신이 특수한 상황에서 무엇을 하고 있는가를 고려함으로써 풀어나갈 필요가 있음을 인식하고 있다.[137] 그의 『책임적 자아』(The Responsible Self)는 도덕적 주체 그리고 도덕적 삶을 자아의 응답이라는 개념으로 해석하려는 시도이다. 그는 책임을 다음과 같이 말하고 있다.

> 책임의 개념이나 유형을 압축해서 추상적으로 정의해 본다면, 주체의 행위는 자신에게 미친 행위에 대해 해석을 수반한 응답하는 행위이며, 그리고 이러한 응답 행위 전부는 행위 주체들이 속한 공동체에서 끊임없이 일어나는 행위라는 개념으로 말할 수 있다.[138]

환언하면, 응답모델은 도덕적 행위를 위한 책무(accountability)를 행위 주

---

[135] Lonnie D. Kliever, *H. Richard Niebuhr*, 118~119.

[136] Jon Diefenthaler, *H. Richard Niebuhr*, 90.

[137] Ibid., 90.

[138] H. Richard Niebuhr, *The Responsible Self: An Essay in Christian Moral Philosophy* (New York: Harper & Row, 1963), 65.

체에 부여해주는 것이며, 행위주체로 하여금 자신이 현재 응답함에 있어 한계성과 가능성을 제공해주는 선행된 행위에 대한 응답자로서 이해하게 해준다. 행위의 주체는 자기가 본 것과 자기에게 어떤 행위가 일어났는지를 해석할 수 있을 때, 비로소 자기에게 일어난 행위에 적합한 응답적 행위를 할 수 있다.[139] 니버는 적합함이란 말을 사용할 때 옳고 그름이라는 범주를 제거하는 것이 아니라, 그것들을 관계적인 의미로 해석한다.[140] 적합한 응답이란 타자들(이웃)과의 상호작용을 도덕성의 중심에 두는 것을 말한다. 왜냐하면 타자들은 도덕적 행위가 일어나는 맥락의 한 부분이기 때문이다.

거스탑슨은 니버의 윤리를 직관적(intuitive)이라 간주하면서, 더욱 규정적인(prescriptive) 윤리가 될 필요성이 있음을 주장한다.[141] 이것은 그의 일관된 상대주의적 태도에서 야기된 구체적인 도덕적 선택과 판단에 수반되는 도덕기준의 문제일 것이다.[142] 환언하면, 적합한 응답의 토대가 무엇이냐는 문제 제기이기도 하다. 목적론적 윤리가 의무론적 윤리와 상보적 관계에 있듯이 책임 윤리도 규범적 윤리의 도움을 요청할 필요가 있지 않은가 하는 것이다.[143] 그러나 디펜탈러(Jon Diefenthaler)는 니버가 윤리적 구체성을 결여한 것은 매우 의도적이었다고 본다. 왜냐하면 니버는 자신의 변혁주의적 노선을 원칙적으로 따르면서, 동시에 발생하는 모든 새로운 상황에 대해 창조적으로 대응할 수 있는 자유를 고려하고 있었기 때문이라는 생각이다.[144]

---

[139] James M. Gustafson, *Can Ethics Be Christian?* (Chicago: University of Chicago Press, 1975), 19.

[140] Clinton Gardner, *Christocentrism in Christian Social Ethics: A Depth Study of Eight Modern Protestants* (MD: University Press of America, 1983), 77.

[141] James Gustafson, *Can Ethics Be Christian?*, 158.

[142] 김철영, "리챠드 니버의 상관주의와 책임", 『믿음과 삶의 윤리학』(서울: 장로회신학대학교 출판부, 1994), 163~164.

[143] 임성빈, "리챠드 니버의 '응답의 윤리'", 『현대 기독교윤리학의 동향』(서울: 예영커뮤니케이션, 1997), 48.

[144] Diefenthaler, *H. Richard Niebuhr*, 90.

니버의 책임 윤리는 행동하는 신에 대해서 응답할 것을 촉구하려는 니버의 방식이다. "책임개념에서 확인할 수 있는 것은 다음과 같은 것이다. 즉 신은 너에게 일어나는 모든 행위들 속에서 행동하신다는 것, 그래서 신의 행위에 응답하기 위해서는 너에게 일어나는 모든 행위에 대해 응답하라는 것이다."[145] 윤리를 숙고함에 있어서 니버는 윤리적 행위의 구체적인 내용을 결정하기보다는 신의 행위를 개인과 공동체의 맥락 안에서 이해하고 나서 응답하는 것에 무게를 두고 있다. 책임 윤리의 강점은 개인의 존엄성을 간과하지 않으면서도 개인 자신과 타자들을 위해서 신 앞에서 책임적인 인간으로 서게 한다는 데 있다.

니버 사상에서 결정적으로 주요한 주제는 '교회세상 관계'다. 니버 사상의 전체는 복음과 복음이 속해서 기능하고 있는 문화 사이의 관계를 관통하고 있으며, 그의 관심은 신에 대한 형이상학적인 것이 아니라, 개인들의 그리고 그들의 사회적 삶의 변혁에 있었다.[146] 갓세이(Jon D. Godsey)도 니버의 사상은 언제나 기독교 신앙과 불신앙의 세상 사이에 있는 날카로운 긴장 속에 머물러 있어서, 어떤 때는 세상에 대해서 신앙의 본질을 사수할 것을 요청하고, 또 어떤 때는 그 사명을 다하기 위해 세상에 참여할 것을 요청하지만, 어떤 경우라도 교회와 세상은 항상 대화적인 관계에 있어야 하는 것으로 이해했다는 것이다.[147] 니버는 『그리스도와 문화』에서 기독교가 세상 문화에 대해서 갖는 다섯 가지 유형들을 고찰했다. 그리스도와 문화의 관계에서 '퇴거'(withdrawal)나 '일치'(identification)의 거리감에 따라 '문화에 대립하는 그리스도'(Christ Against Culture) 유형(이것은 세상 문화에서 극단적으로 퇴거하는 것이다), '문화와 일치하는 그리스도'(Christ of Culture) 유형(이것은 극단적인 일치이다),

---

[145] H. Richard Niebuhr, *The Responsible Self*, 126.

[146] Hoedemaker, *The Theology of H. Richard Niebuhr*, xvii; Diefenthaler, *H. Richard Niebuhr*, xii~xiii.

[147] John Godsey, *The Promise of H. Richard Niebuhr* (Philadelphia: J. B. Lippincott Co, 1970), 18; Diefenthaler, Ibid., xiii.

그리고 이 양극단 사이에서 기독교적인 영역을 확보하려는 유형이 있다. 즉 '문화 위에 있는 그리스도'(Christ Above Culture) 유형, '문화에 역설적인 관계에 있는 그리스도'(Christ and Culture in Paradox) 유형, '문화를 변혁하는 그리스도'(Christ the Transformer of Culture) 유형이 그것이다.

니버가 그리스도와 문화의 관계에 대한 역사적 고찰에서 결론적으로 변혁주의로 기울어지는 근거는 그의 철저적 유일신론(radical monotheism)[148]과 그의 역사 이해에서 비롯되었다고 보아야 할 것이다(사실, 제 유형에 대한 비판이 있지만 다섯 번째 유형인 변혁주의 모델에 대한 비판은 생략하고 있기에 니버의 입장에 대해 유추가능하다). 철저적 유일신론은 홀로 절대적인 존재인 신을 축으로 모든 인간과 인간의 제도는 상대적이며 그분을 토대로 해서만 의미를 갖는다고 보기 때문이다. 그러므로 니버에게 있어서 상대적인 모든 것은 변혁의 대상이다. 개별적인 인간뿐만 아니라 사회의 특정 제도들도 그것들이 절대화의 소지를 안고 있을 때 모든 것이 변혁의 대상이 된다. 그의 역사는 근본적으로 인간만이 만들어내는 사건들의 과정이 아니라 언제나 신과 인간의 극적인 상호 행동 속에서 생기는 것이므로 그는 신이 어떤 일이든지 하실 수 있다는 역사관을 갖는다.[149] 그는 인간 문화 영역 속에 신의 뜻을 개입시킴으로써 그리스도인들은 문화에 대해 적극적으로 접근해야 함을 암시하고 있다. 그래서 그는 문화가 전적으로 악한 것이기 때문에 거부되어야 한다는 문화에 대한 극단적인 배타주의적 입장을 거부하고 있는 것이다. 또한 그는 문화와 그리스도를 동일시하려는 시도 역시 지양하고 문화에 적극적으로 대처하는 변혁주의를 가장 바람직한 입장으로 제시하고 있는 것이다. 결국 니버에게 있어서 그리스도는 문화의 변혁자다. 그리스도는 사람과 사회가 자아에서 신에게로, 그러나 언제나 문화의 틀 내에서 변혁되어야 할 것을 지속적으로

---

[148] H. Richard Niebuhr, *Radical Monotheism and Western Culture* (New York: Harper & Bros, 1960), 16f.

[149] Niebuhr, *Christ and Culture*, 194.

촉구하는 것이다.

니버는 서구문화에서 목격한 단일신론적(henotheistic), 그리고 다신론적(polytheistic) 신앙형태를 『급진적 유일신론과 서구문화』(Radial Monotheism and Western Culture)에서 분석하고 있다. 두 가지 형태의 신앙은 신에 대한 유일신론적(monotheistic) 신뢰와 충성의 왜곡된 형태다. 왜냐하면 단일신론적 신앙은 가족, 국가, 교회 또는 인류 같은 사회집단 중의 하나를 신으로 섬기는 것이며, 이것들이 구성원들에게 삶의 가치를 부여하는 동시에 그들의 충성을 요구하게 되는 것이다. 다신론적 신앙에서는 쾌락, 부, 명예 같은 다양한 가치들이 함께 신이 되어 삶의 가치와 윤리의 근거가 되고 신봉자들의 충성과 헌신을 강요하게 된다.[150] 이러한 두 종류의 병적인 신앙은 개인과 사회의 삶 속에 화합과 통일성, 고결함과 진정한 중심축, 그리고 의미를 제공하지 못한다는 것이다.

니버의 관심이 흔히 교회의 내적인 개혁에 집중되었다고 평가되기도 한다. 사실 그의 형 니버(Reinhold Niebuhr)는 문화 변혁에 책임의식을 가졌던 반면에 리처드 니버는 교회 변혁에 특별한 사명감을 가졌다고 일컬어진다.[151] 리처드 니버는 언제나 교회를 세상과의 관계에서 생각했다. 니버의 기본적인 원리들 가운데 하나는 신이 참된 신이라고 한다면 전 피조물의 모든 사건들 가운데 현존해야 한다는 것이다. 그런고로 니버는 언제나 신의 현존과 활동을 세계 전반에서 찾았으며, 그와 동시에 그는 믿지 않는 세계에 대해 신이 의도한 교회의 목적이 무엇인지를 발견하려고 했던 것이다. 교회 개혁은 결국 유일하신 신과의 관계 속에서 응답하는 교회 공동체의 윤리적 숙고이자, 궁극적으로 세상문화의 변혁을 위한 전제였다고 말할 수 있다.

---

150 Ibid., vii.

151 Richard Niebuhr, "Reformation: Continuing Imperative," 248-252; Jon Diefenthaler, *H. Richard Niebuhr*, vi.

2.9 라인홀드 니버의 사회윤리

베버가 심정윤리와 책임윤리의 개념을 구분하는 것과 같은 맥락에서, 신학자 라인홀드 니버(Reinhold Niebuhr)는 개인윤리와 사회윤리의 개념을 구분했다. 니버에 따르면 예수의 윤리와 같은 이상적인 윤리는 기독교 사회윤리학의 과제가 될 수 없다고 단언한다. 산상수훈에 나타난 바와 같이 예수의 윤리(뺨을 맞으면 다른 뺨을 돌려대고, 5리를 가자고 하면 10리를 가주고, 겉옷을 요구하면 속옷까지 벗어주고, 심지어 원수까지 사랑하라는)는 도덕적 행위의 결과를 전혀 고려하지 않고 신의 의지에 절대적인 복종을 요구하는 완전주의적 사랑의 윤리라는 것이다.[152] 니버에 의하면 이러한 예수의 가르침은 인간의 순수한 영혼에만 관련된 개인적인 종교 윤리만을 염두에 둔 것이다.[153] 다시 말해, 예수의 윤리는 종교적인 영역에서만 고려될 수 있는 이상주의적인 개인윤리라는 것이며 사회의 실제적 삶의 영역에서는 실현 불가능한 윤리가 된다는 말이다.

그렇다면 개인윤리로서는 가능하지만 사회윤리로서는 불가능한 윤리가 사회적으로 어떻게 실현 가능한가? 예수께서 십자가의 희생에서 보여주었던 완전주의적인 아가페 윤리는 현실적으로 평등지향적인 정의의 원리를 통해서만 근사치적으로 접근할 수 있다는 것(approximately approach)이 니버의 설명이다. 사회윤리적으로는 우리가 사회에서 부딪히는 갈등 속에서 정의를 추구할 수 있는 최선의 판단을 내리는 것이 도덕적일 수 있다. 사회정의를 실현하기 위해 필요한 것은 이상주의적인 도덕적 설교가 아니라 실제적인 권력(power) 또는 강제력(force)이다. 그렇다면 정치권력에 의해 운용되는 질서 유지적 강제력과 지배권력의 폭력에 저항하는 전복적 강제력의 차이는 무엇인가? 이에 대해 니버는 "그 구분은 그것들이 야기하는 결과에 의

---

152 Reinhold Niebuhr, *An Interpretation of Christian Ethics* (New York: Seabury, 1979), 32.

153 Reinhold Niebuhr, *Moral man and Immoral Society* (New York: Charles Scribner's Sons, 1932), 263.

해서만 정당화될 수 있다"[154]고 답한다. 니버의 기독교사회윤리는 결과론적 윤리임에 분명하며, 이런 점에서 베버의 책임윤리와 맥이 닿아 있다. 그리고 "그리스도와 십자가는 가능성을 보여줄 뿐 아니라 인간 유한성의 한계도 드러내준다. 그래서 그러한 한계를 회개하며 인식하는 것에서부터 보다 궁극적인 소망이 생겨나게 된다"[155]는 니버의 주장에서 심정적인 개인윤리의 '불가능한 이상'은 무의미한 것이 아니라 정의로운 사회적 규범과 그 규범들의 한계를 드러내는 비판적 관점을 드러내주기 때문에 현실 적합성을 갖는다는 견해를 읽을 수 있다. 이것 역시 심정윤리와 책임윤리의 상호 관계성을 숙고하고 있었던 베버의 생각에 동조한 부분으로 이해할 수 있겠다.

2.10 존 요더의 평화윤리

존 요더(John Howard Yoder)는 현대 메노나이트파의 가장 대표적인 신학자로, 재세례파의 신학과 윤리를 연구하여 현대 신학계와 윤리학계에 그것의 진수를 소개했다. 그는 무엇보다 그리스도교 교회가 사회문화와 대응하는 방식을 유형으로 정리했던 니버의 유형론(typology)이 지배했던 신학계와 윤리학계에 정면으로 도전하면서, 문화와 사회에 대한 역사적 교회들의 대응 방식에 대해 새로운 이해를 촉구했다. 그리고 그는 철저한 평화주의(pacifism) 윤리 사상을 주창하면서 교회뿐만 아니라 일반 사회의 지성인들에게도 평화주의의 중요성을 부각시키는 데 일등 공신의 역할을 다했다.

요더가 학문적으로 크게 주목을 받게 된 계기는 『예수의 정치학』(1972)일 것이다. 이 저술은 기독교윤리학계에 상당한 논란을 일으켰는데, 그 이유

---

[154] Ibid., 179-180.

[155] Reinhold Niebuhr, *An Interpretation of Christian Ethics*, 73-74.

는 그가 콘스탄티누스 대제 이후 교회의 윤리학이 진정한 의미의 기독교윤리학적 성격을 잃어버린 것을 비판하면서, 참된 기독교윤리학이란 세속 문화에 기초하기보다는 예수 그리스도의 실제적 삶과 가르침에서 출발해야 함을 주장했기 때문이다. 교회는 신약성서를 통해 주어진 그리스도의 모델을 무시하거나 예수의 삶과 가르침을 그대로 따르려고 했던 초대 기독교 공동체의 윤리적 모델을 버리고 세상과의 갈등을 제거하고 타협주의의 노선을 선택한 이른바, 트뢸취가 말한 '교회 유형(church-type)적 기독교윤리학'을 발전시켜왔다는 것이다. 요더에게 기독교윤리는 예수 그리스도의 가르침에 순종하고 예수께서 직접 보여주신 그 삶을 모범으로 하여 어떻게 그를 닮아가고 실천할 수 있는가에 대해 연구하는 학문이다. 예수 그리스도의 삶과 가르침은 당시의 제자들과 교회들뿐만 아니라 오늘의 개인들과 교회 공동체의 사회윤리에서도 실제적인 모델과 규범이 된다는 것이 그의 기본 입장이다.

구체적으로 말하면, 예수 그리스도는 그의 행동과 가르침, 십자가와 부활을 통해서 그리스도인의 개인적 삶뿐만 아니라 사회적 행동을 위한 규범적인 유형도 제공한다는 것이다. 그러므로 오늘날의 그리스도인은 사회적 삶에서도 예수께서 보여주신 모범을 그대로 따르고 본받아야 하는 것이다. 그런데 과거나 현재나 기독교가 윤리적으로 예수 그리스도의 길을 걷지 않고 콘스탄틴적이고 제국주의적인 길을 걸었다는 것이 요더의 비판의 핵심이다.

요더에 의하면, 기독교는 예수의 기독교가 아니라 콘스탄틴적 기독교였다는 것이며, 콘스탄틴적 기독교란 교회와 세상을 동일시하는 체계를 말한다.[156] 교회는 예수의 십자가의 삶에 순종하는 공동체여야 하는데, 콘스탄틴적 체제, 즉 강제와 권력에 의한 지배집단이 되어 국가의 보호를 받고, 국

---

[156] John Yoder, *The Royal Priesthood: Essays Ecclesiological and Ecumenical* (Scottdale: Herald Press, 1998), 154.

가는 세속적인 정치권력을 추구하는 세력이 아니라 신의 뜻을 이루는 신의 대리자로서 종교적 승인을 해준 것을 의미한다. 콘스탄틴적 기독교가 문자적으로는 기독교의 세상 지배 또는 로마제국을 교회의 권위 아래 굴복시킨 것을 의미하지만, 요더에 따르면 교회와 세상이 동일시된 것으로서 세상에 의한 교회의 왜곡, 예수의 교회가 제국의 교회로의 변절을 의미한다.

그러나 문제는 교회가 역사적으로 교회의 콘스탄티화(제국화)에 대해 20세기까지도 깊은 성찰과 반성을 하지 못하고, 오히려 이것을 세상에 대한 교회의 승리이며 하나님이 교회에 주신 선교의 기회로 해석하고 환영했다는 데 있다. 무엇보다 가장 큰 문제는 콘스탄틴 이전의 기독교가 로마제국의 폭력을 거부하는 평화주의를 지향했었는데, 로마제국의 권력을 나누어 갖게 된 기독교는 제국의 폭력은 도덕적으로 관용할 만하며, 적극적인 선이자 그리스도인의 의무라고 정당화시켰다는 데 있다. 교회는 예수 그리스도의 십자가에 순종하는 공동체가 아니라 강제와 권력에 의한 지배집단이 되어 국가로부터 보호받았고, 국가는 세속적인 정치적 욕망을 실현하는 세력이 아니라 하나님의 뜻을 이루는 하나님의 대리자로 종교적 승인을 받게 된 것이다. 콘스탄틴 기독교는 무력한 그리스도의 십자가 정신 대신 로마 제국적인 강함과 무력을 지향한다. 강한 군대를 통해 약자를 억압하고 전쟁을 통해 평화와 승리를 쟁취한다. 남을 위해 내가 희생하는 것이 아니라 나를 위해 타자들을 희생시키는 종교로의 변질이다. 그래서 콘스탄틴의 승리는 교회가 콘스탄틴에게 승리한 것이 아니라 콘스탄틴의 교회에 대한 승리라 말할 수밖에 없는 것이다.

요더는 철저한 기독론에 기초한 그리스도 중심의 윤리를 주장한다. 단적으로 말해, 예수 그리스도가 우리의 삶의 중심이 아니라면 기독교윤리는 논의될 가치가 전혀 없는 것이며, 나아가 심지어 예수조차 무의미해질 수 있다는 것이다. 기독교윤리가 의미를 갖기 위해서는 철저하게 기독론적 고찰에 뿌리내려야 한다는 것이 그의 주장이다. 그리고 그러한 예수 그리스도

중심의 윤리가 현실 사회에서도 여전히 타당하다고 외친다. 그의 기독교윤리의 중심은 '예수 정치학'이다. 그리고 예수 정치학의 핵심은 예수의 십자가다. 이 십자가가 한편으로 예수가 정치적이었다는 것이고 다른 한편으로 우리의 정치적 실천의 규범이 된다는 것이다. 문제는 예수의 십자가가 단지 속죄의 수단으로 제의적으로 규정된 것이 아니라 반란과 정적주의 양자에 대한 정치적 대안으로 드러난 출발점이라는 것이다. 즉 이 말은 보수적 복음주의와 자유주의 양쪽을 다 비판하고 있다. 한편으로는 예수의 죽음을 대속적 죽음으로만 해석하여 그의 죽음을 영혼 구원만을 위한 것인 양 교리화시켜온 보수적 복음주의를 겨냥해서 예수의 삶이 정치적 행위라는 점을 강조한 것이다. 다른 한편으로는 예수를 문화적으로 도덕적인 차원에서만 생각하는 자유주의를 겨냥해서, 예수의 삶은 정치와 무관한 개인적 교양이나 도덕의 수준에 머무는 것이 아니라 실제적으로 사회·정치적 규범이 된다는 것을 강조한 말이다.

요더에게 십자가는 루터(이신칭의)처럼 영혼이 자아와 죄를 내면에서 씨름하는 것이 아니라, 그것은 도래할 질서 즉 새로운 질서를 거부하는 세상 속에 당당하게 드러내는 사회적 실재이다.[157] 또한 요더는 자유주의에서처럼 십자가가 윤리적 규범으로서 현실에 적절치 않다는 것에도 반대한다. 요더는 자유주의 전통에 선 윤리학자들이 예수의 윤리가 사회적으로 규범화될 수 없다고 주장하는 내용을 다음과 같이 정리한다.[158] 첫째, 예수의 윤리는 중간 시대의 윤리(임박한 종말론에 따르면 중간 시대는 잠정적이고 일시적이다)이므로 항시 존재하는 사회를 위한 윤리로는 부적절하다는 것이다. 둘째, 예수의 윤리는 프란시스코와 톨스토이와 같은 개인적이고 목가적인 단순한 윤리이므로 발전된 현대사회 문명을 설명할 수 없으며, 따라서 사회윤리로서는 부적

---

157 Yoder, *The Politics of Jesus* (Grand Rapids: Eerdmans, 1994), 96.
158 Ibid., 5-8.

합하다. 셋째, 예수의 윤리는 소수의 제자들을 위한 것이다. 이후 교회의 세계는 훨씬 커지게 되었는데, 이들 소수자의 윤리는 규모가 큰 사회를 책임지는 데 적합한 윤리가 되기에는 많은 한계가 뒤따른다. 넷째, 예수의 윤리는 비역사적이다. 예수의 교훈은 영적이고 실존적이어서 사회문제와 구체적인 정치현실을 취급하지 않았다. 예수의 선포는 사회 변화가 아니라 새로운 자기 이해를 추구한 것이고, 설령 그의 메시지를 정치적으로 이해한다고 해도 그것은 영적인 메시지에 상징적으로 신비적인 치장을 한 것일 뿐이다. 따라서 예수의 윤리는 사회문제에 구체적인 지침을 줄 수 없다. 다섯째, 예수는 급진적 유일신론자(radical monotheist)이다. 예수의 하나님은 이 세상의 유한하고 국부적인 윤리적 견해와 동일시될 수 없고 오히려 상대화한다. 이는 하나님과 인간, 그리고 하나님의 말씀과 인간 가치 사이의 급진적 불연속성을 의미한다. 하나님의 뜻을 특정한 하나의 윤리적 주장과 동일시할 수 없다. 그러므로 예수의 가르침에는 적절한 사회윤리가 존재하지 않는다. 끝으로, 예수는 모든 인간의 죄를 사하러 오셨다. 이신칭의의 가르침은 죄를 구체적인 사회 행동이 아니라 하나님과의 관계에서 설명하므로 말씀과 윤리의 연결이 없다. 요더가 언급한 자유주의적 주장이 갖는 공통점은 한마디로 "예수는 사회윤리의 물음에 대해 어떠한 직접적인 의미를 주기에는 현실 적합성이 결여되어 있다"[159]는 것이다.

그러나 요더는 신약성서의 전제는 "예수의 사역과 말씀은 청자들과 독자들에게 정치적 선택을 포기하라는 것이 아니라 하나의 특정한 사회정치 윤리적 선택을 제시한다"[160]고 말한다. 십자가는 우리가 선택할 수 있는 여러 가지 항목 중의 하나가 아니라 오늘날에도 현실 적합한 우리의 유일한 규범이며, 현재에도 여전히 적실성을 갖는다는 것이다. 요더는 그 근거를 계

---

[159] Ibid., 5.
[160] Ibid., 11.

시에 둔다. 기독교의 계시에 근거하면 하나님 인식과 자기 인식은 하나님의 유일한 계시인 예수 그리스도를 말미암지 않고는 불가능하다. 그리스도인의 삶은 오직 그리스도와의 관련 속에 있으며, 그리스도를 증언하는 것이다. 그러므로 예수의 인격과 사역 안에서, 그리고 그분의 가르침과 수난 안에서 기독교윤리의 뿌리를 찾을 수 있으며, 그의 부활에서 그 능력을 발견할 수 있다. 그것이 예수의 정치학이다.[161]

기독교가 그리스도를 주님이라고 고백한다면 단지 교회 안에서만이 아니라 사회 역사적 현장에서도 적용하고 실천되어야 할 고백이자 윤리적 담론이 되어야 한다.[162] 여기서 중요한 것은 예수 그리스도의 주되심을 배타적으로 이해할 필요는 없다. 그리스도를 제외하고는 그 어떠한 앎의 원천도 거부한다는 의미에서 그리스도 중심을 말하는 것이 아니라, 예수 그리스도 안에서 하나님의 자기 계시의 규범에 의해서, 그리고 그것이 항상 중심이 되어 모든 앎을 검토한다는 의미에서 그리스도 중심적이라는 의미이다.

그렇다면 십자가에 나타난 예수의 정치학은 무엇인가? 요더가 말하는 예수의 정치학이란 "폭력의 거부이다."[163] 예수의 겟세마네 동산의 최후 기도는 최후의 폭력에 대한 유혹의 거절, 즉 메시아적 폭력에 대한 거절이다. 예수는 폭력에 의한 하나님 나라의 실현을 거부하고, 비폭력적인 섬김과 순종으로 하나님 나라의 성취의 길을 선택했다. "그리스도의 십자가는 반역의 세상 한가운데서 하나님에게 순종한 대가였다. 그것은 올바른 일을 행하기 위한, 증오해야 할 사람을 사랑하기 위한, 용서할 이유가 없는 사람들 가운데서 하나님의 의로움과 용서를 그 육체 안에서 드러내기 위한 고난이었다. 그리스도의 십자가는 선으로 악을 이기는 신의 방법이었다."[164]

---

161 Yoder, *Nevertheless: Varieties of Religious Pacifism* (Scottdale: Herald Press, 1992), 133-134.
162 Ibid., 134.
163 Yoder, *The Politics of Jesus*, 45-49.
164 Yoder, *He Came Preaching Peace* (Scottdale: Herald Press, 1985), 18-19.

2.11 신학적 윤리의 재고

신학적 윤리의 전제는 신은 존재한다는 것이며, 그 신은 어떤 행동이 옳고 그른지 알고 있고, 신은 완전한 선이므로 항상 옳은 행동을 명하고 그른 행동을 금하라고 명령하는 존재다. 신의 전지전능과 선함이 그가 인간에게 명령한 것은 행하지 않으면 안 되는 것임을 보증한다. 옳은 행위와 신이 명령한 것 간의 관계는 우연적인 것이 아니라 필연적인 것이다. 신이 명령한 것은 옳은 것이어야 하며, 옳은 것은 신이 명령한 것이어야 한다. 전지전능한 신은 어떤 것이 옳은 행위인지 알고 있을 뿐만 아니라, 자신의 피조물인 인간이 옳은 것을 행하도록 의지하기 때문이다.

신이 명령했기 때문에 도덕적이라는 주장은 외견상 신의 전능 혹은 신의 주권을 정당화한다는 점에서 유신론에게는 매력적인 주장이다. 만일 신이 도덕의 원천이 아니라면, 신은 어떤 식으로든 우리의 삶에 덜 간섭하게 될 것이고 그렇게 되면 신은 인간의 삶에 덜 필요한 존재처럼 비칠 것이기 때문이다. 전통적인 유신론적 신앙인에게 있어서 선함이나 의무와 관련된 어떤 것이 신과 독립되어 있다는 것은 기독교의 입장에서는 불편함을 넘어 불신앙이라 여길 수도 있을 것이다. 왜냐하면 신은 신앙인의 삶을 주관하는 최고의 주님(Lord)이고, 신앙인에게 도덕적 옳음이 의미하는 것은 우리가 그것을 비록 완전하게는 이해하지 못한다 할지라도 언제나 신이 명령하는 것이기 때문이다.

그런데 문제는 "신의 명령이 무엇이며, 그것을 어떻게 알 수 있는가"하는 것이다. 오늘날 신의 명령 윤리에 대한 문제제기를 위한 논거로 플라톤의 에우튀프론(Euthyphron)의 딜레마가 흔히 사용된다.[165] 여기서 제기는 물음은 "어떤 행위가 옳은 것은 신이 그것을 명했기 때문인가, 그것이 옳은 것

---

165 Platon, 『플라톤의 네 대화편: 에우튀프론 소크라테스의 변론 크리톤 파이돈』, 박종현 역 (서울: 서광사, 2003), 6d-10b.

이기 때문에 신이 명한 것인가?"이다. 그런데 원래 소크라테스와 에우튀프론 사이에 전개된 대화의 주제는 '경건'이다. 이 문제는 에우튀프론이 자기 아버지를 살인죄의 재판을 받게 하는 것이 경건한 행위인지, 즉 종교적으로 옳은 행위인지를 묻게 되면서 제기된다. 소크라테스는 그에게 경건함이란 무엇인지를 묻는다. 에우튀프론은 경건한 행위란 신의 사랑을 받는 행위라고 대답한다. 이에 소크라테스는 "신이 경건을 사랑하는 것은 그것이 경건하기 때문인가, 아니면 신이 그것을 사랑하기 때문에 경건인가?"라고 묻는다. 소크라테스는 만일 신들에 의해 사랑을 받기 때문에 경건한 것이라면 경건하면서 동시에 불경건한 것이 된다고 말한다. 신이 경건함을 사랑하는 것은 그것이 '경건하기 때문'이라고 한다면, 신의 사랑을 받는 속성과 경건함의 속성은 같은 것이 될 수 없다. 이 경우에 경건함은 신의 사랑에 의존하는 것이 아니기 때문에 누가 사랑하든 그것은 경건한 것이다. 그렇다면 그것은 어디에 의존하는가? 반면에 어떤 행위가 경건한 것은 '신이 사랑하기 때문'이라고 말한다면, 신이 무엇을 사랑하든, 어떤 이유에서 사랑하든, 그것은 경건한 것이다. 그래서 어떤 유형의 행위든 경건하게 되는 것은 전적으로 신이 그 행위에 대해 갖는 태도에 달렸다.

이것은 오늘날 "선한 행위이기 때문에 신이 그것을 명한 것인가, 아니면 신이 명했기 때문에 그것이 선한 것인가?" 혹은 "그른 행위이기 때문에 신이 그것을 금한 것인가, 아니면 신이 금했기 때문에 그것은 그른 행위인가?"하는 형식으로 진술된다. '선한 것이기 때문에' 신이 선한 행위로 명한 것이라면, 그것은 신의 명령 이전에 그리고 신의 명령과 무관하게 선한 것이다. 그러나 신의 명령 윤리는 이런 주장을 인정할 수 없다. 그렇게 되면 선한 행위는 신의 명령과 상관없이 만들어진다는 주장이 되기 때문이다. 신이 선하다는 주장에 대해서는 논리적인 문제가 제기될 수도 있다. 신에게 "선함"이라는 속성을 부가하는 것은 논리적으로 동어반복이라는 주장이다.[166] "신은 선하다"라고 말할 때, 우리는 신에게 어떤 속성을 부여한다고 생각한다. 하지만 만약 선이 단순히 "신이 명령하거나 신이 의지하는 것"을 의미한다면, 우리는 신에게 어떤 속성을 부여하는 것이 아니게 된다. "신은 선하다"는 우리의 진술은 단지 "신은 그가 명령하거나 의지하는 것이다"를 의미할 뿐이다. 그리고 "신은 우리에게 선한 것을 하라고 명령한다"는 진술은 "신은 우리에게 신이 명령하거나 의지하는 것을 하라고 명령하거나 의지한다"는 식의 동어반복일 뿐이 되는 것이다.

반면 '신이 명했기 때문에' 선한 행위가 된다는 명제는 신의 자의성 문제가 해결되어야 된다. 단지 신이 명했기 때문에 옳은 행위가 된다면 신이 무엇을 명하든 옳은 것이 될 수 있기 때문이다. 만약 신의 명령이 옳고 그름의 유일한 심판자라면, 강간, 무고한 자를 학살하고 그들의 재산을 강탈하는 것과 같은 잔혹한 행위들이 도덕적으로 선한 행위가 되는 것도 논리적으로 가능하게 된다. 신이 그러한 행위를 하라고 명령했다는 확신만 생긴다면 얼마든지 가능한 일이게 된다. 만일 신이 명령할 수 있는 것에 어떤 제한도 없다면, 도덕적 행위에 대한 어떤 독립된 척도나 이유도 없다면, 어떤 것도 도덕적 의무가 될 수 있다. 그리고 우리의 도덕적 의무는 매 순간 바뀔 수 있다. 신이 거짓말이나 살인을 도덕적으로 의지하지 않는다는 것을 신앙인들은 어떻게 알 수 있는가? 다음의 예를 보자.

내가 십대 때, 나는 신문에서 자신의 아내와 다섯 아이들의 심장을 칼로 찔렀던 아프리카의 한 선교사의 기사를 읽은 적이 있다. 살인 혐의로 체포되자 그는, 신이 자기에게 가족을 죽이라고 명령했다면서 자기는 단지 신에게 순종했을 뿐이라고 주장했다. 그 선교사는 "창세기 22장에 보면 신이 아브라함에게 그의 아들 이삭을 죽이라고 명령했지 않은가?"

---

[166] Paul Taylor, *Problems of Moral Philosophy* (Belmont: Wadsworth Publishing Company, 1978), 562.

라고 대답할 수도 있었을 것이다. 우리는 신이 그 선교사에게 이런 끔찍한 행위를 하라고 명령하지 않았다는 것을 어떻게 알 수 있는가? 그는 단지 정상보다 조금 빨리 자기의 가족을 하늘나라에 보낸 것일 수도 있을 것이다. 정신병원에서는 우리가 보통은 비도덕적인 것으로 생각하는 행위 들, 즉 강간, 절도, 횡령, 살인 등을 자신들에게 하라고 명령하는 신의 음성을 들었다는 사람들로 가득 차 있다. 만약 신의 명령 윤리가 옳다면, 우리는 이러한 사람들을 단순히 신에게 순종했다는 이유로 미친 사람 취급하는 셈일 것이다.[167]

신의 음성을 듣고 실행으로 옮긴 정신병자(정신병자 당사자가 보기엔 그렇게 판단하는 우리가 정신병자일 수도 있지만)에게 신은 그런 명령을 내리지 않았다는 것을 어떻게 확신시킬 수 있는가? 신의 명령을 따른 그들이 비도덕적이며 미친 자들이라는 것을 어떻게 설명할 수 있는가? 극악무도해 보이는 것도 신이 의지한 것이기에 도덕적으로 선하다고 주장한다면, 그래서 도덕이 신의 자의적인 명령이라고 주장한다면, 신과 악마의 차이가 무엇이겠는가? 옳고 그름을 판단할 수 있는 기준이 없다면 바로 이러한 문제에 봉착하고 말 것이다.

이런 점을 통해서 본다면, 어차피 신을 도덕적 존재로 묘사하기 위해서는, 우리가 그를 도덕적으로 평가할 수 있는 도덕적 옳고 그름에 대한 어떤 표준을 이미 가지고 있지 않으면 안 된다는 것을 알 수 있다. 신의 가르침 자체가 우리에게 명령하기 위해서는 우리가 신의 증언과 연관된 옳고 그름에 대한 어떤 기본적인 통찰력은 가지고 있어야 한다는 것이다. 그리스도의 행위가 우리가 이미 지니고 있는 도덕기준에 호소하고, 그의 도덕적 교훈 자체가 지금 우리가 가지고 있는 도덕적 계몽에 명하는 것이 신앙적으로든 이성적으로든 수용되어야만, 그리스도의 권위로 인한 그의 도덕적 교훈을 믿

---

[167] L. Pojman, *Ethics: Discovering Right and Wrong* (Belmont: Wadsworth Pub., 2002), 198.

고 따르는 것이 당연시 될 수 있을 것이다. 그러므로 우리가 갖고 있는 도덕적 옳고 그름에 대한 모든 지식이 신의 직접적인 명령이나 성서에 나타나있는 문자에만 의존해야 한다는 경직된 신 명령 윤리는 마땅히 재고되어야 할 것이고, 신의 명령이 선하다는 사실을 어떻게 정당화할 수 있느냐 하는 정당화의 문제가 필연적으로 제기되고 있음을 인정해야 할 것이다. 리처드 로빈슨(Richard Robinson)은 도덕을 신앙에서 도출하는 시도에 대해 다음과 같이 말한다.

> 단 하나의 도덕만이 존재한다. 우리는 신이 명령하는 것은 무엇이든지 마땅히 수행해야 한다고 말하는 사람들이 있다. 이 사람들은 자신이 믿는 신이 무엇을 명령했는가를 알 수 있다고 믿으며 신이 무엇을 했는가를 알아보고 그것을 행하려 할 것이다. 따라서 그들은 도덕적 당위를 함축하고 있는 도덕률에 따라 행위하기에 도덕적으로 처신하고 있다고 말할 수 있다. '나는 전적으로 헌신하기로 결심했기에 신이 명하는 것은 무엇이나 따르기로 했다'고 말하는 사람이 있다고 하자. 그 역시 신이 그에게 무엇을 명령하는지를 알 수 있다고 믿는다면 그것이 무엇인지를 알아내서 그대로 행할 것이다. 그러나 앞에서 언급한 사람과는 달리 그는 '도덕적 당위'를 포함하고 있지 않은 원리에 따라 행위하고 있기에 도덕적으로 처신하고 있다고 볼 수는 없다. 그는 옳은 행동을 하는 대신에 그의 주인을 기쁘게 하려는 사람과 같다. 그는 신을 자신의 주인으로 여기고 있는 것이다. 신에게 헌신하기로 작정하여 신이 명령하는 모든 것을 행하기로 결심하는 것은 윤리적인 것과는 거리가 멀다. 그것은 오히려 윤리를 포기하는 것이며 대신에 다른 종류의 삶을 살고자 하는 것이다. 우리는 신이 명령하는 것은 무엇이든지 마땅히 해야 한다는 도덕률을 받아들이는 경우에만 종교적인 윤리학이 가능한 것이다.[168]

---

[168] Richard Robinson, *An Atheist's Value* (Oxford: Clarendon Press, 1964), 131.

로빈슨의 주장은 '신이 명령하는 것은 무엇이나 마땅히 해야 한다'라는 도덕률을 받아들이는 경우에만 종교적인 윤리학이 가능하다는 것인데, 문제는 이 도덕률이 어떻게 정당화될 수 있느냐는 점이다. 왜 신이 명령한 것을 마땅히 수행해야 하는가? 윌리엄 프랑케나(William Frankena)는 이 문제와 관련해 다음과 같이 말하고 있다.

> 만약 우리가 신학적 정의주의자에게 왜 신이 하신 것을 행해야 하느냐고 물을 때, 그 동기를 묻는 것이 아니라 정당화에 대해서 묻는 것으로 그가 이해한다면 그는 아마도 당위는 단순히 '신이 명령하신 것'을 의미하기 때문이라고 답변할 것이다. 그것이 사실이라면 이것은 그의 윤리적 원칙이 우리의 도덕적 대화 속에 포함되어 있다는 사실을 나타내 보이는 것일 뿐이다. 그것은 우리가 왜 그 사람의 원칙에 계속 집착해야 하는가를 증명해주지는 못한다. 그런데 문제는 바로 여기에 있다. 어떤 윤리적 또는 가치적 용어를 채택하거나 계속 집착하도록 주장하는 것은 이에 수반되는 도덕적 원칙을 정당화하려는 것과 같은 일로 생각되기 때문이다. 원칙을 지지하기 위해 정의에 호소한다는 것은 정당화의 문제에 대한 해결책이 아니다. 왜냐하면 정의 자체가 정당화되어야 하며 또한 이것을 정당화한다는 것은 원칙을 정당화하는 것과 똑같은 문제들을 포함하기 때문이다.[169]

프랑케나의 지적처럼 '도덕적인 선'을 '신이 명령한 것'으로 정의하려는 시도는 도덕을 종교로부터 끌어내는 종교적 윤리학을 정당화하는 시도가 될 수 없다. 따라서 우리는 다시금 왜 종교인들이 신이 말하는 것에 순종하는지를 묻지 않을 수 없다. 이에 대해 많은 종교인들은 신에 대한 경외심 때문이라고 말한다. 그러나 이러한 답변은 또다시 왜 종교인은 그들의 신을

---

169 William Frankena, 『윤리학』, 박봉배 역 (서울: 대한기독교서회, 1984), 158.

경외하는가라는 질문을 가져오기에 적절한 대답이 될 수 없다. 이러한 반복되는 질문에서 벗어나는 길은 아마도 그들이 믿는 신이 선한 존재이기 때문이라는 대답일 것이다. 유신론자의 입장에서 신이 명하는 것에 순종하는 것은, 신은 선한 존재로 결코 악한 일을 명령하지 않을 것이라는 믿음에서 비롯된다. 그러나 신이 선하다고 주장할 수 있으려면 무엇이 악한 것이고, 무엇이 선한 것인지를 판단하는 능력이 우리 안에 존재해야 한다. 그러므로 독립된 선의 기준과 관련해 종교와는 아무런 상관없는 세속적인 도덕이 존재한다고 생각해볼 수 있다. 그러나 신이 없다고 한다면 윤리적인 판단의 근거는 궁극적으로 인간이 될 것이다. 만약 이것이 사실이라면 과연 인간이 다른 인간을 도덕적으로 판단할 자격이 있다고 말할 수 있는지 그리고 대부분의 사람이 동의하는 절대적인 도덕률이란 과연 존재하는 것인지에 대한 의문이 생기게 된다. 이 문제를 해결하는 가장 효과적인 방법은 선의 기준이 신이 인간을 창조할 당시에 이미 인간의 마음에 심어준 것이며, 신의 명령이나 계시가 바로 인간의 이러한 양심을 일깨워주는 역할을 한다고 주장하는 것이 될 것이다.

실제로 신학적 윤리는 앞에서 논의했던 신학자들의 경우에서처럼 단순히 성서의 계명을 따르는 것 이상의 복잡한 차원을 포함하고 있다는 것을 알 수 있다. 그럼에도 신학적 윤리가 근본적으로 고민해야 하는 문제는 모호해 보이는 신의 뜻이 무엇인가를 알아내는 것이다. 신의 뜻을 담지하고 있는 성서는 이미 그 자체로 윤리적 판단의 모호성이 내재하고 있기에 도덕적 판단에 더 큰 어려움을 겪게 된다. 혹자는 성서를 근거로 전쟁에 대해 반대하는 반면, 혹자는 동일한 그 성서를 근거로 전쟁을 지지한다. 또 다른 예로 안락사의 경우를 들자면, '살인하지 말라'는 십계명과 '네 이웃을 사랑하라'는 신약의 계명 사이에 충돌이 있을 수 있다. 말기 암 환자가 큰 고통을 받고 있고, 그래서 고통 없이 죽기를 원한다면, 오히려 그의 삶을 마감하도록 돕는 것이 '이웃 사랑'의 행위일 수 있다. 그리스도인의 도덕적 판단의 근거는 신의 명령이고 성서적 계명이라는 단순논리를 훨씬 넘어서는 복잡하고도 고통스러운 신앙·이성적이며 신학·철학적 고민 속에서 모색되어야 할 것이다.

3
반종교적 윤리

신의 명령 윤리의 원리적 타당성은 신이 존재한다는 것을 전제해야만 도출될 수 있는 것이다. 그런데 만일 신이 존재하지 않는다면, 보편타당한 도덕 역시 존재하지 않을 것이다. 도덕이 오직 신에게서만 유래한다는 입장에서 볼 때, 도덕적 옳음은 단순히 "신에 의해 의지됨"을 의미하고, 도덕적 그름은 "신의 의지에 반대됨"을 의미한다. 즉, 어떤 행위는 신의 의지에 의해 허용됨으로 해서 옳고, 어떤 행위는 신의 의지에 반대됨으로 해서 그르다. 도덕은 본질적으로 신의 의지에 기초하고, 독립적으로 존재하는 행위에 대한 이유에 기초하지 않기 때문에, 더 이상 어떠한 행동의 이유도 필요하지 않다. 그래서 도스토예프스키의 글에서처럼 "신이 존재하지 않는다면, 모든 것이 허용될지도 모른다"는 우려가 나오기도 한다. 만일 신이 없다면 그 어떤 것도 금지되거나 요구되지 않을 것이기에, 신이 존재하지 않는다면 도덕적 허무주의에 빠질 수밖에 없다는 것이다. 신이 없다면, 아무것도 윤리적으로 그르거나, 요구되거나, 허용되지 않는다.

그러나 신의 명령 윤리에 반박하는 입장에서는 윤리학은 신과 독립적으로 존재하는 것이라고 주장한다. 그리고 심지어 신도 도덕법에 복종해야 된다고 본다. 도덕법 역시 수학이나 논리학과 마찬가지로 신에게서 독립적으로 존재한다는 것이다. 예컨대 신이라 하더라도 둥근 네모를 만들 수는 없는 것과 마찬가지로 신도 본질적으로 악인 것을 선으로 만들 수 없고 선인 것을 악으로 만들 수는 없다고 보는 것이다. 이러한 생각에 동조하는 유신론자들은 당연히 신에게는 인식론적인 우월성이 있다는 점을 긍정한다. 신은 무엇이 옳은지를 인간보다는 더 완벽하게 안다. 그래서 인간은 항상 신에게 조언을 구할 수 있다. 하지만 원리적으로 우리는 신의 이유와 똑같은 이유로 인해 도덕적으로 행위 한다. 우리 모두는 신의 의지와는 독립된 도덕적 이유들을 따른다. 죄 없는 사람을 고문하는 것이 잔혹하고 부당하기 때문에 신이 그것에 반대하는 것과 마찬가지로, 우리도 죄 없는 사람을 고문하는 것이 잔혹하고 부당하기 때문에 그것에 반대한다. 이러한 이유로 만약 신이 존재하지 않는다 해도 바뀌는 것은 없다는 것이다. 도덕의 문제는 그대로 있는 것이며, 유신론자나 무신론자 모두 동일한 도덕적 의무를 지니는 것이다.

3.1 도덕은 종교와 무관

어떤 사람들은 종교가 도덕과 무관하다고 주장한다. 어떤 사람들은 종교가 참된 도덕과는 거리가 멀다고 주장한다. 러셀(B. Russell)은 종교가 문명화에 유익한 공헌을 한 것이 전혀 없고, 사실 수많은 고통의 원천이었다고 주장했다.[170] 이집트의 종교가 일식을 관찰했고 그것을 예측할 수 있도록 도움을 주었다는 것은 인정하지만 그 이외에 인류에 유익함을 준 일이 없다고 주장한다. 그래서 도덕에서는 신이 필요 없다는 주장이다. 도덕은 신이 존재하든 존재하지 않든 간에 인간적 번영을 증진하고, 우리의 모든 이해 관심에 부합하는 것으로 드러날 수 있다. 종교적 입장은 이성적, 세속적, 상식적

---

[170] Bertrand Russell, *Why I Am Not a Christian* (New York: Simon & Schuster, 1975) 참조.

도덕에 불필요한 것일 수 있다.

러셀보다 시대적으로 한참 앞선 흄(D. Hume)은 러셀보다 더 과격하게 밀고 나갔다. 종교적 도덕과 세속적 도덕은 서로 같지 않을 뿐만 아니라, 종교적 도덕은 실제로 심오한 도덕적 발전을 방해하는 열등한 종류의 도덕이라고 주장했다. 흄은 도덕과 종요를 연결하는 전통적인 견해에 대해 문제점을 지적했다. 그중에 하나가 종교에서 대중적으로 묘사되는 그 신의 개념이 보복성가혹함잔혹함악함 등을 가지고 행위 하는 비도덕적 폭군이라는 것이다.

> 공포에 질려 헌신적으로 종교를 믿는 사람들(신앙인)은 종교의 체계에 구조화될 수 있는 모든 왜곡된 사악함의 개념을 아무런 거리낌 없이 그들 자신의 신성함에 기꺼이 적용한다 ⋯ 그리고 사람들이 그들의 신성에 대한 그들의 사상을 더 높이 찬양하면 할수록, 개선되는 것은 신의 선함의 개념이 아니라 단지 신의 능력과 지식에 대한 그들의 개념뿐이다.[171]

흄이 주장하는, 종교와 도덕 사이의 전통적인 연결의 문제점은 종교적 관행 그 자체가 전형적으로 도덕에 반대된다는 것이다. 그 이유는 다음과 같다. 즉, 신앙인들이 신을 기쁘게 하려고 할 때, 신앙인들은 덕을 통해서가 아니라 사소한 계명 준수, 무절제한 열정, 열광적인 황홀감 혹은 신비하고 불합리한 생각을 통해 그렇게 하려고 한다.

흄에 따르면, 진정한 도덕은 인간의 삶의 매우 자연스럽고 즐거운 부분이다. 반대로 상식을 벗어나는 미신적인 관행은 더 어렵고 지루하다. 그래서 지나치게 까다로운 신을 달래려고 시도할 때, 신앙인들은 자연스러운 방법

---

171 David Hume, *The Natural History of Religion* (1757), Sec. 13 and 14, http://oll.libertyfund.org/?option=com_staticxt&staticfile=show.php%3Ftitle=340&Itemid=27.

보다 더 까다로운 방법에 매달리게 된다는 것이다. 그러한 신앙인의 미신이 극에 달할수록 그들은 더욱 도덕과 멀어지게 된다. 이처럼 흄은 신앙인들의 행위에 대해 매우 불신했던 것을 알 수 있다.

물론 신앙인들은 자신들이 신을 믿기 때문에 가장 참되고 도덕적으로 순수할 것이라고 믿고 싶은 욕망이 있을 것이다. 그래서 불신앙인과 다른 종교를 믿는 신앙인들의 삶이 도덕적 결함이 훨씬 큰 것으로 믿고 싶어 한다. 하지만 이러한 가정은 신과 종교의 개념에서 비롯된 것일 뿐이며 종교 안에는 너무나 많은 도덕적 결점들이 발견되기 때문에 종교에 도덕성이 있는지 그 자체에 대해서 회의적으로 보는 것이 흄의 입장이라 할 것이다. 그렇다고 도덕적이 되려면 무신론적이거나 무종교적이어야 한다는 것은 아니지만, 최소한 종교적 미신과 광신주의를 대폭 줄이고 종교는 일상적 삶의 취미와 같은 수준으로 변모해야 할 것으로 보고 있다.

노웰 스미스(Patrick Nowell-Smith) 역시 도덕의 토대를 자율성에 두고 있다. 피아제의 아동 발달에서 볼 수 있듯, 매우 어린 나이의 아동들은 규칙의 소중함을 배워야 한다. 그리고 일단 배운 규칙에 대해서는 매우 완고한 태도를 보이는 경향이 있다. 이와 마찬가지로 종교적 도덕은 규칙을 근본적으로 고수함으로써 게임규칙의 보다 넓은 목적을 이해하지 못하는 아동들에게 비유된다. 말하자면 종교적 도덕은 유아적 도덕이라는 것이다.[172]

레이첼스(James Rachels)는 인간은 본래적 존엄성을 가지고 있기 때문에 그 어떤 누구도 인간의 숭배를 받을 만하지 않다고 주장한다. 신 개념은 "경배를 받을 만한 가치가 있음"을 의미하기 때문에, 신은 존재할 수가 없다는 것이 그의 생각이다. 왜냐하면 신에 대한 경배는 도덕적 행위자(주체)인 인간에게 자신의 역할을 포기할 것을 요구하는 것이기 때문이다.[173]

---

172 Patrick Nowell-Smith, "Morality: Religious and Secular," in Eleonore Stump & Michael J. Murray, *Philosophy of Religion: The Big Questions* (Malden: Wiley-Blackwell, 1999), 403-411.

173 James Rachels, "God and Human Attitudes," *Religious Studies*, 7 (1971) 참조.

3.2 종교는 인간 소외

어떤 사람들은 종교가 심리적인 노이로제나 '인민의 아편'과 같은 허위의식이라고 비판한다. 그리고 어떤 이는 서슴없이 "신은 죽었다"고 선포하기도 한다. 프로이트, 마르크스 그리고 니체는 종교에 대한 가장 강렬한 비판을 내놓은 대표적 인물이다.

프로이트_ 프로이트는 종교를 보편적 강박 신경증으로 평했다. 그는 유대기독교의 근원을 밝히기 위해 토템 연구에 집중했다. 토템 숭배를 모든 종교의 원형으로 보면서, 원시인들의 오이디푸스 콤플렉스 때문에 발생한 부친 살해 사건이 종교의 기원이라는 것이다. 종교는 부친 살해로 인해 생긴 심리적 갈등을 해소하기 위한 수단일 뿐 아니라, 다른 모든 종교들도 같은 사건에 연관된 것이며 동일한 심리적 문제를 해소하는 것이라고 보았다.[174] 이러한 관점에서 보면, "종교는 그 사건으로 인한 죄의식과 후회심에 토대를 두고 있는 한편, 도덕은 부분적으로는 사회적 필요에, 그리고 부분적으로는 죄의식에 토대를 두는 것"[175]이라고 주장한다. 모든 종교는 인간의 오이디푸스 콤플렉스와 최초의 부친 살해 사건에 그 토대를 두는 것이며, 기독교의 신 또한 최초의 아버지가 변형된 것에 불과하며, 성찬 예식 안에는 토템 식사의 양식이 거의 왜곡 없이 존속되어 있다고 본 것이다.[176] 그래서 기독교를 비롯한 종교는 최초 유목 집단에서 발생한 부친 살해 사건에 뿌리를 두고 있는 "인류의 신경증"(neurosis)이고, 따라서 개인 환자의 신경증적 강박과 마찬가지로 인류 사회에 막강한 힘을 행사하고 있다는 진단을 한

---

174 오경환,『종교사회학』(서울: 서광사, 2003), 285.

175 Sigmund Freud, *Totem and Taboo,* http://s-f-walker.org.uk/pubsebooks/pdfs/Sigmund_Freud_Totem_and_Taboo.pdf

176 오경환,『종교사회학』, 287.

것이다.[177]

프로이트는 종교의 기원에 대한 설명에 만족하지 않고, 종교적 관념의 기원도 밝히고자 했다. 종교적 관념은 실증적 증거에 기초해 있지 않기 때문에 오히려 인간에게 큰 영향력을 행사하는 것인데, 그것은 인간의 가장 오래되고 가장 강력하고 가장 긴급한 소망에 뿌리를 두고 있는 환상이라고 규정했다. 인간의 간절한 소망이 종교적 관념의 뿌리이고 따라서 종교적 관념은 환상에 불과하다.[178] 어린아이 같은 무력한 인간이 인생의 위험으로부터 보호받고, 이 불의한 세상에서 정의를 실현하며, 후세에서도 지상의 생활을 연장하고, 우주의 기원과 아울러 정신과 육체의 관계를 이해하고 싶은 이러한 소망이 종교적 관념의 뿌리라는 것이다. 프로이트는 어린아이들의 소망과 원시인들의 소망을 같은 것으로 보면서 개인의 개체발생은 인류의 계통발생을 반복한다는 자신의 믿음을 더욱 확고히 다진 것이다.[179] 무력함을 느끼는 인간은 자연스럽게 두려움의 대상인 동시에 보호자로서의 신을 창조하게 된다. 결국 인간이 내적으로 지니고 있는 강력한 소망들과 극복되지 않는 무력감은 신과 여러 가지 종교 관념들을 만들게 된다는 것이다. 그래서 프로이트는 포이어바흐의 주장을 그대로 이어받아, 종교의 관념은 인간의 내적 문제와 소망의 투사라고 간주한 것이다.[180]

물론 프로이트는 종교의 기능에 있어서 종교가 자연의 위험, 죽음의 운명, 그리고 불의 때문에 고통받은 인간들을 위로해왔다는 것을 부정하지는 않는다. 하지만 그것이 결코 충분하지 못하다는 것이며, 궁극적으로 인간의 성숙을 저해하고 미숙함을 지속시키는 문제의 존재일 수밖에 없다는 것이다. 그래서 인류의 행복을 위해서 인간은 더 이상 종교에 의지하고 기대해

---

[177] Ibid.
[178] Ibid., 288.
[179] Ibid., 290.
[180] Ibid.

서는 안 되는 것으로 보았으며, 성숙을 포기하고 어린아이처럼 종교에 계속 머무는 것에 대해 수치심을 느꼈던 것이다.[181]

마르크스_ 종교를 단순히 시대착오적이고 미성숙한 것으로 이해하고 자연적으로 소멸될 것으로 보는 시점과 달리, 마르크스는 종교를 반사회적이고 몰역사적인 것이라고 비판하고 있다. 프로이트와 마찬가지로 마르크스 역시 포이어바흐의 무신론적 논지를 이어받았다. 종교는 인간의 열망을 우주에 투사한 것에 불과하며, 미성숙한 사람들이 그들의 가장 높은 열망, 꿈, 그리고 가능성을 우주에 투사했고, 실제로는 인간으로서의 그들 자신의 운명을 신적인 것으로 숭배했다는 것이다. 그리하여 사람들은 자신의 가장 높은 열망을 신에 투사했던 만큼 그들은 스스로 자신의 능력을 포기했고, 자신을 무능하고 도움이 필요한 존재로 간주했으며, 그들 자신의 삶과 운명에서 소외되었다는 것이다. 마르크스가 포이어바흐에게서 배운 것은 종교가 인간의 요구를 투사하고 있는 하나의 환상(illusion)이라는 것과 그것에 대한 신앙은 인간을 자신의 깊이와 능력으로부터 소외시킬 것이라는 관념이었다.

마르크스는 포이어바흐의 무신론 입장에 대해서는 동조했으나. 포이어바흐가 왜 사람들이 최고의 것을 우주에, 신적인 것에 투사했는가에 대한 사회적경제적 근거에 대해서는 관심을 갖지 않았다고 비판했다. 자본주의 사회에서 비인간적 경제구조에서 생겨나는 소외 때문에 하나의 이데올로기적인 종교가 생겨난다는 것이다. 자본주의 사회에서 노동자들은 비인간화의 결과로 소외를 경험하게 된다. 창조적인 활동을 할 운명을 지닌 인간이 인간을 비인간화시키는 노동으로 인해 소외를 말한다. 우선 노동자에게 부과된 노동은 그를 자연으로부터 소외시킨다. 이것은 일 자체 혹은 생산물로

---

[181] Sigmund Freud, *Civilization and Its Discontents,* http://www2.winchester.ac.uk/edstudies/arch11-12/level%20two%20sem%20two/Freud-Civil-Disc.pdf

부터의 소외이다. 노동 속에서 노동자는 단순히 작업의 도구나 기계로 전락하게 된다. 노동은 욕망의 성취가 아니라 생존을 위해 자유를 상실한 처참한 수단이 되는 것이다. 그리고 노동자는 노동을 통해 자신으로부터 소외된다. 인격마저 상실되고 단순히 그가 만드는 물건들처럼 상품화되어버리는 것이다. 마지막으로 노동자는 동료인간으로부터도 소외된다. 자신이 자유로운 인격이 되기를 멈추듯, 함께 일하는 동료인간들도 물건으로 간주하게 된다. 이렇게 하여 노동자는 자신의 인간성을 상실할 뿐만 아니라 타인의 인간성도 인정할 수 없게 되는 것이다.

마르크스는 바로 이러한 경제적 모순이 소외 상태를 야기하고, 이러한 것이 종교가 발생하고 유지되는 조건이 된다고 했다. 그리하여 사회발전의 특정 단계에서 종교적 신념의 내용은 소외된 인간의 자의식과 상상력의 자발적인 행위에 의해 투사되는 것이다.[182] 이러한 의식은 소외된 의식일 뿐만 아니라 허위적이고 전도된, 그릇된 의식이기도 하다. 그러므로 종교는 항상 허위의식(false consciousness)으로서, 현재 사회질서의 부정의를 반영하고 있으며 그것을 옹호하고 있다고 본 것이다. 그래서 마르크스는 종교를 '인민의 아편'으로 정의했다.

> 종교적인 고통은 동시에 진정한 고통의 표현이며, 진정한 고통에 대한 저항이다. 종교는 압제당하는 피조물의 한숨이고, 냉혹한 세계의 열정이며, 영혼이 없는 상황에서의 영혼이다. 종교는 인민의 아편이다. 인간이 종교를 만들지, 종교가 인간을 만들지 않는다. 종교는 아직 그 자신을 발견하지 못했거나 자신을 상실한 사람들의 자의식이며 자기감정이다. 그러나 인간은 세상 밖에서 웅크리고 있는 추상적인 존재가 아니다. 인간은 그 자신이 인간 세계요, 국가이며 사회다. 종교는 인간 본질

---

[182] Karl Marx, *Economic and Philosophic Manuscripts of 1844*, ed. by D. Struik (New York: International Publishers, 1964), 73.

의 환상적인 인식이다. 왜냐하면 인간은 참 실재라고 할 만한 것을 가지고 있지 않기 때문이다.[183]

종교는 단순히 자기기만의 형태일 뿐 아니라 노동자 계급을 통제하는 지배계급의 강력한 수단이기도 한 것이다. 신은 처음에는 단지 소외의식에 의해 만들어졌으나 일단 출현하게 되면 공포심과 혼돈을 조성하고, 착취자의 이익을 대변하고, 강력한 보수적 힘을 행사하게 된다는 것이다. 미성숙한 약자(종교인)들은 낙원으로 상상된 저 세상에서 현세에서 얻지 못한 것들을 얻을 것이라고 믿기에 그들의 불행을 극복하기 위한 현실적 노력에 게으르게 된다. 종교인들은 종교가 보여주는 환상의 힘으로 현실적 고통을 감수한다. 천국에 대한 염원 속에서 그들은 현실에서 찾지 못하는 이상과 기대가 투사된 보다 완벽하고 행복한 자신을 구상하게 되는 것이다. 그렇다면 종교는 몰인정한 냉혹한 세계에서 착취당하고 슬픔에 빠져 있는 약한 존재들의 탄식이자 눈물이라고 표현할 수도 있을 것이다.

실제로 오랜 세월 동안 종교는 아편처럼 착취당하는 민중의 고통을 잠재우고 그들의 관심을 현실에서 환상의 세계로 돌리는 역할을 해왔다. 마르크스에게 있어서 종교란 천상의 보상을 제시함으로써 약자가 현실의 모순에 저항하지 않고 영원한 약자로 머물러 있도록 만드는 착취적이고 수구적인 이데올로기에 불과하기 때문에 사회의 발전을 통해 허위의식으로서의 종교가 소멸되어야 한다고 생각했다. "민중적 환상적 행복으로서의 종교"는 모든 사회에 필요한 것이 아니라 불평등과 고통을 만들어내는 불행한 사회에만 필요한 것이기에 사회적 조건만 바뀌게 되면(사회주의 혁명) 자동 소멸되는 것으로 보았다.[184]

---

[183] Karl Marx, *Selected Writings*, ed. by David McLellan (Oxford: Oxford University Press, 1977), 64.
[184] Ibid.

니체_ 거의 모든 사람들이 19세기의 유럽 상황을 힘과 안전의 상징으로 낙관하고 있을 때, 니체는 근대의 인간들이 이룩한 가치체계를 의심하고 그것의 몰락의 양상을 가장 예리하게 통찰한 인물이다. 니체가 느꼈던 것은 허무주의의 시대가 다가오고 있으며 그 씨앗이 이미 뿌려졌다는 사실이다. 명백한 사실은 기독교의 신에 대한 믿음이 극적으로 붕괴되어 그가 "신은 죽었다"고 말할 수 있는 지경에까지 도달했다는 점이다. 모든 가치를 타파한 니체는 "신은 죽었다"고 외치면서, 기독교에 기초한 서양 문명의 전통적인 가치의 전환을 주장했던 것이다.[185]

무엇보다 니체는 당시까지의 도덕성의 근원과 가치를 의문시했다. 소위 "'비이기적인 것'의 가치, 동정심과 자기 부정, 자기희생이라는 본능의 가치"[186]가 도덕성이라고 여겨지는 것인데, 이것은 삶의 본질인 '힘에의 의지'(Wille zur Macht)와 정반대되는 것이라고 주장했다. 말하자면 "진정한 삶에 등을 돌린"[187] 태도가 도덕적인 태도라는 것이다. 또한 원래는 귀족적인 의미를 지니고 있었던 "선"(good)이라는 개념이 천민적인 무리들이 주장하는 선함의 개념으로 변화된 과정을 계보학적으로 추적한다. "비이기적"이라는 소극적이고, 다른 사람들을 두려워하고, 다른 사람들에 대해 민감하게 반응하는 사람들의 관점이 반영되어 있다는 것이다. 그러나 니체에 따르면, "선"이란 자기 자신들을 선하다고 생각하며, 다른 사람들에게 영향을 미치며, 다른 사람들을 압도하고 지배하는 위치에 있는 사람들로부터 등장한 것으로서 바로 그들이 자신들의 행위를 선하다고 규정했다는 것이다. 그리고 지배하는 계층의 구성원들은 자신들의 영향을 받는, 자신들이 지배하고 있는 사

---

[185] Friedrich Nietzsche, *The Gay Science*, trans. Walter Kaufmann (New York: Vintage, 1974), §108, §125.

[186] Friedrich Nietzsche, *On the Genealogy of Morals*, trans. Walter Kaufmann & R. Hollingdale (New York: Vintage Books, 1989), 서문, §5.

[187] Ibid.

람들을 악하고 혐오스럽다고 여겼다는 것이다. 그런데 "이기적"과 "비이기적"의 대립이 인간의 양심에 부상하게 된 것은 오히려 귀족적인 가치관이 몰락하는 그 지점에서 등장하게 되었다는 것이며, 이것을 니체는 "무리들의 본능"이라 불렀던 것이다.[188] 비이기적이고, 개인의 이익에 좌우되지 않으며, 공평한 행위와 더불어 강조되는 평등한 도덕성에 책임을 져야만 하는 것은 바로 이 무리의 본능인 것이다. 그리고 이런 무리의 본능 가운데는 두려움이 자리 잡고 있다는 것이다. 즉 두려움이 잉태시킨 것이 도덕이다.[189]

선에 대한 귀족적인 개념에 포함된 것은 우월한 정신의 관념, 즉 귀족들이 소유한 사회적정치적 우월성에 기초한 관념이다. 그러나 정치적인 지배권이 교회와 성직자들에게 넘어갔을 때 이러한 성직자 귀족들은 선의 개념 자체를 무리와 군중들이 받아들이는 것으로 간주한 비천한 선의 개념으로 바꾸기 시작했다는 것이다. 이때부터 "무리 위로 상승시키고 이웃들에게 공포를 주는 모든 것을 사악함으로 불리게 되었다."[190] 선과 악의 대비 대신에 선과 사악함이 대비되었으며, 사악함이 지배하는 사회는 항상 위험한 사회가 되는 것이다. 그래서 오만함은 물론 "복수, 명민함, 방종함, 사랑, 지배욕, 덕, 질병"[191] 등이 모두 위험스러운 것이 된 것이다. 니체는 유대인들을 성직자 부류의 대표적인 인물들로 분류하면서, 그들이 자행한 가치의 전도를 이렇게 지적한다.

> 비참한 자들만이 선한 자이다. 가난하고 무력하고 비천한 자들만이 오직 선한 자이다. 그리고 고통 받는 자, 궁핍한 자, 병든 자, 추한 자들만이 유일하게 경건한 자들이며 신의 축복을 받는 자들이다. 신의 축복

---

[188] Ibid., 제1논문, §2.
[189] Nietzsche, *Beyond Good and Evil*, trans. W. Kaufmann (New York: Modern Library, 1968), § 201.
[190] Ibid.
[191] Nietzsche, *On the Genealogy of Morals*, 제1논문, §6.

은 오직 이들만을 위한 것이다. 반면에 … 고귀하고 강력한 자들은 영원히 사악한 자이며 잔인한 자, 음란한 자, 탐욕스러운 자, 무신론자이다 … 영원히 축복받지 못할 자, 저주받을 자, 결국 멸망할 자가 될 것이다.[192]

그리고 이러한 유대인의 가치 전도의 유산을 기독교가 물려받았다는 것이며, 도덕에서의 노예들의 반란으로 인간들의 눈이 멀게 되었다는 것이 니체의 진단이다. 주인도덕에 대해 승리를 거둔 노예도덕은 이전까지 무리들을 정치적으로나 도덕적으로 모두 통치했던 귀족과 주인들에 대한 노예들의 원한(ressentiment)과 복수의 표현이었다고 간주된다. "도덕에서의 노예들의 반란은 원한 자체가 창조적이 되고 가치를 낳게 될 때 시작된다. 이 원한은 실제적인 반응이나 행위를 통한 반응을 포기하고 오직 상상의 복수를 통해 보상받으려고 하는 사람들의 원한이다."[193] 그래서 예수가 가르친 사랑의 복음도 복수의 열망과 크게 다르지 않다는 것이며 복수와 증오의 승리를 상징하는 사건이 된다. "사랑의 복음의 화신인 예수, 가난한 자, 병든 자, 죄인들에게 축복과 승리를 선포한 '구세주', 그야말로 바로 가장 섬뜩하고 저항하기 어려운 형태의 유혹이 아니었던가? 정확하게 유대적 가치와 새로운 이상을 내세우려는 유혹이며 우회로가 아니었던가?"[194] 도덕적정치적 우월한 힘을 가진 자들을 정복함에 있어 사랑의 복음을 퍼뜨려 그들을 나약하게 만드는 것이 가장 확실한 방법이었을 것이라는 의미다.

자신들을 긍정하면서 가치를 창조하는 주인과 달리 노예들은 자신들과는 다른 모든 것을 부정함으로써, 즉 주인들이 내세우는 모든 것을 부정함으로써 가치를 만들어낸다. 주인의 도덕에서 보면, '선'은 항상 '넓은 도량

---

192 Nietzsche, *On the Genealogy of Morals*, 제1논문, §7.
193 Nietzsche, *On the Genealogy of Morals*, 제1논문, §10.
194 *On the Genealogy of Morals*, 제1논문, §8.

의 영혼'을 소유한다는 의미에서 고매함을 의미했으며, '악'은 비열함과 저속함을 의미했다. 그러나 노예의 도덕에서 '선'은 고통 받는 사람들의 존재를 약화시키고 비굴하게 하는 모든 행위의 상징을 뜻한다. 동정자비의 손길 온정인내근면박애순결겸손복종친절 등과 같은 행위들이 노예의 도덕을 구성하게 되는 것이다.

니체는 이처럼 서구 사회를 지배해온 기독교 도덕은 물론 휴머니즘, 소크라테스와 칸트[195] 윤리 역시 노예도덕이라고 비판함으로써, 기본적으로 전통적인 도덕에 대한 반도덕적 입장을 분명히 했다. 그리고 노예도덕인 유대기독교적 가치들을 힘에의 의지에 기초한 주인도덕(힘의 윤리)으로 대체시킬 것을 역설했다.

니체는 "삶의 빈곤화"에서 벗어나는 이상을 발견하기란 매우 힘든 일이 될 것이라는 점을 인정한다.(우리가 할 수 있는 것은 기껏해야 코미디언처럼 노예도덕의 이상을 비웃고 마음껏 조소하는 일 이외에는 없을 것이라고 말한다).[196] 그럼에도 지금까지 통용되던 영원하고 고정된 가치를 전도시키기에 충분한 강건하고 근원적인 정신의 소유자, 가치에 창조함에 있어 힘에의 의지를 결코 두려워하지 않는 강한 영혼의 소유자에 대한 희망을 포기하지 않았다.[197] "무엇인 선인가? 힘의 느낌, 힘에의 의지, 인간들에게 있어서의 힘 자체, 무엇이 악인가? 약함에서 나오는 모든 것들, 무엇이 행복인가? 힘이 증가하는 느낌, 저항이 극복되는 느낌."[198] 최대로 증가된 힘이 인간에게 행복을 가져다준다. 절망과 허무주의를 극복하기 위한 이상적 인간상이 바로 '초인'(Übermensch)인 것이다. 초인, 즉 참된 인간은 고정된 사상에 얽매이지 않고 부단히 진화하는

195　니체는 칸트를 가장 세련된 형태로 무리의 도덕을 체계화시킨 인물로 평가한다. *Beyond Good and Evil*, §188.

196　*On the Genealogy of Morals*, 제3논문, §27.

197　*Beyond Good and Evil*, §56.

198　Friedrich Nietzsche, *The Antichrist*, trans. R. J. Hollingdale (New York: Penguin, 1968), 2절.

인간이며, 속물적인 인간을 초월한 숭고한 귀인을 말한다. 마음 깊은 곳에서 솟아나는 '힘에의 의지'가 현실 사회에서 저지당하고 자기실현을 할 수 없는 상황에서도 결코 원한에 의한 피안의 세계를 날조하지 않고 현실의 고통을 그대로 받아들여 강한 자신을 유지할 수 있는 인간, 어떤 일에도 등을 돌리지 않고 견디며 상황을 원망하지 않고 운명을 사랑하는 강한 인간, 이러한 '힘에의 의지'를 순수하게 발휘하여 강인하게 살아가는 인간, 그래서 인류의 목표를 창조해내는 인간, 이 대지에 충실하고 이 대지에 의미를 부여하고 미래를 약속하는 인간, 그래서 사물 안에서 선과 악의 성질을 창조하는 인간이 바로 초인이다.[199] 결국 대지에 충실한 초인은 신과 허무를 넘어서며, 생성을 사랑하고 현세적 삶의 모든 것을 긍정하게 되는 것이다.

이러한 삶에 대한 긍정을 니체는 '영원회귀'(der ewige Wiederkunft)로 체득했다. 순간은 영원의 현재다. 현재의 이 순간에 영원의 과거가 현재로 끌어와지고 영원의 미래도 이 순간을 지나야 한다. 우주의 원환 운동과 더불어 인간의 삶도 지상의 환희와 고민을 지니고 영원히 회귀한다. 내세도 피안도 존재하는 것이 아니라 현재의 순간순간이 충실히 있을 뿐이다.[200] '영원회귀'는 부단히 창조하고 있는 순간의 생을 절대적 현재, 절대적 가치로 긍정한다. 즉, 영원불변하고 고정적인 것을 부정하고 힘에의 의지에 의한 끊임없는 변화를 긍정하는 것이다. 이러한 점에서 니체는 기독교의 신과 이상주의를 철저하게 부정한 것이다.

---

199 Friedrich Nietzsche, *Thus Spoke Zarathustra*, trans. R. J. Hollingdale (New York: Penguin, 1961), 1부 서설 §3: 3부 12장 §2.

200 Friedrich Nietzsche, *Thus Spoke Zarathustra*, 3부 13장 2절; Friedrich Nietzsche, *The Will to Power*, trans. Walter Kaufmann & R. J. Hollingdale (New York: Vintage, 1967), §55, §504.

3.3 반종교적 도덕에 대한 재고

　기독교 도덕을 정신적으로 미숙한 단계의 도덕으로 간주하거나 사회적으로 소멸돼야 할 허위의식으로 치부해버리는 이들의 견해는 일면 타당한 측면이 있다. 불합리할 정도로 엄격하게 교리에 집착하는 신앙인들의 도덕적 양태에서 그들의 주장을 뒷받침하는 현상을 읽어낼 수 있다. 하지만 기독교 도덕 전체가 미숙하거나 악하다고 보는 것은 부분적인 것을 일반화한 오류가 아닐 수 없다. 예수는 전 생애를 통해 사랑의 동기에 기초해 유대 율법주의적 윤리와 맞섰던 것을 알 수 있으며, 실제 기독교는 기독교의 교조주의적인 윤리에 저항하고 예수 윤리를 실천하려는 윤리적 흐름이 있어왔다는 점이 충분히 고려되어야 할 것이다.

　그리고 레이첼스의 주장처럼 신을 경배하는 데 있어, 신앙인들이 자신의 자율성을 완전히 포기해야만 하는 것인지는 의문이 든다. 역사적으로도 미신적이고 광신적인 신앙이 있어온 것과 마찬가지로 이성적인 신앙 역시 견지되어온 것이 사실이다. 오히려 이성적이고 자율적인 신앙이 신에 대한 올바른 사랑과 인간 사회에서 도덕적인 종교의 모습을 유지시켜왔다 할 것이다. 신앙인은 맹목적으로 신의 판단에 순종하는 것이 아니라 그것이 이성을 통해 신의 판단이라는 확신이 들 때, 그 뜻을 따를 수 있다. 어떠한 상황에서 윤리적 판단을 해야 할 경우 나보다 경험이 많고 평소 더 지혜로운 사람의 조언을 받아들이는 경우 그것이 곧 자율성의 상실이라 성급하게 결론 내릴 수는 없다. 나는 그 조언자의 판단을 따를지를 자유롭고 이성적으로 판단하고 따른 것이기에 유아적 순응과는 거리가 멀다 할 것이다.

　그리고 기독교에 지극히 반감을 가졌던 무신론자들의 예상과는 달리 21세기 첨단 과학기술의 시대에도 종교의 소멸은커녕 전통적인 기존 종교보다 더 비이성적이고 비합리적인 종교들이 더 왕성하게 성장하는 현상을 볼 수 있다. 비록 기독교가 서구에서 그 지배적 위치를 상실한 것은 분명하지만 서구인들은 동양적 종교에 더 매력을 느끼는 현상 역시 무신론자들의 예상과는 다르게 전개되고 있는 모습이다. 종교를 현세에서의 불행을 정당화하기 위해 억압된 경제적 관계와 사회적 상황이 빚어놓은 환상에 불과하다는 마르크스의 주장은 18~19세기 유럽 사회의 자본주의 발전 과정에서 드러난 심각한 비인간화 문제에 적절하게 응답하지 못했던 서구기독교를 비판하는 논리로서는 타당성을 확보할 수 있으나 인류의 역사 전체를 포괄하는 보편적 이론이 되기에는 너무 단순화된 측면이 크다.

오히려 대부분의 종교학자들은 인류가 특징적 본성으로서 종교성을 가지고 있다고 지적한다. 무신론자들이 종교의 해악성을 강조하지만 종교적 감정은 인간에게 자연스러운 것이고 사람들이 오늘에 이르기까지 종교에 그토록 집착한다면 그것은 분명 종교가 인류에게 긍정적인 역할을 수행하기 때문일 것이다. 실제로 정신적 이득이 없는 신앙이란 존재하지 않는다. 비록 고통을 동반한다 해도 종교적 믿음은 사회적 권력이나 경제력을 지니지 못한 약자에게 위로가 될 수 있다. 종교는 어떤 형태로든 심리적 보상을 제공하기 때문이다.

4
도덕의 종교

우리는 도덕이 신에 의해서 창조되었다는 신의 명령 윤리나 자연법적 윤리에 거부감을 갖는다 할지라도, 여전히 다른 방식으로 도덕이 신에 의존한다는 것을 논의할 수 있다. 칸트는 도덕이 신에 의존하고 있고, 도덕이 유일하게 의미 있게 되기 위한 유일한 가능성을 종교에 의존하는 것으로 보았다. 칸트에게 있어서 종교 윤리와 철학 윤리는 어떠한 차이도 있을 수 없다. 신과 인간은 모두 동일한 이성적 원리에 복종해야 하고, 이성은 인간을 이러한 원리로 안내할 수 있기 때문이다. 결국 칸트의 종교에 대한 견해는 도덕적이며 합리론적이라 말할 수 있다. 인간의 의무를 신의 명령으로 간주했고, 신의 내재성을 강조했다. 이는 칸트가 신의 현존에 대한 의식으로서 인간의 도덕적 자유와 도덕적 강제에 대한 의식을 보다 강조하고 있음을 알 수 있다. 말하자면 전통적인 계시의 종교는 아니지만 이성의 안에서의 종교라는 것이다. 이것은 또한 신의 존재를 이성만으로는 알 수 없다는 이성의 한계를 분명히 한다는 점에서 매우 중요한 의미를 갖는다.

또한 칸트의 윤리에서 주목해야 하는 것은 신은 개체적도덕적 인격을 위한 필연적인 요청일 뿐 아니라, 도덕적인 인격이 도덕의 왕국, 즉 신국 건설이라는 공동의 목적을 위하여 구성하는 도덕적 공동체에 대해서도 필연적인 요청으로서 신의 존재를 실천적 타당성이 있는 것으로 보았다는 데 있다. 이러한 이유로 도덕적 공동체의 구성원들은 신의 명령 아래 있는 백성이면서 동시에 도덕법칙에 따르는 백성으로 생각될 수 있는 것이다. 칸트는 신의 백성을 악에 대항하는 무리로 이해함으로써 신의 백성은 국가와 사회의 정의를 실현할 의무와 책임이 있음을 강조한다. 이렇게 신의 백성이 다하는 의무와 책임과 함께 저 세상이 아닌 이 땅에서 도덕적 성취를 통한 신국 건설을 논구한 것은 이후 기독교의 신국사상, 특히 19세기 리츨학파, 미국의 사회복음운동, 그리고 유럽의 종교사회주의 운동에 절대적인 영향을 미치게 되었다. 칸트에 이르러서야 비로소 신국에 대한 초월적이고 종말론적인 이해에서 벗어나 그것을 현 세계에서 실현되어야 할 당위의 문제로 보기 시작했다는 점에서도 큰 의의가 있다 하겠다.

이 절에서는 칸트의 대표적인 종교적 저술을 통해 도덕에서의 종교의 역할을 해명할 것이다. 그리고 칸트의 윤리가 기독교윤리와 사상에 얼마나 지대한 영향을 미쳤는가를 중점적으로 다루어 볼 것이다.

4.1 칸트의 도덕신학

칸트의 문제의식에 따르면, 자연과학을 통해 인식되는 세계는 모두 주관에서 유래한 범주로 인식되는 세계이기 때문에, 그 세계의 배후에 놓여 있는 참된 실재를 인식할 수 없다. 칸트는 이를 '물자체'(Dingansich)라 불렀다. 사실 물자체는 한편으로 과학적 지성, 즉 사변이성이 인식론상의 딜레마를 벗어나기 위해서 불가피하게 설정한 것으로 볼 수 있으며, 다른 한편으로는 본성상 무제약자를 추구할 수밖에 없는 이성이 결국 어떤 방식으로든 다루지 않을 수 없는 것이기도 하다.

그런데 칸트가 거기에 속하는 것으로서 우선적으로 언급한 것이 도덕이다. 그것도 우선적으로 언급한 것이 정언적 성격을 가진 도덕이다. 왜냐하면 가언적인 것은 사실명제로 환원될 수 있으며, 그것은 현상계에 속하는 것이기 때문이다. 그렇다면 이러한 성격을 가진 도덕을 우리는 어떻게 알 수 있는가? 칸트는 이것을 "순수 이성의 사실"이라는 말로 표현한다. 여기서 말하는 사실은 감각적으로 경험할 수 있는 사실이 아니라 우리가 선험적으로 의식할 수 있고 필연적으로 확신할 수 있는 사실을 의미한다.

이제부터 도덕과 종교에 관한 칸트의 생각을 그의 도덕신학 논의를 통해 알아보도록 하자. 칸트의 도덕신학[201]은 그의 세 비판서와 『이성의 한계 안에서의 종교』에서 논의되고 있는데, 심화되고 있는 칸트의 도덕신앙의 검토를 통해 칸트 윤리학에서의 종교의 역할이 파악될 수 있을 것이다.

4.1.1 『순수이성비판』의 도덕적 세계

칸트가 기술하고 있는 순수이성의 최종목적의 규정근거가 되는 최고선의 이상을 살펴보도록 하자. 칸트는 '최고선의 이상'에 관한 논의에서 종교적 희망, 행복과 도덕법의 연관성, 도덕적 세계의 객관적 실재성, 도덕신학과 이성적 최고 존재자의 관계 문제 등을 다루고 있다. 이와 같은 논의 주

---

[201] 칸트는 『순수이성비판』에서 이성의 사변적 원리에서 신학을 근원적 존재의 인식이라고 전제하고, 신학을 이성으로부터의 신학(theologia rationalis)과 계시로부터의 신학(theologia revelata)으로 구분했다. 그리고 전자를 다시 선험적 신학(transzendentale Theologie)과 자연적 신학(natürliche Theologie)으로 분류했다. 선험적 신학 가운데 근원적 존재자의 현실적 존재를 경험 일반으로부터 도출해내려고 하면 우주론적 신학이며, 경험을 조금도 빌려오지 않고 오로지 개념으로 승인하려고 생각한다면 이것은 존재론적 신학이다. 한편 자연적 신학은 세계에서 경험할 수 있는 자연의 성질과 질서와 통일에서 세계 창조자의 성질과 현실적 존재를 추리하게 되는데, 이 경우 세계에는 다만 자연과 자유라는 이중의 원인성과 규칙성이 있다. 칸트는 여기에서 최고 예지자를 상정하는데 이것은 자연적 질서와 완전성의 원리, 아니면 도덕적 질서와 완전성의 원리 중의 하나로서 전자를 자연신학(물리신학 Physikotheologie), 후자를 도덕신학(Moraltheologie)이라고 한다. Kant, *Kritik der reinen Vernunft*, B659, B660, https://ia600508.us.archive.org/19/items/kritikderreinenv19kant/kritikderreinenv19kant.pdf. 백종현 역, 『순수이성비판 1, 2』(서울: 아카넷, 2006) 참고.

제들은 『실천이성비판』과 『판단력비판』에서 보다 상세하게 전개되고 있다.

칸트가 이곳에서 철학의 주요 물음으로 제시한 것 가운데, 종교적 희망에 대한 물음은 실천적인 동시에 이론적인 것이다. 모든 희망은 행복과 관련이 있다. 희망과 도덕법의 관계는 사물의 이론적 인식에 대한 지식과 자연법칙의 관계와 같다. 희망과 도덕법의 관계가 무엇이 마땅히 일어나지 않으면 안 되기 때문에 그 궁극목적을 규정한 어떤 무엇이 존재한다는 추론에서 성립되는 반면, 사물에 대한 지식과 자연법칙의 관계는 그 무엇이 일어나기 때문에 최상의 원인으로 작용하는 어떤 무엇이 존재한다는 추론에서 비롯되었다.[202] 여기서 중요한 사실은 종교적 희망이 성취될 수 있기 위해서는 자연법칙과 도덕법칙을 동시에 관장할 수 있는 세계가 필요하다는 사실이다. 왜냐하면 우리의 이성은 "물론 자유일반에 대해서는 인과성을 갖고 있지만, 전 자연에 대해서는 가지고 있지 않으며, 도덕적인 이성원리는 물론 자유로운 행동을 산출하지만 자연법칙을 산출할 수는 없기 때문이다."[203] 이것은 행복과 도덕법의 결합가능성, 그리고 도덕적 세계의 객관적 실재성의 문제와 긴밀하게 연결되어 있다.

칸트는 인간의 도덕적 행위를 행복할 가치가 있는 것(Glückwürdigkeit)으로 규정함으로써 윤리학에서의 새로운 종합을 시도했다. 칸트 역시 행복을 '성향의 만족'이나 '실용적 영리의 규칙'[204]으로 규정하지만, 행복을 얻기 위해 도덕법이 작동되는 것이 아니고 도덕법이 작동되면 필연적으로 얻어질 수 있는 것이 행복이라고 파악했다. 도덕법은 행복할 가치가 있는 것 이외의 어떤 다른 동인도 갖지 않으며, 따라서 행복을 추구하는 모든 경험적 태도들을 배제하는 것이다. 왜냐하면 도덕법은 경험적 목적을 성취하기 위한 가설이 아니고 절대적필연적으로 명령하는 체계이기 때문이다. 칸트에 의

---

202 Ibid., B834.
203 Ibid., B835f.
204 Ibid., B834.

하면 순수이성은 그 실천적도덕적 사용에서 '경험의 가능성의 원리', 즉 인류 역사상 '발견될 수 있는 도덕적 규칙에 적합한 행동의 원리'를 포함하고 있다.

도덕법에 따르는 행위가 행복할 가치가 있다는 것은 칸트가 유일하게 가능하다고 생각하는 행복과 도덕의 일치, 즉 최고선의 실현 방식이다. 그러나 이것 역시 앞에서 지적한 것처럼 우리의 이성이 만일에 자연법과 도덕법의 구조상 이성에 직면하게 될 경우 철저하게 무기력하게 되고 만다. 그래서 칸트가 생각한 것은 도덕성과 비례적으로 결합할 수 있는 행복의 체계, 즉 도덕적 세계[205]에 대한 개념이었다. 물론 이것은 이론적인 차원에서 실재성을 갖는 것은 아니다. 그렇다고 해서 아무런 구속력을 갖지 않는 것도 아니다. 도덕성과 행복이 이념적으로 합치할 수 있는 그런 세계이기 위해서는 감성계에 영향을 줄 수 있어야 한다는 이른바 실천적인 의미에서만 그것은 '객관적 실재성'을 가질 뿐이다. 그렇다면 어떤 조건 하에서 이와 같은 영향력의 행사가 가능하게 되는가? 칸트에 의하면 그것은 오직 도덕법에 따라 명령하는 최고이성이 동시에 원인으로서 자연의 근저에 놓이는 경우에만 가능하다. 즉 행복과 도덕성이 비례적으로 일치할 수 있는 도덕적 세계는 근원적 최고선인 절대적 이성 존재자의 존재를 전제하는 경우에만 그 객관적 실재성을 확보할 수 있게 되는 것이다.[206] 이성적 존재자의 자유의지가 도덕법 하에서 자기 자신의 자유와 모든 타인의 자유와의 전반적이고 체계적인 통일을 갖추는 경우에 도덕적 세계는 이제 감성계에서 이성존재자의 신비적 단체(corpus mysticum)로 기능할 수 있게 된다.[207] 칸트는 이처럼 도덕법의 명령에 따라서 행위하는 사람들에게 그에 부합하는 행복을 보장해줄 수 있는 도덕적 세계질서에 대해 실천적인 의미에서 객관적 실재성을 부여

---

205 Ibid., B836.
206 Ibid., B842.
207 Ibid., B836.

해주는 최고의 이성적 존재자를 '최고선의 이상'이라 불렀다.[208]

지금까지 고찰한 바와 같이『순수이성비판』의 선험적 방법론에서 칸트가 기술하고 있는 '도덕적 세계'는 도덕적 행위에 준하는 행복을 "자체적으로 보상하는 도덕성의 체계"로서 도덕신학적으로 묘사되고 있는 한편, '신'과 '미래적 삶'의 존재를 전제함으로써 비로소 그 객관적 실재성이 확보될 수 있는 "요청"적 측면도 가지고 있다. 도덕적 세계 개념은 행복과 도덕성의 완전한 결합이 어떻게 가능한가라는 점에서 그 자체로서 완결된 도덕체계로 이해될 수도 있고, 신과 불멸성의 요청에 의해서만 상정될 수 있는 파생적인 최고선으로 이해될 수도 있다. 이 경우에 칸트는 근원적 최고선을 신으로 규정했다.

4.1.2『실천이성비판』의 요청된 신

칸트는『순수이성비판』에서 모든 사변적 신 존재 증명을 비판하고, 도덕성의 개념에 기초한 신에 대한 철학적 인식, 즉 도덕신학 또는 윤리신학의 기본틀을 제시하려고 했으며, 전통적인 교의적 신앙 또는 계시신앙에 대해 도덕적 신앙 또는 이성신앙을 대비시켰다. 이로써 신은 객관적 인식과 지식의 대상이 아닌 희망의 대상, 즉 순수한 실천이성의 요청으로 이해된 것이다. 실천이성의 요청은 최고선을 실현 가능한 것으로 만들고, 최고선이 실현될 수 있는 도덕적 세계의 객관적 실재성을 확보하게 된다. 그러나 이와 같은 요청명제들은 경험적 세계에서 구성 가능한 대상들이 아니라 도덕적 세계의 예지적 대상들에 지나지 않는다.

여기서 중요한 것은 최고선을 구성하는 우선적 원리가 행복이 아니라 도덕성이라는 사실이고, 이런 원칙은『순수이성비판』이전부터『실천이성비

---

[208] Ibid., B839.

판』까지 유지되고 있다는 사실이다. 칸트는 행복을 윤리학의 필연적 요소로 수용하지만, 그렇다고 해서 도덕성의 근거를 행복에서 찾으려하지 않았다. 칸트에서 최상선(das oberste Gut)은 행복이 아니라 도덕성으로서의 덕(Tugend)이다. 그것은 덕의 완전성, 즉 각 개인의 심성이 도덕법 그 자체와 일치하는 삶을 지시하는바, 신성성(Heiligkeit)이라 규정된다. 이와 같은 덕 또는 신성성을 향한 인간의 노력은 그에 비례하여 마땅히 행복과 연결되어야 한다. 그러나 현실적으로 이 같은 칸트의 최고선의 개념은 크게 두 가지 사실에서 난관에 봉착하게 된다. 하나는 감성계에서 살고 있는 인간은 비록 그가 이성존재이기는 하지만 어떤 시점에서도 그와 같은 도덕적 완전성에 도달할 수 없다는 사실이다. 그리고 다른 하나의 난관은 우리가 살고 있는 감성계에서는 도덕성과 비례하여 행복이 부합되지 않는다는 사실에서 비롯된다. 이와 같은 이중적인 모순 사실로부터 칸트는 최고선의 실현 가능성을 지지할 수 있는 조건 명제로서 영혼불멸성과 신 존재를 요청하게 된다.

도덕법은 우리에게 현실적으로 도덕적인 행위를 수행할 것을 요구하고 있다. 그것도 도덕적 완전성의 단계인 신성성에 도달할 때까지 부단하게 노력할 것을 강제하고 있는 것이다. 이처럼 완전한 일치를 위한 실천적인 요구는 필연적인 것이다. 그러므로 우리는 '무한한 것으로 나아가는 전진 가운데서만'(in einem Unendliche gehenden Progressus) 그 실현을 가능하게 상정할 수 있다. 이와 같은 무한한 전진이 가능하기 위해서는 '무한한 것으로서 계속 존재할 수 있는 실존'(ins Unendliche fortdauernden Existenz)과 '그 이성적 존재의 인격성'(Persönlichkeit desselben vernünftigen Wesens)을 전제하지 않으면 안 되며, 이것이 바로 영혼불멸성의 요청이다.[209]

그리하여 최고선의 실현은 영혼불멸성의 전제 하에서만 실천적으로

---

[209] Kant, *Kritik der praktischen Vernunft*, in Kant Werke. in *Kant Werke*, hg. von W. Weischedel, Bd. VII (Frankfurt am Main: Suhrkamp, 1977), A220. 백종현 역, 『실천이성비판』(서울: 아카넷, 2009) 참조.

가능하다. 플라톤과 그리스도인들이 의무와 경향성 사이의 갈등이 현세에 서만 진행되고 내세에서는 더 이상 작동되지 않는다고 보는 것과는 달리 칸트는 무한한 것을 향한 도덕적 노력을 강조했던 것이다.[210]

그러나 칸트에서는 불멸성의 요청만으로 신성성에의 완전한 일치에 도달할 수 없다. 도덕적으로 무한하게 노력하는 사람들에게 비례적으로 부합되는 행복을 배분하는 과업은 비판기 이전의 논의에서처럼 자연법칙과 도덕법칙을 동시에 통제할 수 있는 전지전능한 이성적 최고 존재자의 존재 요청을 통해서만 달성될 수 있다. 바로 이 경우에 새롭게 요구되는 최고선의 실현가능성을 위한 조건명제가 바로 신의 현존이다. 도덕적 행위주체는 행복할만한 가치를 가지고 있다. 그러나 도덕성은 현실적으로 그에 비례적으로 부합되는 행복을 보장해주지 못한다. 이런 상황에서는 현실적 모순을 해소할 수 있는 힘을 가진 희망적 존재만이 우리를 구제할 수 있다. 도덕성에 부합되는 행복을 보장할 수 있는 존재는 첫째로 나의 행위를 모든 가능한 경우와 미래의 모든 사실에 대해서 그 가장 깊은 내면에 이르기까지 알고 있어야 하고(allwissend), 둘째로 언제나 적절한 행복을 배분할 수 있도록 전능해야 하며(allmächtig), 무소부재하고(allgegenwärtig), 영원한(ewig) 존재라야 한다.[211] 이와 같은 존재가 바로 신이다. 그리하여 도덕이 요구하는 것을 완전하게 성취하는데 필요한 최종적인 요구는 바로 신의 현존이며, 이를 통해 도덕은 필연적으로 종교에 이르게 되는 것이다. 도덕은 종교를 통해 강력한

---

210 회페는 무한계열을 완전성과 동일한 것으로 평가할 수 있다고 주장한다. 그러나 이것은 사실상 신 존재의 요청과 그 활동성으로서 은총판단이 요청되는 경우에만 성립될 수 있음을 간과하고 있다. 그러나 여기서 회페가 지적하는 사실은, 무한으로 이어지는 도덕화 과정은 나약성과 근본악과 같은 인간의 구조적 결함으로 인하여 성취할 가능성이 없거나, 인간의 존재 방식 자체가 언제나 새로운 유혹에 빠질 수 있기 때문에, 그와 같은 신성성의 이상은 도덕화 과정이 더 이상 필요 없는 순수한 지성적 존재에게만 가능하다는 것이다. Otfried Höffe, *Immanuel Kant* (München: C.H. Beck, 2000), 251.

211 Kant, *Kritik der praktischen Vernunft*, A252.

도덕적 입법자의 이념을 확보할 수 있게 된 것이다.[212]

그러나 이와 같은 신 개념은 경험적으로 우리에게 증명되거나 이론적 대상으로 파악될 수 있는 것이 아니다. 그것은 최고선 개념과 마찬가지로 이론적으로 대응하는 직관이 아니고, 객관적 실재성을 갖고 있지도 않다. 따라서 그것은 결코 사변적 이성의 확장을 뜻하지 않으며,[213] 다만 순수한 이성의 필연적 대상으로서 규정적 의미만을 갖는다.

결국 『실천이성비판』의 요청이론은 도덕성과 행복의 완전한 결합이라는 최고선의 요구를 성취하기 위하여 칸트가 구상한 것이다. 최고선의 실현 가능성을 위하여 최고의 이성적 존재가 요청되는 것이다.

4.1.3 『판단력비판』과 『이성의 한계 안에서의 종교』의 도덕신앙

『판단력비판』에서 도덕은 다른 어떤 동기도 필요로 하지 않는 그 자체적으로 완결된 체계이다. 칸트는 이를 '스스로 보상하는 도덕성 체계'(System der sich selbst lohnenden Moralität)라고 표현한다. 물론 그것은 도덕적으로 노력을 경주한 주체들에게 비례적으로 부합되는 행복을 보장해줄 수 있는 도덕적 세계를 의미한다. 그런데 『실천이성비판』에서와는 달리 『판단력비판』에서는 도덕적 인류 그 자체가 행위주체로 설정되고 있으며, 따라서 도덕적 세계의 모습은 전체 인류가 도덕의식을 세계 속에 구현하는 노력으로 비쳐지고 있다. 『이성의 한계 내에서의 종교』에서도 도덕적 행위주체는 고립된 자아가 아니라 교회 또는 지상에서의 공동체 개념으로 설정되고 있다. 따라서 신의 존재 역시 미래적 삶의 개념을 통한 도덕적 인류의 발전에 연관되

---

212 Ibid., A223-226.

213 Ibid., A241-243.

어 있기 때문에 개별 주체에 국한되지 않는다.[214]

『판단력비판』에서는 자연 목적론의 결함을 도덕 목적론으로 보완하여 도덕신학을 정초하고 있다. 자연신학이 경험적으로 인식될 수 있는 자연의 목적들로부터 자연의 지고한 원인과 특성을 추론하려는 이성의 시도라고 한다면, 도덕신학 또는 윤리신학은 이성적 존재자가 선천적으로 인식하고 있는 도덕적 목적으로부터 자연의 지고한 원인과 특성을 추론하려는 시도이다.[215]

생태적으로 볼 경우 인류는 자연목적의 연쇄 가운데서 단지 하나의 항목에 지나지 않는다. 그러나 칸트에 의하면 인간은 자연 안에서 특별한 위상을 갖고 있다. 인간은 자연과의 교섭이나 결합을 통해 유용성(Tauglichkeit)과 숙련성(Geschicklichkeit)을 실현할 수 있는 독특한 능력을 가지고 있다. 그러므로 만일 인간이 존재하지 않는다면 자연은 황무지에 불과하고 모든 가능한 궁극목적도 사라지게 될 것이다.[216] 인간이 가지고 있는 것 가운데서 가장 탁월한 것은 바로 선의지이다. 바로 이 선의지에 의해서만 인간의 현존재는 절대적 가치를 가질 수 있고, 선의지와의 관계에서만 인간은 창조의 궁극목적으로 간주될 수 있다.[217] 도덕적 존재자로서의 인간에 대해서는 어떤 목적을 위해 존재하는가라는 물음을 던질 수 없다. 인간만이 수단이 아닌 목적으로만 존재하기에 인간은 그 아래에 전 자연을 예속시킬 수 있는 최고의 목적 자체를 자신 속에 가지고 있으며, 그러한 목적에 어긋나는 자연의 어떤 영향에 대해서도 복종해서는 안 된다. 그래서 인간은 창조의 궁

---

214 Kant, *Die Religion innerhalb der Grenzen der bloßen Vernunft*, B52. https://dn790009.ca.archive.org/0/items/diereligioninner00kantuoft/diereligioninner00kantuoft.pdf. 백종현 역, 『이성의 한계 안에서의 종교』(서울: 아카넷, 2011) 참고.

215 Kant, *Kritik der Urteilskraft*, B400, https://dn790002.ca.archive.org/0/items/kritikderurteils00kantuoft/kritikderurteils00kantuoft.pdf. 백종현 역, 『판단력비판』(서울: 아카넷, 2009) 참조.

216 Ibid., B410.

217 Ibid., B412.

극적 목적이며,[218] 자연의 목적은 인간의 행복과 인간의 문화를 이룩하는데 있다.[219] 그러나 중요한 것은 인간은 도덕적 존재자로서만 창조의 궁극목적일 수 있다는 사실이다.[220]

칸트는 자연을 목적의 원리에 따르는 절대적 전체로서 고찰하고 있으며, 인간은 창조의 궁극적 목적이기 때문에 자연은 인간의 행복에 합치되지 않으면 안 된다고 강조하고 있다.[221] 문화는 인류가 자연을 귀속시켜야 할 이유가 있는 최종목적이다. 불평등과 외부의 폭력과 내부의 불만으로 가득 찬 자연적 상태로부터 합법적 권력이 부여된 시민사회를 제도화하고, 이로부터 다시 '세계시민적 전체'(ein weltbürgerliches Ganze) 또는 '모든 국가를 위한 하나의 체계'(ein System aller Staaten)를 수립하기 위해서는 '지고한 근거로서의 제1원인'이 요구되지 않으면 안 된다. 이와 같은 이성존재자는 '자연의 입법적 지성'인 동시에 '도덕적인 목적의 왕국에서 입법적 수장'이어야 한다.[222] 칸트의 도덕신학은 자연의 목적만으로는 결코 파악될 수 없는 세계역사의 지향점, 즉 세계의 궁극목적을 반성적 판단력에 의해 지시하는 기능을 수행하고 있다. 이로써 '지상에서 완성된 도덕공동체'(die vollendete moralische Gemeinschaft auf Erden)를 세계목적으로 지향하는 인류의 '도덕화된 문화'(versittliche Kultur)야말로 칸트가 『판단력비판』에서 강조하려했던 최고선이고, 도덕성과 행복의 통일성은 『실천이성비판』의 최고선이다. 인류가 추구하는 최고선은 도덕 지향적인 문화공동체이며, 이는 『이성의 한계 안에서의 종교』에서 제시된 지상에서의 신의 나라의 무한한 확장과 같은 맥락에 있다 할 것이다.

---

[218] Ibid., B398.
[219] Ibid., B388.
[220] Ibid., B412.
[221] Ibid., B411.
[222] Ibid., B413.

칸트의 『이성의 한계 안에서의 종교』는 독립된 네 개의 논문이 결합하어 구성되어 있지만 유기적 통일성을 지니고 있다. 제1권에서는 인간의 근본악의 문제를 통해 인간은 선을 지향할 수도 악을 지향할 수도 있는 존재라는 것, 따라서 도덕적 노력이 요청된다는 것을 시사하고 있다. 제2권에서는 선의 원리의 인격화된 이념, 즉 성육신(Incarnation)사건을 통해 신을 가장 기쁘게 할 수 있을 뿐 아니라 가장 신의 마음에 드는 존재로서의 신의 아들 및 복음교사론을 전개함으로써 도덕적 이상의 인간상을 암시하고 있다. 제3권에서는 도덕적 개인의 자아실현만이 아니라 그것과 더불어 신의 나라로서의 윤리적 공동체를 지상에 실현해야 한다는 목표를 제시하고 있다. 제4권에서는 기독교와 유대교를 직접 실례로 들어 비교함으로써 신에 대한 참 봉사와 거짓 봉사가 무엇인가를 예시하고 있다. 이러한 내용 구성으로 볼 때 칸트가 우리에게 전달하고자 하는 진정한 의도는 기존의 사변신학과 자연신학에 비하여 자신이 주창하는 도덕신학이 논리나 체계에 있어서 월등하다는 것을 말하려 하거나 신 존재의 도덕적 논증을 종합적으로 정리하고 있다기보다는 오히려 인간은 기필코 두렵고 떨리는 자세로 일생동안 도덕적 삶을 살아야 한다는 강력한 논지를 전개하고 있다고 하겠다.

무엇보다 칸트가 『이성의 한계 안에서의 종교』에서 기독교의 원죄론, 그리스도론, 교회론에 대해 도덕신앙적 해석을 시도하고 있다는 데 주목할 필요가 있다. 이러한 시도는 그가 경험적 사실, 특히 역사적 계시신앙을 도덕적으로 고찰하려는 데서 가능하게 된 것이다. 종교적 교의는 초자연적으로 영감을 받은 사람들에 나타난 계시에 의해 알려지고, 나중에 이성에 의해 검증되는 것이다. 실제로 칸트가 보여주려고 한 것은 참된 종교는 하나밖에 없으며, 그것은 역사적 계시 없이도 존립한다는 사실이었다. 따라서 계시와 교회의 신조를 믿지 않더라도 종교적 인간이 될 수 있다. 그러나 칸트는 역사적으로 볼 때 참된 종교는 계시와 더불어 시작될 수 있다는 사실을 굳이 거부하려고 하지 않았다. 결국 모든 종교는 순수한 이성으로부터 유래하고, 순수한 철학적 종교이론은 순수한 이성으로부터 유래하고, 순수한 철학적 종교이론은 순수한 이성의 한계 안에서 존립할 수 있기 때문이었다.[223] 순수한 역사신앙 또는 계시신앙을 순수한 도덕신앙으로 변화시키는 것이야말로 칸트의 종교철학의 과제였던 것이다.

제1판의 서문에서 보면, 도덕은 자유의지를 위한 실질적 규정근거를 필요로 하지 않으며, 따라서 도덕은 결코 종교를 필요로 하지 않으나, 즉 도덕은 의지의 규정근거나 선행하는 목적으로서는 아무것도 필요로 하지 않으나 그 행위결과로서의 목적에 대해서는 어떤 필연적인 관계를 갖게 되는데, 그것이 바로 도덕성과 행복의 결합을 촉구하는 최고선의 이념이다.

칸트는 원죄론을 자유의지와 관련시켰다. 인간은 자연적 경향성을 행위의 최종적인 규정근거로 삼으려는 성향을 갖고 있다. 인간은 도덕법칙을 인식하고 있더라도 허약성과 불순성과 악의성으로 인하여 도덕적인 요구를 거부하고 악한 준칙에 따르는 성향이 있다. 이와 같은 악한 성향에서 벗어나기 위해서는 심정의 혁명이 필요하다. 이로써 칸트는 인간이 자연적으로 선하지만 사회적 상황에 예속되어 악하게 되었다는 소박한 낙관주의를 거부하는 동시에 인간이 악에 의해 전적으로 타락한 존재라는 염세주의도 부정했다. 반대로 칸트는 자유 속에 악의 근원이 있고 악을 극복할 수 있는 가능성도 자유와 함께 주어져 있다는 입장을 취한 것이다.[224] 그러나 바로 이 때문에 칸트는 필연적으로 어떻게 선이 악으로 전락하게 되었으며, 어떻게 악한 나무에서 선한 열매가 열릴 수 있는가를 해명해야 할 필요가 생겼다.

칸트가 제시한 그리스도론 역시 악에 대항하고 투쟁하는 선의 궁극적 승리를 보여주는 '인격화된 선의 이념'을 다루고 있다.[225] 신의 아들인 그리스도는 오직 신이 만족할 수 있는 '도덕적 완전성을 갖춘 인간'(이성적 세계존재

---

[223] Kant, *Die Religion innerhalb der Grenzen der bloßen Vernunft*, 2판 서문 참조.
[224] Höffe, *Immanuel Kant*, 254f.
[225] Kant, *Die Religion innerhalb der Grenzen der bloßen Vernunft*, B73.

일반)으로서, 선의 이념이 인격화된 전범으로 해석되고 있다. 인류는 이와 같은 선의 이념을 전 지구상에 실현하기 위하여 헌신하지 않으면 안 된다. 이처럼 악의 원리에 대한 선의 원리의 투쟁과 궁극적 승리가 지향하는 것은 신의 나라를 지상에 세우는 것이다. 칸트에게서 신의 나라는 세계주의적 법 공동체의 영구평화가 인류의 법적 궁극목적인 것과 같은 의미에서 도덕적 궁극목적이다. 신의 명령 아래서 덕의 법칙에 의해 살아가는 신의 사람들이 구성하는 사회가 바로 윤리적 공동체이며, 신의 나라 백성들은 이 나라를 무한하게 확장하기 위해 부단히 노력하지 않으면 안 된다.

여기서 우리는 칸트 윤리학의 난점과 만나게 된다. 그 하나는 근본악에 빠져있는 인간은 그 경향성으로 인하여 아무리 부단하게 선을 향한 도덕적 수행을 강화한다고 하더라도 여전히 죄의 상태에 머물러 있다는 사실이다. 또한 동시에 신의 백성들이 지상에서의 윤리적 공동체를 확장하기 위하여 무한한 노력을 기울인다 할지라도 여전히 실현되지 않은 상태에 머물러 있게 된다는 것이다. 이와 같은 두 가지의 난점으로 인하여 새롭게 요구되는 것이 바로 신의 은총[226]과 지상에서 신국의 완전 실현에 대한 요구이다. 그런데 바로 이와 같은 요구는 신 존재 요청의 변형이며 신의 활동과 영향력에 속하는 개념이라 할 수 있다.[227] 선한 인간이 되기 위한 무한한 노력과 지상에서 신의 나라를 확장하려는 무한 노력은 영혼불멸성의 요청과 같은 맥

---

[226] 칸트는 모든 종교를 은혜 간구의 (제의적) 종교와 도덕적 종교(선한 품행의 종교)로 구분한다. 전자에 따르는 인간은, 신은 그가 보다 더 선한 인간이 될 것을 강요하지 않고서도 그를 능히 영원히 행복하게 할 수 있다고 자위하게 만들며, 그때 인간은 아무것도 안 한 것과 마찬가지가 된다. 그러나 "도덕종교는 (지금까지의 모든 공적 종교들 가운데서 기독교만 그러한 종교인데) 보다 더 선한 인간이 되기 위해서는 각자는 자기의 힘이 미치는 한 최선을 다해 행하지 않으면 안 된다. 그리고 오직 인간은 그의 타고난 재능을 묻어두지 않을 때에만, 그가 보다 더 선한 인간이 되기 위해 선으로의 근원적 소질을 이용했을 때에만, 그의 능력 안에는 없는 것이 보다 더 고위의 협력에 의해 보충될 희망을 가질 수 있다(Kant, *Die Religion innerhalb der Grenzen der bloßen Vernunft*, B62)." 이러한 칸트의 말에서 우리는 기독교 신앙의 은총 세계의 접근마저 해석해낼 수 있다.

[227] Allen Wood, *Kant's Moral Religion* (Ithaca: Cornell University Press, 1969), 232~248.

락에 있다 할 것이다. 칸트가 『실천이성비판』에서 신성성의 도달의 가능성 조건으로 내세웠던 최고선의 실현을 위한 인간의 무한한 노력접근진보발전은 『이성의 한계 안에서의 종교』에서는 '도덕 공동체', 공동사회, 지상에서의 신국을 실현하려는 무한한 노력 속에 투영되어 있다.

4.1.4 도덕 공동체, 신국의 현실화

최고선의 실현은 자기가 스스로 입법한 도덕 공동체 안에서 가능하다. 그것은 내적 자유, 즉 의지의 자유를 전제로 한 이 땅에서의 신국이며 목적의 영역이다. 인간의 순수이성이 제대로 발휘된다면, 도덕왕국은 실현될 수 있다는 믿음이 칸트철학의 전제다. 그러나 칸트는 도덕 공동체에 대한 비전이 현실적 조건을 무시해서는 결코 실현될 수 없다는 것을 잘 인식하고 있었다. 그가 보기에 도덕 공동체로 이행하는 데 있어서 가장 걸림돌이 된 것은 전쟁이었다. 국내평화와 세계평화 유지는 최고선을 실현하기 위한 선결사항이었기에, 평화를 위한 제도적 조건을 마련하는 것을 사회적 의무로 생각했다. 최고의 공동선을 구현할 수 있는 이상사회를 위해서 '정치적 공동선'은 필수적인 것이다. 정치적 공동선에서 법은 법적 권위로 부여된 강제적 법이며, 도덕 공동체의 법은 비강제적인 자율적인 법이다. 말하자면 법적 공동체는 도덕 공동체가 출현할 수 있는 전제조건이다. 법으로 외적 자유가 보장되지 않으면 이중적 본성(신을 닮고자 하는 '본체적 자아'와 욕구와 욕망에 사로잡힌 '현상적 자아' 간에 갈등하는)에서 방황하는 인간의 자율성이 확보되기 어렵기 때문이다.

칸트가 말하는 최고의 정치적 선, 즉 완전국가의 이상은 모든 국민의 동등한 외적 자유가 보장되는 법과 제도를 갖춘 국가이다. "네 의지의 자유로운 활용이 보편법칙에 따라서 모든 사람의 자유와 양립할 수 있도록 외적으로 행동하라"²²⁸는 정의의 준칙이 완전국가의 이상이다. 국제평화와 국내 평화로써 보장되는 외적 자유는, 자율적 행동을 위한 여지를 만들어주고 비도덕적 행위를 감소시키며, 또한 자유로운 제도는 정당한 행위와 사회정책을 결정하는 데 꼭 필요한 도덕적 대화를 조장한다.

칸트 철학을 흔히 말하듯 관념론적 이상주의를 지향하는 것으로 오해해선 안 된다. 그의 도덕철학은 도덕적 비전의 실천을 통해 이 세상에서 행복을 실현하려는 매우 현실적이고 구체적인 내용을 담고 있다. 그 비전의 실현은 이상적 정치제도인 '완전국가' 안에서만 가능하므로, 도덕적 이상사회는 국가의 틀 안에서 가능하다는 결론에 이른다. 개인의 도덕적 자율성을 근간으로 하는 도덕공동체의 실현을 위해 정치적 공동선을 전제로 했을 때, 타락한 정치적 사회적 조건이 도덕적 진보를 가로막고 있을 경우 최고선의 의무는 당연히 정치와 사회적 구조를 개혁함으로써 완전국가를 실현해야 할 사회적 의무를 포함하게 된다.

4.1.5 종교와 도덕의 화해 전통 계승과 신국 운동

신 존재를 요청하는 칸트의 논변에 대해 쉽게 수긍하기 어려울 것이다. 이론이성의 가능성과 한계에 대한 엄밀한 논변이나, 대부분의 사람들이 공감할 수 있는 도덕적 직관에서 출발하여 도덕법칙의 보편성과 정언적 성격을 설득하는 세밀한 논변과 비교할 때, 기독교 세계 밖에 사는 사람들에게는 칸트의 도덕신학적 논변이 다소 의아스럽기까지 할 것이다. 그것은 '우리는 선하게 살아야 한다'는 것의 당위성을 설득하기 위해 '선한 행위에 대한 것은 반드시 보상이 될 것이며, 이를 위해서라도 반드시 신은 존재해야 한다'는 유신론적 소망과 다를 바 없어 보이기 때문이다. 그러므로 칸트의 주

---

228 Kant, *Metaphysical Elements of Justice* (Indianapolis: Bobbs-Merrill, 1965), 35.

장은 "주관적 신앙을 정당화하는 논변으로서, 객관적 증명이나 증거에 근거한 것이 아니라, 도덕적으로 올바른 삶을 선택하기 위한 개인적인(그러나 이성적으로 명령된) 결단에 근거한 것"[229]이라고 보는 편이 적절할지도 모른다.

그렇지만 다른 한편으로 생각해볼 때, 도덕적 삶과 도덕적 세계를 지향하는 사람에게 있어서 이 이상의 도덕적 논변을 찾기도 어려운 것이 사실이다. 도덕의 최종적 근거는 결국 개개인의 신념결단희망에 놓여 있는 것이 아닐까? 신학적 윤리에서 볼 수 있는 바와 같이 오직 기독교만이 도덕의 근본적 토대라는 교리적 주장은 납득하기 힘들다 하더라도 기독교가 도덕적 삶을 고양시키고 더욱 풍부하게 만든다는 점은 수긍할 수 있는 바라 여겨진다.

칸트는 『실천이성비판』에서 덕과 행복의 완전한 일치는 인간의 세계인 감각계에서는 실현될 수 없고 예지계에서만 가능하다고 보았다. 예지계는 인간이 도달할 수 없는 신의 영역이다. 덕과 행복의 완전한 일치가 예지계에서만 가능하다면, 인간은 신에게 의존할 수밖에 없는 존재가 아닐까? 현실 세계에서는 비록 부정의가 득세하고 있으나 정의가 반드시 승리할 것이라는 믿음, 신이 정의의 편에 서있기에 궁극적으로 정의가 승리할 것이라는 믿음이 부정의한 세력과의 지난한 싸움에서 지치지 않고 계속해서 싸울 수 있는 힘과 용기를 줄 수 있을 것이다. 기독교의 "신국 운동"은 선의 최종적 승리에 대한 확신을 견고하게 만들어주고 현실적으로 직면하는 어려움을 견디게 해왔다는 점에서 칸트적 도덕신학에서 절대적인 영향을 받았다.

칸트의 도덕의 왕국은 로테(Richard Rothe)에게 와서 세계 역사의 목적으로 이해되었다. 로테는 기독교 신앙이 교회형태가 아니라 세상형태로 존립해야 함을 주장했다. 따라서 로테는 이 신국을 지향하는 기독교 신앙은 자연에 대한 정신적 승리를 뜻하는 정신의 나라(das Reich des Geistes)요, 교회 조

---

[229] A. Wood, *Kant's Moral Religion*, 34.

직을 지양한 기독교 국가 조직의 형태로 나타난다고 했다.[230] 로테는 역사를 신국의 발전사로 보았기에, 그에게서 신국은 역사적 진보를 의미했다.[231]

리츨_ 로테가 신국에 대한 사회 제도적 해명을 가한 것을 넘어 리츨(Albrecht Ritschl)은 종교와 도덕의 화해를 위해 보다 적극적으로 작업했던 인물이다. 리츨의 신국은 신의 세계 계획의 궁극적 목표와 인간의 궁극적 목표가 갖는 보편적 도덕 공동체이다. 리츨은 19세기 서구의 지성사의 흐름(유물론적 사유, 사회학과 자연과학의 득세)에서 점점 몰락해가던 사변신학과 슐라이어마허적인 체험 신학이 처한 위기 상황의 현실적 돌파구를 칸트 철학에서 찾았던 것이다. 인간의 자율적인 도덕적 이해와 능력을 절대적으로 긍정했던 칸트 철학의 견지에서는 종교가 평가절하되는 인상을 보이지만 종교의 의미가 상실되어가는 바로 그 지점에서 종교의 도덕적 가치를 담보할 수 있는 길이 칸트의 도덕철학이었다.

신국은 창조 이전에 신이 스스로 가지고 있는 목적에 부합하는 것이다. 그런데 인간은 죄인이다. 죄란 리츨에 의하면, 도덕적 관점에서 도덕법과 자유를 불법적으로 오용한 것에서 생기는 자유 사이의 상호관계의 장애의 표현이기에, 죄용서에 의한 죄 의식과 죄의 제거를 통해서 인간의 도덕적 행위가 비로소 가능하게 된다. 따라서 칸트적 의미에서 도덕법의 완성에 대한 비전이 인간에게 부과되었다. 왜냐하면 신이 이 세계에서 실현하고자 하는 궁극적 목표는 인류를 통해서 실현되어야 하기 때문이다. 신의 자기목적과 인간의 자기목적은 창조에 따르는 통일성을 지향하고, 이 통일성은 보편적인 이웃사랑의 동기에서 이루어지는 행위를 통해 인류의 도덕적 연합을 요구한다. 이웃사랑을 통한 도덕적 연합이 바로 리츨에게 있어서 최고의 선이

---

230   Martin Honecker, *Konzept einer sozialethischen Theorie* (Tübingen: J. C. B. More, 1971), 92. 박충구, 『기독교윤리사II』(서울: 대한기독교서회, 2001), 171에서 재인용.

231   Ibid., 171.

자신의 나라를 가리키는 개념인 것이다.²³²

　물론 리츨은 신학이 인간학에 용해될 것을 우려하여 근원적인 신의 은총을 강조한다. 말하자면, 신의 자기목적과 인간의 자기목적이 하나가 될 수 있는 것은 오직 신의 은총(사랑)에 의해 이루어진다는 것이다. 사랑은 대상이 가진 자기 목적을 요구하고 있는 "항속적 의지"이기 때문에, 이를 통해 타인의 자기 목적이 자신의 자기목적에 받아들여지고 그 반대도 마찬가지이다. 신국은 신의 사랑에 근거하기 때문에 이웃사랑은 자기목적을 받아들이는 것으로서 작용한다. 따라서 이웃사랑은 신국과 도덕법의 최고 완성의 표징이 된다.²³³

　칸트가 순수한 의무를 최고선이라 규정하고, 무조건적인 의무감을 느끼는 인간을 말했으며, 이 의무의 근거는 자율적인 주체로서의 인간 이성이었다. 이에 비해 리츨은 최고선의 가치를 신국에 두고, 최고선의 근거를 예수 그리스도 안에서 주어진 계시적 의미로서의 인간의 자기목적으로 해명했다.²³⁴ 리츨은 기독교 이전의 역사나 기독교 밖의 역사는 이러한 신국을 향한 인류의 교육으로서 파악되어야 한다고 보았으며, 이런 의미에서 교회 역시 그 자체가 신국이 아니고 도덕적 영향을 통해서 신국을 실현해야 할 여러 수단들 가운데 중요한 수단이라고 보았다.²³⁵ 물론 국가 역시 자기 목적이 아니라 도덕적 공동체의 목적을 위한 수단임은 말할 나위가 없다.²³⁶ 국가의 법은 종교적 윤리를 바탕으로 세워져야 한다. 바로 이점에서 리츨은 국가가 신국을 이루기 위한 수단이 될 때만 긍정될 수 있다고 보았으며 그

232　Ibid., 101.

233　Christopher Frey, *Theologische Ethik* (Neukirchen-Vluyn: Neukirchener Verlag, 1990), 92. 손규태, 『개신교윤리사상사』(서울: 대한기독교출판사, 1998), 128에서 재인용.

234　박충구, 『기독교윤리사II』, 102.

235　손규태, 『개신교윤리사상사』, 128.

236　Ibid., 129.

리스도인들이 국가에서 살아가는 것도 신국의 실현과 밀접한 관련이 있는 것이며 그리스도인들이 국가를 인정하고 윤리적인 삶을 살아갈 때 신국을 국가 속에 실현할 수 있음을 강조했다.[237]

하르낙_ 리츨을 기독교의 최후의 교부라 불렀던 하르낙(Adolf von Harnak)도 예수 복음의 초점을 신국이라고 보았다.[238] 인간에게 선험적으로 주어진 도덕률을 이 땅에서 실현할 것을 주장한 칸트처럼 하르낙의 복음은 인간의 양심에 전달된 종교적, 도덕적 선언으로 이해되었다. 즉 인간에게 긍정적이든 부정적이든 결단을 촉구하여 마침내 인간의 내적 성격에 변혁을 가져오게 하는 종교적·도덕적 선언이 예수의 복음이라는 것이다. 그러므로 하르낙도 칸트와 리츨과 동일하게 신국을 외향적 초월이 아니라 내재적인 점진적 과정을 통해 실현된다고 보았던 것이다.

사회복음 운동_ 이렇게 19세기에 이루어진 신국 사상의 발전은 기독교에 대한 변증적 차원에서 이루어진 종교와 도덕의 화해 현상임을 알 수 있다. 무엇보다 신국의 역동성, 윤리적 동기화, 그리고 이 땅에서 신국의 현실화는 교회 안으로만 활동 영역을 국한시키는, 다분히 내세 지향적이었던 교회의 취약성을 비판적으로 성찰하는 계기가 되었다. 특히 19세기말~20세기초 산업 프롤레타리아의 문제가 큰 사회적 문제로 대두되었을 때 서구의 교회들은 적절한 대응은커녕 사태조차 제대로 파악할 수 없었다. 콘스탄틴 시대 이후 정치권력과 갈등하는 시절이 없지는 않았지만, 일반적으로 볼 때 교회는 지배계급과 결탁했거나 아니면 교회 자신이 지배권력으로

237　Albrecht Ritschl, *Die Lehre Von Rechtfertigung und Versönung*, 박종화 역, 『신론』(서울: 신태양사, 1978), 115~116.

238　Adolf von Harnak, *Das Wesen des Christentum*, 손규태 역, 『기독교의 본질』(서울: 신태양사, 1978), 246.

군림해온 것이 사실이다. 그러하기에 교회가 서구 사회에 출현한 산업 자본주의 사회에서 친부르주아적 성향을 띠는 것은 오히려 자연스러운 현상이었다. 따라서 당시의 노동계급이 처했던 비참한 현실은 교회 본연의 영적인 일과는 무관한 사태로 간주되었던 것이다. 바로 이러한 현실에서 그것도 보수적인 복음주의가 매우 강했던 미국에서 라우쉔부쉬(Walter Rauschenbush)가 이례적으로 사회복음 운동을 전개했던 것이다. 사회복음 운동은 복음을 통한 지상에서의 신국 실현이라는 매우 구체적인 이상과 결합시켰다. 라우쉔부쉬는 복음의 본질을 연대적인 것으로 보았다. 모든 반 사회적인 행위의 근본 동기는 연대성의 상실에서 오는 경제적 사회적 이기주의에서 비롯된 것이다. 그래서 신국은 연대성의 나라이며, 개인적 이기성을 전혀 보장하지 않는 나라이다. 신국을 향한 과정은 사회악의 제거과정이며, 이는 사회구조와 제도의 칭의, 인간화와 동일시되는 성질의 것이었다. 말하자면, 죄와 구원은 사회적 지평으로 확대하여, 각각은 연대적 죄와 악 그리고 연대적 구원을 의미하는 것이 되었다. 그리고 사회복음을 등한시하는 교회를 향해 교회가 신국의 지평을 상실할 때 개인의 구원을 미래에 두고 사회질서를 회복하는 일에 무관심하게 된다고 비판했다.[239]

사회복음 운동은 산업자본주의와 그로 인해서 대량으로 산출된 산업 노동자들의 처참한 삶에서 구조적인 악을 보았다. 즉 그들에게는 사적 경건이나 사적인 죄보다는 제도적이고 구조적인 악이 더 큰 문제로 인식되었던 것이다. 따라서 기독교가 말하는 구원은 사적 경건을 통해서 저 세상에서 얻게 되는 신과의 자기 일치가 아니라, 오늘의 현실에서의 "사회적 구원" 즉 소외된 사회구조의 변혁과 그것을 통한 인간해방을 의미하게 되었다.[240] 물론 사회복음운동에서 신국은 칸트의 입장과는 달리 그 시원과 과정 그리고

---

[239] Walter Rauschenbusch, *A Theology for the Social Gospel* (Nashville: Abingdon Press, 1987), 137. 박충구,『기독교윤리사II』, 155에서 재인용.

[240] H. H. Schrey, 손규태 역,『개신교 사회론 입문』(서울: 대한기독교출판사, 1985), 117.

목적의 성취에 있어서 철저하게 신적인 기원을 가지고 있다.[241] 신국은 예수에 의해서 시작되었고 성령에 의해 유지되며 신의 능력에 의해 성취되어가는 나라다. 즉 신국은 신비한 신의 역사를 신의 사랑이 나타나는 과정이라고 할 수 있다. 그러나 역시 신국으로의 이행과정을 평가할 수 있는 윤리적 준거는 문명화된 도덕성과 도덕적 자율성이다.[242] 이는 칸트의 도덕철학에서 완전히 벗어나지 않는다. 도덕적 자율성을 뒷받침하는 자유가 기독교화된 사회질서의 조건이라고 본 것은 칸트적 종교와 도덕의 화해의 계승이며, 이것은 종교사회주의 운동으로 그리고 20세기 중반 이후에 제3세계를 중심으로 등장하는 여러 형태의 해방신학 운동의 저변에 흐르는 근본 주제가 아닐 수 없다.

물론 칸트의 궁극적인 도덕공동체와 신국이 기독교의 종말론적인 신국과 정확히 동일시될 수 있는 것은 아니며, 종교사회주의 운동에서 주장된 바와 같이 이 땅에서의 신국 운동이 궁극적 완성으로서의 신국을 향한 궁극 이전적(preultimate) 신국 운동임이 강조되었던 것도 사실이다. 특히 폴 틸리히에게서 볼 수 있듯이 영원이 유한으로 돌입해 들어오는 카이로스[243] 개념

---

241 Rauschenbusch, *A Theology for the Social Gospel*, 138. 박충구, 『기독교윤리사II』, 173에서 재인용.

242 Janet Fishburn, *The Fatherhood of God and the Victorian Family* (Philadelphia: Fortress Press, 1981), 119. 박충구, 『기독교윤리사II』, 174에서 재인용.

243 틸리히에게 있어서 신국과 카이로스는 밀접한 관계를 맺고 있다. 신국이 전개되는 데 있어 카이로스는 함께 이해되어야 하는 시간적 개념이다. 카이로스는 계측 가능한 양적 시간이 아닌 시간의 중요한 계를 지적하는 질적인 시간, 특별한 기회, 알맞은 때를 의미한다. 틸리히는 이 카이로스를 신이 선택한 순간, 시간과 역사가 성취되는 때, 신의 때로 정의한다. 구체적인 상황에서 신국의 중심적인 나타남의 돌입을 수용할 수 있는 순간, 곧 시간의 완성(fulfillment of time)이 카이로스인 것이다. Tillich, *Systematic Theology*, III, 369.
틸리히에게서 위대한 카이로스의 출현은 예수 그리스도의 사건이다. 세속화되고, 공허 한 자율문화의 토양에서 나타난 신율이 카이로스다. 카이로스 의식은 새로운 현실에 새로운 사명감과 의의를 부여하기 때문에 영구적인 사랑의 계명을 실현하고 새로운 윤리도 창조한다. 영원의 시간의 돌입으로서의 카이로스는 인간과 사회를 변화시킨다. 카이로스는 공허한 개인주의적 자율성과 강요된 전체주의적 타율성을 넘어 새로운 신율성으로 나가는 과정에서의 시간의 성숙성이기도 하다. 틸리히에게서는 카이로스 즉 신의 시간의 성숙성은 사회주의 운동을 통해 나타난다. 그런데 신율적

은 정치적 계획의 모든 신격화(deification)를 근본적으로 불가능하게 만들고 어떤 형태의 유토피아니즘에 대해서도 회의를 품게 만든다.

그러나 기독교가 저 세상이 아닌 이 땅에서 신의 자녀들인 인간이 정치적으로 민주적이고 경제적으로 보다 평등하고 인간의 존엄성이 보장되는 이상적인 사회를 윤리적 비전으로 삼고 있다면, 그것은 한마디로 신국 윤리의 비전이라 할 수 있을 것이다. 그리스도인의 삶이나 교회행위가 예배하는 행위에서만 머무는 것이 아니고, 교회가 자신의 사회적 책임을 포기하지 않는다면, 신국의 비전은 교회가 도덕적으로 실천해야 할 의무와 그 길을 제시하는 것이라 할 수 있다. 현재도 한국 교회의 무거운 과제로 주어져 있는 신국운동의 윤리적 비전과 의무는 방법론적으로 칸트의 윤리와 궁극적인 도덕공동체 개념을 염두에 두지 않을 수 없다.

사회주의주 운동의 주체는 프롤레타리아가 아니라 신 자신이다. 그렇기 때문에 기독교를 사회화하거나 사회주의를 기독교화하려는 모든 시도에 대해 틸리히는 단호히 거부한다. 다시 말해 틸리히가 생각하는 사회주의운동은 유대교 예언운동, 기독교 전통 및 헬라적 휴머니즘의 전통에 뿌리를 둔 사회운동이라는 점을 특징으로 하고 있다 하겠다.

5
결론

적어도 계몽주의의 세례를 받은 윤리학은 기독교와 무관하게 철저하게 이성에 바탕을 둔 윤리체계의 확립에 주된 관심을 보여 온 것이 사실이다. 윤리는 기독교와 무관하며, 종교가 윤리적 삶에 전혀 관련이 없거나 별로 도움이 되지 않는다는 것이 윤리학 또는 도덕철학의 기본적인 입장이었다. 이러한 윤리학의 입장은 일면 도덕의 원천을 종교가 아닌 이성에서 찾고자 한 것이었고 그 이성의 보편성을 강조하여 보편적 도덕을 주창한 것이지만, 다른 한편으로 보면 당시의 기독교 전통이 지닌 비도덕적 측면에 대한 강한 회의와 비판이 포함되어 있었다고 봐야 한다. 특히 종교전쟁을 통해 증명된 종교의 독단성과 비관용성은 계몽주의이후 수많은 사상가들의 비판의 대상이 되어왔으며 다양성을 중시하는 현대사회에 가까워질수록 기독교의 윤리에 대한 현실적 영향력은 현저히 감소하고 있다.

역사적 단계에서 드러난 기독교의 부정적인 측면을 무시할 수는 없겠지만, 그러나 그것을 근거로 기독교가 윤리와 무관하거나 심지어 반도덕적이라고 규정하는 것은 그 반대의 예에 의해 부정될 수밖에 없다고 본다. 특히 특정 시대의 종교 현실을 근거로 종교의 비도덕성을 주장하는 것은 일종의 자연주의의 오류라 할 수 있는 것이다. 따라서 도덕의 원천으로 종교를 배제하고 그것의 상관성을 부정하는 것 역시 일종의 신념이 아닐 수 없다.

종교와 무관한 윤리를 논할 수는 있지만 종교를 배제하는 것만이 윤리적이라고 주장하는 것은 또 다른 형이상학적 신념을 전제해야만 가능한 것이다. 오히려 한 사회나 국가, 혹은 인류 전체가 안고 있는 윤리적인 문제를 다룸에 있어서 기독교윤리와 도덕철학의 윤리를 분리하는 것은 무의미한 일일 수 있다. 우리가 사는 세상이 이미 기독교를 포함하고 있기 때문이다.

기독교는 나름대로의 도덕규범이 있고 그것을 체계화한 윤리가 있다. 그러한 윤리적 규범은 교리나 신념에 의해 정당화된다. 그렇기에 교리나 신념에 따라 다양한 형태의 자신만의 고유한 기독교윤리가 존재하게 된다. 그러나 여기서는 특정한 교리적 신념에 기초한 윤리적 정당화의 타당성을 논구하지는 않았다. 인간의 번성하게 하고 그것에 반하는 것을 방지하는 것이 근본적인 도덕적 책임이라고 한다면, 그 책임을 다하는 데에 기독교윤리와 도덕철학이 서로 대화하고 협력하는 것은 기본이라 여겼기 때문이다. 양자가 일치될 수 있는 성질의 것은 아니지만 완전히 분리될 수 있는 성질의 것은 더더욱 아니라 여겨진다.

기독교가 인류의 보편적인 문화적 가치로서 존중받을 수 있는 것은 기독교가 보편적으로 주장하는 사랑과 자비, 즉 선한 삶에 대한 강조 때문일 것이다. 이점은 기독교적인 윤리에서 충분히 발견되는 것이다. 죄를 미워하고 불쌍한 사람을 돕고 슬픔에 빠진 삶을 위로하는 것 등의 도덕적 행동은 인간만이, 인간 중에서도 자신의 정념과 욕망을 제어할 수 있는 자만이 행할 수 있는 미덕이다. 종교는 이런 도덕성을 통해 이기적인 본성으로 인해 분열되기 쉬운 인간들을 깨우치고 공동체적으로 집결시켜서 공동의 문화를 형성한다.

또한 신앙은 현실적 어려움을 극복할 수 있는 초월적 힘을 주기도 한다. 기도와 같은 행동을 비현실적 존재에 의지하는 무모하고 수동적인 행동으로 비판할 수도 있겠으나 기도가 인간의 정신건강에 유익하며 인간의 능력을 극대화하는 계기가 된다는 것은 분명하다. 종교가 약자들을 위한 위약(placebo)이라는 것은 너무 편협한 시각이다. 진정한 종교인은 평화와 사랑의 이름으로 약자들을 위로하고 불의한 권력에 저항할 수 있는 힘과 용기를 갖춘 자들이다. 사회에서 배타성을 보이며 스스로 게토화되는 모습이 없는 것은 아니지만 이와는 달리 인간의 현실에 대해 포용과 대화를 통해 자신의 독단을 극복하고 화해와 평화를 추구하는 신앙인이 존재한다는 것을 생각할 때 기독교의 종교적이고 윤리적인 의의는 크다 할 것이다.

참고문헌

김경재. 『폴 틸리히의 생애와 사상』. 서울: 대한기독교서회, 1990.
김균진. 『20세기 신학사상 I』. 서울: 연세대출판부, 2003.
김철영. "리챠드 니버의 상관주의와 책임". 『믿음과 삶의 윤리학』, 서울: 장로회신학대학교 출판부, 1994.
남재현. "폴 틸리히 윤리학". 『신학논단』 9/10(1968).
맹용길. 『하나님의 명령과 현실』. 서울: 대한기독교출판사, 1980.
박만. 『폴 틸리히: 경계선상의 신학자』. 서울: 살림출판사, 2003.
박봉배. 『기독교윤리와 한국문화』. 서울: 성광문화사, 1982.
박충구. 『기독교윤리사I』. 서울: 대한기독교서회, 2003.
_____. 『기독교윤리사II』. 서울: 대한기독교서회, 2001.
박태흔. 『서양윤리사상사1』. 서울: 이문출판사, 1987.
백봉흠. "자연법과 인간의 존엄성: 국제법상 인권보장의 유래". 『가톨릭사회과학연구』 2(1983).
손규태. 『개신교윤리사상사』. 서울: 대한기독교출판사, 1998.
신재식. 『아우구스티누스 & 아퀴나스』. 서울: 김영사, 2008.
양명수. 『어거스틴의 인식론』. 서울: 한들출판사, 1999.
엄정식. 『지혜의 윤리학』. 서울: 지학사, 1986.
오경환. 『종교사회학』. 서울: 서광사, 2003.
이상원. 『기독교윤리학』. 서울: 총신대출판부, 2010.
임성빈. "리챠드 니버의 '응답의 윤리'". 『현대 기독교윤리학의 동향』, 서울: 예영커뮤니케이션, 1997.
한국가톨릭대사전편찬위원회 편. 『한국가톨릭대사전』 10권. 서울: 한국교회사연구소, 1995.
Aquinas, Thomas. *Summa Theologica*, http://www.basilica.org/pages/ebooks/St.%20Thomas%20Aquinas-Summa%20Theologica.pdf.
Augustinus. *Confessiones*. https://archive.org/details/staugustinesconf01augu
_____. *De Civitate Dei*. https://archive.org/details/augustinidecivitatedei00jensuoft
_____. *De libero arbitrio*. http://www.documentacatholicaomnia.eu/03d/0354-0430,_Augustinus,_De_Gratia_Et_Libero_Arbitrio_Ad_Valentinum_[Schaff],_EN.pdf
_____. *De Trinitate*. http://individual.utoronto.ca/pking/articles/Augustines_Trinitarian_Analysis.pdf

_____. *Soliloques*. https://archive.org/details/kingalfredsolde03augugoog.

_____. *De dotrina christiana*. http://www9.georgetown.edu/faculty/jod/augustine/ddc1.html

_____. *De ordine*. http://www.augustinus.it/latino/ordine/index2.htm

_____. *De Praedestinatione sactorum ad Prosperum*. http://www.augustinus.it/latino/predestinazione_santi/predestinazione_santi.htm

Barth, Karl. *Church Dogmatics*, II/2. New York: T & T Clark, 1967.

_____. *Church Dogmatics*, III/4. New York: T & T Clark, 1961.

_____. *God Here and Now*. New York: Harper & Row, 1964.

_____. *Kirchliche Dogmatik*, III/4. Zürich: Evangelischer Verlag, 1951.

_____. *The Holy Spirit and the Christian Life: The Theological Basis of Ethics*. Louisville: The Westminster, 1993.

Biéler, André. *The Social Humanism of Calvin*. tran. Paul Fuhrmann, Richmond: John Knox Press, 1964.

Bultmann, Rudolf. *Theology of New Testament*, II. London: SCM Press, 1979.

Calvin, John. *Calvin's Commentaries*. Edinburgh: Grand Rapid, 1981.

_____. *Institutes of the Christian Religion*. http://oll.libertyfund.org/?option=com_staticxt&staticfile=show.php%3Ftitle=535&chapter=218654&layout=html&Itemid=27

Cicero, *De Officiis*. https://archive.org/details/deofficiiswithen00ciceuoft

Cushman, R. E.. "Faith and Reason" in *A Companion to the study of St. Augustine*. New York: Oxford Press, 1955.

Diefenthaler, Jon. H. *Richard Niebuhr: A Lifetime of Reflections on the Church and the World*. Macon: Mercer University Press, 1986.

Fishburn, Janet. *The Fatherhood of God and the Victorian Family*. Philadelphia: Fortress Press, 1981.

Fletcher, Joseph. *Situation Ethics: The New Morality*. Philadelphia: The Westminster Press, 1966.

Frankena, William. 『윤리학』. 박봉배 역, 서울: 대한기독교서회, 1984.

Frei, Hans. "The Theology of H. Richard Niebuhr." in Paul Ramsey (ed.), *Faith and Ethics*, New York: Harper and Brothers, 1957.

Freud, Sigmund. *Civilization and Its Discontents*. http://www2.winchester.ac.uk/edstudies/arch11-12/level%20two%20sem%20two/Freud-Civil-Disc.pdf

_____. *Totem and Taboo*. http://s-f-walker.org.uk/pubsebooks/pdfs/Sigmund_Freud_Totem_and_Taboo.pdf

Frey, Christopher. *Theologische Ethik*. Neukirchen-Vluyn: Neukirchener Verlag, 1990.

Gardner, Clinton. *Christocentrism in Christian Social Ethics: A Depth Study of Eight Modern Protestants*. MD: University Press of America, 1983.

Gilson, Etienne. 『중세철학입문』. 강영계 역, 서울: 서광사, 1983.

―――. *Introduction a l'étude de Saint Augustin*. 김태규 역, 『아우구스티누스 사상의 이해』, 서울: 성균관대학교출판부, 2010.

Godsey, John. *The Promise of H. Richard Niebuhr*. Philadelphia: J. B. Lippincott Co, 1970.

Gustafson, James. *Can Ethics Be Christian?*. Chicago: University of Chicago Press, 1975.

―――. *Protestant and Roman Catholic Ethics, Prospects for Rapprochement*. Chicago: Chicago University Press, 1978.

Harnak, Adolf. *Das Wesen des Christentum*. 손규태 역, 『기독교의 본질』, 서울: 신태양사, 1978.

Hesselink, John. *Calvin's Concept of the law*. Pennsylvania: Pickwick Pub., 1992.

Hirschberger, Johannes. 『서양철학사(상)』. 강성위 역, 서울: 이문출판사, 1991.

Hoedemaker, Libertus. *The Theology of H. Richard Niebuhr*. New York: Harpercollins, 1970.

Höffe, Otfried. *Immanuel Kant*. München: C.H. Beck, 2000.

Honecker, Martin. *Konzept einer sozialethischen Theorie*. Tübingen: J. C. B. More, 1971.

Hume, David. *The Natural History of Religion* (1757), http://oll.libertyfund.org/?option=com_staticxt&staticfile=show.php%3Ftitle=340&Itemid=27

Kant, Immanuel. 『실천이성비판』. 백종현 역, 서울: 아카넷, 2009.

―――. *Die Religion innerhalb der Grenzen der bloßen Vernunft*. https://dn790009.ca.archive.org/0/items/diereligioninner00kantuoft/diereligioninner00kantuoft.pdf

―――. 『순수이성비판 1, 2』. 백종현 역, 서울: 아카넷, 2006.

―――. *Kritik der reinen Vernunft*. https://ia600508.us.archive.org/19/items/kritikderreinenv19kant/kritikderreinenv19kant.pdf

―――. *Kritik der praktischen Vernunft*. https://ia600107.us.archive.org/20/items/kritikderreinenv00imma_234/kritikderreinenv00imma_234.pdf

―――. *Kritik der Urteilskraft*. https://dn790002.ca.archive.org/0/items/kritikderurteils00kantuoft/kritikderurteils00kantuoft.pdf

―――. 『이성의 한계 안에서의 종교』. 백종현 역, 서울: 아카넷, 2011.

―――. *Metaphysical Elements of Justice*. Indianapolis: Bobbs-Merrill, 1965.

―――. 『판단력비판』. 백종현 역, 서울: 아카넷, 2009.

Kliever, Lonnie. H. & Richard Niebuhr, *Makers of the Modern Theological Mind*. ed. Bob E. Patterson, Waco: Word Books, 1977.

Lehmann, Paul. *Ethics in a Christian Context*. New York: Harper & Row, 1976.

Lottin, Dom Odon. "Le Droit naturel chez St. Thomas d'Aquin et ses prédécesseurs." *Psychologie et morale aux XIIe et XIIIe siècles II*, Gembloux: J. Duculot, 1949.

Luther, Martin. *Die Hauptschriften*. Berlin: Christlicher Zeitschriftenverlag, 1958.

_____. *Ob kriegsleute auch im seligen Stande sein können*. http://www.glaubensstimme.de/doku.php?id=autoren:l:luther:o:ob_kriegsleute_in_seligem_stande_sein_koennen

MacIntyre, A.. *A Short History of Ethics*. New York: Macmillan, 1966.

Marx, Karl. *Economic and Philosophic Manuscripts of 1844*. ed. D. Struik, New York: International Publishers, 1964.

_____. *Selected Writings*, ed. David McLellan. Oxford: Oxford University Press, 1977.

Müntzer, Thomas. "Ausgedrückte Entblößung des falschen Glaubens." http://www.mlwerke.de/mu/mu_002.htm

Niebuhr, Reinhold. *An Interpretation of Christian Ethics*. New York: Seabury, 1979.

_____. *Moral man and Immoral Society*. New York: Charles Scribner's Sons, 1932.

Niebuhr, H. Richard. "The Hidden Church and the Churches of Sight." *Religion in Life* 15 (1945-1946), 107-116.

_____. "Reformation: Continuing Imperative." *Christian Century*, 77 (1960).

_____. *Christ and Culture*. New York: Harper & Bros., 1951.

_____. *Radical Monotheism and Western Culture*. New York: Harper & Bros, 1960.

_____. *The Kingdom of God in America*. New York: Harper & Row Pub., 1937.

_____. *The Meaning of Revelation*. New York: Macmillan Co., 1941.

_____. *The Purpose of the Church and Its Ministry*. New York: Harper & Bro., 1956.

_____. *The Responsible Self: An Essay in Christian Moral Philosophy*. New York: Harper & Row, 1963.

Nietzsche, Friedrich. *Beyond Good and Evil*. trans. W. Kaufmann, New York: Modern Library, 1968.

_____. *On the Genealogy of Morals*. trans. Walter Kaufmann & R. Hollingdale, New York: Vintage Books, 1989.

_____. *The Antichrist*. trans. R. J. Hollingdale, New York: Penguin, 1968.

_____. *Thus Spoke Zarathustra*. trans. R. J. Hollingdale, New York: Penguin, 1961.

_____. *The Gay Science*. trans. Walter Kaufmann, New York: Vintage, 1974.

_____. *The Will to Power*. trans. Walter Kaufmann & R. J. Hollingdale, New York: Vintage, 1967.

Ottati, Douglas. *Meaning And Method in H. Richard Niebuhr's Theology*. Washington D.C.: The University Press of America, Inc., 1982.

Pascal, Blaise. 『팡세』. 이환 역, 서울: 서울대학교출판부, 1993.

Paul Tillich, *Theology of Culture*. New York: Oxford University Press, 1959.

Pierce, C.. *Conscience in the New Testament*. London: SCM Press, 1953.

Platon. 『플라톤의 네 대화편: 에우튀프론 소크라테스의 변론 크리톤 파이돈』. 박종현 역, 서울: 서광사, 2003.

Pojman, L.. *Ethics: Discovering Right and Wrong*. Belmont: Wadsworth Pub., 2002.

Rachels, James. "God and Human Attitudes." *Religious Studies*, 7 (1971).

Rauschenbusch, Walter. *A Theology for the Social Gospel*. Nashville: Abingdon Press, 1987.

Ritschl, Albrecht. *Die Lehre Von Rechtfertigung und Versönung*. 박종화 역, 『신론』, 서울: 신태양사, 1978.

Robinson, Richard. *An Atheist's Value*. Oxford: Clarendon Press, 1964.

Russell, Bertrand. *Why I Am Not a Christian*. New York: Simon & Schuster, 1975.

Schockenhoff, Eberhard. *Naturrecht und Menschenwürde. Universale Ethik in einer geschichtlichen Welt*. Mainz: Grünewald, 1996.

Schrey, H. H.. 『개신교 사회론 입문』. 손규태 역, 서울: 대한기독교출판사, 1985.

Smith, Patrick. "Morality: Religious and Secular." in Eleonore Stump & Michael J. Murray, *Philosophy of Religion: The Big Questions*, Malden: Wiley-Blackwell, 1999.

Taylor, Paul. *Problems of Moral Philosophy*. Belmont: Wadsworth Publishing Company, 1978.

Thielicke, Helmut. *Theological Ethics*, 1. Michigan: William B. Eerdmans Publishing Co., 1966.

Thompson, James Gargill. *The Political Thought of Martin Luther*. 김주한 역, 『마르틴 루터의 정치사상』, 성남: 민들레책방, 2002.

Tillich. *Systematic Theology*, I. Chicago: The University of Chicago Press, 1951.

Tillich, Paul. 『19~20세기 프로테스탄트사상사』. 송기득 역, 천안: 한국신학연구소, 1993.

───. 『새로운 존재』. 강원용 역. 서울: 대한기독교서회, 1960.

───. 『흔들리는 터전』. 김천배 역. 서울: 대한기독교서회, 1959.

───. *Love, Power and Justice*. London: Oxford University Press, 1976.

───. *Morality and Beyond*. London: The Fontana Library, 1963.

───. *Systematic Theology*, II. Chicago: University of Chicago Press, 1957.

───. *Systematic Theology*, III. Chicago: The University of Chicago Press, 1963.

Wood, Allen. *Kant's Moral Religion*. Ithaca: Cornell University Press, 1969.

Yoder, John. *The Royal Priesthood: Essays Ecclesiological and Ecumenical*. Scottdale: Herald

Press, 1998.

_____. *He Came Preaching Peace*. Scottdale: Herald Press, 1985.

_____. *Nevertheless: Varieties of Religious Pacifism*. Scottdale: Herald Press, 1992.

_____. *The Politics of Jesus*. Grand Rapids: Eerdmans, 1994.

3장

'성서'와 평화를 위한 윤리

1 서론
2 성서와 폭력
3 역사적 기독교와 폭력
4 폭력 극복을 위한 기독교적 노력
5 결론

1
서론

이 장에서는 폭력과 기독교가 어떤 연관을 맺는가 하는 문제를 중심으로 논의를 전개하고자 한다. 우리는 폭력은 종교와 아무런 상관이 없다고 주장하고 싶어 한다. 그러나 종교와 신앙의 이름으로 사회적·경제적·정치적 동기를 가진 폭력이 오용되어온 것이 사실이다. 실제로 폭력을 자행하던 사람들이 해당 종교의 교리나 진리에 대한 지식이 있었느냐에 대한 검증은 쉬운 일이 아니겠지만, 적어도 그들이 종교적 정체성이나 열정을 지닌 것만은 부인할 수 없다.

우리의 기독교 전통이 수많은 형태의 폭력에 실제로 기여했다는 증거를 뒤집기는 어려울 것으로 보인다. "기독교의 내용 혹은 본질은 비폭력적이다. 그러나 그 내용적 의미로부터 그것을 왜곡시키는 것은 개인적으로든 집단적으로든 인간이다." 이렇게 말하면 간단하게 기독교와 폭력의 무관련성이 변호될 수 있을까? 다른 한편 프랑수아 우타르(François Houtart) 같은 사람은 "사실 폭력의 뿌리는 종교들 내부에서 바로 발견될 수 있으며, 그래서 종교들이 또한 쉽게 폭력적 성향들에 대한 매체로서 봉사할 수 있는 것이다"[1]라고 지적한다. 굳이 그의 말에 의존하지 않더라도 기독교는 폭력의 역

---

1 François Houtart, "The Cult of Violence in the Name of Religion: A Panorama," in Wim Beuken & Karl Kuschel, *Religion as a Source of Violence?* (New York: Orbis Books, 1997), 1.

사를 가져왔다. 강력하게 거부하고 싶은 우리의 소망에도 불구하고, 성서 자체와 기독교가 발전되고 확장된 과정에서 성서가 해석되고 이해된 방식에서 폭력 역사의 흔적을 발견할 수 있다. 교황 요한 바오로 2세가 가톨릭교회가 인류에게 저지른 폭력적 만행에 대해 사죄했듯이, 지난 2천 년간 기독교 진리의 이름으로 저지른 폭력은 단순한 과실이라고 보기에는 너무나 엄청나다. 먼저 1095년 교황 우르바누스 칙령에 따른 십자군의 만행이다. 오직 십자군 1차 원정 때만 국한시킨다 하더라도, 팔레스타인에 살던 7만 명의 유대인과 회교도들이 학살당한 것을 기억할 필요가 있다. 또한 나치의 유대인 학살에 가톨릭교회는 침묵 내지 동조했으며, 중세 종교재판을 통해 헤아리기 어려울 만큼의 신자들과 사람들을 고문하고 화형으로 죽였다. 다음으로 세계 선교와 전도의 미명 아래, 아메리카 대륙에 진출하여 원주민을 학살한 일이다. 16세기 멕시코에만 국한시켜보더라도, 그곳에는 원주민 수가 무려 1,500만 명에 이르렀다고 한다. 그러나 지금 남아 있는 원주민은 300만 명 정도밖에 되지 않는다는 점이 선교의 이름으로 저질러진 교회의 만행을 일깨워주기에 충분하다. 그 후 서양 개신교 국가의 제국주의 팽창사(공교롭게도 이 기간과 개신교의 위대한 선교의 세계와 정확히 일치한다)를 들여다볼 때, 역시 과소평가할 수 없는 폭력적 만행을 예시하기란 어렵지 않다. 그러므로 역사적 기독교는 폭력의 문제에서 면제될 수 없는 연관성을 맺고 있다 하겠다. 따라서 그리스도인들은 성서와 기독교의 폭력 문제를 다룰 때 겸손과 통회의 심정으로 접근하지 않으면 안 될 것이다.

  이 장에서는 기독교의 경전인 성서 자체가 내포하고 있는 폭력의 역사와 기독교 발전 과정에서의 폭력의 역사를 논구하고, 그에 대한 반성적 차원에서 평화의 21세기를 위한 기독교적 전망을 모색할 것이다.

2
성서와 폭력

이 장에서는 성서를 중심으로 폭력의 문제를 논의하고자 하는바, 구약성서에서 나타나는 거룩한 전쟁의 폭력, 메시아 신앙과 폭력, 메시아 신앙과 유대전쟁, 그리고 메시아 신앙과 예수의 관계를 고찰함으로써 기독교에서 가장 중요시되는 '규범을 규정하는 규범'인 성서가 폭력의 문제와 어떻게 연관되고 있는가를 살펴볼 것이다.

2.1 거룩한 전쟁의 폭력

구약성서에서 접하게 되는 폭력의 양상을 보면 다음과 같다. 첫째, 가인과 아벨의 이야기에서처럼 공포나 증오와 같은 인간 질투심으로부터 야기된 폭력이다. 둘째, '노아 홍수' 이야기나 '소돔과 고모라' 이야기에서와 같이 신의 심판이나 징계로서의 폭력이다. 셋째, 이집트에서 노예살이를 하면서 히브리인들이 당했던 구조적인 억압적 폭력이다. 넷째, 출애굽 이야기에서 히브리인들이 이집트의 억압적 폭력에 대항하는 해방투쟁의 일환으로서의 폭력이다. 다섯째, 이스라엘이 가나안을 점령하는 과정에서 드러내고 있는 정복 전쟁의 폭력이다. 여섯째, 이스라엘 국가를 세워나가는 과정에서 사회질서를 파괴하는 행위를 금지시키는 차원에서 법과 질서 유지를 위해 정당화되는 폭력이다. 끝으로, 희생 제의에 관한 규례에서 볼 수 있듯이 종교적 의무와 실천으로서의 폭력이다. 셋째와 넷째의 폭력은 3장에서 역사적 기독교와 폭력의 문제를 다룰 때 중점적으로 논의될 것이다.

이 절에서는 이스라엘의 가나안 정복전쟁을 중심으로 성서의 폭력 문제를 고찰하고자 한다. 기독교적 양심에서 볼 때 가나안 정복과 점령 이야기를 읽으면서 당황하게 되는 것은, 이스라엘 백성들이 수차례에 걸쳐 처참한 학살을 감행했고, 더구나 그것이 신의 명령하에 실행되었다는 것이다. 혹자는 이러한 예를 사용하여 신께서는 전쟁, 더하게는 무차별적인 폭력도 찬성한다는 견해를 내세우기도 한다. 신학적으로는 소위 **"거룩한 전쟁"**(divine war)[2]으로 정리되는 주장인데, 이것은 이론적으로는 이러하다. 즉 백성들이 신을 위해 싸우는 것이 아니라 오히려 신이 자신의 백성들의 존재에 위협을 주는 모든 적에 대항하여 자신의 백성을 위해 직접 싸운다는 것이다. 이것은 왕들이 자신의 왕권확장이나 체제수호를 위해 전쟁을 수행했던 '왕들의 전쟁'(대하 12:15)이 인간적인 전쟁이라면, 백성들의 '거룩한 전쟁'에의 참여는 신이 수행하는 전쟁에 동참하는 것이고, 그것은 종교적인 행위에 해당하는 것이다. 그래서 여기에는 특별한 준비가 필요하다. "여호수아가 또 백성에게 이르되, 너희는 스스로 성결케 하라, 여호와께서 내일 너희 가운데 기사를 행하시리라"(수 3:5) 전쟁터로 행군하기 전에 여호와께 제물을 드렸고(삼상

---

2 이것을 **야훼 전쟁**(war of YHWH)이라고도 한다. 민 21:14, 삼상 18:17, 25:28에 이 용어가 등장하는데, 통상적으로 거룩한 전쟁이라고 부른다. 강사문은 야훼 전쟁이 영토확장이나 자원확보를 위한 전쟁이 아니고 신의 뜻에 복종하는 전쟁으로, 오직 이스라엘 백성의 생존권을 얻기 위해 주어진 전쟁이라고 주장한다[강사문, "정당전쟁론에 대한 성서적 해석", 『기독교사상』 388(1991), 48]. 따라서 그의 논리는 신의 백성을 위한 신의 전쟁은 정당한 전쟁이라는 지점으로 나아간다. 그리고 정당전쟁의 예로 출애굽 시의 전쟁과 여호수아의 여리고 전쟁, 사사와 다윗의 전쟁을 들고 있다. 그러나 "생존권에 근거하지 않는 전쟁은 어떤 정당성이라도 설득력을 갖지 못한다"(Ibid., 47)는 그의 주장에 의거해서라도 가나안 전쟁과 다윗의 전쟁을 정당전쟁으로 이해하는 것은 논리적으로 문제가 있다. 왜냐하면 그 전쟁들은 '방어'나 '생존'보다는 오히려 침공의 성격이 강하기 때문이다.

7:9), 전쟁에 참여하기 전에 여호와께 의뢰했다(삿 20:27-28). 백성이 전쟁에 나가야 할 때를 결정하시는 분은 신이었고, 그분이 직접 백성의 선두에서 행군했다(삿 4:14, 삼하 5:24)는 것이다.

거룩한 전쟁 이론의 여러 가지 특징[3] 중에 가장 눈에 띄는 것은, **헤렘**(חרם: 진멸) 사상이다. 우선 헤렘은 승리의 열매, 즉 전리품에 관한 논의와 맞물려 있다. 전리품은 오직 야훼께 드려져야 하며 백성들 자신이 적의 재산과 소유품들을 취해서는 안 된다. 이것이 바로 모든 것을 파괴하라는 요구의 이유이기도 하다. 전리품은 오직 야훼의 소유이므로 야훼에게만 바쳐져야 한다. 그러므로 살아 있는 모든 것들은 죽임을 당하고 불태워져야 했다. 태워지지 않는 금속물은 야훼께 상납되었다.

> 너희 바칠 물건을 스스로 삼가라 너희가 그것을 바친 후에 그 바친 어느 것이든지 취하면 이스라엘 진으로 바침이 되어 화를 당케 할까 두려워하노라 은금과 동철 기구들은 다 여호와께 구별될 것이니 그것을 여호와의 곳간에 들일지니라 … **성 중에 있는 것을 다 멸하되 남녀 노유와 우양과 나귀를 칼날로 멸하니라**(수 6:18-21)

신명기의 전쟁 규례는 여호수아의 그것과 상이하게 나타난다. 이스라엘에 항복하고 조공을 바치지 않는 이방 백성들은 대량 학살도 불사할 것과 그들에게 탈취한 전리품을 신의 축복으로 여길 것을 명령하는 신으로 묘사된다. 신의 것이니 모조리 파괴하라는 것이 아니라 좀 더 완화된 규례를 제시하고 있다.

---

[3] 강사문은 '거룩한 전쟁'의 특징을 다음과 같이 열거한다. 첫째, 전쟁에 있어서 이스라엘 백성의 대적자들이 이스라엘 백성들의 적인 동시에 신의 적이 될 때만 해당된다. 둘째, 거룩한 전쟁은 신에 의해서 수행되며, 인간의 참여를 불허한다. 셋째, 거룩한 전쟁은 이스라엘의 생존권을 보장하기 위한 전쟁이다. 넷째, 거룩한 전쟁은 승리와 함께 패배도 신의 역사 운행이 한 방편이다. 다섯째, 그 전쟁의 특징은 헤렘이다(강사문, "정당전쟁론에 대한 성서적 해석", 49-52).

네가 어떤 성읍으로 나아가서 치려 할 때에 그 성에 먼저 평화를 선언하라 그 성읍이 만일 평화하기로 화답하고 너를 향하여 성문을 열거든 그 온 거민으로 네게 (조)공을 바치고 너를 섬기게 할 것이요 만일 너와 평화하기를 싫어하고 너를 대적하여 싸우려 하거든 너는 그 성읍을 에워쌀 것이며 네 신 여호와께서 그 성읍을 네 손에 붙이시거든 너는 칼날로 그 속의 남자를 다 쳐 죽이고 **오직 여자들과 유아들과 육축과 무릇 그 성중에서 네가 탈취한 모든 것은 네 것이니 취하라 네가 대적에게서 탈취한 것은 네 신 여호와께서 네게 주신 것인즉 너는 그것을 누릴지니라** 네가 네게서 멀리 떠난 성읍들 곧 이 민족들에게 속하지 아니한 성읍들에게는 이같이 행하려니와 오직 네 신 여호와께서 네게 기업으로 주시는 이 민족들의 성읍에서는 호흡 있는 자를 하나도 살리지 말지니(신 21:10-16)

그러므로 진멸의 법칙과 결합된 거룩한 전쟁은 야훼의 백성의 존재를 순수하게 보존하기 위해 이루어진 것이라 볼 수 있다. 더욱이 전쟁은 신의 명령에 의해 선포되었고, 전쟁을 통해 신의 백성들을 해치는 자들을 진멸시킴으로써 자신의 백성을 타락과 소멸로부터 보호했다. 그러므로 오늘날 도저히 이해되지 않는 잔혹한 거룩한 전쟁은 신께 바쳐진 성민으로서의 존재를 보호하기 위한 것이었으며, 그것은 또한 이스라엘로 하여금 모든 것이 야훼께 달려 있음을 알고, 항상 야훼만을 의지해야 한다는 것을 상기시켜준다는 것이다. 강사문은 가나안 땅 내에서의 다윗의 전쟁도 정복전쟁이 아니라 오히려 신의 명령에 순종하는 전쟁이었으며, 특히 가나안 땅은 이미 신이 이스라엘 백성에게 주겠다고 약속한 땅이기에 정당하며, 헤렘 사상 역시 가나안 땅 내에 거주하는 족속에게만 해당되는 까닭에 정당한 것이라고 주장한다.[4]

4　Ibid., 51.

'거룩한 전쟁론'에 따르면, 분열왕국시대의 왕들은 자신들의 주장과 목적에 따라 전쟁을 수행했고, 왕들은 전쟁의 도움을 받기 위해 이집트나 앗시리아를 기웃거렸던바, 그것은 신의 뜻에 순응하는 행위가 아니기에 신을 배신하는 부당한 전쟁이었으며,[5] 따라서 '거룩한 전쟁'과는 질적으로 다르게 이해해야 된다고 말한다.

하지만, 여기서 문제 삼을 수 있는 것은 가나안 정복 이후, 다윗 이후, 이스라엘이 주변의 강대국과의 전쟁에서 승리한 경험이 없었다는 데 있다. 주변 강대국들의 갑작스러운 부상과 그들의 패권 전쟁, 즉 국제 정치적 영향이 그 원인이었을 것이다. 만일 '왕의 전쟁'으로 대승을 거두었다면, 후대에 '왕의 전쟁'을 이렇게 부정적으로 평가했을까? 이것은 결과론적으로 후대의 반성과 평가의 문제라고 본다. 결국 승리한 모든 전쟁은 사람들을 전쟁으로 인도한 자비롭고 의로운 신 자신을 나타내는 것으로 여겨지고, 패배한 모든 전쟁은 야훼 백성들, 특히 권력자들의 죄악에 대한 신의 심판으로 반성되고 있는 것은 아닐까 하는 의문이 든다.

가장 큰 문제는 과연 신의 백성으로서 성별된 정체성을 위해서 신의 백성이 아닌 자들의 진멸을 거룩한 전쟁의 신학적 이념으로 정당화시킬 수 있는가 하는 것이다. 억압받는 자들, 낯선 이방인들, 소외된 자들을 보호하고 편을 들어주며, 결국 그들을 해방시키는 신이 어떻게 가나안인들이 이방신에 속했다고 해서 그토록 처참하게 진멸시키는 명령을 내릴 수 있겠는가. 혹 거룩한 전쟁 이념이 "신은 전쟁을 옹호하신다"거나 "신은 무차별적인 진멸과 폭력, 즉 학살도 승인하신다"는 끔찍한 논리로 비약하는 빌미를 제공하는 것은 아닌가. 바로 역사적 기독교는 이러한 성서적 내용을 근거로 무차별한 전쟁과 폭력까지 정당화시키려고 노력했던 것이 주지의 사실이다. 거룩한 전쟁의 대상이 가나안에서 이방 신을 섬기는 아시아, 아프리카, 라틴

---

5   Ibid., 52.

아메리카, 북미 지역의 원주민들로 치환된다면? 그런데 불행하게도 이것은 역사적 사실이다. 일상 속에서 철학을 풀어내는 것으로 유명한 철학자 알랭 드 보통(Alain de Botton)의 말을 인용해보자.

> 콜럼버스의 신대륙 발견 이후 스페인과 포르투갈의 원정대가 신대륙을 차지하려고 저지른 일은 너무 끔찍하다. 그들은 원주민이었던 인디언들을 결코 사람으로 생각하지 않았다. 그들은 인디언을 사람의 얼굴을 한 야수라고 여겼다. 그들은 다섯 명의 젊은 브라질 여인들을 조사한 결과 월경이 전혀 없었다고 단정 짓기도 했다. 그들은 인디언들에게서 인간성을 제거한 후 인디언들을 마치 동물처럼 다루었다. 콜럼버스 상륙 42년 후 아즈텍과 잉카 제국은 멸망했다. 그 당시 식민주의자들은 살인자의 무리였거나 지독한 사디스트였다. 그들의 만행은 아직까지도 우리를 전율케 한다. 그들은 인디언을 총으로 쏴서 죽이기도 하고, 칼로 찔러 죽이기도 했으며, 턱과 코를 얇게 도려내 죽이기도 했으며, 둥글게 눈을 파서 죽이기도 했으며, 태워 죽였는가 하면 화덕에 구워 죽이기도 했다. 어린아이를 죽일 때는 두 동강이로 잘라서 한 조각은 개에게 던져 주었다. 임신한 여성의 뱃속을 잘라서 열어 보았으며, 여성들을 남편 앞에서 강간하기도 했다. 살아남은 인디언들을 금과 은을 캐는 광산에 노예로 보내 죽을 때까지 일을 시켰다. 신대륙에서 유럽인들이 보인 만행은 이루 말할 수 없이 잔인했다. 그들이 인디언에게 그토록 잔혹했던 까닭은 인디언들이 인간이 아니라고 생각했기 때문이다. **그들에게 인디언은 이교도였을 뿐이었다.** 오로지 장구한 시간만이 이 슬픔을 감추고 덮었다. 그러나 감추고 덮는다고 해서 그 슬픔이 완전히 사라지지는 않는다.[6]

---

6 Alain de Botton, *The Consolation of Philosophy* (New York: Vintage Books, 2000), 138-139.

그러나 과연 신께서 기독교를 신봉하는 서구인들이 그런 끔찍한 일을 벌이길 원하기나 할 것이며, 혹은 신이 원한다는 신념이나 심정만으로 그런 일을 자행할 수 있는가. 끔찍한 일의 정당화가 고작 신의 명령에 대한 확신 이라는 것은 너무나 성급하고 위험한 판단이 아닐까.

그렇다면 '거룩한 전쟁'에 나타난 신의 폭력은 어떻게 읽어야 하는가. 당연히 과거 이스라엘 역사의 맥락에서 해석되어야 한다. 그 이야기들은 자신들의 생존을 위한 터전을 차지하기 위해 끊임없이 전쟁을 벌여야 하는 중동의 사막에 거주하는 부족들의 운명과 일상적인 삶을 말하고 있는 것이다. 척박한 삶을 이어가는 부족들이 믿는 신들이 비옥한 땅을 정복하고 차지하는 데 있어 그들에게 승리를 가져다주는 역사적이며 인격적인 존재들로 현시되는 것은 너무도 당연하다. 단순하게 문자적으로 드러난 고대의 삶의 현실을 오늘날의 세계현실에 직접적으로 대입시키거나 오직 변증론적(apologetic)이고 재생적인 관점에서 과거의 이야기를 정당화시키는 것은 기독교의 진리에 대한 변증이나 윤리적 정당화가 아니라 더 큰 문제를 야기할 수 있다는 점을 알아야 할 것이다.

2.2 메시아 신앙과 폭력

메시아, 즉 인간의 모습을 한 구원자 신이 장래에 올 것이라는 신앙은 유대주의의 신앙적인 토대를 이루고 있다.[7] 앞 절에서 본 대로 이스라엘 백성은 (고대 다른 민족이나 오늘날의 민족들의 경우도 마찬가지지만) 신의 도움이 없이는 전쟁에 승리할 수 없다고 믿었다. 제국을 이루기 위해서라든가 혹은 단순히

---

[7] 메시아사상에 관한 내용은 다음의 사전을 참고했다. William Smith & Owen Whitehouse, "Messiah," *Encyclopaedia Britannica*, 18 (New York: Encyclopaedia Britannica, 1911), 191-194.

독립국가로 생존하기 위해서라도, 신은 기꺼이 뜻을 실현시킬 수 있는 군대를 필요로 했다. 역사적으로 그 제국적 규모에 대해서는 끊임없는 논란의 대상이 되고 있지만, 아무튼 유대 역사상 최초, 그리고 최대의 유대제국을 건설한 다윗은 자신이 유대의 신인 야훼와 신성한 언약을 맺고 있다고 주장했다. 유대 민족은 다윗을 메시아라고 불렀다. 그들은 또한 여러 제사장들과 사제들과 사울 왕 및 다윗의 아들 솔로몬도 메시아라고 불렀다. 그러므로 메시아라는 말은 본래 거룩함이나 성스러운 능력을 지닌 인물을 지칭했던 것으로 보인다. 다윗은 '기름 부음을 받은 자', 즉 신의 협력으로 인해 신의 지상의 주권을 행사할 자격을 지닌 자라고 불렸다.

비천한 신분에서 태어나 왕이 되기까지의 그의 생애는 유대인들이 이상이라 할 수 있는 메시아적 생애 바로 그 자체였다. 신은 다윗 왕조가 결코 멸망치 않게 하겠다고 약속했다. 그러나 다윗 제국은 다윗이 사망한 후 얼마 되지 않아 흔들리게 된다. 느부갓네살이 B.C. 586년 예루살렘을 함락하고 수많은 유대인들을 바벨론에 포로로 잡아갔을 때, 다윗 제국은 역사 속으로 사라지는 운명을 겪는다. 도대체 신께서 다윗과 맺은 언약[8]을 지키지 않는 이유가 무엇인가? 이 물음에 고민하던 예언자들의 답은 이러하다. 유대인들이 신과의 약속을 이행하지 않았기 때문에 신은 다윗과 맺은 언약을 지속시키지 않은 것이다. 유대백성들은 율법을 범했고 음란한 종교를 믿음으로써 신과의 계약을 파기하고 말았다. 바로 이것이 패망의 원인이다. 그러나 야훼는 용서하는 자비로운 신이다. 그래서 지금이라도 유대인들이 야훼를 유일한 신으로 믿는다면 다윗의 언약을 회복시킬 것이다. 그리고 과거보다 더 위대한 민족으로 만들 것인바, 언젠가 유대 백성들의 원수까지도

---

[8] 선지자 나단을 통해 신탁된 신의 언약인데, "나는 그 아비가 되고 그는 내 아들이 되리니 저가 만일 죄를 범하면 내가 사람 막대기와 인생 채찍으로 징계하려니와 **내가** 네 앞에서 폐한 사울에게서 내 은총을 빼앗은 것같이 그에게서는 **빼앗지** 아니하리라. **네 집과 네 나라가 내 앞에서 영원히 보전되고 네 위가 영원히 견고하리라**(삼하 7:14-16)."

다 갚아줄 것이다. 여호와는 또 한 사람의 다윗과 같은 전쟁의 영웅, 즉 메시아(기름 부음 받은 자)를 보내어 적대 민족들을 철저하게 파괴할 것이다. 바로 그때가 한 세상이 끝나고 다른 세상이 시작되는 때이다.

이사야는 다윗의 왕권을 영원히 존속시킬 "기묘자, 모사, 전능하신 신, 영존하시는 아버지, 평화의 왕"(사 9:6)에 대한 예언을 했다. 이 구원자는 '길거리의 진흙탕같이' 앗시리아인들을 짓밟을 것이며(사 10:6), 바벨론을 황폐화시킬 것이며(사 14), 모압 역시 황폐화되고 모압의 백성들의 '머리털과 수염'을 모조리 뽑아버릴 것이며(사 15:2), 다마스커스를 폐허더미로 만들 것이며(사 17), 도시가 도시에, 나라가 나라에 대항케 하실 것이다(사 19:2).

예레미야의 신학 역시 그러하다. "그날 그 시간에, 나는 다윗에게서 의의 가지가 자라나게 하겠다 그로 하여금 이 땅에서 공평과 정의를 집행하게 하겠다(렘 23:5)" 그런 후 "그가 와서 애굽 땅을 치고 죽일 자는 죽이고 사로잡을 자는 사로잡고 칼로 칠 자는 칼로 칠 것이라(렘 43:11)" 블레셋은 "물이 북방에서 일어나 창일하는 시내를 이루어 그 땅과 그중에 있는 모든 것과 그 성읍과 거기 거하는 자들은 몰살될 것이니 블레셋 사람들이 부르짖을 것이다(렘 47:2)." 암몬은 황폐한 잿더미가 될 것이며, 그의 딸들은 불에 타 죽게 될 것이다(렘 49:2). 에돔 역시 쓰러질 것이며(렘 49:21), 다마스커스에서는 성벽과 궁이 불탈 것이다(렘 49:27). 그리고 바벨론은 가장 먼 변방에서부터 그 도성을 공격해와 그 창고를 열고 그 도성을 쓰레기 더미처럼 헤쳐버리고 철저히 파괴할 것이다. 그 결과 그 도성에 남아 있는 것은 아무것도 없게 될 것이다(렘 51:1-64).

다니엘 역시 유대왕국을 다스릴 기름 부음 받은 자, 즉 메시아가 나타나 복수를 갚아주는 메시아적 구원을 하리라 예언한다. 그는 밤에 환상을 보았고, 인자가 구름과 함께 하늘에서 내려오는 것을 본다. 그에게 주권과 영광과 왕국이 주어졌다. 모든 백성, 모든 국가가 그에게 엎드리게 될 것이다.

이런 복수에 찬 예언들이 담지하고 있는 내용들은, 예언에서 그친 것이 아니라 실제 역사적인 해방전쟁과 연관되어 민중들이 열광적인 호응을 받았다. 복수의 정치적 메시아 사상은 정치·경제적 식민주의의 착취적인 체제를 전복시키려는 투쟁 속에서 태동되었고, 끊임없이 재창조되었던 것이다.

2.3 메시아 신앙과 유대전쟁

로마제국이 팔레스타인을 지배할 시기에 이 지역에서 가장 두드러진 사회현상이 복수를 위한 메시아 신앙의 생활양식이었다. 골리앗을 무너뜨린 다윗의 승리와 야훼가 주도하는 폭력적 메시아주의에 의한 구원은 유대 해방전사들에게 저항의 에너지를 공급하기에 충분했다. 그러나 이 장면에서 우리가 주목해야 할 것은 평화의 메시아로서의 예수와 당대의 메시아 신앙과의 연관성이다.

역사적 예수의 자취를 볼 수 있는 유일한 문헌 복음서에서는 예수와 해방운동과의 연관을 언급하지 않고 있는 것처럼 보인다. 오히려 예수는 평화의 메시아로 주장되고 있는 듯하다. 역사적 맥락을 무시하고 복음서만 읽는다면 예수가 팔레스타인 역사에서 가장 격렬했던 투쟁의 중심지에서 대부분의 생애를 보냈다는 사실마저도 전혀 눈치챌 수 없을 것이다. 복음서 독자들은 예수 이전에도 예수 당대에도 그리고 그 이후에도 오랫동안 그 지역에서 해방투쟁(반란)이 끊임없이 이어졌다는 사실은 더욱 파악하기 어려울 것이다. A.D. 68년 유대인들이 로마에 대항해 전면전을 선포했고, 그 전쟁을 위해 미래 로마황제가 지휘하는 여섯 개의 정예 로마군단이 투입될 정도로 대규모 전쟁이 벌어졌다는 역사적 사실 역시 알아낼 길이 없다.

로마제국의 식민지 팔레스타인은 다른 식민지 학정에서 볼 있는 전형적인 정치·경제적 징후들을 모두 보여주고 있다. 사회적·종교적으로 지배계급에 속하던 유대인들은 로마제국의 꼭두각시 내지는 로마의 앞잡이였으며, 대제사장들과 부유한 지주들과 상인들은 호화롭게 살았으나 대다수 민중은 땅이 없고 소외된 농민들과 저임금 노동자들과 실직자, 노예, 병든 자들로 구성되었다. 전 지역은 과중한 세금의 부담과 관리들의 부패, 공물 징수와 노동징발 등으로 신음했다. 부재지주들이 예루살렘에서 사치생활을 하고 있을 때, 그 소작인들은 25%의 농산물세를 로마에 바쳐야 했고, 대제사장과 아들들에게 십일조를 바쳐야 했으며, 토지세는 토지평가액의 1%에 달했다.[9] 특히 경제적인 곤궁 때문에 세금, 특히 십일조를 정확하게 내지 못할 때 율법학자들은 경멸적인 의미에서 "땅의 백성"(עם הארץ)이라고 불렀다.[10] 따라서 갈릴리 농민들은 로마에 대해서뿐만 아니라 그에 빌붙어 착취를 일삼는 예루살렘 귀족들에 대한 증오심도 그에 못지않았다. 따라서 메시아 신앙을 통해 민중들은 경제적 사회적 착취를 종식시키고 악한 제사장들과 지주들과 꼭두각시 왕, 나아가 로마제국을 끝장내고자 한 것은 당연한 바람이라 할 수 있다.

유대인들은 헤롯 왕이 로마 원로원에 의해 꼭두각시 왕으로 임명되기 직전 대로마 독립전쟁을 일으켰다. 로마나 유대 지배계급은 이 독립운동의 주체들을 강도(lestai)라고 불렀다. 그러나 이 강도들은 단순히 강도질만 하는 것이 아니라 유대인 부재지주들과 로마 세리들에 항거하려는 목적이 주된 것이었다. 이들을 지칭했던 또 다른 용어는 "열심당"(Zealots)이다.[11] 그들은 유대 율법을 열렬히 준수하려고 했고, 여호와의 계약을 완성시키려고 직접적으로 행동했기에 붙여진 이름이다. 이러한 젤롯과 혁명당원들은 자신들이 메시아의 도움을 받아 결국에 가서는 로마제국과 불의한 사회정치 제도

---

9   로마에 바치는 세금은 시저(Julius Caesar)가 B.C. 47년에 내린 법령에 의거한다. Robert Grant, *Early Christianity and Society*, 김쾌상 역, 『초기 기독교와 사회』(서울: 대한기독교출판사, 1988), 54.

10 Willabald Bösen, *Galiläa als Lebensraum und Wirkungsleld Jesus*, 황현숙 역, 『예수시대의 갈릴래아』 (천안: 한국신학연구소, 1998), 308.

11 Flavius Josephus, *The Jewish War*, 김지찬 역, 『요세푸스 III』(서울: 생명의말씀사, 1987), 390.

를 변혁시킬 수 있으리라 확신했을 것이다. 이들의 메시아 신앙은 내적이나 정신적인 것이 아니라 철저한 혁명적 실천과 죽음을 두려워하지 않는 용감한 행위들이었다. 오늘날 우리가 통상적으로 사용하는 의미의 강도(robber)와 마사다 전투에서 숭고한 신념을 위해 목숨을 초개와 같이 버리는 강도(lestai)를 같은 의미로 읽는 태도는 우리말 성서 번역자들의 책임도 크지만 이데올로기적 의도가 엿보이기에 위험하다 말할 수 있겠다.

갈릴리 사람 유다는 혁명군 대장으로서 유대민족의 반역자 요세푸스[12]에 의하면 전국을 휩쓸고 다니면서 강도짓을 하던 강도단의 두목 히스키아스의 아들로서, 스스로 유대의 왕이라 자처하는 인물로 표현되었다.[13] "유대인에게는 야훼 외에는 다른 왕이 있을 수 없다"고 주장하면서 로마에 대한 세금 거부를 외치면서 로마에 대항했다.[14] 갈릴리 유다가 언제 어떻게 죽었는지의 기록은 알 수 없지만, 그의 아들들이 대를 이어 줄기찬 투쟁을 벌인 것은 사실이다. 그의 아들 둘이 십자가형에 처형되었고, 한 사람은 엘르아살(Eleazar)로서 A.D. 68년 유대전쟁이 시작되자 스스로 메시아라고 자칭했으며, 자객(sicarii)들을 이끌고 최후의 항전인 마사다 전투를 이끌었다.[15]

---

12 요세푸스(Flavius Josephus)는 유대 상류 가문인 마티아스 가에서 A.D. 37년에 태어났다. 68년, 그의 나이 31세 때 갈릴리 총독과 로마군에 대항하는 혁명군의 사령관이 되었다. 그의 군대가 요타파타(Jotapata)의 함락으로 전멸되자 요세푸스는 항복하여 로마 장군 베스파시안의 포로가 된다. 요세푸스는 베스파시안 앞에서 그가 바로 유대인이 학수고대하는 메시아이며, 곧 로마 황제가 될 것이라고 예언한다. 그 예언은 적중하여 베스파시안은 69년에 로마 황제로 등극한다. 그는 예언에 대한 보답으로 요세푸스를 로마에 데려가 측근의 한 사람으로 삼았다. 그에게 로마 시민권이 부여되었고, 황제의 궁전에 편히 살면서 유대의 역사를 기술한다. 유대인들이 로마에 반항한 이유, 자신이 로마에 항복한 이유에 대해 변명하는 책을 쓰면서 여생을 편하게 보낸다. 저술은 로마의 독자를 대상으로 한 것이었기에 역사적 사실의 문제를 떠나 역사관 자체가 상당히 로마 편향적으로 기술되었다는 점만큼은 명확하다.

13 Josephus, 『요세푸스 III』, 185.

14 Ibid., 196; 아마도 갈릴리 유다는 땅은 신에게 속한 것이지 인간에게 속한 것이 아니라는 필로(Philo)의 주장을 따른 것으로 보인다. Robert Grant, *Early Christianity and Society*, 54.

15 Ibid., 『요세푸스 III』, 640.

예수 당시에도 강도들에 의한 해방운동이 중단 없이 이어지고 있음을 알 수 있다. 예수가 재판을 받기 직전에 민중들의 지지를 받은 강도단의 우두머리 바라바와 그의 부하들이 구속되었기 때문에 약간의 소요가 일어난 것을 알 수 있다(눅 23:18-19). 예수가 설교하고 있을 그 시간에도 갈릴리뿐만 아니라 유대 전역, 심지어 예루살렘에서 소요사태가 발생하고 있었다. 예컨대 빌라도가 예루살렘에서 우상숭배 금지 계명을 어기자, 시골에서 몰려온 농민들이 가담한 도시 폭동이 일어났다고 요세푸스는 말한다.[16] 그 후 빌라도가 성전세를 도수관 건립에 유용하자 이에 항거하여 또다시 격분한 민중들이 빌라도를 포위한 적도 있었다.[17] 로마인은 출몰하는 강도단을 제거하기 위해 노력했으나, A.D. 44년 테우다스(Theudas)라는 메시아적 인물이 사막에서 나타나 추종자들로 하여금 가정과 재산을 포기하게 하고 요단강 변으로 몰려가 서쪽 예루살렘을 진군하려고 했지만, 로마 총독 구스피우스 파두스는 기병대로 테우다스의 목을 베고 그의 부하들을 도륙 냈다.[18]

A.D. 50년 유월절 행사가 진행되던 중 순례자들과 로마 병사의 사소한 충돌로 인해 로마군 보병군단이 진군해 들어가 2만 명을 학살한 사건이 있었다.[19] 52년에는 20년간 산에서 투쟁경력을 쌓은 엘리자 벤 데이나이오스(Eleazaur ben Deinaios)가 혁명을 일으켰으나, 총독 쿠마누스가 관련자들을 체포하여 십자가형에 처했다. 그러나 혁명이 전국적으로 확산되어가자 새로운 총독 펠릭스가 완전히 진압하고 엘리자를 체포하여 로마로 압송했다.[20] 요세푸스에 따르면 펠릭스가 십자가형으로 처형한 강도들의 수효는

---

16 Ibid., 205.

17 Ibid., 206.

18 Josephus, *The Antiquities of the Jews*, 김지찬 역, 『요세푸스 II』(서울: 생명의말씀사, 1988), 637.

19 Ibid., 638-639.

20 Ibid., 647-649.

너무 많아 헤아릴 수 없을 정도라고 기록하고 있다.[21] 요세푸스는 55년경의 상황을 다음과 같이 묘사하고 있다.

> 이들(강도들)을 진압하고 나자 이제는 또 다른 이들(강도)이 소란을 일으키기 시작했다. … 일단의 (메시아 사상을 가르치는 종교적) 사기꾼들과 강도들이 한데 모여 유대인들에게 반역을 일으킬 것을 충동질하였다. … 그들은 여러 무리로 나뉘어 부유하고 권세 있는 집을 약탈하고, 마을을 습격해 로마의 앞잡이들을 살해하고 그 집을 방화하였다. 결국 이들의 광기로 인해 온 유대 구석구석은 폐허나 다를 바 없게 되었으며, 날마다 불타는 연기가 하늘로 치솟았으며, 드디어 전면 전쟁으로 치닫게 되었다.[22]

펠릭스를 이어 부임한 총독 페스투스(Festus)는 유대를 소란케 하는 자들을 진압하는 데 전념했으며, 닥치는 대로 강도들을 살해했다.[23] 그러나 유대인 강도들은 이에 굴하지 않고 진짜 메시아가 올 것으로 확신하면서 투쟁을 계속했다. 로마군이 몇 차례에 걸쳐 유대에 패배한 후 네로 황제는 로마의 최고 명장 베스파시안(Vespasian)을 파견한다. 6만 5천 명의 최신예 무기를 갖춘 로마군이 예루살렘을 진격해 들어갔다. 베스파시안은 네로가 죽자 아들 티투스에게 과업을 승계해 예루살렘 함락을 완수시킨다. 혁명군들의 필사적인 저항에도 불구하고 티투스는 70년에 예루살렘을 함락하고 성전을 불태웠으며, 눈에 보이는 것을 모두 약탈하고 방화했다. 그러나 예루살렘 함락 후에도 강도들은 아직도 여호와가 자신들을 패망시켰다는 사실을 믿으려 하지 않고, 조금만 더 희생당하면 마침내 기름 부음을 받은 자를 보내실

---

21 Josephus, 『요세푸스 III』, 221.
22 Ibid., 222; Josephus, *The Jewish War* (Baltimore: Penguin Books, 1970), 2권 13장 6절 참조.
23 Ibid., 224.

것이라고 믿으면서 영웅적인 행동을 계속 이어간다. 73년 마사다 요새에서 최후의 항전 이후에도 유대인의 메시아 신앙을 종식시킬 수 없었다. 봉기가 철저하게 진압된 후 60년이 지난 후에 더욱 강력한 메시아적 사건이 전개되었다. 132년에 바르 코흐바(Bar Kochva: 별의 아들)가 20만 군대를 조직하여 유대 독립국가를 수립했는데, 이 국가는 3년 천하를 이루었다. 바르 코흐바의 기적적인 승리를 목격하고 모든 이는 그를 메시아로 인정하게 되었다. 로마가 카르타고의 장군 한니발 이후 최강의 적수라고 할 만큼 유대 혁명사에서 그들의 저항은 가장 용맹스러웠다. 한 개 군단이 전멸을 당하는 엄청난 희생을 치르고서야 바르 코흐바를 진압할 수 있었다. 그 결과 로마군은 1천여 개의 마을을 초토화시켰으며, 50만 명의 유대인을 학살했다. 그 이후 하드리안 황제는 로마제국의 지도에서 아예 '유대'라는 지명을 완전히 지워버리고 말았다.

2.4 메시아 신앙과 예수

우리가 예수를 메시아라고 했을 때, 그는 메시아 신앙에 근거한 그 메시아인가? 아니면 완전히 역전된 비정치적인 평화의 메시아인가? 전통 기독교에서 예수는 보편적으로 종교적인 의미에서의 평화적 메시아라 이해되어왔다. 그러나 예수는 일반적으로 믿어온 것처럼 비정치적인 인물이 아닐 수도 있다는 근거를 성서는 말해주고 있다. 앞선 절에서 예수 시대에 예수를 둘러싸고 있던 사회적·정치적 상황을 살펴보았다. 그러나 과연 그러한 시대상과 삶의 자리를 초연하여 독자적으로 비정치적이며 종교적 차원에만 국한된, 즉 당대의 통념에서 볼 때 전혀 메시아적일 수 없는 메시아로서의 정체성을 분명하게 정립하고 있었을까?

네 복음서에서는 공히 세례 요한이 예수의 직접적인 선구자였음을 인정하고 있다. 요한의 소명은 선지자 이사야의 역할을 하는 것이다. 그는 광야, 즉 야훼의 계약을 상기시켜주는 기억들이 메아리처럼 울려 나오는 동굴들이 흩어져 있고 강도단들의 출몰이 잦은 오지에서 외쳤다. "너희는 주의 길을 예비하라. 그의 첩경을 평탄케 하라." "회개하라. 천국이 가까웠다." 요한은 죄를 고백하고 회개하는 유대인들에게 세례를 행했다. 복음서에 의하면, 예수는 요한에게 세례를 받은 회개자 가운데 한 사람이다. 요한의 생애는 사막의 예언자들의 유형을 그대로 답습한 것이다. 물론 복음서에서 요한의 선포가 법과 질서를 문란하게 했다는 대목은 나오지 않는 것처럼 보이지만,[24] 구속되기 전에 선포했던 메시지를 보면, 혁명적 메시아 신앙을 분명히 읽을 수 있다.

> 나는 너희로 회개케 하기 위하여 물로 세례를 주거니와 내 뒤에 오시는 이는 나보다 능력이 많으시니 나는 그의 신을 들기도 감당치 못하겠노라 그는 성령과 불로 너희에게 세례를 주실 것이요 손에 키를 들고 자기의 타작 마당을 정하게 하사 알곡은 모아 곡간에 들이고 쭉정이는 꺼지지 않는 불에 태우시리라(마 3:11-12)

혁명적 메시아니즘의 전통에서 세례 요한이 차지했던 위치는 『사해문서』(The Dead Sea Scrolls)의 발견으로 명백해졌다. 세례 요한과 매우 관련된 것으로 보이는 에세네파의 속성을 갖는 쿰란(Qumran) 공동체[25]의 거룩한 문헌,

---

[24] 복음서에서는 세례 요한의 정치적인 성격은 나타나지 않고, 그 반대로 사적인 도덕문제(스캔들)를 지적한 죄목으로 고난을 받는 것으로 그려지고 있다. 즉 헤롯과 자신의 형제와 이혼한 여자 헤로디아의 결혼을 비판했고, 이에 괘씸죄에 걸려 죽임을 당한 것으로 말하고 있다. 그리고 그의 죽음도 헤로디아와 딸 살로메의 음모에 의한 것이다. 본디오 빌라도가 예수를 처형하고 양심의 가책을 받은 것처럼 헤롯도 양심의 가책을 받았다고 복음서는 전한다(마 14:1-11). 그러나 세례 요한이 체포되기 전 광야에서 행한 메시지를 생각해본다면, 복음서에서 세례 요한에게 정치적 요소를 배제한 점과 헤롯이 양심의 가책을 느꼈다는 점은 매우 어색하다.

[25] 기독교가 태동하기 전부터 있었던 공동체다. 쿰란 자체가 세례 요한처럼 "광야의 길을 깨끗이 하

즉 요세푸스 같은 사람의 저술이나 심지어 복음서에조차 전혀 암시되어 있지 않는 신비의 문헌을 통해 세례 요한 같은 광야의 성자들이 무엇을 선포했고, 어떤 행동을 보였는가를 짐작할 수 있게 되었다.[26] 쿰란 두루마리 문서를 고려할 때, 복음서에 기록된 것과 같이 세례 요한을 유대의 전통적인 혁명적 메시아니즘의 주류에서 완전히 분리시키는 일이 오히려 어렵다고 본다.

쿰란 공동체는 자신들이 세상의 마지막 때에 살고 있는 마지막 세대라고 믿었다(1QSa 1:1-2). 에녹서나 다니엘서 등 묵시문학의 저자들처럼, 그들도 자신들의 시대가 마지막 심판이 임박한 종말의 때이고, 악이 득세하며 의인이 박해를 받는 때라고 여겼다. 그들은 스스로를 임박한 신의 심판에 대비하고 새로운 시대를 준비하는 공동체라고 보았다. 즉 이사야 40:3에 나오는 '광야'나 '사막'을 문자적으로 받아들여, 자신들의 공동체가 심판을 위해 오시는 분의 길을 광야에서 준비한다고 보았다(1QS 8:12-15). 그리고 신의

는 데" 몰두했던 원시 종교공동체였다. 이전에는 알려지지 않았던, 사해문서, 즉 쿰란 공동체의 문헌 기록에 의하면, 유대인들의 역사는 로마제국이 마지막 운명을 보게 될 최후의 전쟁을 향하고 있다는 것이다. 로마를 쳐부수고 예루살렘을 수도로 하는 새 왕국이 세워질 것이며, 이제까지 존재했던 어떤 제왕보다 더 강력한 혁명적 메시아가 다윗의 혈통에서 나와 그 왕국을 통치할 것으로 믿었다. '기름 부음을 받은 자', 즉 메시아의 영도하에 유대의 '빛의 아들들'은 로마의 '어둠의 자식'을 쳐부수기 위해 전쟁터로 나가서 적군이 영원히 멸절될 때까지 쳐부술 것이며, 반드시 승리할 것을 예언하고 있다. 지금까지 쿰란을 연구한 학자들은 쿰란에서 발굴된 문서들이 에세네파의 소장물이라는 견해에 대해 대체로 일치된 견해를 보이고 있다. 그러나 에세네파와 쿰란 공동체의 관계 규명을 어떻게 해야 하느냐에 대해서는 여전히 논란이 되고 있는 것 또한 사실이다. 김창선,『쿰란문서와 유대교』(서울: 한국성서학연구소, 2002), 66; Josephus,『요세푸스 Ⅲ』, 196-203, 에세네파 참조.

[26] 쿰란 공동체가 에세네파에 속한다는 사실은 슈테게만(Hartmut Stegemann)의 논문 "The Qumran Essenes-Local Members of The Main Jewish Union in Late Second Temple Times," *The Madrid Qumran Congress*, 1, ed. Julio Barrera & Luis Montaner (New York: Brill Academic Publishers, 1997), 108-114 [김창선,『쿰란문서와 유대교』, 71-78에서 재인용]에서 다섯 가지로 지적하고 있다. 첫째는 지역 공동체에 속한 멤버들이 하루에 두 번씩 함께 하는 공동식사이다. 둘째는 당시 유대사회에서는 낯선 것으로서 제의적 성격의 정결 목욕이다. 셋째는 공동체가 엄격한 계층구조(제1신분은 제사장, 제2신분은 레위족 출신, 마지막 서열은 유대인으로 개종한 이방인)를 갖고 있다는 것이다. 넷째는 정식 회원이 되려면 3~4년간의 수련이 필요하다. 다섯째는 모든 것을 공유하고 어떠한 사유재산도 인정하지 않는다는 점이다.

심판은 인간과 영적인 존재들이 참여하는 우주적인 전쟁을 통해서 이루어진다고 보았다. 빛의 자녀와 어둠의 자녀들의 전쟁에 관한 문서(Scrolls of the War of the Sons of Light against the Sons of Darkness)라 불리는 전쟁 규율(1QM)에 보면, 40년 동안 안식년을 제외하고 계속되는데, 두 편으로 나뉘어서 행해진다. 천사들과 새 계약 공동체의 쿰란 공동체 등 빛의 자녀들이 있고, 다른 한편에는 악마들과 이방인들 그리고 계약의 반역자들 등 어둠의 자녀들이 있다. 처음 6년 전쟁에서 이방인과 반역자들이 차지하고 있는 성지(Holy Land)와 예루살렘 성전을 탈환한다. 그리고 7년째인 안식년에 성전을 정화하고 성전 예배를 회복한다. 물론 이 전쟁은 땅에서만이 아니라 하늘에서도 이루어지는데, 천사들이 신의 도움으로 악한 영의 지배를 받는 사탄을 비롯한 악마들을 멸망시킨다(1QM 18:1-3). 이로써 악한 영이 판치는 시대는 종식되고 구원의 시대가 도래한다.

쿰란 공동체는 신의 심판인 마지막 전쟁이 있기 전에 예언자가 먼저 나타난다고 믿었다.[27] 그들은 이 예언자가 먼저 오고 나서 그다음 메시아가 나타난다고 보았다. 신약성서에서 세례 요한을 메시아 예수의 길을 예비하는 자로 여긴 것처럼, 그들도 예언자를 종말에 나타날 메시아의 선구자로 여겼던 것이다. 사해문서에 의하면 쿰란 공동체는 두 종류의 메시아를 대망하고 있는데, 즉 이스라엘의 메시아와 아론의 메시아이다(1QS 9:11; 1QSa 2:11-22).[28] 신의 심판 이전에 두 메시아[29]가 가까운 장래에 동시에 오지만, 그 임무가 각

---

27 말 4:5과 비교하라. "보라 여호와의 크고 두려운 날이 이르기 전에 내가 선지 엘리야를 너희에게 보내리니"

28 Craig Evans, "Qumran's Messiah: How Important is He?" in *Religion in the Dead Sea Scrolls*, eds., John Collins and Robert Kugler (Grand Rapids: Eerdmans, 2000), 135-149.

29 두 메시아 사상은 정치적 지도자인 모세와 제사장 아론, 그리고 페르시아 시대에 유다의 총독이었던 스룹바벨과 대제사장 여호수아(학 2:20-23; 슥 6:9-14)의 역할 분담과, 민 24:17의 다윗의 별과 이스라엘의 홀에 대한 메시아적 이해 등에서 성서적 근거를 찾을 수 있지만, 역사적으로는 하스몬 왕조 시대의 상황을 반영한다. 즉 제사장적 메시아를 우위에 두는 쿰란의 두 메시아 사상은 왕권과 함께 대제사장을 차지한 하스몬 왕조와 대제사장직을 회복하려다 실패한 의(義)의 교

기 다르다고 보았다. 이스라엘의 메시아는 정치적 메시아로 유다 지파 다윗 계열에서 나오는데, 종말의 전쟁에 참여하여 적대자들을 물리치고 승리를 쟁취하며, 신의 영원한 왕국을 세우고 다스리는 역할을 담당한다. 그는 평신도 메시아로서 제사장들의 가르침을 받아 다스리는 일과, 특히 정의를 세우는 일을 한다. 한편 아론의 메시아는 이스라엘의 메시아보다 서열이 더 높은데, 레위 지파인 제사장 계열에서 나오며 대제사장의 역할을 수행한다. 그는 새 예루살렘과 새 성전을 건설하는 일을 담당할 뿐만 아니라 율법을 해석하고 가르치며 희생제사를 비롯한 모든 성전 예배를 율법에 따라 회복한다. 그는 이스라엘의 메시아처럼 마지막 전쟁에는 참여하지 않지만, 백성들의 최고 지도자로서 전쟁 동안 예배를 인도한다. 전쟁이 끝난 후 '메시아 만찬'(the messianic banquet)[30]을 함께 주재하는데, 여기에는 쿰란 공동체와 함께 형성된 새 계약 공동체가 참여하게 된다(1QSa).

우리는 여기서 세례 요한의 진의를 누구도 정확하게 말할 수는 없지만, 그의 언행을 판단할 수 있는 근거가 되는 그가 처해 있었던 삶의 자리는 분명, 헤롯가의 전제정치, 거기에 기생하는 제사장들, 오만한 로마 총독과 성소를 욕보이는 로마군, 그리고 그들을 향해 불타는 적개심을 품고 있었던 하층 민중들이 치열한 투쟁을 전개하고 있었던 것인바, 이런 상황 속에서 이루어진 요한의 언행이라는 점을 고려하지 않을 수 없는 것이다.

세례 요한의 체포 직후, 예수는 요한이 설교했던 같은 부류의 사람들에

사의 상황(4QMMT)을 반영하고 있다. 그들 공동체의 설립자이자 대제사장이었던 의의 교사가 후계자 없이 죽자, 그들에게 대제사장의 역할을 할 수 있는 아론의 메시아를 대망하는 요인이 되었을 것이다. Hartmut Stegemann, *The Library of Qumran: On the Essenes, Qumran, John the Baptist, and Jesus* (Grand Rapids: Eerdmans, 1998), 207.

30 쿰란 공동체는 공동식사에 남자들 중에서 신체적으로 결함이 없는 멤버들만이 참여했고, 제사장, 장로 등 서열 순서대로 앉아 식사했으며, 이것은 메시아 만찬을 반영한 것으로 그들에게 공동식사는 종말론적인 제의이자 다가오는 메시아 시대를 미리 맛보는 시간을 의미한다. Lawrence Schiffman, *Reclaiming the Dead Sea Scrolls: The History of Judaism, the Background of Christianity, and the Lost Library of Qumran* (New York: Doubleday, 1995), 339 참고.

게, 요한이 당한 똑같은 위험스러운 상황 속에서 복음전파를 시작했다. 요한과 예수의 상이점을 발견할 수 없었던 헤롯 안티파스도 그 점을 증언하고 있는 바이다. "그때에 분봉왕 헤롯이 예수의 소문을 듣고 그 신하들에게 이르되 이는 세례 요한이라 저가 죽은 자 가운데서 살아났으니 그러므로 이런 권능이 그 속에서 운동하는도다 하더라(마 14:1-2)."

예수는 세례 요한처럼, 요세푸스가 말한 메시아적인 광야의 예언자들처럼 체포되어 처형될지도 모르는 여정으로 곧바로 돌입해 들어갔다. 신의 나라가 이미 도래하고 있다는 사실을 선포를 통해, 이적 기사와 치유를 통해 증명한 다음, 예수와 그의 제자들은 거룩한 유대왕국의 수도로 예정된 예루살렘을 복음화하기 위해 진입해 들어갔다. 구약『스가랴』에 기록된 메시아의 상징을 민중들에게 상기시키기 위해 의도적으로 나귀를 타고 입성했다. 그러나 예수의 예루살렘 성전 입성 장면은 흔히 말하듯이 화기애애한 분위기가 결코 아니다.

> 시온의 딸아 크게 기뻐할지어다 예루살렘의 딸아 즐거이 부를지어다 보라 네 왕이 네게 임하나니 그는 공의로우며 구원을 베풀며 겸손하여서 나귀를 타나니 나귀의 작은 것 곧 나귀 새끼니라 내가 에브라임의 병거와 예루살렘의 말을 끊겠고 전쟁하는 활도 끊으리니 그가 이방 사람에게 화평을 전할 것이요 그의 정권은 바다에서 바다까지 이르고 유브라데강에서 땅끝까지 이르리라 … 내가 오늘날도 이르노라 내가 배나 네게 갚을 것이라 내가 유다로 당긴 활을 삼고 에브라임으로 먹인 살을 삼았으니 시온아 내가 네 자식을 격동시켜 헬라 자식을 치게 하며 너로 용사의 칼과 같게 하리라 여호와께서 그 위에 나타나서 그 살을 번개같이 쏘아내실 것이며 주 여호와께서 나팔을 불리시며 남방 회리바람을 타고 행하실 것이라 만군의 여호와께서 그들을 호위하시리니 그들이 원수를 삼키며 물매 돌을 밟을 것이며 그들이 피를 마시고 즐거이 부르기를 술취한 것같이 할 것인즉 피가 가득한 동이와도 같고 피 묻은 제

단 모퉁이와도 같을 것이라(슥 9:9-15)

나귀 타고 예루살렘 성전으로 입성하는 자는 분명 거룩한 전쟁의 메시아이다. 병거와 말을 탄 대적들을 복종시키고 기를 꺾기 위해 겉으로는 겸손한 모습을 하고 일어선 다윗의 후손이었다. 그런 이유로 민중들은 "호산나(지금 구원하소서), 주의 이름으로 오시는 분에게 축복이 있으라"고 외쳤던 것이다.

예수와 그의 제자들의 행위는 혁명적 메시아운동 집단들과 유사한 점이 많다. 복음서만 보더라도 적어도 한 번은 폭력을 행사한 것으로 보인다. 그들은 성전에서, 멀리서 온 순례자들을 농간하는 악덕 환전상들을 습격했다. 그리고 예수의 제자들 중에는 열심당원(젤롯)이 포함되어 있었다. "가나안인 시몬과 및 가룟 유다 곧 예수를 판 자"(마 10:4)가 그들이다. 시몬은 열심당(눅 6:15)이었으며, 배반자 유다 역시 이스카리옷(Iscariot)이란 이름을 가졌는데, 자객(sicarri)과 발음상 매우 유사성을 가지고 있다.[31] 세배대의 아들 야고보과 요한은 '보아너게', 즉 우레의 아들이라 불렸다. 야고보는 그런 별명을 얻기에 합당한 발언을 하는데, 예수를 환대하지 않는 사마리아 전역을 불로 파괴해버리자고 주장한다(눅 9:51-55). 검을 숨기고 다니는 제자도 있었는데, 예수의 체포 당시 그는 저항했다는 흔적도 볼 수 있다. 예수는 체포되기 전에 "검을 갖지 않는 자는 옷을 팔아 검을 사라"(눅 22:36)고 명령했다. 그러자 재빨리 품에서 검 두 자루를 내어 보인다(38절). 예수의 제자 중에 적어도 몇 명은 자객(sicarri)처럼 늘 무기를 소지하고 다녔다는 것을 짐작할 수 있다. 또한 사복음서 모두 검을 숨기고 있는 제자가 있었다는 사실과 예수의 체포 당시 제자들이 저항했다는 점을 말해준다.

---

31 슐테스(Schulthess)와 벨하우젠(Wellhausen)은 이스카리옷은 아람어로 암살자를 뜻하는 이스카르야아('isqarya'a)에서 파생된 말로 보고 있다. 정인찬 편, 『성서대백과사전 I』(서울: 기독지혜사, 1992), 67.

복음서는 예수가 폭력적인 정치활동을 하지 않았다는 점을 의도적으로 강조하고 있는 것이 분명하지만, 그 속에는 분명 세례 요한과 혁명적 메시아 전통과 연루되어 있음을 암시해주는 사건과 언설이 저변에 흐르고 있다고 보아야 할 것이다. 예를 들어 "화평케 하는 자는 복이 있다"(마 5:9)와 "내가 세상에 화평을 주러 온 줄로 생각하지 말라, 화평이 아니라 검을 주러 왔다"(마 10:34)를 어떻게 조화시킬 것인가. "누구든지 네 오른뺨을 치거든 왼뺨을 돌려 대라"(마 5:39)와 "내가 세상에 화평을 주러 온 줄 아느냐. 아니다, 도리어 분쟁케 하러 왔노라"(눅 12:51) 그리고 "검을 가진 자는 검으로 망하리라"(마 26:52)와 "검이 없는 자는 겉옷을 팔아 검을 살지니라"(눅 22:36), 또한 "네 원수를 사랑하며 너를 미워하는 자를 선하게 대하라"(눅 6:27)와 "노끈으로 채찍을 만드사 양이나 소를 다 성전에서 내쫓으시고 … 환전상의 돈을 쏟으시며 상을 엎으시고…"(요 2:15)를 어떻게 조화시킬 것인가. 또한 지적하지 않을 수 없는 것은, 로마인에게 세금 바치는 물음에 관한 예수의 답변은 역사적 기독교에서 상당히 왜곡된 것이 분명하다. "가이사의 것은 가이사에게, 신의 것은 신에게"는 갈릴리 유다가 선동했던 문구로서 "이 세상의 모든 것의 주인은 오직 신 한 분밖에 없다"면서 로마에 대한 세금 거부 의지를 분명하게 한 것이다. 그렇기에 항쟁의 불길이 타오르던 삶의 자리에서는 "로마에는 세금을 절대로 바치지 말라"는 말 이외로는 이해될 수 없는 주장이 아닐 수 없다. 그러나 역사적 기독교는 예수가 비정치적인 태도, 즉 로마 정부에 타협적인(비정치적인) 태도를 보인 하나의 예로 해석해온 것이 사실이다.[32] 따라서 예수는 종교적인 이유뿐만 아니라 정치적인 죄목으로도 처벌

---

32   이러한 경향성에 대해 브랜든(Samuel Brandon)은 "마태, 누가, 요한복음의 저자들은 예수의 박해를 유대인의 탓으로 돌리는 데 관심했다. 그들은 대체로 마가의 이야기를 따랐으나, 일차적인 것은 예수를 로마에 친화적인 인물로 묘사하는 데 주안점을 두었기에, 예수의 평화주의의 주제를 발전시킨 것이다"라고 과감하게 주장한다[Samuel Brandon, *The Trial of Jesus of Nazareth* (New York: Stein and Day Press, 1988), 76]. 실제로 복음서에서는 로마의 앞잡이 요세푸스조차 매우 비열하고 포악한 인물로 그리고 있는 총독 빌라도를 예수의 처형의 문제로 매우 번뇌하는, 즉 매우 인간

받았다고 보아야 한다. 로마제국은 예수가 유대 종교법에 저촉되었는지의 여부에는 관심이 없었을 것이고, 그의 언행이 식민지 정부의 안위와 로마제국의 평화(Pax Romana)를 위협하는지의 여부에만 관심했을 것이다.

예수가 재판받을 당시 예루살렘 감옥에는 민란을 일으킨 죄수들이 예수와 함께 있었다는 것을 마가복음의 저자는 기술하고 있다(막 15:6). 그런데, 예수는 혼자 십자가에 처형된 것이 아니라 강도 두 사람과 함께 처형된 것으로 복음서는 말하고 있다(27). 요세푸스가 젤롯과 메시아 운동 혁명분자를 지칭했던 바로 그 강도들이 예수와 함께 처형되고 있는 것이다.

예수가 외형상 메시아적인 권능이 없어 보인 까닭이 무엇인지 어렴풋이 이해되기 시작한 것은 예수의 빈 무덤 사건 이후부터였다. 성공한 혁명가로서의 메시아상이 예수에게는 적용되지 않는다는 점을 깨달은 것이다. 그러나 그것이 예수가 거짓 메시아라는 점을 입증하는 것은 아니다. 예수의 죽음은 오히려 신께서 유대인들에게 한 번 더 기회를 주어서 계약을 이행할 수 있는 백성인지 증명해보도록 하신 신의 은총의 증거로 여겨졌다. 과거 유대인들에게 유대의 멸망은 자신의 신앙을 시험하기 위한 신의 은총이었듯 예수를 거짓 메시아라고 의심했던 것을 뉘우치고 용서를 구하면, 예수는 다시 재림할 것이다. 희망의 불씨는 여전히 꺼지지 않은 것이다. 예수의 십자가 처형에서 예루살렘이 함락될 때까지 예수의 재림을 기다리던 추종자들이 로마를 전복하고 예루살렘을 수도로 하는 거룩한 유대왕국을 세울 메시아를 계속 대망하고 있었다는 증거들이 있다. 『사도행전』은 예수의 처형 후에 일어났던 일을 서술한 누가의 책인데, 그 서두에 예수의 재림이 지니

적인 면모들 드러내는 인물로 묘사되고 있으며, 누가의 경우는 예수의 재판에서 이해하기 어려운 장면을 삽입시키고 있다. 바로 헤롯과 빌라도가 야합하는 장면이다. 분명히 갈릴리에서부터 예루살렘까지 소란(sedition)을 야기한 죄목으로 빌라도에게 체포되었는데, 자기 관할에서 일어난 일이요 자기가 책임져야 할 일을 갈릴리의 허수아비 분봉왕 헤롯 안티파스에게 넘겼다는 것은 납득하기 어렵다. 아마도 누가의 의도는 예수의 무죄, 즉 로마에 대한 선동의 무관함에 대한 증인으로 헤롯과 빌라도가 서로 떠넘기는 장면을 묘사한 것으로 보인다(Ibid., 121-122).

고 있는 정치적 의도가 사도들의 심정 속에 최우선이 되고 있음을 시사하고 있다. 누가에 의하면 부활한 예수에게 물은 첫 질문은 "주께서 이스라엘 나라를 회복하심이 이때입니까?"(행 6:1)이다. 계시록에 묘사된 예수 재림의 모습은, 백마를 타고 여러 왕관을 쓴 기사의 모습으로 나타나, 심판을 하고, 전쟁을 하고 불꽃 같은 눈빛에 피에 젖은 겉옷을 입고 쇠 지팡이로 민족들을 다스리고, 전지전능하신 신의 격노의 포도 짜는 틀을 밟으러 다시 오신다고 묘사되어 있다(계 19:11-15). 사해 두루마리 문서에도 재림하는 메시아에 비근한 증거가 나타나 있다. 쿰란 공동체는 원수들에게 죽임을 당하지만 메시아의 과업을 완성하기 위해 다시 오는 '의(義)의 교사'를 기다리며 '공동체'[33]를 조직하며 살아온 것을 보여준다. 그들은 다가오는 종말, 즉 메시아의 시대에 신은 의로운 삶을 살다가 죽은 자들에 대한 보상으로 육체의 부활을 하게 하고 신의 나라인 새 계약 공동체에 참여한다고 믿었다(4Q521 2:2:12).[34] 쿰란의 투사들과 원시 그리스도교 공동체 멤버들이 동일한 상황에서 동일한 방식으로 대처해나갔음을 밝혀주는 것이거나, 아니면 두 집단은 실제 동일한 혁명적 메시아 운동의 양면이었다는 점을 암시하는 하나의 증거이다. 아마도 우리가 알고 있는 평화의 메시아 사상(신앙)은 적어도 예루살렘 함락까지는 완벽한 형태를 갖추지 못했을 가능성이 크다. 예수의 처형과 최초의 복음서가 기록된 시기, 두 시기 사이에 평화의 메시아 신앙을 신학화하는 데는 바울의 역할이 컸을 것으로 보인다. 하지만 여기서 바울 신학으로의 발전은 다른 기회로 미루기로 하자.

---

33 쿰란 공동체의 특징은 사유재산을 금하는 공동체라는 점이다. 이것은 유대교 어떤 그룹도 이런 특징을 찾아볼 수 없다. 이것은 오직 에세네파의 전형적인 생활 양식이며 『사도행전』에 나오는 모든 물건을 서로 통용하는 원시 기독교 공동체(행 2:43-47)의 생활 양식이다. 쿰란 공동체에서는 사유재산 금지조항을 어기면 공동식사에서 1년간 제외되며 식사 배급량도 1/4이나 감량된다는 처벌 조항도 찾아볼 수 있다(1QS Ⅵ, 24 이하). 김창선, 『쿰란문서와 기독교』, 74-75.

34 Émile Puech, "Messianism, Resurrection, and Eschatology at Qumran and in the New Testament," Eugene Ulrich and James VanderKam, *The Community of the Renewed Covenant: The Notre Dame Symposium on the Dead Sea Scrolls* (Notre Dame: Uni. of Notre Dame Press, 1996), 235-256.

아무튼 원시기독교 교회가 예수를 평화의 메시아로 신학화시켰다는 점은 분명한 것 같다.[35] 그럼에도 불구하고 완전히 비폭력 절대평화주의자로만 예수를 이해할 수 없는 흔적들이 복음서에서 탐지된다는 점도 완전히 부인할 수 없을 것으로 본다.

---

[35] 브랜든은 유대전쟁과 예루살렘의 멸망이 원시 기독교공동체에 끼친 영향은 너무나 커서, 변화를 시도하지 않을 수 없었던바, A.D. 70년 이후 기독교 공동체는 거의 완전히 새로운 운동으로 방향을 잡게 되었으며, 그날 이후의 기독교적 문헌들은 이러한 변화의 산물이며, 예수와 그의 선교에 대한 새로운 해석을 보여준다고 말한다(S. Brandon, *The Trial of Jesus of Nazareth*, 64).

3
역사적 기독교와 폭력

　　역사적 기독교가 유대교, 특히 유대의 혁명적 메시아 신앙과 결별하고 새로운 종교로 등장했을 때 로마제국과의 관계에 있어서 근본적으로 비폭력적인 태도를 취했다. 심지어 로마제국이 로마의 질서에 위협이 될지도 모른다는 근거 없는 불안감으로 교회에 대한 극심한 박해를 가했음에도 불구하고, 교회는 비폭력적 노선을 일관되게 취함으로써 평화주의가 기독교 사회윤리의 전통으로 확실하게 자리 잡는 듯했다. 그러나 콘스탄틴 이후 기독교가 로마제국의 종교가 됨으로 말미암아, 그것에 수반된 정치적 권력과 경제적 풍요는 폭력과 비폭력에 대한 교회의 윤리적 태도를 180도로 바꾸어 놓고 말았다. 여기서는 엘륄(Jacques Ellul)이 분류한 기독교 교회의 전통적인 입장의 유형을 중심으로 정리하겠다.[36] 그리고 폭력 방지를 위한 교회적 노력에 대해 논할 것이다.

36　Jacques Ellul, *Violence: Reflections from a Christian Perspective* (New York: the Seabury Press, 1969), 1-26.

3.1 타협주의

타협주의는 대체로 폭력을 거부하면서도 어느 특정한 폭력에 대해서는 용인하는 입장이다. 이 입장에 대한 성서적 근거는 롬 13:1-2에서 찾을 수 있다. "각 사람은 위에 있는 권세들에 굴복하라 권세는 신께로 나지 않음이 없나니 모든 권세는 다 신의 정하신 바라 그러므로 권세를 거스르는 자는 신의 명을 거스름이니 거스르는 자들은 심판을 자취하리라" 즉 국가의 권위는 인간이 아닌 신으로부터 부여된 것이며, 국가가 사람을 구속하고 사형을 집행한다든지 하는 것은 결코 폭력을 행사하는 것이 아니라는 것이다. 국가는 정당한 강제적인 힘(force)을 발휘하는 제도화된 기관으로서 그것은 신에 의해 주어지는 것이기에 폭력과는 구분되어야 한다는 점이다.

아우구스티누스는 사법권을 지닌 재판관이 국가의 법률이 정한 바에 따라 판결하여 악행을 저지른 사람에게 사형을 부과하고 집행하는 것은 정당하다고 생각했으며, 나아가 전쟁조차도 신의 권위에 의지하여 수행할 경우엔 살인하지 말라는 신의 명령을 어긴 것이 아니라고 주장한다.[37] 물론 아우구스티누스는 악에 대한 무저항(마 5:39)이 절대적인 명령(그리스도인들은 자기 방어를 위해서도 무기를 들면 안 되고, 죽음에 이르기까지 수동적으로 굴복해야 한다)이지만, 무죄한 사람들을 악으로부터 방어하기 위해 필요하다면 폭력을 쓰는 것이 사랑의 의무라고 생각했다.[38]

실제로 콘스탄틴 이후의 그리스도인들은 본래의 비폭력 평화주의와는 매우 거리가 먼 극도의 폭력을 행사한 것이 사실이다. 클레르보의 버나

---

[37] Augustinus, *De Civitate Dei*, I, 21. Anthony Kenny, *Medieval Philosophy*, 김성호 역, 『중세철학』(서울: 서광사, 2004), 387에서 재인용.

[38] Augustinus, *Sermon on the Mount*, 1. 19, 56-68; Walter Wink, *Engaging The Powers: Discernment and Resistance in a World of Domination*, 한성수 역, 『사탄의 체제와 예수의 비폭력』(서울: 한국기독교연구소, 2009), 424-425에서 재인용.

드(Bernard of Clairvaux)는 십자군 전쟁에 나서는 기사단에게 이렇게 설교하고 있다. "그리스도의 군사들은 언제 죽여야 할지 그때를 안다. ⋯ 그는 이유 없이 칼을 차고 다니는 것이 아니니, 그리스도와 함께 죽이는 것이다. 그는 착한 사람들을 칭찬하고 악한 사람들을 처벌하기 위한 신의 종이다. 그가 악을 저지르는 사람을 죽일 때는, 그는 살인자가 아니라 오히려 악의 살해자요, 악을 행하는 자에 대항하는 그리스도의 복수자라고 불러야 할 것이다."[39] 승전을 위한 기도들, 군대의 깃발들, 교회 안에 세워놓은 국기들, 사기를 진작시키기고 양심을 달래기 위해 군대가 주는 봉급을 받는 군목들, 이런 모든 것들은 성전의, 혹은 국가의 안전을 위한 전쟁의, 아니면 자존심 때문에 싸우는 전쟁의 정신풍토를 나타내는 것들이다.[40]

그러나 이 입장에서 근본적으로 문제가 되는 것은 국가가 항상 정의로운 것도 선한 것도 아니며, 나아가 그런 정의롭지 못한 권력이 무력을 행사하는 것이 오류와 의도적인 악의의 발로일 수 있다는 점이다. 결국 이 입장은 국가가 폭력의 극치인 전쟁을 수행할 권리가 있다는 결론에 이르게 하며, 그렇게 되면 사실상 극도의 폭력인 전쟁까지도 정당화시켜야 한다는 딜레마에 빠지게 된다. 기독교가 로마제국의 국교가 된 이후, 교회는 제국이 외세의 공격으로부터 자신을 방어하기 위한 전쟁뿐 아니라 공격적인 전쟁을 수행하는 것 역시 정당화시켜야만 하는 입장에 처했다. 그리하여 신학적으로 "'정당전쟁'(just war)에 관한 윤리 이론"[41]이 성립하게 되었다. 매우 거칠게 정당전쟁의 원칙을 "전쟁에 이르는 정의"와 "전쟁을 수행하는 과정에서

---

39 Ramund Schwager, "The Theology of the Wrath of God," Walter Wink, 『사탄의 체제와 예수의 비폭력』, 399에서 재인용.

40 Walter Wink, 『사탄의 체제와 예수의 비폭력』, 400.

41 정당전쟁 윤리에 관한 이해나 문제점에 대해서는 졸고, "정당전쟁론의 현대적 이해", 『부산장신논총』 3(2003), 97-102를 참고하라.

의 정의"로 대별해서 다음과 같이 요약할 수 있다.[42]

1. 전쟁에 이르는 정의(jus ad bellum): ① 전쟁은 합법적인 권력체제에 의해 수행되어야 한다. ② 전쟁은 바른 의도를 가지고 수행되어야 한다. ③ 전쟁은 오로지 최후의 수단으로 취해져야 한다. ④ 전쟁은 수단과 목적의 비례원칙에 근거해서 감행되어야 한다. ⑤ 전쟁은 성공할 수 있는 합리적 가능성이 있어야 한다. ⑥ 전쟁은 절제 있게 감행되어야 한다.
2. 전쟁을 수행하는 과정에서의 정의(jus in bello): ① 비전투요원(noncombatants)에 대해선 면책특권이 주어져야 한다. 즉, 비전투요원을 살해해선 안 된다. ② 전쟁 포로들은 인도적으로 다루어져야 한다. ③ 국제적인 조약과 관행들은 존중되어야 한다.

이런 기준은 역사적인 기독교에서 폭력에 대한 신학적 논의의 근간이 되어왔으나 논의의 해결점은 얻지 못하고 있다. 정당전쟁이론의 논리가 폭력문제를 이해하는 데 공헌한 바는 인정된다. 즉 폭력적 행동에 대한 도덕적 정당성의 근거를 제시하고 있다는 점이다. 그러나 이 기준들을 세밀하게 검토하자마자 전쟁에 이르는 정의(jus ad bellum)와 전쟁을 수행하는 데 있어서의 정의(jus in bello)의 일치, 즉 정당한 전쟁의 원칙에 충실한 전쟁, 즉 평화를 추구하는 전쟁이란 거의 불가능하다는 것을 간파하게 된다.

즉, 타국을 침략하여 식민지화하고 있는 국가에 대해 무장 투쟁하는 활동은 누가 합법적인 권위를 줄 수 있는가? 그렇다면 저항 투쟁은 불법적이며 비도덕적인가? 전면전에서 과연 전투요원과 비전투요원을 구별할 수 있는가? 어떤 기준이 다른 기준보다 우선적일 수 있는가? 정당전쟁의 기준은 그 결의론적 형식에도 불구하고 실제로 적용하기 어렵다는 것을 알 수 있

---

[42] Robert M. Brown, *Religion and Violence* (Philadelphia: The Westminster Press, 1973), 19.

다. 그럼에도 불구하고 역사적으로 보면, 20세기 중반에 들어와서조차도 위대한 윤리 신학자들이 줄지어 참혹했던 베트남 전쟁을 정당전쟁 이론으로 뒷받침했던 것을 기억한다. 니버, 램지(Paul Ramsey) 등은 핵무기로 상대방을 억제하는 것과 냉전을 지지했던 논리의 선상에서 베트남전을 정당화시켰던 것이다. 특히 램지 같은 경우, 비전투요원들은 정면 공격에서 보호받아야 하는 것이 정당정쟁의 기준이지만, 이 기준이 금지하는 것은 "시민들을 공격하려고 의도적으로 겨냥한 인간의 행동이지, 합법적이고도 중요한 군대의 공격목표를 겨냥한 것에 수반하여 일어나는 예상되는 파괴는 아니다. … 비전투요원의 죽음을 초래하는 것에 대한 금지 규정은 없고, 다만 그들을 직접 목표로 겨냥하는 것만 금지한다"[43]고 해석한다. 말하자면, 게릴라들이 일반 시민들 속에 숨어버린다면, 그때는 게릴라들과 함께 민간인들도 함께 폭격으로 날려버려도 합법적이며 도덕적이라는 것이다. 이것만 보더라도 정당전쟁의 기준이 얼마나 부실한 것인가를 알 수 있다. 그래서 윙크는 "그리스도인들은 정당한 성폭행, 정당한 아동 학대, 정당한 학살이라고 말할 수 없듯이, 정당한 전쟁이라는 말도 할 수 없다"[44]고 말한다.

3.2 비폭력주의

이 입장은 타협주의 또는 정당전쟁론 입장과 정반대인데, 어떠한 폭력 형태라도 거부하는 '비폭력'의 입장, 즉 평화주의(pacifism) 입장이다. 이 입장 역시 기독교가 형성되기 시작할 때부터 나온 것으로서, 기독교 역사와 전

---

[43] Paul Ramsey, *Speak Up for Just War or Pacifism* (Eugene: Wipf & Stock, 1988), 53, 102. Walter Wink, 『사탄의 체제와 예수의 비폭력』, 412에서 재인용.

[44] Walter Wink, 『사탄의 체제와 예수의 비폭력』, 419.

통의 일각에서 소종파(sect)의 형태로 면면히 흘러내려 오고 있다. 이 입장이 취하는 성서적 근거로서는 "네 원수를 사랑하라", "왼뺨을 돌려 대라", 또는 "살인하지 말라" 등의 예수의 비폭력적 교훈들이다. 이러한 입장을 견지하는 그리스도인들은 병력을 거부했으며, 그러한 군복무 거부로 생명의 위협을 느끼거나 실제로 목숨을 잃는 박해를 받아왔다. 순교자 유스티누스(Justin Martyr)는 대표자로서 이렇게 말했다. "한때는 서로를 죽이기도 했던 우리가 이제는 전쟁을 하지 않을 뿐만 아니라 우리의 심문관들에게 거짓말을 하지 않으려고 그리스도를 고백하며 기꺼이 죽는다."[45] 오리겐은 "예수를 위해서 평화의 자녀가 된 우리는, 더 이상 나라를 향하여 칼을 들지도 않고, 전쟁을 배우지도 않는다"[46]라고 쓰고 있다. 터툴리안은 "그리스도는 베드로를 무장 해제시킴으로써 모든 병사들의 띠를 풀어서 칼을 벗겼다. … 어떻게 그리스도인이 전쟁을 하겠는가? 아니다. 주님께서 칼을 빼앗아 버리셨으니, 칼도 없이 비록 평화 시에라도 어떻게 병사 노릇을 할 수 있겠는가?"[47]라고 단호하게 말한다. 히폴리투스는 교리입문반에 있는 학생들에게 군대에 복무해서는 안 된다고, 만일 어기면 교회에서 축출될 것임을 선언하고 있다.[48] 순교자가 막시밀리안(Maximilian)의 "나는 군인이 될 수 없습니다. 나는 악을 행할 수 없습니다. 왜냐하면 나는 그리스도인이기 때문입니다"[49]라는 그의 말도 기독교 비폭력주의 입장을 가장 극명하게 보여주는 예이다. 로마제국의 철학자로서 기독교를 비판한 켈수스(Celsus)가 그리스도인들은 군대에 복무하기를 거부함으로써 로마제국에 대해 불충을 행하고 있으며, 만일 모든 사

---

45 Justin, *1 Apol*, 39. Walter Wink, 『사탄의 체제와 예수의 비폭력』, 390에서 재인용.
46 Origen, *Against Celsus*, 5.33. Walter Wink, 『사탄의 체제와 예수의 비폭력』, 390에서 재인용.
47 Tertulian, *On Idol*, 19.3. 그리고 "죽이는 것보다 죽임을 당하는 것이 더 낫다"라고도 주장했다 (*Apol*. 37.5). Walter Wink, 『사탄의 체제와 예수의 비폭력』, 391에서 재인용.
48 Hippoytus, *Apos. Trad*. 16, 17, 19. Walter Wink, 『사탄의 체제와 예수의 비폭력』, 391에서 재인용.
49 Jacques Ellul, *Violence*, 10.

람이 그리스도인들처럼 행동하면 제국은 곧 멸망할 것이라고 공격한 것[50]을 보면 초기 기독교의 입장이 비폭력주의의 노선을 실제로 견지했다는 것을 입증해준다 하겠다. 평화주의적 입장을 취하고 있는 자들에게 폭력은 사랑의 반대이며, 선과 악, 그리고 억압자나 공직자 등을 구별할 필요가 없다. 왜냐하면 그 어떤 경우에도 폭력을 쓰는 것은 부당한 것이며, 인간의 마음을 변화시키는 것은 폭력이 아닌 신이라는 믿음을 가지고 있기 때문이다. 비폭력적 입장은 신의 뜻이 폭력을 통해서가 아니라 인간의 순종, 희생, 그리고 무저항(non-resistance)을 통해 역사한다는 확고한 신념을 가지고 있다.

그럼에도 불구하고 기독교의 로마 문화의 타협은 불가피했다. 무조건적으로 군복무를 기피할 수 없었다. 군복무 중 폭력적 살인을 했는지의 사실 여부와 상관없이 군복무에 임했다는 사실이 로마 황제에 대한 충성을 다한 것이며 이것이 콘스탄틴에 의해 흡수될 수 있는 좋은 기회를 제공한 셈이다. 윙크는 이러한 사태를 두고 이렇게 표현한다. "처음에는 기독교가 무기를 사용하지 않은 채 로마제국에 대해 승리했던 것이, 결국에는 로마제국이 무기를 사용하지 않은 채 복음에 대해 승리한 것으로 끝나고 말았다."[51] 303년에는 디오클레시안 황제가 칙령으로 어떤 로마 군인도 그리스도인이 되면 안 된다고 금지했는데, 416년에 이르러서는 상황이 변하여 그리스도인이 아니면 로마 군인이 될 수 없게 되었다. 이것만 보더라도 콘스탄틴 이후의 기독교는 우리가 주지하는 바와 같이 로마 제국의 종교로서 제국의 질서를 유지하는 데 필요한 폭력을 과감하게 수용하는 노선을 걸었음을 알 수 있다.

그러나 비폭력주의는 완전히 사라지지 않고 기독교 역사에서 비주류의 형태로 명맥이 유지되었고, 20세기에 와서 메노나이트의 대표적인 신학

---

50 Walter Wink, 『사탄의 체제와 예수의 비폭력』, 391.
51 Ibid., 395.

자 요더가 그 계보를 잇고 있다. 그에 따르면, 신약성서는 예수가 폭력을 거부했다는 것을 강력히 증거하고 있다는 것이며, 예수의 비폭력적 모범은 오늘날도 현실 적합성을 지니며 규범적으로도 구속력을 갖는다는 것이다. 그리고 예수의 비폭력주의는 결코 현실 정치에서 도피하는 것이 아니라는 점을 분명히 한다.[52] 요더는 신약성서가 전반적으로 일관성 있게 예수의 십자가 죽음을 모범으로 가리킨다고 주장한다.[53] 예수를 따르는 자들로서 우리가 십자가를 진다는 것은, 예수의 폭력 거부를 신의 뜻을 위한 도구로 공유하는 사람들의 공동체에 동참하는 것이고, 이것이 복음서의 중심 관심사라는 것이다. 예수는 "이 세상에서 신의 사람을 위한 신의 뜻은 정당한 방어를 포기하는 것임을 확정적으로 드러냈다."[54] 예수는 폭력에 대해 폭력으로 대항하는 시도도 포기함으로써 세상의 죽음과 체제의 폭력에 대한 매혹을 물리쳤으며, 신께로 향한 평화로운 순종 안에서 새로운 유형의 삶을 창조했다.[55] 그렇다면 교회의 사명은 예수의 정치학을 반영하는 방식으로 사는 것, 즉 비폭력적 삶을 모방하고 "인간 사회 속에서 양심과 종이 되는 것"[56]이다.

그러나 오늘날 이러한 비폭력의 행위가 모든 상황에 적용될 수 있는가 하는 것은 여전히 문제로 남아 있다. 예컨대 악한 정권 아래서 자유와 평화를 잃어버린 상태에서 고통을 받고 자유와 민주를 갈망하는 호소에 대해 그리스도인들은 폭력을 사용해선 안 되기에 구조적인 사회정의의 문제를 신의 궁극적인 구원의 손길에 맡겨버리고 자신은 가만히 앉아서, 또는 기도만 하면서 있어야 할 것인가? 이러한 주장은 현실 사회에서는 무책임하게 보인다. 우리가 현재 당하는 고통을 궁극적으로(피안적으로) 해결하기 위해 노력하

---

52 John Yoder, *The Politics of Jesus* (Grand Rapids: Eerdmans, 1994) 참고.
53 Ibid., 95.
54 Ibid., 98.
55 Ibid., 148.
56 Ibid., 158.

면서 동시에 현재의 고통을 해소하는 작업도 매우 중요하다.[57] 아울러 현실적으로 메노나이트들의 비폭력주의나 간디의 비폭력 운동이 어떠한 역사적 조건에서도 성공하는 것은 아니라는 점을 주목해야 한다. 만일 그러한 운동이 스탈린 독재, 히틀러 독재 또는 일본 군국주의적 독재하에서 전개되었다면 비폭력 저항은 대량학살의 결과를 초래하고 말았을 것이다. 이것이 절대 평화주의의 문제이다. 사실상 국가권력 집단의 속성에 대해 지나치게 낙관적이고 순진한 이해에서 비롯된다고 볼 수 있다.

3.3 정화의 폭력

세 번째 입장은 기독교 전통에서 큰 물줄기를 형성한 것은 아니지만, 폭력은 합법적일 수 있다고 보는 입장이다. 다양한 이유에서 정통 기독교는 사실상 폭력의 사용을 언제나 수용해왔다고 볼 수 있다. 하지만 세 번째 유형에서의 폭력이란 악을 정화시키는 의미에서의 폭력이다. 이런 입장의 성서적 근거는 예수의 성전정화 폭력이다. '정화의 폭력'(purifying violence)은 상황에 따라 요청될 수 있다고 보는 것이다. 독일의 나치정권의 횡포를 지지하거나 침묵했던 독일교회(Deutsche Christen)와는 달리 고백 교회(Bekennende Kirche)를 대표하는 본회퍼는 나치에 저항하는 것이 곧 기독교 신앙이요 예수를 따르는 제자의 도라 믿었다. 그의 행동은 윤리적으로 "어떻게 그리스도인들이 정당한 목적을 위해 폭력적 행동을 취할 수 있는가" 그리고 "얼마나 빈번하게 그들이 보다 높은 목적을 위해 법을 어기도록 강요되는가"[58]를

57　John Bennett, *Christian Realism* (New York: Scribner's Sons, 1974), 98.

58　Mark Jürgensmeyer, *Terror in the Mind of God: The Global Rise of Religions Violence* (L. A.: Uni. of California Press, 2000), 24.

보여주는 한 예로 인용된다. 아무튼 이러한 입장은 대부분 압제자에 대한 피압제자의 폭력 사용을 정당한 것으로 보고 있다. 카마라(Dom Helder Camara)는 폭력의 문제를 상관적으로 다룰 것을 요청하면서, 폭력을 세 가지로 구분한다.[59] 첫째는 체제적 부정의(structural injustice)의 폭력으로서, 모든 폭력의 원초적 요인이다. 이것은 기존의 체제가 가하고 있는 모든 형태의 사회적 부정의를 의미한다. 즉 사회체제가 인간을 비인간화 내지는 물화시켜버릴 때 언제나 존재하는 폭력이다. 둘째는 반역(revolt)의 폭력이다. 이것은 기존의 체제적 폭력이 너무 심할 경우 자동적으로 발생하는 폭력이다. 이것은 오랫동안 권리, 정의, 인간의 존엄성을 유린당해온 자들의 부정의에 대한 책임을 가진 자들에 대한 반역이다. 반역으로서의 폭력은 반역하는 자들의 수와 능력에 따라 때로는 대규모의 물리적 파괴를 야기할 수도 있다. 그러나 이 파괴에 대한 책임은 폭력을 행사하는 당사자에게만 있는 것이 아니라 이 폭력을 야기시킨 자들에게 있다는 점을 유념하지 않으면 안 된다. 세 번째 폭력은 진압(repression)으로서의 폭력이다. 이 폭력은 기존 체제의 권력을 가진 자들이 기존의 질서를 부정하는 반역을 억압하기 위해 사용하는 폭력이다. 이 진압의 과정에서 억압의 강도는 반역하는 그룹의 폭력의 요구의 강도에 달려 있고, 반역하는 그룹의 요구의 강도는 기존 사회체제의 원초적 폭력과 그 반역에 대항하는 진압의 강도에 달려 있다. 그러므로 폭력은 매우 상관적이다. 따라서 폭력의 윤리적인 문제를 다룰 때 두 번째의 폭력만을 가치평가적으로 다루는 것은 매우 위험한 발상이 아닐 수 없다. 두 번째 폭력만을 다룰 때 자칫 첫 번째와 세 번째의 더 근원적이며 더 거대한 폭력을 합리화시켜주는 꼴이 되고 말 수 있기 때문이다. 이 세 가지 폭력을 동시에 다루지 않는 신학적·윤리적 논의는 이미 지배계급을 옹호하는 이데올로기에 당파적이라는 비난을 벗어날 수 없다. 2장에서 다룬 성서의 폭력에

---

[59] Dom H. Camara, *Spiral of Violence* (Denville: Dimension Books, 1971); R. Brown, *Religion and Violence*, 9-12 참조.

서 이집트가 히브리 사람에게 가한 폭력은 체제적 부정의의 폭력이라 할 수 있다. 그것에 대항하여 해방을 쟁취하려는 히브리인들의 폭력은 반역의 폭력이라 할 수 있다. 예수 시대에 유대를 압제하고 착취하던 로마제국과 그의 앞잡이들의 폭력은 체제적 부정의의 폭력이라면, 그에 맞서는 메시아 신앙에 정초된 유대 강도들의 폭력은 반역의 폭력이라 할 수 있으며, 그것을 다시 무자비하게 짓밟는 로마제국의 폭력은 진압적 폭력이라고 할 수 있다. 성서적 폭력의 문제도 이 세 가지 차원에서 공히 다루어야지 두 번째 폭력에만 초점을 맞추어서 가치평가적으로 접근하는 태도는 대단히 체제유지를 위한 이데올로기적 접근이 아닐 수 없다.

인간생명을 억압하고 부자유에로 이끄는 반생명적 폭력에 저항하기 위한 폭력은, 즉 불의를 넘어서 정의에 이르기 위한 도구로 정당화될 수 없을까? 사르트르가 말했듯이, '대지의 버림받은 자들'이 합리적인 계산에 의해서가 아니라, 자신들의 삶이 극도의 한계에 도달했다는 인식과 그로 인한 철저한 체념을 통해 분출되는 반역이기에, 그 반역적 폭력은 그들에게 있어서는 최후의 존재양식이며, 순간적으로 다시 찾은 존엄성에 대한 절대적 긍정의 의미를 지니는 것이며, 계산된 폭력이 아니라 분노 속에서 새롭게 태어나는 "생명을 긍정하는 폭력"[60]이라고 볼 여지는 없는 것일까? 이러한 반생명적 폭력에 항거하는 피억압자들에 의한 폭력에 대한 긍정적 이해는 성서의 예언자적 전통과 현대 해방신학자들에게서 해석되고 있다. 콘(James Cone)은 불의한 사회에서는 누구도 비폭력적으로 될 수 없다고 보고 다만 누구의 폭력을 지지할 것인가의 문제만이 있다고 주장하면서 사실상 폭력이냐 비폭력이냐에 대한 논의 자체가 잘못된 것이라고 본다.[61]

그러나 압제자에 의한 제도적 폭력이든 그 반생명적 억압과 폭력에 대

---

[60] Franz Fanon, *The Wretched of the Earth* (New York: Grove Weidenfeld, 1963), 사르트르의 서문(7-31) 참조.

[61] James Cone, *God of the Oppressed* (New York: Seabury Press, 1975), 219.

한 피압제자의 폭력이든 어떠한 종류의 폭력에도 반대하는 엘륄은 다음과 같은 이유에서 폭력에 대해 총체적으로 부정적인 입장을 취한다. 첫째, 폭력을 한 번 사용하게 되면 폭력으로부터 벗어날 수 없게 된다. 둘째, 폭력은 폭력을 낳는다. 셋째, 정당화되는 폭력과 정당화될 수 없는 폭력, 그리고 해방적인 폭력과 압제적 폭력을 구분하는 것은 불가능하다. 넷째, 폭력은 폭력을 낳을 뿐이지 그 외는 아무것도 없다. 다섯째, 폭력을 사용하는 사람은 언제나 그 폭력과 자기 자신을 정당화하기 위해 노력한다.[62]

엘륄은 정당전쟁 이론, 악을 정화시키는 폭력에 대한 정당화 이론에 대해 부정적으로 보고 비폭력주의를 견지하는 것이 확실하다. 그러나 과연 폭력을 전혀 배제하는 정치가 가능한가. 그리고 폭력에 의해서 어떠한 선도 나올 수 없다고 보는 것이 과연 억압과 그 억압에 저항하기 위해 피나는 투쟁을 벌여온 인간 역사의 구체적 현실을 제대로 이해한 것인가 하는 물음은 여전히 해소되지 않는다. 이 점에서 엘륄의 신학적인 스승인 바르트의 입장을 고려해보는 것이 좋을 것이다. 바르트는 전쟁에 대해 원천적으로 반대한다. 전쟁은 대량학살에 다름 아니기에 기독교윤리학은 평화를 호소하고 전쟁은 불필요하다는 점에 대해 가장 강력하게 경고해야 함을 역설한다.[63] 전쟁을 정상적인 국가의 과제로 인정하던 윤리적 입장은 신의 말씀인 성서에 의해 정당화될 수 없다. 그럼에도 불구하고 한계 상황에서 최후의 수단으로 신이 명령하실지도 모른다고 말한다. 바르트가 전쟁을 허용하는 한계상황은 한 국가가 민족의 행위가 다른 국가나 민족을 비정상적인 상태로 몰아넣었을 경우이다. 이 경우에는 한 민족의 생존과 자율이 위협받고 공격당하는 경우다. 즉 한 민족이나 국가가 자신의 독립을 포기할 수 없는 중대한 상황이 발생했을 경우 기독교윤리학은 전쟁의 정당성이 인정될 수 있다는 것이

62　Ellul, *Violence*, 93-108.
63　Karl Barth, *Church Dogmatics*, III/4 (Edinburgh: T&T Clark, 1961), 456.

다.⁶⁴ 물론 이에 대한 성서적 근거를 밝히기는 쉽지 않다. 왜 그리스도인들이 민족의 독립과 자주를 위해 외침한 세력들과 싸워야 하는가? 바르트의 말대로, "한 국가의 독립된 삶에는 그 국가를 구성하고 있는 국민들의 신체적 · 지적 · 영적인 삶에 대한 책임, 결과적으로 신의 관계에 대한 책임이 연관되어 있기에"⁶⁵ 투쟁할 수밖에 없지 않겠는가? 무저항주의, 비폭력주의가 자칫 침략세력의 악을 방조하고 묵인하는 경우가 되지 않을까.

64　Ibid., 461.
65　Ibid., 462.

4
폭력 극복을 위한 기독교적 노력

기독교가 폭력의 문제에 대해 근본적인 관심을 갖게 된 것은 1934년 본회퍼가 덴마크 파노(Fanoe)에서 열린 한 에큐메니칼 모임에서 그리스도의 이름으로 그 시대 군사주의자들의 손에서 무기를 빼앗고, 전쟁을 금하고 이 격노의 세계에 신의 평화를 선포하기 위한 대규모의 에큐메니칼협의회를 가질 것을 호소한 데서 찾을 수 있다. 히틀러 암살 계획을 실패한 뒤 투옥된 본회퍼는 WCC(세계교회협의회, World Council of Churches)의 형성 과정에서 총무를 맡았던 후프트(Vissar't Hoopft)에게 독일교회들이 자신의 죄를 고백하고 나치 시대에서의 교회들의 실패에 대한 책임을 지도록 촉구했다.

1994년 남아공의 요하네스버그에서 열린 WCC 중앙위원회 예배에서 감리교 감독인 모고바(Stanley Mogoba)는 WCC의 '인종차별주의와의 전투 프로그램'이 종료되고 이제는 '폭력과의 전투 프로그램'을 만들 때가 되지 않았는가라는 문제를 제기했다. 폭력은 더욱더 강력하게 온 세계 구석구석을 지배하고 있으며, 온 생명들을 다양한 방식으로 파괴하고 있다는 인식하에 중앙위원회는 모고바 감독의 제안을 받아들여서 '폭력을 극복하는 프로그램'을 만들기로 결정했다.[66] 폭력은 이제 다양한 형태로 드러나며 복합적인

---

66   Margot Kaessmann, *Overcoming Violence: The Challenge to the Churches in All Places* (Geneva: WCC Publications, 1998), 5-17.

실체라는 것을 급박하게 인식해야 한다는 취지에서이다. 그러므로 기존의 전쟁이나 살해와 같은 명백한 폭력적 행위 말고도 더 심각하게 고려해야 할 다양한 형태의 폭력들이 있다는 점을 인정한 것이다.

WCC 제8차 총회에서 정한 '폭력 극복 10년'(Decade to Overcome Violence: 2001-2010)은 폭력이 정의, 평화, 창조질서 보전의 세 가지 요소에 가장 위협적인 것이라는 인식에 정초된다. 이러한 과정에서 구조적인 폭력, 그리고 경제문제와 생태문제 등이 새롭게 재개념화되었고 교회에 의해 정당화되었던 폭력의 문제에 새로운 도전을 주게 되었다. 그것의 목표는 첫째, 모든 형태의 폭력[67]을 언급하면서, 폭력에 대한 세계 각 지역이 분석과 폭력 극복을 위한 방법들을 배우는 것이다. 둘째, 교회들에게 폭력 극복을 촉구하고, 폭력의 신학적 정당화를 폐지하고 화해와 비폭력의 영성을 새롭게 하는 것이다. 셋째, 지배의 감정이 아닌 협력에 기초한 공동체 내 공동안보에 대한 새로운 이해를 창조한다. 넷째, 공동체 내의 다른 종교와 협력하기 위해 그리고 다원사회에서 종교와 인종 문제를 남용하는 교회들에 도전하기 위해 다른 종교로부터 평화건설에 대한 영성을 배우고 자료들을 얻는다. 마지막으로 세계의 군사문화에 도전한다. 특히 소형 무기의 확산에 도전하는 것이다.[68]

폭력극복을 위해 WCC는 폭력의 구조적 · 문화적 뿌리를 찾아내기 위한 연구를 진행하고, 폭력을 자행하는 자들과 폭력의 도구에 저항하는 캠페인을 펼치고, 생명을 가치와 존엄성을 추구하는 교육 프로그램을 소개하고, 혁신적인 예배의식, 성경공부, 신학적 논의 등을 개발하고, 평화를 위해 일

---

67 '폭력 극복 10년'은 육체적 폭력뿐만 아니라 감정적 · 지적 · 구조적 폭력 등 다양한 형태의 폭력이 극복되어야 함을 강조하면서 국가들 간의 폭력, 한 국가 안에서의 폭력, 지역공동체 안에서의 폭력, 가정 내에서의 폭력, 교회 내에서의 폭력, 성폭력, 사회 · 경제적 폭력, 정치 · 경제적 봉쇄의 결과로 야기된 폭력, 청소년들 간의 폭력, 종교적 · 문화적 관계에서 생기는 폭력, 법적인 구조에서 발생하는 폭력, 창조를 거스르는 폭력, 그리고 인종차별주의와 소수민족 혐오증에서 수반되는 폭력 등 다양한 형태의 폭력 극복을 주요 이슈로 삼고 있다.
68 "폭력 극복 10년 소개", http://www.kncc.or.kr/dov.htm

하는 사람들을 연결시키고, 이를 위한 네트워크 개발을 지원하고자 한다.⁶⁹ WCC는 교회와 에큐메니칼 단체들 그리고 전 세계의 시민단체들에 폭력의 악순환을 깨기 위한 시급한 조치를 취할 것을 촉구했는데, 이러한 노력의 하나가 바로 '도시에 평화를'(Peace to the City) 캠페인이다.⁷⁰

    WCC는 교회들이 평화, 정의, 화해를 위해 함께 일하고, 폭력에의 공모를 회개하며, 더 나아가 폭력의 정신, 폭력 행위, 폭력 논리를 극복하기 위한 신학적 성찰을 요청한다. 우리는 WCC가 마련하고 있는 다양한 프로그램을 통해 각 나라들에서 어떻게 폭력이 다양한 형태로 나타나는가를 분명히 볼 수 있으며, 또한 이러한 폭력적 현실이 다양한 형태로 세계 곳곳에서 일상화되어 있다는 것을 인식하게 되는 것은 다양한 프로그램을 통한 구체적인 의식화 과정을 통해서 가능하다는 점을 분명히 깨달아야 할 것이다.

---

69 Ibid.

70 폭력 극복 프로그램은 대도시가 지니고 있는 폭력의 문제들은 세계 폭력의 축소판이라고 보면서 우선 브라질의 리우, 남아공의 더반, 미국의 보스턴, 유럽의 벨파스트, 스리랑카의 콜롬보, 자메이카의 킹스턴, 피지의 수바 등 일곱 개 도시를 선정하여, 그 도시들의 에큐메니칼 기구들과 연대하여 폭력문제에 대한 의식을 고양하는 프로그램들을 펼치고 폭력문제를 극복하기 위한 구체적 사안들을 마련하고 있다. 이 프로그램들은 다양한 형태의 폭력에 대한 인식을 분명히 하고, 그 폭력들의 근본 원인들을 규명하며, 의식화를 통해 폭력을 근절하기 위한 대책을 마련하고, 더 나아가 이러한 폭력을 다룰 수 있는 적절한 메커니즘이나 프로그램을 개발하기 위한 목적을 지니고 있다. "A Basic Framework for the Decade to Overcome Violence: Working Document Adopted by the Central Committee of the World Council of Churches—26 August-3 September 1999" in http://www.wcc-coe.org/wcc/dov/frame-e.html

5
결론

폭력은 우리가 살아가는 이 시대의 '시대정신'으로 자리 잡고 있으며, 가장 성스럽고 평화적이어야 할 종교에까지 깊이 내재화되어 있다는 점에서 일종의 절망감 같은 것을 느낀다. 그러나 폭력의 문제는 냉철한 숙고를 요한다. 폭력을 일반화시켜서 이해하는 방식을 지양하고, 폭력에 대한 문제제기는 그것을 어떻게 문제 삼느냐에 따라 달라질 수 있다는 점을 이해해야 할 것이다. 폭력의 종류는 이미 보았듯이 매우 복합적이고 다양하다. 하지만 연구능력의 한계로 인해, 근본적으로 문제 삼은 것은 불의한 근원적 폭력 혹은 제도화된 폭력과, 거기에 불가피하게 폭력으로 대항할 수밖에 없는 반역적이고 혁명적인 폭력이라는 두 가지 형태로 단순화시켜 논의되었다. 폭력은 그 어떤 폭력이든지 일차적인 의미 또는 일반적인 의미에서는 무조건적으로 허용할 수 없는 문제이다. 폭력의 악순환의 딜레마가 항상 놓여 있기 때문이다. 특히 예수의 가르침을 철저한 비폭력주의라는 양보할 수 없는 입장으로 고정시켰을 경우, 정당한 이유를 갖는 온갖 형태의 전쟁이나 무장폭력과 유혈폭력은 반복음적이고 반기독교적으로 판단될 수 있다. 그러나 문제는 이미 폭력적인 상황이 지배하고 있는 현실에서, 과거의 역사적 기독교가 보여주었듯이 어느 한쪽만의 폭력(특히 피지배자들의)을 문제시하고 비난하는 것은 공평하지도 않을 뿐 아니라 폭력적인 상황을 극복해나가는 데도

별 도움을 주지 못하며, 오히려 그러한 폭력적인 상황이 지속될 수 있는 요건을 조성하는 데 기여할 수도 있다. 그러므로 이미 공고화된 불의한 폭력, 즉 제도화된 폭력에 대한 비판이 필수적으로 선행되어야 하는 것이다. 제도화된 폭력이란 이집트제국, 로마제국, 그리고 콘스탄틴 이후의 제도화된 교회에 의해 저질러진 폭력, 온갖 전제적이고 전체주의적인 권력에 의해 자행된 폭력이며, 정치, 경제, 사회, 문화의 제도로 인해 억압받는 불의한 상황 자체이다. 역사적으로 이러한 제도화된 거대한 폭력은 늘 합법적인 형태를 띠고 있다. 그러나 합법적인 형태를 가장한다고 해서 무조건 정당한 것은 아니며, 반대로 제도화된 폭력에 대항하는 폭력이 비합법적이라고 해서 무조건 부당한 것은 아니다. 결국 폭력에 대한 비판은 기존의 사회현상에 내재된 다양한 폭력에 대한 면밀한 분석과 함께 총체적인 판단이 뒤따라야 할 것이다.

아울러 폭력의 유혹을 뿌리치지 못한 역사적 기독교는 온갖 형태의 폭력이 의식적으로든 무의식적으로든 교회의 가르침과 실천들 그리고 체계들 내에 스며들어 있는지를 이해하기 위한 정직한 자기비판이 있어야 할 것이며, 현대사회에서 논의되는 다양한 형태의 폭력, 즉 **육체적 폭력**(살인, 학살 등), **구조적 폭력**(사회·정치적·문화적 구조들이 사람들의 집단을 억누르거나, 차별하거나, 배제하거나 무시하는 폭력), **경제적 폭력**(존엄하게 살고자 하는 인간의 가장 기본적인 욕구들조차 부정하는 방식으로 조직화된 폭력), **사회적 폭력**(인종차별, 성차별과 같이 피부색, 성, 계급, 민족에 따라 인간을 소외시키는 폭력, 우리나라의 경우에는 지역차별의 폭력), **가정폭력**(아내와 아동학대), **심리적 폭력**(개인 혹은 집단이 사회 안에서 협박당하거나 공포를 느끼게 하는 폭력), **도덕적 폭력**(권력을 가진 쪽에서 약한 쪽을 향해 도덕적인 잣대로 가하는 폭력), **종교의 교의**에 입각해 약자나 소수자를 향해 자행되는 폭력 등에 대해 적극적인 관심을 가져야 하며, WCC처럼 그러한 폭력을 극복할 수 있는 방법을 다양하게 그리고 구체적으로 모색하는 일이 절실하다 하겠다.

참고문헌

강사문. "정당전쟁론에 대한 성서적 해석". 『기독교사상』 388(1991).

김창선. 『쿰란문서와 유대교』. 서울: 한국성서학연구소, 2002.

박종균. "정당전쟁론의 현대적 이해". 『부산장신논총』 3(2003), 97-102.

정인찬 편. 『성서대백과사전 I』. 서울: 기독지혜사, 1992.

"폭력극복 10년 소개." http://www.kncc.or.kr/dov.htm.

한성수 역. 『사탄의 체제와 예수의 비폭력』. 서울: 한국기독교연구소, 2009.

"A Basic Framework for the Decade to Overcome Violence: Working Document Adopted by the Central Committee of the World Council of Churches—26 August-3 September 1999." in http://www.wcc-coe.org/wcc/dov/frame-e.html.

Augustinus. *The City of God*. https://www.monergism.com/thethreshold/sdg/augustine/The%20City%20of%20God%20-%20Augustine.pdf

――――. *The Lord's Sermon on the Mount*. https://ia801407.us.archive.org/0/items/in.ernet.dli.2015.157824/2015.157824.St-Augustine-The-Lord-S-Sermon-On-The-Mount_text.pdf

Barth, Karl. *Church Dogmatics*, III/4. Edinburgh: T&T Clark, 1961.

Bennett, John. *Christian Realism*. New York: Scribner's Sons, 1974.

Bösen, Willabald. *Galiläa als Lebensraum und Wirkungsleld Jesus*. 황현숙 역, 『예수시대의 갈릴래아』, 천안: 한국신학연구소, 1998.

Botton, Alain. *The Consolation of Philosophy*. New York: Vintage Books, 2000.

Brandon, Samuel. *The Trial of Jesus of Nazareth*. New York: Stein and Day Press, 1988.

Brown, Robert. *Religion and Violence*. Philadelphia: The Westminster Press, 1973.

Camara, Dom H. *Spiral of Violence*. Denville: Dimension Books, 1971.

Cone, James. *God of the Oppressed*. New York: Seabury Press, 1975.

Ellul, Jacques. *Violence: Reflections from a Christian Perspective*. New York: the Seabury Press, 1969.

Evans, Craig. "Qumran's Messiah: How Important is He?" in *Religion in the Dead Sea Scrolls*, ed. John Collins & Robert Kugler, Grand Rapids: Eerdmans, 2000.

Fanon, Franz. *The Wretched of the Earth*. New York: Grove Weidenfeld, 1963.

Grant, Robert. *Early Christianity and Society*. 김쾌상 역, 『초기 기독교와 사회』, 서울: 대한기독교출판사, 1988.

Houtart, François. "The Cult of Violence in the Name of Religion: A Panorama." in Wim Beuken, Karl Kuschel, *Religion as a Source of Violence?* New York: Orbis Books, 1997.

Josephus, Flavius. *The Jewish War*. 김지찬 역, 『요세푸스 III』, 서울: 생명의말씀사, 1987.

_____. *The Antiquities of the Jews*. 김지찬 역, 『요세푸스 II』. 서울: 생명의말씀사, 1988.

_____. *The Jewish War*. Baltimore: Penguin Books, 1970.

Jürgensmeyer, Mark. *Terror in the Mind of God: The Global Rise of Religions Violence*. LA: Uni. of California Press, 2000.

Kaessmann, Margot. *Overcoming Violence: The Challenge to the Churches in All Places*. Geneva: WCC Publications, 1998.

Kenny, Anthony. *Medieval Philosophy*. 김성호 역, 『중세철학』, 서울: 서광사, 2004.

Puech, Émile. "Messianism, Resurrection, and Eschatology at Qumran and in the New Testament." ed. Eugene Ulrich & James VanderKam, *The Community of the Renewed Covenant: The Notre Dame Symposium on the Dead Sea Scrolls*, Notre Dame: University of Notre Dame Press, 1996.

Ramsey, Paul. *Speak Up for Just War or Pacifism*. Eugene: Wipf & Stock, 1988.

Schiffman, Lawrence. *Reclaiming the Dead Sea Scrolls: The History of Judaism, the Background of Christianity, and the Lost Library of Qumran*. New York: Doubleday, 1995.

Smith, William & Owen Whitehouse. "Messiah." *Encyclopaedia Britannica*, 18, New York: Encyclopaedia Britannica, 1911.

Stegemann, Hartmut. "The Qumran Essenes-Local Members of The Main Jewish Union in Late Second Temple Times." *The Madrid Qumran Congress*, 1, ed. Julio Barrera, Luis Montaner, New York: Brill Academic Publishers, 1997.

_____. *The Library of Qumran: On the Essenes, Qumran, John the Baptist, and Jesus*. Grand Rapids: Eerdmans, 1998.

Wink, Walter. *Engaging The Powers: Discernment and Resistence in a World of Domination*.

Yoder, John. *The Politics of Jesus*. Grand Rapids: Eerdmans, 1994.

4장

환경 위기와 윤리

1 서론
2 생태윤리의 유형
3 생태중심주의 윤리
4 사회생태학
5 결론

1 서론

환경 위기는 기후 변화, 생물 다양성 감소, 자원 고갈 등 인류의 지속 가능한 삶을 위협하는 전반적인 환경 문제들을 아우르는 말이다. 이는 단순한 환경 문제가 아니라 인류의 생존과 직결되는 심각한 위협으로 인식되고 있다. 앨 고어(Al Gore)가 인용해서 유명해진 다음의 글은 오늘날 환경 관련 글에서 매우 빈번하게 등장하는 이야기이다. 그 내용은 땅을 팔라는 백인의 요구를 거절하는 원주민 추장 시애틀의 반박이다. 다소 길지만 축약 인용해 본다.

위대하고 훌륭한 백인 추장은 우리의 땅을 사고 싶다고 제의했다 … 우리는 우리의 땅을 사겠다는 당신들의 제안에 대해 심사숙고할 것이다. 하지만 나의 부족은 물을 것이다. 백인 추장이 사고자 하는 것이 무엇인가를. 그것은 우리로서는 무척 이해하기 힘든 일이다. 우리가 어떻게 공기를 사고팔 수 있단 말인가? 대지의 따뜻함을 어떻게 사고판단 말인가? 우리로선 상상하기조차 어려운 일이다. 부드러운 공기와 재잘거리는 시냇물을 우리가 어떻게 소유할 수 있으며, 또한 소유하지도 않은 것을 어떻게 사고팔 수 있단 말인가? … 우리는 대지의 일부분이며, 대지는 우리의 일부분이다. 들꽃은 우리의 누이이고, 순록과 말과 독수리는 우리의 형제다. 강의 물결과 초원에 핀 꽃들의 수액, 조랑말의 땀과 인간의 땀은 모두 하나다. 모두가 같은 부족, 우리의 부족이다. 따라서 워싱턴 대추장이 우리 땅을 사겠다고 한 제의는 우리에게 더없이 중요한 일이다. 우리에게 그것은 우리의 누이와 형제와 우리 자신을 팔아넘기는 일과 다름없기 때문이다. 우리는 그 대추장이 우리의 삶의 방식을 전혀 이해하지 못하고 있음을 안다. 그에게는 우리의 땅조각이 다른 땅조각들과 다를 바 없는 것으로 보일 것이다. 그는 자신에게 필요한 땅을 손에 넣기 위해 한밤중에 찾아온 낯선 자다. 대지는 그의 형제가 아니라 적이며, 그는 대지를 정복한 다음 그곳으로 이주한다. 그는 대지에 대해서는 아무 것도 상관하지 않는다. 어머니인 대지와 맏형인 하늘을 물건처럼 취급한다. 결국 그의 욕심은 대지를 다 먹어치워 사막으로 만들고야 말 것이다 … 세상의 모든 것은 하나로 연결되어 있다. 대지에서 일어나는 일은 대지의 아들들에게도 일어난다. 사람이 삶의 거미줄을 짜 나아가는 것이 아니라, 사람 역시 한 올의 거미줄에 불과하다. 따라서 그가 거미줄에 가하는 행동은 반드시 그 자신에게 되돌아오게 마련이다 … 당신들의 부족이 쓰러질 날이 지금으로선 아득히 먼 훗날의 일처럼 여겨질지 모르지만, 그날은 반드시 온다. 신의 보호를 받고 있는 백인들이라 해도 인간의 공통된 운명에서 예외일 수는 없다. 그런 점에서 우리 모두는 한 형제인지도 모른다. 그것을 곧 알게 되리라.[1]

환경 위기 시대에 회자되는 추장의 말은 훈훈한 감동을 준다. 그리고

---

1 시애틀 추장, "어떻게 공기를 사고판단 말인가", 류시화, 『나는 왜 너가 아니고 나인가』(서울: 김영사, 2003), 15~22. 그러나 유감스럽게도 원주민 추장이 이렇게 말했다는 기록은 어디에도 없다. 레퍼런스를 찾을 수 없기에 이것은 허구다. 우습게도 이 인용문은 미국의 시나리오 작가 페리(Ted Perry)가 1971년에 썼던 드라마 대본의 한 부분으로 밝혀졌다. 실제로 남아 있는 기록은 땅을 넘겨준 추장의 호의를 칭송하는 내용을 담은 30년 후의 기록뿐이다. 아이러니하게도 추장은 땅을 팔았다. 땅을 팔았기에 추장은 칭송받을 수 있었다. 만일 저항했더라면? 나처럼 서부영화를 많이 본 경험이 있는 사람이라면 충분히 상상할 수 있을 것이다. 아무튼 땅을 팔았던 추장이 인간과 자연의 합일(조화)을 주장했다는 것은 사실이 될 수 없다. 이렇게 우리의 삶에서 '사실'은 낭만이나 동심을 깨뜨리는 경우가 있다.

인간과 자연의 합일이 가능하리라고 굳게 믿는 낭만주의 사상가들은 빈번하게 아메리카 원주민 추장의 말과 함께 '자연으로 돌아가라!'를 외친다. 문제는 이러한 외침이 줄곧 자연과 원시의 구분을 모호하게 만든다는 사실이다. 자연으로 돌아가려면 어떻게 해야 하는가. 주말마다 숲 속으로의 소풍이나 등산만으로는 분명 충분치 않다. 그러면 도대체 우리는 얼마나 멀리 떨어진 숲으로 들어가서 살아야 할까. 도대체 우리는 온갖 인공물로부터 얼마나 멀리 떨어져야 하는가. 지금까지 우리는 물품을 생산하고 새로운 발명품을 개발하여 질병을 치료해왔다. 이런 문명의 결과물을 어느 정도까지 멀리해야 할까.

자연은 어머니의 품같이 넉넉하고 고마운 존재이기만 할까. 이런 의인론적 사고가 얼마나 낭만적인가. 자연의 재앙을 떠올려보라. 인간적으로 보면 최악의 행위를 인간에게 저지르는 자연이 아닌가. 자연은 역사상의 그 어떤 폭군보다 더 잔혹하게 인간을 다루어왔다. 인류의 문명은 바로 자연의 이러한 극악함 속에서 생존을 위한 목숨을 건 투쟁의 과정에서 산출된 것이다. 이 무지막지한 자연과 어떻게 합일 할 수 있는가. 자연으로 돌아가자는 생태주의자들의 외침이 너무 낭만적인 것은 아닌가. 정녕 아메리카 원주민들은 불가사의할 정도로 심오하게 자연과 합일을 이루었을까. 인간에게 은혜를 베푸는 자연 또는 인간을 무자비하게 다루어온 자연과 합일을 이룬다는 것은 문학적 수사인가, 아니면 삶의 실천을 담보할 수 있는 윤리일 수 있는가.

윤리는 각 사물의 본성에 고유하고 내재적인 역동성에 따라 올바르게 행동하고 올바르게 관계를 맺는 방식을 의미한다. 윤리에서 가장 중요한 것은 우리가 되길 원하는 것이나 또는 권력이 강요하는 것이 아니라 현실이 각 개인에게 말 걸고 요구하는 것이다. 그런데 현대 산업사회의 지배적인 사회윤리는 공리주의적이고 인간중심주의적이다. 모든 것이 인간에게 종속된다고 생각한다. 인간은 자연의 주인이고 자연은 인간의 필요를 만족시키고 인간의 욕구를 충족시키기 위해 존재한다고 본다. 이러한 자세는 인간과 자연에 대한 폭력과 지배의 관계를 가져온다. 이런 인간중심주의를 여기서는 '강한 인간중심주의'라고 부를 것이다. 나는 이러한 의식에 대해서는 비판적인 입장을 견지할 것이다. 그러나 인간들은 자신들 이외의 존재보다 본질적으로 자신들이 더 가치가 있다고 여기면서도, 그렇다고 해서 비인간적인 존재들을 단순히 인간의 도구처럼 다루는 것은 안 된다고 보며, 그것들을 인간과 긴밀하게 얽혀 있는 관계 속에서 윤리적으로 다루어야 하는 존재로 보고자 한다. 이것을 나는 '약한 인간중심주의'라 부를 것이다.

    오늘날 전 지구적으로 겪고 있는 환경 위기 또는 생태 위기의 도래와 함께 다양한 생태에 대한 윤리적 담론이 대두되어왔다. 이 장에서는 먼저 다양한 생태윤리의 특징을 개관할 것이다. 그리고 사회생태학의 이념적 특징을 도출할 것이다. 나는 그 어떤 생태적 담론보다도 사회생태학적 입장이 사회 윤리적 성격이 강하다는 점에서 주목하고자 한다. 특히 제1세계와는 달리 제3세계의 생태적 위기는 사회적 억압과 착취에 깊숙이 관련되어 있기에 사회 생태학의 분석은 상당한 설득력을 갖는다. 제1세계의 생태적 담론이 매우 추상적이고, 사변적인 성격이 강해 인간의 역할을 구체화하는데 모호함과 혼란을 주고 있다. 그리고 생태 위기의 제일의 원인이 실제적으로 자본주의와 관련된 부분이 많은데 자본주의 사회에 대한 분석 없는 생태적 사고는 현실감이 떨어지고 낭만적으로 흐를 가능성이 크다. 이에 비해, 사회생태학은 사회 윤리적으로 생태 문제를 해결함으로써 보다 구체적인 과제를 우리에게 제시해주고 있다. 또한 사회생태학은 아나키즘의 성격을 띠고 있다는 데서 오늘날 자본주의에 대한 대안적 문명 가치를 지니고 있다. 오늘날 아나키즘에 대한 관심은 정치 이데올로기로서의 관심보다는 아나키즘적 사유의 틀과 삶의 양식에 대한 관심에서 비롯된 경향이 크다. 19세기의 실패한 이념으로 평가되던 아나키즘이 오늘날 부활한 것은 현재 전 지구적 현상과 인간 삶의 문제를 진단하고 처방하는데 그것이 많은 것을 시사해주고 있기 때문이다. 아나키즘이 오늘날 자주 공동체 운동, 참여 자치제와 시민사회운동, 생태주의 구현과 환경 운동 등과 어떤 이론적 관계를 맺고 있는지를 다루게 될 것이다.

2 생태윤리의 유형

프랑케나(W. Frankena)는 생태윤리의 유형을 크게 네 가지 입장, 즉 인간중심주의, 감각중심주의, 생명중심주의, 그리고 생태중심주의로 나누고 있다. 이러한 분류는 도덕적 주체의 문제, 자연에 대한 도덕적 배려의 범위, 도덕적 의무가 없는 자연존재에 대한 권리 부여의 문제 등을 척도로 한다.[2] 여기서는 프랑케나의 분류에 기초하여 생태윤리 이론의 유형을 다룰 것이다.

2.1 인간 중심주의 윤리

인간중심주의 환경윤리는 자연물이 도덕적으로 고려될 만한 가치가 있는 대상인가하는 물음에 대해 부정적인 입장을 나타낸다. 이 이론은 궁극적으로 그리고 오직 인간만이 도덕적 지위를 지닐 수 있다고 보는 것이다. 인간중심주의 윤리는 가치문제에 대해 주관주의적 입장을 취한다. 환언하면 어떤 대상이 가치를 지니는 것은 그것이 자체로서 본질적 가치를 지니기

---

2   William K. Frankena, "Ethics and Environment," in K. E. Goodpaster & K. M. Sayre (eds.), *Ethics and Problems of the 21st Century* (Indiana: Univ. of Noter Dame Press, 1979), 3~8.

때문이 아니라 인간이 그것을 가치 있는 것으로 인식하고 경험하며 인정하기 때문이라고 보는 것이다.

인간중심주의는 신학적으로 정당화되기도 한다. 특히 문자주의적 성서해석을 강조하는 보수주의 경향의 신학자들 중에는 신의 말씀인 성서에서 언급된 구절을 근거로 인간중심주의와 자연의 도구가치를 정당화하는 경우가 있다.

> 하나님이 이르시되 우리의 형상을 따라 우리의 모양대로 우리가 사람을 만들고 그들로 바다의 물고기와 하늘의 새와 가축과 온 땅과 땅에 기는 모든 것을 다스리게 하자 하시고 하나님이 자기 형상 곧 하나님의 형상대로 사람을 창조하시되 남자와 여자를 창조하시고 하나님이 그들에게 복을 주시며 하나님이 그들에게 이르시되 생육하고 번성하여 땅에 충만하라, 땅을 **정복하라**, 바다의 물고기와 하늘의 새와 땅에 움직이는 모든 생물을 **다스리라** 하시니라.[3]

위의 본문에서 "정복하라", "다스리라"는 실제적으로 매우 강한 의미를 내포하고 있다. "정복하라"(kabash)는 짓밟는다는 히브리 어원에서 발생된 것으로, 이는 노정에 있는 모든 것을 짓이겨 부수며 길을 내는 난폭한 발을 가진 자의 모습을 전달한다. 그리고 "다스리라"(radah)는 카바쉬와 마찬가지로 '짓밟는' 또는 '짓부수는' 모습을 전달하며 정복자가 노예의 목 위에 발을 올려놓은 모습을 암시한다.[4]

베이스너(E. Calvin Beisner)는 이러한 신의 문화적 명령을 근거로 자원의

---

[3] 창세기 1장 26~28절.

[4] Loren Wilkinson, "Global Housekeeping: Lords or Servants?", *Christianity Today*, 24-12 (1980), 27. 장도곤, 『예수중심의 생태신학』(서울: 대한기독교서회, 2002), 105에서 재인용.

무제한적 사용을 주장한다.⁵ 자연은 보호의 대상이라기보다는 다스리고 개발해야 할 대상임을 다음과 같이 당위적으로 밝히고 있다. 첫째, 경제성장과 인구증가가 환경문제를 야기하기는 하지만, 반면 우리에게 많은 이익을 준다. 성장으로 인한 환경파괴를 문제로서만 보아서는 안 된다는 것이다. 둘째, 인간의 부의 증가가 결국 인간의 평균 수명, 건강, 주택, 공중위생, 교통, 교육, 휴양 등의 발전을 유도하여 인간의 복지를 증가시키는 열쇠가 된다. 셋째, 인구밀도가 높은 지역이 밀도가 낮은 지역보다 여가를 즐길 기회를 더 많이 제공한다.⁶

이런 주장은 결국 생태 문제의 주범이 다름 아닌 기독교라는 비판의 빌미를 제공하는 주요 원인이 되기도 했다. 이러한 인간우월주의가 기독교 신자들로 하여금 식민지 정복과 자연정복의 성서적 근거를 제공했다는 것이다. 특히 근본 생태주의자들은 위에서 언급한 창세기 1장 28절의 인간관과 자연관이 환경파괴와 오염의 근본원인이라고 공격의 화살을 집중시키고 있다. 린 화이트(Lynn White. Jr)는 논문 "생태위기의 역사적 기원"에서 현대의 생태학적 위기의 역사적 기원은 인간의 자연관에 기초하는 것이라고 말하면서, 생태 위기의 원인을 기독교적 세계관에서 찾았다. 그는 기독교가 인간과 자연을 분리하고 인간 중심적인 관점에서 자연을 바라보도록 가르쳤으며, 이는 근대 과학과 기술 발전의 배경이 되어 생태 파괴를 초래했다고 비판했다. 그에 따르면 기독교의 경전인 성서 창세기의 앞에서 인용되었던 바로 그 신의 명령("정복하라", "다스리라")이 인간을 특별한 지배권을 지닌 특권적 존재로 인식하게 만들었으며, 이것이 인간중심주의에서 기인한 환경위기의 원인이 되었다는 것이다. 화이트에 의하면 18세기 말에 들어 이러한 종교적 인식의 영향력이 감소했어도 근대서양의 과학은 자연에 대한 기독교적 인

---

5   E. Calvin Beisner, *Prospects For Growth: A Biblical View of Population, Resources, and The Future* (Westchester: Crossway Books, 1990), 22.

6   Ibid., 17, 171, 78.

식태도에 바탕을 두고 있음이 분명하다고 확신한다.[7]

인간중심주의는 철학적으로도 기원을 찾을 수 있다. 그리스 철학은 초기에 자연의 궁극적 원리를 묻는 물음에서 출발했다. '우주의 근원은 물이다'라는 탈레스의 명제는 최초의 물질개념을 제시한 것이다. 이 물질개념은 고정불변의 실체와 '물'이라는 단위로 환원될 수 있다는 환원주의적 태도, 그리고 세계는 합리적인 어떤 구조를 가지고 있다는 전제를 함축한다. 탈레스의 이 명제에서 서구의 이성중심적, 이분법적 사유(물질과 정신, 이성과 감성, 영혼과 육체)의 맹아를 발견할 수 있다. 그 후 이러한 자연철학적 물음은 인간에 대한 물음으로 전환된다. 소피스트와 소크라테스는 인간을 철학의 중심 문제로 삼았으며, 인간 이외의 모든 자연적 존재자들은 인간보다 열등하고 가치가 없는 것으로 간주되었다. 인간중심에서 소위 신중심으로 패러다임의 변화가 일어난 중세에서도 인간이 여전히 인간 이외의 존재들에 도구적 가치를 부여하는 특수한(존재론적으로 우위에 있는) 존재로 이해되었다. 근대철학의 시조로 통하는 데카르트는 물질이 공간 내의 '연장하는 실체'(res extensa)이며 우주는 연장들로 가득 차 있고 우주를 구성하는 물질은 작은 입자로 구성되어 있는 것으로 보았다. 물질은 분해 가능하며 우주는 분해 가능한 입자들의 총합으로 본 것이다. 데카르트에게 우주는 입자로 구성된 움직이는 기계로 이해된다. 데카르트의 '사유하는 실체'(res cogitans)는 인간을 자신의 육체와 자연으로부터 구분해 기본단위로 환원할 수 있는 것으로서의 육체와 환원될 수 없는 것으로서의 정신을 확실하게 구분했다. 이 구분은 정신과 물질(육체), 주체와 객체 관계에서 정신과 주체 우위의 패러다임을 구축하게 한 것이다. 그리고 갈릴레이는 기학적 세계인식의 전형을 보여줌으로서 근대철학자들에게 엄밀한 학문의 방법론으로서 수학과 기하학에 바탕을 둔 과학적 인식에 영향을 주었다. 근대 철학자들이 수행한 '존재의 양화',

---

[7]   Lynn Townsend White, Jr., "The Historical Roots of our Ecological Crisis," *Science*, 155 (1967), 1203-1207.

'자연의 수학화'는 갈릴레이의 영향이 컸다. 그리고 "지식이 권력이다"라는 테제로 유명한 베이컨은 새로운 과학방법론인 귀납법을 제안했으며 자연정복을 통한 유토피아 건설을 주장했다. 베이컨은 자연을 종교적 관점에서 신성화하던 중세의 '마술적 사유'를 버리고 자연을 자연과학의 대상으로 삼으면서 자연에 대한 지식을 통해 인간에게 유용한 자연으로 가공·변형시키는, '자연 지배'를 목적으로 하는 지식을 추구했다. 그러기 위해 베이컨은 "자연 속에 어떤 비밀도 남겨두지 말라. 자연의 비밀을 하나하나 모두 확인하자"고 주장한다. 왜냐하면 자연을 완전히 파악할 때 자연을 지배할 수 있기 때문이다. 이러한 자연에 대한 이해와 더불어 자연과학의 발달과 아메리카대륙의 발견, 중세적 세계관의 퇴조와 휴머니즘의 발달은 근대사회에 기계론적 세계관을 확산시키고 인간중심주의적 세계관과 자연지배의 가속화를 초래했던 것이다.

자연은 인간의 이익과 욕구충족에 기여하는 한에서만 가치를 지닌다는 도구주의적 가치관에 기초한 이러한 인간중심주의는 환경윤리를 직업윤리나 의료윤리와 같은 응용윤리의 하나로 이해한다. 즉 인간과 사회의 여러 가지 중요한 문제들에 대해 기존의 윤리적 이론과 원리를 적용해서 해결해보려는 관점에서 접근한다. 또한 이 입장은 윤리학적 기본노선을 공리주의의 결과주의적 관점에 정초시키고 있는데 이는 곧바로 환경정책을 수립할 때 '그것이 인간에게 어떤 영향을 미치는가'하는 점만을 고려하는 태도로 나타나게 된다. 이 같은 인간중심주의 윤리는 패스모어(J. Passmore), 맥클로스키(H. McCloskey), 블랙스톤(W. T. Blackstone) 등이 논의를 전개하고 있다.

이상에서 살펴본 인간중심주의 윤리를 기본적으로 그것이 인간의 이기성에 기반을 두는 윤리로서의 성격을 지니고 있다는 점이다. 물론 이때의 이기성이란 계몽된 자기 이익의 개념에 기반을 두는 것이다. 그리고 이러한 관점에서 인간중심주의자들은 장기적인 인간의 생존과 복리가 지구의 생태학적 지원체제의 건강성과 안전성에 달려 있다는 점을 인정하는 한편, 생태학적 지원 체제가 건강하고 유용한 상태 속에 있도록 하기 위한 책임을 우리 인간이 마땅히 지녀야 한다고 주장한다. 그리고 환경 파괴를 극복할 수 있는 인간의 잠재력을 또한 믿는다. 그러나 인간중심주의가 기본적으로 인간의 이기성에 그 기초를 두는 한 오늘날의 환경문제를 극복하는 데에는 한계를 지닐 수밖에 없다. 왜냐하면 인간의 이기적 욕망은 그 욕구충족의 대상으로서의 자연에 대해 근본적으로 관점을 변화하지 않는 한 끝이 없으며, 참된 자기 이익을 헤아릴 수 있는 인간의 현명함도 제한적이기 때문이다.

2.2 감각 중심주의 윤리

감각중심적 윤리는 인간중심적 윤리와는 달리 자연적 존재의 비도구적 가치를 인정하는 탈인간중심적인 입장이다. 감각중심주의는 인간에게 한정되었던 도덕적 고려의 범위를 동물에게까지 확대함으로써 동물학대를 방지하고, 그들의 복지를 살펴야 할 인간의 의무를 인식시켰다는 점에서 인간중심주의보다 발전된 측면을 지니고 있다.

인간중심주의를 탈피하고 윤리적 고려 영역을 동물로까지 확산시킨 대표적 윤리학자는 싱어(Peter Singer)이다. 그에 따르면 인간 이외의 동물도 도덕 공동체의 수혜자가 되어야 한다는 것이다. 물론 그의 주장은 철저하게 벤담의 공리주의 원칙에 근거하고 있다. 공리주의에 따르면 도덕적 행위자가 해야 하는 것은 합리적으로 최선의 결과를 가져오리라고 기대되는 행위이다. 이 경우 결과적 선은 물론 욕구와 선호의 만족을 극대화하고 불만족을 극소화하는 정도에 의해 결정된다. 따라서 성취해야 할 목표는 모든 이해관계를 고려하여 전체적으로 최대 이익을 산출하는 것이다. 일찍이 벤담은 인간 이외의 동물들의 쾌락과 고통 역시 극대화되어야 할 전체 선에 포함해야 한다고 주장했다. 그렇기에 벤담은 다음과 같이 말한다. "문제는 '그들이 합리적으로 사유할 수 있는가' 또는 '그들이 말할 수 있는가'가 아니라 '그들이 고통을 느낄 수 있는가'이다."[8] 이런 관점에서 보면 고통을 느낄 수 있는 유정성(sentience)이 윤리적 고려대상의 기준이 된다.[9] 실험당하는 토끼들에 대한 그의 묘사는 생생함 그 자체였다.[10]

싱어는 이런 동물들에 대한 관행은 인간중심주의라는 통념에 기초하며, 이는 명백히 잘못된 것이라 비판한다. 그에 따르면, 성차별주의와 인종차별주의가 잘못된 것이라면, 종차별주의도 잘못된 것이다. 즉 남성이 단지 남성이라는 이유에서 여자에 대한 우월성을 주장하는 것, 그리고 백인이 단지 백인이라는 이유에서 흑인에 대한 우월성을 주장하는 것이 비합리적인 것과 마찬가지로 단지 인간이라는 이유 하나만으로 동물에 대한 우월성을 주장하는 것도 비합리적이라는 것이다.

그래서 개, 소, 말과 같은 동물들이 단순한 자원에 불과하다는 생각을 거부하고 이들 역시 윤리적으로 고려되어야 한다고 본다. 같은 맥락에서 밀은 일찍이 "만약 실천이 인간에게 쾌락을 가져다주는 것보다 동물에게 더 많은 고통을 야기한다면, 이 실천은 도덕적인가? 아니면 비도덕적인가?"[11] 라는 물음을 제기했다. 밀의 공리주의에 따르면 이것은 명백히 비도덕적인 행위이다. 물론 벤담과 밀은 유정성의 관점에서도 인간과 인간 이외의 동물 사이에는 차이가 있음을 인정한다. 예컨대 인간의 고유한 쾌락은 공리적 계산에 있어서 인간 이외의 동물들의 쾌락보다는 더 많은 비중을 차지한다. (배부른 돼지보다는 부족한 인간으로 존재하는 것이 더 행복하다).

---

[8] Tom Regan & Peter Singer (eds.), *Animal Rights and Human Obligations* (Englewood Cliffs: Prentice Hall, 1976), 129ff.

[9] 고통을 기준으로 윤리적 고려의 대상을 결정하는 입장을 "고통중심적 관점" 또는 동정 윤리적 관점이라 부른다.

[10] Peter Singer, *Animal Liberation* (New York: Random House, 1975) 참고.

[11] Tom Regan & Peter Singer, *Animal Rights and Human Obligations*, 132.

싱어는 바로 이와 같은 공리주의 전통을 계승하여, 만약 동물들이 인간과 마찬가지로 고통을 느낄 수 있다면, 이 동물들은 고통의 감소와 완화를 요구할 권리가 있다는 것이다. 왜냐하면 인간이든 동물이든 고통은 고통이기 때문이다. 물론 싱어는 전형적 인간의 삶은 전형적인 동물의 삶보다 더 중요하다는 것을 인정한다. 따라서 인간중심주의를 거부하는 것이 반드시 전 생명의 평등주의를 함의하지는 않는다는 것이며, 추상적으로 사유하고 미래를 계획하고 의사소통의 복잡한 행위 등의 능력을 가진 자기의식적인 존재의 생명은 이러한 능력을 가지지 못한 존재의 생명보다 더 가치 있다고 주장하는 것을 자의적으로 볼 수 없다는 것이다.[12] 합리성과 자의식의 정도가 크면 클수록, 도덕적 가치와 중요도 역시 그만큼 커지는 것이며, 따라서 의식적 삶을 살 수 있는 고등동물만이 윤리적 고려의 대상이 되는 것이다. 개소말과 같은 동물들이 윤리적으로 고려의 대상이 되는 것은 그것들이 고통을 느끼는 존재로서 제한적이나마 의식적 삶을 살 수 있기 때문이다. 결국 싱어는 도덕적 고려의 기준으로서 고통을 느낄 수 있는 동물의 범위를 척추동물 정도로 국한하고 있다.[13]

싱어의 동물해방론이 많은 문제를 드러내고 있는 것이 사실이다. 싱어의 경우, 그가 주장하는 이익관심의 동등한 고려의 원리를 적용하고자 할 때 인간과 동물 사이의 그리고 동물과 동물 사이의 이익관심이 충돌할 때 어느 쪽의 이익관심이 얼마나 더 고려되어야 하는지를 정확하게 판단하는 일이 쉽지 않다. 또한 도덕적 고려의 대상이 되는 동물의 범위가 지나치게 협소하다는 점이다.

그럼에도 그의 해방론이 인간에게 동물 역시 고통을 당할 수 있다는 사실을 일깨워줌으로써 윤리적 감수성과 상상력을 증진시키는 데 기여한 것

---

12 Peter Singer, *Animal Liberation*, 32.

13 Ibid, 174.

은 틀림없다. 오늘날 소위 '과학축산'이라는 미명하에 벌어지는 동물사육의 실태에서 보듯 인간의 유익을 위해 동물들에게 의도적으로 고통을 가하는 것은 윤리적으로 용납되기 어렵다. 하지만 동물들에게 고통을 주는 것이 인간에 훨씬 더 큰 유익과 쾌락을 가져다준다면 윤리적으로 용납될 수 있는가? 여기서 공리주의의 한계가 드러나게 된다. 이런 맥락에서 톰 리건은 공리주의의 원칙은 동물해방의 윤리에 적절치 못하다고 비판한다.[14] 리건은 심각한 정신장애인은 우리가 보호해야 할 의무가 있는 도덕적 환자라는 직관적 사실에서 출발한다. 정신적 장애를 안고 있는 자가 자기의식의 능력이 없다고 해서 그들을 단지 수단으로 대해서는 안 된다. 따라서 도덕적 수혜자들에 대한 의무를 정당화하려면, 이들에게 고유한 가치를 부여해야 한다는 것이다. 정신적 장애우에 대한 우리의 도덕적 직권을 올바로 설명하려면, 그들이 고유한 권리를 가지고 있으며 또 이 권리는 그들이 소유하고 있는 고유한 가치에 근거한다는 사실을 인정해야 한다는 것이다. 그렇기 때문에 리건은 자연에 대한 인간의 책임과 의무를 정당화하려는 윤리는 "자연 내에서 고유한 가치가 있다고 요청해야 한다"고 주장한다.[15] 그렇다면 왜 생명체들은 고유한 권리와 가치를 갖는가? 리건에 의하면, 생명체들은 그들이 그 자체로 그 자신에 대해 가치 있는 생명의 주체이기 때문에 고유한 가치를 갖는 것이다.[16]

---

14 Tom Regan, *All That Dwell Therein: Animal Right and Environmental Ethics* (Berkeley: University of California Press, 1982), 54ff.

15 Ibid, 203.

16 Ibid, 135.

2.3 생명중심주의 윤리

생명중심주의 윤리는 모든 생명체가 내재적 가치를 가진다고 보는 관점에서 출발한다. 동물을 배려하고자 하는 공리주의적 윤리가 몇몇 동물에게만 내재적 가치를 부여한데 비해, 생명중심주의 윤리는 모든 생명체에 대해 그 고유한 가치와 권리를 인정하고자 한다. 이러한 생명중심주의는 그 연원을 슈바이처의 생명외경 사상에 둔다. 슈바이처의 사상은 자연과 인간의 윤리, 그리고 자연의 선과 생명의 선이 별개의 것으로 분리되기보다는 서로 연결되고 하나로 고려되어야 한다는 관점에 기초하고 있다. 한편, 생명중심주의 윤리를 가장 체계적으로 발전시킨 학자는 테일러(W. Tylor)다. 테일러도 슈바이처와 같이 생명을 가진 모든 존재를 도덕적 고려의 범위에 포함시키고자 하는 입장을 취하고 있다. 테일러나 슈바이처보다는 인간중심주의의 색채를 좀 더 드러내고 있지만, 자연에 대한 정복주의적 사고가 아닌 청지기 사상에 기초해 기독교 생태윤리를 전개해 나간 할(Douglas Hall)과 내쉬(James Nash), 미래 인류의 존속과 인류의 유일한 터전인 자연 파괴를 방지할 수 있는 책임 의식의 계발과 현대 과학기술이 지니고 있는 가공할 힘과 그것이 야기하는 위험에 대처하고자 했던 요나스(Hans Jonas)의 책임윤리도 생명중심주의 윤리 유형으로 묶어서 다루어 보았다.

2.3.1 슈바이처의 생명외경 윤리

생명윤리의 선구자라고 할 수 있는 슈바이처(Albert Schweitzer)는 생명에 대한 외경을 주장하면서, 윤리란, '살아 있는 모든 것에게 확장되는 무한한 책임'이라고 강조한다.[17] 여기서 생명은 한편으로는 근원으로부터 생겨

---

17 Albert Schweitzer, *Kultur und Ethik* (München: C. H. Beck, 1990), 330.

나는 의지이고, 다른 한편으로는 무엇인가를 느끼고, 지각하고 고통 받는 것이다. 이뿐 아니라 "존재하는 모든 것은 생명의 의지"[18]이고, "존재하는 모든 것은 힘, 즉 이것은 생명의 의지라고 불리는 것이다."[19] 인간의 관점에서 볼 때 의지로 표현되지만, 모든 생명을 가진 존재는 그 자신의 생명을 보존, 유지하려는 본질적인 힘을 가지고 있다. 생명체의 자기 보존 본능을 생각한다면 생명의 의지는 '살아 있는 모든 것'으로 확대될 수밖에 없다. 그래서 슈바이처는 "본능적인 생명외경"[20]을 언급하고 있는 것이다. 슈바이처에게 있어서 생명은 생명긍정과 생명의 의지가 본질적으로 전제되어 있다. 자연에 생명부정은 허용되지 않는다.[21] 하지만 생명부정은 세계긍정이라는 근거 하에서만, 즉 생명부정 그 자체가 세계긍정에 기여하거나 세계 긍정이라는 범위 안에서 합목적성에 근거한 경우에만 윤리적이다.[22]

수많은 방식으로 나의 존재는 다른 생명들과 갈등에 빠진다. 생명을 죽이고 해칠 수밖에 없음이 내게 강요된다. 내가 외딴 오솔길을 걸을 때, 내 발이 그 길에 살고 있는 작은 생명체를 죽이거나 고통을 준다. 나의 존재를 유지하기 위해서 나는 내 존재를 해치는 존재들로부터 나를 지킬 수밖에 없다. 나는 내 집에 살고자 하는 곤충들에게는 살인자가 되며, 내 삶을 위협하는 박테리아에게는 대량살상자가 된다. 나는 동물과 식물을 죽임으로써 나의 영양을 섭취한다.[23]

---

[18] Ibid, 329.
[19] Ibid, 356.
[20] Ibid, 299.
[21] Ibid, 310.
[22] Ibid, 311.
[23] Ibid, 339.

그러나 이런 생명부정이 필연적인 것이라 할지라도 근본적으로 생명긍정과 생명부정 사이에 보편적으로 타당한 타협이란 있을 수 없다. 그래서 슈바이처는 희생이라는 개념을 덧붙이고 있다. 물론, 여기서 희생의 필연성과 자기 보존의 요구 사이에 딜레마가 발생하지만,[24] 이 필연적인 딜레마 역시 생명의 본질에 속한다. 중요한 것은 생명부정(다른 생명의 해침)이 필연적이고 불가피하다 하더라도 그에 대한 책임을 자각해야 한다는 것이다.[25] 이러한 책임에 대한 자각이 바로 슈바이처의 생명윤리의 핵심이다.

끝으로 슈바이처에게 있어서 생명의 신성함은 인간의 차원에서 생명 일반의 차원으로 확대된다. "생명은 인간에게 있어서 신성한 것이다."[26] 위에서 언급된 딜레마와 관련되면 생명의 서열 문제가 발생하게 된다. 즉 내 생명의 신성함과 다른 생명의 신성함 사이의 긴장이 발생하게 된다. 생명의 다양성과 생명의 우열은 결국 생명들 간의 연대성과 같이 고려되어야 한다. 슈바이처 역시 인간을 "살려고 하는 생명들 가운데서 살려고 하는 생명"[27]이라고 규정하고 있다. 생명들 간의 연대성이 바로 희생의 기초가 된다. 개체적인 입장에 본다면 자발적인 희생은 아니지만, 종 전체의 입장에서 본다면 희생의 의미가 부여될 수 있다는 것이다.

슈바이처의 생명존중은 공리주의의 유정성의 기준을 훨씬 넘어서서 생명 자체에 신성한 가치를 부여하고 있음을 알 수 있다. 슈바이처는 인간은 살아 있는 유기체에 내재하고 있는 생명의 의지와 신비적인 유대감을 갖고 있다는 점을 강조하고 있지만, 그럼에도 생명체의 살려는 의지만으로는 풀리지 않는 윤리적 물음이 존재한다. 즉 도대체 생명체의 무엇이 우리의 존중을 요구하는 가이다.

---

[24] Ibid, 338.
[25] Ibid, 340.
[26] Ibid, 331.
[27] Ibid, 330.

2.3.2 테일러의 생명중심의 윤리

테일러(Paul Taylor)는 생명체에게 도덕적 수혜자의 지위를 부여하는 것은 고통과 쾌락을 느낄 수 있는 유정성 때문이 아니라 "존재는 도덕적 행위자에 의해 촉진되거나 훼손될 수 있는 고유의 선을 가지고 있다는 사실"[28] 때문이라고 주장한다. 고통과 쾌락을 느낄 수 있는 유정적 존재(동물)의 선과 이익에 관심을 기울여야 할 뿐만 아니라 식물과 같은 비유정적 유기체의 선과 이익도 배려해야 한다는 것이다. 테일러는 인간의 윤리적 고려와 배려를 요청하는 것은 생명체의 의식도, 유정성도, 자기이익추구도 아니고 생명체에 내재하고 있는 자연적 목적추구의 능력이라 단언한다. 이런 관점에서 보면 동물이 불을 무서워하거나 식물이 태양을 향하는 것은 모두 목적지향적 행위이다. 다시 말해 생명체의 목적지향적 성격은 환경의 어떤 요소는 추구하고 어떤 요소는 배척하는 동식물의 성격에서 잘 드러난다는 것이다. 모든 자연의 생명체는 변화하는 환경에 적응하는 목적지향적 삶의 주체이다.

자연의 목적론적 가치를 인정한다면, 인간은 비로소 다른 종들을 인간 자신과 같이 볼 수 있게 된다. 우리가 실현하고자 하는 선을 가지고 있듯이, 다른 종들을 실현하고자 하는 선을 가지고 있는 존재로서 본다면, 인간이 인간 자신을 바라보듯이 다른 종들을 보기 시작하게 된다. 따라서 인간은 세계를 인간 자신의 선의 관점에서뿐만 아니라 다른 종의 선의 관점에서도 볼 수 있는 능력을 개발하게 되는 것이다.[29]

이같이 모든 생명체의 고유한 존엄성을 인정하면, 비로소 인간중심주의를 대체할 수 있는 생명중심의 세계관을 가질 수 있다는 것이 테일러의 생각이다. 생명중심의 세계관은 인간은 다른 생명체와 마찬가지로 지구 생

---

28 Paul Taylor, *Respect for Nature. A Theory of Environmental Ethics* (Princeton: Princeton University Press, 1989), 60~71.

29 Paul Taylor, "The Ethics of Respect for Nature," *Environmental Ethics*, 3 (1981), 217.

명공동체의 구성원이라는 것과 인간은 모든 생명체의 생존이 그 환경의 물리적 조건에 의해서뿐 아니라 다른 생명체와의 관계에 의해 결정되는 상호의존체계의 구성적 요소라는 것이며, 모든 생명체는 자신의 고유한 선을 자신의 방식으로 추구하는 유일무이한 개체라는 의미에서 생명의 목적론적 중심이기에, 인간은 결코 내재적으로 다른 생명체보다 우월한 존재라 할 수 없다는 것이다.[30]

물론 테일러의 생명중심주의, 즉 모든 생명체는 자신의 고유한 선을 갖는다는 명제는 한편으로는 인간이 다른 생명체보다 우월하지 않다는 것과 다른 한편으로는 인간 역시 지구생명공동체의 하나의 구성원에 불과하다는 사실과 결합되어 있기에 급진성을 내포할 수밖에 없다. 하지만 모든 생명체가 지구생명공동체의 구성원이라면, '종과 종의 이익이 충돌할 때 인간은 어떻게 결정할 수 있는가?'하는 문제가 여전히 난제로 자리한다. 예컨대 생존을 위해 소고기를 먹는 것이 인간의 고유한 선이라면, 소의 입장에서는 인간에게 무참히 먹히지 않고 생존하는 것이 소에게는 고유한 선이라 할 수 있을 것이다.

지금까지 살펴본 슈바이처, 테일러를 중심으로 한 생명중심 윤리의 생명에 대한 무한하고 절대적인 책임에 대한 주장은 생명 그 자체에 대해 도덕적 지위를 부여하고 인간이 고려해야 할 자연 대상을 모든 생명체로 확대했다는 점에서 종래의 윤리학적 관점과 사고의 범위를 획기적으로 넘어가는 장점이 있다. 그러나 현실 생활에서는 실현되기 어려운 문제점을 가지고 있다. 예컨대 슈바이처의 경우에 그 이론에 따를 경우 구체적으로 무엇을 어떻게 해야 하는 것인지에 대해서 안내해주는 바가 거의 없고, 또 그 취하는 입장이 다소 낭만적이고 소박하다는 비판에 직면한다.

그리고 마치 전체의 책임이 그 구성원 개개인의 책임이 아닌 것처럼 보

---

[30] Paul Taylor, *Respect for Nature*, 99ff.

이듯, 무한절대적인 책임은 오히려 그 무한함과 절대성으로 인해 반대의 효과를 가져오기도 한다. 이러한 문제점을 렝크(Hans Lenk)는 다음과 같이 지적하고 있다: "(생명중심의 윤리는) 이론적으로 요청하는 모든 생명에 대한 책임의 확장은 실현될 수 없는 것이며 방법적으로도 모순된다. 모든 것에 대해 무한하게 책임 있는 자는 실제로 어느 누구도 책임지지 않는다. 무한한 책임성, 즉 정도나 관련자의 범위가 정해지지 않는 책임은 파악될 수도, 실천될 수도 없으며, 실제적으로 행위를 구속하거나 의무화하지 못한다."[31]

2.3.3 청지기 윤리

기독교적 생명중심의 윤리를 견지하는 이론이 대표적으로 할(Douglas Hall)과 내쉬(James Nash)의 "청지기(human stewardship) 사상"이라고 말할 수 있다. 할은 창세기의 창조이야기에서 신의 형상의 의미를 탐색한다. 신의 형상의 내용은 신과의 "육체적 유사성"이라든지 "지배성"을 부정하고, 신의 형상은 "무엇보다 인간이라는 피조물의 독특성과 차이성에 대한 진술이 아니라, 창조의 행위에 대한 진술이다."[32]라고 주장한다. 신의 형상은 실체론적으로 인간이 소유하는 것이 아니라 그리스도 안에 구현된 형상인 모든 만물을 완전한 조화 안에 결속하는 사랑을 나눌 때 신의 형상을 나타내는 것이라 말한다.[33] 문제는 '신의 형상, 즉 사랑을 어떻게 자연에 적용할 것인가?'인데, 그의 요점은 신에 대한 사랑, 인간에 대한 사랑, 자연에 대한 사랑은 정도에 차이가 있다는 것이다. 이러한 기본적인 사고 위에서 할은 자연에 대한 윤리로서 청지기적 윤리를 제시한다. 인간의 우월성을 강하게 주장하지

---

[31] Hans Lenk, *Albert Schweitzer-Ethik als konkrete Humanität* (Münster: Lit Verlag, 2000), 29.

[32] Douglas Hall, *Imaging God: Dominion as Stewardship* (New York: Friendship Press, 1986), 75. 장도곤, 『예수중심의 생태신학』, 101에서 재인용.

[33] Ibid., 83~85. 장도곤, 『예수중심의 생태신학』, 102에서 재인용.

는 않는다 하더라도 인간이 다른 피조물보다 더 복잡하고 재능이 많고 예민하다는 점에서 독특성을 갖는다는 것이다.

그리하여 창세기 1장의 "정복하라", "다스리라"의 의미를 어원학적 접근을 넘어서 시대적 의미로 해석한다. 이것은 신의 청지기인 인간에게 신이 부여한 책임이라는 것이다. "청지기의 권위는 신이 돌보기를 원하는 창조주의 사랑을 적절히 재현할 때에만 유효하다"는 것이다. 따라서 그 지배는 물리적인 폭력적 지배가 아니라 "사랑과 존중에 의한 지배"(존중에 기초한 지배)이며, 이는 지배와 착취보다는 봉사와 보살핌을 제공하는 것이다.[34]

내쉬(James Nash)는 인간을 "신의 대리자"(God's representatives)로 보며 책임 있는 대리를 인간의 의무로 본다. 기독교의 사랑은 인간과 다른 피조물의 필요에 응답하는 돌봄과 친절한 봉사, 즉 자신을 내어주며 남을 존중하는 봉사활동이라고 말한다.[35] 그는 창세기의 "지배"의 의미를 봉사를 전제로 하는 "정당한 지배"로 해석하며, 인간의 필요를 넘어서는 지나친 정복과 오용과 압제는 오히려 신의 명령에 대한 인간의 교만이라고 말한다.[36] 내쉬가 주창한 "생물권리선언"(a bill of biotic rights)[37]은 이런 토대 위에서 나온 것이다.

그러나 내쉬 역시 홀과 마찬가지로 생태학적인 사랑의 기본 성격은 우리 인간이 다른 피조물을 최선을 다해 존중해야 하나, 이것이 인간적으로나

---

[34] Ibid., 185. 장도곤, 『예수중심의 생태신학』, 107에서 재인용.

[35] James Nash, *Loving Nature: Ecological Integrity and Christian Responsibility* (Nashville: Abingdon Press, 1991), 145. 장도곤, 『예수중심의 생태신학』, 111에서 재인용.

[36] Ibid., 106~107. 장도곤, 『예수중심의 생태신학』, 120에서 재인용.

[37] "생물 권리선언"은 8개 항으로 구성되어 있다: ① 자연적인 생존경쟁에 참여할 수 있는 권리, ② 생물로서의 기본 필요를 충족하며, 개별적으로 그리고 생태적으로 자신의 생물적인 기능을 수행할 기회를 가질 권리, ③ 건강을 위한 온전한 서식 공간을 가질 권리, ④ 종족보존을 위한 번식의 권리, ⑤ 인간이 초래하는 멸종의 위험을 벗어나 생물의 진화적 잠재 능력을 온전히 발휘할 권리, ⑥ 인간의 잔인함, 파렴치한 남용 또는 오용으로부터 벗어날 권리, ⑦ 인간의 파괴행위에 의해 자연상태를 회복될 권리, ⑧ 종의 유지를 위해 필요한 자원을 공평하게 분배받을 권리. J. Nash, *Loving Nature*, 186~189. 장도곤, 『예수중심의 생태신학』, 117에서 재인용.

도덕적으로 동일하지 않다는 것이다.[38] 내쉬는 현실적으로 서로 먹고 먹히는 냉엄한 생태적 상황에서 인간에 대한 사랑과 동물에 대한 사랑이 동등하지 않다고 주장한다. 왜냐하면 인간은 존재론적으로 "포식자 인간"(humanity as predator)이기 때문이다. 하지만 그는 여기서 "이타적 포식자"(altruistic predator)라는 개념을 내세운다. 이타적 포식자란 "불가피하게 일으키는 생태적 손실을 최소화하며, 조심스럽게 그리고 검소하게 소비하는 존재"이다.[39]

내쉬 역시 모든 피조물이 '도덕적으로 존중'받을 자격이 있지만, 모든 피조물이 동등한 '도덕적 중요성'을 가진 것은 아니라고 본다. 따라서 모든 생명들이 동등한 생물학적 권리를 가지고 있다는 "생물학적 평등주의"를 배격한다. 미생물에서 포유류에 이르는 다양한 피조물의 권리와 가치에는 등급이 있다는 것이고, 이런 가정에 기초하여 "동종간의 권리"와 "타종간의 권리"를 구분하게 된다. 이에 기초하여 내쉬는 할보다 더 현실적이고 구체적인 원리를 제시하고 있는데, 인간 이외의 피조물의 권리를 소멸하거나, 또는 다른 종을 위해 적어도 권리의 일부를 무효화할 수 있는 "정당한 이유"를 제시했다. 인간의 필요를 충족시켜야 하는 경우, 부득이 인간의 가치를 실현시켜야 하는 경우, 인간에게 피해를 주는 해충이나 병원균으로부터 인간을 보호해야 하는 경우, 생태계를 파괴할 정도로 증식하는 종의 조절 등이다.[40]

할과 내쉬를 통해 청지기 사상에 기초한 생명중심의 윤리는 환경 파괴의 주범인 강한 인간중심주의에는 분명하게 반대하지만, 약한 인간중심주의를 견지하면서 전개되는 생명중심의 윤리라 할 수 있겠다.

---

[38] James Nash, *Loving Nature*, 148-151. 장도곤, 『예수중심의 생태신학』, 112에서 재인용.
[39] Ibid., 147. 장도곤, 『예수중심의 생태신학』, 115에서 재인용.
[40] Ibid., 182. 『예수중심의 생태신학』, 116에서 재인용.

2.3.4 요나스의 책임윤리

인간의 행복을 위해 고안되었던 자연지배는 이제 인간 본성 자체에까지 확장되고 있는 과도한 성공의 결과 때문에 도전을 야기하고 있다. 이 도전의 내용은 현대기술이 더 이상 인간이 통제할 수 없는 자기의 발전 메커니즘을 획득했으며 "인간 자신이 이제 기술의 대상으로 전락"했다는 데 있다. 기술에 의해 자연의 가치도 중립화되었고 인간도 중립화되었다. 요나스(Hans Jonas)가 가장 심각하게 생각하는 것은 현대기술이 갖는 "장기적인 결과의 불확실성"이다. 현대기술의 장기효과에 대한 불확실성은 인간의 미래세대가 존속할 수 있는지조차 불확실하게 만든다. 이러한 위기상황으로부터 인간이 벗어나기 위해서 인간 중심적 전통윤리와 구별되는 새로운 윤리학인 미래윤리학이 필요하다. 왜냐하면 전통윤리학은 인간중심주의에 기초하고 있으며 그 관심이 인간의 행위에만 머물러 있기 때문이다. 자연에 대한 인간의 책임문제가 제외된 전통윤리학과 달리 미래윤리학은 "자연을 윤리적 이론을 통해 새롭게 심사숙고"함으로서 자연존재에 대한 존재론적 지위를 부여하며 자연의 존재와 권리의 인정을 '당위'와 '미래로의 의무의 확장' 문제로 파악한다. 이를 통해 요나스가 추구하고자 하는 것은 '미래 세대의 존속'을 가능하게 하는 것이다.

이와 같은 맥락에서 요나스가 말하는 미래세대의 존속을 위한 새로운 미래윤리는 책임윤리의 성격을 갖게 된다. 책임윤리의 언급은 막스 베버에 의해 이루어졌다. 그는 책임윤리를 심정윤리와 구분했다. 심정윤리는 행위의 옳음을 그 행위의 구체적인 결과에 대한 고려 없이, 전적으로 그 행위가 도덕적 의무에 일치하느냐에 따라 판단된다. 그에 반해 책임윤리는 행위의 질을 그 행위의 예측 가능한 결과와 그것의 평가에 따라 판단한다. 결국 책임윤리는 결과론적 윤리가 된다. 요나스는 근대의 진보적 유토피아사상을 책임윤리로 대치하고자 한다. 베버의 책임 개념을 보다 확장시켜 인간 자신이 행동한 결과에 대해서뿐만 아니라 행위 자체 또는 존재 자체에 대해서도 책임을 져야 한다고 주장한다. 책임을 손해배상의 청구라는 수평적 차원으로 바라보는 것이 아니라 수직적, 비호혜적 권력의 문제로 보고자 한다. 책임을 권력의 문제로 보고 윤리적 차원에서 다루게 될 때, 내가 책임의 대상에 비해 권력이 크고 책임의 대상자는 나에게 의존도가 클 때, 권력의 차이와 의존도에 비례해서 나의 책임은 그만큼 커진다. "의존자는 그의 고유권리를 통해서 명령자가 되고, 권력자는 그의 원인성에 의해서 의무자가 된다."[41] 예컨대 어린 자식과 부모의 관계는 수직적·의존적 관계에서 성립되는 책임이기에 보다 전체적이고 지속적이며 그런 만큼 무책임의 위험도 더 크다.[42] 자식에 대한 부모의 책임의 당위성은 책임의 대상 즉 자식의 권리에서 비롯된다. 존재로부터 당위를 도출[43]해내고 책임의 객관성을 확보하고자 하는 자기의 의도에 가장 부합하는 예로써 갓 태어난 신생아에 대한 부모의 관계를 주목한다. 신생아의 숨결은 주변세계를 향해 자기를 수용하라는 당위를 불가항변적(unwidersprechlich)으로 제기한다.[44] 여기서 주목해야 하는 것은, 요나스가 신생아에 대한 책임의 절대성을 그에 대한 동정이나 자비 또는 사랑과 같은 감정을 통해 정당화하지 않았다는 점이다. 환언하면 어떤 대상에 대한 나의 책임의 절대성 내지 객관성이 확보될 수 있기 위해서는 그 토대가 내가 아닌 다른 대상으로부터 나와야 한다. 그리고 그 토대는 신

---

41 Hans Jonas, *Das Prinzip Verantwortung: Versuch einer Ethik für die technologische Zivilisation*, 이진우 역, 『책임의 원칙: 기술시대의 생태학적 윤리』(서울: 서광사, 1994), 175.

42 Ibid., 178.

43 요나스에 의하면 존재로부터 당위 도출이 불가능성(자연주의의 오류)을 주장하는 것이 독단이라 비판한다. 존재는 반드시 '가치중립적'이어야 한다는 입장은 여태까지 한 번도 진지하게 검토되지도 않은 사실을 단순히 전제하고 있으며, '존재'와 '당위'의 구분 자체가 이미 형이상학적이라는 사실을 간과하고 있기 때문이라는 것이다. 과학 기술 시대에 대부분의 사람들이 형이상학의 종말에 대해 말할 때 요나스는 형이상학의 필연성에 대해 역설했던 것이다(Ibid., 93 참조).

44 Ibid., 235.

생아 존재 자체라는 것이다.[45]

요나스는 책임을 일반적인 도덕적 배려와 인간의 존재라는 차원으로, 즉 그가 존재적 책임이라고 부르는 것으로까지 확장시키기를 요구한다. 부모가 자기에게 의존적인 아이의 복지에 대해 책임이 있는 것처럼, 우리는 미래의 인간들의 존재를 위한 의무를 갖고 있다. 인류가 존재해야 된다는 것은 제1의 당위적 계명이다. 이것은 인간의 이념에서 오는 것인데, 이 이념은 인류의 현존을 요구한다. 칸트가 도덕적 당위의 정당화를 위해서 더 이상의 설명할 이유가 필요 없는 정언명령을 제안하듯, 요나스 역시 인류의 존속을 다른 모든 것에 앞서는 첫 번째 존재론적 명령으로 수용할 것을 우리에게 요구한다. "인류의 존재는 간단히 말해 인류의 생존을 의미한다. 잘 산다는 것은 그다음 문제이다. 인류가 존재하고 있다는 적나라한 존재적 사실은 이 점에 대해 물음을 던진 적이 없는 사람들에게는 인류가 계속 존재해야 한다는 존재론적 명령이 된다. 그 자체로 익명 상태에 놓여 있는 이 '제1계명'은 그 밖의 모든 다른 계명 안에 말없이 포함되어 있다."[46]

요나스의 책임윤리는 기술 문제를 포함한다. 기술이 인간의 힘을 행사한 것이기 때문에 그러하다. 그리고 그것을 윤리적으로 고찰하지 않으면 안 되는 근거를 다음과 같이 제시한다. 첫 번째 근거는 결과의 애매성이다. 일반적으로 모든 능력은 그 자체로는 선하지만 악용에 의해서만이 나쁜 것이 된다. 그 때문에 기술윤리도 기술의 올바른 사용과 잘못된 사용을 구분해야만 한다. 기술이 나쁜 목적에 사용되지 않더라도, 그리고 오히려 선하고 정당한 목적에 사용된다 할지라도 기술은 그 결과의 장기성 때문에 선악을 의미있게 말할 수 없게 되었다. 또한 실패보다는 오히려 성공 안에, 무능보다는 그 능력 내지 권력 안에 위험이 자리 잡고 있는 현대 기술은 결과의 예측

45　Ibid.
46　Ibid., 186f.

불가능성과 장기간에 걸친 영향력으로 인해 더 이상 윤리적 중립을 지킬 수 없게 되었다는 것이다.[47]

두 번째 근거는 적용의 강제성 내지 필연성이다 모든 지식은 그것의 적용을 이미 내포하고 있다. 증가하는 인간의 힘으로서의 기술에 대해서 더 이상 윤리적 중립성의 피난처나 혹은 힘의 소유와 행사의 구분은 더 이상 허용되지 않는다. 즉 현대 기술의 강제적 메커니즘과 아울러 그것이 떠맡지 않을 수 없는 윤리적 부담을 말한다.[48]

세 번째 근거는 결과의 규모이다. 현대 기술의 영역과 작용범위는 윤리적 고려의 내용 안에 아주 새로운 차원을 가져왔다. 또 기술은 지금 여기서 우리가 행하는 것이 동시에 다른 지역의 사람들이나 혹은 미래의 사람들에게 중대한 영향을 미칠 수 있다는 가능성을 우리에게 제시했다.[49]

네 번째 근거는 인간 중심적 사고인 독점의 파괴이다. 지금까지 인간이 가진 의무의 대상은 바로 인간이었다. 그러나 이제 이 지구상의 모든 생태계는 존중의 몫을 요구한다. 인간적 사고와 도덕적 배려에 대한 인간의 독점적 권리는 지구상의 다른 모든 존재에 대한 독점적 힘의 획득과 함께 나타났다.[50]

끝으로 기술의 이런 파괴적 가능성(인류의 지속을 위험하게 할 수 있는 능력)은 지금까지 윤리학이 접해보지 못했던 새로운 형이상학적 물음을 제기한다. 요나스가 인간 이외의 생명 일반에 대한 인간의 의무를 말한다고 해서 전통적으로 강조되어온 인간에 대한 의무를 소홀히 한다는 것은 결코 아니다. 오히려 요나스는 인간 자신으로부터 인간 이외의 다른 생명체 일반과 자연

---

[47] Hans Jonas, *Technik, Medizin und Ethik: Praxis des Prinzips Verantwortung* (Frankfurt: Suhrkamp, 1987), 49.

[48] Ibid., 44.

[49] Ibid., 45.

[50] Ibid., 46.

에 대한 윤리적 의무의 확대 안에는 미래 인류에게 황폐한 유산을 남겨서는 안 된다는 사실이 일종의 '정언명령'의 형태로 포함되어 있음에 주목한다.[51]

그렇다면 요나스가 구상하는 기술시대에 적합한 책임윤리의 규범은 어떤 가치를 새롭게 요청하고 있는지 살펴보자. 미래의 가능한 위험에 대처하기 위해 무엇보다 절실하게 요청되는 것은 미래에 대한 충분한 정보와 지식이다. 그래서 첫 번째 가치로 수용해야 하는 것은 미래에 대한 앞선 지식의 범위를 넘어서 가려는 권력을 따라잡는, 그 권력이 지향하는 근접목표를 미래에 나타날 결과의 관점에서 비판하는 학문, 즉 미래학이다.[52] 미래학은 미래에 나타날 결과를 우리에게 보여주는 새로운 학문(기술)로서 자연에 근거한 자연과학과는 달리 권력의 증대가 아니라, 오히려 그것의 감시와 보호, 궁극적으로는 자연과학에서 비롯된 권력 이상의 권력 획득을 지향하고자 한다.[53]

두 번째 가치는 '두려움'(Furcht) 또는 '공포'의 느낌이다. 두려움을 느끼는 것이 윤리적 의무다.[54] 용기의 덕목은 여전히 필요하지만, 현대 기술의 무분별한 사용 가능성을 감안할 때 새로움을 향한 지나친 용기보다는 가능한 위험에 앞에서 두려움을 느끼고 물러설 줄 아는 태도가 더욱 절실하다고 보는 것이다. 이 두려움이 아직 태어나지 않은 우리 후손이 가지고 있는 탄생에 대한 권리와 관계한다.

세 번째 가치는 '두려움'에서 자연스럽게 도출되는 태도로, '겸손함'(Bescheidenheit)이다.[55] 겸손함은 소심함이 아니라 인류의 미래를 내다본 사람이 지니지 않을 수 없는 절박한 태도를 말한다.

51　Ibid., 47.
52　Ibid., 65.
53　Ibid.
54　Ibid., 66.
55　Ibid., 67.

네 번째 가치는 이러한 겸손함이 새로운 소비습관인, '검소함'(Frugalität)이다.[56] 현대의 소비문화 속에서는 과소비가 경제적 덕목이 되었다. 소비하면서 존재감을 느끼는 것이 현대인의 삶의 양식이다. 이런 도덕적 뻔뻔함에 대해 요나스는 "검소함을 새롭게 절규하는 목소리가 울려 퍼지지 않으면 안 된다"[57]고 주장한다.

다섯 번째 가치는 '절제'(Mäßigung)이다.[58] 이것은 전통적인 금욕주의적 절제와는 무관하고, 현대 기술권력과 관계되는 절제다. 전통적으로는 가능성의 실현과 부단한 능력의 배양, 한계를 넘어선 도전정신이 강조되었다면, 미래에는 오히려 가능성을 가능성으로 남겨둘 줄 알고, 적정 한계를 넘어서지 않도록 애쓰는 것이 더욱 중요하다는 것이다. 어떤 위험이 도사리고 있는지를 정확하게 알 수 없다면 능력의 사용을 포기하는 것이 최선이라는 의미다.

요나스가 한 중요한 기여는 바로 책임 개념의 확장이다. 그는 원인자적 책임개념에서 위탁자적 책임 개념으로, 과거지향적 행위책임에서 미래지향적 존재책임으로, 좁은 의미의 책임에서 보다 넓은 의미의 책임으로의 전환을 시도했다. 이러한 책임 개념은 현대사회에서 이기적인 우리 인간들에게는 상당히 의미 있게 다가온다. 그러나 책임 개념의 확장도 중요하지만 보다 중요한 것은 책임의 실현이다. 누가 환경파괴에 대한 구체적인 책임을 결정하고 또 분배할 것인가? 그리고 어떻게 책임이 구체화될 수 있는가? 이런 물음에 대해 존재적 책임은 구체적인 대답을 하지 못하고 있다. 현대의 고도로 구조화된 산업사회에서 책임의 경계와 분배를 결정한다는 것은 아주 어려운 문제가 되었다. 책임의 문제는 집단적 책임, 조직체의 책임문제가 등장함으로써 더 복잡하게 되었다. 조직체법인기업체의 테두리 내에서 이

---

56 Ibid.
57 Ibid., 68.
58 Ibid., 70.

루어지는 결정이나 실행에 의해 발생하는 책임의 문제는 개인의 도덕적 책임과는 전혀 다른 성격을 띠게 된다. 그래서 책임의 현상도 다양한 단계와 구조를 가지며 그에 따라 책임도 구분하여 분석되어야 한다. 그러나 요나스의 책임 개념은 이런 복잡한 문제를 해결하기에는 구체적이지 못한 문제점을 가지고 있다.

3
생태중심주의 윤리

생태중심주의 윤리는 감각중심주의와 생명중심주의가 개별 생명체만을 도덕적 고려의 범주에 포함시키는 개체주의적 관점에 입각함으로서 비롯한 문제들을 극복하고자 시도한다. 이른바 전체론적(holistic)관점에서 생태문제에 접근하려는 것이다. 이에 속하는 이론들은 탈인간중심적 윤리이면서, 동시에 도덕적 고려대상의 범위를 동식물이나 생명을 가진 개별 존재를 넘어 무생물, 종, 군집, 관계, 생태계 전체로 확장시킴으로서 그것들에 대해 도덕적 지위를 부여하고자 한다.

3.1 얀 네스의 근본생태학

네스(Arne Naess)는 지금까지의 환경이론과 환경운동은 공해방지 등 오로지 선진국 국민만을 위한 협소한 관점에서 머물렀다고 비판하면서, 이를 '피상적인'(shallow) 생태주의라고 부른다. 그는 이러한 피상적 사고에서 벗어나 근본적인 인식의 전환이 요구된다고 역설했다. 그가 말하는 근본적인 인식의 전환이란 인간만을 위한 사고에서 벗어나 자연과 함께 공존하려는 것이며, 이런 면에서 자신의 이론은 '심층적인'(deep)인 생태주의라고 주장한다.

네스의 핵심명제는 '생명평등주의'와 '큰 자아의 실현'(Self-realization)[59]이다. "생태계에 존재하는 모든 것들은 자기를 실현할 평등한 권리를 가진다."는 생명평등주의의 실천은 큰 자아실현이라는 윤리적 명령의 실행을 통해 가능하다는 것이 그의 요지이다. 큰 자아를 추구한다는 것은 자연과 나의 하나됨을 추구하는 것이고, 이를 통해 자연의 아픔을 나의 아픔으로 깨닫는 것이다. "세계가 나의 몸이다", "모든 생명은 근본적으로 하나이다."라는 심층적이고 근본적인 생태주의의 표어도 이런 맥락에서 나온다. 네스의 특징 중의 하나는 동양적 사유에 귀를 기울인다는 점이다. 노장사상, 선불교, 인도의 우파니샤드가 그가 수용한 동양적 지혜의 모범이고, '범아일여'(梵我一如), '물아일체'(物我一體)야말로 자연과 인간의 하나됨을 밝히는 오랜 삶의 지혜라는 것이다.

3.2 동학의 생명사상

이미 눈치 챌 수 있듯이 근본 생태주의는 동양사상에 큰 빚을 지고 있다. 동양적 비인간주의 생명관은 근본적으로 환경을 도구적으로 보는 것이 아니라, 영성을 지닌 생명으로 보는 것이다. 그런데 사실상 영성적 생태윤리를 가장 탁월하게 제시한 사상가는 수운(水雲) 최제우다. 수운은 사람마다 천주를 하면 지기에 이른다고 했다. 여기서 지기는 우주생명의 철학적 표현이

---

[59] '큰 자아'(Self)란 편협하고 이기적인 '작은 자아'(Self, ego)와 대립되는 개념이다. 심층 생태주의자 세션즈(George Sessions)에 따르면 그것은 편협한 자아(ego) 정체화에서 출발하여 다른 사람과의 일체감을 터득한 후 자신과 다른 생물들(종), 생태계, 더 나아가 생물권 전체와의 일체 의식 -그는 이를 '생태학적 자아'(ecological self)라 표현한다. -을 경험하게 되는 인간의 정신적 성숙 단계에서 최고의 경지에 이르는 것을 의미한다. George Sessions, "Introduction," in M. E. Zimmerman, etc. (eds.), *Environmental Philosophy: From Animal Rights to Radical Ecology* (Englewood Cliffs: Prentice Hall, 1993), 165.

다. 수운은 "어린아이의 땅을 밟고 가는 나막신 울림소리에 내 가슴이 아프더라, 땅을 소중히 여기기를 어머니의 살같이 여기라"[60]고 했다. 이렇듯 어머님의 살갗 같은 생명이기에 땅은 언제나 地心, 地力, 地養, 地氣, 地勢, 地素, 地動, 地脈, 地肥, 地神, 地精, 地質, 地形을 북돋워야 하며, 地病, 地毒, 地染, 地酸, 地黃. 地沖을 예방시켜야 할 의무를 지니게 된다. 또한 해월(海月) 최시형은 구체적인 실천 덕목까지 제시했다: ① 나무는 새순을 꺾지 말며, ② 새알은 깨지 말며, ③ 가신 물을 땅에 부을 때에 멀리 뿌리지 말며, ④ 폐물을 함부로 버리지 말며, ⑤ 오물이 땅에 떨어지면 닦아 없애야 한다.

특히 해월의 시무천(十毋天) 사상[61]은 생태영성윤리의 규범이라고도 말할 수 있다. 이런 사고에서 보면, 경제적 이익과 생활의 편의를 위해 산맥을 마구 자르고 강을 파헤치는 행위는 어머니의 살갗을 저미고 여성의 생리를 인공적으로 저해하는 것이나 다름없는 셈이다.

3.3 힐데가르트 폰 빙엔의 생태영성

그런데 기독교에서도 근본생태주의를 견지하는 학자들이 없는 것은 아니다. 중세신학의 전통 한가운데서 근본생태주의적 영성을 만날 수 있다. 신비주의 신학자이며 독일 라인란트 신비주의자, 영성가, 음악가, 설교가, 과학자였던 힐데가르트 폰 빙엔(Hildegard von Bingen, 1098-1179)의 창조론을 논

---

[60] 보성사 편집부 편, 『천도교경전』 (서울: 보성사, 1992), 306.
[61] 1. 무기천(毋欺天): 하늘님을 속이지 말라. 2. 무만천(毋慢天): 하늘님을 거만하게 대하지 말라. 3. 무상천(毋傷天): 하늘님을 상하게 하지 말라. 4. 무난천(毋亂天): 하늘님을 어지럽게 하지 말라. 5. 무요천(毋夭天): 하늘님을 일찍 죽게 하지 말라. 6. 무오천(毋汚天)하라: 하늘님을 더럽히지 말라. 7. 무뇌천(毋餒天): 하늘님을 주리게 하지 말라. 8. 무괴천(毋壞天): 하늘님을 허물어지게 하지 말라. 9. 무염천(毋厭天): 하늘님을 싫어하게 하지 말라. 10. 무굴천(毋屈天): 하늘님을 굴하게 하지 말라. 『천도교경전』, 374.

하는 것은 나에게 생태윤리 담론의 위안이라 여겨진다.[62] 앞서 언급했던 생태철학자 린 화이트의 비판에 응답할 수 있는 기독교의 자원이 궁색할 수밖에 없었지만, 의외로 12, 13세기 고색창연한 중세신학, 그것도 여성 신학자의 사상이 생태사상의 중심에 자리하고 있다는 것은 기독교 신자인 나에게는 커다란 환희가 아닐 수 없다. 여기서는 그녀의 생태사상에서 핵심 개념이라 할 수 있는 '비리디타스'의 개념을 중심으로 간략하게 언급하겠다.

'비리디타스'(Viriditas, Grünkraft)는 힐데가르트가 모든 저서에서 지속적으로 사용하고 있는 핵심개념으로, '생기 있다, 푸르다'라는 뜻의 'virere'에서 파생되었으며 영어로 'viridity' 혹은 'greenness'로 번역된다. 이는 자연의 푸른 초록이나 푸름의 의미로 사용된 개념이지만 힐데가르트는 그녀의 신학적인 환시저서나 서신, 또는 마리아와 성인들을 찬양하는 노래 속에서 비리디타스를 우주와 자연계, 인간의 몸과 영혼에서 더 나아가 동물, 식물, 그리고 광물에도 존재하는 만물의 기초 생명력이며 치료의 근본적인 힘이라 보았다.[63] 즉, 인간의 몸과 영혼, 그리고 자연 속에 존재하는 비리디타스는 이 모두에게 생명력을 주며, 성장시키며, 다양하게 살아가게 하는 힘으로 보았으며, 이를 방해하는 모든 요소에 작용할 수 있는 힘이라고 보았던 것이다.[64] 비리디타스의 개념과 역할은 그녀의 저술에서 매우 함의적이며 은유적인 문체로 언급되고 있다. 또 자연과 인간, 성령과 덕 등 그 대상에 따라

---

[62] 라인란트 신비주의는 힐데가르트와 마이스터 에크하르트의 신학과 영성을 통해 계승되었다. 라인란트 신비주의자들의 특징은 창조에 대한 사랑(하늘, 산, 바위, 나무, 호수, 강, 샘, 바다 그리고 모든 동물 속에 깃들어 있는 신성을 숭배)과 우주적 그리스도에 대한 깊은 인식이다. 그것은 대부분 라인강을 따라 스위스로, 심지어 북부 이탈리아로 이주하여 정착한 켈트인에 의해 전해졌다. 켈트인의 종교는 철저하게 자연을 지향하는 종교다. 힐데가르트를 교회박사로 시성한 교황 베네딕토 16세의 거점이 바로 아일랜드 계통의 수도원으로 유구한 역사와 전통을 자랑하는 레겐스부르크의 수도원이다. 김나경, "켈트의 창조영성에서 본 여성생태윤리-빙엔의 힐데가르트의 viriditas를 중심으로", 『기독교사회윤리』 57(2023), 15.

[63] Heinrich Schipperges, *Hildegard von Bingen* (Salzburg: C.H.Beck, 1957), 301, 320.

[64] Helene Kastinger Riley, *Hildegard von Bingen* (Hamburg: Rowohlt Taschenbuch, 1997), 90.

비리디타스의 뜻이 달라지기도 하지만 모든 만물, 자연과 인간 속에 창조주가 주신 '생명력의 힘'이라는 점이 공통된 뜻으로 나타나며, 이 생명력의 힘인 비리디타스가 없이는 식물도 동물도, 인간도, 영적으로나 육적으로나 온전히 조화를 이룰 수 없고 치료될 수 없다는 것이다. 비리디타스는 신의 손으로부터, 태양과 빛으로부터, 신의 말씀과 성령으로부터 오는 것이며, 인간의 육체와 영혼, 창조된 모든 자연 속의 근원이고, 우주를 감싸고 물기로 생명을 꽃피우게 하는 만물 속에 존재하는 창조적인 힘이며, 자연과 사람에게 주어진 것으로 생명의 균형을 유지하는 힘이라 규정된다. 따라서 대우주 자연 속에서 소우주 인간은 신으로부터 온 생명을 창조하는 힘인 비리디타스를 잃지 않는 분별력으로 영혼과 육체, 자연과 신과 인간과의 조화를 이루며 창조의 세계를 완성시켜나가야 하는 것으로 보았는데, 힐데가르트는 이 분별력을 덕의 어머니이며 성령이 없는 이는 분별력이 없다고 표현하고 있다.[65] 이렇게 모든 생명을 일깨우는 신은 그가 창조한 땅에 생명의 비리디타스를 신의 비밀로 창조의 전체 안에 두셨는데, 이는 인간이 신의 뜻대로 그들의 분별력을 가지고 땅 위에서 살아가며 다양한 성스러운 열매를 맺는 생명의 힘이 비리디타스인 것이다.[66] 즉 그녀에게 녹색 생명력 비리디타스는 대우주 자연과 소우주 인간에게 함께 작용하여 생명을 주는 단일한 창조적인 생명의 힘이며, 삼위일체의 신이 자신의 능력과 놀라운 은총을 나타내기 위해 신실한 믿음을 가진 이에게 부여한 영원한 밝음과 사랑과 생명으로 빛나는 존재이다.[67] 힐데가르트에게서 인간은 육체적으로 자연과 곧 땅과 우주와 대화하고 이를 지키고 완성하도록 하는 소우주이고, 자연은 대우주이며 이를 통치하는 이는 창조주이다. 즉 신과 인간과 자연은 나눠지지 않으

---

[65] Abtei St. Hildegard, Eibingen (Hg.), *Das Buch vom Wirken Gottes (Liber divinorum operum)*, Hildegard von Bingen Werke Band VI (Eibingen: Beuroner Kunstverlag, 2012), 141.

[66] Ibid., 105.

[67] Ibid., 42.

며 영혼과 몸도 둘로 나뉘지 않는다.[68] 인간은 모든 창조물에 선하고 악한 영향력을 끼치는 존재인데, 그는 네 가지의 기본적인 힘을 가지고 살아가는 존재인바, 생각하고 말하며, 의도를 가지며 후회의 절규를 할 수 있는 존재로 자신의 자유의지대로 좋은 것과 나쁜 것을 선택하는 존재이다.[69] 하지만 인간은 인간이 몸과 우주, 그리고 생명력을 부여해주는 자연의 요소들로 이루어진 이 지구의 일부로서 존재하기에, 창조된 자연과 모든 생물과 조화롭게 연대하여 살아가야 하는 것이 신의 의지에 부합하는 삶임을 강조하고 또 강조했다.

3.4 매튜 폭스의 우주적 그리스도론

현대에 이르러 중세의 신비주의 생태적 영성을 계승한 폭스(Matthew Fox) 같은 영성주의자들은 생태문제를 해결하려면 근본적으로 "창조 중심의 영성"으로의 전환이 긴급히 요구된다고 주장한다. 기독교의 전통적인 신앙의 구조인 "타락/구원의 전통"은 자연 속에서의 신을 추구하지 않고 개인의 영혼 속에서만 신을 추구하게 됨으로 궁극적으로 인간을 우주적 관계, 우주적 배려, 우주적 축제로 인도하지 못한다고 보았다. 이와는 반대로 창조 중심의 영적 전통은 자연을 선하게 봄으로 현대의 인간의 생존에 필요한 새로운 패러다임을 제공한다. 자연 안에 존재하는 신성을 발견하며, 자연과 대화할 뿐만 아니라 자연과 함께 창조하며 인간과 모든 피조물 안에 존재하는 우주를 추구한다.[70] 폭스는 인간중심주의에서 우주중심주의로의 전환뿐만

---

68 Ibid., 102.

69 Ibid., 142.

70 Matthew Fox, *Original Blessing* (New Mexico: Bear & Company, 1983), 11~15.

아니라 그리스도의 개념도 우주적 그리스도로 확대한다. 그리고 우주적 그리스도를 모든 만물, 즉 인간이나 고등동물뿐만 아니라 모든 원소, 광물질, 그리고 원시동물에게서도 발견한다.[71] 인간과 동물은 혼과 육체뿐만 아니라 영도 공유하기에 평등하다. 인간과 동물은 물리적이고 생물학적으로 상호의존 관계에 있을 뿐 아니라 영적으로도 서로 상호의존관계를 갖는다고 주장한다.[72] 그리고 이 평등한 관계를 입증하는 방법으로 타자와 자연에 대한 "온정"(compassion)을 말한다. 그리고 온정의 실천적 과제로 우리의 동료인 모든 피조물을 고통에서 구원하는 것과 모든 피조물이 공유하는 생명과 시간과 공간을 온전한 온정이신 유일자로부터의 선물로 공표하는 것을 제시한다. 따라서 폭스에게서는 생태문제를 해결하기 위한 정의 구현이 바로 자연에 대한 온정(약자인 자연에 대해 친밀함과 돌봄 그리고 동감의 마음으로 대하는)이라는 것을 알 수 있다.[73]

3.5 에코페미니즘

에코페미니즘은 에콜로지와 페미니즘 양자의 결합인 만큼 두 사상의 복잡한 갈래를 모두 아우르는 이론적 특성을 지닌다. 남성의 여성에 대한 지배는 위계질서의 근본이 아닐 수 없다. 그렇다고 한다면 '가부장제'를 폐기하는 것이 자연에 대한 인간의 착취방식을 시정해나가는 데 핵심 사안이 될 것이다. 이런 주장을 전개하는 이론이 에코페미니즘이다. 에코페미니즘은 다음 절에서 다룰 사회생태학자 북친(Murray Bookchin)의 주장을 더 밀고

---

71 Ibid., 155.

72 M. Fox, *A Spirituality Named Compassion* (San Francisco: Harper & Row Publishers, 1979), 164~165.

73 M. Fox, *Original Blessing*, 288.

나가 가부장제야말로 사회적 억압의 주된 근원이며 이것의 폐기가 온갖 억압방식 폐기의 시금석이 된다는 것이다. 에코페미니즘에 따르면 여성은 자연과 동일시되기에 여성지배와 자연지배는 같다. 인간의 자연 지배를 정당화시키는 신화에는 많은 것들이 있지만, 가장 강력한 것이 데카르트로 대변되는 근대 과학주의 신화일 것이다. 이에 따르면 정신은 육체와 분리되어 있고, 정신은 이성적인 특징을 가지므로 물질적인 또는 자연적인 육체보다 우월하며, 육체를 지배하고 있다. 여기서 여성=육체=자연의 등식이 성립되는 것을 알 수 있다.

따라서 인간의 자연 지배에 대한 저항과 남성의 여성 지배에 대해 맞서는 것은 결국 동일한 의미를 지닌다. 에코페미니즘도 여러 가지 상이한 주장들로 나누어지지만 자연의 해방을 위해서 인간 사회의 가부장제를 폐지하자는 데는 일치한다. 이들은 입장에 따라 자유주의 에코페미니즘, 사회주의 에코페미니즘, 문화주의 에코페미니즘, 그리고 심층생태학(deep ecology)에 가까운 영성주의 에코페미니즘(spiritual ecofeminism)과 최근에 대두된 퀴어 에코페미니즘(queer ecofeminism)[74]에 이르기까지 실로 다양하지만, 여성 젠더와 자연이라는 두 축을 중심으로 인간과 자연에 대한 모든 형태의 지배와 억압에 저항한다는 점에서는 비슷하다.[75]

---

74 에코페미니스트인 그레타 가드는 "퀴어 에코페미니즘을 향하여"에서 에코페미니즘과 퀴어 이론이 만나야 한다고 말한다. 여성과 자연에 대한 억압은 성애에 대한 억압과 연결되어 있으며, 성애에 대한 억압이 다시 그 둘에 대한 억압을 강화하기 때문이다. 16-17세기에 구성된 지배적인 서구의 문화에서 성애(性愛)는 길들여야 하는 위험한 무엇이었다. 성애는 때로는 자연에 반하기 때문에, 또 때로는 자연과 너무 가깝기 때문에 억압되었다. 오직 생식과 연관된 성애만이 '옳은 성애'이며 '자연적인' 성애라는 주장은 그 밖의 성애를 자연에 반하는 '범죄'라 규정했다. 그러나 동시에 성애는 서구가 침략한 아메리카 대륙 선(원)주민의 성애가 특히 그랬던 것처럼, '자연'으로부터 떨어져 '문명화'되어야 했다. 결국 성애를 규율하는 논리로서 '자연'이란 지배적인 서구 문화의 이데올로기, 동성애 혐오와 성애 공포를 정당화하는 논리로서 기능할 뿐이라 비판한다. Greta Gaard, "Toward a Queer Ecofeminism," *Hypatia*, 12-1 (1997), 114-137.

75 에코페미니즘은 그 갈래에 따라 인종차별주의, 성차별주의, 이성애주의, 계급차별주의와 나아가 생물다양성 보호, 농업과 식량 문제, 과학기술의 오남용에 관한 문제, 군사문화 반대와 반전운동, 댐건설과 핵발전 반대운동, 오염과 화학약품의 사용 문제, 소비자 보호운동과 토착문화 보호 및

1970년대에 에코페미니즘이라는 용어를 처음 만든 도오번(Françoise D'auborne)은 "이것은 더 이상 복지가 아니라 필수 불가결의 문제이자, 좀 더 나은 삶이 아니라 파멸을 피하는 문제이며, 좀 더 공정한 삶이 아니라 생물 종 전체가 앞으로 미래를 누릴 수 있는 유일한 가능성"의 문제임을 강조하며, 이런 생태적 위기를 초래한 '남성적 시스템'과의 전면적인 결별 없이는 인류의 미래를 장담할 수 없다고 보았다. 그녀는 단지 권력을 남성과 나누거나 아니면 여성에게로 이행하는 '가모장제'(matriarchy) 차원이 아니라 여성들에 의해 모든 형태의 권력이 전부 와해되는 새로운 체제로 전환되어야 한다고 주장했다.[76] 이처럼 생태위기를 젠더라는 틀로 분석하려는 노력은 우열과 배제에 토대를 둔 여성 억압의 가부장제 논리가 식민지배와 자연파괴를 초래한 인간/자연, 서구/비서구, 문명/야만과 같은 제국주의나 자본주의의 억압논리와 동일하게 작동한다고 보기 때문이다. 비서구와 자연을 약탈하는 제국주의와 자본주의도 여성을 억압하는 가부장제와 동일한 방식이기에 전부 다 '남성적 시스템'으로 간주되는 것이다. 여성과 자연을 연결시키려는 에코페미니즘의 노력은 자연에 대한 착취와 약탈이 여성의 종속이나 억압과 연관된다는 인식에서 비롯된 것이며, 따라서 문제의 해결 방법도 돌봄과 같은 여성의 젠더적 특성이 자연의 특성과 유사할 뿐 아니라 이를 통해 자연을 더 잘 이해하고 돌볼 수 있다는 방안으로 이어진다. 에코페미니스트인 미즈(Maria Mies)가 주장하듯이 페미니즘이 오랫동안 투쟁해왔던 가부장제의 위계적 권력구도가 비록 일부 선진국에서는 축소되었다 하더라도 전 지구적 관점에서 보자면 더욱 확산되고 있다고 할 수 있기 때문이다. 미즈에 따르면 가부장제(patriarchy)는 '전통적 가부장제'와 '근대적 가부장제'

공동체 운동에 이르기까지 실로 다양한 분야에 걸쳐 그 관심의 폭을 넓히고 있다[박혜영, "생태파괴시대의 페미니즘", 『영미문학페미니즘』 17-1(2009), 86].

76 Françoise D'eauborne, "The Time for Ecofeminism," in *Ecology*, ed. Carolyn Merchant (New York: Humanity Books, 2008), 204-205.

로 나눌 수 있는데, 전자가 지리적, 역사적으로 특정 장소나 사회에 국한된 것이라면 후자는 이런 전통적인 억압구조가 보편적인 사회 전반의 권력구조로 확대된 것을 지칭한다. 즉 '아버지의 지배'(rule of fathers)가 근대 이후 모든 여성에 대한 모든 남성의 지배라는 일반적인 착취체계를 갖추게 되었다고 보는 것이다. 이런 관점에서 에코페미니즘은 근대 이후 가부장제가 오히려 더 확산되었다고 주장한다.[77] 실제로 신자유주의 시대 이후 더욱 약탈적인 자본주의의 팽창으로 대규모의 계급적·인종적·민족적 난민들이 양산되고 있을 뿐만 아니라 위계구도에 있어서도 부유한 북반구와 가난한 남반구 간의 격차가 더욱 벌어진 채 고착되고 있는 실정이다. 오늘날 불평등은 인종과 계급, 민족과 젠더를 뛰어넘어 전 지구적으로 확산되고 있는 세계화의 중요한 산물이라고 할 수 있을 정도로 심각하다고 할 수 있다.[78]

물론 젠더 평등이 비단 경제적 평등만을 의미하는 것은 아니지만 젠더를 넘어 인종·민족·계급적으로 고착되고 있는 극심한 불평등에 대한 반성 없이 젠더 평등의 성과를 논할 수는 없다고 하겠다. 나아가 이런 불평등의 문제와 더불어 오늘날의 과도한 경제개발과 급속한 과학기술의 발전으로 촉발된 대규모의 생태계 파괴가 인류의 존재 자체를 위협할 수준에 이르렀다는 점에도 주목할 필요가 있다. 가령 '인류세'(anthropocene)라는 말은 2000년 멕시코에서 열린 지구환경 관련 국제회의에서 처음 언급된 이후 이

77　Maria Mies, *Patriarchy & Accumulation on a World Scale* (New York: Zed books, 1998), 37-38.

78　불평등 연구의 대가인 피케티는 지금까지 인류가 신봉해온 아이디어, 즉 경제성장이야말로 우리의 삶을 향상시킨다는 생각이 사실은 거짓이었음을 자료를 통해 입증한다. 가령 OECD 국가들의 경우에도 1983년부터 1995년까지의 신자유주의 시대에 부자들의 부는 비약적으로 증가했지만 노동자들의 삶은 오히려 실질임금의 하락으로 그 질이 더 떨어졌다는 것이다[Thomas Piketty, 『불평등 경제』, 유영 역(서울: 마로니에북스, 2014), 121]. 피케티 외에도 스티글리츠와 같은 주류 경제학자들조차도 전 지구적 불평등이 더욱 확산되고 그 격차도 더 커졌음에 주목했다. 1퍼센트 대 99퍼센트로 벌어진 격차는 심각한 사회적 불안과 갈등을 야기함으로써 결국은 민주주의의 위기로 이어질 수 있다는 것이 그가 말하는 불평등의 대가이다[Joseph Stiglitz, 『불평등의 대가: 분열된 사회는 왜 위험한가』, 이순희 역(서울: 열린책들, 2013), 5장 "민주주의의 위기" 참조].

제는 현 상황의 급박함을 알리는 상식적인 용어가 되어버렸다. 인류세의 시작은 지구의 지질 흔적에서 자연이 아닌 '인류'라는 단일종이 주도하는 물리적 변화가 전 지구적으로 시작되었음을 의미하는데, 과학자들은 대표적인 사례로 플라스틱이 퇴적된 새로운 지층의 탄생을 들고 있다. 다시 말해 인류세는 인류의 활동에 의한 지구 생태계의 교란이 궁극적으로는 인류의 파멸을 낳게 될 것이라는 논의가 과학적 차원에서 연구되기 시작했음을 보여준다는 점에서 그 의미가 크다.[79] 여기서 중요한 점은 인류세라는 용어 자체가 무엇보다도 인간중심주의적 사고방식과 가치추구가 바로 지구가 직면한 물리적 대변환의 원인임을 적시한다는 사실이다.

에코페미니즘은 이런 인간중심주의가 바로 모든 약자를 여성적인 것으로 젠더화하여 차별하고 억압해온 남성중심주의(androcentrism)와 동일한 사고체계라고 주장한다. 가령 인류가 자연을 약탈한 것과 같은 논리로 서구가 식민지를 약탈하고 자본가가 노동자를 약탈했으며 남성이 여성을 약탈했다는 것이다. 그러나 흥미로운 것은 에코페미니즘과는 달리 대부분의 페미니즘에서는 남녀 간의 젠더차별이나 불평등에 대한 비판이 자연과 생태계 위기에 대한 문제로 확장되지 않는다는 점이다. 다시 말해 여타의 페미니즘에서는 젠더불평등과 자연파괴를 상호 연결된 문제로 인식하지 않으려는 경향이 있는 것이다.

---

[79] 인류문명이 번성할 수 있었던 '홀로세'(holocene)에서 인간의 힘에 의해 지구 시스템이 교란되는 '인류세'로의 이행이 지니는 의미에 대해 호주의 경제학자인 클라이브 해밀턴은 다음과 같이 말했다. "현재 인류의 역사와 지구의 역사 사이에서 일어나고 있는 충돌보다 더 큰 충돌은 없을 것이다. 인간의 공통된 운명을 좌우하는 능력이 더 이상 인간에게 있지 않을 가능성은 사실상 인류세 과학에 내재된 의미이며, 이는 근대의 종말을 뜻한다. 우리가 기술을 이용해 지구 시스템이 붕괴를 막고 지질학적 시계를 거꾸로 돌릴 수 있을 거란 확신은 새로운 지질시대를 완전히 잘못 이해한 것이다. 이제 지구의 운명과 인간의 운명이 합쳐졌기 때문이다."[Clive Charles Hamilton, 『인류세』, 정서진 역(서울: 이상북스, 2018), 207].

3.6 레오폴드의 대지윤리

앞에서 본 생명중심주의와 마찬가지로 근본 생태주의나 생태 영성주의가 함의하는 생명평등주의는 실천가능성과 관련해 많은 의구심을 낳는다. 그 이념에 공감한다 할지라도, 그 이념의 실천이 불가능에 가깝다는 것이다. 즉 생명평등주의를 채택한다는 것은 식물을 포함해 모든 생명체들에게 인간에게 부여한 가치와 유사한 가치를 부여하는 것인데, 이런 가치를 지닌 존재를 먹는 것은 비윤리적인 행위일 수 있기 때문이다. 생명평등주의에 충실하려면 인간은 자연과정에서 이미 죽은 식물 혹은 자연사한 동물의 시체나 주워 먹는 수준의 삶을 영위해야 할 것이다. 이러한 비판에 대해 네스의 대안은 본질적(basic) 필요와 비본질적(non-basic) 필요를 구분한다. 의식주를 위해 동물을 사냥하는 것은 본질적 필요에 해당하지만, 핸드백과 같이 없어도 되는 것을 충당하기 위해 악어를 사냥하는 것은 비본질적 필요에 해당한다. 본질적 필요를 위해서는 어쩔 수 없지만, 비본질적 필요를 위해 동식물의 생존을 해쳐서는 안 된다는 것이다. 인간을 포함해 자연의 모든 존재들이 본질적 필요를 위해서는 다른 존재를 착취하는 것은 자연의 순리라는 주장이 가능한 것처럼 보이는 대목이다.

그렇다고 생명평등주의의 난점이 해소되는 것은 아니다. 그 난점의 하나는 '본질적 필요와 비본질적 필요의 구분이 명확한가'하는 것이고, 또 하나는 생태계 관리와 관련된 근본생태주의의 한계이다. 특정 개체수의 과잉은 생태계 전체의 피폐화를 초래하는데, '이를 어떻게 다루어야 하는 것인가'하는 것이다. 황소개구리 같은 외래종에 의한 생태계 교란을 막기 위해 외래종을 죽여야 하는 것이 우리의 현실인데, 이를 근본 생태주의나 생명평등주의에서는 어떻게 정당화할 수 있는가.

생명평등주의의 약점을 훌륭하게 보완하는 것이 레오폴드(A. Leopold)의 대지의 윤리(land ethics)이다. 레오폴드의 관점에서 전체적으로 볼 때, 자연은 상호관계성과 상호작용성을 기초로 하여 작동하고 있으며, 지구는 생명을 가진 존재로 간주한다. 따라서 생태학적 의식의 관점에서 볼 때 지구의 자연은 도구적 가치라기보다는 내재적 가치를 지닌 존재로서 그에 합당한 도덕적 지위를 부여받지 않으면 안 되는 것이다. 그래서 대지를 "우리에게 속해있는 상품"으로 보지 말고, "우리가 속해있는 공동체"로 볼 것을 촉구한다.[80] 상품에서공동체로 전환하는 것, 이것은 인간과 대지의 공동체적 관계를 인정하라는 요청이다. 생태학적 전일주의는 대지가 하나의 생태학적 질서를 갖고 있다는 사실에 기초를 두며, 원자적 개체로서의 생명체에 관심을 갖기보다는 생명체들 사이의 관계에 초점을 두고 있다. 대지는 생명공동체이기에, 전일적 대지윤리는 건강을 전체와 부분의 관계를 규정할 수 있는 규범적 척도로 제시한다. "어떤 것이 생명공동체의 통합성안정성아름다움을 보존하는 경향이 있으면 옳고, 그 반대의 경향이 있으면 옳지 않다."[81]

레오폴드의 강점은 실천가능성과 관련해 생명평등주의의 약점을 해결하면서, 동시에 생태계에 대한 종합적이고도 체계적인 관리를 가능하게 한다는 점이다. 가령 생태계의 안정이 최선의 가치이기 때문에, 황소개구리와 청솔모에 대한 정리작업을 전체 생태계의 안정과 온전함을 위해 할 수 있다는 논거를 마련해주기 때문이다.

대지의 윤리는 인간이 다른 생명체 대해 상품처럼 취급하거나 적극적 변형의 권리를 가지고 있다는 강한 인간중심주의를 배격하고 있으며, 인간은 유한한 존재로서 그 자체 생명공동체 속에 속해 있다는 점을 일깨워 준다. 뿐만 아니라 만일 인간이 생명의 순환과 고리까지 제멋대로 통제하려고 한다면, 그것은 공동체에 대한 반역일 뿐 아니라 인간적인 위치를 넘어선 신에 대한 죄악임을 주지시켜준다. 또한 대지윤리는 상당히 포괄적이어

---

[80] Aldo Leopold, *A Sand County Almanac* (New York: Oxford University Press, 1949), 221.

[81] Ibid., 224-225.

서 단순히 어떤 동물이나 식물을 보전하는 정도를 넘어 환경오염, 자연보전, 에너지, 자원고갈 등 다양한 환경관련 문제에 대해 체계적인 접근의 관점을 제공한다.

그러나 대지의 윤리에 대해서는 그것이 사실로부터 가치를 도출하는 이른바 '자연주의적 오류'를 범하고 있다는 비판이 가해진다. 즉 생명공동체의 온전함과 안정 그리고 아름다움을 보전하는 것이 생태학적으로 중요하다고 해서 인간이 반드시 그래야만 한다는 당위와 가치판단이 성립하는 것은 아니라는 것이다. 또한 대지 윤리가 전체주의적 특성을 띤다는 비판도 있다. 즉 대지 윤리는 전체의 선을 위해 개체의 선을 희생시킬 수도 있다는 입장에 있고, 인간도 그러한 생명공동체의 한 구성원일 뿐인 존재로 보기 때문에, 경우에 따라서는 전체 생태공동체를 위해 인간을 희생시키는 일을 정당한 것으로 허용할 수밖에 없는 생태파시즘적 논리구조를 가지고 있다는 비판이다.

4
사회생태학

근본생태주의는 생태문제의 모든 원인을 인간중심주의에서 찾고 있는데, 이것은 매우 문제가 많은 발상임을 지적하지 않을 수가 없다. 생태 위기의 원인을 인간중심주의로 본다면, 모든 인간은 인간이라는 이유만으로 다 똑같이 환경문제에 책임을 져야 한다. 이는 이윤을 위해 환경파괴를 일삼는 악덕 기업가나 그 피해를 고스란히 보고 있는 빈민가의 아이들이나 동일한 책임을 져야 한다는 말과 다를 바 없다.

사회생태론자 북친(Murray Bookchin)의 근본생태주의에 대한 비판은 한마디로 근본 생태주의 생물중심주의와 반인간중심주의를 비판의 기본축으로 삼는다. 근본생태론과 사회생태론은 생태론이라는 틀로는 같이하고 있지만 인간의 위치와 역할에 대해서는 매우 상이하다. 북친이 가장 경계하는 것은 근본생태주의의 이성에 대한 전면적인 비판과 거부이다. 생물 중심주의가 보여주는 반인간중심주의를 비판하면서 생물권 민주주의라는 것이 실제적으로는 생태파시즘으로 전락했고, 영성적인 기계론으로 변화해버렸다고 비판한다. 즉 사회생태주의는 탈인간중심주의 생태윤리에 대응하면서 인간의 역할과 인간이 만드는 사회제도의 중요성을 강조하고 있다.

북친이 보기에 환경문제는 사회문제라는 광범위한 문제의 하나일 뿐이다. 북친은 사회문제의 원인을 지배(domination)와 위계(hierarchy)에서 찾는다. 사회 전반에 존재하는 지배와 위계가 갖가지 문제를 낳았는데, 환경문제도 이것의 일환이라는 것이다. 이성의 감성지배, 정신의 육체 지배, 자본가의 노동자 지배, 도시의 농촌 지배, 노인의 젊은이 지배, 인간의 자연 지배가 그것이다. 환경문제의 극복은 사회에 만연한 지배와 위계관계를 깨고, 자유와 해방을 추구하는 전체 사회운동의 맥락에서 찾아야 한다.[82] 일체의 지배관계를 부정한다는 점에서 사회생태학은 아나키즘적인 색채를 분명히 띠고 있다.[83]

사회생태학은 진정으로 친생태적인 사회를 건설하려면 정치적으로 급진적인 사고가 필요하다고 주장한다. 구체적으로 말하면, 기술관료적 정치권력과 자본주의적 경제체제는 공동의 생태학적 가치와 공동의 생활 서약을 통해 규제되는 유기체적 공동체, 간단히 말해 생태공동체로 대체되어야 한다는 것이다. 사회생태주의가 지향하는 사회의 중요한 이념은 참여 자치의 공동체 또는 리버테리언 지역자치주의(Libertarian municipalism)이다. 이것은 현대의 아나키스트들이 많은 관심을 두고 전개하는 자주 공동체 운동과 맥을 같이한다. 그 공동체 운동은 수평적 조직을 바탕으로 한 소규모적이고 자치적인 성격을 띠고 있다. 공동체 운동의 참여의 원리는 기존사회를 관통하고 있는 지배와 위계질서를 철저히 부정한다.

참여의 정치는 국가의 힘에 초점을 두는 것이 아니라 일반 민중들 자신의 힘을 기르는 데 역점을 둔다. 그러므로 참여의 정치는 민중화된 정치이고 생태공동체를 기반으로 한다. 생태공동체는 사회정치적인 실천의 산실이 되어야 한다. 이러한 생태공동체를 단위로 하는 참여 정치는 궁극적으로

---

[82] Murray Bookchin, *Ecology of Freedom: The Emergence and Dissolution of Hierarchy* (Montreal: Black & Rose Books, 1982), 76~78.

[83] 아나키즘은 기본적으로 독선과 권위를 배제하고, 또한 완벽한 이론을 거부하면서 자유와 개인적 판단의 우위를 강조하는 아나키즘의 자유인적 태도의 성격은 각양 각색의 견해가 발생할 가능성을 이미 열어 놓고 있는 사상인 바, 북친을 생태 아나키스트로 보는 것은 지극히 당연하다.

지역적 소규모적 정치제도를 지향하는 것이다. 그 이유는 시민들이 지역 사회를 통제할 수 있는 힘을 갖도록 하기 위함에 있다. 이를 위해 사회생태주의 정치 논의는 기존 정치에 대한 비판, 대안의 모색, 정치 공동체의 성격 논의, 그리고 이에 도달하기 위한 전략과 전술로 구성되어 있다.

대안 공동체로서의 사회생태주의는 주권의 위임이 아닌 양도 형식의 참여 민주주의적 대의원 제도와 연방제 구조를 가진 소규모의 직접 정치를 지향하고 있다. 의회는 시민들이 바라는 것과 필요한 것을 공개적으로 논의할 수 있는 장소가 된다. 의회는 시민포럼을 통해 공동체 안팎의 복합성과 다양성을 인식하고 조정하고 필요에 따라서는 통합하게 되며, 시민들은 이 과정에서 전체 지역사회의 공동선을 체험하게 된다. 개개의 생태공동체가 이상적 사회조직의 하부구조라면 그것의 상부구조는 이들의 연합이다. 물론 이 연합 내부의 관계 역시 상하의 위계가 없는 수평적인 것이어야 한다. 사회생태주의자들은 이런 체제를 '생태민주주의'라 부른다.

이러한 정치 공동체의 원리는 자연 공동체에서 나오는 것인데, 자연 공동체는 자연 자체에 기초하고 있는 것인 바, 자연은 자유로운 생물종들의 공동체들이 진화하고 모여 사는 곳이다. 자연적 시간 속에서 생물종들의 미래는 자신에 의해 스스로 결정되는 것이고 그런 의미에서 이들은 자유롭다. 자연의 공간에서 생물종들은 모두 동등한 참여자로 자신의 위치를 가지고 있으며, 서로에게 영향력을 행사하기도 하고 의존하기도 하며, 공생의 삶을 살아간다. 바로 이러한 사상은 아나키즘 정의론의 핵심인 자연론적 사회관[84]에서 생성된 것으로 볼 수 있다.

---

[84] 자연론적 사회관은 다양한 아나키즘을 하나로 묶는 강한 사상적 끈이다. 아나키즘은 자연론적 사회관을 바탕으로 하여 인간이 자유와 사회적 조화 속에서 살 수 있기 위한 모든 자질을 본래부터 자기 속에 지니고 있다는 사실을 믿고 있다. 아나키즘의 교의, 즉 권위의 거부, 국가에 대한 혐오, 상호부조, 권력분사, 정치에의 직접 참여 등은 자연론적 사회관에서 파생된 것이다. 자연론적 사회관은 '자연과의 합치'를 강조한 우주론적, 자연론적 정의관과 인간 이성에 대한 믿음에 바탕을 둔 자연권 사상의 전통과 밀접한 관계를 가지고 있다.

참여와 공생의 자연관은 새로운 사회구성 원리, 즉 차이가 동등함의 근거가 되는 원리 그리고 모든 구성원의 참여가 정당하게 인정되는 원리를 제공해준다.[85] 또한 이 원리는 기존 사회에 관통해 있던 지배와 위계질서를 비판하고 변경할 수 있는 패턴을 제공해주고, 기존 위계질서와 권위를 부정하도록 해준다.

따라서 사회생태주의의 운동 전략은 기존의 정치 세력들과의 협력이나 국가 기구 활용을 거부한다. 이처럼 사회생태주의가 국가제도 안으로서의 개입을 거부하고, 정당과 노조 단체의 활동을 거부하는 것은 새로운 의식과 새로운 생활 스타일에 의거한 새로운 운동의 건설로 이어진다. 이러한 사회생태주의에 나타난 참여자치의 공동체 구현은 바로 아나키즘의 이상이다.

북친을 비롯한 사회생태주의자들의 일관된 논지는 자연 환경과의 지속적 균형을 보장해주는 인간 공동체의 창출 없이 인간과 자연의 조화는 불가능하다는 것이다. 이들에 의하면 환경오염과 자원부족이라는 지구의 한계는 기존 시장경제의 비도덕성과 기술의 반무화성에 있다. 따라서 앞으로 대안 경제는 시장경제의 비도덕성을 극복할 수 있는 것이 되어야 한다. 그것은 생산자와 소비자 사이의 익명성을 극복하고, 인간 개개인에 작용하는 수요와 소비 개념의 재정립을 요구한다.[86] 북친에 따르면 시장경제가 도덕성을 잃어버리게 되는 주된 동기는 시장의 익명성에서 비롯된다. 익명성 아래서 상품의 본래 의미인 사용자에 대한 본래적 성격의 상실은, 나아가 생산의 목적과 이념도 사라지게 했다는 것이다. 익명성의 등장과 본래적 성격의 상실은 시장경제가 도덕과 스스로를 분리시키면서 시작되고, 사회가 시

---

[85] 북친에 의하면 2차적 자연(문화)은 1차적 자연에 내재된 "협동적, 연합적 성향"을 본뜬 것이며, 이런 성향은 인간의 자유 실현을 위해서는 없어서는 안 되는 것이다. 그러므로 1차적 자연은 비계층적이고 관용적이고 상조적인 사회적 관계 형성의 모델이 되는 것이다. Murray Bookchin, *Ecology of Freedom*, 317.

[86] 문순홍, "북친의 삶과 사회생태론", in Murray Bookchin, *The Philosophy of Social Ecology*, 문순홍 역, 『사회생태론의 철학』(서울: 솔, 1997), 275~277.

장경제의 손익 계산 방식에 의해서 지배되면서 시장 사회로 변화되고 만다는 것이다. 사회생태주의는 현 생태 위기를 소비주의의 근절에서 찾고자 하며, 그러한 맥락에서 현존하고 있는 소비 개념을 다시 정의한다. 왜냐하면 일상적으로 사용하는 소비 개념은 생산과정의 최종단계로서의 상품소비에 한정되기 때문이다. 자연과 인간을 하나의 유기적 통합체로 설정하는 한, 생산물의 최종 단계로서의 소비 개념은 너무 협소한 것이다. 따라서 대안으로서의 소비개념은 생산 사이클의 전 영역으로 확장되어 정의된 것이어야 하고, 그 주된 소비의 모습은 자연에서 원료를 가져오는 곳에서 발견되어야 한다. 이렇게 될 때, 사회생태주의의 소비주의 비판은 자연에 인간 행위가 가해지는 생산과정(노동과정)까지도 소비의 영역에 포함시켜 비판하는 것으로 확대된다. 소비주의에 대한 통제는 최종 생산물의 소비와 자연 폐기에 대한 통제뿐만 아니라 생산 단계에서의 생산품 종류와 수량, 그리고 단위 생산물 당 투입 원료 양에 대한 통제를 포함하고 있다. 사회생태주의는 소비주의와 비도덕성을 만연시키는 자본주의적 산업주의를 해체할 것을 요구하는 셈이다.

사회 생태학을 신학적으로 접근하는 라틴아메리카 해방신학의 노력도 참고할 필요가 있다. 생태위기에 대해 북반구에서는 주로 사회복지의 맥락에서 거론되고 있지만 남반구에서는 빈곤의 문제와 연결되어 있다. 즉 남반구의 자연 생태계가 겪고 있는 처참한 상황은 사회 문제와 깊은 관계를 맺고 있다는 것이다. 빈곤의 문제가 바로 환경 문제이다. 말하자면 사회 생태적 파괴로 인해 고통당하는 자들이 바로 가난한 자들이다. 그래서 남미 해방신학에서는 약자들의 신음소리에 귀를 기울일 것을 호소한다. 하나는 전지구적으로 빈곤을 재생산하는 사회구조에 의해 억압받는 가난한 민중들의 신음소리이며, 다른 하나는 파괴적인 인간의 사회경제 체제에 의해 착취를 당하고 있는 지구이다.[87] 빈곤으로부터의 해방을 위해 투쟁하는 가난한 자들을 위해 당파적으로 친화성을 갖는 해방신학의 통찰이 전 지구적 생태계의 위기 시대에 생태적 정의에 왜 그토록 정열을 쏟는지 북반구의 생태윤리는 이해하기 어려울 것이다. 우리 같은 북반구의 그리스도인들은 맥락의 차이에도 사회정의와 생태정의를 위해 싸우는 남미의 형제들과 연대하면서 그들의 관점을 명확히 이해하고 이 과정에서 기독교 신앙의 역할에 대한 물음에 답해야 할 것이다.

사회생태학 역시 약점이 없는 것은 아니다. 생태 위기의 문제를 지나치게 계급구조와 지배억압의 문제로 환원시키고 있으며, 그 해결책 역시 이 구조의 타파에서 찾고 있다는 비판이다. 비판자들은 생태문제의 사회문제로의 환원이라 말한다. 그리고 사회지배구조를 해체한다는 사고 자체가 너무도 유토피아적이라는 비판도 있다. 사회적 지배는 인간사회에서 해체될 수도 없지만 그것이 해결된다고 해서 생태문제가 해결된다는 보장 역시 힘든 것이다. 그래서 비판자들은 사회적 지배가 있는 과거 전통사회에서는 왜 생태적 위기가 없는지를 반문하기도 한다. 여성을 극심하게 차별했던 조선시대에 생태적 위기란 상상할 수도 없는 것이 아니었던가.

---

[87] Leonardo Boff, *Ecology and Poverty* (New York: Orbis Books, 1995), 67.

5
결론

　　현재 인간 자신의 실존까지 위협하는 인간의 기술행위는 인간으로 하여금 생명의 의미에 대한 철저한 윤리적 반성을 촉구한다. 우리가 오늘날 직면하고 있는 생명의 위기 현상은 인간의 생명 착취적 기술행위에 의해 야기되었다는 사실을 명심해야 한다. 그렇기 때문에 기술행위의 성격을 제대로 파악하는 것이 윤리적 정초를 위해 무엇보다 필요하다. 인간의 기술행위는 기술이 인간과 자연을 매개하는 수단이라는 것이며, 또한 인간은 기술을 통해 자신의 본성과 목적을 실현한다는 사실이다. 이러한 인식은 윤리와 관련하여 중요한 관점을 제시해준다. 첫째, 인간과 자연이 기술을 통해 매개된다면, 인간과 자연의 관계는 기술의 양식에 따라 달라진다. 따라서 윤리는 자연에 대한 인간의 기술행위를 규제하는 것이지 동물이나 식물의 권리여부를 결정하는 것이 아니다. 둘째, 인간의 기술행위는 인간의 자유를 증진시킬 수도 있고 저해할 수도 있다. 셋째, 인간의 자유는 한편으로는 인간에 내재하는 본성의 실현이기도 하지만, 다른 한편으로는 자연에 내재하는 생명의 궁극적 목적이기도 하다.

　　인간의 기술행위를 윤리의 출발점으로 삼는다면, 몇 가지 관점을 배제할 수 있다. 첫째, 인간과 자연의 어떤 매개도 인정하지 않고 직접적 접촉을 주장하는 신비주의적 태도는 지양되어야 할 것이다. 자연과의 일치를 주장하는 신비주의적·종교적 직관으로부터는 어떠한 규범적 원리도 도출되기 어렵기 때문이다. 둘째, 인간과 다른 생명체의 종차를 부정하는 생명평등주의는 지양되어야 할 것이다. 일방적인 생명평등주의는 현실성도 없을 뿐만 아니라 생태파시즘의 그것과 다르지 않기 때문이다. 셋째, 자연의 생명체를 하나의 개별적 권리주체로 파악하는 근본 생태론적 개체주의는 지양되어야 할 것이다. 물론 근본적인 생태주의가 생명과 자연의 가치를 일깨움으로써 윤리적 고려대상의 영역을 확장하는 데 기여했다는 점은 높이 평가해야 할 것이지만, 곤경에 처한 야생동물에 대한 우리의 도덕적 고려가 바로 그들이 권리의 주체임을 말해주지는 않기 때문이다.

기술행위를 출발점으로 하는 윤리는 인간의 합리성과 반성의식을 포기하지 않고서 인간과 자연의 생태학적 상호작용을 존중하는 관점에서 자연에 대한 인간의 기술행위를 통제해야 하는 규범적 토대를 마련해야 한다. 이런 점에서 사회생태론은 자연의 변증법적 전개 과정 속에서 유일하게 자의식을 가지고 있는 인간이 나머지 자연 전체의 진화과정 전반에 책임을 지고 있다는 사실을 분명히 하고 있다는 점에서 현실 적합성을 갖는다. 신비주의와 반과학주의를 지양하여 변증법적 이성을 추구하는 것이기에 객관적 보편타당성 또한 획득한다. 공동체 건설과 시민포럼, 인간적 필요에 따른 소비 개념 재정립 등 사회 운동을 대안으로 내세우기에 변혁적 힘을 가지며 영적인 인간 자아의 변화에도 초점을 맞추므로 영속성을 갖기도 한다.

결론적으로 어떤 입장의 생태사상이든 강한 인간중심주의도 문제지만 인간혐오주의나 반인간주의적 요소를 내포해서는 이념적으로 성공하기 어렵다고 본다. 생태위기는 인간이 초래한 것이며 그렇기 때문에 위기 극복의 책임을 져야 할 존재, 또 그럴 능력이 있는 존재는 인간밖에 없기 때문이다. 생태위기는 전 지구적인 문제이기에 인류 모두의 협동과 협력을 전제하지 않고서는 해결할 수 없다. 그런데 진정한 협동과 협력은 진정한 인간애를 전제한다. 생물학적으로 자신과 가장 가까운 인간을 사랑하지 못하는 사람이 인간을 넘어서 동식물이나 자연에 대해 윤리적 책임의식을 느낄 수 있으리라고 기대할 수는 없기 때문이다. 생태위기의 주된 원인제공자도 인간이지만 그 해결책을 고민할 수 있는 존재도 인간밖에 없다. 인간과 자연의 조화 과제는 지금 그리고 여기서 나를 둘러싼 생태환경에 대해 반성하고 태도를 전환할 수 있는 구체적인 토론과 실천의 장이 확보될 수 있어야 한다.

참고문헌

김나경. "켈트의 창조영성에서 본 여성생태윤리-빙엔의 힐데가르트의 viriditas를 중심으로". 『기독교사회윤리』 57(2023), 11-40.

류시화. 『나는 왜 너가 아니고 나인가』. 서울: 김영사, 2003.

문순홍. "북친의 삶과 사회생태론". in Murray Bookchin, *The Philosophy of Social Ecology*, 문순홍 역, 『사회생태론의 철학』, 서울: 솔, 1997.

박혜영. "생태파괴시대의 페미니즘". 『영미문학페미니즘』 17-1(2009).

보성사 편집부 편. 『천도교경전』. 서울: 보성사, 1992.

장도곤. 『예수중심의 생태신학』. 서울: 대한기독교서회, 2002.

Abtei St. Hildegard, Eibingen (Hg.). *Das Buch vom Wirken Gottes. (Liber divinorum operum), Hildegard von Bingen Werke*, Band VI, Eibingen: Beuroner Kunstverlag, 2012.

Beisner, E. Calvin. *Prospects For Growth: A Biblical View of Population, Resources, and The Future*. Westchester: Crossway Books, 1990.

Boff, Leonardo. *Ecology and Poverty*. New York: Orbis Books, 1995.

Bookchin, Murray. *Ecology of Freedom: The Emergence and Dissolution of Hierarchy*. Montreal: Black & Rose Books, 1982.

D'eauborne, Françoise. "The Time for Ecofeminism". in *Ecology*. ed. Carolyn Merchant, New York: Humanity Books, 2008.

Fox, Matthew. *A Spirituality Named Compassion*. San Francisco: Harper & Row Publishers, 1979.

_____. *Original Blessing*. New Mexico: Bear & Company, 1983.

Frankena, William K. "Ethics and Environment." in ed. K. E. Goodpaster & K. M. Sayre, *Ethics and Problems of the 21st Century*, Indiana: Univ. of Noter Dame Press, 1979.

Gaard, Greta. "Toward a Queer Ecofeminism." *Hypatia*, 12-1 (1997).

Hall, Douglas. *Imaging God: Dominion as Stewardship*. New York: Friendship Press, 1986.

Hamilton, Clive Charles. 『인류세』. 정서진 역, 서울: 이상북스, 2018.

Jonas, Hans. *Das Prinzip Verantwortung: Versuch einer Ethik für die technologische Zivilisation*. 이진우 역, 『책임의 원칙: 기술시대의 생태학적 윤리』, 서울: 서광사, 1994.

_____. *Technik, Medizin und Ethik: Praxis des Prinzips Verantwortung*. Frankfurt: Suhrkamp, 1987.

Lenk, Hans. *Albert Schweitzer-Ethik als konkrete Humanität*. Münster: Lit Verlag, 2000.

Leopold, Aldo. *A Sand County Almanac*. New York: Oxford University Press, 1949.

Mies, Maria. *Patriarchy & Accumulation on a World Scale*. New York: Zed books, 1998.

Nash, James. *Loving Nature: Ecological Integrity and Christian Responsibility*. Nashville: Abingdon Press, 1991.

Piketty, Thomas. 『불평등 경제』. 유영 역, 서울: 마로니에북스, 2014.

Regan, Tom. *All That Dwell Therein: Animal Right and Environmental Ethics*. Berkeley: University of California Press, 1982.

Regan, Tom & Peter Singer (ed.). *Animal Rights and Human Obligations*. Englewood Cliffs: Prentice Hall, 1976.

Riley, Helene Kastinger. *Hildegard von Bingen*. Hambung: Rowohlt Taschenbuch, 1997.

Schipperges, Heinrich. *Hildegard von Bingen*. Salzburg: C.H.Beck, 1957.

Schweitzer, Albert. *Kultur und Ethik*. München: C. H. Beck, 1990.

Sessions, George. "Introduction." in ed. M. E. Zimmerman, etc. *Environmental Philosophy: From Animal Rights to Radical Ecology*, Englewood Cliffs: Prentice Hall, 1993.

Singer, Peter. *Animal Liberation*. New York: Random House, 1975.

Stiglitz, Joseph. 『불평등의 대가: 분열된 사회는 왜 위험한가』. 이순희 역, 서울: 열린책들, 2013.

Taylor, Paul. "The Ethics of Respect for Nature." *Environmental Ethics*, 3 (1981).

_____. *Respect for Nature. A Theory of Environmental Ethics*. Princeton: Princeton University Press, 1989.

White, Lynn Townsend. "The Historical Roots of our Ecological Crisis." *Science*, 155 (1967), 1203-1207.

Wilkinson, Loren. "Global Housekeeping: Lords or Servants?" *Christianity Today*, 24-12 (1980).

5장

정치적인 것과 정치윤리
빛의 혁명과 아렌트의 정치철학

1 서론
2 정치적 행위
3 정치적 행위로서의 혁명
4 빛의 혁명의 정치철학적 의의
5 결론

1
서론

우리나라 헌정 사상 두 번째로 현직 대통령이 탄핵됐다. 헌법재판소는 2025년 4월 4일 오전 11시 22분 헌재 대심판정에서 재판관 여덟 명 만장일치로 대통령 윤석열을 파면한 것이다.

지금부터 2024헌나8 대통령 윤석열 탄핵사건에 대한 선고를 시작하겠습니다 … 그럼에도 불구하고 피청구인은 헌법과 법률을 위반하여 이 사건 계엄을 선포함으로써 국가긴급권 남용의 역사를 재현하여 국민을 충격에 빠트리고, 사회·경제·정치·외교 전 분야에 혼란을 야기하였습니다. 국민 모두의 대통령으로서 자신을 지지하는 국민을 초월하여 사회공동체를 통합시켜야 할 책무를 위반하였습니다. 군경을 동원하여 국회 등 헌법기관의 권한을 훼손하고 국민의 기본적 인권을 침해함으로써 헌법수호의 책무를 저버리고 민주공화국의 주권자인 대한 국민의 신임을 중대하게 배반하였습니다. 결국 피청구인의 위헌·위법행위는 국민의 신임을 배반한 것으로 헌법수호의 관점에서 용납될 수 없는 중대한 법 위반행위에 해당합니다. 피청구인의 법 위반행위가 헌법질서에 미친 부정적 영향과 파급효과가 중대하므로, 피청구인을 파면함으로써 얻는 헌법 수호의 이익이 대통령 파면에 따르는 국가적 손실을 압도할 정도로 크다고 인정됩니다. 이에 재판관 전원의 일치된 의견으로 주문을 선고합니다. 탄핵 사건이므로 선고시각을 확인하겠습니다. 지금 시각은 오전 11시 22분입니다. 주문 피청구인 대통령 윤석열을 파면한다. 이것으로 선고를 마칩니다.[1]

12·3 친위쿠데타[2]는 비상계엄 해제, 탄핵소추, 윤석열의 체포, 구속, 석방, 헌재의 대통령 탄핵 결정, 재구속, 제7공화국의 탄생, 특검의 내란사태와 윤석열 가족에 대한 속도감 있는 수사 등 일련의 상황은 수십 편의 드라마를 만들어낼 수 있을 만큼의 대반전의 반전을 기록한 역사였다. 이것으로 우리는 다시 한 번 민주시민으로서 한국의 민주주의 회복력에 자부심을 가졌고 한국 민주주의 회복력에 세계가 감탄해 마지않았다. 명백하게도 12·3 비상계엄 선포는 그 명분과 달리 정치적 반대파들을 반국가세력으로 몰아서 반드시 척결하고 독재를 감행하려 한 범죄행위였다. 자유민주적 기본질서는 기본법상의 개념으로서 복수정당제하에서 야당 보호가 핵심요소 중 하나다. 그러므로 12·3 내란사태는 자유민주적 기본질서에 대한 전면 부정이고 자유민주적 기본질서를 핵심으로 하는 한국 헌정질서의 파괴를 기도한 내란이었다.[3] 우리 시민들은 21세기 민주주의국가에서는 기상천외한 친위쿠데타를 비상한 용단과 실천으로 저지하여 민주주의 헌정질서의 붕괴를

---

1 "윤석열 대통령 탄핵 심판 결정 선고 요지(2025. 4. 4)", https://www.lawtimes.co.kr/news/206922

2 우리 헌정사에서 비상계엄의 이름으로 발생한 쿠데타는 이승만이 일으킨 1952년 5월 25일의 '부산 정치파동 쿠데타', 박정희가 감행한 1961년 5월 16일의 '5·16 군사 쿠데타'와 1972년 10월 17일의 '유신쿠데타', 전두환이 벌인 1979년 12월 12일의 '12·12 군사반란 쿠데타'와 1980년 5월 17일의 '5·18 내란 쿠데타'로 다섯 번 있었다. 쿠데타는 정권 찬탈을 목적으로 하는 것과 자기 권력 강화 내지 영구 집권을 목적으로 하는 것이 있는데, 후자를 친위쿠데타라고 부른다. 우리 헌정사에서 친위쿠데타는 현직 대통령에 의해 1952년과 1972년에 두 번 발생했다. 따라서 12·3 비상계엄 사태는 우리 헌정사의 여섯 번째 쿠데타이자 세 번째 친위쿠데타로 기록될 것이다. 최초의 실패한 자기 쿠데타이자 현직 대통령이 내란죄의 수괴로 사법적 단죄의 대상이 되는 기념비적 사건인 것이다. 김선택, "12·3 사태의 헌정사적 의미", 헌정회복을 위한 헌법학자회의 학술토론회, 헌정회복을 위한 헌법학자회의(2025. 1. 8).

3 김선택, "12·3 사태의 헌정사적 의미", 18-19.

막았다. 그리고 그 주범인 현직 대통령을 탄핵심판과 내란죄의 재판에 회부했다. 이로써 우리의 헌정사는 법치주의와 사법정의 차원에서 또 한걸음의 진전을 이루고 새로운 단계의 헌정질서로 나아가는 문을 열게 되었다고 할 것이다.

하지만 기쁨도 잠시, 12·3 내란사태는 자부와 수치, 희망과 파열을 교차시키면서 헌정체제에 어지러운 균열을 내고 있다. 한국 민주주의를 여지없이 난도질하며 그 위기의 본질을 묻게 만든다. 현재의 위기는 민주화 이후 네 번에 걸쳐 수평적 정권교체를 이루는 동안 특정 주기마다 민주주의의 퇴행을 거듭해왔던 상황과 무관할 수 없다. 도대체 무엇이, 어떤 구조가 우리의 민주주의를 주기적으로 퇴행시켜 붕괴의 위기로 이끄는가를 심각하게 성찰하지 않으면 안 될 처지에 놓이게 되었다. 한국 민주주의의 위기의 관점에서 보면 12·3 내란사태는 위기의 연속선상에서 발생한 초대형 싱크홀과도 같은 사건이다.

내란 수괴 윤석열은 대통령 취임 이후 줄곧 극단주의 정치의 전형을 보여주었다. 그는 1987년 이후 다져온 민주적 국가 운영시스템을 일거에 허물고 권위주의로 퇴행했다. 정치적으로 선진화된 대한민국에서 어떻게 이런 일이 가능했을지 여전히 의문이 든다. 스티븐 레비츠키(Steven Levitsky)와 대니얼 지블렛(Daniel Ziblatt)은 민주주의가 국민이 선출한 지도자의 손에서 죽음을 맞는다는 경구와 함께 잠재적 독재자를 감별할 수 있는 네 가지 경고신호를 제시한다. ① 말과 행동에서 민주주의 규범을 거부하고, ② 정치적 경쟁자의 존재를 부인하고, ③ 폭력을 용인하거나 조장하고, ④ 언론의 자유를 포함하여 정치적 반대자의 기본권을 억압하려는 성향이 그것인데, 이 네 가지 중 하나라도 충족한다면 그를 주의 깊게 관찰해야 한다고 경고한다.[4]

윤석열은 시종일관 잠재적 독재자의 성향을 드러내며 결국 내란을 일

---

4   Steven Levitsky & Daniel Ziblatt, 『어떻게 민주주의는 무너지는가』, 박세연 역(서울: 어크로스, 2024), 8-9, 30-33.

으키고야 말았다. 하승수는 윤석열의 내란을 겪으며 세 가지 질문을 던진다. "어떻게 윤석열 같은 사람이 대통령이 될 수 있었는가?" "아무리 윤석열 같은 사람이 대통령이 되었다고 해도 2024년에 어떻게 친위쿠데타를 일으킬 수 있었는가?" "아직도 내란수괴를 비호하는 국회의원들이 왜 이렇게 많을까?"[5] 이 질문들에 필자가 하나 더 덧붙이자면, "왜 보수적이고 근본주의적 성향이 강한 한국 개신교 교회에는 온갖 무속과 사이비 종교와 연관된 윤석열을 지지하는 자들이 이토록 많을까?"를 묻지 않을 수 없다. 이런 물음들은 한국 민주주의를 다시 점검하고 고쳐야 한다는 제안으로 이어질 수밖에 없다. 12·3 내란사태에는 한국 민주주의의 위기의 원인과 그 뿌리를 성찰하고 민주주의를 다시 전진시키라는 역사의 준엄한 메시지가 담겨 있다 하겠다.

이번 사태를 통해 우리는 민주주의 제도가 의외로 매우 취약하고 불안정하여, 소수의 엘리트 지배인 과두제로 전환될 위험을 항시 내포하고 있다는 것을 알게 되었다. 따라서 '민주주의의 탈민주화'는 민주주의 자체가 상시 가지고 있는 위험으로, 우연적이거나 일시적인 현상으로 간주할 수 없다. 이것이 뜻하는 바는 '참된 민주주의 그 자체'와 같은 것은 존재하지 않는다는 것이다. 민주주의는 계속해서 발명되어야 할 것이며, 시민권 역시 그러하다.[6] 달리 말해 민주주의는 최종적으로 완성될 수 없는 것이며, "민주주의에는 국가의 통치행위와 인민주권 원칙의 평등한 활성화 사이의 구성적 갈등 관계가 본질적"이다.[7] 민주주의가 존재하는 한 민주주의의 위기는 사라지지 않을 듯하다. 문제는 그 위기의 양상과 질이다. 민주주의의 수준은 그 위기를 성찰하고 극복할 대안을 모색하고 실천하는 힘이 가른다는 생각을 하게

---

5 하승수, "내란, 한국민주주의에 던진 3가지 질문", https://vop.co.kr/A00001665153.html (2025. 7. 21. 검색)

6 Etienne Balibar, *Citizenship*, trans. Thomas Scott-Railton (Cambridge: Polity, 2015), 124.

7 한상원, "민주주의의 약속: 아도르노와 급진민주주의(무페, 발리바르)의 대화", 『시대와 철학』 35-2(2024), 55.

된다. 그래서 담론은 민주주의의 수준을 높이고 진전시키기 위한 최우선의 실천이라 여겨진다.

졸지에 겪은 친위쿠데타, 그것을 기적적으로 막아낸 시민들의 정치적 힘, 그럼에도 왠지 불안하고 불안정한 정치적 현실에서 정치철학자 아렌트(Hannah Arendt)를 주목하게 된다. 새로운 사회질서에 대한 열망과 헌법질서의 재구조화의 문제를 넘어 빛의 혁명을 통한 현직 대통령의 탄핵과 민주적 절차에 의한 새로운 지도자의 선출 그리고 계속되는 한국 사회의 적폐 청산 작업과 새로운 헌법의 수립 의지는 현재진행형의 민주화 역사이자 아렌트적인 의미의 혁명 정신의 구현이 아닐 수 없다.

이 장에서는 시민들이 살아가는 삶의 공간이 생활세계에서 문제가 되고 있는 정치적 행위의 정치철학적 의미와 바람직한 하나의 이상을 찾기 위해 아렌트의 정치철학을 검토하고자 한다. 어두운 시대를 온몸으로 감내했던 아렌트는 유대인으로서 비순응주의 입장에 선 비판적 지성인이다. 그는 현대인의 고독, 허무, 소외현상을 관찰하고, 그것이 전체주의가 자랄 수 있는 온상 역할을 하며 공공의 행복이 파괴되고 사회가 붕괴됨을 목도했다. 전체주의 속에서 인간의 행위는 사유 없는 기계적 동작에 불과하다. 죽음의 수용소에서 어떠한 양심의 가책도 없이 자행되는 학살 만행은 그 한 예에 지나지 않는다는 것이다. 실종된 양심과 사유, 기계화된 행위에 익숙해진 현대인에게 우리가 가져야 할 양심과 사유, 자유와 행위를 회복시키려 노력한 인물이 바로 아렌트이다. 그러므로 아렌트에 대한 연구는 혼돈의 시대를 겪고 그것의 청산과 혁신의 과제를 감당해야 할 우리에게 새로운 성찰의 중요성을 일깨워줄 것이다.

여기서는 그녀의 정치철학에서 중시되는 정치적 행위, 정치적 행위로서의 혁명과 관련된 논의를 중심으로 살펴본다. 정치적 행위로서의 자유 그리고 그 자유의 제도화로서의 혁명에 대해 논의할 것이다. 정치적 자유는 혁명의 원인이자 목적이며, 정치의 존재 자체이기도 하다. 정치적 자유란 지배자나 피지배자의 구분이 없는 가운데 시민들이 함께 살아가는 정치 조직의 한 형태로 이해될 수 있다. 이러한 정치 조직에서 정치적 평등이 가능하게 되는 것이다.

정치행위의 바람직한 방향성을 정립하기 위해 아렌트의 정치철학에 주목하는 이유는 빛의 혁명의 성공요인을 정치철학적으로 해석하는 본격적인 연구가 아직은 충분하지 않은 가운데, 아렌트의 논의가 다른 그 어떤 이론보다도 '정치적인 것'(the political)의 핵심을 인간과 인간 간의 말과 대화를 통한 소통으로 이해하고 있기 때문이다. 아렌트의 논의는 민주화 이후 한국 정치가 처한 소통부재에 따른 국가폭력과 이것에 저항했던 빛의 혁명의 타당성을 설명하거나 이것의 바람직한 방향을 제시해주리라 기대한다. 그녀의 정치철학은 위기의 한국 민주주의와 아직도 극우반공 이념의 수렁에서 허우적거리는 한국 교회로 하여금 사회윤리적 반성을 위한 혜안을 제시해 줄 것이다.

2
정치적 행위

아렌트는 『인간의 조건』 서문에서 "내가 지금부터 제시하려는 것은 우리의 가장 최근의 경험과 염려들에 비추어본 인간의 조건에 대한 재고"이며, 그것은 환언하면 "우리가 무엇을 하고 있는가"를 사유하는 일이라고 말한다.[8] 인간의 활동에 관한 연구에서 그녀는 아리스토텔레스 철학의 전통에 따라 인간의 활동을 노동(labor), 작업(work), 행위(action)로 구별하고 있으며, 세 번째 활동범주인 행위, 즉 정치적 행위를 인간 활동의 본질로 간주하여 자신의 독특한 정치행위론을 구축한다.

아렌트는 이 세 가지 인간의 활동적 삶 중에서 행위가 가장 우월하며, 행위 즉 정치행위만이 진정으로 '인간적인 것'이라고 말한다. 왜냐하면 오직 정치행위를 통해서만 비로소 완전한 인간이 될 수 있다고 보기 때문이다. 즉, 행위를 통해서만이 인간은 노동과 작업의 차원을 넘어서는 인격과 시민이 된다는 것이다. 다시 말해, 정치 행위에 비해 노동과 작업의 영역은 인간의 정치적 존재를 생물학적인 존재와 사회경제학적 존재로 한계 지음으로써, 생존과 이윤이라는 목적을 위해 인간의 존재가 수단화되고, 이에 따라 인간의 행위도 목적을 위해 수단을 정당화하는 도구적 인간형이 형성되기

---

[8] Hannah Arendt, *The Human Condition* (Chicago: The University of Chicago Press, 1958), 5.

때문에, 그것만을 통해서는 인간은 진정으로 자유로울 수 없기 때문이다.

아렌트에게 있어서 '정치'의 의미는 기존의 정치학이 제시하는 정치개념들과 뚜렷하게 차별된다. 일반적으로 정치는 권력을 가진 자와 권력을 가지지 못한 자 간의 권력관계에 바탕을 둔 통치 활동을 전제하는 데 비해 아렌트에게 정치란 대체적으로 동등한 자유인들 간의 정치적 평등을 보장하는 이소노미아(ισονομία),[9] 내에서의 의사소통과 관련된 제반 활동을 지칭한다. 여기서 이소노미아는 보다 직접적으로 정치행위가 수행되는 아테네 폴리스를, 의사소통 활동은 말과 행위를 매개로 하는 정치행위를 각각 의미하고 있다.

여기서는 먼저 아렌트가 활동적 삶이라는 용어로 제안하는 인간의 활동, 즉 노동, 작업, 행위에 대해서 구체적으로 살펴보고, 고대 그리스적 삶에서 그것의 서열과 근대에서 그 서열의 역전이 갖는 소외문제에 대해 논의할 것이다. 그리고 아렌트가 이러한 소외된 삶의 방식을 극복하는 방안으로서 부각시키는 정치행위의 중요성을 드러내고자 한다.

---

9   아렌트는 이소노미아를 헤로도토스 이래로 비지배(no-rule)의 조건 아래서, 즉 통치자와 피지배자의 구분이 없는 가운데, 말하자면 지배라는 관념이 전적으로 존재하지 않고 시민들이 함께 살아가는 정치 조직의 형태로 이해한다. 구체적으로 이소노미아는 "법의 영역 내에서의 평등", 즉 "동료 집단을 형성한 이들의 평등"을 의미하는데, 이는 근대적 평등개념인 "모든 인간은 태어나면서부터 평등하다"를 전제로 해서 평등하다 여기는 개념과는 다르다. 이소노미아는 오히려 "인간은 자연적으로 불평등하게 태어났기 때문에" 인간들이 인위적으로 만들어 생활하는 공동체 내에서 법을 세우고 그 법이 적용되는 한에서 의도적으로 이루어내려는 평등을 의미한다. 이렇게 볼 때 이소노미아의 평등은 개인이 요구하는 권리로서의 평등이 아니라 공동체나 폴리스의 특성이다. 그러므로 평등이 이루어지기 위해서는 인간이 만든 법과 인위적으로 만들어진 특별한 영역이 필요하다. 이러한 영역이 정치적 영역이고, 정치적 영역에서만 존재할 수 있는 한에서 평등이란 정치적 평등이라 할 수 있겠다. Arendt, *On Revolution* (New York: Penguin Books, 1963), 22-23.

2.1 노동, 작업, 행위

아렌트는 활동적 삶(vita activa)과 관조적 삶(vita contemplativa)이라는 그리스적 삶의 유형 구분에 주목하면서 활동적 삶이라는 용어로 인간의 활동을 노동, 작업, 행위의 세 가지로 제안하고 있다.[10] 그런데 아렌트는 다음의 몇 가지 기준에 따라 이 활동들을 특성화하고 그들 사이에 일종의 서열을 매기고 있다. 첫 번째 기준은 활동들이 발생하는 영역이다. 행위는 공적 영역(public realm), 즉 정치적 장인 폴리스[11]에서 일어나는 것으로 간주된다. 아렌트에 따르면 가정은 인간의 생명유지와 종의 보전을 위한 생산재생산소비라는 활동이 주기적이며 반복적으로 일어나는 장소인데, 이러한 것들은 인간이 다른 동물들과 공유하는 속성이므로 굳이 '인간적'이라고 이름 붙이

---

10   Arendt, *The Human Condition*, 7.

11   아렌트가 폴리스를 자신의 정치행위의 개념 구축을 위한 이론적 배경으로 삼고 있는 근본적인 이유는 그곳이 정치행위의 시원이며 이상적인 정치행위의 모형을 제공하고 있는바, 그 이후 정치행위는 지속적으로 그 순수성을 상실하는 전철을 밟아왔기 때문이라는 것이 그녀의 생각이다. 물론 아렌트는 아리스토텔레스의 정치행위가 목적지향성이라는 내적 제약 때문에 순수한 정치행위, 즉 자유의 실현 이외에 어떤 목적에도 봉사하지 않는 순수한 행위를 위한 행위로 인정하기에는 부족한 점이 있다는 비판을 생략하지 않는다. 아리스토텔레스의 견해를 따르면 폴리스는 인간결사체 가운데 최고 형태로서 "선한 삶"이란 공동체의 궁극적인 목적을 구현하기 위해 존재하는 것이다. 따라서 이 속에 있는 모든 사물과 발생하는 모든 사물과 발생하는 모든 사건들은 이 목적에 부응하기 위해 존재하며, 모두가 제 기능을 다할 때 공동체에는 정의가 실현된다고 간주된다. 정치행위도 이 점에는 예외일 수 없다. 아리스토텔레스는 폴리스에서 시민들은 이미 목적이 정해져 있으므로 목적을 심의하는 것이 아니라 그 목적을 얻는 수단에 대해 심의하는 것이라 보기 때문에 [Aristoteles, *Nichomachean Ethics*, 1112b11-2, 천병희 역, 『니코마코스 윤리학』(고양: 숲, 2013) 참고] 정치에 목적성을 부여하고 있는 것이다. 달리 말해 아리스토텔레스의 윤리적 목적론은 프락시스(*praxis*)의 자기충족성을 손상시키고 있으며 또한 정치행위를 수단화하고 있다고 말할 수 있다. 그렇기 때문에 아렌트는 "행위가 자유롭기 위해서는 한편으로는 동기로부터, 다른 한편으로는 예측 가능한 결과라는 의도적 목표로부터 자유로워져야 한다"[Arendt, *Between Past and Future* (New York: The Viking Press, 1951), 151]고 주장하는 것이다. 이 말은 행위에 있어 동기, 결과, 목표가 의미가 없다는 것이 아니라 그것들이 행위를 결정하는 중요한 원인이기는 하지만 행위가 자유롭기 위해서는 그것들을 초월해야 하는 것이다[Dana R. Villa, *Arendt and Heidegger, The Fate of the Political* (Princeton: Princeton University Press, 1996, 72)].

기 힘든 활동들이다. 노동의 역할은 "인간과 자연 사이의 신진대사"를 책임지는 것이다.[12] 반면에 인간이 가지고 있는 언어능력은 다른 동물과 쉽사리 공유될 수 있는 것이 아니기 때문에 이 능력을 사용할 때 실체화되는 행위는 단연코 인간적 활동이라고 부를 수가 있다.

두 번째 기준은 활동의 주체이다. 노동의 주체는 비주권자, 즉 노예, 여자, 이방인들로 대변되는 비시민이며, 행위의 주체는 아테네의 성인 남자로 대변되는 시민이다. 아렌트에 따르면, 고대로부터 노동이 멸시받아온 이유는 노동활동이 천한 노예의 일로 구분되어 있었기 때문만은 아니고, 노동이 개인의 '독립성과 자율적인 주권'의 표상으로서가 아니라 자신의 목숨 연명의 수단으로서 자기 의지와 상관없이 또는 그에 반해서 주인의 명령을 수행하는 그저 개인의 '생존 문제'와 연관되어 있었기 때문이라는 것이다.[13] 달리 말해 행위의 경우는 활동의 주체에게 중요성이 부여되는 반면에 노동의 경우에는 활동 주체보다는 결과에 중요성이 주어진다고 보았기 때문이다.

세 번째 기준은 활동이 갖는 목적지향성이다. 노동은 활동 자체에 목적이 있다기보다는 외부적 목적에 봉사하는 반면에 행위는 순수하게 행위 자체의 수행에 목적이 있다고 간주된다.[14] 노동은 인간의 생물학적 필요를 충족시키는 활동이므로 활동과정 자체의 의미는 활동의 결과 속에 용해되어 소멸된다. 더구나 노동의 최종산물은 생활의 필요에 따른 즉각적인 소비로 이어지므로 반복생산을 필연적으로 전제하는 허망한 활동이라고 할 수 있다. 반면에 행위의 의미는 수행의 과정 속에서 발견되며 그 결과는 우연성의 범주에 속하게 되기 때문에 목적과 분리된 자유로운 활동이라고 볼 수 있는 것이다. 아리스토텔레스의 용어로 표현하면 노동은 대상에 대해 보완적인 활동이며, 행위는 활동 자체로 완전성(entelecheia)에 도달하는 '비수단적'

---

12   Arendt, *The Human Condition*, 99.

13   Ibid., 81.

14   Ibid., 83.

이고 '자기 충족적인'(autarkeia) 활동으로 간주할 수 있다.[15]

마지막 기준은 지속성(durability)이다. 노동의 산물은 즉각적인 소비를 목적으로 하는 활동이기 때문에 지속성이 없다. 이와는 대조적으로 훌륭한 인간의 행위는 인간의 기억 속에 각인되어 유구하게 전해짐으로써 행위자에게 불멸적인 명예를 부여한다는 측면에서 지속성이 있는 활동으로 간주할 수 있다. 일례로 호머의 서사시에 나오는 유명한 인물들의 훌륭한 행위들은 그의 작품 속에 기록되어 현재까지도 인구에 회자되고 있다. 이런 점에서 행위는 인간이 자신의 사멸성을 극복하며, 나아가 불멸성을 얻는 길로 간주될 수 있다.

요약하면 아렌트의 인간 활동의 우열은 아리스토텔레스 철학의 전통에 따라 사적 영역에 대한 공적 영역의 우위, 목적지향적 활동에 대한 자기 충족적 활동의 우위, 일시적인 것에 대한 지속적인 활동의 우위를 인정하고 있으며, 인간의 자연적(동물적) 삶에 대한 정치적(인간적) 삶의 우위를 천명하고 있다 하겠다. 따라서 사적 영역에서 비시민들이 즉각적 소비를 목적으로 수행하는 비정치적인 활동인 노동은 공적 영역에서 시민들이 자신의 불멸의 명성을 추구하는 방식으로서 자기충족적인 활동의 형태로 수행하는 행위에 대해 열등한 것으로 자리매김되는 것이다.

그러면 노동과 행위 사이에 있는 작업의 성격은 어떻게 규정될 수 있는가? 사실상 그리스 사회에서 노동과 작업은 동의어로 사용되었으나 아렌트는 노동을 노예 및 가축의 일로, 작업을 장인의 일로 규정한다.[16] 노동과 구별되는 작업의 예를 건축가 가우디(Antoni Gaudí)[17]의 성가족성당(Basílica de la

---

15 Aristoteles, *Nichomachean Ethics*, 1040b. 아리스토텔레스가 인간결사체, 특히 폴리스에 관한 논의를 전개할 때 자기 충족적(selfsufficient)이라는 개념을 도입하고 있다. 그는 프락시스에도 이 개념을 동일하게 적용하며 이 경우 '보완이 불필요한' 또는 '독립성을 확보한' 행위를 지칭하고 있다.

16 Hannah Arendt, *The Human Condition*, 80.

17 19세기 말부터 20세기 초까지 활동한 스페인 카탈루냐 출신 건축가. 현대 건축사에 지대한 공헌을 한 건축가로 카탈루냐 문예부흥에 공헌했다. 나무가 서 있는 것 같은 평형구조를 설계했고, 이

Sagrada Família)을 떠올리면 이해하기 쉬울 것이다. 노동이 사적인(private)[18] 영역에서 이루어지는 것과 달리 장인 가우디의 작업은 만인이 예배하기 위한 장소를 위한 것이기에 공적인 성격을 갖는다. 또한 활동의 주체가 철저히 익명화되는 노동의 과정과 달리 작업은 장인의 이름을 걸고 하는 일이므로 개인적으로 창조적 자부심을 느낄 수 있는 활동이다. 그리고 생산물이 생활의 필요에 전용되어 탄생과 동시에 노동자의 수고가 즉각적으로 사라지고 마는 노동과 달리 작업의 결과는 작품이라는 최종산물을 겨냥하여 이루어지는 활동이므로 노동의 결과처럼 허망하게 소멸되지 않는다. 그러나 작업이 최종의 사물을 목적으로 한 활동이기에 활동 이외의 목적으로부터 분리될 수 없다. 즉 행위와는 다르게 활동 자체 속에 목적이 내재한다고는 보기 어렵다는 것이다. 즉 작업은 아리스토텔레스적인 의미에서 자기충족적인 활동에는 미치지 못한다.

그런데 아렌트에 따르면, 이러한 전통적 우열이 근대에 이르러 완전히 역전되는 사태가 이르렀다는 지적이다. 이러한 현상은 행위와 관조의 순위를 바꾸었을 뿐만 아니라, 노동하는 동물(animal laborans)[19]과 작업하는 인간(homo faber)만이 구별되는 어떤 논리를 확립시키게 된 것이다. 이제 모든 활동은 생산적 노동/비생산적 노동으로 분류되며, 종국에는 육체노동과 정

방식을 다양한 건축물에 적용했다. 바르셀로나의 성가족교회는 가우디가 1883년 건설을 위탁받아 평생을 이 건축에 매달렸지만 완성을 보지 못하고 죽었다. 성가족교회 이외의 대표작으로 구엘 공원, 콜로냐 구엘 교회, 카사 바틀로 등이 유명하다.

18 아렌트에 따르면 '사적인'이라는 용어는 본래 '박탈된'이라는 뜻을 갖고 있다는 데서 시작하여, 이러한 박탈은 '타인의 부재'에서 기인하는 현실성의 박탈, 타인과의 객관적 관계의 박탈, 삶 그 자체보다 더 영속적인 어떤 것을 성취할 수 있는 가능성의 박탈을 의미한다고 설명한다. Arendt, *The Human Condition*, 78.

19 물론 마르크스는 인간을 '노동하는 동물'로 정의했지만, 아렌트의 이 개념은 마르크스의 노동 개념을 비하하기 위해 사용한 것이라기보다는 자유영역의 활동인 정치 행위와 대비된 필요영역을 위한 활동이나 삶의 양식으로서의 노동이라는 개념을 부각시키기 위한 언어 사용으로 보면 적절할 것이다. Martin Levin, "On Animal Labornas and Homo Politikus in Hannah Arendt: A Note," *Political Theory*, 7-4 (1979), 523.

신노동으로 구별되기에 이르렀다. 아렌트는 이러한 근대적 현상을 "노동하는 동물의 승리"라 명명한다.[20]

근대는 경제활동의 비중이 비약적으로 커진 시대이다. 따라서 가정 속에서 이루어지던 생산활동이 사회 전역으로 확대되었고, 이에 국가는 '국가 경제'의 책임자로서, 국민 개개인의 생활적 필요를 충족시키기 위한 기능 수행을 최우선시하게 되었다.[21] 아렌트에 따르면, 근대사회가 가정 속에서 이루어졌던 가계운영을 비롯한 제 활동들을 국가가 떠맡게 됨으로써 "과거 사적 영역과 정치적 영역 사이의 경계선이 흐리게 되었을 뿐 아니라 이 두 영역이 개인의 삶은 물론 시민의 삶에 갖는 의미와 중요성에 대해 인식할 수 없는 상태가 되고 말았다."[22] 전통적으로 노동으로부터의 자유는 소수특권층의 전유물로 여겨졌으나 오늘날은 과학기술의 진보와 발전으로 인해 일반인들도 이 자유를 향유할 수 있게 된 것처럼 보인다. 그러나 아렌트에 의하면, 이것은 허상에 불과하며 실제로는 현대사회 자체가 노동을 이론적으로 미화시켜 사회 전체를 하나의 노동사회로 변형시켰을 뿐이라는 것이다.[23] 모두가 다 같이 노동함을 통해 평등해진 까닭으로 인해 이제 사회 내에는 계급이 부재하는 것이다.[24] 모두가 다 같이 노동함으로써 평등해진 사회는 미화된 노동만이 존재하는 노동자들의 사회다. 우리 모두는 먹고사는 생존의 문제에 지나치게 예속되어 있으므로 자기 존재의 유의미성의 원천인 세계를 고려할 여유가 없다. 그 결과, 세계는 우리로부터 소외되었고, 역으로 그 속에서 마땅히 이루어져야 하는 행위의 차원은 외면당하고 있다. 우리 사회는 어느 누구도 잘 먹고 잘 사는 생존의 문제를 최고의 가치로 여기

---

20 Arendt, *The Human Condition*, 320-325.
21 Ibid., 28.
22 Ibid., 38.
23 Ibid., 4.
24 Ibid., 5.

는 사회라는 점에서는 분명 평등한 사회이지만, 이런 사회는 엄밀한 의미에서 인간의 인간성보다는 인간의 동물성을 구현하는 사회라 할 수 있겠다.[25]

결국 노동은 현대인을 '평등화'시켰지만, 이 평등은 인간을 노동하는 동물로서 하향평준화하는 결과를 초래케 했다는 것으로 정리될 수 있다. 그렇기에 노동은 과거 활동적 삶 속의 서열을 붕괴시켰을 뿐만 아니라, 사실상 현대 생활 속에서 고대적 의미의 작업과 행위에 대한 인간의 관심을 철회하는 이유가 되기도 했다. 아렌트는 현대의 생활에서 노동이 생계의 수단으로만 인식되고 있다는 사실과 관련하여 이 현상을 근대인의 "생존 과정(the life processes)에 대한 예속"이라 부르고 있다. 말하자면 노동하는 인간(homo laborans)의 사태는 행위의 차원을 망각하고 인간의 생존적 삶의 과정을 지속시키는 도구에만 몰두하는 처지로 전락해버렸다는 지적이 되겠다.

그러나 문제는 근대인들은 이러한 노동의 특성에 둔감해져서, 즉 이미 노동사회의 생산과 소비라는 생존 과정이 끊임없이 제공하는 무수한 종류의 허망감에 너무도 익숙해져 있어서 자신의 개별성을 망각한 채 단순히 "인간 종의 일원으로" 생산소비재생산의 과정에 깊숙이 개입되어 있다는 데 있다.[26] 따라서 아렌트는 이러한 허망하고 소모적이며 소외된 삶의 방식을 극복하는 문제를 현대인들의 최우선 과제로 상정한다. 나아가 그녀는 그 극복책으로서 생존의 과정을 초월할 수 있는 인간의 능력을 담보하는 정치행위의 중요성을 새롭게 부각시키고 있다. 그녀에게서 사실상 정치적인 행위는 "인간이 가지고 있는 유일하게 기적을 일으키는 인간의 능력"이다.[27]

---

[25] Ibid., 313.
[26] Ibid., 116-117.
[27] Ibid., 246.

2.2 복수성과 공적 영역

아렌트는 행위를 유일하게 사물 또는 물질의 개입 없이 언어를 매개로 사람들 사이에 발생하는 자유로운 활동이며, 복수성(plurality)이라는 인간의 조건에 부응하는 활동으로 정의하고 있다. 여기서 주목할 점은 그녀가 행위를 자유 및 복수성과 결부시키고 있다는 점이다.[28] 아렌트의 자유와 행위, 복수성과 행위의 관계를 논하기에 앞서 아렌트의 자유 개념을 먼저 살펴보자.

아렌트의 자유는 "사적 행복을 추구하는 과정에서 정부가 보호해주는 일반적으로 인정된 권리" 같은 것을 말하는 것이 아니다. 자유는 전제적 권력에 대항해 지켜야 하는 종류의 권리이면서 더 나아가 "시민이 공적 영역에 접근하는 권리이며, 공권력을 소유하고 통치 업무의 참여자(participator)가 되는 것"을 의미한다.[29] 이런 맥락에서 그녀는 자유가 언제나 "일상생활의 한 가지 사실로 주지되어온 곳은 정치영역"이라고 선언함으로써 자유 개념

---

[28] 아렌트에 의하면, 정치행위는 인간의 복수성을 전제해야만 가능하다. 왜냐하면, 다양한 생각을 가진 사람들이 존재하지 않는다면 사람들의 말과 행위로 이어지는 소통이 불필요하기 때문이다. 그리고 소통으로 이루어지는 인간의 복수성이란 평등성과 차이성을 기본으로 이루어진다. 왜냐하면 서로에게 말과 행위를 통해 소통할 수 있다는 점에선 평등하지만, 서로 간에 차이가 없다면 스스로를 타인에게 이해시키기 위한 어떠한 실천이나 발언도 필요하지 않게 될 것이기 때문이다. '인간의 조건'에 대한 성찰이 아렌트 정치사상의 출발점이라면, 인간의 복수성은 아렌트 정치적 행위의 핵심이다. 생명활동을 표현한 노동과 인공적 사물들을 생산하는 작업에서 복수성은 그다지 중요한 것은 아니기 때문이다. 그러나 행위에서 복수성은 매우 중요하다. 다양한 사람들과 그 수만큼이나 다양한 관점이 존재하기 마련이고, 이것들은 다양한 의견으로 표출된다. 아렌트에 의하면, 인간이 복수성(다수성)이라는 근본조건에 처한다는 사실은 결국 인간에게 정치적 삶의 의미를 확인하게 한다는 것이다. 자연상태와 같은 약육강식이 지배하거나 혹은 전체주의적인 지배를 실시하지 않는 한, 인간들은 복수성의 인간조건으로부터 비롯되는 이러한 문제를 해결해야만 한다. 즉 복수성의 인간조건을 자신들의 삶 속에서 실현해야만 하는 것이다. 인간에게 '정치'의 의미는 바로 이러한 것이다. 인간은 말과 행위의 능력을 통해서 복수성을 드러낼 수 있으며, 말과 행위를 통한 타인들과의 교류와 의사소통, 정치적 행위는 그것을 가능하게 한다. 복수성은 인간조건을 실현하기 위해 타인들과 자신을 구별하는 것으로 인간의 행위는 존재하는 것을 넘어 타인들에게 적극적으로 자신을 드러내는 것이다. *The Human Condition*, 175-176 참고.

[29] "통치 업무의 참여자"라는 표현은 제퍼슨의 말을 아렌트가 인용한 것이다. Arendt, *On Revolution*, 115.

을 '정치적'으로 한정시키고 있다.[30] 또한 정치의 존재 이유는 자유이고 이 자유는 기본적으로 행위 속에서 경험되는 것이라는 주장을 통해 정치자유 행위의 관계를 명확히 하고 있다.[31]

아렌트는 자유가 존재하기 위한 두 가지 선행조건을 제시하고 있는데, 그것은 "삶의 필요로부터의 해방"(liberation)과 "정치적으로 조직된 세계"(a politically organized world)이다. 자유롭기 위해서 인간은 반드시 삶의 필요들로부터 해방되어야 한다. 자유는 단순한 해방에 덧붙여 똑같이 자유로운 상태에 있는 타인들을 필요로 하며, 그들을 만날 수 있는 공동의 공적 공간, 즉 하나의 정치적으로 조직된 세계를 필요로 한다.[32] 아렌트에게서 세계란 인간의 자연적 주거환경과 대비되는 인간이 작업하여 창조한 인공적인 물리적 삶의 공간이라 규정될 수 있는 것이며, 다른 한편으로 인식적 차원에서는 "인간관계의 망"으로 정의되면서 정치영역으로서의 공적 영역과 동일시되기도 한다. 사람이 만든 이 세계가 말하고 행위하는 장이 되지 않을 때(정치적으로 보장된 공적 영역이 부재하게 될 때), 국민들을 자기 가정이나 가족만 아는 편협함 속으로 내몰고 공적 영역의 발원을 막는 독재 공동체의 경우에서처럼 자유는 어떤 세계 내 공간도 확보하지 못하게 되고 마는 것이다.[33]

여기서 아렌트가 말하는 "삶의 필요로부터의 해방"은 자유인의 상태를 의미하는데, "자유인만이 자유롭게 행동할 수 있으며, 가정의 울타리를 벗어나 세계 속에서 말과 실행을 매개로 다른 사람들을 만날 수 있는 조건을 갖추고 있기 때문이다.[34] 고대 그리스의 폴리스에서는 시민들만이 이 조건을 구비하고 있었으며, 오늘날은 일단 형식적으로는 통상 시민들 대다수가

---

30 Arendt, *Between Past and Future*, 146.
31 Ibid., 151.
32 Ibid., 148.
33 Ibid., 149.
34 Ibid., 148.

구비하고 있다고 이해된다.

자유의 두 번째 선행조건인 "정치적으로 조직된 세계", 즉 "공적 영역"을 자유의 출현장소로 제시하고 있다. 실제로 이 조건은 "자유는 정치행위 속에서 경험된다"는 주장의 논거를 제공하는 한편, 이러한 공간은 다수의 사람이 함께 참여하는 곳인 만큼 정치행위와 복수성의 관계를 해명해주고 있는 것이다. 이런 견지에서 정치행위, 자유, 복수성은 정치의 장, 즉 공적 영역을 중심으로 긴밀하게 맞물려 있다 하겠다.

고대 폴리스는 "사람들이 행위할 수 있는 외양의 공간을 제공하며, 자유가 출현할 수 있는 일종의 극장을 제공한 형태의 정부였다."[35] 아렌트가 규정한 공적 영역은 "외양의 공간"이며, "발언과 행위"의 방식으로 "나를 남에게 보이고 남이 나에게 보여짐"으로써 서로의 존재를 확인해주는 장소이다.[36] 행위자는 이 공간에 직접 출현하여 그곳에 있는 관객들을 상대로 자신의 탁월성을 발언과 행위의 수행을 통해 입증한다. 이런 의미에서 이곳은 하나의 무대로 간주될 수 있으며, 행위자는 이 무대에서 자신의 장기를 최대한 발휘하여 관객들의 관심을 모으게 된다. 아렌트는 이처럼 "예술공연과 정치 사이에 높은 수준의 유사성"을 가정하고 있다.

한편 행위 자체는 자유의 구현체다. 그것은 삶의 필요를 직접적으로 만족시키지 않으며 제2의 결과를 추구하지 않기 때문에 필요나 결과로부터 자유롭다고 말할 수 있는 것이다. 이런 관점에서 아렌트는 "자유의 출현은 행위수행과 동시에 이루어진다"고 말한다.[37] 즉 아렌트에게서 행위의 본질은 자유라고 볼 수 있는 것이다. 아렌트는 행위에 내재하는 자유를 마키아벨리의 비르투(virtù) 개념으로 설명하고 있다. 마키아벨리의 비르투는 세계

35　Ibid., 154.

36　Arendt, *The Human Condition*, 199.

37　Arendt, *Between Past and Future*, 152-153.

가 포르투나(fortuna)[38]로 교묘히 위장하여 인간에게 도전할 때 인간은 운명론에 빠져들 것이 아니라 그에 맞서는 탁월함을 의미하는 것이다. 마키아벨리는 어떤 품성을 가진 지도자가 이상적인 지도자인지 말하지 않으며 어떤 상황에 어떤 지도자가 적합한지도 설명하지 않는다. 대신 그는 미래의 지도자에게는 시민 또는 신민이 바로 운명의 여신이라고 주장했다. 그리하여 시민들이 완전히 부패했을 경우는 절대적인 권력을 사용하라고 충고하며, 반면 '시민적 자유'가 보장된 사회이거나 '시민적 자유'가 보장되는 사회를 건설하려 한다면, 시민들에게 힘과 권력에 복종하는 습관보다 힘과 권력을 견제할 수 있는 능력을 먼저 보장해줄 것을 주문한다. 그리고 이러한 필요를 알고, 이러한 필요를 실현시키고자 노력하는 것이 비르투인데, 아렌트에 따르면 바로 마키아벨리의 비르투 개념이 인간 행위에 내재된 자유를 설명하는 최상의 것이다.[39] 아렌트는 정치행위를 배우의 공연행위[40] 또는 탁월함의 표현으로 설명함으로써 행위에 내재된 자유를 비르투 스스로 발현하는 것(자발성)과 동일시하고 있다. 아렌트에게서는 행위의 목적성으로 용해되어 버리는 행위의 수행이 아니라 행위의 수행 그 자체가 중요하다. 이런 맥락에서 순수하게 '행위를 위한 행위'만이 진정으로 자유로운 행위라 할 수 있는 것이다.

 그렇다면 이러한 반성의 기초에 구축된 그녀의 정치행위 개념은 구체

---

[38] 운명의 여신을 뜻하는 포르투나(fortuna)가 '행운을 가져오다'라는 말에서 비롯되었듯이, 마키아벨리는 운명을 '숙명'(sorte)으로 받아들여서는 안 된다고 충고한다. 동시에 그는 운명론에 사로잡혀 있던 당시 지식인들이 운명에 맞서기보다는 운명이 자신의 삶을 좌지우지하도록 내버려두고 있다고 비판했다. Ibid.

[39] Ibid., 153.

[40] 아렌트는 자유의 의미를 창조적 예술의 작업과 구별하여 공연예술(행위)의 탁월함(비르투)으로 설명한다. 공연행위의 성과는 수행 자체 속에서 달성되며, 활동으로 탄생했으면서 활동이 완수된 이후까지 존속하여 활동과 무관해지는 최종산물 내에 있지 않다. 즉 아렌트에 의하면 그리스인들이 수행적 비르투가 결정적으로 중요한 예술적 공연행위로부터 정치적 행위의 유추를 상기시켜 주었다는 지적이다. Ibid., 153.

적으로 어떤 성격인가? 아렌트는 폴리스처럼 공적 영역은 시공을 초월하여 언제 어디서든 시민들이 참여하여 발언과 행위를 공유하는 한 존재한다고 주장한다. 공적 영역이란 "내가 다른 사람들 앞에 또 다른 사람들이 내 앞에 출현하는 공간이며 … 자신들의 의견을 어떤 숨김도 없이 밖으로 표출하는 공간"이다.[41]

공적 영역의 특성을 보다 세밀하게 들여다보면, 첫째, 그것은 '공개적으로 알리는 것'(publicity)이다. 이곳에 출현하는 모든 것은 자신과 타인들 쌍방 모두에게 관람되고, 경청됨으로써 이곳에서는 밖으로 드러나는 것이 실재를 구성하게 된다.[42] 사사로운 감정이나 의견들이 공적 영역에서 확실한 실존적 양태를 갖추기 위해서는 철저하게 탈사사화(de-privatization) 되고, 탈개인화되어 제시되지 않으면 안 된다.

둘째, '세계 그 자체'로서 모두에게 공통된 공간이라는 점이다.[43] 공동세계로서 공적 영역의 특징은 한마디로 사람들을 함께 연대해주며 개개인이 흩어지는 것을 막는 것이다. 공적 영역에서는, 서로의 관심을 한곳에 모으며, 서로의 면전에서 자신의 정체성을 자유롭게 표출한다. 여기서는 자신의 말과 행위를 통해 자신을 드러내기 전까지는 정체성이 밝혀지지 않으므로 엄밀하게 말해 공적 영역은 행위의 공간이라 말할 수밖에 없다.

이처럼 개인의 정체성은 타인에게 외양적인 말과 행위로 드러나는 것이며, 그러하기에 타인들에 의해서 경청되고 관람될 수 있는 것이다. "어느 누구도 자기 삶에 대한 이야기의 창조자 또는 생산자라 할 수 없다. 환언하면 말과 행위의 결과인 이야기들은 행위주체를 드러내주지만 이 주체가 창조자나 생산자는 아닌 것이다."[44] 공적 영역에서는 사람들이 동일하게 표출

---

41   Arendt, *The Human Condition*, 198-199.
42   Ibid., 57, 199.
43   Ibid., 52.
44   Ibid., 184.

한 말이나 행위도 제각각 복수성의 시각으로 보고 있기에 개인의 행위에 대한 평가도 다양할 수밖에 없다. 그렇기 때문에 어떤 획일화되고 표준화된 평가를 기대하는 것은 무리이며, 또한 특정 행위에 대한 일관된 반응을 기대하는 것도 무리일 수밖에 없다. 이런 맥락에서 아렌트의 정치행위는 다시금 행위를 위한 행위로 환원되며, 이것은 자신의 견해를 공개적으로 밝히는 데서 그 의미를 찾을 수 있겠다.

아렌트의 공적 영역은 밖으로 드러나는 공간이며, 자신을 타자에게 보이고 타자는 자신에게 보임으로써 존재를 상호 확인하는 장소이다. 행위자는 이 공간에 직접 출현하여 그곳에 있는 관객들을 상대로 발언과 행위를 통해 자신의 비르투를 입증하려고 최선의 노력을 다하게 되고, 이러한 소위 분투적인 정신(agonal spirit)을 쏟은 열정과 노력을 통해 행위자는 자신의 정체성을 드러내고 모종의 공적 실재를 획득하게 되는 것이다. 그렇다고 한다면 정치행위는 행위자의 개별성을 천명하는 과정이라 할 수 있을 것이다.[45]

그러나 행위자의 개별성은 말과 동시에 이루어질 때만 실현되는바,[46] 개인은 "(자기가 직접 하는) 발언을 통해 '자기가 누구인지'를 드러냄과 행위를 통한 하나의 새로운 시작을 설정함"으로써 "자기만의 독특한 정체성을 세계에 드러내게 된다."[47] 그렇다고 한다면, 아렌트가 상정하는 주체는 본질적으로 흐트러지고 산재한 자아이며 복수적이기에, 개인이 이러한 분산된 자아로부터 탈출하기 위해서는 드러냄의 보충, 즉 공적 영역에 진입하여 타인들의 도움으로 통합적 자아를 회복하는 일이 불가피한 것이다.[48]

이미 행위의 인간적 조건은 복수성이라고 했는데, 행위 자체는 개인의

---

[45] Ibid., 194 참조.
[46] Ibid., 178-179.
[47] Ibid., 184.
[48] Dana R. Villa, *Arendt and Heidegger: The Fate of the Political* (Princeton: Princeton University Press, 1996), 91.

독자성을 드러내는 개별적인 활동이지만 이러한 행위를 가능하게 하는 전제조건은 함께하는 다른 사람들의 존재다. 즉 행위는 "고립 속에는 결코 가능하지 않으며, 고립된다는 것은 행위 능력을 박탈당하는 것"과 다름없다.[49] 환언하면, "발언과 행위는 타인들의 발언과 행위의 연계망으로 둘러싸여 있으며 이것과 지속적으로 접촉 상태에 있기"[50] 때문에, 한 사람의 행위자는 "늘 다른 행위하는 존재들과의 관계 속에서 행위를 수행하게 되며, 역으로 그의 행위는 동일하게 행위능력을 가지고 있는 타인들의 '반응'(reaction)을 불러일으키는 것이다."[51]

2.3 정치적 행위와 판단

정치적 행위를 하는 사람은 그 누구와도 다른 자신의 독특성을 드러낸다. 이러한 다름은 각자의 하나뿐인 신체와 더불어 그가 서 있는 자리에서 비롯되는데, 그러한 자리는 위계가 아닌 동등한 자리로 이해되며, 그 사람만의 장점을 드러내는 그 자체로 가치를 지닌 세계의 한 부분이다. 즉 정치적 행위란 사람들이 각자의 자리에서 본 세계의 측면들을 서로에게 말하는 것이며, 이러한 다양한 의견의 표현을 통해 타인을 만나고 그들이 함께 사는 세계에 참여하는 것이다. 한 사람의 다른 의견은 세계의 또 다른 면을 보여줌으로써 이제껏 보지 못한 또 다른 현실을 보여주는 역할을 한다. 쉽게 말해 '함께하면서도 서로 다르게' 행위하는 것, 추상적인 인권의 표명이 아니라 이와 같은 더불어 사는 삶의 방식에 참여함으로써만 '인간됨'이나 '삶의

---

[49] Arendt, *The Human Condition*, 188.
[50] Ibid., 188.
[51] Ibid., 190.

의미'가 보장된다는 것이 정치적 행위의 핵심이라 하겠다.

하지만 인간의 행위의 조건으로서 복수성에 대한 강조는 자칫 행위가 인간관계망의 포로가 되어 있다는 말로 오해될 수 있다. 즉 "공적 영역은 자유로운 행위의 장"이라는 주장과 모순되는 것처럼 보이는 것이다. 여기서 아렌트의 자유 개념에 대해 짚고 넘어가야 할 사안이 있다. 아렌트는 "자유란 무엇인가?"에서 정치적 자유와 철학적 자유의 유사성을 시사한다.[52] 자유의 현상은 사유(의지)의 영역에서도 나타나며, 자유 개념은 본래 정치영역에서 처음 경험되어 의지 영역으로 이전되었다고 주장한다. 정치적 자유는 '실행의지'와 '실행 가능성'이 일치할 때 성립되기에,[53] 이것은 뭐든지 자기가 원하는 대로 다 하는 것을 의미하지 않는다. 아렌트에 따르면, 의지는 "'자기 검열'(selfinspection)에 개방된다"[54]고 지적하면서 의지 역시도 행위의 경우와 유사한 일종의 여과 과정을 거쳐 형성된다고 설명하고 있기 때문이다. 말하자면 자유 개념은 그것의 본거지인 정치와 인간사 영역 일반으로부터 자기 검열에 개방되는 하나의 내부 영역인 의지로 이전된 것이다.[55]

이런 식으로 사유영역과 정치영역은 동일하거나 유사한 것일 수 있다는 것이 아렌트의 주장이다. 그녀는 사유하기(thinking)를 단순한 사유에 머무는 것을 뛰어넘어 지속적인 행위(ongoing activity)로 봄으로써 경험을 포괄하면서 그 경험 속에서 우러나오는 의미를 찾아내는 과정으로 이해한다. 따라서 사유하기는 사회 속에서 경험을 공유하는 사람들과 단순히 경험을 통해서 지식만을 나누는 것이 아니라 경험이 가지고 있는 의미를 찾을 수 있다는 데 그것의 존재 가치가 있다 하겠다.[56] 그런데 아렌트는 사유하기의 부산물

52　Arendt, *Between Past and Future*, 155.
53　Ibid., 145.
54　Ibid.
55　Ibid.
56　Melvyn A Hill (ed.), *Hannah Arendt, The Recovery of the Public World* (New York: St. Martin's Press,

로 판단(judgement)을 지목하는데, 이 판단이 인간의 정신능력 중에서 가장 정치적이다. 왜냐하면 판단에는 타인들의 존재나 입장이 반드시 전제되며, 또 특정한 대상이나 사건들이 연루되는데, 이 점이 정치행위의 상황과 정확히 들어맞는다고 할 수 있기 때문이다.[57]

판단할 때 우리의 사유하는 자아는 "하나 가운데 둘"(two-in-one)의 대화[58] 속에서 화자와 청자의 역할로 양분되는데, 전자는 "마치 내적 감각이기라도 하듯이 스스로 감지하는" 역할을 맡고, 후자는 관객으로서 판단의 전 과정에 참여하여 검열관의 역할을 맡게 된다는 것이다.[59] 따라서 정치행위의 자유가 인간 복수성의 조건으로 인해 사전 조율을 거치는 것과 마찬가지로 내적 또는 철학적 자유 역시도 유사한 사전 검열을 통과해야 한다고 볼 수 있다.

정치행위의 장인 공적 영역과 마찬가지로 사유과정에 들어서게 되는 내적인 공적 영역에서 개인은 스스로 다양한 타인들의 입장과 의견들을 상정하여 자신의 아집과 편견을 초월하는 초연한 판단을 하게 된다고 간주된다. 여기서 아렌트가 주목하는 점은 "판단자의 관점이 정치행위의 경우에서와 같이 모종의 공적 실재를 획득한다"[60]는 사실이다. 바로 이 점이 수행 자체를 목적하는 행위로서 정치행위와 반성적 사유로서 판단이 동일시될 수 있는 가능성이 제시되는 부분이다. 아렌트의 공적 영역 개념의 핵심인 "사

1979), ix-xiii.

57 Arendt, *The Life of the Mind* (New York: Harcourt Brace Jovanovich Publishers, 1978), 192.

58 소크라테스가 처음 사용한 것으로 알려진 "나 그리고 자신과의 대화"라는 사유방식은 아렌트의 판단 개념에 도입되면서 "나와 다수와의 대화"로 확장되고 있다. 아렌트는 행위의 장으로서 공적 영역, 즉 정치의 장이란 개념을 인간의 사유작용, 특히 판단에 다시 적용하고 있는데, 이는 영 브뤼엘(Elisabeth Young-Bruehl)이 제안하는 내적 공적 영역(the inner public realm)으로 이해해도 좋을 것이다. Elisabeth Young-Bruehl, *Hannah Arendt: For Love of the World* (New Haven: Yale University Press, 1982), 295.

59 Arendt, *The Life of the Mind*, 195.

60 Villa, *Arendt and Heidegger*, 70.

람들이 함께 모여 말과 실행으로 자신의 독자성을 인정받고자 저마다 분투하는 공간"이 작동되는 원리는 행위자가 관객으로서 그곳에 현전하는 타인들의 입장을 충분히 고려하는 데서 발견될 것이다. 반대로 타인의 정치행위에 직면해서는 자신이 취할 입장을 판단해봐야 한다. 이런 측면에서 정치행위는 타인들을 설득하는 행위 또는 의사소통 행위로 환원될 수가 있는 것이다. 결국 아렌트에게서 정치행위, 그리고 유사 정치행위로서의 판단은 상호주관성을 전제로 하는 인간의 의사소통 행위로 이해되고 있다.

아렌트는 철학이 특별한 소수만의 특권이라는 전통적 사고를 비판하면서 사유에 관한 민주적 견해를 피력한다. 그녀에게 우리 사회는 철학적으로 평등한 사회다. "사유는 인간의 현재적 정신의 기능"[61]이며 과학혁명 이후 철학은 지성을 요구하는 진리 추구라는 목적을 과학에 양보하고, 인간의 이성에 바탕을 둔 삶의 의미 추구로 방향을 선회하게 되었으므로 인간은 누구나 사유를 통해 철학의 영역에 진입할 수가 있기 때문이다. 그런데 여기서 심각하게 문제가 되는 것은 누구에게나 열려 있는 사유함이 사람들로부터 외면당하고 있기에 자신의 삶의 의미를 찾지 못하고 잉여적인(superfluous) 삶을 살고 있다는 데 있다.

변화된 근대적 삶의 조건, 즉 근대 과학 기술의 발달로 도래한 경제적 풍요는 인간의 삶을 윤택하게 변화시켰고 생산 활동의 중요성을 스스로 입증했다. 이와 더불어 국가 공공선은 이제 덕스러운 공동체의 구현이 아니라 국부의 증대로 인식하기에 이르렀고 국가는 총체적인 경제활동의 장으로 변했다. 경제 활동의 핵심은 계산을 잘하는 일이다. 따라서 정치는 국가경제의 운영을 책임지는 행정으로 인식되었고, 정치가는 행정가로 변신했다. 정치의 본래적 의미는 소멸되고 정치적 존재(zo-on politicon)로서의 인간적 능력은 상실되었다. 그럼으로써 정치적 행위의 장과 정치행위의 능력이 모두 박

---

[61] Arendt, *The Life of the Mind*, 191.

탈당하고 만 것이다.

아렌트가 분석한 근대 전체주의 체제는 바로 인간의 정치행위 능력이 박탈당한 최악의 예라 할 것이다. 아렌트에 의하면 전체주의 국가는 "개인들 사이의 모든 대화의 장치들"을 분쇄하고 "사람들 사이의 공간"을 파괴함으로써 이런 공간 없이는 도무지 존재할 수 없는 인간의 행위능력을 말살한 것이다.[62] 따라서 아이히만(Adolf Eichmann)은 이러한 전체주의적 상황이 낳은 인간의 전형이다. 지속적인 논란의 대상인 아렌트의 "악의 평범성"(the banality of evil) 테제는 인간의 자유로운 행위능력의 말살과 연관된다. 아이히만이 유대인의 대량학살을 집행할 수 있었던 이유는 그에게 내재한 특별한 악마성이나 정신병리학적인 이유 때문이 아니라 그의 나치 체제에 대한 맹목적인 복종심 때문이라는 것이며, 그러하기에 아이히만의 죄는 전체주의가 자신의 행위능력을 말살하도록 허용한 일, 즉 그저 순전히 사유하지 못한 것(sheer thoughtlessness)에서부터 비롯되었다는 주장이었다.[63] 이런 사람은 사유의 능력도 없을 뿐 아니라 다른 사람들이 보는 세계를 볼 수도 없고, 다른 사람의 입장에 서서 생각할 수도 없는 사람이다. 순전한 무사유란 판단 능력의 결여를 의미한다. 아이히만에게는 '자신의 행위가 어떤 결과를 낳는가'를 상상하는 능력의 결여, '법에 복종하라'와 '살인하지 말라' 등의 서로 상충하는 도덕률이 하나의 상황에서 부딪힐 때, 대립을 해소할 판단능력이 결여되어 있었던 것이다.

그래서 아렌트에게서 '평범성'이란 일상적인 의미에서의 평범함이 아니라 탁월성과 반대되는 의미에서의 '지지리 형편없는 평범성'이다. 아렌트는 아이히만과 같은 평범한 인물을 패리아(pariah)[64]와 정반대의 인물인 벼락

---

62 Arendt, *The Origins of Totalitarianism* (New York: Meridan Books Inc., 1951), 465-466.
63 Arendt, *Eichmann in Jerusalem: A Report on the Banality of Evil* (New York: Penguin Books, 1963), 391.
64 패리아란 인도의 카스트제도에서 네 계급 이외의 최하층 천민을 가리키지만, 또한 추방을 당해

출세에 부화뇌동하는 인간(parvenu)⁶⁵으로 묘사한다. 아이히만은 새로운 무엇을 스스로 주도한 적이 없었다. 그는 주어진 명령에 따라 임무를 성실하게 수행했고 그렇게 함으로써 주어진 법에 충실했다. 그는 주체적으로 행위한 것이 아니라 기계적으로 행동했을 뿐이다. 그는 양심을 소유하지 않아서가 아니라 그의 양심이 주위의 존중할만한 사회적 음성과 전혀 대화하지 못했기 때문에 양심의 소리에 귀를 기울이지 못한 것이다.⁶⁶

이러한 사유의 기초 위에서 아렌트는 인간의 사유함이 정치행위에 미치는 영향, 즉 사유함의 정치적 함의를 재발견하는 일을 새로운 정치철학의 지향점으로 설정하고 있다. 그녀에 따르면, "새로운 정치철학을 위한 결정적 요인은 사유의 정치적 중요성을 탐구하는 일"이며, "철학적 존재로서 인간과 정치적 존재로서 인간 사이에 존재하는 연관성"을 밝히는 작업이다.⁶⁷ 이제 아렌트의 관심은 자연스레 사유함의 동학(dynamics)으로 옮겨지며, 정치행위와 판단행위 사이에 유사성이 있음을 발견하게 된다.

아렌트에게서 판단과 정치행위의 동학은 상호보완적이다. 정치적 장, 즉 공적 영역은 판단의 장(내적 공적 영역)에 감각적 경험을 제공하며, 판단행위는 정치행위의 수행에 앞서 일어나는 예행연습에 비견될 수 있으므로 올

유랑하는 사람을 뜻하기도 한다. 아렌트는 추방과 가난에 휩싸였던 과거의 자기를 패리아로 간주했다. 그중에서도 '자각한 패리아'(conscious pariah)는 사회가 억지로 부여한 비실재의 위치에서 저항하는 자를 일컫는다. 그들은 자신이 서 있는 사회의 낮은 자리를 전유하여, 사회가 차별을 통해 어떤 유혈 사태도 없이 사람들을 죽일 수 있음을 발견하고, 그러한 현실을 드러내며 자신의 정치적 지위를 반영하는 자이다. 이들은 그 사회의 가치체계에 대항하여 사회가 억압하는 바로 그 이름으로 자신의 정치적 권리와 자유를 위해 투쟁하게 된다. Arendt, "We Refugees, The Jew as Pariah: A Hidden Traditions," in *The Jewish Writings*, ed. Jerome Kohn & Ron H. Feldman (New York: Schocken Books, 2007), 273.

65   파브뉴는 벼락부자를 의미하는 용어로서, 유대인을 패리아로 여기는 사회(상류사회)에 동화되려고 노력하는 부유한 속물 유대인을 가리킨다.

66   Arendt, *Eichmann in Jerusalem*, 126.

67   Arendt, *Essays in Understanding 1930-1954*, ed. J. Kohn (New York: Harcourt Brace & Company, 1994), 445.

바른 정치행위를 위한 전제조건이 된다. 이런 맥락에서 아이히만의 전대미문의 학살은 이런 정치적 판단이 없었던 까닭에 발생한 일이라는 경악스러운 주장은 그녀의 비판자들이 공격하는 것처럼 결코 황당무계한 주장만은 아닌 것이다. 그러므로 이러한 불행한 사태를 방지할 수 있는 길은 사유와 행위를 결합시키는 것이며, 같은 맥락에서 철학과 정치는 결합되어야 한다는 것이 아렌트의 주장인 것이다.

3
정치적 행위로서의 혁명

아렌트는 정치 체제를 사유할 때, 그것은 현재와는 다른 정치 체제를 사유하는 것이지, 이 세상에 존재하지 않는 절대적인 선과 정의를 가져다줄 유토피아주의나 메시아주의를 그리는 것은 아니다. 그녀가 프랑스혁명을 비판하는 데서 잘 나타나 있듯이, 비판의 주된 이유는 프랑스혁명의 과정과 형태가 정치적 측면에서 철저하게 세속화되지 않았다는 점에 있다. 여기서 세속화는 근대의 시작을 알리는 종교로부터 정치가 분리되는 과정을 의미하는바, 이는 정치 영역의 고유성을 획득하는 과정으로 해석할 수 있다. 그 과정은 '법과 정치 제도' 또는 '삶의 형식'을 그곳에서 살아가는 사람들이 구성할 수 있다는 것을 의미하기도 한다. 역사적으로 근대의 표상 중의 하나는 법이 더 이상 신이나 왕에 의해 그 권위(*auctoritas*)를 보장받는 것이 아니라 일상생활을 영위하는 사람들의 정치적 행위를 통한 약속(정치체제와 헌법)에 의해 그 권위를 보장받는 되었다는 데 있다. 그런데 아렌트가 보기에 근대 혁명을 통해 세워진 국가들은 세속의 영역, 즉 정치 영역의 고유성을 인정하지 못하고, 법과 제도의 정당성을 위해 '절대자'를 끌어들였다. 절대자의 도입, 즉 법 이전과 이후를 구분하여 법 이전의 자연 상태와 같은 것에 정당성을 두거나, 어떤 제도의 바깥 또는 위에 신과 같은 절대적인 존재에 권위를 두는 일은 혁명에 대한 반혁명적 행위이거나 혁명을 중단시키는 일과

같은 것이다.⁶⁸

또한 아렌트가 주장하는 혁명의 특이성은 '해방'(liberty)과 구별되는 '자유'(freedom)를 목표로 하는 데 있다. 통상적으로 혁명은 기존의 사회 체제의 억압이나 구속으로부터 해방되는 것이 일차적인 의미이지만, 아렌트의 혁명개념은 거기에서 그치지 않고 끊임없이 새롭게 시작할 수 있는 일종의 열린 체제를 구성하는 자유를 보장하는 것이다. 이제까지는 혁명을 독재와 억압을 종식시키는 것으로만 여겼고, 그러한 목표에 도달하면 정치는 정치 전문가에게 맡기기만 하면 되는 것으로 생각했다. 그들에게 정치적 행위는 특별히 억압적인 상황이 아니면 하지 않아도 되고 하지 않을수록 좋은 종류의 것이었다. 그러나 다시금 소수의 전문가만이 정치에 직접 참여할 수 있게 되면, 역사 속에서 확인하듯 억압과 폭력은 반복될 수밖에 없다.

혁명에는 필연적으로 폭력이 수반될 수밖에 없다는 것이 일반적 통념이요 수다한 혁명론에서 기정사실로 하는 내용이다. 그런데 특이하게도 권력 개념을 폭력의 탈피 문제로 접근하면서 혁명을 폭력이 아닌 새로운 시작, 즉 '탄생성'(natality)⁶⁹과 연관시키는 아렌트의 혁명론은 독창적이지 않을 수 없다. 특히 혁명은 체제 전복에서 끝나는 것이 아니라 사람들의 정치적 행위 능력이 향상되는 과정을 포함해야 하기에 민주주의는 정치적 행위를 통해서만 학습될 수 있다는 사실, 즉 평의회 체제(the council system)와 같이 직

---

68 Arendt, *On Revolution*, 159-164.

69 아렌트의 "탄생성"(natality)은 인간이 세계에 새롭게 진입하여 자신의 말과 행위로 세계를 변화시킬 수 있는 능력을 의미한다. 이는 단순한 생물학적 출생을 넘어, 새로운 시작과 창조적 가능성을 내포하는 개념이다. 아렌트는 탄생성을 통해 인간이 과거의 실수나 실패에도 불구하고 새로운 삶을 시작할 수 있다는 긍정적인 메시지를 전달하고자 했다. 아렌트적 관점에서 인간의 탄생은 우리 세계를 유지하고 새롭게 지속시킬 수 있는 가장 본질적인 사건이다. 이 세계는 누군가의 탄생을 통해 새롭게 등장하는 새로움으로 끊임없이 갱신된다. 이때 교육은 이 세계에 새로 온 이들의 새로움을 그들 이전에 존재하는 이 세계에 소개하도록 돕는다. 이러한 관점에서 아렌트의 교육은 세계를 있는 그대로 존속시키는 것이 아니라 탄생을 통해 지속적으로 새로워지게 하는 방식으로 이 세계를 책임지는 일과 관련이 있다[Arendt, *Between Past and Future* (Cleveland: The World Publishing Company, 1969), 185].

접적으로 정치적 경험이 가능한 제도를 구성하고, 이를 통해 시민들이 자발적인 정치적 행위의 즐거움을 느끼고,[70] 그것을 학습하는 과정이 쌓여야만 '자유를 목표로 하는 혁명' 또는 '혁명의 지속'이 가능해진다는 아렌트의 주장은 빛의 혁명의 주체인 우리가 주목해야 할 대목이 아닐 수 없다.

3.1 폭력과 권력

아렌트에 따르면 공적 영역은 오직 권력을 통해서만 유지될 수 있는데, 권력은 폭력과 상호 배타성을 개념적으로 각인시킴으로써 폭력을 단절해버린 의미에서의 권력이다. 그녀는 『폭력에 관하여』(On Violence)에서 이러한 시도를 하고 있다. 아렌트는 정치적 좌파로부터 우파에 이르기까지 폭력을 권력의 본성으로 간주하는 합의가 광범위하게 형성되어 있다는 사실에 주목한다. 그녀는 근본적으로 이는 권력과 폭력 개념을 합당하게 구별하지 않기에 발생하는 문제라고 지적한다. 그녀에 따르면 권력은 "제휴하여 행위할 수 있는 인간의 능력"으로, 권력을 만들어내는 집단, 즉 인민으로 구성되는 정치공동체의 현존에 내재하는 것이다. '권력 이면의 권력'이라 할 인민의 동의가 권력의 정당성을 보증하기에, 권력은 그 자체로 목적이며, 정당화를 필요로 하지 않는다.[71] 반면 폭력의 가장 큰 특징은 그 도구적 본성에 있으며, 모든 도구나 수단이 그러하듯이 정당화를 필요로 한다. 아렌트에 따르면 스스로 목적이자 정당성을 내면화한 권력이, 정당화를 필요로 하는 폭력을 수단으로 요구하는 순간, 이미 권력은 몰락의 길로 들어서는 것에 다

---

[70] 여기서 '즐거움'이란 인간을 비실재로 간주하는 가치 체계를 포함한 정치 체제에 대한 저항행위이기도 하며, 토크빌이 말했던 "말하고 행동하며 숨 쉴 수 있는 유일한 즐거움(자유의 정념)"이기도 하다. Arendt, On Revolution, 124-125.

[71] Arendt, "On Violence," Crisis of the Republic (New York: Harcourt Brace & Company, 1972), 143.

름 아니다. 권력을 폭력으로 보완하거나 대체하려는 유혹을 만들어내는 것은 권력의 상실 자체이거나, 권력의 본질을 명령과 복종으로 환원하고자 하는 욕망 때문이다. 하지만 폭력은 권력을 파괴할 수는 있으나 생산할 수는 없으며, 때로 목적을 압도하는 폭력의 예측의 불능성과 임의성은 이 과정을 더욱 가속화한다. 따라서 "권력과 폭력이 동일하지 않다고 말하는 것으로는 불충분"하며, "권력과 폭력은 대립적이며"이며, "폭력의 반대는 비폭력이 아니라 바로 권력"이라는 아렌트의 사고는 독특하기 그지없다.[72]

폭력은 강제적인 힘을 이용하여 타인을 제압하여 자신의 의지를 관철시키는 것이지만, 권력은 사람들의 공동행동과 상호적 동의와 지지 속에서 형성된 힘이다. 폭력이 목적을 이루기 위한 수단이고 목적을 통해서만 정당화될 수 있는 것이라면, 권력은 폭력과 다르게 행위의 가능성이 열려 있는 곳에서, 즉 사람들이 함께 살아간다는 사실에서 발생하므로, 권력은 개인에게 속하는 것이 아니라 사람들이 말과 행위를 통해 함께 공감하는 공통감(sensus communis)을 형성할 때 생겨나는 잠재적인 '약속의 힘'이라는 점에서 그 자체가 이미 정당성을 갖고 있는 것이다.[73]

폭력을 사용하는 권력은 이미 권력이 아니며, 그런 권력은 정당성을 확보할 수 없다. 왜냐하면 "권력은 정당화(justification)를 필요로 하지 않으며, 정치 공동체의 존재 자체에 내재해"있으며 "권력이 필요로 하는 것은 적법성(legitimacy)"이지 정당성이 아니기 때문이다.[74] 권력이 사람들이 모여서 의사소통할 수 있는 공간을 빼앗고, 사람들이 서로 토론하며 자신을 발견하고 공동으로 성찰할 수 있는 기회를 박탈하며, 사람들의 공동행동으로 나아가

---

[72] Ibid., 155.

[73] Arendt, *The Human Condition*, 237.

[74] 권력의 사람들이 모여서 공동의 행위를 하는 곳이라면 어디서나 발생하는 것이며, 권력의 적법성은 최초의 집회에서 생겨나는 것이지 그 이후의 어떤 행위에서 도출되는 것이 아니다. 반면 폭력은 정당화의 문제이지 적법성의 문제와는 거리가 멀다. 고로 폭력의 정당화는 의도한 목적이 미래로 점점 더 멀어질수록 타당성을 잃어가는 것이다. Arendt, "On Violence," 151.

는 것을 봉쇄하기 위한 수단으로 작용한다면, 그것은 더 이상 권력이 아니라 폭력에 불과한 것이다.

그리고 아렌트는 "권력은 폭력에 의해 파괴될 수 있다. 그렇다고 폭력이 권력이 될 수는 없으며, 그 권력이 인간의 능력에 비롯되는 한 영원히 파괴될 수도 없다"[75]고 보면서, 시민들이 권력을 파괴하는 폭력에 맞서 '저항 권력'을 형성할 것을 주장했다.[76] 물론 여기서 말하는 저항 권력은 폭력일 수 없다.

폭력에 대해 폭력으로 맞서는 것은 단지 또 다른 폭력일 뿐 권력과는 무관한 것으로 이해될 수 있다. 아렌트의 이 같은 권력과 폭력에 대한 비교학적인 시각은 그가 살았던 '폭력의 세기'에 대한 성찰로, 혁명의 수단으로서 폭력이 정당화되는 데 익숙한 사람들에게 폭력의 의미와 권력의 의미를 새롭게 이해하는 데 도움을 준다. 특히, 독재 정권과 투쟁하면서 민주화를 경험했던 시민들에게, 시민들의 정치참여가 권력이 될 것인지 아니면 폭력이 될 것인지, 그리고 이들의 차이가 무엇이고, 권력이 폭력이 되지 않기 위해서는 어떤 조건이 필요한 것인지를 이해하고 성찰하는 데 하나의 혜안을 제공해준다 하겠다. 즉, 아렌트의 권력에 대한 의미는 정치적인 삶의 중요성을 일깨우고, 그동안 경제 근대화의 기치 아래 오직 이해관계와 물질주의적 가치 그리고 대립과 갈등 속에서 상실했던 인간적인 삶의 방식을 복원해야 함을 일깨우고 있다. 사실상 2016~2017년 촛불혁명과 이번 12·3 내란사태에서 민주주의를 지켜낸 '빛의 혁명'은 정치적 행위로서의 권력이 무엇인지 극명하게 보여주었으며, 정치란 선거를 통해 정치 엘리트에게 맡기면 그만이라는 무정치적인 삶을 조장했던 권력 아닌 권력, 폭력의 권력에 진정한 권력이 무엇인지를 깨우쳐준 정치적 사건이라 하겠다.

---

[75] Arendt, *The Human Condition*, 202.
[76] Arendt, "On Violence," 62-92.

3.2 혁명

권력의 구조에서 폭력을 원천적으로 분리시킨 아렌트는 혁명에서도 동일한 입장을 취하는 것은 당연하다. 그러나 이 논리에 모순이 없는 것은 아니다. 예를 들어 혁명을 '시작'을 대면케 하는 유일한 정치적 사건이라 봄과 동시에 시작은 폭력을 사용하지 않고 규범을 위반하지 않고서는 진행될 수 없다는 대목이 그것이다.[77] 그러나 아렌트 혁명론의 기조는 시작과 폭력의 관계보다는 시작과 혁명의 관계에 놓여 있다는 사실, 즉 정치적인 행위와 시작하는 능력이 동일시되는 '탄생성'의 철학의 본질, 더 나아가 그 시작의 원리로서 공적 자유, 상호 약속과 공동심의 등에 놓여 있다는 점에 더 무게의 중심이 있다는 점을 이해해야 할 것이다. 이런 점에서 아렌트의 혁명론은 혁명적 시작과 폭력의 분리 불가능성의 맹목성에 대한 비판이론으로 해석해도 무방하다. 실제로 아렌트는 소렐로부터 사르트르, 파농에 이르는 폭력혁명론은 물론이거니와, 당시 학생운동이나 흑인민권운동에서 널리 공유되었던 폭력의 정당성에 대한 주장에 단호하게 반대했다. 아렌트는 인간의 탄생을 전혀 새로운 정치행위의 가능성으로 해석하여 "인간행위의 한 가지 특성은 언제나 무엇인가 새로운 것을 시작하는 데 있다"[78]고 주장한다. 정치행위는 새로운 시작이며,[79] 새로운 시작으로서 혁명은 새로운 권력체계를 구축하는 일, 즉 새로운 정치의 장인 공적 영역을 건설하는 일로 규정되고 있다. 아렌트에 따르면 정치권력은 사람들이 함께 모여 공동으로 행위할 때 나타나는 파생물이며, 즉 무엇인가를 창발하는 힘이고, 그들이 이 공동의

---

[77] Arendt, *On Revolution*, 20.

[78] Arendt, "Lying in Politics," *Crisis of the Republic*, 5.

[79] "신은 하나의 시작 기능을 세계 속에 도입하기 위해 인간을 창조했다: 그것은 자유이다"(Arendt, *Between Past and Future*, 167)라는 아렌트의 말을 복기할 필요가 있다. 요컨대, 아렌트에게 있어 자유는 '새로운 시작'이라는 기능으로 이해되고 있는데, 이 점에는 정치행위도 마찬가지다. 즉 행위 수행은 곧 자유의 생성과 동일시되고 있으며, 동시에 인간의 존재이유로 해석되고 있다.

장을 떠날 때는 그들과 함께 사라지고 마는 것이다.[80] 이런 의미에서 권력은 자유와 마찬가지로 정치행위와 동시다발적으로 생성되며, 공적 영역의 성립과 와해에 따라 부침을 거듭하게 된다. 즉 정치행위로서의 혁명은 새로운 권력의 핵을 형성하는 일이며, 프랑스혁명 이후 연쇄적으로 발발한 혁명/반혁명들의 예에서 확인되듯이, 다시 새로운 혁명이 일어나면 또 다른 권력의 구심점이 새롭게 형성되므로 앞서 일어난 혁명의 의미는 완전히 상실된다고 볼 수 있다.

다른 한편, 공적 영역은 권위의 원천이기도 하다. 공적 영역의 권위는 이 속에서 사람들이 암묵적으로 이루어낸 상호 약속에 바탕을 두고 있으며, 그들이 이곳을 떠난 이후에도 그들에게 지속적인 구속력을 행사하는 속성을 갖는다. 인간의 말과 행위는 그것의 일회적 속성에도 불구하고 그 경험에 직접 또는 간접적으로 참여한 사람들의 역사, 즉 상호 간의 약속의 제도화나 문서화를 통해 기억됨으로써 지구성(endurance)을 갖는다 하겠다.[81]

아렌트에 따르면 미국의 건국 아버지들은 이 논리를 제대로 이해하고 있었다는 것인바, 그들은 자신들의 정치행위를 헌법이라는 실체적인 유형의 문자로 제도화하여 자신들의 정치행위가 표상하는 자유행위로서의 혁명 정신을 계승했을 뿐만 아니라, 혁명이 담지하는 비예측성과 우연성을 사전에 방지했다는 것이다.[82] 그럼으로써 그들은 과거에 그들이 행한 정치행위의 순간성을 극복하고, 상호 약속의 효과를 지속적으로 유지하기 위한 권위

---

80 Arendt, *The Human Condition*, 244.

81 Ibid., 208.

82 혁명이 정치적 자유의 모습을 드러내고 이후 궁극적인 성공으로 귀결되려면, 혁명의 열기가 지속적으로 재생산되어서는 안 된다. 오히려 혁명의 열기가 식은 가운데 혁명 속에 담긴 새로운 것, 즉 정치적 자유가 사회에 새로운 질서를 통해 지속적으로 유지될 수 있도록 해야 한다. 이것은 혁명에 참여한 이들의 합의를 담은 헌법을 통해 그리고 그 헌법의 원리에 따른 법에 의해 형성되는 정치 질서를 통해 이루어지는 것이다. Arendt, *On Revolution*, 144.

적 토대를 마련할 수 있었다는 것이다.[83] 이에 비해, 프랑스혁명은 자유의 표현으로서 정치행위는 역시 자유의 새로운 표현들인 일련의 후속 정치행위들의 발생을 무한정 허용함으로써 혁명정신의 본 취지를 손상시키는 결과를 초래했으며, 무절제한 후속행위의 연쇄로 인해 정치행위로서의 혁명은 순간적 필요충족을 위한 도구로 전락되었고, 폭력과 폭력이 꼬리를 물고 연속되는 불행한 사태가 도래하게 되었다는 것이다. 이것은 상호 약속으로서의 행위가 수반하는 권위가 철저하게 붕괴된 결과였다는 것이 아렌트의 주장이다.[84]

혁명과 권위는 외견상 이율배반으로 보인다. 그런데 아렌트는 행위의 결과가 구속력을 가지면서 동시에 뒤따르는 행위의 자유로운 발생을 막지 않는 방법을 모색한다. 이를 위해 도입한 개념이 '증대 가능성'(augmentability)이다.[85] 말하자면 선행된 정치행위는 뒤따르는 정치행위들로 대체되는 것이 아니라, 선별적으로 그것들을 포섭하여 그 본체가 수정 보완·증대될 수가 있다는 논리다. 예컨대 미국헌법에서와 같이 혁명의 정치행위의 결과를 문서화한 헌법은 뒤따르는 다른 자유로운 정치행위들의 결과를 담은 수정조항들을 추가로 포함시킬 수 있는 것이다. 이런 점에서 미국헌법의 권위 자체는 그것이 수정되고 증대될 수 있는 내재적 능력 속에 존재한다는 것이 아렌트의 생각이다.[86]

---

83 Ibid.

84 Ibid.

85 아렌트는 미국 혁명에서 수정 조항의 의미를 재해석하여 혁명의 새로운 의미를 '증대를 통한 건국과 보존의 일치'(최초의 건국을 증대시키는 것)라는 개념으로 정리한다. 사실상 이 개념은 제퍼슨(Thomas Jefferson)에게서 빌려온 개념으로서 한편으로는 헌법과 봉기를 결합하고 다른 한편으로는 이행과 민주주의를 결합한 형식이다. 이러한 형식은 곧 혁명은 중단 없이 지속되어야 하며, 시민들은 민주주의의 실천을 통해 이를 학습해야만 함을 의미한다. Arendt, *On Revolution*, 202; Thomas Jefferson, *Declaration of Independence*, 차태서 역, 『토머스 제퍼슨: 독립선언문』(서울: 웅진씽크빅, 2010), 하트(Michael Hardt)의 서문 참고.

86 Ibid.

그러나 아마도 이 점이 아렌트의 혁명론이 지니는 최대의 약점으로 지적될 수 있겠다. 왜냐하면 그의 논리대로라면 사실상 '최초의 혁명'만을 가장 본질적인 정치행위로서 정당화하고 있는 셈이기 때문이다. 최초의 혁명이 인간의 자유의 표현으로서, 새로운 정치적 공적 영역을 건설하는 행위로서 매우 바람직한 것이긴 하지만, 그 이후에 발생할 수 있는 혁명은 최초 혁명으로 맺어진 상호 약속을 위반하는 부정적인 행위로 낙인찍힐 가능성이 농후하기 때문이다.

더 근본적인 물음이 제기될 수 있는 것은 정치행위로서의 혁명이다. 혁명은 그것의 목적인 새로운 정치체제의 건설이라는 명제와 분리해서 생각될 수 없는 것인바, 정치행위란 행위를 위한 행위이며 필요나 그 어떤 동기로부터도 자유로운 비도구적 행위라는 아렌트의 주장과 모순될 수밖에 없기 때문이다. 아렌트가 미국혁명을 긍정적으로 평가하는 이유가 혁명정신이 새로이 건설된 공동체의 문서나 제도로서, 즉 정치행위의 경계를 규정하는 실질적인 토대로서 보전된 것에 있었다는 점을 복기한다면 도구성으로부터 온전히 자유로운 정치행위가 실제적으로 가능한 것인지는 따져 묻지 않을 수 없는 사안이다.

그럼에도 불구하고 헌법의 수정에 보듯 미래 세대에 대한 제헌 과정의 개방을 미래 세대에 대한 개방뿐 아니라 그 세계에 "새로 온 자들" 모두에게 해당한다는 의미로 해석된다면, 이것은 이방인과 같은 낯선 존재로서 기존의 체제에 대해 새로운 관점을 제시할 수 있을 것이다. 그들은 그 체제의 헌법과 법률이 효력을 상실해서 강압적으로 변했을 때 그것을 알아챌 수 있으며, 그에 저항해 새로운 법을 세우는 역할을 할 수도 있을 것이다. 어떤 체제가 그러한 역할을 하는 자들을 단순히 위협적인 존재로 간주해서 억압한다면 그 체제의 정당성은 무너지고 만다. 그것이야말로 혁명과 헌법 개정이 필요한 이유가 되는 것이다. 여기서도 확인할 수 있듯이 정치는 하나의 체제를 유지하기 위한 수단이 아니라, 서로 다른 의견들의 생성을 조건이자 목적으로 두는 것이다. 이런 관점에서 보면, 낯선 자들의 의견은 한 공동 세계의 보존에 두려운 것이 아니라 환영할 만한 것이 된다.

바로 이러한 맥락에서 아렌트는 대안적인 정치체제로 '작은 공화국'인 '지역 평의회'를 제시한다. 평의회 체제는 선거나 이외의 다른 수단에 의해 결정되는 대의제가 아닌 시민의 직접적으로도 능동적인 참여로 획득하는 통치 형태를 가리킨다.

3.3 직접민주주의

아렌트가 상정하는 공적 영역은 헬라의 아고라에서처럼 시민권을 가진 시민 모두가 자발적으로 동등하게 토론에 참여하여 자신들이 토론한 사항을 권위적인 약속으로 간주하고 엄격히 준수하는 일종의 사회계약 형식을 담지하고 있다. 그러나 현대 대의제 민주주의 사회의 일반 시민의 경우를 생각해보면, 물론 시민들이 스스로 공론의 장을 구축할 수 있겠지만 그들 자신이 합의사항을 제도화와 연결시킬 수 있다고 생각하기란 쉽지 않다. 슘페터의 말대로 대의제 민주주의는 모든 사회계층의 과반수가 민주주의 게임의 규칙들을 준수하기로 결연한 의지를 보이지 않는 한 만족스럽게 기능을 하리라 기대할 수 없는 것이 현실이다.[87] 현대의 간접민주주의 형태하에서 일반 시민들은 직접적인 권력의 장으로부터 사실상 소외되어 있기 때문에 자신들의 의견이 정치화될 수 있다는 사실을 요원한 유토피아적인 사태로 생각하고 있을 뿐만 아니라, 자신들이 정치에 직접 참여할 수 있는 기회가 실질적으로 존재하는가와 같은 원론적인 문제에 대해서조차 의구심을 갖는 것이 현실이다. 그러하기에 아렌트에 따르면 대의제 민주주의는 여

---

[87] Joseph Schumpeter, *Capitalism, Socialism and Democracy* (London: Unwin Paperbacks, 1987), 269.

전히 지배/피지배의 틀로 이루어진 체제이다. 근대의 조건 아래에서 사람들은 대의제에서 정치적 평등의 조건을 갖추어져 있으며, 국민의 정치적 삶을 이 체제가 재현한다고 생각하지만, 이 체제에서는 정치적 평등이 이루어질 수 없다. 왜냐하면 "(대의제 정부 자체가 위기에 처해 있는데) 이는 부분적으로 시간이 흐르면서 시민들의 실질적 참여를 허용하는 모든 제도들을 잃어버렸기 때문이고, 또 부분적으로는 정당제도가 겪고 있는 폐단, 즉 정당조직 외에는 그 누구의 입장도 대변하지 않으려는 정당들의 경향성과 관료화의 폐단 때문이다."[88]

아렌트는 이러한 현대 시민의 권력소외 문제를 해결하기 위해 참여민주주의 활성화를 위한 제도적 방편으로 '평의회 체제'를 제안하고 있다.[89] 오늘날 대의제 민주주의가 시민들이 다수의 다원성을 경험하는 기회를 제공하고 있지 못하다는 비판을 기초로 대의제 민주주의를 극복하는 방안으로서 직접민주의의의 제도적 형태를 제시하는 것이다. 이것은 시민들을 정치에 직접 개입시키는 방식으로, 제일 아래에 하급 위원회들이 구성되고, 그들의 대표들이 다시 중간급 위원회를 구성하는 피라미드 방식으로 최상위층의 시민위원회가 직접적인 권력을 행사하게 하자는 발상을 담고 있다. 이에 덧붙여 아렌트는 상급 위원회와 하급 위원회의 정책을 조정하는 문제에 관해 충고보다는 강하고 명령보다는 약한, 그러나 무시하려고 한다면 적당하게 넘어갈 수 없는 권고를 했던 로마 원로원의 권위체제를 닮은 의사소통 형식을 추천하고 있다.[90] 말하자면 아렌트의 시민위원회 제도는 그의 직접

---

[88] 사실상 대의제 민주주의 체제에서 시민들이 자신의 힘을 나타낼 수 있는 거의 유일한 장치가 선거인데, 이것을 통해 다양한 의견을 반영하기란 어렵고, 특히 소수의 의견을 수용하는 문제에서는 그 한계가 명확하다. 유권자는 "조작된 투표자"(manipulated electorate)에 불과하다." Arendt, "Civil Disobedience," in *Crisis of the Republic*, 88-89; "Thoughts on Politics and Revolution," in *Crisis of the Republic*, 244-245.

[89] Arendt, *The Origins of Totalitarianism*, 498.

[90] Arendt, *Between Past and Future*, 123.

민주주의적 입장과 대의민주주의를 실시할 수밖에 없는 현실여건 간의 괴리를 노정하고 있는 셈이다. 아렌트에 의하면 인간 모두가 정치행위를 통해 존재의 실존적 의미를 획득해야 한다고 주장하는 한편으로, 정치행위의 장은 모두에게 완전히 열려 있지 않다는 현실 상황을 인식하고 있었다. 그녀의 시민위원회 제안은 시민의 직접적인 참여 필요성을 강조하는 한편으로 직접참여의 기회가 척박한 대의민주주의적 상황에 현실적 제도를 마련함으로써 이론과 실제를 접목시켜보고자 하는 아렌트의 여망이 담겨 있다 하겠다.

그러나 역시 아렌트가 정치참여라는 시민의 당위를 강력히 설파하는 한편 '어떻게 참여할 수 있는가'라는 현실적인 문제에 대체로 모호한 입장을 취하고 있는 것은 하나의 규범이론으로서 그녀의 행위이론이 갖는 한계성이라 할 수 있을 것이다.

4
빛의 혁명의 정치철학적 의의

　무엇보다 아렌트적인 의미에서 빛의 혁명의 의의는 정치적 경험의 회복이라는 점을 지적하지 않을 수 없다. 그 경험은 사적인 차원을 넘어 공적인 자유, 공적인 행복으로 표현될 수 있을 것이다. 우리가 공적인 일에 직접 참여하는 정치적 행위의 경험과 과거와는 다른 새로운 일을 시작하는 혁명의 경험과 거리가 멀었던 것은 역사적으로 우리의 사회 체제가 그러한 경험을 막는 구조를 가지고 있었기 때문이기도 하지만 정치란 기껏해야 인간사에서 일종의 수단이나 방편에 불과하며, 자신의 사회적 위치에 따라 변화를 바라지 않는 계층과 변화에 대한 기대 자체가 무의미하다고 여기는 계층 양쪽 모두에게 정치는 다분히 부정적인 의미로 인식된 것이 사실이다. 이러한 정치 부재의 사회 구조 속에서 정치권력은 부정부패의 주범으로 우리 사회의 반정치적 흐름을 선도하는 지경에 이르고 만 것이다.
　이미 살펴본 바와 같이 아렌트가 정치를 사람들이 서로 관계 맺는 일을 통해 자기성을 구성하고 인간됨을 보장하는 자기 목적적인 활동으로 재의미화하는 이유는 이러한 고질적인 편견들을 제거하기 위한 노력에 다름 아닌 것이다. 그러므로 이러한 관계 회복을 위해 제시했던 헬라의 폴리스적 경험은 단순히 과거로 돌아가자는 복고주의로 이해되어선 안 될 것이다. 그녀가 말하는 회복은 타자와의 관계를 제대로 형성하기 위해 지금과도 다르고 이전과도 다른 새로운 관계를 창출해야 함을 의미하는 것이다. 우리가 상실한 관계는 본질적인 어떤 것이 아니라 새롭게 구성해야 할 것이며, 특정한 과거의 정치체가 아니라 결정되어 있지 않고 열려 있는 과거의 자원들에서 재료를 찾아 함께 숙고해야 할 과제다.[91] 아렌트가 제시했던 폴리스나 평의회는 바로 그러한 차원에서 오늘날 우리가 고려해야 할 소중한 정치적 재료들인 것이다.

이런 의미에서 우리의 빛의 혁명은 세계 정치사에서도 유례를 찾기 힘든 하나의 새로운 정치적 행위의 역사적 사건이었다. 기본적으로 국가주의 역사, 물질적 산업화를 중심으로 하는 근대화의 시대가 다층적이고 자율적인 개인이 수평적으로 결합한 새로운 공동체의 시대, 삶의 질이 중시되는 탈근대 사회로의 전환과 맞물려 일어난 중요한 현상이었다. 무엇보다 '응원봉 시민들'은 21세기의 아고라 광장(국회의사당 앞, 시청, 광화문, 헌재 앞, 대통령 관저 앞)이라는 새로운 공간을 정치의 형식으로 창출했다. 아고라 광장은 원형 공간 안에서의 어울림과 축제를 상징한다. 그 공간은 일정한 방향으로 전진과 후퇴를 반복하는 공간이 아니라 다양한 것들을 한데 아우르는 복수성의 공간이었다. 광장은 이분법적 적대성에 기초한 부정적 투쟁의 공간이 아니라 복수의 정체성, 역동성, 자발성, 창조성, 상상력, 유쾌함, 속도를 특징으로 하는 새로운 참여의 공간이 되었다. 그래서 빛의 혁명의 주체는 다양한 차원의 수많은 개인과 집단들일 수 있었다. 이들은 광장에서 각자의 독창적인 사유와 창의적 행동을 자유롭게 표현할 수 있었다.

빛의 혁명의 중요한 특징은 수많은 주체 사이의 관계가 수평적이고 탈중심적이었다는 점이다. 집회를 주최하는 단체는 있었지만 공연무대를 제

---

[91] 그리스 사람이라면 용기 있는 행위를 판단할 때 즉각적으로 아킬레우스를 떠올릴 것이고, 그리스도인이라면 선한 행위를 판단할 때 예수나 성 프란체스코의 예를 떠올릴 것이다. 그 예들은 부재하지만 예증적 타당성을 가지기에 부단하게 현재화시켜야 할 필요가 있는 것이다. Arendt, *Lectures on Kant's political Philosophy* (Chicago: The University of Chicago Press, 1989), 84-85 참고.

공하는 수준이었으며, 시위에 참가한 대중을 통제할 정도의 영향력을 갖지 못했다. 탈중앙집권화된 촛불과 응원봉 시민들은 오히려 중앙집권적으로 조직화된 대중들보다 훨씬 더 위력적이었다. 그들은 SNS 등 정보기술을 바탕으로 현실 세계의 물리적 한계를 극복하며 다양한 인간관계를 맺고 사회적 문제에도 자발적으로 참여하려는 경향이 있는데, 이들을 응집시키는 것은 '가치 있는 것'에 대한 소통과 공감이었다.

일반적으로 산업화 이후의 사회는 세계화와 정보화로 묘사되는데, 여기서는 사회 갈등의 양상을 새로운 차원으로 전이시킨다.[92] 빛의 혁명에서 의제를 설정하는 과정을 보면 새로운 시대의 특성이 관찰되는데, 보수 대 진보, 자본 대 노동과 같은 국민국가를 구성하는 구조적 요소와 관련된 거대 담론이 쇠퇴하고, 생명, 건강, 환경, 주거, 교육, 안전, 비정규직 노동자, 택배 노동자, 시간제 노동자, 성소수자, 장애인처럼 대중의 일상 속에서 제기되는 쟁점이 국가권력에 저항하는 새로운 정치 주제로 부상했음을 알 수 있다.[93] 또한 정보사회의 탈물질적 가치관은 개인 차원에서 자기표현과 가치 있는 삶에 대한 강조로 표출되었다 하겠다.

하지만 그런 일련의 변화가 근대·산업·물질적 가치를 절대적으로 배제한다는 뜻은 아니다. 빛의 혁명에서 확인했듯 탈물질, 탈산업, 탈근대의 새로운 문명적 가치는 헌법에 규정된 시민권의 문제, 대외적 국가 주권의 문제 등 근대적 가치와 모순 없이 잘 결합했기 때문이다. 촛불 시민들은 "대

---

92 유흥림, "현대사회의 특징과 정치의 역할", 백창제 편, 『근대와 탈근대정치의 이해』(서울: 인간사랑, 2012), 13.

93 윤석열 탄핵 집회에서 가장 주목받은 장면 중에 하나가 2024년 12월 11일 부산 서면에서 집회 참석자로 노래방 도우미(스스로 술집 여자로 밝힘)가 연단에 올라 발표했던 장면이다. 사람들의 경멸에도 불구하고 그녀가 민주사회의 시민으로서 권리와 의무를 다하고자 그 자리에 올랐다고 말하며 시작된 연설은 큰 화제가 된 적이 있다. 손고운, "'500만 조회' 부산 집회 여성 '변희수 하사님 돌아가셨을 때 너무 가슴이 아팠다'", 『한겨레21』 1544(2024), https://h21.hani.co.kr/arti/society/society_general/56594.html (2025. 7. 19. 검색)

한민국은 민주공화국이다. 모든 권력은 국민으로부터 나온다"[94]를 노래하며 헌법을 위반하고 침탈한 대통령과 내란 세력에 저항하며 헌법적 가치를 새롭게 발견하고 완성해갔다.

결국 빛의 혁명에 나타난 이상과 같은 여러 특징을 관통하는 핵심 가치는 '삶'과 '공감'이라 할 수 있다. 삶의 가치는 삶의 고통과 죽음의 문제에 깊은 관심을 기울이는데, 이는 '세계사랑'(amor mundi), 삶이 영위되는 세계에 대한 사랑에서 비롯된다. 그런데 세계사랑은 나의 삶에만 한정될 수 없으며, 타인의 아픔에 공감할 수 없다면 결코 성립될 수 없다. 왜냐하면 세계란 정치적 인간들이 모여 서로 관계를 맺으면서 형성되는 삶의 시공간이기 때문이다. 따라서 내부와 외부를 나누는 경계선을 만들고, 외부에 놓인 자들을 적으로 간주하고 비난과 폭력을 가하는 일은 필연적으로 자기 내부를 오염시키고 공동체를 만인의 만인에 대한 투쟁의 자연상태로 전락시키고 만다. 그리고 궁극적으로는 정작 나 자신의 생명이나 권리조차 보지하기 힘든 사태가 도래하고 마는 것이다. 아렌트의 지적대로 우리 시대의 비극은 세계사랑의 상실, 즉 무세계성(worldlessness)의 증가라 할 수 있다.[95] 그래서 현대인의 삶은 비유컨대 사막에 거주하는 삶과 같은 것이다.[96] 사막의 삶은 사막에서의 삶이 익숙해지도록 하는 심리적 위로 따위로 거기서 탈출하지 못하도록 한다. 또한 가장 최악인 것은 모래폭풍으로 상징되는 극우 파시즘의 전체주의 운동 같은 형태를 통해 사막이 가장 적합한 정치 형태처럼 보이게끔 우리를 미혹함으로써 사막에 극단적으로 적응하게 만들어버린다. 결국 우리 삶에 대한 전체주의적 테러에서 해방되는 길은 세계 사랑이라 할 수 있다.

그런데 삶의 가치는 근대 정치의 사고인 민족주의와 주권 사상을 초월한다는 것을 명심해야 한다. 근대적 정치관은 인간의 존엄에 대한 믿음, 의

94　윤민석 작사/작곡, "헌법 제1조".

95　Arendt, *The Promise of Politics* (New York: Schoken Book, 2005), 201.

96　Ibid., 201-203.

견 차이에 대한 관용, 근대적 권리에 관한 사상을 발전시켰지만, 국민국가 중심의 질서에 바탕을 둔 시민권의 내적 한계 탓에 확장이 근본적으로 제약되어왔다. 인권과 시민권은 때로는 중첩되면서 때로는 충돌하면서, 경우에 따라서는 근대사회의 시민권에 담긴 배제와 차별이 민주주의를 파괴하고 사회를 퇴화시키는 최악의 선례를 만들기도 했던 것이다.[97] 근대 세계를 형성한 오늘의 서구사회는 혐오, 차별, 적대, 폭력의 늪 속에서 허우적거리고 있다. 아렌트가 경험한 근대 세계는 역설적으로 세계 상실의 공간, 즉 사람들이 만나서 의견을 나눌 수 있는 공적 영역이 사라져버린 공간으로 전락했다. 우리 사회도 여전히 나와 의견이 다른 사람을 향해 함부로 이념적 굴레를 씌우고 낙인찍고 있다. 그런 차별에 악의를 품은 정치권력과 언론권력이 총동원되어 허위 여론을 조장하는 짓까지 서슴지 않았다. 극우 파시스트들은 급기야 수학여행을 가는 중에 대참사를 당한 학생 유가족들, 이태원의 축제에 참석했다가 참사를 당한 젊은이들의 유가족들을 향해 인간성을 결여한 증오와 혐오표현을 동원해 그들의 아픔을 조롱하고 폄하했다. 인간성 상실에 대해 심각하게 고민해야 할 사태를 종종 경험하는 것은 현재진행형이다. 그런 경험은 삶의 공간과 그것을 지탱하는 사회적 유대감을 더욱 확장시켜야 하는 오늘날의 시대 흐름에 완벽하게 역행하는 사태가 아닐 수 없다. 이런 점에서 빛의 혁명은 세월호 참사, 이태원 참사의 유가족에 대한 연

---

[97] 인권의 실제적 효과는 민족 국가의 틀 안에서 이루어지기 때문에, 인간은 태어나면서부터 자유롭고 평등한 권리를 가진다는 내용(생명과 자유에 대한 권리, 행복추구권, 법 앞에서의 평등, 재산 보호, 국민주권 등)은 누군가 태어나면서부터 속한 국가가 없으면 아무런 인간적·사회적 권리도 가질 수 없다는 현실로 변형되었다. 시민권이 없으면 인간의 권리도 언제든 박탈당할 수 있다는 사실은 시민이 아닌 자는 인간의 범주에 포함되지 못함을 함축한다. 특히 아렌트는 무국적자(the stateless) 문제와 인권의 문제를 결부시켜 논한다. 그녀는 인권은 도덕적 구호로만 사용될 뿐이고 실제로 무국적자, 즉 '권리를 상실한 자들'(the rightless)은 생명, 자유와 행복 추구 또는 법 앞에서의 평등과 의견의 자유를 상실한 것이 아니라 그들은 어느 공동체에도 속하지 않고, 그들을 위한 어떤 법도 존재하지 않고, 심지어 그들을 탄압하려고도 하지 않는, 그래서 마지막 단계에 이르러 죽음의 수용소에서 너무도 쉽게 말살될 수 있는 하찮은 존재라는 것을 절실하게 깨닫게 되었던 것이다. Arendt, *The Origins of Totalitarianism*, 295-296.

민의 감정을 넘어 확장된 심성(enlarged mentality), 확장된 사고(enlarged thought)를 통해 그들과 연대하고 사회의 근본적인 시스템을 문제시하고 이를 바탕으로 파시즘 정권 자체의 비민주적이고 반(反)인권적이며 정치적 무능함에 대해 사유하고 말하고 행위로 저항한 비폭력적 혁명이자 시민들의 위대한 정치적 판단행위였다 하겠다. 그런 점에서 촛불과 응원봉 시민들의 정치적 판단은 '옳은' 정치 판단을 추구한 것이 아니라 아렌트적인 '성숙한' 정치 판단을 추구함으로써 정치 현상의 개별성과 정치의 토대인 복수성을 보존하면서 정치 공동체를 유지하는 방법을 모색했다 하겠다.

촛불시민의 연대는 하나의 거대한 권력이었다. 그러나 그것은 지금까지의 권력과는 매우 다른 원리에 따라 조직된 새로운 권력이었다. 정치에 대한 근대적 사유는 지배와 피지배의 문제로 접근하는 틀에서 근본적으로 벗어나지 못한다. 모든 정치는 권력투쟁이며 권력의 본원적 성질은 폭력이라 주장한 밀스(Charles W. Mills)나 국가를 "적법한 것으로 추정되는 폭력수단에 기초한, 인간에 의한 인간의 지배"라고 정의한 베버(Max Weber)의 사유 속에는 배제와 차별은 어느 수준에서든 필연적이며, 정치는 그런 질서를 유지하기 위해 필요한 폭력 수단을 독점하고 집중시키는 활동으로 이해된다.[98] 이는 그동안 지배자나 피지배자, 우파나 좌파 모두에게 자명한 진리로 수용되었다. 특히 좌파 역시 폭력은 지배계급의 명령을 받는 폭력 수단인 국가에 대항할 수 있는 필수적 도구로 이해했다. 사르트르가 말한 것처럼 "대지의 저주받은 자들이 인간이 될 수 있는 것"은 "미친 듯한 분노"(mad fury)를 통해 가능하다고 믿었다.[99] 하지만 그런 정치의 개념은 갈등과 충돌을 당연시하기에 소통의 확장력에 구조적 한계를 지닐 수밖에 없다.[100]

---

98 Arendt, "On Violence," *Crisis of the Republic*, 134-135.

99 Ibid., 125.

100 아렌트는 18세기 극작가 레싱이 자신이 속한 세계 속에서 편안함을 느끼지 못하고 편안함을 구하지도 않은 채로 세계와의 관계를 유지하는 태도를 지녔다고 말하면서, 그것은 레싱이 '분노'와

그런데 빛의 혁명은 국민 다수가 참여해서 치러진 분노의 정념을 넘어 '웃음'의 정념이 넘실거리는 '축제의 정치'였다는 데 그 위대성이 있다 하겠다. 삼일절, 광복절, 제헌절 등의 경축일이 있지만 축제의 정치와는 다소 거리가 있었다. 4·19혁명, 5·18 민주화운동, 6·10 민주항쟁 등은 축제라기보다 저항과 피 흘리는 고난의 이미지가 각인된 영역에 자리했다. 우리 역사상 저항의 정치가 축제가 된 것은 사실상 촛불혁명에 이어 이번의 빛의 혁명이었다. 빛의 혁명에는 국민 전체를 하나로 묶는 공화주의 정신이 있었고, 스포츠가 아닌 정치 영역에서 시민들은 하나가 되어 공동체에 대한 진정한 사랑과 경의를 경험했다. 축제의 정치는 새로운 권력 원리의 등장을 나타냈고 이는 한 시대가 마감되고 새로운 시대가 개막되고 있음을 시사해주었다.

빛의 혁명에서 형성된 권력은 강요와 강압에 의해서가 아니라 자유롭고 동등한 사람들이 함께 어울려 의견을 나누는 가운데 공동 의견을 확인하고, 이를 바탕으로 공동 행동을 하는 과정에서 형성된 권력이었다. 그것은 폭력의 조직체로서의 권력이 아니라 공감성에 기초한 "소통적 권력"[101]이자, 아렌트가 말하는 진정한 의미의 이소노미아의 정치였다. 빛의 혁명에서 나타난 시민적 공화주의, 즉 민주공화국을 지키기 위한 사랑과 헌신은 공통감

'웃음'의 정념을 통해 세계를 경험했기 때문이라 지적한다. 레싱은 정념이 사람들로 하여금 자신의 존재를 의식하게 만들고 자신이 실재하고 있다고 느끼게 만든다고 보고, 어떤 정념이 영혼에 얼마나 많은 영향력을 미치느냐에 따라서가 아니라 그 정념이 현실을 얼마나 많이 전달할 수 있느냐에 따라 현실성을 측정하고 있다. 예컨대 '공포'는 영혼이 현실로부터 물러서게 만들고, '희망'은 영혼이 현실을 초월하게 만드는 데 반해, '분노'는 현실을 드러내고 폭로하게 하며, '웃음'은 현실과의 화해를 추구하게 만든다는 것이다. 자신이 속한 사회와 불화하는 자가 느끼는 불편함은 현실에 대한 분노와 더불어 확실해지고 그러한 현실에 대한 비판적 사유로 이어지지만, 이 불편한 상태를 쉽게 해소해버리지 않고 견디면서도 세계와 계속 관계를 맺을 수 있는 것은 '웃음' 덕분이다. 웃음은 현실에서 자기 자리를 찾게 하되 자신을 억압하는 사회에 자기 영혼을 팔지 않으면서도 그 일을 할 수 있게 만들고, 보다 근본적으로 현실에 대한 강렬한 관심을 드러내게 한다. 왜냐하면 웃음은 세계에 대한 애착과 천진난만함, 즉 일종의 열려 있는 상태에서 생겨나게 때문이다. Arendt, *Men in dark times* (San Diego: Harcourt Brace Jovanovich, 1983), 17, 5-6.

101 하버마스는 아렌트의 이런 권력 개념에 대해 "소통적 권력"이라 표현한다. Jürgen Habermas, "Hannah Arendt's Communications Concept of Power," *Social Research*, 44-1 (1977), 3-24.

이 높은 단계로 발전했을 때라야 발현될 수 있는 현상이었다.

 과거의 촛불 혁명은 이명박·박근혜 정권이 자행한 독재 회귀와 헌정 농단을 막아냈다. 민주 정부의 무능과 실패로 완전히 망가진 여와 야, 보수와 진보 간의 세력 균형을 복원해내기도 했다. 그럼으로써 백척간두에 섰던 한국 민주주의는 부활의 발판을 마련할 수 있었던 것이다. 1987년 민주화 체제는 권위주의 시대의 거대한 유산을 간직한 채 주요 세력 사이의 불안한 타협과 빈번한 대결, 역사적 전진과 후퇴를 반복했다. 진보라 불리던 문재인 정권의 안일하고 무능한 정책, 인사 참사 등으로 민주화와 세계화 이후에도 일제강점기 때부터 대대손손 특권을 누려오던 기득권 세력을 효과적으로 제어하지 못하면서, 그 실망감의 확산과 이를 틈탄 극우 세력이 다시 발호하는 빌미를 주고 말았던 것이다. 아이러니하게도 문재인 정권의 힘을 입고 등장한 윤석열이 오히려 극우 세력들과 손을 잡고 대한민국 사회를 파시스트의 세상으로 퇴행시키려 시도했던 것이다. 극우 개신교, 온갖 사이비 종교 집단의 든든한 지원 속에 그것이 수행되었다는 것 역시 민주주의 역사의 비극이 아닐 수 없다. 그리고 온갖 비리와 관련되어 정권의 위기가 도래하자 불안해진 윤석열은 친위쿠데타라는 불가사의한 선택을 하고 말았다. 그런데 바로 그 순간 평범한 시민들의 빛의 혁명이 거대한 반전을 통해 역사의 진보를 촉진시켰으며, 헌정 체제를 붕괴시키려 한 반국가적인 군사반란을 저지시키게 된 것이다.

5
결론

    12·3 내란을 멈추게 한 민주시민과 그들이 새롭게 만들어가는 광장의 '응원봉'은 세계가 인정하는 우리의 희망이다. '응원봉'은 1987년의 거리와 2016년의 촛불을 계승하면서 그보다 발전한 운동의 상징이다. 되돌아보면 1987년 구체제를 붕괴시킨 것은 전적으로 운동에 의한 민주화였으나 민주주의를 제도화한 것은 정치 엘리트들의 협약에 의한 것이었다. 이 두 개의 과정은 확연히 분리되었다. 2016년 촛불항쟁으로 민주주의의 새로운 전기가 마련되었으나 그 열망은 문재인 정부에서 실망으로 변했다. 시민운동은 국가에 흡수되었고 자율적 시민운동은 급격히 약화되었다. 거리와 광장에서, 선거에서 분출된 시민들의 열망은 선거 이후 새로운 정부의 수립 이후 실망으로 변하는 주기적 순환이라는 '열망-실망의 사이클'이 반복적 패턴으로 굳어졌다.[102] 2024년의 '응원봉'은 풍전등화의 '촛불'과 달리 훨씬 밝고 오래가고 발랄해졌다. 그동안 공론의 장에서 발언권이 주어지지 않았던 사람들이 광장의 무대에서 평등하게 발언하고 서로 경청·호응하면서 생기발랄하게 만들어내는 에너지는 '열망-실망의 사이클'을 끊고 한국 민주주의를 한층 끌어올릴 것이라는 희망을 갖게 한다.

---

[102] 최장집, 『어떤 민주주의인가: 한국 민주주의를 보는 하나의 시각』(서울: 후마니타스, 2007), 75-77.

'응원봉'의 열망을 민주적 제도로 전환시키고 민주주의를 강화시킬 매개체는 무엇이어야 할까? 정당일 수밖에 없다는 주장이 있지만, 현재의 취약한 정당체제와 불임의 국회 구조, 그리고 직접민주주의가 발흥하는 현실에서 정당이 유일한 대안이 될 수는 없다. 사회운동은 대안 형성이 어렵고, 이슈의 위계질서를 세워 일상적으로 정책을 추구하기 힘들며, 정책 이슈 때마다 거리 시위에 나설 수 없는 일이고, 장기적으로 유지될 수 없고, 시민사회 내 갈등을 유발한다는 지적이 있다. 그럼에도 불구하고 그동안의 역사에서 실질적인 사회변화를 이끈 것은 시민운동의 정치였으며 시민운동의 정치에 의해 정당정치의 영역이 넓어져왔던 것이 우리의 현실이다. 정당정치가 활성화되면 운동의 영역은 줄겠지만 자발적인 참여의 한 형태로서 운동의 정치는 독자적인 역할과 의의를 갖는다. 제도권 정치가 모든 사회적 갈등을 대표할 수는 없는 현실에서 운동의 정치와 정당정치의 상호보완적인 긴장관계는 필요하고 지속될 것이다.[103]

필자는 시민사회의 자율적인 매개체가 마련되어야 하고 그것은 '응원봉'의 원형을 담아내고 주조할 '공론장'이어야 한다고 생각하며, 그 공론장 역시 광장의 '응원봉'이 열고 이끌어갈 것이라고 생각한다. 논의의 한계상 여기서 상론할 수는 없으나 지난 촛불광장과 선거법 개정 논의에서 제안되었다가 소멸된 '시민의회'[104]의 설립과 운용이 유력한 대안일 수 있을 것으로 희망한다. 또한 12·3 내란사태를 계기로 헌법을 개정해서 1987년 체제를 마감해야 한다는 주장이 강한 것으로 알고 있다. 헌법 개정의 필요성에는 전적으로 공감한다. 그러나 선후의 문제가 따른다. 현재의 정치 지형에서

---

[103] 김용복, "한국 민주주의의 발전과 정당정치: 최장집교수의 정당민주주의론에 대한 비판적 고찰", 고려대학교 민족문화연구원, 『민족문화연구』 56(2021), 156-157, 167-168.

[104] 시민의회에 관한 참고할 연구는 다음과 같다. 신용인, "다층적 시민의회 제안", 국민대학교 법학연구소, 『법학논총』 37-1(2024); 김상준, "'시민정치 헌법화'의 경로와 방법: '시민의회'를 중심으로", 법과사회이론학회, 『법과사회』 54(2017).

헌법 개정은 모든 개혁의 힘을 소모시키면서 양극화의 벽을 넘지 못하고 좌초되거나 이루어져도 양극화의 골을 더 깊게 하면서 규범력을 갖기 힘들 것이라는 우려를 지울 수 없다. 의회와 정당이 정상화되지 않은 채 시민사회운동이 국회를 압박한들 헌법 개정이 이루어질 가능성은 높지 않고, 헌법 개정이든 제도의 개선이든 되더라도 정치와 시민사회는 분리된 채 여야 타협이나 일방 독주로 이루어져 결국 민주주의의 위기를 심화시킬 것은 쉽게 예측할 수 있다. 정치사회적 갈등이 의회정치에 반영되어 제도와 정책으로 이어지는 정치구조를 형성하는 것은 정치적 민주주의와 사회경제적 민주주의의 발전을 위한 핵심기반이다. 따라서 정당과 의회의 정상화가 선결되어야 할 것이고 그것의 시작은 선거제도 개혁일 수밖에 없다고 생각한다.

어떤 논의를 하든, 최우선으로는 내란을 종식시켜야 한다. 그를 위한 수행과제는 명확하다. 내란 수괴 및 동조자들과 그의 가족들에 대한 법적 심판을 포함한 내란의 실체에 대한 철저한 규명과 단죄, 그리고 국회의 비상계엄 통제에서부터 내란사태가 드러내주는 각종 제도의 맹점(헌법과 계엄법상 비상계엄의 요건, 국회의 계엄 통제 방식과 절차, 난맥을 보인 수사제도의 결함 등)의 개선은 시급히 해소해야 할 필수적 과제이다. 다시는 비상계엄을 수단으로 내란을 일으킬 수 없다는 사회공동체의 확신과 그를 보증하는 제도적 안전장치가 마련되고서야 내란의 종식을 선언할 수 있다. 제7공화국이 수립되었음에도 불구하고, 내란이 완전히 종식될 때까지 응원봉의 빛의 혁명은 계속 확대되고 심화·발전해야 할 것이다.

이번 빛의 혁명은 아렌트적 의미에서 시민 서로 간에 형성된 공통감각에 기초한 공동행위가 적극 표출된 형태라고 적극적으로 해석할 수 있겠다. 환언하면, 빛의 혁명은 인간 개인의 자발적인 드러냄(공표)은 물론 다수의 자발적인 개인들이 서로 소통하면서 열리는 공적 영역으로서, 폭력과 대비되는 권력의 개념으로 이해될 수 있을 것이다. 즉, 시민이 함께한 정치적 행위는 마치 콘서트 연주에서 지휘자가 오케스트라와 관객과 함께 공연과 박수를 통해 서로 진한 감동을 느끼며 서로 하나가 되는 공통감을 발견할 수 있었던 것이다.

또한 빛의 혁명의 주체들은 어떤 집단이나 조직에서 동원된 사람들이 아니라 자발적인 시민이며 다수의 사람들이 참여한다는 점에서 복수성이 확보되었다 할 수 있으며, 이들은 인터넷이란 사이버 공론장과 온-오프 네트워크를 매개로 하여 더 광범위한 공적인 영역을 창조했다. 인터넷이란 정보통신매체는 그 기술적 속성상 위계적인 일방향성에서 벗어나 수평적이며 상방향성을 지향하는 것을 생명으로 한다는 점에서 사람들만의 공론장과 공적 영역의 한계를 벗어나 시간과 공간을 초월하여 더 광범위한 영역을 창조하는 데 효과적이었던 것이다. 한마디로 빛의 혁명은 온라인과 오프라인이 상호 시너지효과를 내면서 열린 공간으로 내생적으로 발생했다 하겠다.

그렇다면 빛의 혁명이 정치사에서 유례를 찾기 힘든 성공을 이룬 이유는 무엇일까? 첫째, 그것이 자유로운 개성을 지닌 시민들의 자발성에 기초했다는 점일 것이다. 둘째, 시민들의 자발적인 개성들이 말과 행위로 드러나면서 열린 공론장 또는 공적 영역 및 네트워크를 형성했다는 점이다. 셋째, 그 공론장 속에서 다양한 사람들이 서로 소통하고 연대하면서 소통권력, 즉 진정한 권력을 형성했다는 점이다. 넷째, 빛의 혁명의 운영 방식이 아렌트의 정치철학적 의미에서 볼 때, 소통의 공간을 빼앗으려 미혹하고 자극하며 항시 폭력을 내장한 국가권력에 맞서 폭력으로 저항하지 않고, 비폭력적인 소통권력으로 새롭게 접근했다는 점이라 하겠다.

끝으로, 일제강점기를 비롯하여 해방정국에서 그리고 이승만, 박정희, 전두환·노태우 정권과 민주적인 정권들, 민주주의를 역행시킨 이명박·박근혜 정권, 그리고 촛불정국과 그 이후 윤석열의 극우파시즘으로 회귀한 사태에서도 여전히 '정치적인 것'과 거리가 먼 보수적 한국 교회의 태도를 지적하고 싶다. 우리는 세상 사랑과 거리가 멀었기에 더욱 세속주의적일 수 있었고, 우리의 삶을 지배하는 세상의 구조가 어떻게 구성되고 어떻게 변화해야 하는지에 무관심했기에 오직 교회 성장을 위해 모든 것을 불사를 수 있었다. 교회 외양의 치장을 위해 전념했기에 우리의 사유는 철저히 세계와 무관하게 겉돌 수 있었다. 우리끼리만의 사랑과 형제애에 집중하고 그런 관계가 가져다주는 무세계성이 진정한 그리스도인의 코이노니아인 것처럼 착각했을 때, 우리 사회로부터의 게토화는 더욱 가속화되었다. 교회에 대한 무반성적인 헌신이 삶의 율법이자 의무인 줄로 믿고 절대 충성할 때, 그리고 돈의 힘을 매개로 발휘되는 힘이 교회를 움직여나갈 때, 그리고 성령이 충만해야 할 교회가 온갖 우상과 미신이 지배하는 망령된 공간으로 전락하고 말았을 때, 우리의 삶은 우리가 그 안에서 탄생한 세계와 무관하게 되었고 스스로 우리의 세계를 황량한 사막으로 전락시키고 말았다.

과거 군사독재 시절은 차치하고서라도 그리스도인이라면 이명박-박근혜-윤석열 정권이 보여준 숱한 정책들이 제도적·윤리적으로 정당성을 가질 수 없음을 사유할 수 있었어야 했다. 그리고 정치적 도덕성에 부적합한 지배자에게 복종하지 않을 권리와, 그를 국민의 뜻으로 탄핵할 수 있는 민주주의 원리 또한 터득하고 있었어야 했다. 신앙인들은 당연히 사회 안에서 민주공화국의 시민 자격을 학습하고 교회 안에서도 그 기조를 유지했어야 했다. 적어도 21세기의 교회는 자신의 의사를 밝히고 타인의 의사를 들을 수 있는 소통의 공간으로 자리해야 마땅했었다.

그러나 근본주의적인 한국 교회와 그리스도인들은 여전히 냉전시대의 이데올로기나 교리주의 독선에 사로잡혀 정치적인 것에 대한 관심보다는 반정치적인 것에 집착함으로써 자유의 권리를 포기하고 말았다. 오직 교회 성장과 교세 확장, 교리 사수와 우리와 다름에 대한 전투적 공격에 혈안이 된 교회의 모습은 먹고사는 문제에 목을 매면서 정작 행위의 능력을 상실한 노동하는 인간, 자유와 삶의 의미에 관심 없는 노예의 상태나 다를 바 없었다. 교회가 상당한 비중으로 반(反)빛의 혁명 진영에서 민주주의와 공화국의 원리를 거부하는 편에 서서 친위 쿠데타의 세력에 동조했다는 것은 반(反)정치적인 한국교회의 현재와 미래에 어두운 그림자를 드러내준 것이라 하겠다. 내란 정국은 단지 윤석열과 김건희, 개인들에 대한 호불호 또는 그들의 개인적 비리와 무능의 문제를 넘어 그를 중심으로 하는 권력구조의 위험성이 극한으로 치닫고 있었던 상황이었던바, 권력이 사유화된 비민주적인 구조에서는 그 어떤 통치자가 그 자리에 있더라도 공공의 선을 달성하기란 불가능한 위기의 순간이었다. 그러기에 대통령 탄핵과 새로운 권력의 창출은 시대의 절박한 요구이자 빛의 혁명의 당위, 더 근본적으로는 기독교윤리적 당위가 아닐 수 없었다.

그럼에도 불구하고 빛의 혁명에 미온적이고 그것을 오히려 극우 이데올로기적인 편향성에 기대어 비난했던 한국 개신교는 왕왕 사회적 지탄의 대상이 되는 일부 열광주의자들의 문제가 아닌 교회 구조 자체가 얼마나 정치적 행위에 무능하고 비합리적이며 비민주적인가를 스스로 적나라하게 보여주고 있다. 아렌트가 정치적 경험을 통해 토로했던 말하고 사유하는 능력에서의 순전한 무능함, 그 무능함에서 비롯되는 악의 평범성과 전체주의 현상의 실례를 이토록 적나라하게 예증해줄 수도 없을 것이다. 대형교회 담임목사 세습 문제에 대처하는 교회 권력자들과 세습 이데올로기에 맹종하는 교회 구성원들의 모습을 보며 왜 한국 개신교가 정치적인 것에 무능했는지 그리고 그토록 쉽게 이념적이거나 주술적으로 세뇌될 수 있었는지를 방증해준다 하겠다.

2024~2025년 매서웠던 추위를 지나 2025년 관측 이래 최고의 폭염 일수가 연일 계속되는 서초동 서울중앙지법 앞, 아직도 자유로부터 도피한 십자가 전사들은 내란수괴 석방과 "윤 어게인"을 외치며 폭력적 권력의 부활을 위해 기도하고 노래하는 중이다.

참고문헌

김상준. "'시민정치 헌법화'의 경로와 방법: '시민의회'를 중심으로". 법과사회이론학회, 『법과사회』 54(2017).

김용복. "한국 민주주의의 발전과 정당정치: 최장집교수의 정당민주주의론에 대한 비판적 고찰". 고려대학교 민족문화연구원, 『민족문화연구』 56(2021).

손고운. "'500만 조회' 부산 집회 여성 '변희수 하사님 돌아가셨을 때 너무 가슴이 아팠다'". 『한겨레21』 1544(2024), https://h21.hani.co.kr/arti/society/society_general/56594.html (2025. 7. 19. 검색)

신용인. "다층적 시민의회 제안". 국민대학교 법학연구소, 『법학논총』 37-1(2024).

유홍림. "현대사회의 특징과 정치의 역할". 백창재 편, 『근대와 탈근대정치의 이해』, 서울: 인간사랑, 2012.

"윤석열 대통령 탄핵 심판 결정 선고 요지(2025. 4. 4)". https://www.lawtimes.co.kr/news/206922

최장집. 『어떤 민주주의인가-한국 민주주의를 보는 하나의 시각』. 서울: 후마니타스, 2007.

하승수. "내란, 한국민주주의에 던진 3가지 질문". https://vop.co.kr/A00001665153.html (2025. 7. 21. 검색)

Arendt, Hannah. *The Human Condition*. Chicago: The University of Chicago Press, 1958.

_____. "We Refugees, The Jew as Pariah: A Hidden Traditions." in *The Jewish Writings*. ed. Jerome Kohn & Ron H. Feldman. New York: Schocken Books, 2007.

_____. *Crisis of the Republic*. New York: Harcourt Brace & Company, 1972.

_____. *Eichmann in Jerusalem: A Report on the Banality of Evil*. New York: Penguin Books, 1963.

_____. *Between Past and Future*. Cleveland: The World Publishing Company, 1969.

_____. *Essays in Understanding 1930~1954*. ed. J. Kohn. New York: Harcourt Brace & Company, 1994.

_____. *Lectures on Kant's political Philosophy*. Chicago: The University of Chicago Press, 1989.

_____. *Men in dark times*. San Diego: Harcourt Brace Jovanovich, 1983.

_____. *On Revolution*. New York: Penguin Books, 1963.

_____. *The Promise of Politics*. New York: Schoken Book, 2005.

_____. *The Life of the Mind*. New York: Harcourt Brace Jovanovich Publishers, 1978.

_____. *The Origins of Totalitarianism*. New York: Meridan Books Inc., 1951.

Aristoteles. *Nichomachean Ethics*. 천병희 역, 『니코마코스 윤리학』, 고양: 숲, 2013.

Balibar, Etienne. *Citizenship*, trans. Thomas Scott-Railton. Cambridge: Polity, 2015.

Habermas, Jürgen. "Hannah Arendt's Communications Concept of Power." *Social Research*, 44-1 (1977).

Hill, Melvyn (ed.). *Hannah Arendt, The Recovery of the Public World*. New York: St. Martin's Press, 1979.

Jefferson, Thomas. *Declaration of Independence*, 차태서 역, 『토머스 제퍼슨: 독립선언문』, 서울: 웅진씽크빅, 2010.

Levin, Martin. "On Animal Labornas and Homo Politikus in Hannah Arendt: A Note." *Political Theory*, 7-4 (1979).

Levitsky, Steven & Daniel Ziblatt. 『어떻게 민주주의는 무너지는가』. 박세연 역, 서울: 어크로스, 2024.

Schumpeter, Joseph. *Capitalism, Socialism and Democracy*. London: Unwin Paperbacks. 1987.

Villa, Dana R.. *Arendt and Heidegger: The Fate of the Political*. Princeton: Princeton University Press, 1996.

Young-Bruehl, Elisabeth. *Hannah Arendt: For Love of the World*. New Haven: Yale University Press, 1982.

6장

한국 민주주의 위기와 한국 개신교

1 서론
2 기독교의 파시즘
3 종교개혁운동의 파시즘
4 미국 근본주의 개신교와 한국 파시즘 기독교
5 결론

1 서론

팩스턴(Robert Paxton)의 견해에 기초해 모호하고 다양한 파시즘 논의를 종합하여 파시즘을 개략적으로나마 정리해본다면, 우선 파시즘은 '부정'의 사고, 행동 체계이다. 다른 것들을 철저히 부정하면서 자신의 존재 의의를 입증하려 했기 때문이다. 파시즘은 어떤 타자들 때문에 국가가 쇠퇴하고 도탄에 빠지게 되었다고 전제한다. 이렇게 보면 파시즘은 타자에게 책임을 전가하는 '희생양 만들기' 사상이다. 파시즘은 적들을 만들어놓고 대중의 공포를 조장한다. 사회 질서의 파탄에 따른 대중의 불안과 증오를 선동하고 이들의 공포에 편승한다. 거기에 좌파의 위협과 헌정 질서의 불안정, 그리고 파시스트 행동대원들이 길거리에서 자가 발전한 테러의 공포를 확산하면서 대중의 마음속에 의지할 것은 카리스마를 지닌 지도력밖에 없다는 '대안 부재론'을 유포시킴으로써 대중을 독재적 지도자에 더욱 예속적이게 만드는 것이다. 파시즘은 일반적으로 극우와 전술적 동맹을 맺으며 극우파를 권력 쟁취의 숙주로 이용한 역사를 갖기에 지금껏 파시즘은 병적인 우파 사상으로 취급되고 있는 현실이다.[1]

이탈리아 파시즘, 독일의 나치즘, 일본의 군국주의를 고전적 파시즘이

---

1 Robert Paxton, *The Anatomy of Fascism*, 손명희 · 최희영 역, 『파시즘: 열정과 광기의 정치 혁명』(서울: 교양인, 2005), 488-490.

라고 한다면, 2차 대전 이후의 새로운 파시즘은 그 양상에 따라 다양하게 전개된다. 파시즘은 케빈 패스모어(Kevin Passmore)의 '후기-파시즘'(post-fascism), 버트럼 그로스(Bertram Gross)의 '유순한 파시즘'(Friendly Fascism), 월린(Sheldon Wolin)의 '전도된 전체주의'(inverted totalitarianism)라는 다양한 모습의 얼굴을 갖는다.[2] 하지만 내용적 측면에서 다양한 파시즘 용어가 서로 다른 정치 운동을 표현하는 것이 아니라, 비교적 민주주의가 진보한 사회에서 등장했던 파시스트 운동을 서로 다른 강조점을 두고 표현한 것이라 봐야 한다.

이런 점에서 죌레(Dorothee Sölle)가 주장한 '기독교 파시즘'(Christofaschismus), 즉 파시스트 운동이 공유하는 정치적 특성과 기독교 근본주의와 자본주의의 신성화가 결합한 것으로 정의한 것은 매우 유의미하다. 기독교 근본주의를 중요한 지지 기반으로 삼고 있는 미국이나 한국의 파시즘은 기독교 근본주의가 신정일치 국가에서나 실현 가능한 규범들을 인간 삶의 모든 영역 속에 적용해야 한다는 신념 체계를 공유하고 있을 뿐 아니라 그 규율을 공적 영역에서도 실현해야 한다는 망상에 가까운 비합리적이고 반지성주의적 태도를 고수한다. 기독교 근본주의는 민주적 다양성을 무시하는 경향을 보이고, 극우적인 이념적 가치를 신봉하며, 최종적이며 규범적으로 절대적인 선이자 진리인 자신들의 편에 서지 않는 모든 집단이나 개인들에 대한 차별을 정당화한다. 말하자면, 기독교 근본주의의 특징들은 파시즘과 쉽게 결합할 수 있는 인식론적 친화성이 바탕이 이미 마련된 셈이다.[3] 전광훈의 광화문 집회나 손현보의 세이브코리아 집회에 등장한 연사들은 하나같이 계엄을 계몽이라 칭송하고, 내란수괴를 지키자며 헌법재판소 파괴를 외쳤고, '공산당', '종북좌파', '민주당 간첩', '빨갱이 노조'를 죽이자, 처단하자 절규한다. 다른 한편 대중에게 전달되는 감정은 반국가 세력들에게 침탈

---

2 박성철, 『종교 중독과 기독교 파시즘』(서울: 새물결플러스, 2020), 145.

3 Dorothee Sölle, "Christofaschismus," in *Das Fenster der Verwundbarkeit* (Stuttgart: Kreuz Verlag, 1987), 158. 박성철, 『종교 중독과 기독교 파시즘』, 155-156에서 재인용.

당하는 현실에 대한 공포, 그렇기에 더욱 진실된 애국심과 자부심, 감격, 헌신이다. 이처럼 광기 어린 지도자들과 사유하지 않는 대중이 만나 일어나는 거대한 폭력, 별 생각 없는 평범한 대중이 인간에 대한 집단적 악행에 기꺼이 동참하게 되는 사태, 그것이 바로 종교 파시즘이다.

　작금 극우 정치권력과 결탁한 개신교 아스팔트 파시스트들의 난동을 보노라면, 『어떻게 민주주의는 무너지는가』가 규정한 민주주의 붕괴 과정을 보는 듯하다. 저자들의 주장에 따르면 민주주의의 붕괴는 다름 아닌 투표장에서 시작된다고 한다. 민주적 선거에 의해 선출된 극단적 지도자와 그의 호소에 호응하는 대중에 의해 민주주의는 붕괴한다는 지적이다. 한국의 상황에서도 소름 돋는 분석이다. 민주주의는 "① 헌법을 부정하거나 위반, 선거제도의 철폐, 정부 기관 폐쇄, 기본적인 시민권 및 정치 권리를 제한, 권력을 잡기 위해 군사 쿠데타나 폭동 등 헌법을 훼손하는 방법의 시도, 선거 결과에 대한 불복이나 선거제도의 정당성 부정, ② 정치 경쟁자를 전복 세력이나 헌법 질서의 파괴자라고 비난하거나 정치 경쟁자가 국가 안보나 국민의 삶에 위협을 주고 있는 반국가세력이라 주장하거나 상대 정당을 근거 없이 범죄 집단으로 몰아세우면서 법률 위반(혹은 위반 가능성)을 문제 삼아 그들을 정치 무대에서 끌어내려야 한다고 공격, 정치 경쟁자가 외국 정부(일반적으로 적국)와 손잡고(혹은 그들의 지시에 따라) 은밀히 활동하는 스파이라고 근거도 없이 주장, ③ 개인적으로 혹은 정당을 통해 정적에 대한 폭력 행사를 지원하거나 선동, 폭력에 대한 비난이나 처벌을 부인함으로써 지지자들의 폭력 행위에 암묵적으로 동조, ④ 언론 및 정치 경쟁자의 기본권을 억압하려는 성향"에 의해 붕괴된다는 것이다.[4]

　대한민국의 민주주의가 어떻게 이렇게도 허망하게 붕괴 위기에 직면하게 되었는지 경악하게 된다. 민주주의를 파괴하는 최전선에서 활약하는

---

[4] Steven Levitsky & Daniel Ziblatt, *How Democracies Die*, 박세연 역, 『어떻게 민주주의는 무너지는가: 우리가 놓치는 민주주의 위기 신호』(서울: 어크로스, 2018), 30-32 참조.

파시즘 개신교를 과연 정상 범주를 벗어난 일부 소수의 개신교 신자들이라 치부할 수 있을까? 바로 이런 광신적 개신교 파시즘이 결코 우발적 사태가 아니라 탄탄한 역사적 기원과 근거를 바탕으로 한다는 점을 주장하고자 한다. 하지만 이 글은 사회과학적인 글이 아니기에 학문적 엄밀성을 갖추지 못했다. 평생 개신교 교회 울타리 안에서 살았던 한 사람의 교회인으로서 주관적으로 체험하고 느낀 에토스를 토대로 한 것이기에 객관적인 타당성을 담보한다 자신할 수 없다.

이 글은 극우 파시즘 개신교의 뿌리를 가까이는 개신교를 비호해주었던 이승만, 박정희, 전두환 독재정권과의 친화성을 보인 근본적 성향에서, 좀 더 거슬러 올라가면 한국 개신교의 모태인 미국 복음주의와 근본주의의 반지성주의와 절대적 선악 이원론의 문제에서, 더 거슬러 올라가면 개신교를 탄생시킨 종교개혁운동에서, 아니 더욱 원천적으로는 기독교가 로마제국의 기독교가 된 그 시점으로까지 거슬러 올라가 종교적 파시즘의 계보를 살펴보고자 한다.

먼저 제도화된 교회의 기독교와 콘스탄틴의 기독교의 파시즘, 루터의 종교개혁에서 나타난 파시즘,[5] 한국 개신교와 직접적인 연관을 갖는 미국 개신교에 나타난 파시즘, 그리고 일제강점기, 해방 전후와 전후 이승만 독재정권과 박정희, 전두환 군사독재 정권과의 관계 속에서 형성된 개신교 파시즘 현상을 논의하고 난 이후 종교적으로 일상화된 파시즘을 극복하는 (혹은 전혀 아닐 수도 있는) 방안을 거칠게나마 생각해보겠다.

---

5 여기서 종교개혁사상 전체를 다룰 수는 없기에, 루터의 종교개혁만 국한시켜 논의할 것이며, 이 논의는 다음의 연구에서 상론되었다. 졸고 "루터 종교개혁과 근본주의 '선택적 친화성'에 관한 연구", 『신학과 선교』 56(2019), 143-180.

2
기독교의 파시즘

유대-기독교는 인간의 세계와 신의 세계를 단절적으로 보는 인식이 전제되어 있다. 이에 의하면 두 세계는 단절되었을 뿐 아니라 무한한 질적인 차이를 갖는다. 이러한 발상에서는 상호 소통의 문제가 절박한 신앙적 언어로 자리 잡게 된다. 성서는 무한한 질적 차이를 해소하기 위해 이 세상에 사는 인간들의 삶이나 역사에 개입하는 예언자들을 중계자로 묘사하고 있다. 바로 그리스도는 그러한 예언자들 중에 한 사람인데, 다른 예언자들과는 달리 인류 구원에서 유일회적·결정적 의미를 갖는다는 의미에서 그리스도라 칭한다. 예수는 기독교적으로는 메시아이면서 동시에 신으로 신앙되는 존재다. 그리고 요한의 기독론에서 볼 수 있듯, 신이 그리스도로서의 예수로 성육신되었다는 이야기가 기독교의 핵심적인 도그마로 자리 잡게 된다. 기독교 교회는 이러한 도그마를 믿는 것이 신앙에서 절대적으로 중요한 내용을 구성하게 되었다. 그러나 신이 인간이 된 것의 신비성이 중요한 것이 아니라 요한 기독론의 메시지는 "신의 자기 비하", "신의 자기 부정"에 방점을 찍고 있다. 성육신한 신이 전지 전능자의 모습이 아니라 비천한 인간의 모습이었다는 것에 기독교 진리의 전복성과 반전의 묘미가 있다 할 것이다. 즉, 그리스도가 된 예수의 이야기는 신이 자신을 비천하게 비하하고 부정함으로써 신과 인간의 소통을 가능케 했다는 데 있다.

바로 여기서 신과 인간을 중계하면서 구원을 독점하려는 시도가 얼마나 허망한 짓인지 대번에 파악할 수 있다. 성육신 사건으로 말미암아 신은 인간의 삶 속에 깊이 관여하고 있다. 초기 원시적 그리스도인들은 이런 신에 대한 신앙에서 삶의 궁극적인 의미를 발견했을 것이다. 그리고 그들은 자신들의 신앙을 지키기 위해 혹독한 박해를 당하는 한계 상황에서도 그들이 유지해야 하는 신앙과 가치는 형제애와 타자에 대한 헌신적 사랑이 최우선적이었다는 것은 충분히 짐작 가능하다. 적어도 그들의 신앙에서 그들과 견해가 다른 자들에 대한 배타와 폭력이 자리할 곳은 없었다.

하지만 교회가 제도화되자마자 곧바로 교회가 신앙의 도그마를 독점하면서 구원에 관한 담론은 제도 교회권력이 허용하는 범위에 국한되었다. 힘 있는 누군가의 견해만이 진리이고 다른 견해는 비진리이자 이단이라는 사고는 구원을 독점하겠다는 파시스트적 욕망에 다름 아니다. 교회는 그리스도인의 유일무이한 존재 양식을 결정하는 곳임을 자임했으며, 그런 담론이 기독교 사상의 보편적이고 절대적인 가치임을 주장해왔던 것이다. 따라서 교회는 예수의 가르침과는 달리 철저하게 배타주의적인 패권주의를 지향했던 것이다. 김진호는 교회의 성서 정경성(canonicity) 주장에서 바로 파시즘의 전형을 찾는다. 그 어떤 종교에서도 유례를 찾아보기 힘든 종교 경전의 '정경성' 문제는 "계시, 아니 신-인 대면의 다양성과 창조성을 억제하면서까지 진리에의 접근로를 일원화하고자 했던 교회의 신경질적 독점 욕구의 표현에 다름 아니다."[6] 이것은 이단을 분별해내기 위한 장치로서 고안된 것이라기보다는, 이단을 만들어내기 위한 장치였다고 하는 편이 더 적합한 것이며, 복잡하고 어려운 신앙적 이견들을 손쉽게 정리하기 위해, 그래서 단순 명료한 교의적 집단을 만듦으로써 유일신과의 보다 용이한 대면을 가능하게 하기 위해 교회는 제물로 바칠 희생양이 요구되었는데, 이들이 바로

6　김진호, "한국교회의 승리주의", 『우리 안의 파시즘』(서울: 삼인, 2006), 204.

이단이었던 것이다.[7] 원천적으로 기독교 교회가 파시즘과의 친화성을 갖는 다는 진단일 것이다. 즉 죄인(이단)을 생산하고 배제해야만 하는 권력 욕구가 교회의 정체성을 형성했다면, 오늘날의 파시즘의 행태와 전혀 다르다 단정 하기 어려울 것이다.

메노파 신학자 요더에 따르면, 콘스탄티누스 대제 이후의 기독교, 즉 우리의 기독교는 가톨릭교회이든 프로테스탄트교회이든 진정한 의미에서 예수의 가르침을 거부하고 대신 로마제국의 논리를 추종했다 할 수 있다. 기독교는 당연히 예수 그리스도의 실제적 삶과 가르침에 순종하고 그분이 삶의 모델이 되고 그분을 따르는 삶을 강조해야 한다. 요더가 주장하는 예수의 윤리의 핵심은 '예수 정치학'이다. 그리고 예수 정치학의 핵심은 예수의 십자가이다. 이 십자가가 한편으로 예수가 정치적이었다는 것이고 다른 한편으로 우리의 정치적 실천의 규범이 된다는 것이다. 예수의 십자가가 단지 속죄의 수단으로 제의적으로 규정된 것이 아니라 반란과 정적주의 양자에 대한 정치적 대안으로 드러난 출발점이라는 것이다. 예수의 죽음은 영혼 구원만을 위한 것인 양 교리화시켜온 복음주의의 도그마와 달리 예수의 삶은 종교적 행위가 아니라 철저하게 정치적 행위라는 것이다. 예수의 십자가는 영혼이 내면에서 죄와 씨름하는 차원의 사적인 것이 아니라, 그것은 "도래할 질서. 즉 새로운 질서를 거부하는 세상 속에 당당하게 드러내는 사회적 실재이다."[8]

그러나 콘스탄틴화된 기독교는 신약성서를 통해 주어진 그리스도의 모델을 무시하거나 예수의 삶과 가르침을 그대로 따르려고 했던 초대 기독교 공동체의 윤리적 모델을 버리고 로마제국의 힘의 논리와 타협하는 신앙과 윤리에 천착해왔다는 것이다. 그런 맥락에서 기독교는 신앙과 윤리에서

---

7   Ibid., 205.
8   John Yoder, *The Politics of Jesus* (Grand Rapids: Eerdmans, 1994), 96.

예수 그리스도의 길을 따르지 않고 콘스탄틴적이고 제국주의적인 길을 걸어왔다는 것이 요더의 비판이다. 말하자면, 콘스탄틴적 기독교란 교회와 세상의 권력을 동일시하는 체계이다.[9] 즉, 교회는 예수의 십자가의 삶에 순종하는 공동체여야 하는데, 콘스탄틴적 체제, 즉 강제와 권력에 의한 지배집단이 되어 국가의 보호를 받고, 국가는 세속적인 정치권력을 추구하는 권력이 아니라 신의 뜻을 구현하는 신의 대리자라고 종교적으로 인정해준 것을 의미한다. 콘스탄틴적 기독교가 교회사적으로는 기독교에 의한 로마제국의 지배 또는 세속적 국가를 교회의 복음적 권위 아래 굴복시킨 것으로 해석되지만, 요더에 따르면 교회와 세속 권력의 동일시, 권력에 의한 교회의 왜곡, 예수의 교회에서 제국적 교회로의 변질을 의미한다. 콘스탄틴 기독교는 자기희생적인 예수 그리스도의 십자가 정신 대신 로마제국적 무력을 지향하는 기독교다. 그래서 요더는 콘스탄틴의 승리는 교회가 로마제국에 승리한 것이 아니라 로마제국의 기독교 교회에 대한 승리라 주장한다.[10]

기독교 교회는 이에 대한 성찰 없이 교회의 콘스탄틴화를 교회의 승리이자 교회의 선교적 기회로 착각하면서 로마제국의 평화를 전 세계의 복음화와 동일시했던 것이다. 이러한 콘스탄틴의 기독교가 십자군 전쟁, 대항해시대, 제국주의 시대에 얼마나 반인류적 만행을 저질렀는지는 세계 역사가 증명해준다. 대외적으로뿐 아니라 교회 내적으로도 콘스탄틴의 기독교가 기독교 세계 내의 다른 의견들에 대해 반박과 토론이 아닌 무력으로 누르고 탄압하고 혹독한 심문과 학살을 자행했던 만행은 20세기 최악의 전체주의 파시즘의 만행에 비해 결코 뒤지지 않는다.

---

9   John Yoder, *The Royal Priesthood: Essays Ecclesiological and Ecumenical* (Scottdale: Herald Press, 1998), 154.

10   Ibid., 181.

3
종교개혁운동의 파시즘

루터의 개인적 성서 읽기의 비전이 인쇄술의 발달과 더불어 실현되었을 때, 가톨릭교회를 통해서만 담보될 수 있었던 신앙의 통일성은 해체 국면을 맞을 수밖에 없었다. 루터에게 권위는 교회가 아니라 오직 신이며, 그것은 성서를 읽고 들을 수 있는 모든 사람에게 열려 있는 권위가 되었다. 이는 신이 성서를 통해 분명하게 말씀했으며 개인은 타율적 권위의 도움이 없이 오직 성령의 도움으로 신의 말씀을 명확하게 이해할 수 있다는 확고한 신앙에 바탕하고 있었다. 이러한 기본적인 의미에서 보면, 모든 개인들이 무오류의 성서에 접근할 수 있게 해놓고, 정작 소통될 수 있는 진리는 오직 하나라는 루터의 주장은 배타적 근본주의에 길을 열어주는 역할을 한 셈이다. 루터에게 성서는 단순 명료한 의미를 지니고 있었기에, 일단 모든 잠재적인 그리스도인들이 성서를 경험할 기회를 얻고 난 이후 자신을 위한 유일한 의미를 부여하게 되면, 이로써 성서 본문을 성령의 무오류적인 안내로 간주하는 근본주의적 이념은 상당한 개연성을 확보하게 되는 것이다.

기독교 근본주의 신학은 20세기 초 미국에서 하나의 신학운동으로 등장하게 되지만, 적과 동지를 구분하는 흑백논리의 근본주의적 단초는 이미 루터의 종교개혁에서 그 뿌리를 찾을 수 있다. 우선적으로 루터는 성서가 명확하게 이해될 수 있다고 주장한다. 이미 논의한 바와 같이 루터는 성서가 "단 하나의 의미 … 문자적 의미"만 갖는다고 반복해서 주장했다.[11] 이 것은 가톨릭교회의 성서해석의 독점권을 폐기시키려던 자신의 의도를 뒷받 침하는 강력한 토대 중의 하나였다. 또한 루터의 배타적이고 독단적인 근본 주의의 성향은 자신의 신학적 노선을 따르던 추종자들과 신학적이거나 정 치적인 견해의 차이가 드러났을 때 자신의 개인적인 신앙을 절대적인 기준 으로 내세웠던 점에서도 드러난다. 비텐베르크 대학의 동료이자 종교개혁 의 동지였던 칼슈타트가 비텐베르크에서 거행하던 빵과 포도주의 성찬, 독 일어 예배를 1523년 루터는 그곳으로 복귀하자마자 즉시 중단시켜버리고 전례에서 라틴어 사용의 고수, 성찬에서는 종교개혁 이전처럼 평신도들에 게는 포도주를 제외하고 오직 빵만 나누어주게 했다. 칼슈타트는 루터의 이 런 조치를 종교개혁을 성공하겠다는 일념으로 제국의 명령과 타협을 은폐 한 것이라 비판했으며, 루터에 의해 중단되었던 개혁을 이후 오를라뮌데에 서 이어나갔다. 빵과 포도주로 성찬을 거행했고, 독일어로 시편을 노래했으 며, 아이콘을 제거했고, 모든 신자가 사제임을 강조했다. 아울러 칼슈타트는 자신이 섬기는 모든 교구민에게 성서가 그들 자신을 해석하게 하라고 권면 했다. 시민공동체가 주도하는 종교개혁에 헌신했던 칼슈타트는 성체 거양, 사제가 제병할 때 평신도의 입에 빵을 넣어주는 것조차도 권위주의적이라 간주하고 거부했다.[12]

그럼에도 불구하고 칼슈타트와 루터의 신학은 차이보다는 유사점이 훨씬 크다 할 수 있는데, 결국 두 사람이 갈라서게 되는 최대 원인은 종교개 혁의 주도권이 누구에게 있느냐의 문제였다고 할 수 있겠다. 비텐베르크 종 교개혁의 경험은 칼슈타트에게도 큰 영향을 미쳤으며, 그의 개혁노선은 비

---

11 Martin Luther, "Heidelberg Disputation," *Martin Luther's Basic Theological Writings*, trans. and ed. Timothy F. Lull (Minneapolis: Augsburg Fortress Press, 1989), 78.

12 Lyndal Roper, *Martin Luther: Renegade and Prophet*, 박규태 역, 『마르틴 루터-인간, 예언자, 변절자』 (서울: 복있는 사람, 2019), 366-367 참조.

텐베르크를 떠나 독일의 다른 지역에서도 상당한 대중적 지지를 받았다. 종교개혁이 도덕 갱신, 빈민구제 개편, 평신도 대중의 참여를 동반한 사회개혁과 함께 이루어졌기 때문이다. 그런 점에서 보면, 칼슈타트의 종교개혁은 탑다운 방식을 선택했던 루터의 이상과는 다른 노선이었다 말할 수 있겠다. 분명한 것은 칼슈타트가 죽은 이후 비텐베르크의 종교개혁은 더 이상 민중이 주도하는 시민운동이 아니라 선제후가 주도하는 종교개혁으로 변질되고 말았다는 점이다. 그럼에도 루터는 죽을 때까지 토마스 뮌처와 마찬가지로 칼슈타트를 향한 "광신주의자", "마귀에 사로잡힌 자"라는 비난을 고수했다.[13]

내가 주목하는 것은 모든 사태의 최종 판단과 결정은 다른 누구에게 있는 것이 아니라 오직 루터의 손에 달려 있었다는 대목이다. 이 점에 대해 린들 로퍼(Lyndal Roper)는 다음과 같이 언급한다. "비텐베르크 종교개혁운동이 가져온 꿈같은 흥분, 미사와 수도원에 의존하지 않는 기금으로 위대한 일을 해낼 수 있다는 의식, 수많은 시민이 성찬에서 빵과 포도주를 받았을 때 느꼈던 복음의 능력, 이 모든 것은 루터가 집단행동이 아니라 자신의 주도권만을 강조하면서 사라지고 말았다."[14] 루터는 공권력을 이용해 칼슈타트가 출판하고 설교할 수 있는 권리를 박탈했음은 물론, 『하늘의 예언자들 반박』(Wider die himmlischen Propheten)에서 칼슈타트가 "시기와 헛된 야심", "질투 섞인 증오"를 품고 있으며, 이성 즉 "마귀의 음녀"에 복종하는 인간이라 저주를 퍼붓고 있다.[15] 자신의 생각과 다른 견해에 대해 이러한 저주를 퍼부을 권한을 과연 신이 루터에 직접 계시했는지에 대한 물음은 아무도 제기할 수 없었다. 루터의 종교개혁은 철저한 개인적 카리스마에 의존한 전형적인 파시즘적 행태라 평하지 않을 수 없다.

---

13 Ibid., 391-398 참조.

14 Ibid., 367-368.

15 M. Luther, *Luther's Works*, 40 (Church and Ministry II), ed. Conrad Bergendoff et al., trans. Helmut Lehmann (Minneapolis: Fortress, 1958), 204.

그리고 종교개혁운동이 전개되는 와중에 발생한 독일 농민전쟁에서 보여준 루터의 태도는 칼슈타트와의 관계에서 보여주었던 태도보다 더 자기모순적이었다. 영주들과 지주들의 착취에 기본적인 생존조차 유지하기 힘들었던 슈바벤 농민들의 12개 조항(Zwölf Artikel der Bauernschaft)은 철저하게 루터의 사상에 기초한 것이었다.

> 지주가 우리를 그들의 농노처럼 대우해온 것이 지금까지의 관습이었으나, 이런 관습은 측은하기만 하다. 지극히 높으신 분이자 목자이신 그리스도께서 당신의 보혈을 흘리심으로 단 한 사람도 예외 없이 우리 모든 이를 구속하시고 부활하셨다. 그러므로 성서는 우리가 자유인이요 자유를 원한다는 것은 분명하게 보여준다.[16]

과연 이것을 루터의 사상에 대한 왜곡이라 단정하기에는 무리가 따른다. 루터는 오직 영적 자유만을 주장했는데, 탐욕스러운 농민들이 세속적 욕심을 영적인 것과 혼합시켜버린 것이라 보기 어렵다. 루터의 입장에서 그렇게 보인다 치더라도 본인이 직접 그리스도인의 자유를 주장했고, 당시 세속적으로 막강한 권력을 행사하고 있었던 로마가톨릭교회와 그 우두머리에 저항했던 행위, 제국회의에서 당당하게 자신을 주장함으로써 저항의 본보기를 제시한 행위는 오직 영적 의미만 있다고 변명되기 어렵다. 노예나 다름없이 억압받는 농민들에게 '그리스도인의 자유'는 그냥 노예 상태에 만족하면서 영적으로만 구원받은 자유라는 강변은 궤변일 뿐이다. 루터의 언설과 행위 그 자체가 종교적이고 정치적으로 민중에게 감동을 주었으며, 그들의 지지가 종교개혁의 성공에 밑거름이 된 것은 명백한 사실이기 때문이다. 루터의 신념을 신봉하던 농민들이 영적인 자유에 만족하지 않고 삶의 자유,

---

[16] Bob Scribner & Gerhard Benecke (ed.), *The German Peasant War of 1525: New Viewpoints* (Boston: Unwin Hyman, 1979), 254.

사회적인 자유를 강력하게 요구하던 그 시점, 루터는 자신의 신앙적이고 정치적 이념을 절대시하며 복음의 이름으로 적대자들에 대한 공격과 학살을 정당화시켰다.[17] 그뿐만 아니라 농민봉기가 영주들의 무자비한 진압으로 종결되자 곧바로 온건한 종교개혁자 에라스뮈스를 향해서도 농민들에게 보였던 바로 그 적개심을 여과 없이 드러냈다.

> 그러므로 나는 너희들에게 신의 명령으로 요구한다. 너희는 에라스뮈스의 적이 되어야 할 것이고, 그의 책을 경계해야 할 것이다. 너희가 도중에 죽고 파멸당하더라도 나는 그를 공격하는 글을 쓸 것이다. 나는 펜으로 그 사탄을 죽일 것이다. … 내가 뮌처를 추종하는 놈들을 죽였을 때처럼, 그의 피가 내 목까지 차오를 것이다.[18]

루터의 독단적 행태에 대해 하나만 더 지적해보자. 불행한 종교개혁자 츠빙글리에 대한 루터의 견해에 대해서이다. 성만찬 신학에 있어서 그리스도의 몸이 실제로 성찬에 임재한다는 루터의 견해와 달리 츠빙글리는 "이것은 내 몸이다"라는 말씀에서 "-이다"의 의미를 "상징하다" 또는 "의미하다"로 해석했다. 루터는 상징설을 주장하는 츠빙글리와 추종자들에게 "그들은 곧 멸망하리라"라고 선언했고, 당국의 검열도 루터 편을 들어 루터의 노선에서 벗어나는 글들은 출판될 수 없었다. 뉘른베르크와 바젤에서는 칼슈타트의 성찬론 관련 출판이 금지되었고, 뉘른베르크에서는 츠빙글리의 저술들이 출판금지를 당했다. 그리고 가톨릭을 신봉하는 칸톤 동맹군이 개신교

---

17 독일 농민전쟁에서 취한 루터의 신학의 정치사상적 함의는 다음의 졸고를 참고하라. "루터와 뮌처의 종말론 비교연구: 정치사상의 관점에서", 『신학연구』 73(2018), 341-368.

18 Stefan Zweig, *Triumph und Tragik des Erasmus von Rotterdam* (Frankfurt: Fischer Taschenbuch Verlag, 1981), 180. 이것은 루터가 농민전쟁의 와중에 고백했던 비정한 언사와 매우 흡사하다. "나, 마르틴 루터는 반란에 참여한 모든 농민을 때려죽였다. 말하자면 내가 그들을 때려죽였으므로, 그들 모두의 피가 내 목까지 차올라 있다(all ihr Blut ist auf meinem Hals)." Ibid., 179.

진영 취리히를 공격했을 때, 츠빙글리는 취리히 시민으로서 취리히 시민들과 함께 싸워서 시민들의 자유를 지키겠다고 맹세했던 대로 전투에 나섰다가 전사하고 말았다. 동맹군들은 츠빙글리의 시신을 넷으로 쪼개서 화형시키고 그 재를 인분과 뒤섞어버렸다. 위대한 종교개혁가의 비참한 최후에 대해 루터는 애도는커녕 매우 기뻐하며 조롱으로 답했다. "이것이 바로 그들이 그리스도의 성찬을 모독하여 얻고자 했던 명예의 결과다, … 신께서 이런 과격한 신성모독을 허용하시지 않을 거라고 말했던 내가 바로 예언자였다."[19] 루터는 의견과 해석의 차이를 자신의 복음의 원수요 적으로 인식하고 있음이 분명하다.

극단적 신앙, 종교적 파시즘, 불관용의 정신은 인간 공동체를 적과 동지로, 참된 신앙인과 거짓된 이단으로 양분시키고, 단지 자기의 신념과 신앙 그리고 자기의 체제의 진실만을 인정하기에 다른 의견에 대해 폭력적인 태도를 지닐 수밖에 없다. 생각의 자유에 대한 폭력적 억압, 신앙의 이름으로 자행되는 종교재판과 유일한 이념에 사로잡힌 근본주의 신앙의 전형적인 광신적 행태라 할 수 있다.

---

19   Lyndal Roper, *Martin Luther: Renegade and Prophet*, 526-527.

4
미국 근본주의 개신교와 한국 파시즘 기독교

　미국 역사학자 호프스태터(Richard Hofstadter)는 1950년대에 느닷없이 등장해 지식인 사회를 초토화시킨 매카시즘 광풍의 역사적 연원을 추적하고 이론적으로 해명하면서, 당시 미국 대중을 사로잡은 정서를 '반지성주의'라는 개념으로 포착했으며, 그것의 뿌리를 미국 복음주의 부흥운동과 기독교 근본주의에서 찾았다. 그런데 그의 통찰은 한국의 개신교 파시즘을 이해하는 데 많은 교훈을 준다. 18세기에 들어서서 미국 경제가 급성장하고 유럽의 근대적 과학혁명과 계몽사상이 미국 지성계에 영향을 미치기 시작하자, 그것에 대한 종교적 반동으로 복음주의의 신앙 부흥운동이 시작된 것이다. 호프스태터는 미국 종교사에 나타난 '반지성주의'의 중요한 사례로 가장 먼저 열광주의적 부흥운동을 언급한다. 기성 종교의 교단을 위협하며 미국 사회를 파고들었던 부흥운동은 "영혼 구원과 신학적 성서연구의 무관함"을 강조하면서 "이성이나 학습의 역할을 심각하게 위축시킨" 온갖 괴팍스럽고 기이한 행태로 대중의 마음을 파고들었던 당대의 스타급 부흥사들의 설교와 그들의 기괴한 행태를 소상하게 소개하고 있다.[20]

20　Richard Hofstadter, *Anti-intellectualism in American Life*, 유강은 역, 『미국의 반지성주의』(서울: 교유서가, 2017), 89-202 참고.

이런 복음주의의 반지성주의는 20세기 들어서도 면면히 이어졌는데, 소위 근본주의 신학과 신앙의 부상이다. 1925년의 스코프스 재판 등 과학(진화론)과 복음주의(창조론)가 맞붙은 소동은 이러한 현상의 일면을 보여준다. 반지성주의는 근본주의 신학과 신앙의 형태로 미국인의 삶에 저류처럼 계속 이어졌다는 것인데, 이러한 종교적 반지성주의와 병행하여 전후 냉전 시기에 매카시즘의 반공주의의 모습으로 다시 드러나게 된 것이다. 그런데 호프스태터는 반지성주의는 정치적으로 '편집증적 스타일'의 특색을 보인다고 지적한다. 즉, 자신을 적(敵)의 엄청난 악마적 권력으로부터 소외된 아웃사이더이자 박해받는 선지자로 설정하면서 선한 자신이 궁극적으로는 승리한다는 집착적인 과대망상증적 환상이 자리 잡고 있었고, 그래서 더 거침없이 비정상적인 행위를 실행하게 된다는 것이다. 반지성주의의 열광주의와 근본주의 신앙의 세속적 버전이라 할 정치적 편집증적인 스타일은 "가열된 과장과 의심, 그리고 음모론적인 판타지의 인식과 감정"[21]으로 정의된다. 이 감정에 '감염'된 사람들은 '종말론적' 방식으로 세계를 바라보고, '중재와 타협'은 없으며, 승리나 패배만이 가능하다는 신념을 갖는다. 절대적으로 선한 '우리'는 절대적 악의 현신인 '그들'과 비타협적으로 죽을 때까지 싸워야 한다. 편집증적인 스타일은 심각한 불신과 의심, 음모론적인 판타지, 그리고 종말론적 해결 방식으로 얼룩진 세계관인 것이다.[22]

반지성주의적 미국 복음주의 부흥운동과 근본주의 신학의 거의 일방적 세례를 받은 한국 개신교는 자연스레 극우 반공주의 이데올로기를 기독교 신앙으로 철저화시킨 파시즘적 종교로 형성될 바탕을 마련한다. 해방 및 분단 이후 지금까지도 여전히, 한국사회에서 반공주의라는 '체제 정당화 논리'는 한국사회 구성원 가운데 소위 '타도하거나 제거해야 할 적대적 대상'

---

21   Hofstadter, *The paranoid style in American politics and other essays* (New York: Alfred A Knopf, 1965), 29.

22   Ibid., 4.

을 규정하고 구성해내면서, 동시에 '민족적·국민적·사회적 통합'의 대상에서 그들을 제외·배제시키고 폭력을 가해왔다. '반공주의의 종교화', '반공주의 종교'라 불릴 정도로 개신교 교회가 '전투적이고 행동주의적인 반공주의', 공산주의와 성전을 치르는 '반공투사'로, 남한 사회를 대표하는 '반공의 상징이자 보루'[23]가 되는 과정에서 한국교회는 반공주의에 내재된 비인간성이나 폭력성을 간과했으며, 기독교적 진리를 반공주의와 동일시하여 이승만 독재와 그 이후 군사독재 권력을 적극적으로 지원하는 정치 세력이자 권력의 경호견 역할을 충실히 수행해왔다. 이런 허위의식에 맹종한 과거사에 대한 통렬한 자기반성이 요청되고 있지만, 한국 개신교는 여전히 정치적 보수세력, 사실상 극우 반공주의 세력과 크게 변별되지 않은 채 극우 파시즘의 이념 고수를 애국주의, 나아가 심지어 기독교 복음 수호와 동일시하고 있는 이번 윤석열의 내란 사태에서도 목도하고 있는 것이다.

한국 개신교의 반공 파시즘을 이해하기 위해서는 그 역사적 연원을 살펴볼 필요가 있다. 반공주의는 일제강점기 일본 군국주의 파시즘에서 시작된 것으로 보인다. 일본 제국주의의 정치적 기반인 천황제는 공산주의를 용납할 수 없는 반역사상으로 간주했으며, 그것이 치안유지법에 집약되어 있다.[24] 따라서 일제 식민지 정책에 반대하는 일본인이나 조선인은 공산주의자 혐의를 받았다. 비록 한국 개신교가 충실히 일제의 노선에 따라 '사회신

---

23   강인철, "해방 이후 4·19가지의 한국교회와 과거 청산 문제", 『한국기독교와 역사』 24(2006), 78.

24   1925년 2월 19일 중의원 위원회에 제출된 치안유지법(治安維持法) 제1조에는 "국체(천황통치체제) 혹은 정체를 변혁하거나 사유재산제도를 부인함을 목적으로 결사를 조직하거나 이에 가입한 자는 10년 이하의 징역 또는 금고에 처한다"라고 되어 있다. 이는 주로 무정부주의자와 공산주의자를 불온시하는 의도가 담겨 있음을 알 수 있다. 그리고 이 법은 1928년 개정되면서 최고 사형까지 가능하도록 강화되었으며 태평양전쟁 직전인 1941년에는 더 많은 조항과 처벌 조항이 훨씬 더 강화되었으며, '예방구금제도'까지 도입되었다. Richard Mitchell, *Thought Control in Prewar Japan*, 김윤식 역, 『日帝의 思想統制』(서울: 一志社, 1982), 2장 "치안유지법"과 3장 "치안유지법의 적용" 참고.

조'[25], 그리고 '신사참배'의 수순을 밟기는 했음에도 불구하고 당시 조선인의 입장에서 볼 때 일제에 저항하는 것은 그 어떤 경우에도 민족 구성원으로서 도덕적 정당성을 가질 수 있었기에 오히려 좌우합작이 시도된 바 있었으며, 사실상 식민지하에서 반공주의가 부상되기는 되기는 어려웠다.

    한국 개신교의 파시즘은 해방 이후 한국 사회가 본격적으로 반공주의화되는 것과 맥을 같이한다. 한국의 반공주의는 실제적으로 남한 국내 정치와 미군정의 역할, 미국 내에서 메카시즘 반공주의의 등장, 1946년 이후 미국과 소련의 갈등 심화가 복합적으로 작용하면서 형성되었다 하겠다. 남한 내 반공주의는 일제강점기 일본의 조선 지배에 부역했던 조선 엘리트에 의해 주도되었다 할 수 있다. 한반도를 점령한 미군정은 남한 내에서 일본의 조선 지배에 협력한 집단과 엘리트들을 심판하지 않았다. 미군정은 조선총독부에서 근무했던 조선인들을 미군정의 행정요원으로 고용했던 것이다(맥아더 포고령 제1호 제2조). 공산주의 세력이 이들 반민족 부역자들에 대해 가장 비판적이었던바, 자신들을 매국노라 공격한 공산주의자들과 결사 항전하지 않을 수 없었다.[26] 특히 일제하에서 식민지 파시즘 통치에 적극적으로 부역했던 자들은 자신들에 대한 처벌 여론을 잠재우고[27] 좌파들의 공격에서 자신의 기득권과 입지를 보호해주는 이승만에게 절대적으로 의존했으며, (반공/빨갱이) 프레임 전환을 통해 공산주의를 히스테리적으로 적대시하게 된 것이다.

---

25 1932년 9월 예수교연합공의회 제9회 총회에서 발표된 12개조의 '사회신조'에는 "일체의 유물교육 유물사상 계급적 투쟁 혁명수단에 의한 사회개조와 반동적 탄압에 반대"한다는 문구를 서문에 적시하여 일제강점기 한국 개신교는 반공주의를 사회적 가르침으로 천명했다. 정병준, 『한국교회 역사 속 에큐메니컬 운동』(서울: 오이쿠메네, 2024), 54.

26 장병혜, 『상록의 자유혼』(서울: 현대인쇄문화사, 1973), 78.

27 반민특위가 악질 친일 경찰 하판락, 노덕술 등을 수감하자 이승만은 특위의 조사관과 그 지휘자를 의법 처리함으로써 반민특위를 무력화시키고, '국회 프락치 사건'을 조작하여 국가보안법을 반대하던 소장파 국회의원을 체포하고 사실상 반민특위를 해체시켰다. 노영기, "1945-50년 한국군의 형성과 성격", 성균관대 대학원 미간행 박사논문(2008), 224-231.

한국전쟁은 개신교가 반공투쟁의 최고의 보루임을 한국사회에 각인시키는 계기가 되었다. 그리고 한국사회는 한국전쟁을 계기로 반공주의가 전체 사회구성원들에게 내면화되고 가장 강력하고 신성한 이데올로기로 자리 잡게 된다. 말하자면, 반공주의 자체에 국가나 민족을 신성화하는 '신성한 담론과 실천의 체계'가 형성됨과 더불어 개신교 역시 반공주의가 신앙화되었다. 교의적으로는 사탄론과 종말론 그리고 구원론이 결합됨으로써, 근본주의 신학의 한 축인 세대주의의 전(前)천년설 신봉자들은 공산주의를 말세의 징조나 사탄으로 확신하게 되었다.[28] 그러자 반공주의는 선민의식과 구원론과 결부되어, 공산주의와의 전쟁은 신이 한민족을 선택해서 특별한 사명(전 세계 민주국가 진영을 대표해서 공산세력을 전멸시킬 거룩한 사명)을 부여하신 계기이자 징표로 해석되었다.[29] 이렇게 되면 극우 반공주의 이념은 구원론으로 승화된 셈이다. 심지어 폭력적·전투적 반공주의가 오히려 인간의 존엄성에 부합할 뿐만 아니라 신앙의 자유라는 인권적 가치, 정치적 민주주의와도 동일시될 수 있게 되었다.[30]

파시즘 개신교의 배경에는 호프스태터가 미국의 반지성주의를 논하면서 비판했던 바로 냉전시대 매카시즘 광기와 결합된 미국 개신교 근본주의가 미국 근본주의에 바탕하고 있는 한국 개신교에 가세하면서, 반공 이데올로기를 무오류의 전통적 근본적 신앙관 또는 교의로 확정시키는 명실상부한 파시즘 개신교가 굳건히 확립되었던 것이다. 특히 미국의 개신교 파시스트들의 정신적 성향 속에는 기독교의 사랑과 관용의 정신이 아니라 배타적 '마니교적 선악이원론'이 훨씬 강고하게 자리 잡게 되어, 세계는 빛과 어둠

28　김흥수, 『한국전쟁과 기복신앙 확산 연구』(서울: 한국기독교역사연구소, 1999), 63-64.
29　Ibid., 107-111.
30　이런 점에서 한국의 극우들이 신봉하는 '자유민주주의'는 사실상 자유주의와 민주주의의 가치를 폭력으로 억압한 독재를 미화하고 찬양하는 이념적 내용을 담고 있기에 문자대로 자유민주주의가 아니라 '파시즘 민주주의'라 표현하는 것이 더 적절할 것이다.

이라는 대등한 두 적대 세력(미국과 소련)의 전쟁터이며, 세계 역사는 악의 세력이 세상을 정복하려고 꾸민 '음모'의 연속으로 이해했던 것이다.[31] 매킨타이어(Carl McIntire)와 같은 근본주의 파시스트들은 해방 이전부터 한국전쟁 이후까지도 한국의 근본주의 개신교에 직접적인 영향을 끼쳤다.[32] 이들의 (공산주의자들은 사탄이니 죽여도 된다는) 광기는 중세에서 다른 견해를 가졌던 자들을 이단으로 규정하고 그들에게 가한 비인간적 만행을 신앙의 논리로 정당화시켰던 십자군적 광기와 다르지 않았다. 전쟁 전후 민간인 학살과 80년 광주 민주화항쟁에서 볼 수 있듯, 반공주의는 집단학살과 편집증적 광기의 표출을 가능하게 한 메커니즘으로 작동된다.[33] 반공주의로 인해 별다른 양심적 가책이나 도덕적 판단을 거치지 않고서도 위로부터의 명령 한마디로 즉각적 집단학살을 저지를 수 있는 심리 상태가 만들어진 것이다.[34]

군사 쿠데타로 권력을 찬탈한 박정희는 반공을 국시로 한국 사회를 일제의 괴뢰국 만주국을 모델 삼아 병영화시켰다[만주국의 설계자 기시 노부스케(岸 信介)는 박정희의 통치 멘토이다]. 이승만 독재에 절대적으로 부역한 개신교 파시스트 세력은 변함없이 박정희 정권과 정치적 밀월 관계를 유지했다. 특히 서북 출신 개신교인들은 전쟁 구호물자를 통해 경제적 우위를 점령했고, 서북 출신들이 전쟁을 거치면서 군 요직에 올랐고, 그들이 박정희와 함께 쿠데타의 주역이었기에 군사정권을 지지하는 것은 당연한 것이었다. 그리하여 자연스럽게 한국 개신교는 반공을 국시로 하는 군사독재를 적

---

31 Pheme Perkins, "Mani, Manichaeism," *Encyclopedia of Early Christianity*, ed. Everett Ferguson (New york: Garland Publishing Inc., 1998), 362-363.

32 이들은 철저한 근본주의 기독교 신앙에 입각해 근대 사상, 특히 진화론과 사회주의 사상과의 투쟁을 신이 선택한 미국에 대한 애국심이라 여겼던 파시스트들이었다. 류대영, "2천년대 한국 개신교 보수주의자들의 친미반공주의 이해", 『경제와 사회』 62(2004), 63 참고.

33 최장집, "냉전 해체기의 평화와 공존의 철학", 『황해문화』 29(2000), 168.

34 곽송연, "정치적 학살 이론의 관점에서 본 가해자의 학살 동기 분석: 5·18 광주의 사례를 중심으로", 『민주주의와 인권』 13-1 (2013), 38.

극 옹호하게 되었고, 박정희 군사독재 체제를 반대하는 개신교 내의 민주화 운동세력을 오히려 불순한 용공세력으로 매도하게 된 것이다.[35]

파시즘 개신교가 급성장(개신교회의 폭발적 부흥 성장)한 주요한 원인은 철저하게 파시스트 정권에 협력한 대가였다. 군사독재 시절 반공주의 개신교의 정치에서 '조찬 기도회'는 권력유착의 주요 통로 중에 하나였다. 김준곤이 주도한 1965년 2월 '국회의원 조찬기도회'를 필두로 대통령을 위한 조찬기도회, 국무총리를 위한 조찬기도회와 같은 기도회를 빙자한 정치행사로 개신교는 독재정권을 지지해주었다.[36] 개신교의 전폭적인 지지에 대해 독재정권은 교세 확장을 위한 여건 조성으로 화답해주었다.[37]

급기야 1980년 광주 시민들의 평화적인 민주적 열망을 무차별적인 테러와 대량학살로 짓밟은 전두환이 퇴역과 동시에 권력 서열 1순위임을 천

---

[35] 유신 독재의 횡포가 극한으로 치닫고 있을 때, 1973년 부활절 연합예배에서 박형규, 권호경, 김동완 등과 한국기독학생회총연맹 학생들이 민주회복과 언론자유를 촉구하는 시위를 벌였는데, 이에 대해 한국예수교협의회(KCCC)가 "기독교 반공 시국선언문"을 발표하여 "일부 성직자들이 반정부적 선전과 데모를 선동하는 것은 비성경적이며 '북괴' 공산집단을 이롭게 하는 이적행위라고 공격했다. 또 이에 앞서 맥킨타이어가 기독교반공강연회를 통해 공산주의자들의 교회 침투에 대해 경고하면서 WCC가 비성경적이고 용공적이라 비판했다[한국기독교사회문제연구원 편, 『1970년대 민주화운동과 기독교』(서울: 한국기독교사회문제연구원, 1983), 180]. 김준곤은 CCC 학생들을 동원하여 반공구국기독학생운동 특별기도회를, 한경직을 중심으로 18개 교단 소속 백만 명의 신자들이 '나라를 위한 기독교연합 기도회'(여의도 516광장)에 운집하여 대규모 반공 군중집회를 조장했다(『교회연합신보』, 1975. 5. 11). 순복음교회도 '민족복음화와 국가안보'라는 집회를 장충체육관에서 개최해 박정희에게 보내는 공개서한을 통해 전폭 지지선언을 했으며, 기조연설을 했던 김준곤은 노골적으로 유신체제를 찬양했다(김준곤, "기독교와 공산주의의 갈림길에서", 『크리스챤신문』, 1975. 7. 26). 그리고 급기야 1977년 11월 독재정권을 비판한 강희남 목사, 1979년 크리스찬아카데미 간사 여섯 명이 반정부적 내용의 발언과 교육이 문제가 되어 반공법 위반으로 구속되었다("크리스찬 아카데미 사건과 강희남 목사의 반공법위반 사건", https://archives.kdemo.or.kr/isad/view/00111130).

[36] 김준곤 외, 『나와 김준곤 목사 그리고 C.C.C.』(서울: 한국대학생선교회, 2005), 579-580.

[37] 1969년 전군신자화(全軍信者化) 운동은 물론, 군사정권의 전폭적이고도 파격적인 지원 속에서 치러진 1973년의 '빌리 그레이엄 한국전도대회'는 74년의 '엑스플로74', '77복음화대성회', '80세계복음화대성회' 등의 초대형 군중집회를 통해 한국 개신교의 폭발적인 성장에 절대적으로 기여하게 된다. 김진환, 『한국교회부흥운동사』(서울: 서울서적, 1993), 244 이하 참고.

명했던 바로 그 순간, 한국 개신교의 대표적 파시스트들은 자발적으로 국가보위비상대책위원회 상임위원장을 위해 '나라를 위한 조찬기도회'를 열어 권력을 쟁취한 반인륜적 범죄자들을 축복해주었다. 그런데 이 기도회는 공영방송을 통해 전국에 생중계되었으며 재방송으로까지 선전되었다. 전두환이 죽는 순간까지 그에게 충성을 다했던 김장환이 지금까지도 개신교에서 막강한 영향력을 미치는 현실에 비추어, 그리고 한국전쟁 전후의 시기에 보여주었던 전투적이고 폭력적인 개신교가 광주 민중에 대한 학살을 자행한 인간성에 대한 범죄, 반인륜적 범죄행위에 대해서도 신앙적으로 광적인 지원을 아끼지 않았다는 사실은 한국의 극우 파시즘적 개신교가 예수의 비폭력적 사랑을 바탕으로 한 기독교가 아니라 반인류적이고 야만적인 파시즘적 반공주의 이데올로기를 복음처럼 신봉하는 국가주의 종교에 다름 아니라는 사실을 부인하기 어렵다 하겠다.

    1987년 6·10 민주화운동이 타올랐을 시절에도 개신교 지도자들은 전두환이 주장한 '호헌' 방침을 지지하는 등 병적인 파시스트적 태도를 버리지 않았다. 이 무렵 한국교회협의회는 1988년 2월에 열린 제37회 총회에서 "민족의 통일과 평화에 대한 한국기독교회 선언"을 정식으로 채택·발표함으로써, 개신교가 최초로 반공주의와 결별하는 공식적인 선언을 한 셈이다. 하지만 발표 후 얼마 되지 않아 개신교 반공 파시스트 세력들은 '한국기독교총연합'을 출범시켰다. 특히 부시 대통령의 북한에 대한 '악의 축' 규정 이후, 한국 개신교의 반공주의는 탈냉전시대와 전혀 어울리지 않게 보다 강화된 반공·친미주의의 모습을 보이게 되었다. 아스팔트 광장에서 대규모 기도회를 갖고 "한미동맹을 약화시켜 북한을 이롭게 하려는 친북좌파들의 준동"을 비판하고, "공산주의는 제1의 적"이며 "북한은 마귀의 집단"이라는 이원론적 반공·반북 신앙을 표명했다. 종교집회에서 "미국 만세"를 외치며, 성조기를 흔드는 광기는 2025년 현재까지도 광장을 메우고 있다. 과거 천사 부시 자리에 현재 트럼프가, 박근혜 대신 윤석열이, 문재인의 자리에 이재명이 대체된 것 이외 달라진 것은 없다. 수많은 개신교 파시스트 조직들은 아스팔트 집회를 주도할 뿐 아니라 유튜브와 '미디어 선교', '인터넷 사역'을 통해 가짜 뉴스(fake news)나 '역정보'(disinformation)를 적극적으로 생산하고 유포하는 행동 전선을 주도해나가는 형국이다.[38]

최근의 개신교 파시즘의 행태를 대략적으로 살펴보면, 전통적 반공주의 이념의 틀을 크게 수정하지 않은 채, 성차별, 종교차별, 인종차별 등과 같은 차별주의를 전략으로 채택하고 있음을 알 수 있다. 그들은 편협한 종교적 관점과 문자적 성서해석에 의해 형성된 도덕적 가치로써 사람들을 재단하고 그 가치로부터 벗어나 있다고 여기는 이들을 적으로 상정하고 모든 사회적 문제들을 그들에게 전가시키려 한다. 차별주의에 대한 종교적 정당성은 불안과 공포에 떠는 대중을 쉽게 통제하는 일종의 통치 기제로 사용하거나 그 정당성을 통해 공포를 확산시키고 조장하기도 한다. 특히 개신교 파시즘은 반이슬람주의를 강조하는 경향을 보인다. '이슬람=테러리즘'이라는 공포를 조장하면서 이슬람 적대를 신앙적으로 정당화하며, 이를 위해서는 역정보를 생산·확대재생산하는 데 열을 올린다. 선한 전투를 위해서는 비열한 음모론도 얼마든지 용납되는 것이 파시스트들의 기본자세이다.[39]

코로나19 이후 불기 시작한 중국인 혐오도 마찬가지다. 12·3 내란의 명분 중에 하나가 부정선거 음모론이었는데, 급기야 지난 총선에 중국이 개

---

[38] 김현준의 연구를 통해 나는 개신교 파시즘 세력의 방대한 조직과 파시스트들의 활약상을 엿볼 수 있었다. 나의 상상을 초월하는 조직의 방대함과 그 힘에 경악하지 않을 수 없었다. 김현준, "한국 개신교 극우세력과 그 성격", 『기독교사상』 756(2021), 15-25 참조.

[39] 과거 개신교 파시스트들이 "이슬람의 13 악마의 교리"를 SNS를 통해 전방위적으로 유포시켰을 때, 나의 신학대학원 동기들이 모인 단톡방과 밴드에 그것이 게시된 것을 보고, 즉각 쿠란과 대조해서 그것이 전혀 사실이 아니요 일방적인 왜곡이라는 글을 단톡방에 올린 적이 있다. 이후 내가 쓴 글이 어떻게 유출되었는지 모르겠지만 엄청난 파장을 일으켰고, 급기야 내가 근무하는 학교 총장에게 구두 경고를 받는 일까지 발생했다. 아직도 파시스트 세력들은 박○○을 친이슬람 신학교수이자 기독교의 적으로 간주하는 파시스트의 글에 대해 절대적인 응원과 지지를 보내고 있다. 이슬람 혐오를 조장했던 자와의 논쟁은 졸저, 『열린사회와 세계사랑』(서울: 지성과 감성, 2019), 319-362에 수록되어 있다.

입했다는 설을 파시스트 음모론자들이 퍼뜨렸고,[40] 이를 뒷받침하듯 내란 당일 한국의 선거를 조작했던 그 중국인 간첩들이 체포되어 괌으로 압송되었다는 뉴스를 한 극우 매체가 보도했다.[41] 이러한 완벽한 역정보는 파시스트들이 내란수괴의 말을 신뢰하는 증거로 작용했고, 반중정서를 강화시키는 방아쇠가 되었다.

매킨타이어(Lee McIntyre)는 가짜뉴스와 음모론을 포함한 탈진실(post-truth) 시대의 정보 공작을 '역정보'라는 더 넓은 개념으로 범주화한다. 그에 따르면 역정보의 핵심은 단순히 가짜뉴스나 오보 같은 수준을 훨씬 넘어서서 악의적·의도적으로 진실을 은폐하거나 없애려고 거짓을 쏟아내 많은 사람을 혼란스럽게 하여 결국 진실을 부정하는 군대를 양성하고자 하는 데 있다.[42] 이러한 형국이 지속되면 가짜뉴스나 역정보에 세뇌된 사람들은 진실의 여부는 무의미해지고, 오히려 진실에 대해 불신하고, 심지어 자신들과 인식을 함께하지 않는 자들에 대해 적개심을 품게 되는 것이다.[43] 사려 깊지 않은 대중들은 진실이나 사실에 대한 객관적 수용보다는 자신의 감정이나 신념, 혹은 자신이 선호하는 정치적 이념에 따라 가짜뉴스와 탈진실을 기꺼이 수용하고자 한다. 즉, 참된 진실보다 더 중요한 것은 자신의 신념과 이데올로기를 더욱 강화시켜주는 것이다. 바로 역정보의 유포는 사회적 혼란을 초래하는 반사회적이고 반국가적인 교란 행위이며, 혼란이 커질수록 역정보의 생산자는 원하는 목적을 달성하게 되는 것이다. 역정보의 온상 파시즘 개신교의 현실은 거의 절망적 수준이다.

---

40 나는 이 가짜뉴스를 2025년 1월 4일 한남동 관저 앞 탄핵 반대 시위 현장에서 직접 들었다.
41 허겸, "선거연수원 체포 중국인 99명 주일미군기지 압송됐다", 『스카이데일리』, 2025. 1. 16.
42 Lee McIntyre, *On Disinformation*, 김재경 역, 『누가 진실을 전복하려 하는가』(서울: 두리반, 2024), 23.
43 Lee McIntyre, *Post-Truth*, 김재경 역, 『포스트트루스 – 가짜뉴스와 탈진실의 시대』(서울: 두리반, 2019), 16, 19-20 참고.

또한 기독교 파시즘은 여전히 섹시즘, 즉 여성에 대한 편견, 고정 관념, 전통적인 인식이나 관행, 언어적 관습을 강화하는 이데올로기를 내포하고 있다. 교회에는 여전히 가부장제나 남성의 지배를 성서와 교리를 통해 정당화한다. 하지만 더욱 큰 문제는 소위 '젠더리즘'(genderism)을 둘러싼 차별주의일 것이다. 기독교 파시즘은 젠더리즘에 기초해 그들을 판단하고 전통적인 성별 이분법의 바깥에 있는 사람들을 병리학적으로 다루든지, 범주 밖의 성에 대해서는 반도덕적, 반성서적, 반기독교적이라 차별·정죄·적대한다.

끝으로 한국 개신교 파시즘의 이해 불가한 행태는 소위 "한국사회 복음화의 최대의 적"이라 규정한 통일교[44]나 신천지 같은 사이비 종교들에 대한 태도이다. 주지하는 바와 같이 해방 이후 현재까지도 사이비 종교집단들이 극우 파시즘을 지향하고 실제로 권력과의 부당한 거래가 언론을 통해 드러나지만 그 점에 대해 정치적 비판의 목소리를 내지 않고 오히려 묵인하는 태도를 취하고 있다. 박근혜 정권과 신천지, 코로나19 사태에서 보여준 검찰권력과 신천지의 유착, 신천지의 윤석열 대통령 만들기 캠페인, 최근 문제가 된 '통일교-건진법사-김건희-윤석열' 커넥션 등에 관련한 극우 개신교의 침묵은 파시즘적 이념에서는 극우 정통개신교와 사이비 종교집단이 암묵적 동지가 아닌가 하는 의심까지 들게 한다.

---

44   파시스트 사이비 종교집단이 유독 극우 정치권력을 지원한 행태들에 대한 기사는 이단연구지 『현대종교』를 참고할 만하다. 탁지일, "통일교 정치권 로비, 역사와 본질", 『현대종교』, 2025. 5. 24; 김현빈, "통일교의 민낯, 횡령·탈세·정치 커넥션", 『현대종교』, 2025. 6. 5.

5
결론

아직 내란 종식은 마무리되지 않았지만, 내란의 수괴만은 우여곡절 끝에 파면되고 그의 광신도들은 진정된 국면이다. 일반적으로 개신교 파시스트들을 우리 세계의 소수 극단적인 세력이라 애써 자위한다. 출생적·관습적 교회-인간인 나, 개신교회의 에토스를 너무도 잘 아는 나는 전광훈, 손현보류(類)의 극단적 아스팔트 파시스트가 아니더라도 교회 안의 파시스트들, 독재 파시스트들을 신봉하고 그들의 노선을 추종하는 헤아릴 수 없이 많은 개신교 파시스트들을 열거할 수 있다. 과격성에서 정도의 차이만 있을 뿐 파시즘의 망령은 한국 개신교회를 항시 배회하고 있다.

"종교인들이 하나님을 사랑하는 마음을 가져야 한다고 말하거나 종교적 의무에 대해 뭐라고 말하든 간에, 다른 이들에 대한 그들의 행동이 폭력적이고 파괴적이라면, 그리고 그것이 이웃들 사이에서 고통을 야기한다면 … 그런 종교는 타락했다고 확신해도 된다."[45] 파시즘 사태에 적극적으로 대응하지 못하는 한국 개신교는 사실상 타락한 종교요, 파시즘 종교의 병리적 증상을 말기 암으로 앓고 있는 종교라 보인다. 지금이라도 처절하게 반성하고 파시즘의 뿌리를 근절할 힘이 남아 있을까. 일상적인 개신교 교회의 삶

---

[45] Charles Kimball, *When Religion becomes Evil: Five Warning Signs* (San Francisco: HarperOne, 2024), 47. 박성철, 『종교 중독과 기독교 파시즘』, 175에서 재인용.

을 들여다보라. 일상화된 파시즘, 체질화된 반지성주의 가운데서 파시스트로 사는 것이 훌륭한 신앙, 좋은 삶의 가능한 방식으로 살고 있기에 그러한 삶과 단절해야 한다는 결단조차 생겨나기 어려운 것이 현실이다. 예수의 삶을 모방하는 교회가 아니라 반지성주의와 근본주의적 교의, 파시즘으로 왜곡된 교회의 세계에서 자라고 그러한 삶을 자명한 것으로 살아온 교인들이 구조적인 지배로부터 벗어나기란 불가능에 가깝다. 예수의 하나님 나라 운동 능력이 물신주의, 번영주의, 샤마니즘에 사로잡힌 한국개신 교회에 있을까 지극히 회의적이다. 교회에서의 민주시민사회를 위한 공공신학의 교육, 파시즘의 온상 근본주의 신학을 극복하는 열린 신학교육, 어느 것 하나 실현 가능성이 희박하다. 개신교 파시즘의 문제의식조차 없는 데서 그것과의 단절을 논하는 것은 부질없는 짓이다.

그러나 극히 희미하다고 해서 완전히 희망이 사라진 것은 아니다. 내가 기대어보는 유일한 희망은 교회 내적으로 비판적 지식인으로서의 기독교윤리학자들의 역할과 시민사회의 성숙된 종교성이다. 우선 기독교윤리학자의 유기적 지식인으로서의 사명이다. 그람시가 직업상 정신 활동에 참여하여 기존의 사회 체제 유지를 위해 자신들의 지식을 활용하는 전통적 지식인 집단을 비판하면서 대안적으로 제시했던 '유기적 지식인'(organic intellectuals)을 생각한다. 그들은 기존의 지배체제를 비판하는 지식인들이다. 나는 유기적 지식인으로서의 기독교윤리학자를 생각해본다. 전통적 지식인은 사회의 주도적 지배 의식을 선도적으로 이끌어 자신의 위치를 공고히 하며 그로부터 사회 체계를 유지하는 데 기여하는 지식인이다.[46] 반면 유기적 지식인은 속한 집단의 구성원들이 공유하는 상식 개념을 비판적으로 검토하고 사회 집단의 행동 혹은 가치의 기준이 될 수 있는 일관성 있는 세계 개념을 창출하

---

46 Antonio Gramsci, *Selections from the Prison Notebook*, ed. Q. Horae & G. Smith (London: Lawrence and Wishart, 1971), 3.

는 임무를 수행하는 지식인이다.[47] 지배계급에 저항하기 위해 피지배계급은 비판적 자기의식을 가져야 하고 대중은 스스로 비판적 지식인이 되어야 하는데, 이들을 조직하고 계도하기 위해서는 유기적 지식인의 집단적 노력이 요구될 수밖에 없다. 파시즘 개신교의 대중이 몸에 밴 익숙한 신앙 양식이 가장 반기독교적이었다는 각성, 자신의 신앙과 삶에 대해 인식적으로뿐 아니라 느낌적으로 경악하게 할 수 있는 주체(교회의 등애이면서 전기가오리)는 일단 교회 내의 유기적 지식인일 수밖에 없다. 왜 윤리학자인가. 나의 경험상 뉴라이트라 불리는 파시즘을 숭상하는 파시스트 지식인, 야당 지도자의 암살 계획이 성공하기를 빈다고 기도하는 파시스트, 파시스트 윤석열을 예수 그리스도에 준하는 인물로 찬양한 파시스트의 사례를 기독교윤리학자들 가운데서 단 한 번도 본 적도 들은 적도 없다. 최근 모 신학대에서 편협한 교의로 교수를 해임시킨 사태에 가장 적극적으로 연대한 기독교윤리학자들에게서 유기적 지식인이 오버랩된다.

너무 감사하게도 기독교윤리학자들에게서 사이비 비판적 진보적 지식인들도 찾아볼 수 없다. 윤석열의 검찰독재는 민주적이라며 대중을 속였던 그 비판적 지식인들이 실은 전통적 파시스트 지식인이었다는 점을 스스로 방증해주었지만, 끔찍하게도 그들의 대중 선동의 힘은 가히 여론을 압도했었다.[48] 유기적 지식인으로서의 기독교윤리학자를 성찰한다는 것은 파시즘

---

47 Ibid., 10.

48 『한번도 경험해보지 못한 나라: 민주주의 어떻게 끝장이 나는가』(서울: 천년의사상, 2020)의 저자들, 강양구, 권경애, 김경율, 서민, 진중권과 같은 자칭 비판적 지식인들은 이전 정권을 민주주의를 붕괴시킨 "좌파 파시즘 정권"이라 맹비난했던 대표적인 지식인들이다. 이들 중에는 아예 극우 파시스트 정당에 들어가서 정당 활동을 한 자도 있다. 그러나 이들이 극우적 방송매체를 통해 이전 정권과 현재 야당에 대해서만 독설을 쏟았지 윤석열과 그의 가족들, 그리고 그의 당이 자행한 불법적이고 부정한 통치 행태에 대해서는 침묵했다. 특히 12 · 3 내란, 국가체제 전복 미수사건에 대한 그 어떠한 비판의 목소리도 내지 않고 있다. 검찰정권과 내란을 지지하는 정당이 지금까지 보여왔던 심각한 수준의 역사왜곡, 국회와 헌법기관에 대한 공격, 내란 옹호의 극우 파시스트 행태에 묵인하는 태도는 그람시의 '전통적 지식인'의 축에 들지 못할 수준의 사이비 진보 지식인, 솔직히 스스로 극우 파시스트지식인이라는 것을 자인하는 꼴밖에 되지 않는다. 이들 못지않게 심

개신교와의 단절을 위해 매우 중요하다고 본다. 기독교윤리학자들은 교회 제도를 위해 봉사하는 전통적 지식인이 아니라 예수의 하나님 나라 운동을 위한 지식인임을 자각하고 교회의 파시즘에 저항하며 그리스도인들을 단순히 교회 사람이 아니라 예수의 사람으로, 깨어 있는 시민으로 각성시키는 유기적 지식인으로서의 사명에 대한 결기가 충만해야 할 것이다.

다른 한편 시민사회 차원에서의 종교성을 생각한다. 민주공화국의 시민사회의 발전과 건전한 토대 형성이 파시즘에 체화된 한국 사회와 한국 개신교의 치유책이 될 가능성이 크다. 민주적 시민사회는 가치 다원주의가 작동되어야 한다. 하지만 시민들 저마다 다른 가치를 가지고 있다는 것은 사회적 불안의 요소가 될 수 있다. 왜냐하면 가치의 다양성 내에는 다른 가치를 인정하지 않고 관용하지 않는 가치도 포함되기 때문이다. 가치의 다양성이라는 명목 아래 자신의 가치만을 절대적으로 요구하고 강요하는 경우가 문제이다. 바로 롤스(John Rawls)는 자유주의 사회에서의 가치다원주의 조건을 해결할 방안을 제시한다. 그것이 '정치적인 것'을 형성하는 것이다. 정치적인 것이란 사회가 협력체계임을 인정하는 데서 시작된다. 민주적인 사회는 여러 가지 신념들이 동시에 존재하는데, 사회가 협력체계라면 이러한 신념들이 공존할 수 있는 근거를 최소한으로만 마련해야 하는 것이다. 바로 공존의 첫 번째 조건이 개인들이 종교적·도덕적·철학적 이유로 가지고 있는 자신의 신념을 정치적 장에서 함부로 주장하지 않는 것이다. 그 어떤 종교적 신념이든 정치적 장에서는 개인들이 가지고 있는 포괄적 교의(comprehensive doctrine)[49]나 신념을 배제할 수 있어야 한다. 개인이 정치적

각한 것은 이들 주변에서 마치 대한민국의 살아 있는 양심적 지식인인 양 추켜세우고 이들의 논리를 학문적으로 인용하고 전파해주는 비루한 상아탑 지식인들이 적지 않다는 것이다.

[49] "포괄적 교의"라 함은 그 이론이 인생 전반에 걸친 가치들, 사적 관계에 관한 이상들을 모두 포함하고 있음을 의미한다. 예로, 인간론, 가치론, 세계관 등을 모두 포함하는 기독교 교리, 마르크스주의 등이 있다. John Rawls, *Political Liberalism* (New York: Columbia University Press, 1993), 11-15.

장에서 해야 할 일은 사회적 협력을 위해 누구에게도 편파적으로 치우치지 않는 공정한 협력의 조건을 정치적 장에서 합의해야 하고, 그것에 근거해 사회의 헌법과 법률을 정하고 지키는 일을 "정치적인 것"이라 할 수 있다. 이때의 합의는 '중첩적 합의'(overlapping consensus), 즉 모든 포괄적 신념이 공적 이성의 작동하에 공통적으로 지지할 수 있어야 하는 것이므로 자연스레 모든 신념이 인정할 수 있는 최소의 영역이 되어야 한다.[50] 정치적인 것에 부합되는 시민 정신은 익명의 기독교 정신이다.

그런 의미에서 혐오와 배타를 바탕으로 민주공화국의 질서를 위협하는 근본주의 파시즘적 종교는 자유롭고 민주적인 시민사회에서 배척되어야 하는 유일한 종교가 아닐 수 없다. 나는 루소의 시민사회 종교가 주는 불관용의 교리를 곱씹으며 글을 마무리하고자 한다. 훌륭한 시민이 되는 것을 목적으로 하는 시민종교의 소극적 교리는 오직 종교적 불관용(intolérance)에 대한 배척(불관용)만이다. 만일 어떤 종교가 시민의 의무와 완전히 상반되는 교리로 무장한 경우가 아니라면, 그리고 다른 종교에 대해 배타하지 않는 종교라면 인정해야 한다. 하지만 자신의 종교만이 유일한 종교라고 독선적이라 주장하며 다른 종교를 배타하는 종교는 추방시켜버려야 하는 것이 시민종교의 불관용 교리이다.[51]

---

50   Ibid., 143.

51   Jean-Jacques Rousseau, *The Social Contract and Other Later Political Writings*, trans. Victor Gourevitch (Cambridge: Cambridge University Press, 1997), 199.

참고문헌

강양구 외. 『한번도 경험해보지 못한 나라_민주주의 어떻게 끝장이 나는가』. 서울: 천년의사상, 2020.

강인철. "해방 이후 4·19까지의 한국교회와 과거 청산 문제". 『한국기독교와 역사』 24(2006), 67-98.

곽송연. "정치적 학살 이론의 관점에서 본 가해자의 학살 동기 분석: 5·18 광주의 사례를 중심으로". 『민주주의와 인권』 13-1(2013), 13-48.

김준곤. "기독교와 공산주의의 갈림길에서". 『크리스챤신문』, 1975년 7월 26일자.

김준곤 외. 『나와 김준곤 목사 그리고 C.C.C.』. 서울: 한국대학생선교회, 2005.

김진호 외. 『우리 안의 파시즘』. 서울: 삼인, 2006.

김진환. 『한국교회부흥운동사』. 서울: 서울서적, 1993.

김현빈. "통일교의 민낯, 횡령·탈세·정치 커넥션". 『현대종교』, 2025. 6. 5.

김현준. "한국 개신교 극우세력과 그 성격". 『기독교사상』 756(2021), 15-25.

김흥수. 『한국전쟁과 기복신앙 확산 연구』. 서울: 한국기독교역사연구소, 1999.

노영기. "1945-50년 한국군의 형성과 성격". 성균관대 대학원 미간행 박사논문(2008).

류대영. "2천년대 한국 개신교 보수주의자들의 친미반공주의 이해". 『경제와사회』 62(2004), 54-79.

박성철. 『종교 중독과 기독교 파시즘』. 서울: 새물결플러스, 2020.

박종균. "루터와 뮌처의 종말론 비교연구-정치사상의 관점에서". 『신학연구』 73(2018), 341-368.

_____. "루터 종교개혁과 근본주의의 '선택적 친화성'에 관한 연구". 『신학과 선교』 56(2019), 143-180.

박종균. 『열린사회와 세계사랑』. 서울: 지성과 감성, 2019.

장병혜. 『상록의 자유혼』. 서울: 현대인쇄문화사, 1973.

정병준. 『한국교회 역사 속 에큐메니컬 운동』. 서울: 오이쿠메네, 2024.

최장집. "냉전 해체기의 평화와 공존의 철학". 『황해문화』 29(2000), 163-179.

"크리스찬 아카데미 사건과 강희남 목사의 반공법위반 사건". https://archives.kdemo.or.kr/isad/view/00111130

탁지일. "통일교 정치권 로비, 역사와 본질". 『현대종교』, 2025. 5. 24.

한국기독교사회문제연구원 편. 『1970년대 민주화운동과 기독교』. 서울: 한국기독교사회문제연구원, 1983.

허겸. "선거연수원 체포 중국인 99명 주일미군기지 압송됐다". 『스카이데일리』, 2025. 1. 16.

Gramsci, Antonio. *Selections from the Prison Notebook*. ed. Q. Horae & G. Smith, London: Lawrence and Wishart, 1971.

Hofstadter, Richard. *Anti-intellectualism in American Life*. 유강은 역, 『미국의 반지성주의』, 서울: 교유서가, 2017.

_____. *The paranoid style in American politics and other essays*. New York: Alfred A Knopf, 1965.

Kimball, Charles. *When Religion becomes Evil: Five Warning Signs*. San Francisco: HarperOne, 2024.

Levitsky, Steven & Daniel Ziblatt. *How Democracies Die*. 박세연 역, 『어떻게 민주주의는 무너지는가: 우리가 놓치는 민주주의 위기 신호』, 서울: 어크로스, 2018.

Luther, Martin. "Heidelberg Disputation." *Martin Luther's Basic Theological Writings*, trans. and ed. Timothy F. Lull. Minneapolis: Augsburg Fortress Press, 1989.

_____. *Luther's Works*, 40 (Church and Ministry II), ed. Conrad Bergendoff et al trans. Helmut Lehmann, Minneapolis: Fortress, 1958.

McIntyre, Lee. *On Disinformation*. 김재경 역, 『누가 진실을 전복하려 하는가』, 서울: 두리반, 2024.

_____. *Post-Truth*. 김재경 역, 『포스트트루스 - 가짜뉴스와 탈진실의 시대』, 서울: 두리반, 2019.

Mitchell, Richard. *Thought Control in Prewar Japan*. 김윤식 역, 『日帝의 思想統制』. 서울: 一志社, 1982.

Paxton, Robert. *The Anatomy of Fascism*. 손명희 · 최희영 역, 『파시즘: 열정과 광기의 정치 혁명』, 서울: 교양인, 2005.

Perkins, Pheme. "Mani, Manichaeism." *Encyclopedia of Early Christianity*, ed. Everett Ferguson, New york: Garland Publishing Inc., 1998.

Rawls, John. *Political Liberalism*. New York: Columbia University Press, 1993.

Roper, Lyndal. *Martin Luther: Renegade and Prophet*. 박규태 역, 『마르틴 루터-인간, 예언자, 변절자』, 서울: 복있는사람, 2019.

Rousseau, Jean-Jacques. *The Social Contract and Other Later Political Writings*. trans. Victor Gourevitch, Cambridge: Cambridge University Press, 1997.

Scribner, Bob & Gerhard Benecke (ed.). *The German Peasant War of 1525: New Viewpoints*. Boston: Unwin Hyman, 1979.

Sölle, Dorothee. "Christofaschismus." in *Das Fenster der Verwundbarkeit*. Stuttgart: Kreuz Verlag, 1987.

Yoder, John. *The Politics of Jesus*. Grand Rapids: Eerdmans, 1994.

_____. *The Royal Priesthood: Essays Ecclesiological and Ecumenical*. Scottdale: Herald Press, 1998.

Zweig, Stefan. *Triumph und Tragik des Erasmus von Rotterdam*. Frankfurt: Fischer Taschenbuch Verlag, 1981.

7장

한국 언론의 위기와 윤리적 반성

1 서론
2 공론장으로서의 언론과
  한국 언론의 신뢰 상실
3 제도언론과 공론장 회복
4 대안언론과 공론장 회복
5 결론

1
서론

언론 윤리를 다루는 이 장에서는 한국 사회가 처한 최근의 정치사회적 상황을 민주주의의 위기라고 규정하고자 한다. 언론과 민주주의는 필요불가분한 관계를 맺고 있다. 민주주의가 제대로 작동하기 위해서는 언론의 역할이 매우 중요하다. 언론은 정치, 경제, 사회 등 모든 분야의 환경을 감시·비판하고 때로는 상관조정을 해야 하는 중대한 책임과 시대적 소명을 부여받고 있다. 우리는 미디어를 통해 세상을 수용하고, 미디어를 이용해 자신을 다른 사람에게 전달한다. 언론을 어떻게 이해하고, 이용하는지에 따라 우리 자신과 사회구성원 모두의 삶의 질이 달라질 수 있다. 우리는 언론이라는 창을 통해 민주주의를 이해하고, 법과 정치를 실현하는 방법과 공동체 정신을 배우게 된다. 그렇기 때문에 언론은 민주주의 핵심인 시민을 '공중'으로 길러내는 사명을 지니기도 한다. '공중'이란 '자신의 문제점을 생각할 줄 알고, 그 문제점에 대해 어떤 행동을 취할 수 있는 능력을 갖춘 시민'을 말한다. 언론이 공중을 길러내지 못하고 공중의 삶을 활성화시키지 못한다면, 신문이나 방송은 필요 없는 존재가 되고 말 것이며, 언론이 없다면 시민들이 '공중'의 형태로 형성되기도 쉽지 않을 것이다.[1]

---

[1] Lewis Friedland, "Public Journalism and the New Information Commons," 부산경남언론학회, 동아대학교 언론홍보대학원, 부산대학교 언론정보연구소 공동주최, "공공저널리즘과 미국의 지역 언

오늘날 한국의 언론은 정보화 사회에 진입되면서 다양한 정보를 폭발적으로 쏟아내고 있고, 시민은 언론의 소비자로서 언론이 만들어낸 정보를 엄청나게 소비하고 있다. 그러나 불행히도 공중으로서의 시민적 삶을 영위하고 있는지는 지극히 의문스러운 현실이다. 공중으로서의 시민이 적고, 결과적으로 공공의 삶이 피폐해져가는 민주사회란 그 자체로 언론의 위기이자 민주주의의 위기라 할 수 있다. 이론과 실천에서 민주주의의 개념이 다양하지만, 적어도 민주주의는 인간을 신분제의 억압으로부터 해방시켰다는 점에서, 그 이전의 정치체제와 확연히 다르다. 민주주의는 모든 구성원의 자유와 평등을 전제로 한다. 역사적으로 민주주의 성립은, 신분제 사회의 전체주의 통치와 달리 민중의 생활과 국가 사이에 두 차원의 영역을 중재하는 '공개적 마당'의 형성과 병행한다.[2] 민주주의는 말뜻 그대로 민을 주인으로 대하는 사회이기에 민중의 의사가 국가 영역에 얼마나 투입되느냐가 핵심적 관건이 되고, 바로 그 민중의 의사가 표출되고 토론이 이루어지는 마당이 '공개적 마당'이 되는 것이다.

민주주의의 위기는 구조적·체계 내적 모순을 통해 야기되며, 이 모순에 처한 시민들이 그들의 사회적 정체성이 위협당하고 있다고 생각하는 상황을 의미한다. 이런 위기를 인식한 사람들은 이런 문제 상황을 개선하기 위해 이 위기를 집단적인 경험으로 공유하길 바란다. 여기서 시민들은 직접적인 접촉뿐만 아니라 간접적인 소통을 필요로 하게 된다. 위기의식의 공유화에 이어 이들 위기의 인식자들은 그것을 공론화 내지는 여론화하길 바란다. 이 과정에서 언론의 중요한 역할이 요구된다. 언론은 시민들로 하여금 모든 공적인 사건이나 사안들에 관해 알게 해줄 뿐만 아니라 그것들에 대한 고유의 관심사를 알릴 수 있는 장소이다. 다시 말해 언론이 공적 사안이나

론" 학술토론회 발표문, 2001. 6. 7. 참고.

2   방정배, 『자주적 말길 이론』(서울: 나남, 1985), 325.

그것에 대한 시민들의 의견을 공지하여 공적 의사소통의 주제로 만드는 '공개적 마당'이 바로 하버마스(Jürgen Habermas)가 창안한 공론장(Öffentlichkeit) 개념이다.[3]

그러나 문제는 바로 이 시점에서 중요한 역할이 요구되는 언론이 스스로 공론장의 능력을 상실했다는 데 있다. 스스로 자본권력이 되었거나 정치·경제 권력의 이익을 대변하는 도구로 전락하고 만 것이다. 현재 한국의 언론권력이라 불리는 메이저 언론은 불평등 상태를 변화시키기보다는 현 상태의 공고화를 위해 작동할 뿐이다. 조직화된 이익세력은 공적 의사소통과 정치적 의견 형성까지도 지배한다. 국가와 사회 사이에 기업조직이나 이익집단이 끼어들면서 공론장은 더 이상 정당성도, 조정의 기능도 소멸되고 만다. 자본에 포섭된 언론은 비판적 목소리를 담아낼 수 없으며, 이른바 공론장의 붕괴 현상을 맞게 된 것이다.

여기서는 한국 언론이 겪고 있는 신뢰의 위기를 한국 사회의 민주주의의 위기 현상과 맞물려 접근할 것을 주장하며, 민주주의의 공고화를 위해 한국 언론이 지향해야 할 규범적인 측면을 탐색해보려는 목적을 가진다. 나는 언론의 규범적 가치를 논하기 위해 한국 언론의 신뢰 상실 현상을 진단하고자 한다. 우선 하버마스의 공론장 개념을 언론의 차원에서 이해하고, 한

---

[3] '공론장'이란 사전적 의미로 첫째, 그 안에서 어떤 것이 일반적으로 알려지고, 모두에게 접근 가능한 인간영역의 총화를 가리킨다. 둘째, 알려짐 또는 공개됨을 뜻한다. 셋째, 접근 가능성과 개방성 외에 '공중의 주권'이란 의미를 함축하고 있다. 넷째, 언론학에서는 PR(public relation)의 의미로 대중동원의 수단으로서의 미디어를 지칭할 때 사용되기도 한다. 다섯째, 사회학적으로는 '집단화'까지 포괄하는 개념으로 쓰인다. 하버마스에게서 '공론장'이란 이 용어가 품고 있는 다양한 의미, 즉 비판적 참여의 주체로부터 매스미디어에 의한 소비자 조작에 이르는 모든 것을 함축하고 있다. John Durham Peters, "Distrust of Representation: Habermas on the Public Sphere," *Media, Culture and Society*, 15 (1993), 543-544. 하버마스는 자생적 만남의 장인 문예 공론장이 시민계급의 사회적·정치적 요구를 담아내는 정치적 공론장으로 발전하는 데 결정적인 역할을 한 것이 신문으로 대표되는 매체라 본다. 시민들은 공론장에 적극 참여함으로써 근대 국가의 정치적 의사결정의 한 주체가 될 수 있었고, 비로소 '여론정치의 시대'가 열리게 되었다는 것이다. Jürgen Habermas, *Strukturwandel der Öffentlickeit: Untersuchungen zu einer Kategorie der bürgerlichen Gesellschaft* (Frankfurt: Suhrkamp Verlag, 1962), 92.

국 언론의 신뢰 상실의 현상을 공론장의 붕괴라는 맥락에서 고찰하고자 한다. 언론의 신뢰 상실은 반드시 민주주의라는 사회적 맥락과 연관해서 조망되어야 할 필요가 있다는 점에서, 한국 사회의 민주화의 전개 속에서 언론이 어떻게 공론장의 기능을 상실해왔는지를 살펴볼 것이다. 그리고 난 후 한국 사회의 언론이 신뢰 회복을 위해 지향해야 할 공론장의 확보를 규범적으로 숙고한다. 이를 위해 주목하는 것은, 절차적 공정성을 중시하는 '옳음'의 윤리와 공공선적 가치수행을 중시하는 '좋음'의 윤리이다. 한편으로, 민주주의 사회란 종교적·철학적·도덕적 원리 측면에서 서로 병존하고 화해할 수 없는 원리들의 다양성이 공존하는 사회이기에 어떤 하나의 원리로 단일화될 수 없다. 그렇기에 이런 다양성의 원리들이 서로 패권을 얻기 위해 경쟁하는 절차적 공정성의 문제, 즉 다원성과 합리성 그리고 정의로서의 '옳음'이 규범적 중요성을 갖는다. 다른 한편, 보편·추상적 방법론에 우선성을 두고 '옳음'의 규범을 중요시하는 것보다 특수, 구체에 우선성을 두고 '좋음'과 가치가 규범적 중요성을 갖기도 한다. 여기서는 지혜가 도덕과 직접적으로 연관되며 공동체의 공공선을 추구하기 위해 구성원 간의 우애와 신뢰가 공정성보다 더 중요한 의미를 갖는다. 이러한 '옳음'과 '좋음'의 규범성에 기초하여 각각 하버마스의 공론장과 대안언론의 공론장 이론을 논의하고 그것에 기초해 한국의 언론 회복을 위한 실천적 과제를 모색하고자 한다.

2
공론장으로서의 언론과 한국 언론의 신뢰 상실

2010년 개정된 '신문 등의 진흥에 관한 법률' 제1조는 이 법이 언론의 '사회적 책임'을 높이고, '민주적인 여론형성'에 이바지하는 것을 목적으로 한다는 것을 밝히고 있다.[4] '방송법' 제1조 역시 그 목적을 "국민의 화합과 조화로운 국가의 발전 및 민주적 여론 형성, 국민의 기본권 보호 및 국제친선의 증진, 지역사회의 균형 있는 발전과 민족문화의 창달, 사회교육 기능을 신장하고, 유익한 생활정보를 확산·보급하며, 국민의 문화생활의 질적 향상에 이바지"하는 것으로 명시되어 있다.[5] 새로운 뉴스 미디어들이 홍수를 이루는 오늘날 언론이 사회적 소통을 독점하는 시대는 지나가고 있다고 하더라도, 민주사회에서 언론이 수행하는 역할은 환경에 대한 감시(surveillance),[6] 실생활에 필요한 정보 제공, 권력 감시와 견제, 사회적 논의를 위한 공론장, 정치 및 사회과정에 참여 촉진 등에 있다는 주장도 이 연장

4　"신문 등의 진흥에 관한 법률"(약칭 신문법) 참고, www.law.go.kr

5　www.law.go.kr/법령/%20방송법 참고.

6　환경감시의 기능이란 우리 주변과 일상에서 일어나는 현상과 일들을 알려주는 사실보도(straight news)로 통칭되는 기능을 말한다. 언론은 시민들이 '알아야 하고' '알고 싶어 하는' 정보를 빠르고 정확하게 알려줌으로써 현상에 대한 정확한 인식과 여론형성의 기반을 제공한다. 이준호, 『위기의 미디어와 저널리즘』(서울: 탐구사, 2014), 38-39.

선상에 있다.[7] 공공이익과 관련해 언론의 가장 중요한 역할 중 하나는 언론의 공론장 역할이라 할 수 있을 것이다. 대중매체가 발달한 현대사회에서 공론장은 언론에 의해 구축되고 운영될 수밖에 없다. 정치권력은 공론장을 장악하고 여기서 자신들에게 유리한 어젠다를 제시하거나 불리한 어젠다를 배제시키고 국민들의 동의나 무관심을 유도하려고 한다. 그러나 시민들은 공론장을 통해 권력집단을 감시하며, 공동체의 현안을 유도하고, 자신의 이익에 부합하는 방식으로 판단하고 행동한다. 역사적으로 언론의 공론장 역할에 대해 항상 의문이 따른 것은 사실이지만, 언론의 공론장 관리라는 공적 서비스 수행의 중차대성을 인정했기에 민주사회에서는 언론에 대해 "국가기관에 대한 정보청구권, 면책특권, 보도방송 및 논평의 자유, 취재의 자유, 보급의 자유 그리고 편집·편성의 자유"와 같은 특혜와 법적인 보호 등의 장치를 마련했던 것이다.[8] 따라서 언론은 공론장에서 공동체의 이해관계와 관련한 이슈를 시의적절하게 제시하는 한편, 공동체 구성원이 합리적이고 성숙한 판단을 하는 데 꼭 필요한 공적 지식을 제공할 의무를 지니는 것이다. 시민들이 무기력하고 수동적인 대중으로 전락하는 것이 아니라, 정치·경제·문화적 사안들을 토론하고, 시민의 사회적 참여에 필수적인 정보를 제공하는 장소와 문화 포험, 즉 공론장을 주체적으로 확보하려는 공중으로 성숙할 수 있도록 책임을 다하는 것이 언론의 역할이다. 민주사회는 바로 주체적으로 사고하고 실천할 수 있는 시민에 의해 형성된다는 점에서 공론장의 의미는 중차대하다 할 것이다.

그러나 불행하게도 한국의 언론은 공론장 형성과는 매우 거리가 먼 것으로 보인다. 사실상 언론의 신뢰성 상실은 공론장의 기능 상실과 동어반복

---

7   김영욱·김광호, 『뉴스미디어의 미래: 델파이 조사와 시나리오 기법을 통한 탐색』(서울: 한국언론진흥재단, 2010), 13.

8   오동석, "공공부문과 민주법학: 언론의 공공성 확보를 위한 세 가지 접근", 『민주법학』 23(2003), 38.

이다. 여기서는 먼저 하버마스의 공론장 개념을 언론의 차원에서 이해하고, 언론의 신뢰 상실을 민주주의라는 사회적 맥락과 연관해서 조망하고자 한다. 그 이유는 한국 사회의 민주화의 전개 속에서 언론이 정치권력과 어떤 상호작용을 수행해왔는지를 살펴보면 언론의 공론장 기능의 문제와 언론의 신뢰 상실의 원인이 분명히 드러날 것이기 때문이다.

2.1 언론의 공론장

하버마스에게 공론장은 민주주의 원리로 규정된다. 개인의 자연권은 물론, 보통선거권이나 언론·출판·집회·결사의 자유가 모두 공론장을 바탕으로 확보될 수 있기 때문이다. 공론장은 그 속에서 모든 사람이 원칙적으로 동등한 기회를 가지고 각자의 개인적 성향, 희망, 신조, 의견을 제시할 수 있다는 이유 때문에 민주주의의 원리인 것이다.[9] 당연히 공론장 개념은 언론의 민주적 역할에서도 논의된다. 그의 『공론장의 구조적 변동』은 시민적 공론장(bürgerliche Öffentlichkeit)[10]의 형성과 쇠퇴를 역사적으로 서술하면서, 후기 자본주의하에서 공론적 의사소통의 몰락을 극복하려고 한다. 여기서 그는 민주주의사회에서 언론의 역할에 대한 비전을 제시하고 있다. 언론은 공적 토론의 장을 제공하며, 사적 시민들을 여론이라는 형식을 통해 공적인

---

9   Jürgen Habermas, *Strukturwandel der Öffentlichkeit: Untersuchungen zu einer Kategorie der bürgerlichen Gesellschaft* (Frankfurt: Suhrkamp Verlag, 1962), 341.

10 하버마스에 의하면, 역사적으로 공론장은 유럽에서 자본주의가 발전하면서 분리되기 시작한 국가와 부르주아사회 사이에 존재하는 하나의 사회영역으로 등장했다. 자본주의 발전의 초기 단계에 중상주의적 국가 정책에 의해 규제와 보호를 받던 시민계급은 오히려 국가의 개입에 의해 자신들의 이익과 자율성이 침해당하고 있다는 사실을 인식하게 되면서 조직화되기 시작했다. 시민계급은 처음에는 단지 국가 공권력 행사의 대상에 불과했지만 점차로 국가 공권력 행사를 비판하는 공중으로 결집되었는데, 이렇게 시민계급이 자신의 이해관계를 보호하기 위해 국가 공권력에 대항하여 의사결정을 해나가던 영역이 바로 시민적 공론장이다. Ibid., 79-93.

집합체로 재구성시키는 기능을 수행함으로써, 민주주의적 과정을 원활하게 하는 역할을 한다. 하버마스는 공론장 이론을 통해 언론을 위한 규범적 틀을 제시한다. 언론은 자본주의 내에서의 상업적 특성에도 불구하고, 다른 사업과는 달리 사회 내의 문화적 정치적 삶에서의 사사로운 이익을 넘어서는 보다 공적 이익을 위한 일을 수행하는 기구로 인식하는 데서 언론의 민주적 역할을 위한 규범성을 도출해내는 것이다. 공론장의 규범성은 다음과 같은 맥락에서 제기된 것으로 이해하면 된다. "의지 형성의 결과들이 이성적이기를 바라는 규범적 기대는 (한편으로) 제도화된 정치적 의지 형성과 (다른 한편) 의결 과정으로 제도화되지 않은, 즉 비조직화된 공론장의 자발적이며 비권력화된 의사소통적 흐름들과의 상호작용에 근거하고 있다. 이런 맥락에서 공론장은 규범적 개념으로 기능한다."[11] 구체적으로 말해 공론장이 규범적으로 기능한다는 것은, 공론장이 현실 사회에서 다양한 이해관계들이 충돌하거나 이익단체들의 사회적 권력이 의사형성이나 입법화 과정에 개입하고 정책의 집행에 관여하는 사태를 비판하는 준거점으로서 자신의 역할을 수행한다는 것을 가리키는 것이다.

그리고 『의사소통행위이론』을 통해 하버마스는 지배로부터 자유로운 의사소통을 목표로 삼는다.[12] 현대사회는 개인이 자신의 삶에 대한 결정을 하는 데 주체적 발언권을 행사할 수 없는 억압된 사회이다. 권력에 의해 체계적으로 왜곡된 의사소통의 형태는 한편 지배의 수단으로 기능하며, 다른 한편 조직화된 강제구조를 정당화시키는 데 기여한다. 의사소통 그물망이 체계적으로 왜곡되어 있고, 그리고 생활세계가 왜곡된 의사소통의 그물망 가운데 놓여 있기에 이를 극복하는 하버마스의 전략은 의사소통이론을 통해 왜곡되고 병든 의사소통의 사회적 조건을 비판하기 위한 합리적 규범적

---

11 Habermas, *Faktizität und Geltung: Beiträge zur Diskurstheorie des Reachts und des demokratischen Rechtsstaats* (Frankfurt: Suhrkamp, 1992), 625.

12 Habermas, *Theorie des kommunikativen Handelns*, I, II (Frankfurt: Suhrkamp, 1981).

기준을 내보이는 것이다.

언론의 민주적 역할은 하버마스가 제시한 '공론장의 재봉건화'(Refeudalisierung der Öffentlichkeit)라는 테제로부터 시작된다.[13] 자본주의사회가 심화되면서 시민적 공론장이 축소되고, 오히려 언론에 의해 공론장이 재봉건화된다. 사실 봉건사회의 특징이던 전시적 공론장(repräsentative Öffentlichkeit)[14]에서 시민적 공론장으로 변천하는 과정이 상호이해 지향적이며, 이성적 언어행위가 시민들의 자아에 투영되는 과정이었다. 그러나 자본주의가 심화되면서 오히려 시민적 공론장이 축소되고, 시민적 공론장에서 토론의 장으로 기능하던 언론매체는 시민들을 정치참여의 중심에서 밀어내게 한다. 공론장의 재봉건화는 환언하면, 전시적 공론장이 시민적 공론장을 다시 잠식하는 현상을 말한다. 오늘날의 언론이나 방송은 시민의 참여보다는 흥밋거리를 제공함으로써, 시민적인 것을 전시적인 것으로 전락시킨다. 그것은 모든 사람에게 개방된 것처럼 보이지만, 시민들은 그 어느 것도 대표하지 못하는 문화소비 대중으로 전락하고 만다. 결국 소수의 부와 권력을 지닌 엘리트만이 사회를 대표할 뿐이다.[15] 기껏해야 언론매체는 대중에게 전시적으로 개방되고 대중의 의지를 대리하는 역할을 수행하면서, 민주주의의 이념이 훼손된다. 어떻게 보면 언론매체의 팽창에 따른 공중의 소멸과 체계적으로 왜곡되어 있는 공론장 자체가 바로 민주주의의 위기라 할 수 있다. 결국 공론장의 재봉건화는 상호이해적 의사소통 행위를 목적으로 삼는 의사소통 환경에 대한 위협이다.

그렇다면 공론장의 재봉건화라는 병리현상에 대한 대안은 무엇인가?

13　Habermas, *Theorie und Praxis* (Frankfurt: Suhrkamp, 1971), 45.

14　'전시적 공론장'은 각성된 시민의 이성이 아니라 전제군주의 자의적인 의지에 따른 공론장이다. 전시적 공론장은 봉건제의 지배계급인 귀족, 교회 성직자, 왕 등이 자신의 신분을 내보이는 무대가 형성된다. 여기서 백성은 전시적 지배로부터 배제된 상태에서 전시적 공론장을 구성하는 하나의 요소에 불과할 뿐이다. Habermas, *Strukturwandel der Öffentlickeit*, 17.

15　J. D. Peters, "Distrust of Representation: Habermas on the Public Sphere," 547.

이는 체계의 명령이 생활세계의 영역에로 식민화하려는 공격적 시도를 민주적인 방식으로 어떻게 방어할 수 있는가의 문제로 귀착된다. 하버마스에게 민주적 방식이란, 상호이해 지향적 언어행위를 통해 담론을 형성하는, 즉 규범 형성과정이 실현되는 방식과 같다. 하버마스는 외부적 지배를 저지할 수 있는 기회를 의사소통적으로 무장한 대항권력에서 찾을 수 있다고 본다.[16] 즉, 경제적·행정적 권력은 의사소통적으로 산출된 힘에 의해 제한되어야 한다는 것이다. 그런데 의사소통적으로 산출된 힘은 수많은 공론장들(Öffentlichkeiten)[17]에서 나오는데, 이 부분 공론장들은 의견형성이라는 경쟁 속에서 이러한 힘을 생산해낸다. 이 부분 공론장들이 자율적 의사소통 공동체를 낳는다는 것이다.[18] 자율적이라 함은 정치체계에 의해 정당성을 산출하기 위한 목적으로 생산되거나 유지되지 않는, 즉 도구화되지 않은 공론장을 뜻한다. 규범적이고 의사소통적으로 산출된 권력에 의해 힘입은 자율적 공동체는 체계의 어떠한 강제에도 결코 소멸할 수 없으며, 생활세계 환경을 보존해나가는 과정에서 행정적·제도적 차원에 대해 규범적 개입을 수행해야 하는 것이다.

그리고 하버마스는 대중매체가 한편으로는 새로운 학습 가능성을 열어주는 계기로 여기면서, 다른 한편으로는 사회적 의사소통의 내부구조를 위협하는 것으로 이해한다. 대중매체는 계도와 통제, 정보와 광고, 교육과 조작이라는 양면성을 띠고 있다. 그렇기에 하버마스는 언론과 방송이 대중을 마취시키고, 정치적 충성심을 조작적으로 형성하며, 정보 확산 전략을 통해 국민의 탈정치화를 조장하는 것을 위기로 파악하면서도 하버마스는 의

---

16 Habermas, "Vorwort zur Neuauflage," *Strukturwandel der Öffentlickeit* (1990), 32.

17 하버마스는 처음에는 '공론장'을 단수로 사용하다가 나중에는 '공론장들'이라는 복수를 사용하고 있다. 이는 거시적인 사회구성 주체로서 정해져버린 공론장보다는 경험적 일상에서 사회를 구성하는 부분적 단위들로 드러나는 상대적이고 역동적인 공론장의 모습에 초점을 맞춘 것이라 할 수 있다. Ibid., 33.

18 Ibid., 44.

사소통의 힘이 결코 제거되지 않음을 확신한다. "그 이유는 의사소통 구조 자체에 해방적 잠재력이라는 균형추가 내장되어 있기 때문"[19]이라는 것이다. 즉, 하버마스는 비판을 위한 규범적 잠재력을 언어와 의사소통의 보편성에서 발견한다. 의사소통의 내부구조에 자리 잡고 있는 해방적 잠재력에서 비롯되는 언론매체에 대한 낙관적 비전을 다음과 같이 제시한다. 언론매체들은 서로 경쟁적 이해관계에 얽혀 있기에 경제적, 정치적, 이데올로기적, 전문직업적, 그리고 매체미학의 관점들을 결코 완벽하게 통합할 수 없다는 것이며, 대중매체는 언론인의 사명에서 비롯된 의무로부터 비롯된 갈등에서 결코 자유로울 수 없다는 것이며, 매체의 내용이 아무리 대중의 기호에 부응하는 통속적 형태를 띠고 있다고 하더라도 비판적 메시지를 포함할 수 있다는 것이며, 이데올로기적인 메시지는 그것이 의도하는 의미가 특정 하위문화적 배경이라는 수용조건 아래서 전복될 수도 있다는 것이며, 의사소통의 일상 실천의 고유의미는 대중매체의 조작적 시도에 저항한다는 것이고, 끝으로 전자매체의 기술적 발전이 필연적으로 네트워크의 중앙집중화를 조장하는 것만은 아니라는 것이다.[20]

결국, 하버마스에 따르면 지배로부터 자유로운 의사소통이란 한편으로 다수의 공론장들을 통한 의사소통 공동체의 활성화와, 다른 한편으로 매체에 대한 규범적 개입이라는 두 가지 전략의 성공 여부에 달려 있는 셈이다. 과거 시민적 공론장이 봉건적 전제군주와 투쟁했다면, 오늘날 의사소통적 공론장의 싸움 상대는 후기 자본주의의 첨병인 시장, 그리고 고도로 복잡한 행정력이다. 정치적 이해관계가 상업적 이해관계로 변하면서, 정치적 소신에 기반한 언론보다는 상업적 이익에 혈안이 된 언론으로 변질된 현실에서, 의사소통적 이성을 잠식하는 자본적·행정적 공격에 대한 민주적 억

---

19 Habermas, *Theorie des kommunikativen Handelns*, II. 573.
20 Ibid., 574-575 참고.

제력이 의사소통적 이성 그 자체에 내장되어 있다는 주장이다.[21]

2.2 한국 언론의 신뢰 상실과 공론장의 붕괴

『르 몽드』를 창간한 위베르 뵈브메리(Hubert Beuve-Méry)는 언론의 역할에 대해 다음과 같이 말했다. "진실을, 모든 진실을, 오직 진실만을 말하라. 바보 같은 진실은 바보같이 말하고, 마음에 들지 않는 진실은 마음에 들지 않게 말하고, 슬픈 진실은 슬프게 말하라."[22] 그러나 한국의 언론은 이러한 진실 보도와는 거리가 멀었다. 정론직필(正論直筆)이라는 본연의 역할은 일찍이 포기한 채 터무니없는 왜곡과 과장, 날조마저 서슴지 않은 채 곡학아세(曲學阿世)를 일삼아온 수구언론은 권력의 대변자가 되어 레드 콤플렉스의 광기를 사회화하고 국가폭력의 일상적 확대 재생산의 주역을 담당하는 데 주저하지 않았다. 반공은 일제강점기 그들의 매국행위를 은폐시키는 최선의 무기였던 셈이다. 분단을 공고히 하기 위해 사회적 분위기를 조장하는 것은 무엇보다 그것을 통해 이해관계를 지닌 집단이라는 것을 스스로 증명한 것이나 다름없는 것이다. 그럴 경우 국가안보로 위장한 레드 콤플렉스(적색 공포증)의 내면화와 확대 재생산은 무엇보다 반공을 국시로 삼은 역대 독재정권의 정권안보 이데올로기와 수구언론의 국가안보 상업주의가 빚은 비열한 공모의 결과라고 할 수 있겠다. 이에 대해 리영희는 다음과 같이 말하고 있다.

(독재정권)은 권력의 거짓을 진실로 둔갑시키고, 그들의 범죄를 '반공'

21　Habermas, "Vorwort zur Neuauflage," *Strukturwandel der Öffentlickeit* (1990), 36.
22　『한겨레』, 2000. 7. 22.

으로 정당화하며, 그들의 사리사욕을 '애국 충정'으로 칭송하는 '언론인'들이 필요했다. 광주에서의 양민 대학살을 '국가안보적 합법 행위'로 감싸주고, 언론 자유와 민주주의를 외치는 인사들의 목을 조르는 온갖 야만적 탄압 행위를 '빨갱이 잡기'로 정당화해주는 '언론사'와 '언론인'들이 필요했다. 그리고 이 나라의 소위 '언론사'와 '언론인'은 그 요구를 충실히 수행해왔다. 범죄적 권력의 공범자가 된 것이다. 그 대가로 소위 '언론사(주)'는 비대화하고 '언론인'을 자처하는 기능인들은 그 직장의 안과 밖에서 화려한 승진과 영달의 사다리를 달려 올라갔다. 그렇게 해서 부정한 정치권력과 타락한 언론 권력은 일체화되어갔다.[23]

이러한 한국 언론의 부정할 수 없는 자화상을 강준만은 '카멜레온'과 '하이에나'라 조소를 보내기도 했다. 늘 권력의 탄압으로부터 살아남기 위해 변신을 거듭해야 했던 '카멜레온 언론' 그리고 부상한 권력은 침이 마르도록 칭송하고 기울어지는 권력은 가차 없이 짓밟는 '하이에나 언론'의 모습은 백 년 이상 묵은 우리 언론의 치욕스러운 자화상이었던 것이다.[24] 그런데 문제는 이러한 수구언론의 레드 콤플렉스 조장과 국가폭력의 옹호가 한국사회의 여론을 끊임없이 지배해왔다는 점에 있을 것이다. 바로 이런 상황에서 이들이 유포한 레드 콤플렉스는 박정희의 군사쿠데타와 유신독재, 온갖 국가폭력과 인권유린 사건, 광주시민 학살 및 신군부 세력의 정권 찬탈의 불법성을 은폐시키고 국민들이 늘 준전시 체제에서 살고 있다는 것을 명심하도록 주의를 환기시켜준 독재정권의 안보 복음이었던 것이다.

여기서 수치스러운 한국 언론사를 짚어보기 위해 한국과는 정반대의 길을 선택했던 프랑스의 사례를 살펴보겠다. 이승만이 경찰을 동원해 반민특위를 해산시켜버림으로써 반민족적 친일세력에 대한 응징이 영구히 좌

---

23 리영희, "전두환 노태우형 '대한민국병' 증후군", 『말』 통권 117(1996), 32-39.
24 강준만, 『카멜레온과 하이에나_한국언론 115년사: 1883-1998』(서울: 인물과사상사, 1998), 11.

절되었을 뿐만 아니라 오히려 친일파를 해방 후 새 독립국가의 지배세력으로 복귀시켜서 그들이 헤게모니를 쥐고 역사의 주인으로 둔갑시키는 우리 민족사에 씻을 수 없는 대역죄를 저지르고 말았다. 그러나 프랑스는 한국과 정반대의 길을 선택했다.

1944년에 연합군이 독일로부터 항복 선언을 받아낸 후, 프랑스의 드골 장군이 주도하는 나치협력자 대숙청은 민족을 배신한 '한줌밖에 안 되는 비천한 것들'(민족 반역자들)을 모두 지배세력에서 뿌리 뽑았고 악질적이며 광적인 나치협력자들을 사형과 무기강제노동형에 처함으로써 다시는 지배세력으로 군림할 수 없도록 영원히 매장하는 데 성공한 본보기가 되었다.[25] 파리의 숙청재판정에 가장 먼저 끌려나온 피고들은 널리 알려진 나치협력 언론인들이었다. 민족반역 언론인들은 사설과 칼럼으로 나치독일과 비시정권을 찬양하고 연합군과 드골의 망명정부를 적으로 지목해 비난하는 글을 썼기 때문에 나치 협력행위의 증거들이 신속하고도 쉽게 수집될 수 있었던 것이다. 드골이 자신의 전쟁 회고록에서 밝힌 대로 매국 언론인을 제일 먼저 숙청재판에 회부한 것은 "언론인은 도덕의 상징이기 때문에 첫 심판에 올려 가차 없이 처단했다"[26]고 말했다. 사회적 지배층이었던 정치, 언론, 작가, 시인, 예술가, 기업가, 종교인 등 공적 권한을 가진 자들에게는 상당한 중형이 선고됐다. 그중에서도 언론인 처벌 사례는 특히 가혹했다. 일간지 『오주르디』(Aujourd'hui)의 정치부장이자 극우정당 프랑스 인민당의 당원이었던 조르주 수아레즈는 나치즘을 찬양하고 히틀러의 천재성을 찬미하는 글과 연합군이 노르망디에 상륙작전을 개시하자 "프랑스를 방어해주는 나라는 독일뿐"이라는 글, 그리고 "영국과 드골의 도발자들이 폭격을 감행하면 나치 독일군이 유태인과 공산주의자, 프랑스 거주 미국인과 영국인을 인질로 잡

25　주섭일, 『프랑스의 나치협력자 청산』(서울: 사회와 연대, 2004), 56-57 참고.
26　Ibid., 59.

아 대항하자"는 글 등으로 매국 언론인으로는 최초로 총살과 함께 재산 몰수형을 받았다.²⁷ 『자동차』, 『작은 니스사람들』, 『공화주의 리옹』 등 남부 프랑스의 지방신문 발행인 알베르 르전은 독일 대사관으로부터 신문발행을 위한 자금지원을 받아 졸부가 된 혐의와 독일 점령군 선전실과의 연루 혐의로 사형선고를 받고 수아레즈보다 3일 먼저 처형되었다.²⁸ 일간 『누보 땅』의 발행인 장 뤼세르(신문협회의 회장) 역시 재산몰수와 사형에 처했고, 『르 마땡』지의 논설위원 스테판 로잔느 역시 독일 찬양사설 집필로 재산몰수와 20년의 독방구금 형을 받았다.²⁹ 그뿐만 아니라, 나치협력 언론의 대대적 숙청을 겨냥한 훈령은 900여 개 신문과 잡지들에 직접 존폐의 위기를 안겨주었고, 649개 언론사에 대한 압류조치를 초래했다. 1948년 말 모두 538개 언론사들이 재판에 회부되어 이 중 115개사가 유죄선고를 받아 모두 폐간됐고, 나머지 64개사가 전재산 몰수, 51개사는 일부 재산을 몰수당했으며, 30개 언론사만이 무죄선고를 받았고, 나머지 393개사는 나치 협력 불순언론으로 분류됐으며 이 중 35개사는 재판을 대기하는 상태였다.³⁰ 드골의 훈령은 나치 점령군과 비시정권의 지시와 규정에 순종한 언론사는 모두 발행을 금지한다고 선언했으며, 발행 금지조치를 당하는 대상 언론은 나치독일의 파리 점령(1940. 6. 25) 이후 창간된 모든 신문과 잡지들, 나치독일의 점령기간에 북부프랑스에서 휴전 후 15일 이후에도 계속 발행한 모든 신문과 잡지들, 그리고 남부 프랑스에서 독일군이 점령한 1942년 11월 11일 이후 15일이 넘었는데도 계속 발행된 모든 신문과 잡지들이다.³¹ 그리고 프랑스의 나치 협력자 색출 및 처벌은 40년간 계속되었다. 이는 1964년 통과된 '전쟁 범죄에

27　Ibid., 60-61 참고.
28　Ibid., 61.
29　Ibid., 62.
30　이용우, 『프랑스의 과거사 청산, 숙청과 기억의 역사, 1944~2004』(서울: 역사비평사, 2008), 134.
31　주섭일, 『프랑스의 나치협력자 청산』, 232.

관한 시효제거를 규정한 법률'에 의한 것으로, 반민족, 반인류 범죄에 대한 시효 자체를 없애버렸기 때문이다. "프랑스가 다시 외세의 지배를 받을지라도, 또다시 민족 반역자가 나오는 일은 없을 것이다"라고 드골이 장담할 정도로, 프랑스의 반역자 대숙청은 나치 협력자의 세력이 다신 재기할 수 없도록 완전 궤멸시킨 것으로 유명하다.³² "드골의 대숙청 후 프랑스사회가 급속도로 민주화되고 도덕성과 윤리 및 민주적 법질서가 잡힌 것은 나치 협력 민족반역자들을 채로 걸러내듯 부역자들까지도 응징한 당연한 결과라는 평가이다."³³ 이는 프랑스뿐만 아니라 독일의 지배를 받았던 다른 유럽지역도 마찬가지였다. 특히 노르웨이, 네덜란드, 덴마크에서의 나치 부역자 처리는 프랑스보다 더 단호했다고 한다.³⁴ 소급입법을 만들어 기소하고, 폐지시켰던 사형제도까지 부활시켜 처단했던 것이다.³⁵

그러나 한국의 경우 일제강점기의 친일 매국언론은 처벌은커녕 지금까지 한마디의 반성 없이 한국의 주류 언론으로서 그 명맥을 굳건하게 이어오고 있다. 그들은 친일 매국언론에서 친독재 언론, 친시장 언론을 거쳐 이

---

32 드골 임시정부는 1944년 8월 26일 '국가모욕'(indignite nationale)에 관한 훈령을 발표했다. '국민자격 박탈'로 번역될 수 있는 이 훈령은 사형 등 최고형으로 응징할 수 있는 국가반역죄(형법 75조)와 종신 강제 노동형이나 징역형을 선고할 수 있는 이적죄(형법 79조)에 해당하지 않는 나치 협력자에 대한 법이다. 구체적으로 나치독일과 공개적으로 협력한 비시정권의 명령과 지시에 복종한 국민들, '국가반역죄로 다스릴 수 없는 비시정권 지지자들, 나치점령기간 합법성을 가장한 비시정권의 법을 솔선수범해 준수한 자들을 다스리기 위한 법이었다. 공식적으로는 "적에게 직간접적으로 도움을 주었거나 국민의 단결을 해치고 프랑스인의 자유와 평등을 침해한 행위를 한 자가 바로 부역죄를 저지른 자"라고 규정되었다. 국가모욕죄를 저지른 자는 선거권과 피선거권 및 공직 진출권이 박탈되며, 공무원, 군, 변호사, 회계사, 교원, 노동조합원, 언론인과 모든 통신과 정보업무에서 추방되고 심지어는 개인기업 대표이사는 물론이고 이사 승진에도 제외되었다. Ibid., 63-64 참고.

33 Ibid., 64.

34 Robert O. Paxton, *Europe in the Twentieth Century* (San Diego: Harcourt Brace Jovanovich Publishers, 1975), 475.

35 Herbert R. Lottman, *The Purge: The Purification of the French Collaborators After World War II* (New York: William Morrow & Co., 1986), 275.

제는 언론권력으로 자리하며 민주 언론의 탈을 쓰고 변신을 거듭하며 왜곡된 여론 형성의 주도권을 행사해왔다.[36]

해방 후 한국 사회를 말할 수 없는 혼란의 도가니로 몰아가게 한 대표적 언론 왜곡의 사례가 『동아일보』의 모스크바 3상회의에 대한 보도일 것이다. 그 왜곡된 기사는 현재까지도 뉴라이트 진영의 올바른 역사이자 확고한 진리로 믿어지고 있다. 한국 언론의 신뢰 상실을 다루는 이 장에서 언론사의 수치인 이 사건을 다룰 수밖에 없다. 1945년 12월 27일자 『동아일보』 1면에 "외상회의에 논의된 조선 독립 문제, 소련은 신탁통치 주장, 소련의 구실은 삼팔선 분할 점령. 미국은 즉시독립 주장"이란 제목의 기사가 떴다. 그 기사 내용을 보면 다음과 같다.

> 막사과(莫斯科·모스크바)에서 삼국 외상회의를 계기로 조선 독립 문제가 표면화하지 않는가 하는 관측이 농후하여가고 있다. 즉 번즈 미국 국무장관은 출발 당시에 소련의 신탁통치안에 반대하여 즉시독립을 주장하도록 훈령을 받았다고 하는데 삼국 간에 어떠한 협정이 있었는지 없었는지는 불명하나, 미국의 태도는 카이로선언에 의하여 조선은 국민투표로써 그 정부의 형태를 결정할 것을 약속한 점에 있는데 소련은 남북 양 지역을 일괄한 일국 신탁통치를 주장하여 삼십팔도선에 의한 분할이 계속되는 한 국민투표는 불가능하다고 하고 있다.

---

[36] 마땅히 심판받고 숙청(épuration)되었어야 할 대표적 친일 매국언론 『조선일보』는 한국전쟁 때는 침략 인민군을 환대하고, 서울 수복 이후에는 이승만의 무능과 독재에 대해서 외면하는 식으로 동조하고, 박정희·전두환 등 내란범들을 우상화하는 데 앞장섰다. 『미디어오늘』에 따르면 『조선일보』는 한국전쟁 중 고급 장교들이 국고금과 군수물자를 착복함으로써 수많은 국군을 동사·아사케 한 '국민방위군 사건'을 보도하지 않았고, 이승만의 악랄한 선거부정 등에는 침묵함으로 동조했다. 그리고 이승만이 하야하자 "만세! 민권은 이겼다!"라며 표변했다가 5·16 쿠데타 이후 군부세력에 적극 밀착했다. 이후 광주 시민 학살로 서울의 봄을 짓밟은 전두환을 "육사의 혼이 키워낸 신념과 의지의 행동"이라 찬양했다. 이것이 소위 대한민국 최고 부수를 자랑하는 보수언론 『조선일보』의 민낯이다. 민동기·김용민, 『뉴스를 읽어드립니다』(서울: 휴먼큐브, 2015), 318-319.

사실 '합동통신 워싱턴발 25일자 보도'를 근거로 한 이 기사는 1945년 12월 27일 아침 『조선일보』에 먼저 실렸다. 석간이던 『동아일보』는 몇 시간 뒤 같은 기사를 토씨 하나 안 바꾸고 그대로 실었는데, 단지 『동아일보』의 경우 "소련은 신탁통치 주장, 미국은 즉시독립 주장"이라고 제목을 붙여 한국 국민들이 "미국은 우리의 독립을 위해 애쓰는데, 소련은 우리를 다시 식민지로 만들려고 한다"는 인식을 뚜렷이 갖도록 유도했다.

문제는 이 기사가 전혀 사실이 아니라는 데 있다. 모스크바 3상회의는 12월 16일부터 27일까지 미국·영국·소련 3개국의 외무장관들이 모스크바에서 모여 전후 처리 과정에서 미진한 문제를 합의하려 진행한 모임이었는데, 이 기사가 나오던 시점에서는 회의 내용이 채 공개되지 않았다. 그래서 기사 내용도 잘 들여다보면 "표면화하지 않는가 하는 관측", "받았다고 하는데", "어떠한 협정이 있었는지 없었는지는 불명하나" 등의 표현에서 보이듯 회의 내용에 관한 추정일 뿐이며, "소련은 신탁통치 주장, 미국은 즉시독립 주장"으로 단정을 지을 만한 사실이 전혀 담겨 있지 않은 내용이었다. 그러나 이로 인해 서로 입장을 달리하던 이승만과 김구가 한목소리로 "신탁통치 반대!", "3상회의 결정 거부!"를 천명했고, 좌익에서도 인민당이 반탁을 선언했다. 27일부터 30일까지 서울에서는 신탁통치 반대 데모와 파업이 잇따랐고 온 나라를 격앙과 분노 속으로 몰아넣었다.

그러나 냉철하게 따져본다면, 신탁통치안을 제시한 쪽은 『동아일보』와 『조선일보』의 보도와는 반대로 소련이 아니라 미국이었으며, 사실 미국은 상당히 오래전부터 한반도 신탁통치안을 주장해왔던 것이다. 루스벨트는 1943년 11월 말 카이로회담에서 처칠, 장제스와 "적절한 과정을 거친 다음 한국을 독립시킨다"는 데 합의했다. 국내에는 "독립시킨다"는 문구만 강조돼 전해졌지만, 사실 '적절한 과정'이란 곧 신탁통치를 의미했던 것이다. 이런 구상은 1945년 2월 얄타회담에서 소련과도 합의됐는데, 당시 루스벨트는 "한국인은 자치 능력이 없다. 아마 40년 내지 50년 정도는 신탁통치를 해야 할 것 같다"고 말했으나, 소련의 스탈린이 "그렇게 길게는 안 된다. 5년 정도로 하자"고 했다.

하지만 구체적으로 어떻게 얼마나 오래 신탁통치를 할 것인지는 결정되지 않은 상태였고, 그리하여 모스크바 3상회의에서 이 문제가 의제 중 하나로 다루어진 것이었다. 한반도 문제는 결의안 7개항 중 제6항에서 4개조로 언급됐는데, "최대 5년을 기한으로, 미·영·소·중 4개국 정부가 신탁통치를 실시"한다는 내용이 제3조에 있었다. 하지만 이는 잘 뜯어보면 한국 국민이 격렬히 반발한 것처럼 외국이 일본의 뒤를 이어 한반도를 마음대로 통치하겠다는 의미가 아니었다. 합의 과정을 거쳐 마련된 나머지 3개조에 따르면 한국 독립의 기초를 다지기 위한 임시정부를 수립하고, 그 임시정부는 신탁통치의 시한과 시행 방안 등을 4개국 정부와 협의할 권한을 갖고 있었다. 그뿐만 아니라 신탁통치 기간에도 통치의 기본 주체는 임시정부이며, 4개국은 임시정부를 후원하는 역할만 맡게 돼 있었다. 따라서 나중에 소련이 남북한의 공산당에 "말이 신탁통치이지 실질적으로 후견제이므로 한국인의 주권은 침해되지 않는다"며 3상회의 결정을 받아들이도록 권유한 것은 이치에 맞았다. 이 과정에서도 미국은 최대 10년, 최소 5년의 신탁통치를 하며 4개국의 협의기구가 통치권을 갖도록 하는 안을 주장했으나, 소련의 반대로 '최대 5년, 통치권의 임시정부 귀속'으로 정해졌다고 알려졌다.

하지만 『동아일보』는 1945년 12월 27일의 허위보도뿐 아니라 그전에도 집요하게 소련과 좌익을 흠집 내려는 기사를 실어왔으며, 이후에도 반탁 운동 정국에서 일정한 정치적 목적을 위해 왜곡 및 과장 보도를 거듭했다. 가령 12월 24일에는 "소련이 원산과 청진을 노리고 있다"는 기사를 실었는데, 12월 3일자 『뉴스위크』를 인용한 이 보도는 정작 『뉴스위크』에서는 "노릴지도 모른다"고 단순히 예상한 것을 "노리고 있다"며 사실로 둔갑시켰다. 또한 28일 이후부터 "민족적 모독-신탁 운운하는 소련에 경고한다" 등 선동적일 뿐 아니라 마치 소련이 제2의 일제 침략자라도 되는 듯 몰아가는 사설을 연일 내놓았다. 그리고 나중에 좌익 쪽에서 3상회의 결정을 받아들인 다는 입장을 밝히자, 그것이 "침략자 소련의 지시에 꼭두각시처럼 움직이는 것"이라 규정하는 기사를 내보냈다. 이 과정에서 소련이 '북조선' 공산당에 보내는 '권고'를 '남한' 공산당에 내리는 '지령'으로 왜곡해 보도하기도 했다.

이처럼 1946년의 정국이 온통 반탁 운동과 '찬탁하는 좌익 매국노들'에 대한 비판 및 저주로 얼룩지게 되고, 그리하여 마침내 한반도 문제를 협의하기 위해 출범한 미·소 공동위원회가 겉돌다 못해 남북 단독정부 수립 및 영구 분단으로 이어지게 된 데는 『동아일보』를 비롯한 우익 신문들의 의도적 왜곡 보도가 큰 역할을 했다. 적어도 일반 국민은 이들 신문의 선동에 크게 자극돼 반탁운동을 제2의 독립운동이라 생각하며 열심히 참여했던 것이다.

물론 언론의 왜곡보도가 없었다면, 그래서 격렬한 반탁운동도 없었고, 모스크바 3상회의의 결정을 온건하게 수용했었더라면 평화로운 역사를 만들 수 있었을까? 당시 세계는 빠르게 냉전으로 치닫고 있었고, 그런 국제관계나 국내 정파 간의 갈등을 볼 때 평화로운 역사가 가능했으리라 보기는 힘들다. 그러나 임시정부를 거쳐 통일정부 수립이 모색됐다면, 그 도중이나 후에 여러 갈등과 음모, 폭동이나 어쩌면 내전까지도 있었을 수는 있어도, 적어도 한국전쟁과 같은 대규모 전면전은 없었을 것 같다. 그리고 남이나 북이나 냉전을 빌미로 하는 독재 체제가 과연 이토록 오랜 기간 굳건히 자리 잡을 수 있었을까 의문이 든다.

아무튼 한국의 대표적인 메이저 언론은 냉전체제로 인해 생명을 유지하는 독재권력의 도구가 된 대가로 재벌 언론, 언론권력이란 영예를 누리게 된 것이다.[37] 언론권력은 쿠데타와 학살의 주역을 '민족의 태양'이라 찬미하고, 그 태양이 지시하는 '보도지침'을 충실히 따름과 동시에 이에 저항하는

---

37   최장집, "한국 민주주의와 언론", 『언론과 사회』 6(1994), 42-43.

자사 소속의 언론인들에 대한 숙청을 마다하지 않으면서 권력에 진입한 것이다. 물론 자유언론을 수호하려던 언론인들의 저항이 전무한 것은 아니었다. 독재의 횡포와 억압에 저항해 자유와 민주 그리고 민중 언론으로 맞선 역사도 있었다. 허위와 왜곡의 강요에는 진실과 공정의 언론으로 맞서려는 몸부림도 있었다. 예컨대 기독교방송 CBS는 3·15 부정선거부터 4·19혁명까지 생중계를 했었고, 박정희 독재정권에 날선 비판을 가했으며, 전두환 정권에 의해 보도와 광고 기능을 박탈당하면서도 고문, 언론장악, 민생파탄을 고발한 자랑스러운 역사를 간직한 것도 사실이다. 또한 6월항쟁을 통해 언론의 공론장에 국민주 신문 『한겨레신문』 창간과 언론노동조합 결성이라는 열매를 맺기도 했었다. 그러나 언론 권력으로 자리매김되는 주류 언론의 역사는 그러하지 못했다. 통상적으로 친일 언론에서 친독재 언론을 거쳐 친자본 언론으로 변신해온 주류 언론이 언제나 승자로 군림해온 것이 한국 언론의 현주소다. 그들은 '애국'이라는 명분으로 '국가안보' 상품을 선정적 상업주의를 통해 팔아먹어온 것이다. 이것은 수구 언론이 수구 기득권 세력의 일부인 동시에, 그것의 상품가치를 누구보다 잘 아는 파렴치한 악덕 기업가라는 것을 말해준다 하겠다. 수구 언론은 레드 콤플렉스의 확성기 구실을 충실히 하면서 그것을 확대 재생산해온 주범이라 할 수 있다. 수구 언론이 대량 전파한 레드 콤플렉스의 복음은 군사 쿠데타, 유신 독재의 성립, 광주 대학살 및 전두환·노태우의 정권 찬탈과정에 결정적으로 기여했다.

    1987년 6월 항쟁 공간에서 힘들게 확보한 편집권 독립은 3당 합당과 함께 바로 의미를 잃었다. 말하자면, 언론 공론장의 재봉건화가 즉시 이루어진 것이다. 1991년 '동아 사태'[38]는 신문 편집권이 철저하게 언론자본에 의해 유린당한 상징적 사건이다. 결국 동아일보를 떠나게 된 김중배의 말은

---

38   『동아일보』의 김병관 사장이 김중배 편집국장을 돌연 경질한 사건이다. 윤정모의 소설 서평 글, 역사학자 안병욱 교수의 글, 빈민운동가 제정구의 글이 실린 것을 문제 삼아 체제 부정이나 국민의 위화감 조성에 동아의 지면을 할애할 수 없다는 것이 그 이유였다.

당시의 언론 상황을 정확히 표현해주고 있다. "과거 언론 자유를 위협한 세력은 정치권력이었지만 1990년대 들면서 자본이 언론 자유를 위협하는 최대 세력으로 등장했다."[39]

그리고 언론은 스스로 권력이 되기 위해 권력의 주구가 되길 서슴지 않았다. 우리의 뇌리에도 사라진 '강기훈 유서대필 조작사건'을 복기하지 않을 수 없다. 당시 노태우 정권이 1991년 항쟁을 잠재우기 위해 유서대필 사건을 조작한 것이다. 민주사회에서는 있을 수도 없는 사건이었다. 대한민국이 과연 민주국가인가를 근본적으로 물을 수밖에 없는 사건이 아닐 수 없다. 과연 대한민국에 정의라는 것이 있는지, 인간의 가치가 그토록 허술하게 다루어질 수 있는 것인지를 지금도 묻게 하는 사건이었다. 소위 대한민국의 메이저 언론의 진면목을 파악하기 위해서 이 대목을 지나칠 수 없다.

합법적 모양새로 국민 다수에 의해 선출되었으나 군사독재의 그늘에서 자유로울 수 없었던 노태우 정권이 점점 정치적 위기에 봉착하자 급기야 1991년 들어 공안정국으로 위기를 돌파하고자 몸부림쳤다. 이분법적인 사상공세를 폄과 동시에 공포를 통한 안정과 질서를 유지하고자 하는 비정상적인 상태에 반발을 불러온 것은 자명한 일이었다. 그리고 수서비리, 페놀 사건으로 대표되는 각종 비리와 실정, 그리고 물가 앙등, 주택 문제 등 민생 파탄에 누적된 분노가 반독재 민주화 투쟁으로 결합되어 표출되고 있을 무렵이었다. 그해 4월 26일 명지대 학생 강경대가 속칭 백골단이 휘두른 쇠파이프에 맞아 쓰러져 방치되었다가 사망한 사건이 발생했다. 이에 분노한 시민과 학생들이 대통령 퇴진을 요구하며 강하게 저항하자 노태우는 이 사건의 책임을 물어 내무부 장관을 경질했지만, 이 사건을 계기로 무려 13명의 노동자, 학생, 사회운동가들이 연이어 분신하며 민주주의를 외쳤다. 그러다가 5월 8일 당시 재야단체 '전민련' 사회부장이던 김기설이 서강대학교 본

---

[39] 송건호 외, 『한국언론 바로보기 100년』(서울: 다섯수레, 2012), 527.

관 옥상에서 분신한 뒤 투신하는 사건이 발생했다. 당국으로서는 심각한 일이 아닐 수 없었다. 그 순간 당시 검찰은 운동권 세력이 분신을 더욱 확산시키기 위해 분신을 계획하고 김기설 명의의 유서를 강기훈이 대필 작성하여 자살을 방조했다고 발표했다. 이것이 이른바 '유서대필 사건'의 시작이었다. 당시 검찰총장은 "조직적 배후 세력을 조사하라"고 지시했으며 공안당국은 그런 식으로 사건을 몰고 갔다. 왜 그가 분신했는가는 논외였고 유서를 조작했느냐에 모든 관심이 쏟아졌다. 강기훈이란 인물은 자신의 목적을 이루기 위해 남의 죽음을 선동한 악당이 된 것이다. 검찰과 정권은 민주세력을 남의 죽음을 교사하면서까지 자신의 목적을 이루려는 반인륜적이고 파렴치한 붉은 혁명세력으로 매도했다. 검찰의 공안몰이에 대해 당시 권력 해바라기 지식인들과 메이저 언론들이 즉각 가세했다. '빨갱이 사냥꾼' 박홍이 먼저 공격의 포문을 열었다. 그는 기자회견을 자청해 "우리 사회의 젊은이들을 죽음으로 몰아넣는 반생명적인 선동 세력의 정체를 폭로해야 한다", "김씨 등의 잇따른 분신을 보면 우리 사회에는 젊은이들에게 죽음을 선동하고 이용하는 음흉한 세력들이 분명히 있다" 등의 발언을 내뱉으면서 "이 세력을 없애는 데 함께 일어나야 한다"고 주장했다.[40] 『조선일보』는 김지하의 "죽음의 굿판 당장 걷어치워라"[41]라는 대표적 글을 통해 당시 정부의 반민주적이고 비인격적인 악행에 저항하는 세력을 모두 묶어서 자살을 방조하는 세력으로 비판했다. 수구적인 언론은 필체를 운운하며 유서가 대필이었고, 정권에 반대하는 세력이 얼마나 사악한 집단이고 인간들인지를 적극 홍보했던 것이다. 이런 얼치기 지식인들과 수구언론에게 분신의 근원적인 원

---

40 강준만 외, 『레드 콤플렉스』(서울: 삼인, 1997), 57.

41 "… 지금 당신들 주변에는 검은 유령이 배회하고 있다. 그 유령의 이름을 분명히 말한다. 네크로필리아, 시체선호증이다. 싹쓸이 충동, 자살특공대, 테러리즘과 파시즘의 시작이다. … 도대체 그놈의 굿판에서 사제 노릇을 하고 있는 중과 신부의 정신을 사로잡고 있는 것은 악령인가? 성령인가? 저는 살 길을 찾으면서 죽음을 부추기고 있는 이른바 진보적 지식인들은 선비인가? 악당인가?", 『조선일보』, 1991. 5. 5.

인 제공이라고 할 수 있는 공안통치의 폭력성에 대한 비판이란 존재하지 않았으며, 분신이라는 비극을 선택한 청년들에 대한 안타까움은 전혀 엿볼 수 없었던 것이다.

유서대필 사건은 당시 노태우 정권에는 절호의 기회였다. 불리하던 정국을 한순간에 반전시킨 것은 물론 정권 비판 세력을 비인간적이고 부도덕한 집단으로 몰아세울 수 있는 반전의 계기가 된 것이다. 그러나 명백히 그 사건은 파렴치한 음모였다. 공안검사로 이름을 날리던 김기춘이 당시 법무부장관이 됨으로써 정권의 구원자가 된 것인데, 과연 검찰은 말도 되지 않는 유서 대필 사건의 진상을 몰랐을까? 절대 그럴 리 없다. 그럼에도 황당한 소설을 쓸 정도로 노태우 정권이 위기에 몰렸던 것이다. 정권의 하수인 검찰은 목적을 이루기 위해 파렴치하게 사건을 조작한 것이었고, 수구 언론은 이런 조작을 확대·재생산시킨 것이다. 검찰과 언론이 노태우 정권을 사수하는 데 혁혁한 공을 세웠는지는 몰라도 진실과 정의, 민주주의와 인간의 가치는 한국사회에서 치명적으로 소실되고 만 것이다. 강기훈은 조작된 '자살 방조죄'란 희한한 죄목으로 3년간 옥살이를 했으며, 친구의 자살을 방조하고 그 유서까지 대필한 악질 파렴치한으로 대한민국 보통 사람들의 뇌리에 깊이 인식되었다. 그리고 현재 암 투병 중인 그에게 2014년 2월 13일 서울고법 제10형사부는 유서대필 사건의 강기훈에게 무죄를 선고했다. 억울한 옥살이와 평생 파렴치한으로 매도당해 살아왔던 그에게 그를 그렇게 규정했던 검찰과 언론이 어떠한 반성과 사과를 했다는 말도 들은 적이 없다.

1992년 대선에 즈음하여 수구언론은 노골적으로 선거에서 집권세력을 도와주면서 그 자신을 '언론권력'으로 확고하게 자리매김시켰다. '문민시대'라는 김영삼 정권에서 수구 언론은 오히려 정권보다 더 강한 레드 콤플렉스로 남북관계에 영향력을 행사했다. 국사 교과서 개편 파문 당시 언론이 호들갑을 떤 '서울 불바다' 보도와 '조문 파동'이 그 대표적인 예이다. 정권 출범 초기에 "어떤 이념이나 어떤 사상도 민족보다 더 큰 행복을 가져다주지 못한다"는 대통령의 공언에도 불구하고 군사독재 시절로 곧장 회귀하게 된 배후에도 언론이 깊이 연루되어 있다 하겠다. 한편 분단 50년을 맞은 1995년에 사상 최대의 수해를 입은 북쪽에 쌀을 지원하는 문제와 관련해 인공기 게양 소동과 항구 촬영사건, 우성호 송환 문제가 터져나왔다. 사안마다 언론은 시대착오적인 반공·반북 이데올로기를 드러냈다. 이 모든 것은 진실을 그대로 보도하지 않음으로써 나타난 의도된 왜곡이었을 뿐이다.

수구 언론 중에서도 『조선일보』는 레드 콤플렉스 광기의 최고 생산업체라 할 수 있다. "나는 공산당이 싫어요"의 이승복 신화, 이 왜곡보도 사건의 출발점도 『조선일보』였다. 그로부터 30년 가까이 지난 1997년 초 이한영 씨 피격사건 첫 보도에서도 이한영 씨가 병원에서 "간첩, 간첩"을 외쳤다고 보도했다. 그러나 이한영 씨는 이미 피격현장에서 의식을 잃은 상태였기에 이 또한 완벽한 허위보도가 아닐 수 없었다. 이런 예단 보도, 허위 보도, 추정 보도를 통해 현대판 마녀사냥의 광풍을 일으키는 주동자 역할을 서슴지 않았다. 특히 냉전·반공 이데올로그로서 수구 세력들로부터 최고의 명성을 얻는 『조선일보』와 『월간조선』의 조갑제는 진보적 지식인이나 역사의 진보 일반에 대해 원한 사무친 독설을 퍼붓는 것으로 유명하다. 그는 "한국 사회의 친북 학생 및 지식인들은 진보라는 말을 선점하고 독점했다"라고 불평하면서 "진보라는 이 좋은 말은 사전을 떠나 대한민국을 파괴하기로 맹세한 사람들의 가장 효과적인 무기로 봉사하게 되었다"고 주장한다. 나아가 "진보는 좌익의 정치를 보호해주는 방패요, 건국·호국·근대화·민주화 세력을 수구로 몰고 찌르는 창이 되었다"라며, 진보의 핵심 전략이 용어의 전복이었다고 통탄한다.[42] 극우 파시즘을 대변하는 조갑제와 『조선일보』의 언어폭력에 대해 리영희는 다음과 같이 통탄한다.

---

42 전영기, "조갑제 일본의 개혁적 무사 정신을 동경하는 복고주의자", 최종욱 외, 『보수주의자들』(서울: 삼인, 1997), 162.

대한민국이라는 나라가 온통 정치적 경련을 일으키고 있다. 광적인 발작 상태로 사회의 몸통과 사지가 뒤틀리고 있다는 느낌이다. 눈을 허옇게 까고, 입에 거품을 물고, 닥치는 대로 때려 부수면서, 스스로 온몸에 유혈이 낭자한, 간질병 환자를 보는 것만 같다 — 미국과 북한 사이에 핵문제를 둘러싼 격돌 상태가 차츰 화해와 해결의 단계로 접어드는 과정과 병행해서 일어난 변화이다 — 지난 반세기 동안 우리 정치에서 으레 등장하는 것이 수구세력의 유일한 처방인 '적색공포증' 선동이다. 세상의 모든 것이 붉게만 보이는 공포증이다.『조선일보』와 『월간조선』이라는 출판물을 그 '적색공포증' 선동의 대변지로 삼은 이 비정상과 반논리의 폭력은 ⋯ 그들의 구미에 맞지 않는 지식인들을 하나씩 골라서 조준경에 맞추어 사살해왔다.[43]

리영희는 레드 콤플렉스 광풍의 제조자 수구 언론들이 "강한 자에게는 한없이 비굴하고 약한 자에게 끝없이 포악한, 기형아적 기능체"라 규정하면서, 역대 폭력정권의 독재자들과 부패 타락한 그 권력집단에게 교활하고 사악한 반민주적 우민정책의 지혜와 수법을 제공하는 역할을 수행해왔다고 비판한다.[44] 언론은 부패한 권력의 거짓을 진실로 둔갑시키고, 그들의 범죄를 '반공'으로 정당화해주고, 그들의 사리사욕도 '애국 충정'으로 선전해주는 언론이 필요했고, 언론은 그 대가로 언론인 개인의 출세 영달과 언론사의 권력화는 용이하게 진행될 수 있었던 것이다.

김영삼 대통령 만들기에 앞장섰고 그의 재임 기간에 언론권력으로 확고하게 자리를 굳힌 신문들은 1997년 대선에서도 '킹메이커'를 자임하며 노골적으로 선거에 개입했다. 언론권력이 민주주의의 기본제도인 투표에 정치적으로 개입하고 그것이 경제 발전이나 노사 관계 보도와 논평에서도 기

---

[43] 리영희, "다시 생각해보는 매카시즘의 교훈",『월간 말』99(1994), 28.
[44] 리영희, "전두환 노태우 형 '대한민국병' 증후군",『월간 말』117(1996), 37.

득권 세력을 일방적으로 대변하는 형태로 이어지게 된다. 공론장에서는 수구적 이념뿐만 아니라 진보적인 이념도 다양하게 논의될 수 있어야 함에도 불구하고 노사관계에서든 남북관계에서든 진보·개혁을 지향하는 집단을 억압하는 편파성을 띰으로써 언론권력은 스스로 시민적·의사소통적 공론장을 파괴시켰다.

국민의 정부 들어 투명하고 공정한 언론 개혁의 필요성을 거론하면서 언론 세무조사에 착수했으나 언론자본의 불법적 행태와 부도덕한 황제식 경영을 드러내는 데 그쳤을 뿐 언론 운동 단체들이 요구해온 소유구조 개혁 입법으로 이어가지 못했다. 그리고 구속되었던 언론사 사주들은 곧바로 사면·복권되었다. 참여정부에서도 언론 운동단체들은 줄곧 언론 개혁 입법을 요구하여 신문법이 국회에서 통과되었으나 언론연대가 강조했던 언론 개혁 입법의 핵심인 '편집의 자율성'이 실종되고 말았다. 결국 김대중·노무현 정부 10년 동안 시민사회의 언론개혁 운동으로 정치권을 자극해 언론사 세무조사와 신문법 제정에 이르렀지만 그 결과는 한정적인 것이었고, 그 성과조차 언론권력의 전폭적인 지원을 받은 이명박 정권이 등장하면서 후퇴하고 말았다. 이명박은 집권하자마자 조·중·동에 '종합편성채널'을 허가해줄 수 있는 '미디어법'을 국회에서 날치기로 통과하고 그로써 언론권력이 신문과 방송을 동시에 소유하게 되는 국면을 열게 해주었다.

그리고 이명박-박근혜 정부와 관련해 정권의 근간을 흔들 수도 있는 큰 사건에서 언론권력이 보여준 모습은 정권의 경호견(guard dog) 역할에 충실하면서 상업적이고 저열한 모습 그 자체였다고 해도 과언이 아니다. 국정원의 선거개입 사건은 물론, 특히 2014년 4월 16일 '세월호 대참사'에서 언론의 오보사태[45]는 구조의 '골든타임'을 놓치게 하는 결정적인 원인을 제공

---

45 민주언론시민연합은 세월호 참사 한 달여 지난 다음 "거짓 방송이 아이들을 죽였다"라는 특별보고서에서 세월호 관련 방송 보도의 문제점을 정리했다. 가장 심각한 것이 '전원 구조' 오보였다. 최초 오보를 낸 MBC는 물론 타 방송사 기자들도 현장에서 전원 구조가 아니라는 감을 충분히 잡

했다는 혐의까지 받게 되었다. 그러나 이 사태에 직·간접적으로 책임을 져야 하는 언론은 세월호 침몰 이후에도 반성보다는 편향된 모습으로 일관했었다. 당시 오보를 낸 언론들이 이명박 정권 내내 줄기차고 교묘하게 이어진 방송 장악 과정의 결과,[46] 언론 본연의 기능을 상실하고 정권과 기득권 집단을 옹호하는 측면에서 그런 보도 행태를 보였다는 것을 짐작할 수 있다.

『조선일보』는 "세월호 구조 비용 '청해진 일가'가 모두 물어내게 해야"라는 사설과 'TV조선'의 '이용욱 해경 정보수사국장이 특채되기 전에 세모 직원이자 구원파 신도였다'는 보도를 통해 국민의 분노를 유병언과 청해진 해운 그리고 사이비 종교집단 쪽으로 돌리려 했다. 사고의 책임이 정부에 있다는 것을 차단하려는 시도는 방송에서도 마찬가지였다. 방송사의 이런 보도 지침은 MBC 사장이 세월호 사건 보도와 관련하여 임직원들에게 보낸 격려 메일을 통해 확인할 수 있다.

2002년에 있었던 '효순 미선 방송'이 절제를 잃고 선동적으로 증폭되

았고 정보 보고를 했을 터인데도 오보는 쉽게 수정되지 않았다. 그럼에도 당일 오후 해경과 해군의 신속하고 적극적인 투입으로 구조가 원활하게 진행되고 있다는 허위보도까지 내놓았다. 심지어 구조 승객 인터뷰 내용 중 해경 구조대원들이 구경만 하고 있었다는 발언도 삭제해서 보도했다. 추측성 기사로 속보 경쟁을 한 셈이다. 민주언론시민연합, "거짓방송이 아이들을 죽였다", 『시민과 언론』 17, 세월호 특별판, 2014. 5. 28.

[46] 이명박 정권의 방송 장악 과정은 김서중의 "세월호 참사 보도의 참혹함은 예정된 것", 『황해문화』, 2014년 가을호, 280-297을 반드시 참고할 필요가 있다. ① 이명박 대통령 인수위의 2008년 1월 방송통신위원회 설치 법안을 민주적 절차도 무시하고 졸속 통과, ② 대통령 후보 언론특보 출신 최시중이 방통위원장이 되고 곧바로 KBS 정연주 사장 해임, ③ YTN에 이명박 후보 방송담당 상임특보 구본홍을 사장으로 앉혔고, 이에 저항하는 노조원 33명을 인사발령 거부와 업무방해 등을 이유로 징계, ④ 2010년 2월 MBC 엄기영 사장을 사퇴시키기로, 〈PD수첩〉에 대한 기소, 프로그램 진행자 교체 압박 등을 통해 MBC 압박, MBC의 방송문화진흥회는 대통령과 친분이 있는 김재철을 사장으로 임명하고, 엄사장 사퇴문제 압박과 신임 사장의 경영진 인사에 청와대가 관여했다고 파업·항의한 노조위원장을 해임시키고, 방송민주화의 산물인 국장책임제를 일방적으로 해지, ⑤ 미디어 관련 악법 날치기 통과: 미디어 관련법 즉 방송법, 신문법 개정을 통해 그동안 방송영역에서 금지되었던 대기업, 신문의 진출을 허용. 즉 미디어 관련법 개악으로 이미 신문업계의 강자인 조·중·동·매를 종합편성채널의 대주주로 만들어줌, ⑥ 이후 종편에 대한 특혜.

어 국가와 사회에 부정적인 영향을 미친 데 비해, 이번 방송은 국민 정서와 교감하고 한국사회의 격을 높여야 한다는 교훈적 공감대를 형성하는 데 커다란 기여를 했습니다.[47]

『동아일보』 사설 "선장이 제일 먼저 탈출해 젖은 돈 말리고 있었다니", "통곡의 대한민국 … 말뿐인 '안전 행정' 통렬하게 반성하라", "직업윤리도, 인간의 도리도 저버린 세월호 선장과 선원들"에서 보듯 기본 논조가 정부의 정책 운용 기조, 특히 무한경쟁과 최대 이윤추구를 가치로 여기는 신자유주의 정책 기조와 재난구조와 관련된 규제완화 같은 구조적인 문제는 은폐하고 해당 공무원의 무능력과 무책임, 무사안일과 직업윤리의 결여만을 강조했다. 심지어 "적폐와의 전쟁"이라는 글로 참사의 주요 책임자를 마치 우리 사회의 적폐들, 즉 부도덕한 기업과 무능하고 타락한 공무원들과 싸워서 국민을 안전하게 지키는 영웅적 투사로 변신시켜주었으며,[48] 참사의 충격과 슬픔과 분노가 채 가시기도 전에 신자유주의적 규제 완화가 세월호 참사의 원인이라는 일각의 주장에 신경 쓸 필요가 없다는 식의 궤변으로 정부의 기관지인 양 최고 통수권자를 대변해주었다.

세월호 참사 이후 두 달 가까운 시간이 흘렀지만 한국 경제의 '우울증'은 여전히 진행형이다. 국민들은 소비를 줄이고 기업은 적극적인 마케팅이나 신제품 출시를 사실상 중단했다. 정부는 잘못된 기업 규제를 혁파해 새로운 성장 동력을 만들겠다고 공언했으나 최근에는 "규제 완화가 세월호 참사를 불렀다"는 주장에 밀려 주춤거린다.[49]

---

47 사단법인 열린연구소 블로그, 2014. 7. 8. http://blog.naver.com/openlabseoul? Redirect=Log&logNo=220053960680

48 "적폐와의 전쟁", 『동아일보』, 2014. 5. 20; "무능한 '철밥통' 공무원을 어떻게 퇴출시킬 것인가", 『동아일보』, 2014. 5. 17.

49 "'세월호 우울증' 벗어나 정상적인 경제활동으로 돌아갈 때", 『동아일보』, 2014. 6. 9.

나아가 수구언론은 정권에 감정을 이입하여, 그들에게 책임을 추궁하려는 당시 야당과 시민운동단체들을 사회의 불안과 혼란을 부추기고 획책하는 세력으로 규정했고, 세월호 참사 사건의 진상을 조사하기 위한 특별법 제정에 대해 정치인들이 이견을 보여주며 대립하는 것을 자신들의 정략적인 이익을 위해 비극적 사건을 이용하여 정쟁을 일삼는 몰염치한 집단으로 규정했다. 외양상으로는 의회를 비판하는 것처럼 보이지만 대통령의 뜻에 충실한 여당보다는 그것에 반하는 야당에게 비난의 화살이 향해 있다는 것이 자명했다. 5월 10일자 사설 "누가 왜 세월호를 정치 선동에 악용하는가"에서는 진보 성향의 시민단체를 하나하나 나열하여 사건의 비판세력을 야비한 사람들로 규정했다.[50] 침몰 사고의 진실 규명을 요구하며 시위하는 사람들을 폭력이나 행사하고 국가의 법질서를 해치는 폭력 시위꾼처럼 규정한 것이다.

특히 'TV조선'과 '채널A' 같은 종편방송은 대통령과 정부에 책임을 묻거나 그에 반하는 행태에 대해서 '헌정질서 부정', 나아가 '종북'이라는 판에 박힌 이념적 공격으로 박근혜 정권을 옹호했다. 대통령을 과도하게 부각시키고, 세월호 특별법을 요구하는 유가족의 농성은 외면하고 특별법 내용 중 유가족이 주장한 바 없는 의사자 선정 등 보상·배상에 관한 부분을 부각시킨 MBC의 왜곡보도, 사고 이후 시종일관 유병언 관련 보도를 선택·집중시켜 세월호 사건 진상 규명을 유병언만 체포하면 해결되는 것으로 호도한 것, 또한 본질 왜곡의 사태 속에서 언론이 유씨의 아들과 여성 경호원을 둘러싼 선정주의적 속보 경쟁 행태를 보인 것 등 이러한 예들은 황색 저널리즘의 극치를 보여준 사례이다. 이런 사태에서 수용자들이 접하게 된 것은 상업적인 언론 이상으로 지배 권력을 지키는 경호견의 모습을 목격하게

---

[50] '참교육을 위한 전국학부모회', '감리교신학대 도시빈민선교회', '광주진보연대', '인천사회복지연대' 등 13개 시민사회단체, '엄마의 노란 손수건 인터넷 모임(대표: 정모 통합진보당 안산시 단원구 지역위원회 소속 당원)'. "누가 왜 세월호를 정치 선동에 악용하는가", 『동아일보』, 2014. 5. 10.

되었다는 점이다. 언론의 경호견화는 이명박 정권 내내 이어진 문제였지만, 300명이 넘는 어린 생명을 잃은 상황에서조차 권력을 옹호하는 언론을 보며 분노한 수용자들은 언론에 대해서는 '찌라시', 언론인에 대해서는 '기레기'(기자+쓰레기)라는 비하적 표현을 쓰지 않을 수 없었던 것이다.

한국 언론에 대한 불신은 특정 언론사만의 문제가 아니다. 이명박 정권 이후 체계적이고 조직적인 언론정책의 산물이며, 따라서 수년에 걸친 방송의 재편 과정을 역으로 해체하기 전까지는 언론의 신뢰성 회복이란 매우 어려운 현실이다. 이명박 정권과 종편방송의 관계를 들여다보면 현 한국 언론 신뢰 상실의 구조적인 측면이 가장 극명하게 드러난다. 주지하다시피 이명박 정권의 엄청난 특혜[51] 속에 주류언론 조·중·동·매가 주도한 컨소시엄들의 종편 사업이 승인되었다. 종편은 산업성장이라는 미명 아래 추진되었지만, 실상은 이명박 정권이 의도했던 이념 편향적 방송 정책의 결정판이라 할 수 있다. 자칭 보수라 주장하는 메이저 신문들이 방송 보도까지 할 수 있게 된 것이다. 종편 선정을 위한 심사 과정에서부터 많은 문제를 내포하고 있었고, 편파적인 선정 이후에도 종편에 대한 특혜는 중단 없이 이어졌다.

종편방송을 무리하게 승인하고 그들을 위해 비대칭 규제를 유지하고 특혜를 부여한 이명박정권이나 대선 기간의 저질스러운 막말, 편파 방송의 폐해를 여실히 보여준 종편들[52]을 재승인해준 박근혜 정권에 대해 철저한 정권유지의 충견 역할을 담당했던 것이다.

'종합편성채널'이라는 명칭이 무색하게 과도한 보도와 시사토론 관련

---

51 김서중, "종편-특혜, 특혜, 특혜", 『황해문화』 2011년 봄호, 495-501 참고.
52 원희영과 윤석민의 공동 연구에 따르면 지난 대선 때 종편 4개사의 보도 공정성을 측정하는 연구를 통해 대선기간 총 열홀치 저녁 메인 종합뉴스 프로그램을 비교·분석한 결과, TV조선과 채널A의 보수 후보 편향성을 드러냈고, 이러한 편향성은 박 후보와 문재인 후보 간의 지지율 격차가 줄어들었을 때 심화되었음을 확인했다. 연구에 따르면 JTBC와 MBN에서는 후보 간 지지율 격차 추이에 따른 특정 후보 편향성이 발견되지 않은 것으로 나왔다. 원희영·윤석민, "종합편성채널의 보도 공정성에 관한 연구: 제18대 대통령 선거보도 프로그램의 정량적 및 정성적 편향성 분석을 중심으로", 『한국방송학보』 29-1(2015), 117-148.

콘텐츠로 집합적인 정체성을 구현하고 있는 종편(사실상 한국의 종편은 종편이라기 보다 보도채널이라 해야 한다)의 부상은 극단적으로 정파적이고, 수구 권력 편향적이며, 거친 저널리즘의 출현을 가져온 것이 사실이다.[53] 이러한 종편의 매우 정파적인 그리고 다분히 공격적인 황색 저널리즘은 언론이 규범적으로 준수하고 성찰적으로 모색해야 하는 공정성과 공공성의 발현과는 거리가 멀며, 극우 편향과 수구적인 의제의 집중적인 담론화를 통해 노골적인 상업적 목적을 달성하려는 의도가 엿보인다. 우리는 종편에 대한 다음과 같은 김성해의 비판에 주목하지 않으면 안 된다.

> 한국에서 여론 형성은 애초 보수 신문이 주도권을 쥐고 있었다. … 그나마 공중파 방송이 보수진보의 중간 역할을 하며 정치적 편향성을 견제해왔는데 보수 신문이 보수 방송을 만들면서 방송의 중도성이 무너져 버렸다. 이제는 종편이 공중파마저 무력화시키고 있다. … 종편은 저널리즘의 본래 역할인 사회적 통찰, 성숙한 시민의식 함양, 여론 형성보다는 오히려 감정적 쏠림 현상, 표피적 비난을 일삼아 그로 인한 정치 냉소주의, 극단적 편 가르기 등을 만들어낸다. … (우리의 종편은) 미국의 폭스뉴스처럼 상업주의적이고 저널리즘 가치를 훼손하는 선정적 매체다.[54]

---

[53] 종편이 세상에 등장하기도 전에 이미 언론개혁시민연대의 유영주는 종편에 대해 그것은 이명박 정권의 방송정책에 대해 2 공영 1 민영 방송체제를 — 관제 다(多)민영 체제로 전환하고, 종편채널의 도입으로 조중동식 저널리즘(정권의 선전 기능과 정권의 정치기획의 폭력성과 배타성을 바탕으로 한)을 방송의 길로 들어서게 했다고 진단했다(유영주, "종편 도입과 특혜", 『진보평론』 제49호, 2011년 가을, 236-237). 그리고 종편 탄생 후 그것의 역할에 대해 언론학자들의 반응은 부정적이다. 2013년 11월 『경향신문』이 한국언론학회, 한국언론정보학회, 한국방송학회 소속 학자들을 대상으로 전화 및 이메일로 조사한 결과, 종편의 역할과 성과를 문의하는 질문에 48명의 연구자들이 100점 만점에 평균 45.23점이라는 매우 낮은 점수를 준 바 있다. 학자들은 종편의 가장 큰 문제점으로 '이념·정치적 편향성'(50%), 보도 채널화(22.9%), 정치 프로그램의 과잉(8.3%), 선정·자극성(8.3%) 순으로 답변을 제시했다(『경향신문』, 2013. 11. 20. 기사 참고).

[54] 『The PRNews』, 2013. 12. 6. 기사 참고.

오늘날 한국의 주류언론은 독재권력의 '보도지침'을 충실하게 따른 철면피의 대가로 권력의 확대와 자본의 축적을 이루었다. 언론권력으로 군림한 이래 이제는 민주주의에 역행하는 정치권력의 경호견 역할을 통해 자본의 시궁창으로 전락한 행태를 보여준다. 문재인 정권의 비호 속에 탄생한 윤석열 정권은 민주화의 방향을 역행하여 반민주적인 퇴행의 역사를 쓰고 말았다. 여기서 윤석열 정권의 파행과 친위 쿠데타 사건을 다룰 순 없지만, 검찰 권력의 정점에 있었던(물론 이렇게 만들었던 장본인은 문재인 정권이었다) 윤석열 검찰총장과 레거시 미디어의 야합적 행태는 지적하지 않을 수 없다. 검찰과 언론의 야합에서 주도된 전대미문의 '가차 저널리즘'(gotcha journalism)이다. 일명 '꼬투리 잡기 저널리즘' 또는 '손봐주기 저널리즘'이라고도 부르는 '가차 저널리즘'은 'I got you'의 줄임말로 우리말의 '딱 걸렸어' 정도에 해당되는 의미를 갖는 저널리즘의 행태를 말한다. 이러한 가차 저널리즘은 공인, 특히 정치인의 실수나 해프닝, 주변의 사사로운 문제들까지 꼬투리 삼아 집중적으로 부각하고 반복해서 보도하는 언론의 보도행태를 일컫는다.

2019년 8월 조국 법무부 장관 후보 지명 이후 여러 논란과 의혹이 정치권 등에서 제기되면서 35일 만에 그가 장관직을 사퇴하는 초유의 일이 벌어졌다. 조 장관이 지명되면서 사퇴하고 난 이후까지도 숱한 의혹과 논란이 지속된 가운데 국내 주요 언론들은 제기된 의혹들에 대해서 확인·검증하는 단계를 충분히 거치지 않고 '속보'라는 형식으로 즉각적인 보도를 경쟁적으로 실시간으로 쏟아냈다. 박주현의 연구에 따르면, 조국 사태기간에 언론사들은 확인 또는 검증되지 않은 내용들이 '의혹', '논란' 등의 제목과 함께 부정적인 내용들로 반복적으로 보도된 형태들을 많이 보인 가운데 주로 검사/검찰 관계자 또는 국회의원/국회 관계자에 의한 기사들이 주를 이룬 것으로 확인된다. 이 중에서도 극우 성향의 보수언론들은 진보언론에 비해 전체보도의 양뿐만 아니라 부정적인 성격의 기사와 제목 외에도 검사/검찰 관계자의 출처(취재원)를 더 많이 사용함으로써 극우 언론의 가차 저널리즘

적인 보도는 검사/검찰 관계자의 기사출처에 의해서도 많이 나타났음을 알 수 있다.[55]

해방 이래 언제나 한국의 언론 지형에서 극우적 지형에서 여론을 주도하는 대표적인 신문사 『조선일보』는 조국 사태와 관련해 가장 많은 41건의 사설을 내보냈다. 그러나 한 건을 제외하고 대부분 사설에서 부정(비판·반대)적인 성격이 강하게 드러났다. 하루 두 편의 사설을 모두 조국 관련 내용으로 내보냈는데, 조국 당사자와 문재인 대통령에 대한 부정적 논조가 두드러졌다. 대표적인 사례로는 "'촛불 시위'까지 나오는데 책임자인 文 대통령 왜 침묵하나"(8월 23일자 사설), "文 대통령 정말 조국 임명 강행하겠다는 건가"(9월 2일자 사설), "대통령이 파렴치 장관 수사 방해, 이게 국정농단 사법농단"(9월 28일자 논설), "도둑이 '도둑 잡아라' 고함치는 文 정권 '검찰 개혁'"(10월 2일자 논설), "파렴치 조국 지지집회는 '민심', 퇴진 집회는 '폭력'이라니"(10월 5일자 논설), "'조국 아집으로 갈등 불 지른 게 文 대통령 아닌 다른 사람인가"(10월 22일자 논설), "남편은 수석·장관, 가족은 일상적 불법, 정권의 난장"(11월 13일자 논설), "피의자 靑·경찰이 한편 돼 검찰 공격, 기막힌 나라꼴"(12월 4일자 논설)을 들 수 있다. 그 외에도 지형적으로 극우에 가까운 동아, 중앙 등의 언론 역시 비슷한 논조의 기사로 홍수를 이루었다.

당시 가차 저널리즘의 정수를 적나라하게 보여주었던 언론들은 '단독보도'라는 이름으로 조국의 자녀를 둘러싼 의혹을 쏟아냈다. 검찰의 조국 자택 압수수색 과정에서 자녀들의 사생활들이 공개되기 시작했으며, '자녀'라고 분류한 기사에는 조국 딸의 논문 제1저자, 장학금, 인턴십, 입시 자기소개서, 동양대 표창장, 아들의 인턴십 등과 관련한 내용이 포함됐다. 자녀들과 관련된 의혹 외에 나중에 해프닝으로 끝난 사모펀드와 웅동학원 관련 단독기사가 '의혹'이지만 '사실'처럼 쏟아지면서 악화가 양화를 구축하는 형국

---

[55] 박주현, "조국 사태 보도에 있어서 언론의 이념성과 가차저널리즘과의 관계 연구", 『언론과학연구』 20-2(2020), 130-181.

이 되고 말았다. 그중에서도 채널A가 자녀들과 관련해 38건을 단독 보도해 자녀 관련 단독보도 중 절반 이상을 차지했다. 그 뒤는 사모펀드로 채널A가 12건, TV조선이 일곱 건을 내보냈다. 단독이라는 타이틀로 가장 많이 보도된 자녀 관련 기사 중에는 조국 당시 후보자가 법무부 장관 또는 고위 공직자가 되는 데 어떤 자질과 연관 있는지 의심스러운 기사들도 많았다. 조국 사태 초기에 가장 논란이 된 단국대 논문 제1저자 의혹에서 『동아일보』는 '딸 외고 유학반에 학부모 모임이 있고 여기서 논문지도 교수와 조국 후보자가 한두 번 봤을 것이므로 조국 후보자가 제1저자 등재에 영향을 미쳤다'는 식의 억측을 사실인 양 단독이라 보도했다.[56] 조중동 언론은 자사의 종편 방송을 통해 반복적으로 보도함으로써 조국과 그의 가족, 나아가 문재인 정부에 대한 흠집 내기를 확대 재생산했다. 가차 저널리즘의 포로가 된 언론사들 간에 '공직 후보자 검증'을 이유로 후보자의 가족들까지 '먼지 털이식'으로 취재보도 경쟁이 과열되면서 후보자 검증과는 관계가 없는 가족들에 관한 사안들조차 모조리 '후보자 의혹'으로 보도한 것은 '사실 확인', '검증 보도'라는 저널리즘의 기본과는 거리가 멀었다. 가장 큰 문제는 신문별 기사 출처(취재원)를 분석한 결과, 전체적으로는 검사/검찰 관계자가 가장 많이 사용되었다는 것이다.[57] 말하자면 검찰의 앵무새 노릇 하기에 혈안이 되었다는 점이다.

레거시 미디어가 전 국민의 관심사가 되기에 충분한 자녀 입시 프레임으로 '조국 가족의 악마화'에 광적으로 집중했던 것에 비하면 그 정도가 비교할 수 없이 크다 할 '나경원 자녀의 입시 관련 특혜와 서울대 연구실 사용 및 국제적 학술활동, 윤석열 정권 들어 '한동훈 장관의 딸 연구 실적의 문제'에는 철저히 모르쇠로 일관했다는 점에서 한국 수구 언론의 의도가 무엇이

---

56 Ibid., 165-168.

57 박주현의 객관적인 연구 분석은 필자의 견해가 단순한 사견이 아니라는 점을 입증해준다. 위의 연구에서 "가차 저널리즘적 표현, 인용 어투 특징 분석" 부분을 참고하라. Ibid., 167-168.

었는지 명백하다. 그뿐만 아니라 윤석열 정권이 연루된 일일이 헤아리기조차 힘든 비리 종합세트에 대해 현 레거시 언론들이 보인 굴종적이고 야합적인 태도는 한국 언론사의 수치가 아닐 수 없다.

가장 최근 '12·3 내란 사태'에서 수구 언론의 보도 행태는 '내란 세력의 스피커를 자처하고 있다'는 비판에서 벗어나기 어려울 것이다. 윤석열의 비상계엄 선포 이후 탄핵과 수사로 이어지는 '내란 정국'에서 언론이 받아쓰기, 정쟁 프레임, 속보 경쟁과 허위보도 등으로 일종의 내란 동조 효과를 만들어냈기 때문이다. 비상계엄은 위헌·위법 소지가 명백했고 민주공화국의 헌정 질서를 뒤엎으려는 반란(친위 쿠데타) 혐의가 확실했음에도 수구 언론의 태도는 극우 유튜버들의 사설 방송과 크게 다르지 않았다.[58] 이에 대해 민주언론시민연합(민언련)은 내란죄 피의자의 일방적인 주장을 검증 없이 실어 나르는 '받아쓰기' 보도 행태를 비판했다.[59] 예컨대, 내란의 혐의자 김용현의 변호인단 기자회견, 내란 수괴의 대국민 담화, 내란수괴의 법률 대리인의 기자회견 등 이들의 발언 대부분이 거짓말이거나 확립된 법리에 벗어나는데도, 기존 증언 등 자료와 최소한의 비교 검증을 하지 않고 내란범들의 말("비상계엄이 '국회의 정치 패악질에 경종을 울리고, 부정선거 의혹을 해소하기 위한 것이었다'는 주장)을 받아쓴 기사가 마치 객관적 사실인 양 해석이나 비판 없이 따옴표 처리로 기사화되었던 것이다. "언론의 외피를 쓰고 극우의 확성기 노릇

---

[58] 여기서는 현재 우리나라 여론 지형에 상당한 영향을 미치는 유튜버 방송에 대해 상론할 수 없다. 하지만 적어도 12·3 내란 사태에 국한시켜서 보더라도, 윤석열이 극우 유튜브를 통해 세상을 바라보고 있다는 말도 안 될 것만 같은 의혹이 사실로 드러났다. 대국민 담화 등 그의 발언이 극우 유튜버의 주장과 일치한다는 '물증'이 차고 넘치기 때문이다. 급기야 2025년 새해 첫날 윤석열은 지지자들에게 "실시간 생중계 유튜브를 통해 여러분께서 애쓰시는 모습을 보고 있다"라는 편지를 보내 스스로 극우 유튜브 채널 시청자임을 명실 공히 '셀프 인증' 했다. 국민의힘 김민전·윤상현원이 계엄을 옹호한 유튜버의 방송에 출연하는 등 여당 내에서도 극우 유튜브를 정치 활동의 플랫폼으로 삼는 이들이 속속 등장했다. 이제 극우 유튜브는 가십이나 조롱거리를 뛰어넘어 '체제의 위협'이 될 정도로 막대한 영향력을 행사하고 있는 중이다. 이러한 사회병리적 현상은 언론의 존재이유까지 질문하게 한다.

[59] 박강수, "언론의 내란 피의자 주장 그대로 받아쓰기… 동조효과 불러", 『한겨레』, 2025년 1월 8일자.

을 하고 있는 매체들이 최근 디지털 미디어 환경을 등에 업고 조직적으로 세를 넓히고 있다. 이런 여론 조작 행위들은 국민의힘 의원 일부를 통해 확대 재생산됐고, 극우 집회가 그 주장을 받고, 다수 매체가 '따옴표 저널리즘'을 통해 또 받으며 극우 세력에 큰 힘을 주는 상황으로 흘러가고 있다"라는 윤창현(언론노조 위원장)의 말은 적확하다. 2025년 8월 8일 현재 구치소에 갇힌 '특검'의 내란수괴에 대한 2차 인치 시도가 실패로 끝나자 '조선일보' 등 극우매체는 윤석열의 변호인단의 입장을 따옴표 기사로 "특검의 납치 시도", "특검 체포영장 집행 시도는 전직 국가원수에 대한 신체적 학대"…"형사고발·헌법소원"이라는 기사를 내보냈다. '따옴표 저널리즘'은 현재 진행형 사태이다.[60]

홍원식(동덕여대 언론학 교수)은 "현대 민주주의의 위기를 불러일으킨 요인 중 하나가 극단주의자들의 주장이 정당을 통해 '정상 주장화'되는 것"이라고 말했다. 그는 "전광훈과 같은 극단주의자들의 일탈적 담론에 대해 1차 게이트키핑 역할을 해야 할 정당이 그 주장을 그대로 실어 나른다. 2차 게이트키핑 역할을 해야 할 언론도 그 기능을 안 한다. 마치 다른 주장들과 등가의 가치가 있는 것처럼 전달한다. 이제는 '계엄 찬성'과 같은 주장까지 마치 정상적인 주장인 양 나온다. '백골단' 국회 기자회견을 주선한 김민전(국민의힘) 사례가 대표적"이라고 지적했다.[61] 이렇게 볼 때, 현재 한국 민주주의의 최대의 위기 상황인 '12·3 내란 사태'에서 보수를 자처하는 극우 지향적인 대다수의 레거시 언론은 내란의 동조 세력 내지 내란 세력 자체라 해도 무방할 듯하다.

60　양인성, "특검 체포영장 집행 시도는 전직 국가원수에 대한 신체적 학대", 『조선일보』, 2025년 8월 8일자.

61　김양진, "'받아쓰기 언론' 기계적 균형, 민주주의 훼손한다", 『한겨레21』 1548(2025). https://h21.hani.co.kr/arti/politics/politics_general/56744.html (2025. 7. 19. 검색)

3
제도언론과 공론장 회복

현대사회에서 언론은 공중에 대한 정치적 영향을 둘러싼 경쟁에서 막강한 위치를 차지하고 있기에, 이런 상황에서 다원주의를 신장하려면 언론의 정치적·사회적 권력을 규제하는 적절한 법이 요청된다 하겠다. 이런 맥락에 대한 규범적 반응으로서 하버마스는 언론의 역할을 다음과 같이 주장한다.

> 언론매체는 자신을 계몽된 공중으로부터 위임을 받은 자로 이해해야 한다. 언론매체는 사법부와 유사하게 정치적 행위자와 사회적 행위자로부터 독립성을 지켜야 한다. 언론매체는 공중의 관심사의 제안을 공평무사하게 수용해야 하며, 이 주제와 의견들에 비추어 정치과정을 비판하고 정당화를 요구해야 한다. 언론매체는 미디어의 권력을 중립화해야 하며, 행정 권력이나 사회적 권력이 공중의 정치적 영향력으로 전환되는 것을 막아야 한다.[62]

---

62 Jürgen Habermas, *Faktizität und Geltung: Beiträge zur Diskurstheorie des Rechts und des demokratischen Rechtsstaats* (1992), 한상진·박영도 공역, 『사실성과 타당성: 담론적 법이론과 민주주의적 법치국가 이론』(서울: 나남, 2002), 454.

언론은 다원주의적 의사 수렴과 의사 개진에 충실해야 하고, 상호보완적 관점 또는 대안적인 관점을 경쟁적으로 개진할 수 있어야 하며, 공론장은 적합한 쟁점을 여과시켜 사회에 확산함으로써 찬성과 반대의 논리가 자유롭게 개진되는 것을 의미한다. 결국 하버마스는 공론장이 어떤 내용을 담지하느냐 하는 것은 중요하게 여기지 않는다. 그에게 있어 무엇보다 중요한 것은 의사소통 실천의 규칙이요 공적 의견을 공론장으로 이끌어낼 수 있는 형식적 기준이다.[63]

절차와 형식을 강조하는 하버마스의 이러한 논의는 기본적으로 절차적 공정성, 즉 '옳음'의 윤리에 맞닿아 있다고 볼 수 있다. 현대사회에서 언론은 그 자체가 권력이 되고 있기에, 하버마스는 언론권력을 적법한 틀과 수단으로 조정할 필요성을 강조한다. 즉, 언론이 권력화된 상황에서 사회의 다원성을 보장하려면 언론에 대해 반독점법과 같은 법적 규제가 필요하며, 신문과 방송의 보도에 관련해 편집진과 경영 및 재정을 담당하는 부분 사이의 기능적 분화와 독립이 절대적으로 이루어져야 하는 것이다.[64] 이는 곧 미디어의 투명성이 보장되어야 하고 한쪽의 힘을 다른 한쪽에서 견제할 수 있는 견제와 균형의 제도적 장치가 중요함을 의미하는 것이다.

결국 언론은 다원주의적 의사 수렴과 의사 개진에 충실해야 하며, 상호보완적 관점 또는 대안적 관점을 경쟁적으로 개진할 수 있어야 한다. 공론장이란 바로 "적합한 쟁점을 여과시켜 사회에 확산함으로서 찬성과 반대의 논리가 자유롭게 개진되는 곳이기에, 공론장에서는 찬성과 반대의 의견을 가능한 한 선명하게, 거의 합의점이 없는 것같이 보인다 하더라도, 그 수준

---

[63] Ibid., 435-436 참고.
[64] 하버마스는 구체적으로 독일 사회처럼 대기업이 언론에 손대지 못하도록 할 것, 미디어의 내부 구조를 조정하는 법적 장치를 마련할 것과 편집권의 완전한 독립을 보장할 것, 고위 편집진의 선임에 광범위한 청문회 등을 도입해서 사주의 결정을 신중하게 할 것 등을 요구하고 있다. Jürgen Habermas, *Faktizität und Geltung*, 한상진·박영도 공역, 『사실성과 타당성: 담론적 법이론과 민주적 법치국가 이론』(서울: 나남, 2007), "인터뷰3: 공론장과 한국사회", 656-657.

까지 밀고 가는 것이 중요한 것이다.[65] 한국의 언론이 옳음의 윤리가 작동되는 공론장으로서의 제도 언론이 되기 위해서는 다음의 몇 가지가 충족되어야 할 것으로 본다.

① 방송언론의 구조개혁: 한국의 언론의 경우 사회적으로 가장 큰 영향력을 발휘하는 방송언론이 정권의 나팔수 역할밖에 할 수 없는 구조가 언론의 공정성 확보에 가장 큰 걸림돌이 되고 있다. 권력자에게 충성하는 인물을 사장으로 임명하고, 사장은 하부 보도편성 제작 책임자를 자신과 뜻이 맞는 인물로 배치하는 상황에서 뉴스의 내용이 공정성을 확보하기란 불가능하다. 방송언론 개혁의 첫 걸음은 공영방송이 권력으로부터 완전하게 독립해서, 어떤 정권이 들어서도 공정 보도 기조에 전혀 영향받지 않는 구조로 변모되어야 한다. 따라서 방송언론의 지배구조 개혁은 공영방송 독립성 확보를 위해 필연성을 갖는다. 국회 등의 견제가 가능한 제도적 장치 마련을 전제로 하면서 시민사회단체를 포함하는 사장추천위원회를 통해 선출하는 방식도 모색해봄 직하다.

② 언론사 소유구조 개혁: 언론사의 경우는 가장 심각한 것이 소유구조에 있다 할 것이다. 중앙의 4대 일간지가 전국지 시장의 70% 이상을 장악하는 상황에서 신문사가 1인 지배체제에 놓이게 된다면 결국 전국의 여론이 소수에 의해 좌우될 수 있다는 결론에 이르게 된다. 여론을 독과점하고 있다는 사실은 여론몰이를 통해서 특정한 이익을 추구하는 행위를 가능케 하는 것이다. 언론권력은 자본의 이익을 위해 권언유착을 강화할 수밖에 없고 그 과정에서 궁극적으로 올바른 정보를 제공받아야 할 수용자의 권익이 침해되는 것이다. 소유구조의 개혁은 신문개혁의 출발점이다. 소유구조의

65　Ibid., 657-658.

개혁은 시장의 논리가 아니라 공적 성격의 회복이라는 논리로 제기되어야 할 것이다. 신문의 소유 집중에 의한 여론독과점의 문제를 해결하기 위해서는 일차적으로 재벌의 신문사 소유를 원천적으로 금지하고 신문의 1인 족벌 지배체제를 금지하는 것이 필요하다.

③ 언론사 편집(성)권 독립: 언론사의 내적 자유, 즉 편집권의 독립을 획득하는 것이 필요하다. 편집권 개념은 "언론사 내외에서 언론에 가해지는 간섭, 규제, 통제로부터 언론자유를 지키고 진실하고 공정한 보도와 논평을 통해 국민의 알 권리에 충실하고 올바른 여론 형성에 기여할 수 있도록 신문 제작과정의 자율성을 갖는 권리"로 정의될 수 있다.[66] 독재정권 시절에는 경영주와 기자 간의 대립이 중요한 문제는 아니었다. 그것은 경영주와 기자 모두가 공동으로 외부 압력에 대처할 수 있는 일종의 제도적 장치라는 의미를 가지고 있었던 것이다. 그렇지만 그 이후 언론의 언론자본화가 심화는 과정에서 경영주와 기자, 편집 책임자와 일반 언론인, 혹은 자본과 노동의 대립에 관한 논점들이 점차 뚜렷이 부각되었다. 편집권에 대한 본격적인 논의는 결국 언론자본이 언론 편집에 대한 간섭을 어떻게 배제할 것인가, 언론 종사자들의 신분 보장을 어떻게 확보할 것인가에 대한 논의로 점차 수렴하게 된 것이다.

1988년 한국기자협회 및 전국언론사노동조합협의회는, 언론자본의 편집권이 발행권의 일부로서 당연히 회사 측에 귀속되는 것이라는 주장에 반해, 편집권이 편집 종사자들(평기자 및 이들의 대표단체)에게 보장되는 기본권이자 언론의 '내적 자유'에 해당한다고 주장했다. 이것은 언론의 자유를 언론

---

[66] 우승용·주동황, 『편집권의 독립, 반세기의 고민: 인식, 쟁점, 제도화 방안』(서울: 한국언론재단, 2002), 15-16.

기업인의 자유와 동일하게 파악할 수 있는 것이 아님을 분명하게 천명한 것이다. 이와 관련하여 조소영은 헌법재판소의 1992년 판결에 근거하여 "헌법적인 좌표를 갖는 언론의 자유는 어디까지나 언론·출판의 내재적·본질적 표현 방법과 그 내용을 보장하는 것이지 그것을 객관화하는 수단으로 필요한 객체적인 시설이나 언론 기업의 주체인 기업인으로서의 활동까지 포함하는 것으로 볼 수 없다"[67]라고 주장한다. 언론 기업을 경영하는 소유주 혹은 경영진의 활동은 언론자유의 본래 영역과는 무관하다는 것이다. 자본에 의한 언론의 통제가 해소되기 위해서라도 언론 종사자들의 자유로운 언론활동이 보장되어야 마땅하다. '언론자유' 원칙의 핵심을 이루는 편집권의 독립은 법적으로 보장되어야 할 사항이다. 1970년 독일 언론인들의 편집규약(Redaktionsstatut) 제정 운동은 총 일곱 개의 요구사항을 관철시켰는데, 그중 제1항이 바로 "자신의 신념에 위배되는 행동, 취재, 기사 작성, 해명 등을 강요받아서는 안 된다"는 것이었다.[68] 1993년 5월에 제정된 브란덴부르크주 언론법은 제4조에서 "발행인과 편집부 간의 공동협력"을 규정하면서, "편집자의 의사에 반하는 견해를 마치 편집자 자신의 의견인 것처럼 쓰도록 지시해서는 안 되며, 편집자가 이를 거부했다고 해서 불이익을 받는 일이 있어서도 안 된다"라고 규정했다.[69] 독일의 경우에서 알 수 있는 것은 언론인의 업무는 취재에서 기사 작성에 이르는 정신적이고 언어적인 활동으로서, 이러한 활동에서는 그 행위 주체들의 양심과 신념의 자유가 우선적으로 보장되어야 한다는 인식이다. 즉 언론인의 '양심 보호'는 언론자유 실현을 위한 근본 전제로서 위상을 가진다. 언론인의 '원칙적 문제에 관한 확신'에 반하거나, '언론인이라는 직업 원칙'에 반하는 경우에는 작업 지시가 거부될

---

[67] 조소영, "신문법상 편집권의 자유와 독립에 대한 헌법적 평가", 『법과 사회』 30(2006), 180; (헌재 1992. 06. 26. 90헌가23 참조).

[68] 우승용·주동황, 『편집권의 독립, 반세기의 고민: 인식, 쟁점, 제도화 방안』, 355.

[69] Ibid., 344.

수 있다는 것이다. 여기서 전자는 언론인의 정치적·세계관적·도덕적·경제적·신앙적·예술적 영역에서 주요한 원칙의 확실성과 그 실현의 필요성에 대한 믿음을 의미하며, 후자는 기사가 진실성에 관해 충분히 심사되지 않거나 일방적인 보도가 되는 경우 혹은 주로 선정적인 동기에서 이유 없이 개인의 사적 영역을 다루는 기사라거나 언론 윤리에 위배되는 기사 등을 지칭한다.[70] 독일의 경우 이 같은 인식은 1960년대 이후 개별 언론사의 편집규약 속에 반영되기 시작했고, 1980년 제도적 효력을 가지게 되었으며, 1992년에는 언론 분야 사업별 단체협약 속에도 수용되었다.[71]

우리나라의 경우 현행 정간법은 제6조에서 "발행인은 종사자의 편집 및 제작활동을 보호하여야 한다"[72]라고 분명히 명시하고 있다. 그리고 2000년 1월 12일부터 발효된 방송법에 편성규약(editorship statute) 체결을 명문화시켰다. 현장에서 편성과 제작실무자들이 겪는 독립성과 자율권 침해 문제를 합리적으로 해결하고, 방송사업자의 전횡을 막기 위한 제도적 장치로 유럽의 법제도를 수용한 것이다. 그럼에도 불구하고 이를 보장하기 위한 구체적인 방법에 관한 후속 조항이 없기 때문에 이 조항은 선언적 규정에 불과하다. 특히 소유주, 경영진의 편집에 대한 개입, 취재 사실을 무시한 편집간부의 일방적인 기사 왜곡 등이 행해지고 있는 현실을 고려하면 사실상 사문화된 조항이라고 보아야 마땅할 것이다. 편성규약의 의미와 목적, 실천 방식에 대해서는 구체적인 실천내용을 명시하지 않아 선언적 조항에 머물고 있는 현실이다. 독일이나 오스트리아에서 채택하고 있는 편성규약은 언론의 편성권에 대해 소유주를 비롯하여 어느 누구도 간섭할 수 없는 편집진

70　이춘구, "방송편성의 자유와 규제논쟁 고찰: 종합편성채널의 편성위원회 구성을 중심으로", 『법학연구』 41(2014), 455.

71　우승용·주동황, 『편집권의 독립, 반세기의 고민: 인식, 쟁점, 제도화 방안』, 84.

72　"정기간행물의등록등에관한법률", http://www.law.go.kr/lsInfoP.do?lsiSeq=49731#0000.

의 집단적 권리로 못 박고 있다.[73]

언론은 민주사회에서 시민의 대리인의 자격으로 발언권을 행사한다는 암묵적인 전제에 대해 책임의식을 가져야 한다. 그렇기에 언론은 민주사회에서 편집권 독립과 관행의 윤리성에 대한 성찰과 언론활동에 대한 고지의 의무를 태생적으로 갖고 있다 할 수 있다. 이런 책무를 구현하기 위한 다양한 장치와 제도들 중에 옴부즈맨(ombusmen)[74] 제도의 활용은 매우 유익하다. 사익과 권력만을 추구하고 자신을 성찰하지 않는 제도 언론이 시민의 대리인적 소임을 성찰하거나 사회의 다양성을 반영하는 공론장이 될 가능성은 전혀 없다. 사실상 한국의 레거시 언론은 정치·경제 권력과 밀착되어 있기에 그 틀을 깨기 위해서는 민주적인 정권이 전제조건으로 성립되어야만 가능하다는 것이 우리의 뼈아픈 현실이다. 이 점은 박근혜, 이명박, 윤석열 정권에서 언론 지형의 운동장이 어떻게 기울어져 있었는지를 생각하면 실감이 날 것으로 판단된다.

---

[73] 독일은 NDR 등 11개 공영방송과 37개 지역 민간 라디오방송, 민영 TV방송 가운데 보도채널인 n-tv와 N24, 종합채널 RTL과 Sat1 등 약 55개의 방송사, 오스트리아의 경우는 공영 ORF와 민영 라디오방송 등에서 체결하고 있다. 이들 방송에서는 편성·제작 실무자들이 자율적으로 편성과 제작에 종사할 수 있도록 법률적으로 보장되어 있으며, 특히 이들이 자신의 신념에 반하는 견해를 대변하거나, 정황과 다른 정보를 옳다고 주장하도록 강요받거나, 이미 진실에 입각하여 제작한 프로그램의 의견과 사실 기술에 반하는 다른 정황을 옳다고 주장하도록 강요받을 수 없게 되어 있다. 이들 국가에서의 편성규약은 편성·제작자들의 독립적이고 자율적인 제작을 위한 권리를 구체적으로 보장할 뿐만 아니라, 이러한 권리가 침해당했을 경우 갈등을 해소할 수 있는 구체적인 방안까지 규정하고 있다. 심영섭, "방송법 제4조 제4항의 편성규약 제정의무의 실효성 연구", 『미디어 경제와 문화』 8-3(2010), 204-231 참고.

[74] 우리나라 언론도 미디어 책무라는 차원에서 옴부즈맨 활동을 통해 나름 민주주의 사회에서 편집권 독립과 관행의 윤리성에 대한 성찰을 하고는 있으나, 매우 소극적이고 형식적인 수준에 머물고 있다. 그렇게 될 수밖에 없는 원인은 언론사 자사 이익과 이념적 정파성에 의한 악용, 왜곡된 동업자 정신, 침묵의 카르텔 등 언론 종사자 자체의 인식 부족, 권력의 낙하산으로 방송사를 경영하는 최고경영자들의 무사안일주의 등이다. 이로 인해 미디어 비평이나 옴부즈맨 활동이 제 기능을 수행하지 못하는 현실이다. 홍원식·김은정, "TV미디어 비평의 어제와 오늘: '미디어비평(KBS) 10년, 내용분석", 『한국언론학정보』 64(2013), 59-84 참고.

4
대안언론과 공론장 회복

　인간의 기본권 및 사회적 권리를 옹호하고 대변해야 할 언론이 사실상 언론권력으로 군림하면서 민주주의의 발전과 진보의 장애물이 되고 있다. 따라서 기존의 언론에서 탈피한 시민의 시민에 의한 시민을 위한 언론의 필요성이 대두된다. 언론이 지나치게 공정성이나 형식주의, 객관주의에 사로잡히게 됨으로써 오히려 참다운 저널리즘의 구현이 어렵게 되었다는 비판과 더불어 '좋음'의 규범성이 부각되기에 이른 것이다. '좋음'의 윤리가 작동하는 언론이란 언론의 수행가치에 중점을 둔다. 말하자면 공동체의 목표를 잘 수행하고 가치를 고양하며 성원들의 참여를 독려하는 언론이라 할 수 있다. 이러한 맥락에서 '대안언론'(alternative journalism)의 운용에 대한 모색이 이미 1970년대 서구 시민사회에서 모색되기 시작한 것이다. 여기서는 제도언론의 공론장 회복의 한계를 보완하는 맥락에서 대안언론의 공론장 논의를 살펴보고 한국사회의 공론장 회복을 위해 필요한 자원을 검토해보도록 하겠다.

　앞에서 본 대로 하버마스는 공론장의 붕괴에 대응해 해방적 공론장을 제의한 것이 사실이다. 그가 설정하는 공론장은 비판적-규범적 가치들로서, 이성에 의해 이끌어지는 것이다. 거기서는 제약 없는 토론의 원칙과 정치적 의견 형성과정에 자유롭게 접근할 수 있는 원칙을 축으로 해서 이루어지는 영역이다. 그는 비판적 공지(kritische Publizität)를 의사소통의 합리성과 함께 공론장의 붕괴 내지는 생활세계의 식민화를 복원시키는 주요 요소로 본다. 비판적 공지가 국가제도나 정당 기타의 조직들 그리고 매스미디어를 통제하고 또한 대의적 지배체제도 조정할 수 있다고 본 것이다.[75] 그러나 그가 제시하는 해방적 공론장 혹은 규범가치와 이성에 의해 이끌어지는 공론장의 구축은 시민적 공론장 개념을 너무 이상화시키는 바람에 역사적으로 시민적 공론장과 나란히 발전된 평민적 공론장이나 프롤레타리아 공론장을 논의에서 배제시켰다는 비판을 받는다.[76] 하버마스의 의사소통 모델과 이를 기반으로 한 공론장 모델은 계급을 고려하지 않았기에 보편적일 수 없다는 것이다. 또한 생활세계의 식민화 현상을 일으키는 근본원인으로서 체계 자체의 문제를 분석하는 데까지 이르지 않고 있다는 점에서도 비판을 받는다. 생활세계에서 일어나는 체계의 식민지화에 따른 병리적 현상을 포착해 공론장에서 이를 치유할 수 있을 뿐, 체계 자체가 지닌 구조적 문제까지 공론화하지 않는다는 것이다.[77] 사실 하버마스는 체계 자체의 문제를 파고들지 않음으로써 '이상적 대화 상황'의 경우도 사회구성원이라면 누구나 참여하여 자유롭고 평등한 대화를 통해 사회적 현안에 대해 의견을 개진하고 상호비판과 합의를 거쳐 문제를 해결할 수 있다는 기본 원칙만을 제시할 따름이지 이상적 대화 상황이 현실적으로 통용될 수 있게 현실의 문제를 해결하기 위한 실천적 방안이나 구체적인 지침을 제시하지 않았다는 비판이다.[78] 하버마스를 비판적으로 극복하는 차원에서 우리는 모든 사람이 자유롭고 평

---

[75] Habermas, *Strukturwandel der Öffentlickeit*, 228.

[76] Oskar Reinhard Negt & Alexander Kluge, *Öffentlichkeit und Erfahrung: Zur Organisationsanalyse von bürgerlicher und proletarischer Öffentlichkeit* (Frankfurt: Suhrkamp, 1972), 41.

[77] 선우현, 『사회비판과 정치적 실천: 하버마스의 비판적 사회이론』(서울: 백의, 1999), 190-193 참고.

[78] Ibid., 211-214 참고.

등하게 참여해서 여론을 형성하는 마당으로서의 공론장 복구 실천을 대안언론에서 찾고자 한다.

바이흘러(K. Weichler)는 대안언론에 대해, "자율적으로 운영되는 기구에서 이윤을 목적으로 하지 않고, 광고를 싣지 않는다는 원칙하에 민주적으로 구성된 집합적 편집에 의해 만들어지는 언론매체로서 전통적 매체에 대응하여 대안 공론장을 생산한다는 의도를 갖는다"[79]라고 규정한다. 제도 언론의 공론장 확보의 한계를 직시한 에리히(C. Eurich) 역시 언론의 구조 변화를 촉구하는 의미에서 대안적 언론형태를 모색한다. 그가 말하는 대안언론의 특징은 자율적 조직과 고유의 발의를 통해 의사소통적 참여와 공론장에의 참여를 확립하는 것이다.[80] 제도 언론들은 경직화되어 있어 민주적 공론장의 생산에 한계를 갖는다. 이미 상업화된 대중매체는 다양한 주민들의 의견과 욕구를 담아내기보다는 특정 계층의 이익을 대변하는 기구로 전락했다. 그뿐만 아니라 매체 내에서의 관료주의적 고자세는 매체의 경직성을 더욱 증가시킨다. 그리고 내용상 단절적이고 파편화된 기사나 프로그램들은 수용자 공중에게 사실 그대로의 상황 전달이 불가능하여 사실을 옳게 파악하거나 이해하기 어렵다. 이에 대응하여 에리히가 제시하는 대안언론의 성격은 다음과 같다.[81]

첫째, 기존의 주류언론들이 중심부 인물들을 중심으로 기사화하는 데 반해 대안언론은 주변부의, 기존 언론으로부터 소외된 사람들에 초점을 맞춘다. 그러기 때문에 소재 또한 주변부적 소재이다. 다시 말해서 기존의 매

---

[79] Kurt Weichler, *Die anderen Medien: Theorie und Praxis alternativer Kommunikation* (Berlin: Vistas, 1987), 151.

[80] Claus Eurich, *Kommunikative Partizipation und partizipatorische Kommunikationsforschung* (Frankfurt: R. G. Fischer, 1980), 260.

[81] C. Eurich, "Gegenoder Komplementär? Zu Gegenstand, Funktion und Ursache 'Alternativer' Kommunikation," in Hrsg. Otfried Jarren, *Stadtteilzeitung und lokale Kommunikation* (München: Saur, 1983), 18-19 참조.

체들이 다루지 않거나 또는 기피하는 소재들이다. 그러나 이 소재들은 생활과 동떨어진 그리고 파편화된 내용이 아니라 주민들의 삶과 밀접한 관계를 맺는 것들로서 단편적이 아니다. 즉, 사안의 배경, 과정, 결과 나아가 해답까지도 제시하려는 인과적 관계를 중요시하는 내용구성을 추구한다.

둘째, 대안언론은 피해 당사자들의 대변인 역할을 넘어 변호인 역할까지 담당하려는 자세이다. 적극적 관여의 태도로 인해 언론의 내용적 성격도 객관성과 불편 부당성이 중시되기보다는 편파성을 갖는 의견기사적 성격을 갖는다.

셋째, 신뢰성을 중시하는 대안언론은 수용자 공중의 생생한 경험을 거르지 않는다. 가급적 많은 수용자들의 참여를 꾀하는 대안언론은 사안의 당사자들이 직접 글을 쓰고 나아가 편집에 참여하는 것도 배제하지 않는다. 즉, 송신자와 수용자의 구분을 지양하는데, 이것은 편집에서 고정 편집진에 의해서가 아닌 다수가 제한 없이 참여하는 편집공동체의 원칙으로까지도 발전한다. 기존 주류언론이 전문성에 의거하여 작업 분담이 고정적으로 이루어지는 데 비해 대안언론에서는 비전문성의 필진과 참여자로 작업도 고정적이지 않고 순환적으로 한다. 다시 말해 한 분야에 고정 배치되어 생산에 참여하는 것이 아니라 업무를 바꾸면서 작업한다. 이러한 순환적 작업은 참여자로 하여금 참여의 의미를 실감하게 하여 만족감을 맛보게 하는 것이다.[82]

넷째, 기존의 언론이 매매, 광고, 시장성과 이윤정향적이라면, 대안언론은 매매나 기부금, 모금, 사재부담 등으로 운영한다. 그렇기에 대안언론은 광고로부터의 독립이 필수다. 이것은 언론에 대한 광고주로부터의 간섭 문제뿐만 아니라, 광고 자체가 갖는 조작적 성격에 대응하는 내적 고려이다.

---

[82] 그래서 대안언론은 특정인 혹은 전문직에 의한 생산을 제한한다. 구성원 모두의 참여를 원칙으로 하여 무보수 작업과 집합적 작업을 선호하여 고도의 전문성을 요구하는 분야를 제외하고는 작업에 참여하는 인원에 대한 제한이나 전제조건을 두지 않는다. 모두 같은 수준이란 전제하에 순환적으로 작업을 수행하는 것이다.

대안언론에서 언론의 자유와 수익성과의 충돌에 대처하기 위해 대표적으로 취해지는 전술은 광고에 대한 제한이다. 이것은 양적인 제한뿐만 아니라 내용상의 제한도 강구된다. 광고의 게재를 부정하는 대안언론의 재정해결 방안은 일반적으로 기부금, 모금 그리고 독지가의 도움에 의존하게 된다. 더 나아가 공적 지원에서도 조심스러운 태도를 취할 것을 강조한다. 공적 지원 역시 언론에 간섭의 개연성을 갖고 있기 때문이다.

다섯째, 대안언론은 또한 수용자 공중의 행동화를 추구한다. 대안언론의 최종적 목적은 문제시된 사안의 해결 내지는 개혁이다. 그러다 보니 그들은 최종적 수단으로 행동화를 선택하게 된다. 이에 따라 대안언론의 수용자 역시 이 운동에 동참하기를 원하는 것이다.

이상과 같은 공론장 회복을 위한 서구 대안언론의 성격을 우리 상황에서 검토해보면, 긍정적인 부분과 그대로 답습하기에는 쉽지 않은 현실적인 문제들이 도사리고 있음을 알 수 있다. 원칙적으로 언론권력에 대응하여 중심부의 엘리트들이 아니라 주변부 시민을 주 대상으로 소외된 주제를 다룬다는 점에 대해서는 매우 긍정적이다. 언론권력이 의도적으로 배제하고 왜곡했던 주제를 파헤치고 발굴하고 다른 시각으로 해석하고 시민들의 입장에서 그들의 이익을 편들어주는 공론장의 마련은 그 자체로 윤리적 당위성을 갖는다 할 것이다. 개인이 공동체를 형성하고 결속을 다지는 것은 개별적 이익의 실현여부와 관계없이 시민으로서의 덕을 가꾸는 일이다. 공동체주의에서 좋음, 즉 선은 목적이자 의무가 되기 때문에 언론 역시 그 사회에 대해 '좋은' 언론이 되어야 할 목적과 의무가 있는 것이다. 공동체주의적 관점에서 볼 때, 대안언론은 좋은 언론의 개념에 해당되는 것이며, 언론의 수행가치에 초점을 맞춘 것으로 이해될 수 있다. 언론권력에 대한 감시기능을 넘어서 시민들이 정책의 결정과정에 직접 참여하도록 독려하고, 모든 삶의 영역에서 민주화가 이루어지도록 영향력을 행사하게 한다는 데 큰 의의를 갖는다. 언론권력이 시민적 공론장의 형성은 고사하고 그런 공론장마저도 붕괴시키는 민주주의 위기 상황에서 대안언론이야말로 공론장 형성을 통해 민주주의 위기 극복의 바람직한 길이 될 수 있을 것이다.

그러나 '좋은 언론'으로서의 대안언론은 현실적인 벽에 부딪힌다. 첫째, 서구의 경우 생산에 참여하는 이른바 자원봉사자들이 대부분 대학생과 교사들인데, 한국의 경우 과연 그럴 수 있는가 하는 점이 문제로 남는다. 편집공동체의 편집은 특정 전문인들에 의한 편집이 아닌 다수의 성원들이 자유로운 토론을 통해 틀을 정하게 되는바, 이를 자연스럽게 전개시킬 역량과 기제가 우리에게 있을지 의문이 든다. 둘째, 대안언론의 재정적인 문제다. 서구의 대안언론은 광고로부터의 해방을 모토로 하고 있는데, 이것을 한국에서 적용할 수 있겠는가 하는 물음이다. 서구에서는 광고수입 대신 기부금이나 모금 그리고 독지가들의 도움으로 대체하여 재정적 독립을 이룩하지만, 한국의 사회문화적 풍토에서 전적인 모금이나 기부 중심으로 장기간 지속적인 운영이 가능하겠는가 하는 의문도 든다. 대안언론의 존립 여부도 역시 관건은 경제적인 것으로 보인다. 광고수입과 판매에 의한 재정확보가 마련되지 않으면 대안언론은 성공 가능성이 희박하다 여겨진다.

대안언론의 장점을 되새기면서 그것의 약점을 현실적으로 보완할 수 있는 차원으로 한국의 독립언론을 주목할 필요가 있다. 인터넷 매체를 수단으로 하는 『오마이뉴스』, 『국민TV』나 『고발뉴스』, 『뉴스타파』 같은 독립언론이 그들이다. 시공간의 제약이 없는 인터넷 매체 특성상 민주주의를 내포하고 있다는 유리한 점이 있다. 이미 『오마이뉴스』의 성공은 세계 언론사에 남을 만한 사례로 손꼽히고 있다. 『오마이뉴스』의 '모든 시민은 기자'라는 신념의 대안정신은 기존의 언론 권력에 상당한 도전을 준 것이 사실이다. 오연호는 『오마이뉴스』 창간의 언론운동사적 의의를 다음과 같이 밝히고 있다.[83]

---

[83] 오연호, 『대한민국 특산품 오마이뉴스』(서울: 휴머니스트, 2004), 332-333.

① 뉴스의 공급·수요 문화의 민주주의를 이룩한다. 『오마이뉴스』는 출발부터 대한민국의 봉건적인 뉴스 공급과 수요의 문화를 실천적으로 혁파해나가겠다.
② 뉴스 연대를 만든다. 참여연대가 시민운동가들의 연대라면 뉴스 연대는 언론운동가들의 연대다.
③ 언론 권력을 교체한다. 뉴스 연대 등을 통해 『조선일보』, 『중앙일보』, 『동아일보』 등의 보수연합을 능가하는 언론 권력을 만든다. 우리나라 언론의 영향력은 보수와 진보가 8대2 정도다. 그것이 5대5가 되는 세상을 만드는 것이 언론권력의 교체다.

인터넷의 혁명적 요소들로 인해 시민이 주체가 될 가능성이 커진 것이 『오마이뉴스』성공의 주요 원인 중의 하나라 볼 수 있다. 인터넷의 상호작용성 혹은 쌍방향성이 독자들끼리도 소통가능하게 만드는 것이다. 물론 많은 참여가 무조건 더 많은 민주적 공론장을 만들어주는 것은 아니다. 그렇기 때문에 참여하되 민주주의 발전에 도움이 되는 의미 있는 참여가 중요할 것이다. 즉, 신뢰할 수 있는 참여, 책임 있는 참여, 연대하는 참여, 대안 있는 참여가 중요한데, 이를 위해 필요한 것이 시민참여 저널리즘이다. 『오마이뉴스』가 10만인 클럽의 회원을 모으면서 단순히 1만 원씩 내는 회원을 모집하는 것만을 목표로 한 것이 아니라 미디어교육을 통해 시민기자를 육성한 것이 좋은 사례라 할 수 있다.

사욕을 좇는 언론재벌, 언론권력을 개혁시켜나가는 것은 한국적 상황에서 선거를 통한 민주적인 정권의 창출이라는 힘든 과정을 수반한다. 점진적 개혁의 차원에서 대안언론이 자리를 잡을 수 있게 적극적으로 후원하고 협력하는 것이 언론의 신뢰를 회복하는 효과적인 길일 것이다.

5
결론

　　언론의 신뢰는 어떻게 회복될 수 있는가? 이 물음에 대한 답을 제대로 할 수 없을 정도로 한국 사회의 언론의 현실은 비관적이다. 언론의 기나긴 오욕의 역사를 차치하고서라도, 박근혜 정권의 '세월호 참사', '국정원 해킹 사건', 문재인 정권의 '조국 장관 사태', 윤석열 정권의 수많은 국정농단 '가족 게이트', '채 해병 수사 외압', '12·3 내란' 등에 관한 언론 보도에서 시민들이 가졌던 문제의식은 정보의 은폐, 왜곡보도, 편향보도, 오보, 공정성 등 불신의 총체성이었다. 수구 언론의 파워 엘리트 중심적인, 국가나 정부 등 정치영역 중심의, 전문직업적이고 무미건조한 매너리즘에 치우친 보도시각은 언론이 외면당하는 주요 원인으로 자리해왔다. 그리하여 엘리솝(Nina Elisoph)의 말대로 중앙집중화된 거대하고 복잡한 언론 권력체제에 대해 개인은 무력감을 느끼고 점점 더 정치문제에 발언하길 회피하게 되면서 냉소적으로 되었던 것이다.[84] 나아가 시민들은 친자본적이고 파워 엘리트에 초점을 맞춘 언론이 제공하는 단편적 정보의 수동적 소비자에 그치면서 공론장을 통해 자신의 의견과 생각을 표출할 수 없게 되고, 결과적으로 공적 문제들에 대해서는 자신의 사적 이해관계를 우선하는 이기적이고 냉

---

[84]　Nina Elisoph, ""Close to Home": The Work of Avoiding Politics," in *Cultural Sociology*, ed. Lyn Spillman, (Mass.: Blackwell Publishers, 2002), 130-140 참고.

소적인 소시민으로 전락하고 말았다[85]는 진단이 설득력을 얻는다. 공중으로서의 자질을 상실한 시민, 즉 비판력을 상실한 대중으로의 전락은 공론장의 기능이 붕괴된 제도 언론의 책임이 크다 할 것이다.

그럼에도 불구하고 민주주의의 신장을 위해 필수적으로 요청되는 언론의 사회적 신뢰를 회복할 수 있는 방안을 모색하기 위해, 나는 이론적 논의를 통한 규범적 접근을 시도했다. 그런 모색의 과정을 통해 우리가 주목한 것은 '옳음'의 윤리와 '좋음'의 윤리다. 간단히 정리하자면, 옳음의 윤리가 작동되는 언론은 어떻게 보도할 것인가, 즉 언론의 실천규칙 또는 제도적 장치에 보다 중점을 두는 반면, 좋음의 윤리가 작동되는 언론은 보도내용의 가치적인 측면에서의 좋음에 중점을 두는 것이다. 다시 말해, 언론의 신뢰는 옳은 언론으로서 절차적 정당성을 확보하는 것과 동시에 좋은 언론으로서 사회의 공공선을 위한 가치를 수행해나가는 것에서 확보될 수 있다.

그러나 지금까지의 한국의 언론이 걸어온 길을 경험적으로 보면 주류적인 언론권력에서 어떤 낙관적인 전망을 기대하기란 매우 힘들어 보인다. 그리고 대안언론의 현실도 그리 녹록지는 않다. 따라서 문제의 해결을 궁극적으로 보장하는 것은 아닐지라도 조금 더 나은 현실을 위해서 필요한 최소한의 기독교의 언론수용자적 실천을 제안해본다. 시민적이고 의사소통적인 공론장이 담보되는 시민사회를 위해 교회는 시민사회와 학계와 더불어 꾸준히 언론의 역할에 대한 문제 제기와 대항 담론 그리고 보다 개입적인 진단과 비판을 제기해야 할 필요성이 요청된다. 교회의 사명은 예수 이름으로 가난하고 소외된 자들을 섬기고 봉사하는 일이다. 교회는 자신의 권위주의적 소통구조를 스스로 해체하고 힘없는 자들을 굴종의 위치에서 주체적 위치로 해방시키는 충실한 안내자의 역할을 할 것을 요청받고 있다. 그리스도인들은 교회 안팎의 사회구성원들을 의사소통의 동등한 주체로 존중하며,

---

85   Craig Calhoun, "Populist politics, communication media and large scale societal integration," *Sociological Theory*, 6 (1988, Fall), 219-241 참고.

이를 토대로 왜곡된 공론장을 해방시키는 밀알이 되어야 한다. 민주적이고 해방적인 공론장 역할을 하는 언론이 자본주의 시장경제 속에서 존립하기 위해서는 교회와 시민의 지속적이고 광범위한 지원이 뒤따라야 할 것이다. 이런 차원에서 교회의 언론개혁 운동과 기독교사회운동은 시민사회운동과 연대의 노력을 게을리하지 않아야 한다. 교회와 시민사회는 공론장을 지키다가 희생당한 해직 언론인들이나 그들이 중심이 된 독립 언론이나 대안 언론을 능동적으로 지원하고, 이들의 활동에 보다 적극적인 관심을 투사할 필요가 있다. 또한 이러한 필요성과 요건들에 주목하고 결집된 노력을 도출해 내기 위해, 미시적인 문화실천의 역량들을 저널리즘과 공론장의 위상과 역할을 회복하는 일에 상당 부분 집중시킬 수 있는 노력과 동력이 요구된다. 기독교 문화운동이나 문화선교 차원에서 미디어 비평교육이나 언론개혁을 위한 시민운동단체와의 꾸준한 소통을 통해, 언론의 역할에 대한 앎의 추구와 더불어 비판적인 지식의 공유와 확산을 온라인과 오프라인에서 다양한 활동을 매개로 계속 알리고 전파하는 결집된 노력이 절실하다.

이런 점에서 기독교적 대안언론 운동을 주도해온 세계기독교커뮤니케이션협의회(World Association for Christian Communication)의 활약을 주목할 필요가 있다. WACC는 현대 대중매체가 이미 권력화되었고 민중은 매체 권력의 희생자로서 갈수록 소외되고 있기에 이런 경향을 전복하기 위해서 매체의 민주화가 필요하고, 민중이 통제하고 말할 수 있는 대안적 매체의 사용을 포함해 공동체정신을 불러일으키는 커뮤니케이션 운동을 이끌어왔다.[86] 새

---

[86] WACC는 대안적 커뮤니케이션 양식으로서의 기독교적 의사소통이 드러내야 하는 특성을 다음과 같이 정리한다. 첫째, 그것은 공동체적 의사소통이라는 것이다. 즉, 그것은 갈등, 소외, 분열을 넘어 개방적이고 포용적이어야 한다. 둘째, 그것은 참여적인 의사소통이어야 한다. 즉, 그것은 접근, 참여 및 상방향의 과정으로 민중이 소외되지 않고 주체가 되며, 표현의 자유는 물론 정보의 추구·수용·전달의 자유와 권리를 보장하고, 권력과 전문가의 지배구조에 도전하는 의사소통이어야 한다. 셋째, 그것은 해방적 의사소통이어야 한다. 정치·경제·사회적 권력의 지배체계로부터 사람들을 자유케 하여, 보다 정의롭고 평등하며 인권을 신장하는 사회구조를 구현해야 한다. 넷째, 그것은 문화를 창조하는 의사소통이다. 다양한 집단의 문화적 정체성을 존중하고 민족

로운 커뮤니케이션 질서를 위해 탈집중화, 복수성, 다양성, 지방화, 참여와 접근을 통한 민중 중심, 수평적 쌍방향 흐름에 의한 상호 작용성, 인권과 정의의 옹호, 자유화와 민주화, 고유문화의 존엄과 재창조, 제3세계에 대한 우선적 배려, 언론인의 자율성과 전문성 등을 복음에 상응하는 핵심적인 가치로 옹호하고 이러한 새로운 질서를 위해 WACC는 가능한 모든 운동을 지원하고 세계 교회가 동참할 것을 호소해왔다.[87]

여기서는 미처 다루지 못했지만, 언론운동에서 소셜 미디어의 활용을 적극 고려할 필요도 있을 것이다. 언론을 커뮤니케이션으로 볼 때, 그 의미는 참여나 나눔으로 이해된다. 그럴 경우 SNS의 활성화는 그런 의미를 더욱 부각시킨다 할 것이다. 모든 시민이 콘텐츠의 제작자가 되고 동시에 수용자가 되는 시대가 이미 도래한 것이다. 한국에서는 SNS 활동을 통해 전통적인 언론이 언론권력이 되어 언론의 공론장이 붕괴되고 신뢰를 상실한 한국사회에서 중요한 정치적 고비마다 수구언론의 왜곡 보도에 저항적 실천을 전개해왔다. 언론 매체의 매개 없이 상호적이고 즉각적인 소통이 가능하다는 점에서 자본과 권력에 장악된 기존 매체의 한계를 극복할 수 있는 대안으로 주목받을 가능성이 크다. 물론 여기에도 함정과 역기능은 존재하고 있다. 박근혜 탄핵 이후 오랫동안 수구세력의 여론을 주도해왔던 조·중·동으로 대표되는 수구 신문과 종편방송의 영향력은 다소 축소된 반면, 대신 태극기 집회 참여자들, 속칭 '아스팔트 우파'들을 겨냥한 유튜브 방송이 SNS를 타고 의미 있는 파급력을 보이고 있는 실정이다. 다원화된 사회에서 우파든 극우파든 그들이 의견을 나누고 정보를 공유하는 것 자체가 비판받을 필요

문화의 자주성을 옹호해야 한다. 즉, 서구 문화제국주의를 견제하며 향락산업과 오락 매체를 경계해야 함을 말한다. 다섯째, 그것은 예언자적 의사소통이어야 한다. 즉, 언행일치를 통해 스스로를 표현하고 부정한 권력에 도전하여 희생을 감수해야 하며, 허위의식에 도전하고 진리에 봉사하며, 확고한 가치 기준을 제시하는 노력을 아끼지 않아야 함을 말한다. WACC, *Statements on Communication*, 기독교방송 편, 『기독교와 커뮤니케이션』(서울: 대한기독교서회, 1993), 20-30 참고.

87 Ibid., 111-123 참고.

는 없으나 '가짜뉴스'(fake news), '역정보'의 온상지가 되고 있다는 점에서 또 다른 사회적 문제를 낳을 소지가 있다. 민주적인 공론장으로서의 소셜 미디어 활용에 대한 별도의 심도 있는 연구가 필요할 것으로 본다.

냉철하게 보았을 때, 생산적인 변화를 기대하기 어려운 정치 현실에서, 혼탁하고 무기력한 저널리즘의 위상, 그리고 극도로 선정적인 황색 저널리즘의 언어가 현실 구성력과 의제 선점의 효과를 강하게 발현하기 쉬운 국면에서, 그리고 이런 상황을 직간접적으로 지원해주는 세력이 완전 궤멸되지 않고 호시탐탐 재기의 기회를 엿보고 있는 상황에서, 언론권력에 의한 자율적 공론장이나 의사소통적 공론장 조성을 쉽게 낙관할 수는 없다. 대안과 희망을 즉각 떠올리기 쉽지는 않지만, 깨어 있는 그리스도인, 깨어 있는 시민, 깨어 있는 양심들의 연대와 현실의 공고한 벽 앞에서 쉽사리 포기하거나 순응하지 않는 비판적 의지와 결합이 민주주의의 심각한 위기의 긴 터널을 통과하고 난 지금 더욱 절실하게 요구된다 하겠다. 언론인 조셉 퓰리처(Joseph Pulitzer)의 말로 이 장을 마무리한다.

> 항상 진보와 개혁을 위해 싸워라. 부당함과 부패를 결코 묵인하지 말라. 항상 모든 당파의 선동가들과 싸워라. 결코 어떤 당파에도 소속되지 말라. 항상 특권 계층과 공공재산의 약탈에 항거하라. 가난한 사람들에 대한 연민이 없어서는 안 된다. 항상 대중의 복지에 헌신하라. 단순히 뉴스를 인쇄하는 것만으로 만족해서는 안 된다. 항상 철저하게 독립적이어야 한다. 약탈적인 금권에 의한 것이건 약탈적인 빈곤에 의한 것이건, 무엇이든 잘못된 일을 공격하는 걸 결코 두려워해서는 안 된다.[88]

---

[88] Denis Brian, *Life Pulitzer*, 김승욱 역, 『퓰리처』(서울: 작가정신, 2002), 11.

참고문헌

강준만 외.『레드 콤플렉스』. 서울: 삼인, 1997.

김서중. "세월호 참사 보도의 참혹함은 예정된 것".『황해문화』, 2014년 가을호.

_____. "종편-특혜, 특혜, 특혜".『황해문화』, 2011년 봄호.

김양진. "'받아쓰기 언론' 기계적 균형, 민주주의 훼손한다".『한겨레21』1548(2025). https://h21.hani.co.kr/arti/politics/politics_general/56744.html (2025. 7. 19. 검색)

김영욱·김광호.『뉴스미디어의 미래: 델파이 조사와 시나리오 기법을 통한 탐색』. 서울: 한국언론진흥재단, 2010.

리영희. "다시 생각해보는 메카시즘의 교훈".『월간 말』99(1994).

_____. "전두환 노태우 형 '대한민국병' 증후군".『월간 말』117(1996).

민동기·김용민.『뉴스를 읽어드립니다』. 서울: 휴먼큐브, 2015.

민주언론시민연합. "거짓방송이 아이들을 죽였다".『시민과 언론』17, 세월호 특별판, 2014. 5. 28.

박강수, "언론의 내란 피해자 주장 그대로 받아쓰기… 동조효과 불러".『한겨레』, 2025년 1월 8일자.

박주현. "조국 사태 보도에 있어서 언론의 이념성과 가치저널리즘과의 관계 연구".『언론과학연구』20-2 (2020), 130-181.

방정배.『자주적 말길 이론』. 서울: 나남, 1985.

선우현.『사회비판과 정치적 실천: 하버마스의 비판적 사회이론』. 서울: 백의, 1999.

송건호 외.『한국언론 바로보기 100년』. 서울: 다섯수레, 2012.

심영섭. "방송법 제4조 제4항의 편성규약 제정의무의 실효성 연구".『미디어 경제와 문화』8-3, 2010.

양인성. "특검 체포영장 집행 시도는 전직 국가원수에 대한 신체적 학대".『조선일보』, 2025년 8월 8일자.

오동석. "공공부문과 민주법학: 언론의 공공성 확보를 위한 세 가지 접근".『민주법학』23, 2003.

오연호.『대한민국 특산품 오마이뉴스』. 서울: 휴머니스트, 2004.

우승용·주동황.『편집권의 독립, 반세기의 고민: 인식, 쟁점, 제도화 방안』. 서울: 한국언론재단, 2002.

원희영·윤석민. "종합편성채널의 보도 공정성에 관한 연구: 제18대 대통령 선거보도 프로그램의 정량적 및 정성적 편향성 분석을 중심으로".『한국방송학보』통권 29-1, 2015.

유영주. "종편 도입과 특혜".『진보평론』49, 2011년 가을호.

이춘구. "방송편성의 자유와 규제논쟁 고찰: 종합편성채널의 편성위원회 구성을 중심으로".『법학연구』41(2014).

전영기. "조갑제 일본의 개혁적 무사 정신을 동경하는 복고주의자". 최종욱 외, 『보수주의자들』, 서울: 삼인, 1997.

Brian, Denis. *Life Pulitzer*. 김승욱 역, 『퓰리처』, 서울: 작가정신, 2002.

Calhoun, Craig. "Populist politics, communication media and large scale societal integration." *Sociological Theory*, 6 (Fall), 1988.

Elisoph, Nina. ""Close to Home": The Work of Avoiding Politics." in *Cultural Sociology*, ed. Lyn Spillman, Mass.: Blackwell Publishers, 2002.

Eurich, Claus. "Gegenoder Komplementär? Zu Gegenstand, Funktion und Ursache 'Alternativer' Kommunikation." in Hrsg. Otfried Jarren. *Stadtteilzeitung und lokale Kommunikation*, München: Saur, 1983.

Eurich, Claus. *Kommunikative Partizipation und partizipatorische Kommunikationsforschung*. Frankfurt: R. G. Fischer, 1980.

Friedland, Lewis. "Public Journalism and the New Information Commons." 부산경남언론학회, 동아대학교 언론홍보대학원, 부산대학교 언론정보연구소 공동주최, "공공저널리즘과 미국의 지역언론" 학술토론회 발표문, 2001. 6. 7.

Habermas, Jürgen. *Faktizität und Geltung: Beiträge zur Diskurstheorie des Reachts und des demokratischen Rechtsstaats*. Frankfurt: Suhrkamp, 1992.

_____. *Faktizität und Geltung*. 한상진 · 박영도 공역, 『사실성과 타당성: 담론적 법이론과 민주주의적 법치국가 이론』, 서울: 나남, 2002.

_____. *Strukturwandel der Öffentlickeit: Untersuchungen zu einer Kategorie der bürgerlichen Gesellschaft*. Frankfurt: Suhrkamp Verlag, 1962.

_____. *Theorie des kommunikativen Handelns*, I, II. Frankfurt: Suhrkamp, 1981.

_____. *Theorie und Praxis*. Frankfurt: Suhrkamp, 1971.

Lottman, Herbert R.. *The Purge: The Purification of the French Collaborators After World War II*. New York: William Morrow & Co., 1986.

Negt, Oskar Reinhard. & Kluge, Alexander. *Öffentlichkeit und Erfahrung: Zur Organisationsanalyse von bürgerlicher und proletarischer Öffentlichkeit*. Frankfurt: Suhrkamp, 1972.

Paxton, Robert O.. *Europe in the Twentieth century*. San Diego: Harcourt Brace Jovanovich Publishers, 1975.

Peters, John Durham. "Distrust of Representation: Habermas on the Public Sphere." *Media, Culture and Society*, 15 (1993).

WACC. *Statements on Communication*. 기독교방송 편, 『기독교와 커뮤니케이션』, 서울: 대한기독교서회, 1993.

Weichler, Kurt. *Die anderen Medien: Theorie und Praxis alternativer Kommunikation*. Berlin: Vistas, 1987.

www.law.go.kr

www.law.go.kr/법령/%20방송법

8장

성(性)해방에서 진정성의 윤리로

1 서론
2 플라톤적 사랑
3 성의 삼중성
4 현대 성담론의 몇 가지 주제들
5 결론: 자유로운 섹스에서 진정성의 윤리로

1
서론

21세기를 살아가는 우리는 여전히 성윤리가 윤리학의 담론에서 민감하고 말하기 껄끄러운 부분이라 여긴다. 따라서 그 원인이 어디에서 비롯된 것인가는 불문에 붙인 채 성윤리는 인간생활에 관련된 공개적 논의에서는 금기시된 사안이거나 사적인 은밀한 영역의 문제로 간주되어왔다. 그러나 1990년대 이후 성 담론의 폭발로 인해 근래에는 성문제가 자동차운전이나 다를 바 없으며 전혀 특별한 도덕적 문제를 야기하지 않는다는 입장이 일반화되면서 우리 사회는 성문제에 있어 매우 이중적인 태도를 보이고 있는 중이다. 다른 모든 사회적인 문제들에 있어서와 마찬가지로 성과 관련된 문제를 다룰 때도 합의, 정직성, 타인에 대한 배려, 사리분별 등이 중요한 고려사항이 되며 이 점에 있어 성에는 아무런 특별한 것도 없다고 한다. 이러한 입장에 따르면 사실 자동차운전이 야기하는 도덕적 문제들은 환경의 관점에서든 안전의 관점에서든 성행위가 일으키는 문제보다 더욱 심각하다는 것이다. 어떤 입장이 옳은 것인가를 판정하기에 앞서 내가 보기에 현재 우리 사회에서 보다 중요한 것은 이제는 성의 해방이라는 차원의 문제이기보다는 그 전제가 되는 성에 대한 논의의 해방이라 생각한다. 기독교윤리학을 평생 공부한 필자 역시 그 숱한 학회를 비롯한 학술활동에서조차 아직 한 번도 성의 문제를 공개적인 논의의 장에서 마주한 적이 없다. 성에 대한 진지하고 이성적인 논의도 없이 어떤 근거에서 성이 억압되는 게 좋은지 해방되는 것이 좋은지, 해방되는 것이 좋다면 어느 정도로 어떤 방식으로 해방되는 것이 좋은지, 그리고 그 정도나 방식을 정할 수 있는 근거는 무엇인지에 대해서는 모두들 침묵으로 일관한다. 성이 해방되어가는 속도와 상관없이 성에 대한 논의는 여전히 사적 차원에서 머물고 있다는 인상이다.

토론문화, 즉 합리적 논의의 풍토가 확립되지 않은 우리나라에 있어 대부분의 미묘한 사회적 사안들은 합리적 논의보다는 국민적 정서에 의해 해결을 보는 관행에 젖어 있다. 국민적 정서는 합리적 논의에 뿌리를 둔 것이기보다는 오랜 세월을 거쳐 전통과 관습을 통해 길들여져온 것이 대부분이다. 비록 도덕이나 가치문제에 있어 우리의 정서가 중요한 역할을 한다는 것은 사실이나 그것이 어떤 여건에서 조건화된 것인가가 분석·평가되어야 할 것이다. 특정 여건에서 조건화된 정서라면 여건의 변화와 더불어 변혁과 변화의 여지가 생겨날 것이기 때문이다. 합리적 논의에 의해 세련되고 정선된 대중적 정서야말로 우리의 도덕적 선택의 바탕이 되어야 할 것이다.

합리적 논의가 부재함으로써 우리의 성문화 내지 성관행이 갖게 되는 가장 치명적인 약점은 그 이중성 내지 위선성에 있다고 생각한다. 공식적인 성윤리와 소위 '프리섹스'(promiscuity)[1]로 표방되는 실제적인 성관행 사이의

---

1 '프리섹스'라는 말은 육체적인 쾌락으로서의 성행위를 그 사회의 문화가 속박하는 도덕적인 편견에 영향받지 않고 즐길 수 있는 성가치관의 변화를 가리킨다. 미국의 경우 프리섹스는 1948년 인디애나 대학의 동물학 교수, 킨제이와 그의 연구팀이 1만 2천여 명의 미국인 남녀들의 성생활 표본을 자료로 한 성 보고서를 발표함으로써 객관화되었다. 일체의 사회적 편견을 무시하고 인간이란 동물의 성생활을 조사한 이 보고서의 과학적 가치는 사회적 가치기준이 정해주는 이른바 정상적인 성생활의 개념을 정의(定義)한 데 있는 것이다. 이를테면 결혼과 사회적 규범을 넘어서 남녀 간의 성행위라든가, 성생활의 여러 가지 기교적 도착(perversion)들을 사회적 가치판단에 따라 비정상적으로 규정하지 않고, 또 성생활에 대한 의학적인 진단조차 피하고 있는 것이다. 킨제이의 객관적 조사보고서는 성생활에 대한 프리섹스라는 보다 새로운 사회적 가치기준을 만들어주었다. 그러나 「킨제이 보고서」의 기준은 과거의 상식적인 사회적 편견과는 달리, 적어도 과학적 방법이 미칠 수 있는 한계에서는 사실에 가까운 객관적 자료인 것이다. 이 객관적 자료는 프리섹스 풍조의 미국사회가 겪은 센세이셔널리즘을 극복하는 데 기여하기도 했다. 그것은 이 보고서의 어떤 결과들이 이 보고서 이전의 오래된 강력한 사회적 편견들을 대부분 부정하고 있는 방향으로

이중성. 남성에게 요구되는 기준과 여성에게 요구되는 기준의 이원성. 자기와 연관된 여성과 낯선 여성에 대한 태도의 이원성, 겉과 속이 다른 위선성. 언행 불일치의 위선성 등이 그것이다. 이 같은 이중성 내지 위선이 합리적 논의를 통해 통합·정리되고 청산되지 않은 채 그대로 지속되고 방치되는 가운데 우리의 성문화의 이중구조가 고착되고 있는 것이다. 관행의 이중성은 인격의 이중구조를 양산하며 위선적 인격 또한 위선적 관행을 공고히 하는 데 기여한다고 생각된다.

성에 대한 공식적인 논의가 금기시되고 있는 사회에서는 성윤리의 표층구조는 시대가 변해도 급격한 변화를 보이지 않는다. 그러나 시대의 흐름에 밀려 심층구조가 무너지고 해체될 무렵이면 그로 인해 서서히 표층구조도 변화를 보일 수밖에 없다. 하지만 이 같은 변화가 이루어지기까지 오랜 동안 성윤리는 심층과 표층 사이에 이중구조를 보이게 되고 사회의 구성원들은 이중적인 성생활을 영위하게 된다. 인격의 통합성을 회복하기 위해서는 성문제가 공개적인 토론의 장에서 본격적으로 그리고 진솔하게 논의되는 과정이 필요하다. 그러나 우리 사회같이 토론문화가 성숙되지 않은 풍토에서 더욱 보수적으로 성을 터부시해온 기독교가 성의 문제를 공개적 토론의 장에 회부시키는 것은 녹록지 않을 것이다. 여하튼 그럼에도 불구하고

나왔기 때문이다. 1948년, 5,300명의 남성의 표본조사 결과를 바탕으로 한 첫 번째 보고서인 『남성의 성생활』이 출간되었다. 킨제이는 조사 대상 중 4%의 남성이 평생을 동성애자로 일관했으며, 37%의 남성이 쾌락을 동반한 동성애 경험을 최소 1회 이상 가진 것으로 나타났다고 발표해 극소수 남성들만의 전유물로 여겨지던 동성애에 대한 미국인들의 편견을 깨는 데 일조했다. 1953년에 출간된 두 번째 보고서인 『여성의 성생활』은 5,940명의 여성의 조사 결과를 바탕으로 했다. 당시까지만 해도 금기에 해당했던 여성의 성(性)을 직접적으로 다뤘다는 점에서 논란을 불러일으켰으며, 비난이 계속되자 록펠러 재단이 연구 후원을 중단하는 사태까지 발생하기도 했다. 그러나 킨제이 보고서는 사회계층에 따라 성문화가 다르며, 이성애 및 금욕생활이 도덕적이고 일반적인 규범이라는 사회적 통념을 깨고 도착이라 여기던 성행태나 동성애에 대한 대중의 인식 변화에 기여했다는 점에서 높게 평가받고 있다. Alfred Kinsey et al., *Sexual Behavior in the Human Male* (Philadelphia: W. B. Saunders, 1948); *Sexual Behavior in the Human Female* (Philadelphia: W. B. Saunders, 1953) 참고.

심층적인 성관행과 표층적인 성관념을 상호 대조하면서 바람직한 성윤리를 모색하기 위해서는 성에 대한 논의의 개방이 전제되어야 할 것이다. 이 점에 있어서 성윤리의 문제는 성에 대한 철학적·신학적 논의의 대상이 되어야 한다고 생각된다.

이 장에서는 일찍이 성의 이상과 현실의 문제를 철학적으로 제기한 플라톤의 사상을 검토하면서 그가 던져주는 성과 사랑의 물음을 성찰하고, 통상 우리말로 '성'(性)이라 하지만 성이 함의하는 3중적 구조(sex, gender, sexuality)에 대한 의미의 명료화를 시도할 것이다. 또한 성윤리의 제 문제를 논의하는 과정이 이어질 것이다. 본서가 지향하는 개론적 특성이 주는 한계로 인해 성과 관련된 제 문제 전체를 다룰 수 없기에 정상적인 성과 비정상적인 성의 구분에 대한 논의, 그리고 비정상적 성의 범주로 간주되는 자위, 결혼 밖의 성, 그리고 동성애 문제에 한정하여 논구할 것이다. 그리고 끝으로 '진정성의 윤리'라는 이름으로 성윤리에 대한 하나의 방향을 모색해보고자 한다.

2
플라톤적 사랑

서양 전통에서 사랑에 관해 가장 잘 알려진 글 중에 하나는 플라톤의 『향연』이다. 널리 알려져 있는 '플라토닉 러브'는 정신적 사랑의 표본을 담고 있을 뿐만 아니라 육체적 사랑을 수반하는 육체적 욕망과 고통의 의미를 제시하고 있기에 오늘날도 성담론에서 논의의 대상이 되고 있다. 플라톤의 사랑의 담론은 아리스토파네스, 소크라테스, 알키비아데스의 담화로 구성되어 있다. 여기에서는 사랑을 자신의 고유한 반쪽을 찾아 완전성을 추구하는 과정으로 서술한 아리스토파네스의 담화를 소개한다.

> 그런데 소년을 사랑하는 자든 다른 어떤 자든 누구나 자신의 저 반쪽 자체와 만날 때면 친애와 친근함과 사랑에 놀라울 정도로 압도되어, 이를테면 잠깐 동안도 서로에게서 떨어져 있고 싶어 하지 않게 된다네. 그리고 바로 이들이야말로 전 생애 동안 내내 서로와 더불어 끝까지 살아가는 자들이네. 상대방으로부터 자기들에게 도대체 무엇이 생기기를 바라고 있는지조차 말할 수 없는 자들인데 말일세. 아무도 이것이 그저 성적인 함께함이라고, 즉 바로 이것을 위해 그토록 대단한 열성을 가지고 어느 하나가 다른 하나와 함께 지내면서 즐거워한다고는 생각하지 않을 거네. 오히려 두 쪽 각각의 영혼은 다른 어떤 것을 원하는 게 분명하네. 그걸 말로 표현할 수는 없지만 자기가 무엇을 원하는 것인지 어

럼풋하게 직감하고 막연하게 암시하는 거지. 자, 그들이 같은 곳에 누워 있을 때 헤파이스토스가 자기 연장들을 들고 그들 곁에 서서 묻는다고 해보세. "인간들이여, 그대들이 서로에게서 받아 갖게 되었으면 하고 바라는 게 무엇인가?" 하고 말일세. 또 그들이 어쩔 줄 몰라 하고 있을 때 재차 묻는다고 해보세. "그대들이 욕망하는 게 바로 이것인가? 밤이고 낮이고 서로에게서 떨어져 있지 않을 정도로 할 수 있는 한 많이 서로와 같은 곳에 있게 되는 것, 그것인가? 그대들이 욕망하는 게 이거라면 나는 기꺼이 그대들을 한데다 융합·용접시켜줄 용의가 있거든. 그렇게 되면 그대들은 둘이던 것이 하나가 되어 살아 있는 동안에는 하나로 있으니까 둘 다가 삶을 공유하게 되고, 죽은 후에는 이번에는 저곳 하데스의 집에서 둘 대신 하나가 되어 죽음을 공유하게 되지. 그대들이 사랑하는 게 바로 이것인지, 이걸 얻게 되면 그대들이 만족하는지 살펴보게."[2]

플라톤적 사랑은 둘로 나뉘어 있는 연인들이 '완전한 전체'를 추구하는 인간 고유의 욕망을 표현해준다. 그러나 현대사회에는 이미 섹스와 육체적 쾌락의 기호가 깊이 각인되어 있기에 이상적인 것으로 여겨지던 플라토닉 러브는 오히려 회의와 의심, 때로는 조소와 경멸의 대상으로 전락한 것처럼 보인다. 그렇기 때문에 어느 누구도 헤파이스토스의 제안을 거절하지 않을 것이라는 플라톤의 확신에 찬 언명은 2,500년이 지난 현대를 살아가는 자들에게는 무의미한 말로 여겨진다. "죽고 나서도 하나의 전체로서 머물 수 있는 사랑을 염원하는가?"라는 헤파이스토스의 물음에 감동되는 인간이 있다면 그는 분명 이 시대의 순진한 로맨티스트임에 분명하다. 근현대를 살아가는 지구인은 이제 하나의 온전한 전체를 바라기에는 너무나 개인의 개

---

[2] Plalon, 『향연』, 강철웅 역(서울: 아카넷, 2020), 192a-192c. 플라톤의 사랑 개념에 관해서는 Martha Nussbaum, "The Speech of Alcibiades: A Reading of Plato's Symposium," Robert Solomon & Kathleen Higgins, *The Philosophy of (Erotic) Love* (Lawrence: University Press of Kansas, 1991), 279-316; Jerome Neu, "Plato's Homoerotic Symposium," *The Philosophy of (Erotic) Love*, 317-335.

별적·신체적 독립성과 인격의 자율성을 믿으며, 하나의 온전한 영혼을 바라기에는 너무나 우리의 신체적 욕망과 쾌락에 사로잡힌 세계에 처해 있다. 오늘날 우리가 확신할 수 있는 것은 체험 가능한 우리의 신체이지 결코 우리의 고상한 영혼이 아니다.

그러나 우리가 플라톤의 확신을 배제하고 고전의 글을 마주하면, 사랑하는 연인들에게 던진 헤파이스토스의 물음은 우리가 섹스와 욕망으로 점철된 현대사회에서 "어떻게 사랑하며 살 것인가?"라는 윤리적 물음으로 변한다. 우리가 "성은 무엇이며, 우리의 성과 더불어 어떻게 사랑하며 살 것인가?"라는 물음을 윤리적 물음으로 이해하기 위해서는 헤파이스토스의 질문을 역설적으로 파악할 필요가 있다. 이 물음은 물론 "삶을 원하는가 아니면 죽음을 원하는가?"라는 양자택일의 선택적 의미를 함축하고 있지는 않다. 왜냐하면 죽음은 완전한 전체, 즉 영혼으로의 회귀로서 사랑의 완성을 의미하기 때문이다. 그러나 이 완전한 사랑은 동시에 우리의 몸에서 비롯되는 모든 욕망과 정념을 종결시킨다. 현대인은 헤파이스토스의 질문을 이렇게 받아들인다. "너희는 소외와 고통을 수반하는 욕망의 삶을 원하는가 아니면 안정과 휴식을 가져다줄 영혼의 안식, 즉 죽음을 원하겠는가?" 만일 우리가 우리의 몸을 제약과 고통의 근원으로만 파악한다면, 우리는 어쩌면 영혼의 안식을 택할 수도 있을 것이다. 그러나 우리는 머뭇거린다. 영혼의 가치보다 욕망과 육체적 쾌락의 가치가 우선하는 현대의 에토스 탓도 있겠지만 오히려 죽음에 대한 인식이 우리 신체와 욕망의 유한성에 대한 철저한 인식으로 인도할지도 모른다. 만약 우리가 완벽한 영혼의 사랑을 믿지 않는다면, 죽음은 우리에게 섹스의 의미를 다시 생각하게 만들 수 있다. 현대의 시대정신이 반플라톤주의에 의해 규정되어 있다면, 역으로 플라톤은 우리에게 이처럼 커다란 물음을 제기하는 것이다. 죽음은 쾌락의 의미에 대한 물음이 될 수 있다.

현대의 성은 에이즈(AIDS)라는 공포의 기호를 달고 있다.[3] 오늘날 성과 신체에 관해 말하면서 에이즈에 관해 말하지 않는다는 것은 불가능할 지경이다. 왜냐하면 에이즈는 비유로 받아들이기에는 너무나 현실적인 죽음의 가능성이 컸던 때문일 것이다. 오늘날 성과 육체적 쾌락에 관한 (기독교 근본주의 진영의 동성애 혐오담론을 포함한) 온갖 담론에서는 에이즈의 문제를 피해갈 수 없으며, 이로 인해 에이즈의 문제는 성의 담론을 축소시키기보다는 오히려 팽창시킨 경향이 있다. 말하자면 에이즈는 쾌락과 동시에 죽음의 장소로 이야기된다.[4] 예를 들면 에이즈와 연관된 안전한 섹스에 관한 담론은 성애술에 관한 지침서의 폭발적 수요를 가져왔을 뿐만 아니라 신체와 쾌락에 관한 다양한 환상과 표상들을 발전시켰다. 성과 죽음의 결합으로 말미암아 성은 쾌락의 실험무대가 된 것이다. 그러나 성은 죽음의 가능성과 관련된 신체적 불확실성만을 야기하는 것은 아니다. 혼전, 혼외 섹스의 자유화, 자위와 성도착의 확대, 포르노그래피, 동성애 등등으로 표현되는 성의 물결은 동시에 가치와 도덕의 불확실성을 야기한다. 성과 쾌락의 가능성의 확대로 말미암아 야기되는 불확실성은 항상 비정상적인 것으로 인식되는 까닭에 동시에 역으로 정상성의 필요성에 관한 담론을 산출한다. 성과 사랑의 개념에 관한 지성적 성찰, 결혼과 가족의 제도, 다양한 삶의 양식에 대한 가치평가 등은 모두 성과 쾌락의 힘과 권력을 통제하고자 하는 문화적 시도들에 다름 아니다. 여기에서도 에이즈의 공포는 담론의 중심을 차지한다.

종교적 근본주의자들은 에이즈가 무절제한 성에 대한 신의 저주이자 심판이라 종말론적으로 단죄하고, 또 보수적인 도덕을 견지하는 자들은 후천성면역결핍증 바이러스에 의해 감염되는 에이즈가 순간적 쾌락만을 추구하는 도덕성의 결여 때문이라 질타한다. 그러나 다른 한편의 사람들은 에이

---

3   Susan Sontag, *AIDS and its Metaphors* (London: Allen Lane, 1989) 참조.

4   Carol Vance (ed.), *Pleasure and Danger: Exploring Female Sexuality* (Boston: Routledge and Kegan Paul, 1984) 참조.

즈의 발생은 지극히 우연적일 뿐만 아니라 자유주의적 삶의 태도와는 아무런 관련이 없다고 주장하면서 오히려 에이즈의 공포를 확산시키는 것은 기존의 가치와 연관된 불평등 관계를 고착시킬 수 있다고 우려한다. 에이즈로 인한 전통과 자유, 보수주의와 개인주의의의 대립을 보면, 성을 둘러싼 "도덕적 시민전쟁"[5]을 치르고 있다고 해도 과언이 아니다. 분명한 것은 성에 관한 도덕적 확실성보다는 도덕적 혼란이 우리의 문화를 지배하고 있다는 사실이다.

그러나 우리가 성과 육체적 쾌락을 개인의 사적인 문제로 간주하여 도덕적 치외법권의 영역으로 설정하기에는 성이 인간 상호 간의 관계와 너무 밀접하게 연관되어 있으며, 그렇다고 성을 도덕적 규율과 정치적 통제에 내맡기기에는 성이 우리의 정체성 형성에 너무나 결정적 역할을 하기에 결코 그럴 수 없을 것이다. 이런 맥락에서 우리는 에이즈를 새로운 윤리적 삶의 계기와 가능성으로 파악해야 한다. 왜냐하면 에이즈는 우리로 하여금 성이 단순히 성생활에 국한된 것이 아니라 우리의 전체 삶과 연관되어 있다는 사실을 일깨워주며, 또 에이즈는 우리에게 "어떻게 죽어야 하는가"의 물음뿐만 아니라 "어떻게 살아야 하는가"의 물음을 제기하기 때문이다.[6] 이와 같은 윤리적 물음에 대해 우리는 오늘날 우리는 어떤 사람이고자 하는가, 어떻게 행동해야 하는가, 무엇을 먹고 무엇을 입을 것인가, 누구를 사랑할 것인가, 누구와 관계를 맺고 어떻게 더불어 살 것인가에 관해 매 순간의 결정을 통해 대답해야 한다. 이러한 상호 인격적 관계에 대한 실존적 결단이 섹스를 통해 매개되는 친밀성(intimacy)의 영역, 즉 성애(sexuality)의 관계에서 일차적으로 이루어짐은 두말할 나위 없다.[7] 우리가 어떤 삶을 바라는가는 우리가

---

[5] Jeffrey Weeks, *Invented Moralities. Sexual Values in an Age of Uncertainty* (New York: Columbia University Press, 1995), 9.

[6] Ibid., 16.

[7] 기든스는 이러한 결단을 "일상성의 사회적 실험"(everyday social experiments)이라고 부른다.

어떤 성과 욕망을 원하는가와 밀접하게 연관되어 있으며, 우리가 어떤 성을 바라는가는 바로 우리가 어떤 관계를 바라는가 하는 문제와 직결되어 있다 하겠다.

  이러한 맥락에서 성의 쾌락과 죽음을 결합시키는 에이즈는 우리에게 성의 윤리에 관한 세 가지 중요한 관점을 제시한다. 첫째, 에이즈는 쾌락과 관련된 죽음의 가능성과 개연성을 상기시킴으로써 우리에게 삶에 대한 책임을 일깨워준다. 우리의 삶을 인도하는 분명한 의미와 가치가 없는 현대사회에서, 죽음은 아무런 가치와 의미가 없는 것으로 전락할 위험에 처해 있는 것이다. 삶의 의미를 일깨워주지 않는 죽음은 무의미한 것이다. 그런데 우리가 만약 인간의 쾌락과 욕망이 계속될 수 있다고 믿는다면, 즉 순간적인 성적 쾌락이 영원히 계속될 수 있다고 믿으면서 살아간다면 과연 죽음의 의미를 깨달을 수 있을 것인가? 현대인이 섹스할 수 있는 대상들을 끊임없이 탐색하고 이 상대 저 상대를 교체하는 일에 중독되는 것은 죽음(유한성)의 의미를 상실했기 때문은 아닌지 물음을 갖게 된다.[8] 둘째, 에이즈는 현대사회에서 신체와 영혼, 몸과 정신의 관계가 전도되었음을 인식시킨다. 오늘날 영혼에 대한 믿음의 상실과 더불어 개인의 몸뚱아리에 대한 의식이 증대되었음은 주지의 사실이다.[9] 의상과 패션, 다이어트와 피트니스에 관련된 문화적 상품들을 보면 우리에게 우리 자신에 관한 감각과 개인적 정체성을 부여하는 것은 다름 아닌 우리의 육체라는 사실을 알게 된다. 완전해지도록 노력하는 것은 보이지 않는 영혼이 아니라 보이는 육체인 것이다.[10] 이와 같

   Anthony Giddens. *The Transformation of Intimacy. Sexuality, Love and Eroticism in Modern Societies* (Standford: Standford University Press, 1992), 8.

8 Zygmund Baumunn, *Mortality Immortality and Other Life Strategies* (Cambridge: Polity Press, 1992), 28.

9 J. Weeks, *Invented Morallies*, 163.

10 Rosalind Coward, *The Whole Truth The Myth of Alternative Health* (Boston: Faber and Faber, 1992), 43.

은 인식은 육체를 한편으로는 대상화하고, 다른 한편으로는 그것의 훼손 가능성을 증대시킨다. 우리는 오늘날 성이 육체의 특정한 부분에 국한된 것이 아니라 우리의 육체 전체로 확산되었음을 알고 있다. 우리의 육체 중에서 성적 쾌락을 산출하지 않는 곳은 없다고 말할 수 있을 것이다. 그러나 그것 전체를 성적 욕망의 대상으로 만드는 '육체의 에로틱화'는 동시에 육체를 삶 자체로 격상시킨다. 우리는 운동의 부족이나 중독, 과식이나 과도한 절식, 흡연과 음주, 과다한 섹스, 즉 간단히 말해서 육체적 욕망의 중독은 삶을 파괴하고 죽음을 가져올 수 있음을 안다. 헬스, 다이어트, 피트니스의 물신화는 또 다른 육체적 욕망의 절대화인 것이다. 그렇지만 육체의 완전성을 추구하면 할수록 육체의 훼손 가능성이 증대된다는 사실은 에이즈로 표상된 현대의 역설이다. 셋째, 성적 접촉을 통해 전염되는 에이즈는 성관계에 관한 반성을 요청한다. 만약 에이즈가 죽음의 공포에도 불구하고 성적 소통을 단절시키기보다는 오히려 훨씬 다양한 안전한 섹스의 양식들을 발전시킨다면, 윤리적 문제는 성행위 자체에 있다기보다는 오히려 성관계에 있다고 할 수 있다. 만약 에이즈라는 공포가 서로의 죽음을 책임져야 한다는 윤리적 태도를 요청한다면, 우리는 궁극적으로 성행위를 통해 대체 어떤 친밀성을 공유하고자 하는지를 진지하게 물어야 할 것이다. 우리는 어떤 삶을 원하는가? 우리는 어떤 섹스와 육체적 쾌락을 원하는가? 우리는 어떤 친밀성의 관계를 원하는가? 이와 같은 성윤리의 물음들은 바로 플라톤의 출발점을 이룬다. 우리가 영혼이라는 바깥의 관점에서가 아니라 육체라는 안의 관점에서 바라보면, 성과 사랑은 쾌락과 동시에 고통을 산출한다. 그것은 우리가 서로에게 무엇을 원하는지 확실히 알지 못하면서 서로에게 속하고 서로를 소유하고자 하는 육체적 욕망에 사로잡혀 있기 때문인지도 모른다. 그러나 성은 욕망의 우연성과 무상성의 원천이기도 하지만 인간의 육체에 내재하는 훼손 가능성을 극복하고 타인과 공유할 수 있는 친밀성의 근원이기도 하다. 그렇기 때문에 모든 성윤리는 성과 육체적 쾌락의 고유한 가치를 인정할 뿐만 아니라 성은 성 자체의 논리에 의해서 극복될 수 있다는 관점으로부터 출발하지 않으면 안 될 것이다.

3
성의 삼중성

우리가 성(性)과 더불어 어떻게 살 것인가를 탐구하기 위해서는 우선적으로 성이 무엇인가를 알 필요가 있다. 성의 윤리적 불확실성은 많은 부분 성에 대한 무지와 편견에 기인하는 것이 사실이다. 성과학이라는 분과학문이 생겼을 정도로 성, 신체, 욕망에 관한 지식이 증대했음에도 불구하고, 이와 같은 지식은 성에 관한 윤리적 태도를 분명히 하기보다는 오히려 혼란시키고 있다고 해도 과언이 아니다. 이와 같은 윤리적 혼란은 일차적으로 성에 관한 언어에서 분명하게 나타난다. 성에 관한 단어들이 공론장에 입장할 수 있는 권리를 회복하기는 했지만, 그 뜻은 사용하는 사람들의 입장에 따라 많은 차이를 보이고 있다. 예컨대 모두 성(性)으로 번역될 수 있는 섹스, 섹슈얼리티(Sexuality), 젠더(Gender)는 성의 삼중적 구조를 말해준다고 할 수 있다. 섹스는 일차적으로 사람의 남녀를 구별하고 생식에 관한 본능이나 기능을 말해주는 용어이다. 우리는 남성이나 여성으로서 존재한다는 것이 무엇인가를 알기 위해서는 성에 관한 생물학적 이해를 필요로 한다. 그렇기 때문에 섹스라는 용어에는 남녀의 생물학적 차이뿐만 아니라 남녀의 성행위, 성적 쾌락, 친밀성 등의 의미가 함축되어 있다. 그러나 성이 침실에 국한되는 것은 아니다. 성은 우리가 사회화 과정을 통해 인격적 정체성을 획득하는 데 결정적 역할을 한다. 이런 관점에서 보면 남자와 여자로서 존재한다는 것은 자연적으로 주어진 것이 아니라 문화적, 사회적, 역사적으로 구성된다고 볼 수 있다. 이처럼 생물학적 기준보다는 사회적·심리적·문화적 요소에 따라 구별되는 성은 섹스와 구별하여 젠더라고 불린다.[11] 여기에서 우리는 성이 "자연적으로 주어진 것인가" 아니면 "문화적으로 구성된 것인가"라는 질문을 제기할 수 있다. 이와 같은 질문은 성적 쾌락에도 적용될 수 있다. "남성과 여성 모두에게 있어서 성적 선호는 주어진 것이라기보다는 성취된 것이라는 의견을 반박할 자료들이 과연 있는가?"[12]

우리는 물론 성은 자연적인 것과 문화적인 것의 양 측면을 모두 함께 갖고 있다고 주장할 수 있다. 이런 입장을 취하는 사람은 섹스 또는 젠더의 용어보다는 아마 섹슈얼리티의 개념을 선호할 것이다. 왜냐하면 섹슈얼리티는 성을 총체적 삶의 맥락에서 파악하기 때문이다. 따라서 섹슈얼리티는 섹스의 생물학적 쾌락과 이 쾌락에 대한 사회적·문화적 해석을 모두 포함한다. 이런 맥락에서 우리는 섹스를 '자연적 성'으로, 젠더를 '문화적 성'으로, 그리고 섹슈얼리티를 '(욕망으로서의) 성'으로 개념 정리할 수 있겠다. 성(性)은 인간적 삶을 구성하는 본능과 본성의 양 측면을 모두 가지고 있다. 우리는 여기서 다시 한 번 『향연』의 아리스토파네스의 말을 상기할 필요가 있다. 아리스토파네스가 이야기하는 신화에 의하면 반쪽으로 나뉜 인간들은 본래 성기를 다른 곳에 가지고 있었는데, 이들을 딱하게 여긴 제우스신이 남자와 여자가 성교를 하면 내부생식이 이루어지도록 성기를 재배치시켰다는 것이다. 그래서 이성 간의 섹스는 자식을 생산하지만 동성 간의 사랑은 오직 쾌락만을 산출한다고 말하면서 아리스토파네스는 이렇게 결론을 내린다. 사랑은 모든 인간 속에 선천적으로 심어져 있다. 그것은 둘로 나누어진 우리의 본성을 재결합시키고 둘을 하나로 만듦으로써 인간성의 상

---

11 Christine Delpby, "Rethinking of sex and gender," *Women's Studies international Forum* 16-1 (1993), 1-9.

12 Robert Stoller, *Presentations of Gender* (New Haven: Yale University Press, 1985), 101.

처를 치유하는 것이다.[13] 여기서 우리는 아리스토파네스가 생식을 포함하는 이성애와 쾌락만을 산출하는 동성애를 당대의 에토스를 따라 아무런 가치판단 없이 서술하고 있다는 점에 주목할 필요가 있다. 중요한 것은 인간의 본성은 둘로 나뉘어 있으며, 이것이 사랑과 욕망의 근원이라는 것이다. 이런 관점에서 보면 생식과 쾌락은 모두 자신의 본성을 회복하고자 하는 본래적 사랑과 욕망의 기능들이라고 할 수 있다. 인간의 육체적 사랑은 상처받은 인간본성을 회복하고 치유하는 길이기도 하지만, 인간이 신체적으로 존재하는 한 영원히 결합될 수 없다는 점을 생각하면 충족될 수 없는 욕망은 끊임없는 고통을 산출하는 것이다. 그렇기에 우리의 얼굴과 마찬가지로 우리의 정체성을 구성하는 성기(性器)는 생식기(penis)이기 이전에 근본적이고 원초적인 성기(phallus)인 것이다. 우리는 이처럼 육체적 사랑을 통해 본래적 본성을 회복하고자 하는 성을 '욕망으로서의 성'으로 이해하고자 한다.

그렇다면 성은 진정으로 무엇인가? 생식인가, 쾌락인가? 우리는 이 질문에 성급하게 답하기보다는 오히려 각 논의가 갖고 있는 의미와 문제점을 살펴볼 필요가 있다. 우리는 일단 성에 관한 역사적·문화적 해석을 재구성함으로써 성이 갖고 있는 이중적 측면을 비판적으로 해석하고자 한다. 첫째, 기독교적 전통에 뿌리 깊게 박혀 있는 성에 관한 자연법적 해석은 성을 규범화했다.[14] 이 관점에 따르면 생식을 배제한 섹스는 도덕적으로 옳지 않다는 것이다.[15] 섹스는 신에 대한 소명으로서 자연적이고 동시에 초자연적인 성격을 갖는다. 생식은 자연적인 것이고, 하나로 통일되는 영적 교섭은 초자

---

13 Plato, 『향연』, 193c-193d; R. C. Solomon and K. M. Higgins (eds.), *The Philosophy of (Erotic) Love*, 19.

14 1968년 교황 바오로 6세의 회칙, "Humanae Vitae(인간의 생명)", Robert Baker & Frederic Elliston (ed.), *Philosophy and Sex* (Buffalo: Prometheus Books, 1984), 167-184 참고.

15 이 회칙의 부제는 "출생의 규제에 관하여"라 되어 있으며, 결혼에서의 사랑, 책임감 있는 부모 역할, 나아가 신의 의지에 반하는 인위적인 피임, 산아제한에 대한 가톨릭교회의 공식적인 반대의 입장을 재확인하고 있다.

연적이라는 것이다. 따라서 남자와 여자를 결합시키는 결혼은 한편으로 두 사람의 영적 성장에 기여하고, 다른 한편으로 자식을 생산하는 데 기여할 때에만 정당화된다는 것이다. 여기서 우리는 성교에서 인간의 육욕과 성적 쾌락이 배제되고 있음을 여실히 알 수 있다. 여기서 성교는 그 자체 가치 있는 것이 아니라 그 밖의 다른 것을 성취하는 도구적 의미만을 가지고 있을 뿐이다.[16] 그러나 오늘날 많은 사람들이 섹스는 삶의 기쁨의 원천일 뿐만 아니라 그 자체로 가치가 있다고 생각한다. 물론 우리는 성을 종교적 가치로 환원하지 않고 자연법적 질서 자체로 이해할 수도 있다. 예컨대 쇼펜하우어는 사람들이 쾌락을 위해 성교를 한다고 생각하지만 실제로는 자연이 새로운 종의 구성원을 생산하도록 그들을 강요하는 것이라고 주장한다.[17] 그러나 궁극적으로 생식을 원하는 자연이 우리에게 왜 성적 쾌락을 부여하는가를 설명하지 못한다면, 성의 궁극적 목적은 생식이고 성적 쾌락은 인간의 주관적 자기기만이라는 쇼펜하우어의 말은 설득력을 잃는다.

둘째, 현대 계몽주의의 맥락에서 성을 객관화하는 과학적 인식은 성을 탈도덕화함으로써 '자연적인 것'으로 설정했다. 성의 탈도덕화를 통한 성의 자연화는 실제로 19세기 이래 발전한 성과학의 업적이라고 할 수 있다. 예컨대 인간의 몸과 신체가 과학적 인식의 대상으로 파악됨으로써 성적 쾌락은 선악의 피안으로 들어선 것이다. 해부학, 생물학 등의 발전으로 말미암아 성행위는 이제 객관적으로 관찰할 수 있는 사실들로 전락한다. 그렇다면 성의 본질이 이와 같은 성의 생물학적 설명으로 완전히 환원될 수 있을까? 성적 쾌락은 단순히 생물학적으로 설명될 수 있는 긴장의 해소에 불과한 것인가? 그렇다면 성적 쾌락은 "먹고 싶은 것을 먹는 것"이나 "사고 싶은 것을 사

---

16   Carl Cohen, "Sex Birth Control, and Human Life," ed. Baker and Elliston, *Philosophy and Sex*, 185-199.

17   Arthur Schopenhauer, "Metaphysics of the Love of the Sexes." *The Philosophy of Schopenhauer*, ed. Irwin Erman (New York: Modern Library, 1956), 341-343, 346-348.

는 것"[18]과 하등 다를 바 없는 욕구인가? 우리가 성을 단순한 생물학적 욕구로 환원시키면, 섹스는 동물적 성행위로 동일시되고 만다. 오르가슴을 절대화하는 태도 역시 성을 생물학적으로 축소시키는 것에 다름 아니다. 그러나 우리는 성이 섹스로, 성적 쾌락이 생물학적 긴장의 해소로 축소되는 것이 아님을 경험적으로 알고 있다. 설령 성적 쾌락이 정점에 도달하지 않는다는 것이 예견되어도, 성적 자극과 반응이 쾌락을 산출할 수 있음을 우리는 익히 알고 있다. 우리는 성이 생물학적인 것을 넘어서는 무엇인가를 가지고 있다는 관점에서, 인간의 성을 단순한 생식과 자연적 욕구로 환원시키는 태도는 거부될 수밖에 없다.

셋째, 20세기 말 성을 사회적 맥락에서 파악하고자 하는 사회구성주의적 입장[19]은 성이 자연적으로 주어진 것이 아니라 역사적, 문화적으로 형성된 것이라고 규정한다. 성이 도덕과 규범 밖에 있는 자연적인 것이라고 파악한 생물학적 환원주의가 역사를 배제했다면, 사회구성주의는 성을 이해하는 데 역사가 필연적이라고 주장한다. 다시 말해 우리는 성을 특정한 사회적 공간과 역사적 시간 속에서 살아가는 개인의 관점으로 파악해야만 올바로 이해할 수 있다는 것이다. 개인의 정체성을 구성하는 성은 사회적, 역사적으로 규정되어 있다는 관점이 우리가 현재 처해 있는 문화를 지배하고 있다고 해도 과언이 아니다.[20] 생식과 욕구의 인간이 비역사적이라면, 성과 욕망을 인격구성적인 것으로 파악하는 현대적 인간은 "역사 내에서 역사를

---

18 Don E. Marietta, *Philosophy of Sexuality* (New York: M. E. Sharpe, 1996), 20.

19 사회구성주의 관점은 개인의 인식이나 지식이 사회적 상호작용과 문화적 맥락 속에서 형성된다는 이론이다. 즉, 객관적인 실재가 존재한다기보다는 사회적 합의나 공유된 경험을 통해 구성된다고 본다. 이는 개인의 경험이나 내면적 요인보다는 사회적 관계와 문화적 영향력을 강조하는 관점이라 하겠다.

20 William Simon, *Postmodern Sexualities* (London: Routledge, 1996), 1장 "성의 포스트모던화", 18-39.

가진 개인들"이다.[21] 우리가 성을 어떻게 파악하는가가 역사적으로 규정되어 있다면, 개인의 정체성 역시 성적 욕망과 억압의 역동적 과정이라고 할 수 있는 하나의 역사를 통해 형성된다. 따라서 독립된 개인들의 성적 상호관계는 단순한 친밀성뿐만 아니라 그 시대의 성이해를 반영한다는 결론은 지극히 자명하다. 그렇기 때문에 성을 사회적·문화적 맥락에서 이해하는 입장은 성적 관계 역시 권력관계라는 점을 강조한다.

우리는 여기서 이 논의를 확장하지 않고 오직 성관계 역시 다른 인간관계와 마찬가지로 조작, 소유, 권력의 요소를 함축하고 있다는 점만을 지적하고자 한다. 첫째, 성은 신체적 매력과 반응을 매개로 하는 상호영향의 관계라는 점에서 본질적으로 조작의 가능성을 갖고 있다. 우리가 다른 사람을 결코 수단으로 사용해서는 안 된다는 이상은 애정관계에 있어서도 반현실적이다. 완전한 성적 조화와 순간적인 마음의 일치는 지극히 감상적인 생각일지도 모른다. 우리는 섹스에 있어서도 상대방을 "신체적으로, 심리적으로, 감정적으로, 지성적으로까지 조작하려는 경향을 가지고 있다."[22] 우리는 자유롭고 자발적이기는커녕 한편으로는 자신을 성적 매력이 넘치도록 만들려고 노력하고 또 상대방의 감정에 영향을 미치려고 노력한다. 우리가 원하는 사람을 얻기 위해 기울인 온갖 신체적·지성적 노력을 생각한다면, 우리는 성관계가 근본적으로 조작의 관계라는 관점을 쉽게 거부하기 어려울 것이다.

둘째, 성관계는 신체를 매개로 한다는 점에서 소유의 경향이 있지만 소유의 대상이 의지의 주체라는 점에서 소유적 관계는 자기 파괴적이다. 정념은 항상 다른 사람의 신체를 지향한다. 그렇기 때문에 어떤 사람들은 신체적 접촉, 애무, 섹스는 소유 욕망의 표현에 다름 아니라고 주장한다. 그러나

---

21 Ibid., 30.

22 Bernhard H. Baumin, "Sexual Morality Delincated," *Philosophy and Sex*, 300-311.

타자의 소유는 자유롭게 활동하는 의지를 포함한다. 만약 성이 소유라고 한다면, 우리는 성을 통해 우리가 소유할 수 없는 것을 소유하고자 하는 것이다. 왜냐하면 소유된 자유는 더 이상 자유가 아니기 때문이다.[23] 우리는 여기서 성의 자기모순적 이중구조를 발견할 수 있다. 성은 한편으로 타자를 성적 매력과 쾌락의 담지자로 대상화함으로써 신체와 인격을 분리시킨다. 다른 한편으로는 소유하고 조작하려는 경향이 있지만, 소유의 절대화는 섹슈얼리티의 가능성을 파괴하기 때문에 욕망의 대상이 소유될 수 없는 타자라는 것을 끊임없이 인식시킨다. 결국 성적 욕망은 소유될 수 없는 인격을 사랑하기에 지속적으로 고통을 산출하고, 이 고통을 치유하기 위해 사랑을 욕망할 수밖에 없는 운명을 갖고 있는 것이다.

이제까지 우리는 "성은 무엇인가?"의 물음을 세 단계로 접근했다. 성은 신에 대한 소명을 실현하는 단순한 수단으로 파악되기도 했고(종교적·근본주의적 입장), 인간에게 주어진 자연적 욕구로서 설명되기도 했으며(생물학적 입장), 역사를 통해 문화적으로 형성된 것으로 이해되기도 했다(사회구성주의적 입장). 우리는 성이 이 과정을 통해 점차 도덕으로부터 분리되어 독자적인 영역으로 독립하고 있음을 간파할 수 있다. 성은 인간에게 주어진 자연이기도 하며 문화적으로 만들어지는 것이기도 하다. 그렇다면 성은 이제 도덕과 윤리와는 전혀 관계가 없는 것인가? 이 문제에 답하기 이전에 한 가지는 분명히 짚고 넘어가야 할 필요가 있다. 성을 다른 목적으로 환원시키거나 또는 생물학적 본능과 욕구에 환원시키는 태도는 성을 '고유한 가치'로서 인정하지 않는다는 점이다. 성은 지극히 인간적인 것이다. 따라서 모든 성윤리는 성이 인간에게 고유한 가치를 갖고 있다는 사실로부터 출발해야 한다.[24]

그렇다면 성윤리는 왜 필요한 것인가? 그것은 우리가 성적 쾌락의 고

---

[23] Jean-Paul Sartre, *Being and Nothingness*, trans. Hazel E. Barnes (New York: Washington Square Press, 1966), 477.

[24] Alan Soble, *Sexual Investigations* (New York: New York University Press, 1996), 23.

유한 가치와 그것이 갖고 있는 삶에 대한 좋음을 인정한다고 할지라도, 이성적 쾌락은 항상 육체를 매개로 한 인격 상호 간의 관계이기 때문이다. 우리가 타인에 대한 육체적 욕망을 넘어서 타인과 '하나의 삶'을 공유하기 위해서는 성욕에 내재하고 있는 소유와 조작을 통제할 수 있는 윤리가 필요하다. 따라서 성윤리는 근본적으로 다른 사람의 욕구, 욕망을 자기 자신의 것과 똑같이 존중할 수 있는 호혜성과 상호성의 원리에 토대를 두어야 한다. 그렇다면 우리는 성적 쾌락을 고유한 가치로 인정하면서 동시에 호혜적 친밀성의 관계를 이룩할 수 있는 윤리적 관점을 획득할 수 있는 방도는 무엇인가? 우리는 현대의 성 담론에서 가장 이슈가 된다고 판단되는 간통, 자위, 동성애 문제를 중심으로 한 윤리적 도전을 살펴봄으로써 이에 대한 대답의 단초를 마련하고자 한다. 이 문제들은 공론장으로의 진입과 함께 성의 다양성을 산출했을 뿐만 아니라 성에 관한 전통적인 도덕체계에 강력한 도전과 저항을 준 것이 사실이기 때문이다. 우리는 가급적 종교적 교의나 인습의 편견과 선입견을 배제하고 이와 같은 현상들을 분석함으로써 성적 쾌락과 친밀성의 관계를 살펴보고자 한다.

4
현대 성담론의 몇 가지 주제들

4.1 정상적인 성과 비정상적인 성

성에 관련된 도덕성은 항상 가치평가적 성격을 갖는다. 간통, 매춘, 동성애, 양성애, 난교, 사도마조히즘, 페티시즘, 관음증 등은 대체로 비정상적이고 부도덕한 것으로 여겨지고 있다. 사실, 우리가 성에 관해 철학적으로 생각한다고 하더라도, 우리는 이들을 결혼과 가정이라는 정형화된 틀과 비교하지 않을 수 없다. 두 사람의 성인 남녀가 사랑하고, 공식적인 혼인관계에서 서로에게 충실할 것을 서약하고, 자식을 낳고 가정을 이룬다는 것은 우리의 문화에 있어서 도덕적으로 더 우월하고 더 자연스러운 정상적인 섹슈얼리티 관계의 패러다임임에 틀림없다. 대부분의 사람들은 실제로 이러한 관계를 (그러나 그들이 현실적으로 과연 친밀성의 관계를 끝까지 성공적으로 유지하면서 살아가는가 하는 것은 별개의 문제다) 성취하고 있다고 생각하며 살아간다. 어떤 사람들의 성생활은 실제로 매우 복잡하고, 어떤 경우에는 혼돈 그 자체인 것처럼 보이기도 한다. 여기서 정형화된 섹슈얼리티의 패턴이 보편적이고 또 보편화된 행동양식인지 아니면 우리의 판단과 행위에 영향을 주는 이데올로기에 지나지 않는지는 크게 문제시되지 않는다. 문제는 우리가 정형화된 범주에서 벗어나는 성적 일탈행위를 부도덕한 것으로 간주하는 경향이 있다는 사실이다. 정상과 비정상(변태), 욕망과 도착은 이러한 맥락에서 성에 관한 철학적·윤리적 성찰의 구체적 출발점을 이룬다. 성적 변태와 도착은 대체로 "그것이 특정한 시대와 장소의 관습적 성행위의 패턴을 침해하는 것처럼 보일 뿐만 아니라 납득될 수 있는 성행위를 구성하는 성에 관한 공통적 이해를 침해하기 때문에 욕망의 질병"으로 간주되는 경향이 있다.[25] 그렇기에 변태와 도착은 항상 대중심리의 차원에서 "어떻게 저런 행위를 할 수 있을까" 하는 불편한 심기와 혐오의 감정을 불러일으키는 것이다. 이런 관점에서 보면 변태와 도착은 어느 시대 어느 곳에서나 존재한다. 단지 변태의 내용과 변태에 대한 사회적 대응과 통제가 다를 뿐이다. 이에 대한 논의에서 프로이트의 성욕이론이 고려될 필요가 있어 보인다.

프로이트의 『성욕에 관한 세 편의 에세이』(1905)는 유럽 사회에서 지지와 비판 등 수많은 논란을 야기했던 글이다. 이 책은 "성적 이상(異狀)", "유아기의 성욕", "사춘기의 변화들"의 세 논문으로 구성되어 있다. 말하자면, 성의 개념을 정의하기 위해 프로이트는 성적 이상과 유아기 및 사춘기의 성을 분석한 것이다. 상식적으로 보면 유아기의 성욕, 사춘기의 성욕, 그리고 성적 이상을 다루는 것이 순서일 것 같은데, 연구의 순서를 역으로 정한 것은 아마도 다양한 성적 이상들에서 문제가 되는 것은 타고난 성 본능이라는 사실을 먼저 보여줌으로써, 논란의 여지가 많은 유아기의 성욕에 대한 근거를 확보하려 했던 것으로 짐작할 수 있다. 여기서는 프로이트의 '성적 이상'에 대해 논의하고자 한다.[26]

성적 이상, 즉 성에 있어 비정상이란 무엇일까? 프로이트는 우선 성적 대상과 성적 목적에 있어서의 도착자를 구분한다. 성적 대상이란 성적 매력을 일으키는 사람을 말하고, 성적 목적이란 성적 대상을 향한 본능적 행동

---

25 W. Simon, *Postmodern Sexualities*, 118.

26 Sigmund Freud, 『성욕에 관한 세 편의 에세이』, 김정일 역(서울: 열린책들, 1996), 21-23.

을 일컫는다. 정상적인 성이란 곧 생식만을 추구하는 생식기 위주의 이성애이다. 그러므로 정상적인 성 대상은 성인인 이성이고 도착은 그 외의 경우이다. 가장 흔한 성 대상 도착의 경우는 동성애의 경우이다. 프로이트에 따르면 남성의 동성애는 어린 시절 어머니와 자신을 동일시하여 사랑했던 원초적 나르시시즘에서 비롯된다. 성장 후 이 나르시시즘이 성적 대상에 전이되면, 그는 자신과 닮은, 그래서 어머니가 그를 사랑해주었듯이 사랑할 수 있는 여성적인 성향의 남자를 찾게 된다. 여성 자체가 아니라 여성적 성향의 남성을 대상으로 찾는 것은 곧 양성의 특성을 공유한 남성을 대상으로 선택하고자 하는 것이다. 그런데 그 대상의 생식기가 남성의 것이어야 한다는 원칙은 자신과 동일시하는 나르시시즘에서 비롯된 것이며, 그 성향이 여성적이어야 한다는 원칙은 어머니라는 원초적 대상의 반영인 것이다. 프로이트는 동성애를 성욕 도착으로 간주하지만 변태(degeneracy)와는 구분한다. 그 근거로 프로이트는 성욕 도착은 성 이외의 문제에 대해서는 일탈을 보이지 않을 뿐만 아니라 일상적인 생활을 할 수 있는 능력이 손상되지 않은 사람들에게서 발견된다는 점을 든다. 성적 대상 도착은 동성애뿐 아니라 아동이나 동물을 대상으로 삼는 경우도 포함된다. 프로이트는 아동을 대상으로 삼는 경우만이 사회적, 윤리적으로 문제가 된다고 본다.

성의 목적에 있어서 일탈은 "해부학적인 의미로는 성적인 결합을 위해 마련된 신체 부분들의 범위를 넘는 확장된 성행위, 또는 정상적으로는 최종적인 성 목적을 추구하는 과정에서 신속히 지나가야 할 성 대상에 대한 중간 단계에서 지체하는 성행위"[27]를 말한다. 프로이트가 이런 장황해 보이는 정의를 내린 것은 그 어떤 정상적인 성생활도 어느 정도는 정상의 범위를 넘어서는 행위를 동반하는 것이 사실이기 때문이다. 이런 맥락에서 프로이트는 정상적인 성 목적과 일탈적인 성 목적 외에 예비적인 성 목적의 개

27　Ibid., 38-39.

념을 상정한다. 예비적인 성 목적은 정상적인 성 목적은 아니지만, 그것을 추구하는 과정에서 정상적인 성생활의 범위를 크게 벗어나지 않는 행위들, 즉 키스나 애무, 페티쉬, (포르노물 감상을 포함하여) 관음 등으로 만족을 얻는 것을 말한다. 그러나 이는 절대적인 정의는 아니다. 어느 정도의 애무와 관음 같은 행위는 정상적인 성 목적이 달성되기 전에 필요할 수도 있지만, 이 단계에서 고착이 일어나 이 행위 자체가 예비적 과정이 아니라 성 목적 자체가 될 경우에는 성욕 도착이 되는 것이다. 이를 우리는 관음증, 노출증 등의 이름으로 부를 수 있다. 그러나 성욕 도착을 정상적인 것과 구분하려는 시도는 프로이트 자신도 인정하듯 간단한 것은 아니다. 많은 건강한 사람들이 정상적인 성 목적에 더하여 성욕 도착으로 간주할 수 있는 행위들을 하는 것이 보편적인 현상이라는 점은 의심의 여지가 없다. 예컨대 프로이트에 따르면 한 사람의 입술이 다른 사람의 입술에 닿는 것은 정상적인 행위이지만, 그것이 다른 사람의 성기에 닿는 것은 도착으로 간주된다. 이 경우 정상과 도착을 구분하는 기준은 수치심과 역겨움이라는 정서에서 찾고 있다.[28] 이 정서들은 본능이 정상이라고 간주되는 한계를 벗어나지 못하도록 제한하는 역할을 한다. 그러나 이러한 정서의 문제는 지극히 주관적인 것이므로 개인에 따라 달라질 수밖에 없다. 가벼운 입맞춤에도 혐오를 느끼는 사람이 있을 수 있으며, 나아가 성적인 문제에 대해 일종의 본능적인 혐오감을 갖게 된 채 성인이 된 사람도 있을 수 있다. 성에 대해 신경증과 같은 병리적 증상을 보이는 경우도 있을 수 있다. 다시 말해 본능에 대한 수치심과 억압, 성욕에 대한 반감 가운데서 히스테리 증상이 표출되는 것이다.[29]

---

[28] Ibid., 41.
[29] Ibid., 42.

4.2 자위행위

자위행위는 서구의 기독교 세계에서는 정형화된 이성애적 혼인관계의 정신과 실체를 정면으로 부정하는 가장 대표적인 성도착으로 여겨졌다. 자위는 둘이 아니라 혼자 하는 성행위이며, 성적 쾌락 자체를 위해 즐기는 명백한 비생식적 성행위이기 때문이다. 이런 맥락에서 보면 자위는 신체와 육욕을 평가절하 하는 기독교 전통에 대한 중대한 도전이자 위반이다. 육체적 쾌락을 산출한다는 이유에서 자위를 포함한 모든 성적 활동을 중대한 죄로 규정한 자들은 초기 기독교의 교부신학자들이다.[30]

변증론자 아테나고라스(180년경)의 견해에 따르면, 섹스는 오직 생식만을 위해 허용된다(교부가 생각하기에 성교는 오직 부부관계 내에서만 이루어질 수 있었다). 그리스도인의 도덕적인 이상은 동정(童貞)과 성욕의 절제이다.[31] 알렉산드리아의 교부 오리게네스(185-254)는 잃어버린 낙원을 동경했다. 왜냐하면 인간은 낙원에서 천사와 같았으며 육체를 소유하지 않았다는 것이다. 따라서 결혼도 출산의 고통이라는 것도 없었다. 인간이 타락한 이후 비로소 죽음이 들어왔고 이 죽음으로 인해 번식을 필요로 하게 되었다. 그렇다 하더라도 섹스할 때는 성령이 임재하지 않는다. 출산은 부정한 것이며 육욕은 죄이고 물질은 악의 현현이다. 오리게네스는 이러한 견해를 자기 자신에게서 철저

---

[30] 대체적으로 교부들은 스토아 철학의 이상, 즉 영혼의 고요와 평정(apatheia)을 성문제에 집중하여 지나치게 극단화시키고 있다. 이 글에서는 주제의 범위를 고려하여 기독교의 극단적 금욕주의의 종교적 기원에 대한 논의는 생략할 것이다. 단지 성 문제에 관련된 교부들의 극단적 금욕주의는 스토아 철학의 영향 때문이라 보기 어려울 정도로 성혐오적 극단성을 띠기에 헬레니즘 시대에 본격적으로 지중해 세계로 유입된 오리엔트 종교나 지중해를 근거로 발생된 미스테리아 종교(헬레니즘 이전의 헬라의 고대에도 이미 유입되어 발생된 피타고라스 종교와 같은)의 금욕주의가 기독교 교부들의 사상에 상당한 영향을 미친 것으로 보인다. 물론 나는 교부들의 신학 자체가 기독교의 본질이라는 데는 동의하지 않는다.

[31] Herbert Preisker, *Christentum und Ehe in den ersten drei Jahrhunderten. Eine Studie zur Kulturgeschichte der alten Welt* (Berlin: Trowitzsch & Sohn, 1927), 179-184.

하게 관철시키고자 스스로를 거세했으며, 다시 에덴동산처럼 되는 종말이 오기를 기대했다.[32] 카파도기아 교부인 니사의 그레고리우스(334-394)는 오리게네스의 견해를 더욱 강화시켜, 섹스는 원래 인간에게 속한 것이 아니며, 신의 형상대로 피조된 인간의 본성에 부합되지도 않는다고 말한다. 섹스는 오히려 동물적인 것으로서 단지 인간이 타락했기에 주어진 것이다. 인간은 낙원 상태에서는 성적인 만족을 추구하지 않았기에 그곳에서는 성관계는 없었으며, 인간은 천사들처럼 섹스 없이도 인구증가가 가능했을 것이라 주장했다.[33] 그전에 이미 알렉산드리아의 클레멘스는 로마법적인 자연이해 그리고 절제와 금욕이라는 스토아 철학의 이상을 토대로 동물의 행태를 자기 논증의 근거로 삼았다. 자연에서는 일정한 시기에만 교미가 이루어진다면 인간에게서도 이와 달라서는 안 된다는 것이 그의 주장이었다. 그는 자녀를 낳는 일을 국가와 사회에 대한 자연법적 의무라고 여기기는 했다. 그럼에도 부부 사이의 섹스는 의지적으로 오직 생식을 위해서만 행해져야 하고 그때도 반드시 아무런 열정 없이(apatheia) 행해야 한다는 것이 그의 의견이었다.[34]

그러나 성에 대한 비관적이고 혐오적 수준의 이론을 확립한 최고의 신학자는 아우구스티누스(353-430)이다. 그는 오랫동안 망설인 끝에 최초의 인간들이 낙원에서도 역시 섹스를 가졌다고 인정하긴 했다. 그러나 낙원의 섹스는 성적 흥분이나 쾌감 없이 그리고 생식에 대한 의지의 완전한 통제 아래 이루어졌다고 보았다. 인간은 타락한 후에 비로소 스스로의 감성을 통

---

[32] Ibid., 227-231; Michael Müller, *Die Lehre des hl. Augustinus von der Paradiesesehe und ihre Auswirkungen in der Sexualethik des 12. und 13. Jahrhunderts bis Thomas von Aquin* (Regensburg: F. Pustet, 1954), 10-17.

[33] Michael Müller, *Die Lehre des hl. Augustinus von der Paradiesesehe und ihre Auswirkungen in der Sexualethik des 12. und 13. Jahrhunderts bis Thomas von Aquin*, 13-16.

[34] Franz Böckle & Albert Görres & Johannes Gründel, *Menschliche Sexualität und kirchliche Sexualmoral* (Düsseldorf: Patmos-Verlag, 1977), 74-105; Herbert Preisker, *Christentum und Ehe in den ersten drei Jahrhunderten. Eine Studie zur Kulturgeschichte der alten Welt*, 200-211.

제할 수 없었으며 정욕(concupiscentia)에 의해 압도되었다는 것이다. 아우구스티누스 역시 낙원을 본보기로 삼았으며 현실과 대립되는 하나의 이상을 동경의 대상으로 설정해 두었다. 그도 섹스를 위험스러운 것이라고 보았는데, 그 이유는 섹스가 인간을 압도하여 인간으로 하여금 스스로를 통제불능의 상태로 만들기 때문이라는 것이다. 아우구스티누스는 섹스는 병이며 동시에 수치심을 불러일으키는 악이라고 단죄한다. 부부간의 섹스조차도 쾌락과 저주받을 육욕의 죄악을 포함하고 있다는 것이다. 사람들이 섹스를 할 때 어둡고 은밀한 곳을 찾는다는 사실에서 아우구스티누스는 섹스 자체가 부끄러운 것이라는 결론을 추론하기까지 한다. 그렇기 때문에 이상적인 상태는 신이 자신의 의지만으로 천지를 창조했듯이 우리가 우리의 의지만으로 자식을 생산하는 것이다.[35] 그뿐만 아니라 다른 사람의 신체를 보고 체취를 느끼는 모든 육체적 욕망도 죄악이다. 아우구스티누스에게 섹스는 신에 대한 인간의 반란일 뿐만 아니라 정신에 대한 신체의 승리를 의미하기 때문에, 우리는 그리스도 이후의 시기에는 섹스로부터 해방되어 정신적 거듭남을 성취해야 한다는 것이다. 이런 관점에서 보면 섹스는 그 자체로 죄악이며, 오직 쾌락을 위해서가 아니라 생식을 위해서 할 때만 용서될 수 있는 것이다.

성에 대한 교부들의 생각을 종합해보면, 억지로 마지못해 하는 생식을 위한 섹스는 죄악스러운 '쾌락'이 수반됨에도 불구하고 용납할 수 있으나, 그 이외의 성이란 완벽하게 터부의 대상이라는 것을 알 수 있다. 그들이 시대적 한계로 '자위'의 문제를 집중적으로 다루고 있는 것은 아니지만, 성의 목적에서 신의 뜻을 거스르고 자연을 위배한 성, 오직 쾌락만을 추구하는 성으로서의 자위는 중대한 죄악으로 여겼음이 분명하다 하겠다. 정욕과 섹스를 죄악으로 여기는 기독교 전통은 아퀴나스에 와서 더욱 체계적으로 고

---

[35] Augustine, *The City of God* (New York: Modern Library, 1950), 464.

착된다. 아퀴나스는 성행위가 두 가지 관점에서 도덕적으로 옳지 못하다고 주장한다. 첫째, 성행위의 성격이 성행위의 목적과 일치하지 않을 때, 그것은 도덕적으로 부당하다는 것이다. 성행위의 자연스러운 목적인 생식이 방해받는 성행위, 예컨대 자위, 계간(鷄姦, 비역, 항문섹스), 수간(獸姦)과 같은 성행위는 죄악이라는 것이다. 둘째, 만약 성행위의 성격이 상대방의 인격과 충돌을 일으키면, 그것은 도덕적으로 정당하지 못하다. 아퀴나스는 유혹, 간통, 강간 등이 이러한 범주에 속한다고 말한다. 그런데 아퀴나스는 이 두 가지 유형의 성적 부도덕성에는 경중의 차이가 있다고 주장한다. 즉, 자연의 섭리에 반하는 전자의 유형은 지옥으로 떨어질 용서받을 수 없는 대죄이며 후자는 일반적인 죄에 해당하기 때문에 전자가 후자보다 더욱 나쁘다는 것이다. 이런 관점에 의하면 자위는 강간보다 더 나쁜 죄악이 된다. 여기서 우리는 성적 쾌락을 인간의 영역으로부터 배척하는 서양의 전통이 결국은 강간보다 자위를 더 무거운 죄악으로 간주하는 납득하기 어려운 비인간적 윤리를 산출하고 있음을 볼 수 있다.[36] 그런데 교부 토마스 아퀴나스가 자위행위를 죄라고 단정했음에도 불구하고 18세기에 이르기까지도 교회와 도덕규범으로부터 자위행위를 금지하는 규정이 나오지는 않았다. 그때까지 사람들이 알고 있던 성생활의 형태는 성인들의 섹스밖에 없었다. 이 외의 모든 성적 태도는 그것이 여성들 혹은 청소년, 미혼 남녀 혹은 노인들에서건 간에 성의 범주에 들어가지 않았다. 왜냐하면 우리가 오늘날 이해하는 의미의 성이라는 개념이 아직 없었기 때문이다. 따라서 자위행위 역시 죄스러운 것이라고 여겨지지 않았다.

자위행위를 실제적으로 배척하게 된 발단은 의외로 교회로부터 비롯되지 않았다. 처음으로 네덜란드 의사 베커가 자위행위를 오나니즘과 관

---

[36] C. H. Whiteley & Winifred N. Whiteley, *Sex and Morals* (New York: Basic Books, 1967), 80.

런시키고 죄로 단정했던 것이다.[37] 1760년에 스위스의 의사 티소트의 저서 『오나니즘』(Onanism)[38]이 엄청난 센세이션을 불러일으켰고 여러 나라 말로 번역되었는데, 그때부터 의사, 교사, 윤리신학자들은 티소트의 견해를 자기들의 의견을 재는 척도로 삼았다. 따라서 자위행위는 성교육과 성계몽을 위한 출발점이 되었던 것이다. 이후 교회가 그 주제를 이어받았다. 1784년에 교리교사 후프나겔은 하나의 '아동윤리'를 주창했는바, 이 윤리는 십계명의 '간음 금지 조항'이 청소년들의 자위행위 방지를 위해 보완되고 세분화된 것이다.

1786년, 교육학자이며 신학자인 잘츠만은 특별히 교사들을 위해 『청소년들이 몰래 짓는 죄들』이라는 책을 저술했다. 이 책은 후기에 매우 큰 영향을 끼쳤다. 이 책에서 잘츠만은 자위가 '악덕'이라 주장했다. 이로써 자위행위는 극히 부정적으로 평가되었으며, 그 후로 절대 용서받지 못할 죄로 간주되어왔다.[39] 일반 저자든 성직에 종사하는 저자든 구별 없이 모든 저자들

---

[37] 자위를 뜻하는 오나니즘의 유래는 구약성서 창세기 38장에 등장하는 오난(Onan)과 관련이 있다. 오난은 가나안 사람 수아의 딸과 결혼한 유다의 둘째 아들로 그에게는 형 엘과 남동생 셀라가 있었다. 오난은 그의 아버지 유다로부터 죽은 엘의 아내 다말과 관계하여 출산하라는 명령을 받았으나, "그 씨가 들어갈 때마다 그의 씨를 땅에 쏟았"기 때문에 결과적으로 "자손이 그의 것이 아니었기" 때문에, 즉 자손을 생산하지 못했으므로 야훼에 의해 죽임을 당했다. 생식과 무관한 사정은 "주님 보시기에 불쾌한 것"이기에 신은 벌을 내린 것으로 이야기한다. 그러나 이러한 해석은 오독이라 보아야 할 것이다. 창조주 신의 의지에 부합한 성이 생식이라 간주했을 경우, 오난의 행위나 자위가 신의 의지에서 일탈된 성행위는 맞지만, 오난의 행위를 자위로 해석하여 자위를 종교적으로 정죄하는 것의 근거로 삼는 것은 타당하지 않다. 오난의 행위는 엄밀히 말해 '자위'가 아닌 '질외사정'으로 보는 것이 옳을 것이며, 질외사정(피임)이 신의 징벌을 받을 죄악이라 생각하는 것은 시대착오적 발상이다.

[38] Samuel Auguste André David Tissot, 『자위행위 또는 자위행위로 인해 발생하는 질병에 대한 신체적 논문』(L'onanisme ou dissertation physique sur les maladies produites par la Masturbation, 1760); Herbert Haag, Katharina Elliger, 『사랑을 방해하지들 말아다오』, 윤선아 역 (왜관: 분도출판사, 1988), 145에서 재인용. https://neptun.unamur.be/ark:/83449/001bb42d9d (2025. 7. 5. 원문 검색)

[39] Chritian Gotthilf Salzmann, 『청소년기의 은밀한 죄에 관하여』(Über die heimlichen Sünden der Jugend, 1786) https://www.deutschestextarchiv.de/book/view/salzmann_suenden_1785?p=68 (2025. 7. 5. 원문 검색)

이 이 주제에 대해 말할 수 없이 감정적이고 엄격한 태도를 취했다는 점이 눈에 띈다. 자위행위를 배치하기 위해 많은 조치가 내려졌다. 식이요법, 심신단련, 감독, 일에 힘을 분산시키는 방법만이 아니라 성기를 붕대로 싸놓거나 가시가 박힌 장갑을 끼게 하며 방울이나 외과적인 처치를 통해 성기의 발기를 알 수 있도록 하는 등 도저히 괴이한 방법들이 다 동원되었던 것이다. 그러나 자위행위를 배척하면 할수록 저항은 더욱 거세어졌다. 그리고 자위행위를 막으려는 사람과 청소년들의 관계는 자주 도착적인 관계로 발전하곤 했다. 거기다가 19세기에는 뇌와 생식기 사이에 어떤 연결이 있다는 확신까지 더해주었다. 청소년 시절부터 자위행위를 한 사람은 정신적으로 우둔해질 위험에 처해 있다고 여겨졌던 것이다.

사람이 다른 사람에게 육체적으로 끌리는 것이 과연 반자연적 죄악이라 할 수 있을까? 인간에게서 인간적인 것은 오직 신적인 의지뿐이고 정념과 쾌락, 색정과 육욕은 비인간적이라 말할 수 있을까? 아우구스티누스-아퀴나스적 도식에 따라 인간에게서 신적인 것이 의지라고 한다면 오히려 인간의 육체적 욕망은 지극히 인간적인 의지라 말할 수 있을 것이다. 서양의 역사, 인류의 역사 전체가 아우구스티누스가 예언한 것과 같이 섹스로부터 해방되어 정신적 부활을 추구하는 방향으로 진행되었다기보다는 오히려 육체적 쾌락과 섹스의 해방으로 진행되었다는 것은 어떠한 전통적인 신학이나 간과한 역설이라 할 것이다.

오늘날 자위는 변태의 영역으로부터 벗어나 정상적인 것으로 여겨지고 있다.[40] 한때는 도덕적으로 수치스러운 것으로 여겨졌던 자위행위가 이제는 우리가 성장하면서 거쳐야 할 비교적 자연스러운 것으로 간주되고 있다. 자위가 위생적으로 건강에 나쁘다는 기존의 도덕체계의 저항 역시 무위로 그치고 말았으며, 자위행위가 조루증을 유발하여 육체적 쾌락에도 결

---

[40] W. Simon, *Postmodern Sexualities*, 199.

코 도움이 안 된다는 어처구니없는 공격도 근거가 없는 것으로 밝혀지고 있다.[41] 기독교적 도덕으로부터의 자위행위의 해방은 인간의 성과 육체적 쾌락이 그 자체 가치가 있다는 사실을 반증한다. 그렇다면 다른 사람의 의지와 인격을 침해하지 않는 한 순수쾌락을 위한 성적 행위는 도덕적으로 전혀 문제가 되지 않는 것인가? 만약 자위행위가 도덕과는 무관한 쾌락추구라고 한다면, 자위로 대변되는 쾌락 자체에 대한 저항은 왜 그렇게 끈질긴 것인가? 여기서 우리는 자위행위를 현상적으로 분석함으로써 성적 쾌락의 윤리적 의미와 한계를 밝힐 필요가 있다.[42] 자위는 정의상 오르가즘을 얻기 위해 자신의 성기라든가 신체의 예민한 부분을 자극하는 행위를 일컫는다. 그러나 구체적 현상은 그렇게 간단하지 않다. 잠자면서 자신의 살과 살이 부딪혀서 느끼는 오르가즘에서도 알 수 있듯이 자위행위는 반드시 자신의 손(사실상 손을 대용하는 도구들은 성인용 성기구 외에도 손이 닿는 생활세계 도처에서 찾을 수 있다)을 요구하지도 않으며, 또한 우리 몸 전체의 에로틱화는 입술, 젖꼭지, 가랑이 등과 같은 다양한 성감대를 개발함으로써 반드시 성기와 성기의 접촉을 요구하지도 않는다.

그렇다면 자위행위는 무엇인가? 우리는 전통철학과 윤리가 자위행위를 생식과 연결시켰다는 사실에서 두 가지 관점을 획득할 수 있다. 하나는 성행위가 둘 사이에서 이루어진다는 점에서 혼자 하는 성행위와 성적 쾌락 역시 반성적 구조를 가진다는 사실이며, 다른 하나는 여성 생식기 속으로 남성 생식기가 삽입되는 행위(생식의 필연적 전제조건이다)를 배제한 모든 신체적 접촉과 성행위는 모두 자위행위로 해석될 수 있다는 점이다. 예컨대 자위행위를 경험한 사람은 어느 곳이 성적으로 민감하며, 어떤 행위가 쾌락을 산출한다는 것을 안다. 다시 말해 자위행위는 자신의 몸과 신체에 대한 의

---

41 A. Soble, *Sexual Investigations*, 90.
42 자위행위에 대한 현상적 분석과 그 의미에 관해서는 다음의 글을 참고하라. A. Sable, *Sexual Investigations*, 제2장 "자위행위", 59-110.

식을 전제한다는 점에서 반성적일 뿐만 아니라 동시에 쾌락을 느끼는 주체와 쾌락을 산출하는 대상이 동일하다는 점에서도 반성적 구조를 갖고 있다. 간단히 말해서 자위행위는 수동적인 동시에 능동적이다. 여기서 우리는 자위행위가 자기 자신을 성적 쾌락의 대상으로 설정할 수밖에 없으며, 또 신체의 반성적 구조를 넘어설 때 자위행위는 사도마조히즘으로 변질될 수 있음을 간파할 수 있다. 칸트의 도덕적 정언명령은 여기서 적용될 수 있다. 즉, 자기 자신뿐만 아니라 타인을 수단으로서만이 아니라 목적으로 다루어야 한다는 윤리적 공식에 따르면 삶의 가능성을 파괴할 정도까지 쾌락을 위해 자신의 신체를 남용하는 것은 도덕적으로 옳지 못한 것이다.

우리가 자위행위를 성적 쾌락을 추구하는 모든 비상식적 성행위로 넓게 규정한다면, 우리는 성도착과 성행위의 비도덕성을 구별하여 판단할 수 있는 관점을 얻게 된다. 이런 맥락에서 보면 서로를 위해 행하는 애무와 포옹, 구강 섹스는 모두 '상호적 자위행위'로 분류될 수 있다. 만약 그렇다면, 부부간의 성행위는 우리가 생각하는 것보다 훨씬 더 많은 자위행위로 이루어지고 있다고 해도 과언이 아니다. 오늘날, 우리는 이러한 성행위들이 우리의 신체적·인격적 정체성을 침해하지 않는 한 결코 비도덕적이지 않다는 것을 익히 알고 있다. 그렇다면 쾌락을 산출할 수 있는 성행위는 모두 자연스러운 것인가? 우리가 성행위를 생식으로 국한하는 환원주의를 배척한다면, 우리는 성적 욕망의 인간적 성격에서 자연스러움과 부자연스러움, 즉 정상과 도착을 구별할 수 있는 기준을 발견해야 한다. 우리는 단순한 동물이 아니기 때문에 성적 쾌락을 생식에 국한시키지 않고, 신이 아니기 때문에 영혼의 완전한 조화를 실현할 수 없다. 인간적 성과 욕망은 신체적 접촉을 통해 서로 공유할 수 있는 친밀성의 관계를 구축하는 것을 목적으로 한다. 다시 말해 성과 욕망은 호혜성과 상호성의 원리를 기반으로 하는 것이다. "성적 욕망은 다른 인격의 신체와 접촉하고자 하는 욕망이며, 이 접촉이 산출하는 쾌락에 대한 욕망이다. 성행위는 행위자의 이러한 욕망을 충족시키고자 하는 욕망이다."⁴³ 우리는 『향연』의 아리스토파네스의 정의를 약간 변형한 이 명제를 기준으로 삼고자 한다. 물론 신체적 접촉을 통해 산출되는 쾌락에는 염려, 존중, 사랑, 자식 등과 같은 모든 친밀성의 유형이 포함된다. 상대방을 성적으로 욕망하면서 동시에 자신이 상대방의 욕망의 대상이 된다는 사실의 인식은 모든 자연스러운 성관계의 필연적 전제조건이다. 이런 관점에서 보면 신체를 매개로 한 호혜적 상호인정에 근거한 모든 성행위는(삽입을 전제하든 전제하지 않든 간에) 인간적으로 자연스러운 것이며, 신체적 욕망의 호혜성으로부터 벗어나는 모든 성행위는 도착적이라 할 수 있을 것이다.⁴⁴ 우리는 이와 같은 일방적 성적 도착의 전형적인 예들을 페티시즘, 관음증, 노출증 등 유사 자위행위에서 발견할 수 있다. 신체가 인격과 분리되어 성적 욕망의 대상이 되거나 또는 성적 쾌락이 호혜적 친밀성의 관계에 기여하지 않는다면, 우리는 이러한 성행위들을 인간적으로 자연스럽지 못한 도착 행위로 규정할 수 있는 것이다. 이처럼 친밀성을 산출하지 않는 일련의 성행위들이 설령 비도덕적이지는 않지만 도착적이라 규정할 수 있다면, 우리는 도덕으로부터 완전히 해방된 것같이 보이는 성적 쾌락과 욕망을 전체적 삶의 관점, 즉 윤리적 관점에서 바라볼 수 있는 것이다.

4.3 간음

생식과 이성애와 밀접하게 결합되어 있는 사회적 제도는 두말할 나위도 없이 결혼과 가정이다. 성적 쾌락에 대해 대체적으로 고대, 중세 이래 근

---

43   Alan Goldmann, "Plain Sex," ed. Raja Halwani & Alan Soble & Jacob Held & Sarah Hoffman, *The Philosophy of Sex: Contemporary Readings* (Savage: Rowman & Littlefield Publishers, 2017), 74.
44   Thomas Nagel, "Sexual Perversion," *Mortal Questions*, 39-52: Robert Solomon, "Sexual Paradigms," in ed. Raja Halwani et al., *The Philosophy of Sex*, 53-62.

대에 이르기까지 부정적 태도를 취했던 기독교윤리도 현대에 이르러는 부부관계에서의 성적 쾌락은 용서받을 수 있는 것으로 생각했다. 그렇기에 사람들은 성적 부도덕이라는 말을 들으면 대부분 혼외적인 간통과 간음을 연상한다. 우리는 여기서 무엇보다 간통과 간음을 죄악시하는 기독교의 도덕적 근거를 살펴보고자 한다. 일반적으로 기독교의 도덕적 근거는 성서에서 찾으려는 경향이 있다. 그렇다면 성서에서는 과연 간통이나 간음에 대해 어떤 말을 들려주는지 검토할 필요가 있을 것이다.

성서에도 빈번하게 등장하는 간음(姦淫)의 사전적 의미는 "부정한 성관계를 함. 주로 배우자 이외의 사람과의 성관계 따위를 이른다"고 풀이되어 있다. 간통(姦通) 역시 "결혼하여 배우자가 있는 사람이 배우자가 아닌 사람과 성적 관계를 맺음"이라 풀이된다. 신약성서에서는 '모이크'(μοιχ-)로 시작하는 헬라어가 35번 나오는데, '간음하다'라는 동사 모이케우오(μοιχεύω)가 15번 나오고(마 5:32; 막 10:19, 요 8:4, 골 2:22; 약 2:11, 계 2:22), '간음한 여자'라는 명사 혹은 형용사로서 '모이카리스'(μοιχαλίς)가 일곱 번 나온다(롬 7:3; 벧후 2:14, 약 4:4; 마 12:29; 막 8:38). '간음한 남자'라는 명사 '모이코스'(μοιχός)가 세 번 쓰였고(눅 18:11; 고전 6:9; 히 13:4), '간음'이라는 명사 '모이케이아'(μοιχεία)가 세 번 쓰였다(마 15:19; 막 7:22; 요 8:3). 그리고 독자들이 혼동될 수밖에 없는 것이 '모이케우오'(간음, 간통)와 '포르네이아'(음행)을 구분하지 않고 사용하고 있다는 것이다. 이것은 성서 번역자의 잘못이다. 예를 들어 『요한복음』 8장 1-11절에 등장하는 "현장에서 간음하다가(모이케우오메네) 잡힌 여인"을 목회자들의 설교에서는 종종 "음행 중에 잡힌 여인"이라 오역하기도 한다. 헬라어 용법에서 '모이크-'는 '간음'으로 번역됨이, 아래에서 볼 『바울서신』에서 비중 있게 다루는 용어, '포르네이아'는 '음란 또는 음행'으로 번역됨이 조금이라도 오해를 피할 수 있을 것으로 보인다. 아무튼 복음서 전체 내용에서 간음이나 간통의 문제를 심각하게 다루지 않고 있으며 『요한복음』이 보여주는 것처럼 그마저도 예수의 측은지심, 자비로움을 드러내는 대목이 분명해 보인다.

그리고 바울이 심각하게 여겼던 성전매춘에 해당하는 '포르네이아' 역시 '하나님 나라' 운동(이 운동의 주된 동조자들, 즉 "작은 자들", "가난한 자들", "심령이 가난한 자들" 가운데 창기들이 포함되어 있지 않은가)에 결정적인 영향을 미치는 주된 관심사는 아닌 것이 분명하다.

그런데 신약성서의 상당 부분을 차지하는 『바울서신』에서 인간을 더럽히는 "악덕의 목록"⁴⁵을 보게 되면, 대부분 '간음'보다는 '음란 또는 음행'의 죄가 맨 앞에 등장하는 것을 볼 수 있다. "음란(행)한 자는 하나님의 나라를 상속받지 못할 것입니다(고전 6:9, 엡 5:5)." 교회의 선포는 데살로니가 전서 4장 3절에 특별한 비중을 두고 있는데, "하나님의 뜻은 여러분이 성결해지는 것, 음행(πορνεία)을 멀리하는 것입니다"라고 쓰여 있다. 그렇다면 신약성서에서 음행은 간음보다 훨씬 무거운 악덕임에 분명하다. 로마제국과 헬레니즘 문명의 세계에서 살아가던 바울에게서 그리스도인들을 위협하는 가장 큰 죄악은 바로 음행이었다. 음행의 헬라어를 보면서 우리가 한눈에 알 수 있듯이 그 용어는 『70인역』에서도 흔히 발견할 수 있는 '성전 매춘'과 동일한 헬라어 단어, 포르네이아이다. 문제는 우리말 구약성서에서의 '간음하다'(נאף, 나아프), '간음'(נאפים, 젠눈)이 헬라어 『70인역』에서는 포르네이아(πορνεία)로 번역되어 사용되기에 한국의 성서 독자들은 혼란을 가져올 수 있다는 점을 환기하고자 간략하게 언급한 것이다.⁴⁶ 하나만 더 언급하자면, 바울은 고린도 교회 교인들 중에 어머니와 부적절한 관계에 있던 사람에 대해 경악하고 있다(고전 5:1-2). 매춘(포르네이아)을 일삼는 이방인들조차도 하지 않는 근친상간의 사태를 일컬어 매우 심각한 "포르네이아 행위"라 비판한 것을 보게 되면,

---

45 대표적으로 『갈라디아서』 5장 19-21절의 예를 들면, "음행과 더러운 것과 호색과 우상 숭배와 주술과 원수 맺는 것과 분쟁과 시기와 분냄과 당 짓는 것과 분열함과 이단과 투기와 술 취함과 방탕함"

46 『출애굽기』 20:14와 『신명기』 5:18에 나오는 십계명 중 "לֹא תִנְאָף"(로 티네아프)는 "간음하지 말라"로 번역할 수도 있지만 "이방인들처럼 성전의 창기들과 매춘행위를 하지 말라"는 의미로 해석될 수도 있다.

성서의 포르네이아는 다중적인 의미가 있다는 점을 고려해야 할 것이다.

다시 본래의 논의로 돌아가서 그렇다면 생식과 관계없이 성적 쾌락을 당연시하는 현대사회에서도 결혼이 과연 성도덕의 마지막 보루로서 기능할 수 있는가를 질문할 필요가 있다. 우리는 여기서 문화주의적 입장을 지나치게 확대 적용하여 이성애도 인간에 의해 만들어진 문화적 발명품이며 일부일처제를 토대로 하는 결혼제도 역시 문화적 산물에 불과할 뿐이라 고집할 필요는 없을 것이다.[47] 다만 우리는 오히려 결혼제도를 위협하는 다양한 현대적 현상을 분석함으로써 일부일처제에 기반을 둔 도덕적 원리가 여전히 타당할 수 있는지 검토하고자 한다. 결혼제도를 위협하는 요소들은 실제로 다종다양하기만 하다.[48] 점점 증대하는 이혼율, 혼전성교의 자유화, 사생아와 미혼모의 증가, 의도적 결손가정의 확산, 가정 내 폭력의 법률적 인정 등은 모두 결혼제도를 심각하게 위협하고 있는 것으로 받아들여지고 있다. 오늘날 혼전순결을 요구하는 것은 시대착오적인 것으로 여겨지고 있으며, 혼외적 섹슈얼리티는 더 이상 모험의 문제가 아니라 기회의 문제로 인식되고 있다. 만약 결혼한 부부간에도 폭력적 강간이 성립될 수 있다면, 결혼 밖에서 이루어지는 합의적 간통이 어떻게 도덕적으로 문제될 수 있는가? 이 물음은 결혼에 관련된 도덕적 혼란을 드러내준다.

오늘날의 동성애가 지난날 사회적으로 억압받던 남색과 다르듯이, 이성애의 보루 결혼제도 역시 전통적 제도와는 근본적으로 다르게 변천하고 있다. 하지만 한 가지 분명한 것은 이혼이 자연스럽고 쉽게 이루어지는 사회라 하더라도 인간의 성적 욕망과 신체적 접촉을 매개로 한 친밀성의 관계는 변화된 결혼과 가정의 제도 속에서도 여전히 하나의 가치로서 인정받고 있다는 점이다. 다시 말해 호혜성과 상호성을 토대로 하는 친밀한 관계의

---

[47] Jonathan Ned Kutz, *The Invention of Heterosexuality* (New York: A Dutton Book, 1995) 참조.

[48] J. Weeks, *Invented Moralities*, 36.

가치가 인정되는 한, 간통과 간음은 여전히 도덕적으로 문제가 되는 것이다. 여기서 우리는 간통에 대한 도덕적 논증을 간단히 살펴볼 필요가 있다. 기독교적 윤리를 정초한 바울은 근본적으로 성적 쾌락을 인정하면서, 이를 부부관계에 국한시켰다. 그의 논점은 지극히 간단하다. 인간은 자연적으로 성적 욕망을 가지고 있기 때문에 한편으로는 극단적 금욕이 불가능하며, 다른 한편으로 그럼에도 불구하고 간음은 기독교적 이상에 정면으로 배치된다는 것이다. 따라서 간음을 회피하기 위해서는 모든 남자가 자신의 부인을 갖고 또 모든 여자가 자신의 남편을 가질 필요가 있을 뿐만 아니라, 각자는 상대방의 신체에 대해 배타적 독점권을 가져야 한다는 것이다.[49] 이처럼 각자의 몸이 호혜적으로 상대방의 성적 욕망의 대상이 될 수 있다면, 부부관계의 성적 쾌락은 간음을 막아준다고 바울은 이해했다. 그러나 상대방의 몸에 대해 원하면 언제든지 소유할 수 있다는 배타적 독점권은 오히려 부부관계의 성적 쾌락을 약화시키고 압살시킴으로써 오히려 간통을 부채질하는 것은 아닌지 모른다. 몸 자체가 하나의 인격적 전체로서 인정되어야 성적 긴장과 쾌락이 증대될 가능성이 클 것으로 보인다. 현실은 바울적 제안이 결코 간통의 해결이 되지 못함을 여실히 증명하고 있다.

이에 비해 칸트의 입장은 결혼제도를 훨씬 설득력 있게 설명한다. 칸트는 우선 "우리가 우리의 성적 욕망을 자유롭게 사용할 수 있는 유일한 조건은 상대방의 인격을 하나의 전체로서 대할 수 있는 권리에 달려 있다"[50]고 전제한다. 만약 내가 상대방의 인격에 대한 권리를 가지고 있다면, 나는 그 부분에 대해서도 권리를 가지며 따라서 성적 욕망을 충족시키기 위해 상대방의 성기를 사용할 수 있는 권리를 가지고 있다는 것이다. 그렇다면 우리는 어떻게 인격에 대한 권리를 가질 수 있는가? 칸트는 상대방에게도 내 자

---

[49] Alan Soble, *Sexual Investigations*, 6.

[50] I. Kant, *Lectures on Ethics* (New York: Harper and Row, 1963), 166.

신의 인격 전체에 대한 권리를 인정함으로써 우리는 이러한 권리를 획득할 수 있다고 주장한다. 따라서 결혼은 "서로에게 평등한 호혜적 권리를 보장함으로써 맺어지는 두 사람 사이의 협약"이다. 이런 관점에서 보면 간통은 협약의 침해이기 때문에 도덕적으로 정당화될 수 없는 것이 당연하다. 그러나 칸트가 성적 쾌락을 결혼협약의 전제조건으로 제시하고 있듯이 소위 말하는 '사랑'의 요소를 끌어들이면, 문제는 그렇게 간단하게 끝나지 않는다. 결혼의 협약은 한번 이루어지면 절대적으로 타당한 것인지 아니면 협약의 전제조건인 사랑과 협약을 준수하겠다는 의지가 존재하는 동안만 타당한 것인지는 여전히 물음으로 남는다.

성적 쾌락과 욕망을 일차적 전제조건으로 결혼으로 설정한다면, '사랑' 없는 일부일처제의 결혼생활은 자기모순적이다. 이런 관점에서 보면 사랑이 없는 부부간의 섹슈얼리티는 강요된 매춘과 다를 바 없다는 엥겔스의 언급은 정확한 것이다.[51] 이러한 맥락에서 어떤 사람은 사랑과 정념은 그 자체 나쁜 것이 아니며, 오직 그 효과가 부정적일 때 도덕적으로 문제된다고 주장한다. 그렇다면 진정한 사랑과 정념에 의한 간통은 정당화된다는 것인가? 이 물음은 은연중에 결혼제도를 넘어서는 운명적 사랑이 있으며, 또 가정에 대한 책임에만 기반을 둔 사랑은 비극적일 수밖에 없다는 인식을 전제하고 있다. 사랑은 결혼의 전제조건이기도 하지만 수많은 이혼을 야기하는 것 역시 운명적 사랑이라는 역설적 사실을 생각한다면, 우리는 명확하게 규정할 수 없는 사랑의 이름을 빌려 간통을 정당화할 수는 없는 것이다. 다시 말해 결혼은 단순한 사랑 이상의 것을 함축하고 있는 것이다. 칸트는 그것을 인격과 인격의 만남이라고 지적한다. 운명적 사랑을 이해하고 동경하기까지 하면서도 정작 자신의 상대방이 간통했을 경우 도저히 용서하지 못하는 일반적 현상에서 우리는 간통으로 인해 결혼의 협약뿐만 아니라 인격 자

51　Friedrich Engels, *Der Ursprung der Familie, des Privateigenthums und des Staats*. H. Kent Geiger, *The Family in Soviet Russia* (Cambridge: Harvard University Press, 1970), 16에서 인용.

체가 훼손될 수 있다는 사실을 인식할 수 있다. 그러나 정말 사랑이 없다면 어떻게 하는가? 만약 어떤 사람이 자신의 배우자의 인격과 삶을 배려하지 않는다 하더라도, 그가 간통을 하지 않았다고 해서 배우자에게 충실한 것인가? 부인에게 자신의 수입과 재산을 숨기는 남편은 과연 충실한 것인가? 실제로는 간통하지 않으면서 상상으로는 매일 밤 간음하는 것도 충실한 것인가? 우리는 삶의 공유를 거부하는 어떠한 태도도 충실성의 덕을 침해한다고 생각한다. 물론 부부관계가 신체적 접촉과 성적 욕망을 매개로 하나의 삶을 공유하고자 한다는 점에서 간통은 그것이 운명적 사랑이든 아니면 우연적 섹스이든 도덕적으로 옳지 못한 것이다. 왜냐하면 결혼은 성적 욕망의 호혜적 충족을 넘어서 인격과 인격의 만남이기 때문이다. 그러나 인간의 욕망은 부부의 사랑을 소유관계로 왜곡시키기도 하고, 사랑의 대상을 끊임없이 변경함으로써 결혼제도를 위협하기도 한다. 사랑은 관계를 추구하면서 동시에 관계를 파괴하려는 경향을 갖고 있는 것이다. 사랑의 윤리를 요청하는 것은 바로 이와 같은 욕망의 자기모순적 구조이다.

4.4 동성애

자위행위의 보편화에서 볼 수 있듯이 현대의 성은 이제 행위의 문제이기보다는 욕망의 문제이다. 성적 욕망은 그것이 분출되고 실현되는 과정에서 "무엇을 원하는가"를 스스로 표현하고, 또 이를 충족시킬 수 있는 대상을 스스로 만들어간다. 우리가 스스로 자위행위를 하면서 '다른 사람'을 표상하여 쌍방적 성행위를 할 수 있듯이 이성 간의 성행위를 하면서도 자기 자신의 표상에 몰입하여 상대방을 잊을 수 있는 것은 모두 욕망의 표상력과 상상력 때문이다. 성적 욕망이 구체적 몸과 신체로부터 해방되면 될수록, 우리의 얼굴처럼 정체성을 결정했던 외면적 성별은 점점 더 중요성을 상실하게 된다. 이런 맥락에서 보면 성적 쾌락의 해방과 더불어 동성애의 담론화가 확대되었다는 사실은 지극히 당연한 일일지도 모른다. 왜냐하면 생식의 중요도가 감소하면 할수록, 생식과 밀접하게 연관되어 있는 성별의 상징주의는 퇴색할 수밖에 없기 때문이다. 그럼에도 불구하고 동성애는 여전히 억압적 성담론의 핵심을 이루고 있다. 대중심리는 여전히 동성애를 혐오스럽게 인식하고 있으며, 기존의 도덕 체계는 동성애를 도착적이고 부도덕한 것으로 규정하고 있으며, 기독교 도덕은 그것을 신의 명령을 거역하고 자연을 위반한 비도덕적 죄악으로 간주한다. 하지만 기독교의 교의에 바탕한 동성애의 죄악시가 보편타당성을 확보하기란 쉽지 않다. 우리가 주지하는 바와 같이 세계의 수많은 문화들에서 동성애에 대한 정죄가 보편적이지 않기 때문이다. 거의 모든 문화에서 매춘이 일반화되어 있듯 동성애의 경우도 크게 다르지 않다. 평가와 가치규정이 약간씩 차이가 있을 뿐이다.[52] 그리고 고대의 헬라인이나 로마인들에게서 오히려 이성애와 동성애의 병행은 자연스러운 것이었으며, 경우에 따라 동성애가 사랑 행위에서 특별한 위치를 차지하기도 했다.[53] 그렇다면 유대-기독교 전통에서의 동성애 배척이 오히려 유달

---

[52] 문화인류학자들에 따르면, 1/3 정도의 문화에서만 동성애가 금기시되고 처벌을 받는 것으로 보고되고 있다. Margaret Mead, *Male and Female: A Study of the Sexes in a Changing World* (New York: William Morrow and Company, 1949), 60-78, 167-172.

[53] 헬라문화는 본질적으로 남성중심의 문화였으며, 여자의 몸보다는 남성의 몸에서 인간의 아름다움이 실현되고 있다고 보았다. 시인들이나 철학자들은 청소년기의 남자의 몸에 대해 찬미하고 있으며, 남자 아이에 대한 교육에서도 세심한 배려를 아끼지 않았다. 성인 남자와 어린 남자의 관계는 멘토와 제자의 관계로서 성인은 아이가 어른이 될 때까지 삶의 지혜와 지식을 가르칠 의무가 있었으며, 이로써 둘 사이에는 자연스럽게 친밀한 관계가 유지되고 공동적 삶이 형성될 수 있었던 것이다. 어린 남자에 대한 애정, 몸소 훌륭한 모범을 보임으로써 그를 도야하고 싶다는 욕구는 성인 남자로 하여금 영웅적인 행위를 하고 덕스러운 모범을 보이려고 노력하게 했으며, 어린 남자는 그 덕행을 본받으려 열심을 다할 수 있었던 것이다. 이러한 맥락에서 그들 간의 사랑은 비정상적이거나 비도덕적인 것이 아니라 자연스러운 일로 간주된 것이다. 단지 남자아이가 성관계의 대가를 받을 때나 직업적인 남창의 행위를 했을 경우, 어른이 비겁하거나 불명예스러운 행위를 했을 경우에는 '수치스러운 행위'로 비난을 받았던 것이다. Paul-Michel Foucault, 『성의 역사2』, 신은경 외 역(서울: 나남, 1990), 28, 56-61.

랐다는 것을 알 수 있다.

하지만 결코 보편적이라 할 수 없는 유대-기독교 전통에서조차 동성애 배척의 도덕적 근거를 성서에서 찾고자 할 경우에는 난관에 봉착할 수밖에 없는 것이 사실이다. 달리 말해 동성애 금기에 관한 신의 명령이 과연 성서에 기록되었는가의 문제이다. 예컨대, 신의 벌을 받았던 『창세기』 19장의 소돔 사람들, 『사사기』 19장에 등장하는 기브아 사람들을 근거로 예를 들어 동성애를 부도덕한 행위요 신의 심판을 피할 수 없는 악행이라 주장하고 있다. 하지만 그들의 행위는 엄밀히 말해 특정한 성행위로서의 남색(sodomy)[54]에 해당하는 것으로 동성애와는 거리가 있어 보인다. 더욱이 그들이 신을 진노하게 한 이유는 손님(이방인)을 함부로 대하는 배타적이고 폭력적인 태도였다고 보는 것이 더 타당할 것이다. 『레위기』 18장 22절에서 말하는 성적으로 가증스러운 행위 역시 남색으로 이해되어야 할 것으로 보인다. 야훼종교가 남색에 대해 반감을 가진 데는 여러 가지 이유가 있을 수 있다. 첫째로 들 수 있는 것은, 혼합주의적인 주변 세계의 제사의식과 풍속으로부터 거리를 두려는 노력이다. 그러나 그 밖에도 남색은 유대인에게 있어서 맨 첫자리를 차지하는 최고의 계명인 자손 생산의 의무와 모순된다. 이 의무가 남자에게만 해당된다는 점은 율법이 여자들끼리의 성행위에 대해서는 전혀 주의를 기울이지 않았다는 점을 설명해주는 것 같다. 율법이 여성들끼리의 사랑을 다루지 않았다고 해서 그것이 전혀 없었다고 결론지어서는 안 될 것이다. 끝으로 고대 이스라엘은 (후기의 유대교와 마찬가지로) 야훼에 의해 수립된, 인간이 승복해야 할 질서가 어떤 것인지를 나름대로 명확하게 구분하고 있었다. 인간은 원래 이성과만 성관계를 맺는다고 간주되었기 때문에 남색 행

---

[54] 남색을 뜻하는 히브리어 단어는 'קָדֵשׁ'(카데쉬)이다. 'קָדַשׁ'(카다쉬)라는 '성결하게 하다'라는 동사에서 파생된 단어로, 성전 활동과 연결되어 '거룩한 남자'를 뜻한다. 결국 이방신전에서 매음하던 남자(남창) 또는 남색하는 자들로 이해하면 될 것이다(왕상 14:24, 15:12, 22:46), '미동'(신 23:17, 왕하 23:7), '남창'(욥 36:14)으로 번역되어 사용되기도 한다.

위는 '질서에서 벗어난 것'으로 간주된 것이다. 『레위기』 18장과 20장의 남색 금지가 근친상간 금지 규정들 가운데 들어 있는 것도 그런 이유에서이다. 공동체의 자기존중이 질서 있는 성의 실천을 요구했던 것이다. 오늘날 인간을 특징짓는 하나의 성향이라는 의미에서의 동성애는 성서에 알려져 있지 않았다. 성서가 때때로 문제 삼은 것은 순전한 성적 행위의 문제일 뿐, 오늘날 우리가 동성애 담론에서 다루는 지속적 애정관계 혹은 영적·정신적 가치들과는 전혀 무관한 것이었다. 이런 점에서 구약성서가 남색을 거부한 것을 두고 오늘날 동성애에 대한 신학적 반증으로 사용하기에는 무리가 따를 수밖에 없다.

그렇다면 신약성서는 어떠한가? 복음서들은 간음(앞에서 살펴본 바와 같이 porneia는 간음, 간통보다는 이방인들의 성전에서의 매춘의 의미가 강하다) 이외의 성적 일탈에 대해서는 심각하게 여기지 않은 듯하다. 당연히 오늘날의 동성애에 대한 금기는 등장하지 않는다. 그러므로 우리는 예수가 동성애(사실상 남색)에 대해 어떻게 생각했으며 이 문제에 대한 구약성서의 입장을 어느 정도까지 수용하고 있었는지를 알 수 없다. 물론 한 가지 확실하게 말할 수 있는 것은 팔레스타인의 세계에서는 남색이 그리스-로마 세계에서보다 훨씬 덜 유행하고 있었다고 추정할 뿐이다. 오늘날 기독교에서 반(反)동성애의 규범으로 삼는 것은 아무래도 『바울서신』이 되겠다. 바울은 『로마서』 1장에서 그리스-로마 세계의 한 윤리적 상황을 묘사했는데, 주목을 받는 대목은 다음과 같다. "이런 까닭에, 하나님께서는 사람들을 부끄러운 정욕 속에 내버려두셨습니다. 여자들은 남자와의 바른 관계를 바르지 못한 관계로 바꾸고, 또한 남자들도 이와 같이 여자와의 바른 관계를 버리고 서로 욕정에 불탔으며, 남자가 남자로 더불어 부끄러운 일을 했습니다. 그래서 그들은 그 잘못에 마땅한 대가를 스스로 받았습니다(표준새번역 롬 1:26-27)." 그리고 『고린도전서』에서 하나님의 나라를 유업으로 받을 수 없는 불의한 자들의 사례로 "남색 하는 자"(남창 노릇 하는 자, 침대에 누워 있는 남자, ἀρσενοκοίτης)라 명시하는 것(고전 6:9)

을 비추어 바울은 남색을 반자연적 행위로 거부하고 있음이 분명하다. 그러나 이 구절을 통한 반동성애나 동성애 혐오의 도덕적 정당화는 용이하지 않다. 바울이 성행위에 대해 인정하면서도 그것을 소극적으로 결혼 안에서만 허용했던 금욕주의자였음을 고려할 때, 헬레니즘 문화권에 속한 그리스도인들의 성적 방종에 대한 도덕적 비판으로서의 남색을 고려할 수는 있으나 2000년 전의 바울의 도덕적 판단을 오늘날 문자적으로 율법화시킨다는 것은 무리가 있어 보인다. 바울이 자연스럽게 여겼던 로마제국시대의 노예제도, 가부장적 남성우월주의를 오늘날 규범화시킬 수 없는 이치와 같다.

동성애에 대한 도덕적 탄핵이 난감해지는 곳에서 동성애가 질병에 다름 아니라는 과학적·의학적 담론이 시작한다는 것은 충분히 예측할 수 있는 일이다. 그러나 최근의 동향에 의하면 의학은 자위행위와 마찬가지로 동성애를 병으로 규정하는 데 실패한 것처럼 보인다.[55] 그럼에도 불구하고 동성애는 여전히 성적 성향의 장애로 간주되는 경향이 상당하다. 만일 동성애를 질병, 도착으로 규정하는 과학적 담론들이 뿌리 깊은 도덕적 편견의 위장에 불과하다면, 이와 같은 편견은 도대체 어디에서 기인하는 것인가? 동성애를 자연스러운 것으로 받아들이기 거부하는 대중심리 속에는 한 톨의 진리도 들어 있지 않은 것인가? 우리는 한편으로 동성애와 연관된 수많은 천재적인 인물들을 기억한다. 차이콥스키, 랭보, 토마스 만, 비트겐슈타인, 미셸 푸코, 레너드 번스타인 등. 그러나 동성애와 창조적 광기의 결합은 동성애를 이해될 수 있는 것으로 정상화하기보다는 오히려 예외적인 것으로 규정하려고 한다.[56] 그것은 어쩌면 동성애와 에이즈, 즉 쾌락의 원리와 죽음의 원리와의 결합 때문인지도 모른다. 여기서 우리는 다시 한 번 동성애에 대한 편견이 생식 중심의 성윤리에 기인함을 살펴볼 필요가 있다. 앞에

---

[55] Ronald Bayer, *Homosexuality and American Psychiatry* (Princeton: Princeton University Press, 1987), 176.

[56] J. Weeks, *Invented Moralities*, 169.

서 이미 지적한 바와 같이 토마스 아퀴나스는 자연의 섭리에 거스르는 성행위를 용서받기 어려운 대죄(mortal sins)로 규정하면서, 이 죽음의 심판을 피할 수 없는 대죄에 속하는 성행위를 네 가지로 분류한다.[57] ① 수간: 잘못된 종(種), ② 남색: 올바른 종, 잘못된 성, ③ 이성애적 성도착: 올바른 성, 잘못된 과녁, ④ 자위행위: 성기의 부적절한 사용. 여기에서 우리는 부도덕성이 자위행위로부터 수간에 이르기까지 점차 증대되고 있음을 볼 수 있다. 다시 말해 자위행위보다는 성도착이, 성도착보다는 남색이, 그리고 남색보다는 수간이 자연의 법칙을 더 침해하기 때문에 더욱 부도덕하다는 것이다. 이와 같은 인식은 성에 관한 우리의 도덕적 감정과 인식에 깊이 뿌리를 내리고 있다. 그렇기 때문에 남색은 설령 종의 차원에서는 부도덕하지는 않다고 하더라도 자연에 위배되는 것으로 받아들여지고 있는 것이다.

그렇다면 우리가 생식의 이데올로기를 도외시한다면 동성애는 과연 도덕적으로 정당화될 수 있는가? 우리가 쾌락의 원리를 판단의 기준으로 삼는다면, 사실 동성애를 배척할 아무런 근거를 갖지 않는다. 이런 맥락에서 공리주의자 벤담은 동성애를 정당화한다. 벤담은 동성애가 다른 사람에게 고통을 주기보다는 오히려 어떤 사람들에게는 쾌락을 주기 때문에 사회적으로 아무런 문제가 되지 않는다고 주장한다.[58] 그에 의하면 동성애는 강간의 경우와 같이 다른 사람의 신체와 인격을 해치지 않는 한 도덕적으로 정당화될 수 있다는 것이다. 이런 관점에서 보면 동성애자들에게 성행위의 기회를 부여하지 않는 것이 그들에게 성적 쾌락을 박탈하고 감정적 고통을 야기하기 때문에 오히려 비도덕적인 것이다. 모든 사람은 성적 쾌락을 추구할

---

[57] Alan Soble, *Sexual Investigations*, 10.

[58] Jeremy Bentham, "An Essay on Paederasty," ed. Baker & Elliston, *Philosophy and Sex*, 354-369 참조. 공리주의자 벤담의 "소아성애에 관한 에세이"는 동성애 행위, 특히 남성 간의 동성애 행위의 범죄화에 반대하는 대표적인 글이다. 1785년경에 쓰였지만 1978년까지 출판되지 않았다. 공리주의 윤리학의 틀에 기초하여 성인 간의 합의에 의한 동성애 행위는 법적 처벌의 대상이 되어서는 안 된다는 당시로서는 급진적인 주장을 했다.

권리가 있다고 가정한다면, 동성애자들이 비도덕적인 것이 아니라 동성애자들에 대한 사회적 편견과 억압이 비도덕적인 것이다. 이와는 반대로 칸트는 동성애는 결혼관계 밖의 모든 섹슈얼리티와 마찬가지로 다른 인격을 오직 수단으로 사용하기 때문에 부도덕한 성도착이라고 단언한다. 그러나 칸트의 명제를 거꾸로 적용하면, 동성애가 다른 사람의 인격을 수단으로 대하지 않는 한 정당화될 수 있다는 관점이 추론될 수 있다. 우리는 인간이 의지의 주체라는 관점에서 도덕적 판단을 해야 한다는 사실을 상기하면, 동성애가 다른 인격의 의지를 침해하지 않는 한 이를 도덕적으로 매도할 근거는 거의 없다고 해도 과언이 아니다. 동성이든 이성이든 사랑의 상대자에 대한 책임 있는 태도가 요구되는 것이지, 동성애는 그 자체 도덕적으로 문제되지 않는다는 것이다. 이런 맥락에서 끊임없이 상대를 바꾸는 동성애자들과 구별하여 "선한 동성애자", "책임 있는 동성애자", "공동체지향적 동성애자", "동성애 가정" 등의 개념이 생겨나고 있다.

동성애자들이 거리로 나와 차별을 반대하고 자신들의 권리를 주장하는 현상은 서구에서는 이제 일상적인 것이 되었다. 그러나 성적 욕망, 동성애가 음지에서 양지로 나와 가시화된다고 해서 그것이 자연적인 것으로 규정되는 것은 아니다. 동성애는 인류의 역사에 있어 보편적이라는 인식이 동성애를 정상화하리라는 기대도 헛된 것인지도 모른다. 동성애의 보편적 성격이 가시화되면 될수록, 동성애에 대한 사회적·문화적 통제장치 역시 보편적이라는 사실이 드러날 뿐이다. 그렇다면 우리가 동성애를 사회가 용납할 수 없는 '타자'로 규정하는 것은 동성애자들이 항상 소수였다는 사실에서 기인하는 것인가? 정상은 항상 비정상을 규정함으로써 정상적인 것으로 인식되고 지각될 수 있다면, 동성애자들은 사회체제를 유지하기 위해 조작되고 만들어진 사회적 주변부와 다를 바 없는 것인가? 한 가지 분명한 것은 인류가 존속되기 위해서는 생식이 필수적일 수밖에 없으며, 이런 맥락에서 생식을 배제한 동성애는 항상 소수일 수밖에 없다는 사실이다. 그렇다면 동성애자들은 생식에 기여하지 않으면서 성적 쾌락만을 추구하는 무임승차자들에 불과한 것인가? 어떤 사람들은 과학과 기술이 발전하면 생식 자체가 불필요해질 수 있으며, 여성들은 고통스러운 종의 사슬로부터 완전히 해방될 수 있다고 주장할지도 모른다. 생식의 종언은 성적 쾌락의 완전한 해방이라는 것이다. 그러나 인간이 죽을 수밖에 없는 유한한 존재인 한, 즉 인류의 존속을 위해 생식을 필요로 하는 한, 생식을 배제한 동성애는 항상 반자연적인 것으로 여겨질 수 있다는 점만은 분명하다.

동성애자들이 소수이고 또 이들이 모든 사람들에게 동성애를 강요하는 것이 아니라고 한다면, 동성애에 대한 윤리적 태도는 결국 정상과 비정상을 구별하는 사회적 장치에 대한 통찰을 요구한다. 동성애의 담론화는 이제 정상과 비정상의 구별이 음지에서 익명적으로 이루어지는 것이 아니라 비교적 가시적인 영역에서 이루어짐을 말해준다. 그렇다면 우리는 성적 욕망이 다원화된 사회에서 동성애를 어떻게 대해야 하는가? 이러한 물음을 제기하면, 동성애에 대한 윤리적 문제는 곧바로 성정치적 문제로 이어진다. 동성애에 관한 성정치적 담론은 대체로 두 가지로 압축된다. 하나는 남성 동성애자들에 의해 제기되고 있는 '성적 쾌락에 대한 평등한 권리'의 주장이며, 다른 하나는 동성애를 여성해방의 수단으로 제시하는 급진적 여성주의자들의 입장이다. 우리는 이 입장이 모두 현대적 생활양식에 대한 도전적 의미를 갖고 있다고 생각한다. 전자는 특정한 성적 욕망을 바탕으로 하는 특정한 친밀성의 관계는 생활양식의 문제이며, 다양한 생활양식들이 허용되는 현대사회에서 동성애는 당연히 정당화되어야 한다는 것이다. 이런 관점에서 보면 "우리는 어떤 성을 바라는가" 하는 성적 정체성의 문제는 "우리는 어떻게 살 것인가" 하는 윤리적 문제와 직결되어 있다.

이와는 반대로 동성애를 성정치의 맥락에서 파악하는 급진적 페미니즘은 이성애를 불평등한 가부장적 지배관계와 동일시한다. 왜냐하면 이성애는 여성의 질로의 남성기의 삽입을 전제하기 때문에 남성기 중심적일 수밖에 없으며, 남성기 중심적 상징주의는 주체형성에 심리적, 사회적으로 영향을 주어 기존의 지배관계를 고착시킨다는 것이다. 이런 입장에서 보면 이성애는 "불평등과 권력 차이의 에로틱화"에 불과한 것이다.[59] 어떤 경우에는 성관계에 내재하는 강제와 폭력, 예속과 지배의 지나친 강조가 성적 쾌락을 부정하는 태도, 즉 섹스 혐오의 태도를 가져오기도 한다.[60] 그러나 우리는 동성애도 섹슈얼리티 관계에 내재하는 불평등한 권력관계로부터 완전히 벗어나지 못함을 익히 알고 있다. 그뿐만 아니라 '남성적인 것'과 '여성적인 것'의 양극적인 구조가 동성애에서도 발견된다. 우리는 앞서 성적 쾌락을 추구하는 인간의 욕망이 끊임없이 '다른 사람'을 요구하며, 그 자체 능동과 수동의 반성적 관계를 산출함을 지적한 바 있다. 이런 관점에서 보면 이성애에 있어 여성이 항상 수동적인 위치로 전락하는 것은 아니며 언제든지 성적 욕망의 능동적 주체로 행위할 수 있는 것이다. 오늘날 누가 여성상위의 체위를 성도착으로 인식하겠는가(1950년대 미국의 정신분석학에서는 오랄 섹스나 여성상위 체위를 성도착의 범주로 분류했다)? 동성애의 도전은 오히려 "우리가 어떻게 하면 신체적 욕망을 매개로 평등하게 친밀성의 관계를 이룩할 수 있는가" 하는 문제로 압축된다. 우리는 동성애를 다른 방식으로 읽어 문자 그대로 성의 평등성을 토대로 한 친밀성의 관계를 민주화하라는 현대 윤리적 명법으로 이해하자는 생각은 여전히 위험한 발상일까.

---

59 Wendy Hollway, "Recognition and heterosexual desire," ed. Diane Richardson, *Theorising Heterosexuality. Telling it straight* (Buckingham: Open University Press, 1996), 91-108.

60 Stevi Jackson, "Heterosexuality and feminist theory," *Theorising Heterosexuality*, 21-38.

5
결론:
자유로운 섹스에서 진정성의 윤리로

오늘날 우리 문화에 만연된 '프리섹스'의 열풍은 언뜻 보면 성윤리를 근본적으로 불가능하게 만드는 것처럼 보인다. 우리가 앞에서 살펴본 바와 같이 전통적 성윤리의 전제조건이었던 생식, 이성애, 결혼제도의 지반이 현대 성담론에 의해 심각하게 침식되고 있는 것이 사실이다. 그렇다면 성은 타인의 인격을 침해하지 않는 한에서 개인의 주관적 선택의 문제이지 결코 윤리적으로 문제되지 않는 것인가? 그러나 우리가 무엇을 원하고 욕망하는가 하는 성적 정체성의 문제는 우리가 어떻게 살 것인가 하는 윤리적 문제와 직결된다는 점에서, 우리는 성의 가치에 관한 규범적 방향을 제시할 필요가 있다. 물론 이러한 태도는 성과 성적 욕망을 통체하고 억압하는 '규제의 윤리'에서 바람직한 가치의 방향을 인도하는 '실존의 윤리'를 요구한다. 왜냐하면 도덕과 윤리가 일반적으로 개인의 의자와 행위를 문제 삼는다면, 성윤리는 실존과 관계의 양식을 초점으로 삼기 때문이다.

성적 욕망과 쾌락은 오늘날 다른 어떤 목적에 기여하는 수단으로서의 도구적 가치보다는 그 자체 친밀성의 관계를 구성하는 능력을 갖고 있다는 점에서 고유한 가치를 가지고 있는 것으로 받아들여지고 있다. 여기에서 우리는 아리스토파네스의 말을 다시 한 번 상기한다. 두 사람이 사랑하면, "이들은 사랑(philia)의 감정, 서로에게 속해 있다는 예속의 감정과 욕망(eros)에 사로잡혀 한 순간도 서로 떨어지려고 하지 않는다. 두 사람이 신체적·인격적 정체성의 차이에도 불구하고 서로에게 속하고자 하는 욕망은 에로스로서, 또 서로 떨어지지 않고 하나의 삶을 공유하고자 하는 사랑의 감정은 필리아로서 규정되고 있다. 성을 매개로 이루어지는 친밀성의 관계는 이처럼 에로스와 필리아, 욕망과 사랑으로 구성되는 것이다. 우리는 여기서 사랑과 육욕을 구분하여 사랑에 굳이 정신적 가치를 부여할 필요는 없다. 우리가 주목하고자 하는 것은 성을 매개로 한 친밀성의 관계가 서로에게 속하고자 하는 욕망, 서로가 신체적 독립성을 바탕으로 한 자율적 인격이라는 인식, 서로 하나의 삶을 공유하고자 하는 사랑의 세 단계로 반성적으로 형성된다는 사실이다. 사랑을 하는 두 사람이 각각 독립적인 인격이라는 사실을 망각하면 성적 욕망은 상대방을 인격과 분리된 하나의 대상으로 전락시킬 수 있으며, 이 경우 성적 욕망은 소유욕으로 변질되고 만다. 따라서 서로에게 속하고자 하는 성적 욕망은 상대방의 인격적 정체성에 기여할 때만 비로소 하나의 삶을 공유할 수 있는 친밀성의 관계로 발전할 수 있는 것이다. 여기서 우리는 사랑이 성과 신체적 욕망을 전제로 하지만 성적 욕망이 반드시 친밀성의 관계로 발전하지 않는다는 것을 간파할 수 있다. 왜냐하면 사랑과 친밀성은 관계와 과정을 전재하지만, 성적 욕망은 대체로 행위를 통한 순간적 충족을 추구하기 때문이다.

우리는 여기서 신체적 교통의 호혜성을 바람직한 성행위의 이상으로 설정하고자 한다. 왜냐하면 호혜적 친밀성에 기여하지 않는 성적 욕망은 상대방을 목적으로보다는 수단으로 대할 수 있는 가능성이 있을 뿐만 아니라 신체를 매개로 한다는 점에서 상대방의 신체적 독립성을 훼손할 수 있기 때문이다. 사랑하는 사람들 사이의 성관계는 인격과 인격의 만남이라는 말이 암시하는 것처럼 정신적으로만 호혜적인 것이 아니라 신체적으로도 호혜적이다. 성적 욕망의 소유적 성격을 언급한 사르트르는 신체적 의식의 호혜적 성격을 이렇게 묘사하고 있다. 어떤 남자가 거울에 비친 한 여자를 매력적으로 느끼는 동안, 이 여자 역시 거울을 통해 자신을 바라보는 남자를 보고 매력적이라고 생각한다. 그들은 각각 상대방이 바라보고 있다는 사실을 느끼고, 상대방의 관심과 호감을 즐거워한다. 이 교감은 그들로 하여금 자신들이 상대방의 성적 관심과 욕망의 대상이 되고 있다는 것을 의식하게 만드는 것이다. 여기서 우리는 신체로서의 자아의식이 성적 교감에 전제되고 있다는 사실을 깨닫게 된다. 그들은 다른 사람의 신체에 대한 매력적 의식을 통해 자신의 자아 역시 신체로 구현되어 있다는 사실을 인식하는 것이다.

사르트르는 이와 같이 성적 욕망의 주체가 동시에 욕망의 대상이 되고 있다는 사실을 통해 이루어지는 자신의 신체에 대한 의식을 자아의 "이중적인 호혜적 육화"라고 명명한다.[61] 여기서 우리는 두 가지 중요한 사실을 인식할 수 있다. 하나는 우리가 성적으로 끌리는 대상은 항상 살아 있는 신체라는 사실이며, 다른 하나는 우리가 소유하고자 하는 신체는 단순한 몸이 아니라 의식을 통해 살아 있는 구체적 인격이라는 사실이다.[62]

우리가 서로의 목소리를 듣거나 상대방이 사용하는 화장품의 향을 맡거나 또는 살결이 스침으로써 성적으로 흥분했다고 하면, 이는 성적 교통의 일차적 단계이다. 그러나 상대방이 나의 신체적 자극으로 인해 성적으로 흥분했다는 사실을 인지함으로써 내가 흥분한다면, 이는 성적 교통의 이차적 단계로서 단순한 신체적 접촉을 넘어선다. 이 경우에 나는 나 자신의 의식 속에서 성적 욕망의 주체이면서 동시에 객체가 되는 것이다. 우리는 여기서 신체적 의식의 반성구조에 토대를 둔 섹스는 주체와 객체의 이원적 구분을 극복함으로써 단순한 소유와 지배를 넘어서는 호혜적 친밀관계를 형성할 수 있음을 알 수 있다. 성은 근본적으로 신체적 존재의 인정이다. 그렇

---

61   Jean Paul Sartre, *Being and Nothingness*, 508.

62   Maurice Merleau-Ponty, *Phenomenology of Perception* (London: Routledge and Kegan Paul, 1962), 167.

다면 성적 쾌락과 신체적 접촉을 매개로 하는 친밀성의 관계는 어떤 점에서 단순한 섹스를 넘어서는가? 성적 쾌락을 얻기 위해 우리가 섹스를 한다고 가정하면, 두 사람은 모두 상대방의 성적 쾌락을 충족해줄 호혜적 의무를 갖는다. 만약 어떤 남성이 어떤 여성의 오르가슴을 위해 온갖 노력을 다한다면, 그 여성 역시 그 남성이 오르가슴을 느낄 수 있도록 마찬가지의 노력을 기울여야 공정할 것이다. 만약 남성이 여성의 애정 어린 관심과 정감만으로 만족한다면, 여성 역시 남성에게서 관심과 정감 이상의 것을 바라서는 안 되는 것이다. 따라서 남성과 여성의 성관계는 언어적 의사소통과 마찬가지로 암묵적이든 명시적이든 서로가 무엇을 원하는가에 관한 관심, 인식, 합의를 필요로 한다.

그러나 우리는 한 차례의 성관계로 이와 같이 평등한 성적 쾌락이 실현되지 않음을 익히 알고 있다. 만약 우리의 신체적 제약으로 말미암아 하룻밤으로 완전한 호혜성을 실현할 수 없다면, 우리는 성적 쾌락의 지속적 보장을 위해서도 오랜 기간 지속될 수 있는 친밀성의 관계를 필요로 한다. 이런 맥락에서 보면 결혼은 바로 오랜 기간에 걸쳐 상호 성적 쾌락을 보장할 수 있는 친밀성의 관계를 이루어나가겠다는 약속이라고 할 수 있겠다. 섹스가 도덕적이기 위해서는 시간을 요하는 것임을 알 수 있다.[63] 두 사람이 오랜 시간을 걸쳐 이루어나가는 친밀성의 관계에는 공동의 추억, 미래의 가능성에 관한 공감 등이 포함된다. 사랑하는 두 사람이 공동으로 엮어갈 수 있는 하나의 역사만이 언제든지 훼손될 수 있는 단순한 순간적 욕정의 관계를 극복할 수 있는 것이다. 이런 맥락에서 종종 사랑의 객관화로 인식되는 출산한 자녀는 중요한 역할을 한다. 그렇다고 우리가 생식 중심의 성윤리의 구태의연한 회귀를 주창하는 것은 아니다. 우리에게는 생식, 이성애, 가정이 욕망과 쾌락을 토대로 하는 친밀성의 관계에 있어서도 역시 중요한 의미를

---

[63] Alan Soble, *Sexual Investigations*, 55.

갖고 있다는 점을 지적하고자 할 뿐이다.

우리의 출발점은 프리섹스 시대에 과연 성윤리는 가능한가 하는 물음이었다. 우리가 성윤리를 개인적 자율의 관점에서 파악하지 않고 관계의 관점에서 파악한다면 이 물음에 긍정적으로 답할 수 있다는 결론에 도달했다. 프리섹스는 개인을 성적 욕망의 주체로 발전시켰다는 점을 감안하면, 성의 해방은 개인주의의 확산과 밀접한 관계를 맺고 있다. 우리는 물론 성적 욕망의 실현이 자율적 선택의 문제라는 점을 인정한다. 다시 말해 우리는 성적 욕망이 다양한 형태로 표출되는 현대에서 어떤 성을 원하고, 성적 욕망을 어떻게 실현할 것인가를 스스로 선택해야 한다. 그러나 성적 욕망의 실현은 우리가 앞서 살펴본 바와 같이 항상 타자를 필요로 하며, 호혜적 관계를 전제한다. 섹스는 다른 사람의 신체적 독립성과 인격적 개성을 배제한 완전한 자율이 불가능함을 극명하게 보여준다. 우리는 이와 같이 친밀성의 관계 속에서 자신의 인격적 정체성을 실현할 수 있는 자율을 '진정성'이라 명명하고자 한다.[64] 자율이 독립적 의지로부터 출발하여 자신의 삶을 스스로 규정하는 윤리적 태도라고 한다면, '진정성'은 관계 속에서 하나의 삶을 공유함으로써 자신의 개성과 인격을 확보하는 윤리적 태도를 말한다. 만약 우리가 섹스에서 자신을 신체적으로 실존하는 존재로 지각하고 이해한다면, 우리는 상대방 역시 구체적 시간과 공간 속에 묶여 있는 신체적 존재임을 동시에 인식한다. 상대방에 대한 우리의 감정, 사랑, 욕망, 표상 모두가 시간과 공간에 의해 규정되었다는 의미에서 상대적일 수밖에 없다면, 우리는 섹스를 통해 오직 상대적 자율만을 확보할 수 있는 것이다. 관계를 무시한 절대적 자율은 섹스에서 나르시시즘 아니면 방탕한 쾌락주의만을 산출

---

[64] '진정성'의 개념에 해당하는 영어식 표현은 'authenticity'이다. 이 개념은 절대적 자유와는 반대로 사회적 콘텍스트 속에서 상대적으로 실현될 수 있는 자유의 양식을 가리킨다. '진정성'의 본뜻이 '스스로 자유롭게 만들다'라는 점을 감안하면, '진정성'은 관계 속에서 자신의 삶의 양식을 창조한다는 진정성 또는 본래성의 번역어로도 더욱 적절하다고 볼 수 있다. 이에 관해서는 Charles Taylor, *The Ethics of Authenticity* (Cambridge: Harvard University Press, 1992)를 참조할 것.

할 뿐이다. 성적 욕망을 추구하면서도 동시에 서로를 자유롭게 하는 '진정성'의 태도는 따라서 관계의 맥락에서 자신의 욕망을 승화시키는 자제를 필요로 한다. 우리가 성적 욕망으로부터 출발했으면서도 호혜적 쾌락을 가져다준 공동의 역사를 가지고 있고 공동으로 책임질 미래의 삶을 공유한다면, 사랑의 관계는 결코 단순한 섹스로 환원되지 않는다. 우리는 신체뿐만 아니라 영혼에도 아름다움을 산출하는 이 친밀성의 관계가 단순히 플라톤적 의미와 같이 정신적이지만은 않다는 것을 알고 있다. 우리는 또한 타인을 받아들이고 공동의 역사를 잉태할 수 있는 사람들만이 삶을 아름답게 창조할 수 있다는 것을 안다. 플라톤을 경멸하는 것같이 보이는 현대에 성적 욕망에 대한 (지혜로운 티마이오스의 입을 빌린) 플라톤의 말을 상기하고 싶다.

"그럼 내(티마이오스)가 당신(소크라테스)에게 말해줄게요. 이것(에로스)은 몸에 있어서, 그리고 영혼에 있어서 아름다운 것 안에서 출산하는 것입니다. … 모든 사람들이 몸에 있어서, 그리고 영혼에 있어서 임신하고 있고, 어떤 나이에 이르게 되면 우리 본성은 출산하기를 욕망합니다. 그런데 추한 것 안에서는 출산할 수가 없고 아름다운 것 안에서는 할 수 있습니다. 남자와 여인의 함께함이 일종의 출산이거든요. 이 일은 신적인 것입니다. 가사자인 생물 안에 들어 있는 불사적인 것이죠. 임신과 낳음이 말입니다. 이것은 조화하지 않는 것 안에서는 일어날 수 없습니다. 그런데 추한 것은 신적인 모든 것과 조화하지 않는 데 반해 아름다운 것은 조화합니다. 그래서 그 출산에서는 칼로네(아름다움)가 모이라(운명)요 에일레이튀아(필요할 때 오는 자)입니다. 이 때문에 임신한 것이 아름다운 것에 가까이 다가가게 될 때는 인자하게 되고, 즐겁게 이완되며, 자식을 낳습니다. 반면에 추한 것에 가까이 다가가게 될 때는 뚱하게 되고, 고통스러워 움츠러들며, 외면하고 뒤로 주춤하며, 자식을 낳지 못하고; 그저 태아를 안에 가진 채 버거운 상태로 있습니다. 그렇기 때문에 임신하여 이미 터질 듯 부풀어 오른 자는 아름다운 것에 관한 격렬한 흥분으로 가득 차 있게 됩니다. 그것을 가진 자가 자기를 큰 산고에서 풀어줄 수 있기 때문이죠. 소크라테스, 사실 사랑은 당신 생각처럼 아름다운 것에 대한 게 아닙니다. … 아름다운 것 속에서의 낳음과 출산에 대한 것이지요. … 분명히 그렇습니다. 그럼 사랑이 왜 낳음에 대한 것일까요? 낳음은 가사자에게 있는 영속적이고 불사적인 것이기 때문입니다. 앞에서 합의한 대로 사랑이란 좋은 것이 늘 자신에게 있는 것에 대한 것이라고 한다면, 이로부터 우리가 좋은 것과 더불어 불사를 욕망한다는 것이 필연적으로 따라 나옵니다. 따라서 이 이야기로부터 사랑이 불사에 대한 것이기도 하다는 것이 필연적으로 따라 나오지요."[65]

우리 모두는 육체나 영혼으로 모두 수태할 수 있다. 생산은 아름다운 것을 산출하지 결코 추한 것을 낳지 않는다. 사랑으로 가득 찬 사람들에게 임신의 순간이 다가오면 아름다움에 대한 흥분과 도취가 있는 것은 바로 이 때문이다. 아름다움은 그들을 거대한 고통으로부터 해방시켜주는 것이다.[66] 죽을 수밖에 없는 존재인 우리가 그토록 간절하게 욕망해서 수태하고 낳고자 하는 것은 무엇일까?

---

65 Platon, 『향연』, 206b-207a.
66 R. C. Solomon and K. M. Higgins (ed.), *The Philosophy of (Erotic) Love*, 24.

참고문헌

Augustinus. *The City of God*. New York: Modern Library, 1950.

Baumin, Bernhard. "Sexual Morality Delicated." in ed. Robert Baker and Frederic Elliston, *Philosophy and Sex*, Buffalo: Prometheus Books, 1984.

Baumann, Zygmund. *Mortality Immortality and Other Life Strategies*. Cambridge: Polity Press, 1992.

Bayer, Ronald. *Homosexuality and American Psychiatry*. Princeton: Princeton University Press, 1987.

Cohen, Carl. "Sex Birth Control, and Human Life." in Robert Baker and Frederic Elliston (ed.), *Philosophy and Sex*, Buffalo: Prometheus Books, 1984.

Coward, Rosalind. *The Whole Truth The Myth of Alternative Health*. Boston: Faber and Faber, 1992.

Delpby, Christine. "Rethinking of sex and gender." *Women's Studies international Forum* 16-1 (1993), 1-9.

Foucault, Paul-Michel. 『성의 역사2』. 신은경 외 역, 서울: 나남, 1990.

Freud, Sigmund. 『성욕에 관한 세 편의 에세이』. 김정일 역, 서울: 열린책들, 1996.

Geiger, H. Kent. *The Family in Soviet Russia*. Cambridge: Harvard University Press, 1970.

Giddens, Anthony. *The Transformation of Intimacy. Sexuality, Love and Eroticism in Modern Societies*. Standford: Standford University Press, 1992.

Görres, Franz Albert & Johannes Gründel. *Menschliche Sexualität und kirchliche Sexualmoral*. Düsseldorf: Patmos-Verlag, 1977.

Haag, Herbert & Katharina Elliger. 『사랑을 방해하지들 말아다오』. 윤선아 역, 왜관: 분도출판사, 1988.

Halwani, Raja & Alan Soble & Jacob Held & Sarah Hoffman (ed.). *The Philosophy of Sex: Contemporary Readings*. Savage: Rowman & Littlefield Publishers, 2017.

John Paul VI. "Humanae Vitae." in ed. Robert Baker and Frederic Elliston, *Philosophy and Sex*, Buffalo: Prometheus Books, 1984.

Kant, Immanuel. *Lectures on Ethics*. New York: Harper and Row, 1963.

Kinsey, Alfred et al.. *Sexual Behavior in the Human Male*. Philadelphia: W. B. Saunders, 1948.

_____. *Sexual Behavior in the Human Female*. Philadelphia: W. B. Saunders, 1953.

Kutz. Jonathan Ned. *The Invention of Heterosexuality*. New York: A Dutton Book, 1995.

Marietta, Don. *Philosophy of Sexuality*. New York: M. E. Sharpe, 1996.

Mead, Margaret. *Male and Female: A Study of the Sexes in a Changing World*. New York: William Morrow and Company, 1949.

Müller, Michael. *Die Lehre des hl. Augustinus von der Paradiesesehe und ihre Auswirkungen in der Sexualethik des 12. und 13. Jahrhunderts bis Thomas von Aquin*. Regensburg: F. Pustet, 1954.

Nagel, Thomas. *Mortal Questions*. Cambridge: Cambridge University Press, 2012.

Nussbaum, Martha. "The Speech of Alcibiades: A Reading of Plato's Symposium." Robert Solomon and Kathleen Higgins, *The Philosophy of (Erotic) Love*. Lawrence: University Press of Kansas, 1991.

Platon, 『향연』, 강철웅 역. 서울: 아카넷, 2020.

Ponty, Maurice Merleau. *Phenomenology of Perception*. London: Routledge and Kegan Paul, 1962.

Preisker, Herbert. *Christentum und Ehe in den ersten drei Jahrhunderten. Eine Studie zur Kulturgeschichte der alten Welt*. Berlin: Trowitzsch & Sohn, 1927.

Richardson, Diane (ed.), *Theorising Heterosexuality. Telling it straight*. Buckingham: Open University Press, 1996.

Salzmann, Chritian Gotthilf. 『청소년기의 은밀한 죄에 관하여』 (*Über die heimlichen Sünden der Jugend*), https://www.deutschestextarchiv.de/book/view/salzmann_suenden_1785?p=68 (2025. 7. 5. 원문 검색)

Sartre, Jean Paul. *Being and Nothingness*. trans. Hazel Barnes, New York: Washington Square Press, 1966.

Schopenhauer, Arthur. "Metaphysics of the Love of the Sexes." *The Philosophy of Schopenhauer*, ed. Irwin Erman, New York: Modern Library, 1956.

Simon, William. *Postmodern Sexualities*. London: Routledge, 1996.

Soble, Alan. *Sexual Investigations*. New York: New York University Press, 1996.

Sontag, Susan. *AIDS and its Metaphors*. London: Allen Lane, 1989.

Stoller, Robert. *Presentations of Gender*. New Haven: Yale University Press, 1985.

Taylor, Charles. *The Ethics of Authenticity*. Cambridge: Harvard University Press, 1992.

Tissot, Samuel Auguste André David. 『자위행위 또는 자위행위로 인해 발생하는 질병에 대한 신체적 논문』 (*L'onanisme ou dissertation physique sur les maladies produites par la Masturbation*, 1760), https://neptun.unamur.be/ark:/83449/001bb42d9d (2025. 7. 5. 원문 검색)

Vance, Carol (ed.), *Pleasure and Danger: Exploring Female Sexuality*. Boston: Routledge and

Kegan Paul, 1984.

Weeks, Jeffrey. *Invented Moralities. Sexual Values in an Age of Uncertainty*. New York: Columbia University Press, 1995.

Whiteley, Charles & Winifred Whiteley, *Sex and Morals*. New York: Basic Books, 1967.

9장

포스트휴먼 시대의 윤리와 종교

1 서론
2 포스트휴먼, 트랜스휴머니즘, 포스트휴머니즘
3 포스트휴먼 시대의 윤리
4 포스트휴먼 시대의 종교
5 결론

1
서론

 인간이 한낱 자연물인지 그 이상의 어떤 품격을 가지고 있는지에 대한 존재론적인 논란의 와중에 이 논란을 더욱더 격화시키고, 인간 위격의 근본을 뒤흔드는 상황을 빚은 것은 유사인종(posthomo sapiens)의 출현 가능성이다. 인간의 지능 못지않은 또는 그것을 능가하는 인공지능이 개발되고, 그에 힘입어 종래에 인간이 해냈던 일들을 수월하게, 경우에 따라서는 비교할 수 없이 탁월하게 수행해내는 로봇이 곳곳에서 활동하며, 인체에 대한 물리학적·생물학적 탐구가 진전해감에 따라 자연인과 얼핏 구별하기도 어렵고, 어느 면에서 훨씬 탁월한 사이보그가 활보하는 사회도 머지않아 보인다.
 이러한 상황에서 인간의 수명 연장과 능력 증강에 대한 욕구가 과학기술을 부추기면 아마도 자연인으로 태어난 인간도 종국에는 모두 사이보그가 될 것이다. 심장은 기계장치로 교체되며, 어떤 장기는 여느 동물의 것으로 대체되고, 부실한 한쪽의 뇌는 인공지능이 대신할 가능성 또는 우려가 점점 커지고 있다. 의생명공학적 조작에 의해 다수의 동일인이 대체(代替)적으로 생을 이어갈 수도 있으며, 사람이 노화는 해도 노쇠는 하지 않아 더 이상 동물적 죽음은 없을 것이라는 전망마저 나오고 있다. 게다가 당초에는 인간에 의해 제작되고 조종을 받던 로봇이 정교화를 거듭하면 마침내는 스스로 로봇을 제작하고 조작하고 조종하여, 도리어 인간을 제압하고 자기 도구로 사용하는 국면마저 도래할지도 모를 일이다.

'지식이 힘이다'라는 매력적인 표어는 과학적 지식이 전근대적인 삶의 고초들로부터 사람들을 해방시키고, 의식주의 필수품을 구하는 데 매인 사람들의 삶에 자유와 여가를 줌으로써 충분한 신뢰를 확보했다. 그러나 힘인 지식은 '가치중립적'이라는 구실 아래 어느 주인에게나 순종한다. 힘인 지식은 타인을 지배하고, 자연을 개작하고, 세계를 정복하고, 수요가 있는 곳에서는 제한 없이 이용된다. 지식은 기술에든, 자본에든, 권력에든, 전쟁에든 가리지 않고 힘이 된다. 과학과 기술이 갈수록 인간생활의 중심을 이루는 것은 사람들이 자연과 인간을 완전히 지배하기 위해 자연과 인간을 이용하는 지식=힘을 과학과 기술에서 얻을 수 있다고 보기 때문이다. 과학기술의 진보는 실로 자연, 즉 대상(객체)들을 지배할 힘을 증대시켜간다. 그러나 그 결과는 자칫 인간의 인간다움을 위협하거나 훼손시킬 수도 있다.

산업적으로 군사적으로 그 유용성이 점차 확인되는 마당에서 로봇의 기능은 급속도로 향상될 것이며, 인간의 끝없는 생명 연장 욕구를 충족시키는 의료기술과 함께 생명공학은 불로장생의 소망을 성취하기 위해 질주할 것이다. 그리고 이를 정당화하는 논리 또한 개발될 것이다. 이른바 '포스트휴머니즘'(posthumanism)은 자칫 그러한 궤도에 들어설 우려가 크다. 이러한 시대 상황에서 인간 위상을 위해 우리는 무엇을 할 것인가? 이 장에서는 도래하는 포스트휴먼 사회의 현실과 휴먼과 포스트휴먼의 공존이 더욱더 휴머니즘의 진보를 이끄는 데 과연 기여할 수 있을 것인가를 탐색하고자 한다.

근대적 인간 주체에 대한 비판적 해체 이후, '휴먼'으로부터 '포스트휴먼'으로의 이행을 촉발한 것은 바로 '정보 기술과 GNR(Genetic engineering, Nanotechnology, Robotics) 혁명'일 것이다. 오늘날 기술은 더 이상 인간의 통제 아래 자연을 다루는 단순 도구의 수준에 머무르지 않는다. 인간 신체의 안과 밖에서 인간과 접속되어 있는 기술적 대상들은 인간 자신의 물리생물학적 조건들을 변형시키면서 인간 삶의 근본적인 존재 조건으로 급부상했다.

자연적인 것(살아 있는 것, 유기적인 것)과 인공적인 것(살아 있지 않은 것, 기계적인 것)을 하나의 시스템으로 결합시키는 사이보그화 작업이 다양한 분야(의료, 상업, 군사 등)에서 촉진되고 있다. '인간-기계 복합체'나 사이보그의 존재 형태는 더 이상 새로운 것이 아니다. 생물학적 특이성이 무차별화되는 정보 시스템의 일반적 모델 안에서 인간 종의 특권을 상실한 휴먼은 그동안 주목하지 못했던 인간과 기술의 관계를 긴급하게 재고할 필요성을 갖는다. 왜냐하면, 단지 개인의 선택과 책임이라고만은 할 수 없는, 인간의 인간 자신에 의한 비인간화 과정과 기술 매개의 존재론적 진화가 과연 또 다른 소외와 예속화의 길로 나아갈지, 아니면 새로운 휴머니즘을 창출할 주체화의 길로 들어서게 될지, 중요한 철학적 정치적 문제, 나아가 신학적인 문제까지 제기하기 때문이다.

따라서 포스트휴먼이 감당해야 할 문제는 복합적이다. 포스트구조주의의 반휴머니즘과 정보 기술과학의 비인간화 역량을 어떻게 새로운 휴머니즘을 창출하는 포스트휴먼 주체화의 가능성으로 연결시킬 수 있는가? 탈인간중심주의적이면서도 비인간화하지 않을 수 있는 새로운 인간의 형태와 삶의 방식은 무엇일까? 다시 말해 '포스트휴먼'은 무엇이어야 하는가? 트랜스휴머니스트들(transhumanists)의 주장대로, 포스트휴먼은 첨단 기술과학을 활용하여 신체적·정신적 조건들을 근본적으로 변형시킴으로써 기존의 인간보다 훨씬 더 강화된 능력을 갖게 된 어떤 존재일까? 아니면 비판적 포스트휴머니스트들(critical posthumanists)의 주장처럼, 수많은 기계들과 접속하여 확장된 신체와 분산된 인지를 수행하고 있는 우리 자신이 이미 포스트휴먼인 것일까?

트랜스휴머니스트들은 포스트휴먼으로 이행하기 위해 특이점(singularity)을 향해가는 인간 향상 기술의 발전을 긍정하며, 인간의 사이보그화로 정의되는 인간 종의 진화를 합리적이고 자율적인 주체로서의 인간이 그 역량을 확장시켜나가는 과정으로 간주한다.[1] 그러나 인간의 사이보그화가 포스트휴먼의 출현을 고지했을지는 몰라도 포스트휴먼이 과연 사이보그 모델로 환원될 수 있을지는 확실하지 않다. 우리는 여전히 도래 중에 있는 포스트휴먼을 사유하기 위해 보다 많은 청사진을 그려볼 필요가 있다.

필자는 가급적 개념적 혼란에 대한 정리의 차원에서 트랜스휴머니즘, 포스트휴머니즘, 그리고 비관적 포스트휴머니즘 등과 같은 개념들을 정리할 것이고 포스트휴먼 시대에 그리스도인인 우리는 무엇을 실천하고 무엇을 신앙할 것인가 등의 문제를 다룰 것이다.

---

[1] 트랜스휴머니즘을 대표하는 닉 보스트롬(Nick Bostrorm), 레이 커즈와일(Ray Kurzweil), 한스 모라벡(Hans Moravec) 등은 "인간과 기계, 인간과 정보의 융합을 통해 육체적 한계(노화, 질병, 죽음, 공간 제약)를 극복하는 '포스트휴먼'을 약속한다."[이화인문과학원 편, 『인간과 포스트휴머니즘』(서울: 이화여자대학교출판부, 2013), 69].

2
포스트휴먼, 트랜스휴머니즘, 포스트휴머니즘

2.1 포스트휴먼

우리는 지금 포스트휴먼 시대로 접어들고 있다. 닉 보스트롬에 따르면, 포스트휴먼이란 "기본적인 능력이 현재의 인간을 근본적으로 넘어서서 우리의 현 기준으로 더는 명백하게 인간이라고 할 수 없는 미래의 존재"를 가리킨다.[2] 포스트휴먼에 대한 국내 연구자들의 정의도 대부분 여기에 따른다.[3] 이 정의에 유발 하라리의 인류사적 시대구분을 적용하자면, 포스트휴먼 시대는 10만 년 전 지구에 존재했던 여러 인간 종들 중에 유일하게 살아남아 오늘날의 "인간/휴먼"이 된 호모 사피엔스가 인간의 지적 설계 때문에 다른 종으로 대체되거나, 혹은 바로 그 지적 능력 때문에 세계 전체가 멸망

---

[2] Nick Bostrom, "A History of transhumanist Thought," http://www.nickbostrom.com

[3] "인간의 생물학적 조건을 극복한 인간 이후의 존재"[이경란, "포스트휴먼 시대의 포스트휴먼 담론들", 『문학동네』 97(2016)], "기본적인 능력이 근본적으로 현재의 인간을 넘어서기 때문에 현재의 기준으로는 더 이상 인간이라 부를 수 없는 존재"[신상규, 『호모 사피엔스의 미래: 포스트휴먼과 트랜스휴머니즘』(서울: 아카넷, 2014)], "현생 인류로서의 인간이 크게 변모한 존재 일반"[김건우, "포스트휴먼의 개념적, 규범학적 의의", 한국포스트휴먼학회 편, 『포스트휴먼 시대의 휴먼』(서울: 아카넷, 2016)] 등과 같이 대부분 이 정의를 따른다.

할지도 모를 갈림길에 서 있는 지금부터 근 미래의 시대를 말한다.[4] 이것을 기원후의 이전 시대들과 비교해서 살펴보자면, 포스트휴먼 시대는 기원후부터 중세까지의 신 중심 시대와 근대의 인간/휴먼 중심 시대에 이어 출현한 탈근대의 인간/휴먼 이후 시대를 말한다. 이 세 번째 시대에서 포스트모던에 인접해 있는 포스트휴먼은 시기상으로는 20세기 말 혹은 21세기 초부터지만,[5] 근대의 과학혁명과 산업혁명이 없었더라면 거의 불가능했을 것이다. 기계론적 세계관의 등가물로서든, 산업혁명의 중요한 물질적 계기로서든, 기계의 발명과 그에 따른 대량생산, 과학기술의 확산은 역설적으로 인간 중심이던 시대가 근대를 거치면서 기계, 물건, 상품과 같은 사물 중심의 시대로 바뀌는 데 적잖게 이바지했기 때문이다. 포스트휴먼 시대는 이러한 물리적 환경을 토대로 근대 이후에 획기적으로 발전한 과학과 기술이 가속화된 결과 인간이 자기 자신을 인간 아닌 다른 존재로 바꿀 수 있는 단계로까지 온 시대라고 할 수 있다.

2.2 트랜스휴먼, 트랜스휴머니즘

포스트휴먼은 그것이 제시하는 파격적인 미래상만큼이나 오해나 논란이 많은 게 사실이다. 그 이유는 주로 휴머니즘과의 연관성 때문이다. 이

---

[4] '인간/휴먼'이라고 쓴 것은 오늘날의 호모 사피엔스가 인간-종-중심주의(anthropocentricism)의 '인간'과 휴머니즘의 '휴먼'이 결합한 존재임을 나타내기 위해서다. Yuval Noah Harari, 『사피엔스』, 조현욱 역(서울: 김영사, 2015), 58.

[5] 이 시기는 논자에 따라 조금씩 다르다. 헤어브레히터는 1990년대를 포스트휴머니즘이 출현한 시기이자 대중화된 시기로 보는가 하면, 모어는 포스트휴머니즘의 공식화는 21세기 말이 되어서야 가능할 것이라고 전망한다. Stefan Herbrechter, *Posthumanism: a Critical Analysis* (London: Bloomsbury, 2013), 41; Max More, "Transhumanism: Towards a Futurist Philosophy," *Extropy: The Journal of transhumanist Thought*, 6 (1990), 6. https://www.scribd.com/doc/257580713/Transhumanism-Toward-a-Futurist-Philosophy

와 관련해서 포스트휴먼의 동의어나 유의어처럼 쓰이는 트랜스휴먼과 트랜스휴머니즘이라는 말을 먼저 살펴볼 필요가 있다. 이 중에 트랜스휴먼은 말 그대로 휴먼에서 포스트휴먼으로의 이행 또는 둘 사이의 과도기적 단계를 나타낸다. 반면에 트랜스휴머니즘은 "포스트휴먼으로의 변화를 긍정하고 지지하는 운동"[6]을 의미한다. 그래서 단순히 중립적인 의미의 진술이기보다는 규범적인 당위와 방향성을 지닌다. 눈여겨봐야 할 것은 그러한 변화를 긍정하고 지지하는 이유다. 대표적인 트랜스휴머니스트 맥스 모어는 "트랜스휴머니즘이 이성과 과학을 중시하고, 진보를 확신하며, 초자연적 '내세'보다 현세에서의 인간 (혹은 트랜스휴먼) 존재를 더 높게 본다는 점에서 휴머니즘의 많은 요소를 공유하지만, 다양한 최첨단 과학과 기술들로 인해 "우리 삶의 본질과 가능성이 근본적으로 변화할 것임을 인정하고 기대한다는 점에서는 휴머니즘과 다르다"라고 말한다.[7] 모어의 주장에서 보듯이, 트랜스휴머니즘이 긍정하고 지지하는 포스트휴먼으로의 변화는 오히려 인간 종의 무한한 능력을 신뢰하는 근대 휴머니즘의 21세기적 극대화인 '슈퍼' 휴머니즘에 가깝다고 할 수 있다.

예전의 포스트모더니즘 논쟁에서처럼, 포스트휴먼의 '포스트'도 '~이후의' 혹은 '~다음'의 두 가지 뜻으로 해석될 여지를 갖고 있다. '이후의'로서 포스트휴먼이 휴먼 혹은 휴머니즘의 '종언' 이후에 새롭게 나타난 것임을 자처한다면, '다음의'로서의 포스트휴먼은 휴먼 혹은 휴머니즘의 계승 혹은 연장을 함축하고 있다. 포스트휴먼은 이러한 모호성이 기본적으로 내재된 개념이다. 트랜스휴머니즘은 휴먼의 종식에 따른 포스트휴먼을 지향하며 인간 존재와 기계의 경계까지 과감하게 해체하고 있다. 그런데도 인간을 바라보는 시각에서는 근대 휴머니즘에서 크게 벗어나지 않는다. 트랜스휴머

---

[6] 신상규, 『호모 사피엔스의 미래: 포스트휴먼과 트랜스휴머니즘』, 105.

[7] Max More, "Transhumanism."

니즘의 역사에 관한 글에서 보스트롬도 인정하듯이, "트랜스휴머니즘은 합리적 휴머니즘에 뿌리를 두고 있을" 뿐 아니라, "개인들이 자신들의 삶을 계획하고 선택할 수 있는 능력과 권리로서의 자율성, 독립성, 진보에 대한 신념에 높은 가치를 둔다."[8] 이런 점에서 트랜스휴머니즘은 인류가 포스트휴먼으로 진입하게 될 때 "가장 중대한 위협"은 자유민주주의의 근간이자 정의, 도덕성, 행복한 삶 같은 개념에 본질적인 "인간 본성"에 변화가 초래되는 것이라 맹비난하는 생명 보수주의자 프랜시스 후쿠야마 못지않게 매우 자유주의 휴머니즘적이다.[9] 그리고 모라벡이나 커즈와일 같은 트랜스휴머니스트들이 꿈꾸는 테크노-초월, 즉 육체를 초월한 초지능(super Intelligence)적 존재는 순수 정신에 대한 근대의 이상에 불과하다. 그뿐만 아니라 완전성을 지향하는 트랜스휴머니즘의 인간 향상(human enhancement) 프로젝트는 인체의 장애를 차이가 아니라 반드시 극복해야 하거나 제거되어야 할 결함으로 간주하는 "정상성의 헤게모니를 계속 강화"한다.[10] 그리고 다른 한편으로는 인간과 비인간의 관계를 여전히 인간종 중심에서 바라보고 자연과 그 일부인 기계를 인간 개선의 도구로만 취급한다. 역설적으로 말해, 휴먼을 이용해 가장 강력한 휴먼, 슈퍼 휴먼이 되려고 하는 게 트랜스휴머니즘인 셈이다.

---

[8] Nick Bostrom, "A History of transhumanist Thought," http://www.nickbostrom.com/

[9] Francis Fukuyama, 『부자의 유전자, 가난한 자의 유전자』, 송정화 역(서울: 한국경제신문, 2003), 25.

[10] 하대청, "슈퍼휴먼이 된 장애인", 『포스트휴먼시대의 휴먼』, 한국포스트휴먼학회 편저(서울: 아카넷, 2016), 144.

2.3 포스트휴머니즘

이 글이 표방하는 포스트휴먼은 트랜스휴머니즘으로 경도된 (휴머니즘 '이후'라고 하지만 실제로는 그 '확장판'인) 포스트휴먼보다는 슈테판 헤어브레히터(Stefan Herbrechter)가 말하는 '비판적 포스트휴머니즘' 개념에 가깝다. 비판적 포스트휴머니즘은 트랜스휴머니즘과 다르게 탈휴머니즘의 극복이면서 동시에 휴머니즘의 재창조다. 한마디로 '탈인간-되기'다. 헤어브레히터에 따르면, '비판적'이라는 말에는 두 가지 기능이 결합하여, 한편으로는 변화하는 과학기술 문화의 급진성에 열려 있으면서 다른 한편으로는 휴머니즘을 비판해왔고 일부는 휴머니즘 전통에서 비롯된 사유 전통과의 모종의 연속성을 강조한다. 비판적 포스트휴머니즘이 과학기술의 변화에 열려 있다는 것에는 트랜스휴머니즘과의 거리 두기, 즉 최근 과학기술의 급진적인 면을 진지하게 받아들이되 그 자체를 절대시하거나 혹은 휴먼의 종말을 생각하더라도 "묵시록적 신비주의 또는 새로운 형태의 영성과 초월에 빠지지 않는다"라는 단서가 따라붙는다.[11] 그리고 휴머니즘 비판과 관련해서는 후기구조주의에 의해 촉발된 반휴머니즘의 성과를 이어받되, 휴먼에 대한 새로운 탐구를 시도한다는 뜻이 담겨 있다.

비판적 포스트휴머니즘으로서의 포스트휴먼은 근대 휴머니즘의 근간이 되는 인간, 유럽, 백인, 남성 중심주의적 인간 개념을 해체하고 그것을 대체할 새로운 인간 개념을 모색하려는 시도다. 그 시도들은 단일하지 않을뿐더러 여러 학문 분야에서 종횡무진으로 이루어지고 있어서 체계화하기가 어렵지만 거칠게 말해 몇 가지 공통된 특징들을 지닌다. 포스트휴먼의 새로운 인간관은 세계를 이해하고 대상화하는 이성적 주체로서 인간을 중심에 놓고, 자연과 기술을 인간에 의해 대상화되고 도구화되는 객체로서 위치시

---

11 Ibid., 3.

키는 인간 중심주의와 그 근대적 이분법을 뛰어넘는다. 포스트휴먼을 탈근대적 극복으로 제시하는 브라이도티의 표현을 빌리면, 인간이 존재하는 세계는 "자연-문화 연속체"로서의 세계다.[12] 자연적으로 주어진 것(자연)과 사회적으로 구성된 것(문화)이 비이분법적으로 상호작용하는 연속체가 포스트휴먼이 존재하는 세계다. "인간은 자연 속에서 살아가는 존재", 그렇다고 "인간이 만든 사회 속에서만 살아가는 존재도 아니다."[13] 게다가 인간이 자연물인 한 그 자연물이 만든 것 역시 자연물이므로, 인간의 손과 머리를 거쳐 나온 인공물들도 일종의 자연물이라 해야 옳을 것이다.

자연-문화 연속체가 존재의 터전이라면, 포스트휴먼으로서의 인간이 그곳에 거처하는 방식은 연속체의 일부로서이다. 이 연속체는 인간과 인간-아닌 것들의 "생명 물질이 생명력 있고 자기 조직적이면서도 비자연적 구조"로[14] 서로 연결된 거대한 '생명(조에)' 공간이다.[15] 거기에서 포스트휴먼 주체는 기술적으로 매개되고 확장된 '관계적 자아'로서 존재하며, "포스트휴먼 주체의 관계적 능력은 인간 종에만 국한되지 않고, 인간의 형상을 하지 않은 모든 요소도 포함한다."[16] 또 다른 대표적인 비판적 포스트휴머니즘 이론가 캐서린 헤일스가 1990년대의 대중적 포스트휴머니즘(=트랜스휴머니즘)의 탈육체화(disembodiment)와 탈물질화 노선을 강하게 비판하는 것도 이

12　Rosi Braidotti, 『포스트휴먼』, 이경란 역(서울: 아카넷, 2015), 9.

13　홍성욱, "과학기술학의 관점에서 본 과학과 인문학의 융합", 『안과 밖』 41(2016), 139.

14　Rosi Braidotti, 『포스트휴먼』, 9.

15　Ibid., 180. 브라이도티는 이것을 다양한 자원과 힘에 플러그가 꽂혀 있는 사이존재(an in-between, 180)로 부르기도 한다. 생명 물질과 관련해서는 분자생물학의 과학적 발견으로부터 "물질이 자기 조직적(자기 생성적)이라는 사실을, 그리고 일원론 철학(생기론적 유물론)으로부터 물질이 구조적으로 관계적이며 다양한 환경과 연계되어 있다(81)는 점을 취했다고 밝힌다. '조에'는 푸코의 생명정치(bios-politics)에서의 '비오스'와 대비되는, 아감벤의 동물과 인간-아닌 생명들을 포함한 더 넓은 범위의 "생명 자체의 역동적이고 자기 조직적 구조"(82)로서의 '조에' 개념을 빌린 것이다.

16　Ibid., 81.

와 비슷한 맥락에서다. 헤일스는 한스 모라벡을 직접 거론하며 "과학기술의 정복을 통해 불멸의 최종 특권을 획득한다"라는 주장은 "자율적인 자유주의 주체"를 포스트휴머니즘 안으로 복권하는 것일 뿐이라고 반박한다.[17] 그러면서 "정보과학기술의 가능성을 받아들이되, 제한 없는 권능과 탈육체화된 불멸성의 환상에 현혹되지 않고 … 인간의 삶이 우리가 지속적인 생존을 위해 의존하는 고도로 복잡한 물질세계에 깊숙이 뿌리내리고 있음을 이해하는 포스트휴먼을 제안한다.[18]

포스트휴먼 세계관에서 인간이 자연문화 연속체의 일부라면, 자연과 문화를 연결하는 것은 기술이다. 전통적으로 보면 기술은 인간이 환경을 통제하고, 인간과 환경을 중재하기 위해 만든 도구다. 그러나 기술은 단지 도구에 머물지 않는다. 그것을 사용하는 인간을 변화시킬 뿐 아니라, 또한 "과학이 사실을 만들어내는 과정에 없어서는 안 될 존재"가 된다.[19] 기술에 의해 만들어진 기계도 이와 다르지 않다. 로봇이라는 말이 본래 '인간의 힘든 노동'이란 뜻의 체코어 '로보타'(robota)에서 유래하여 '노동을 대신 해주는 기계'로 발전한 것에서 짐작할 수 있듯이, 처음부터 기계는 인간의 편의를 위해 만들어진 도구에 불과했다. 하지만 시각장애인에게 지팡이는 단순한 보조수단이 아니라 신체 일부가 되듯이, 과학자에게 실험기구는 없어서는 안 될 정체성의 구성요소이듯이, 기계 또한 인간과 분리되고 구별되는

---

17 Katherine Hayles, *How We Became Posthuman*, 허진 역, 『우리는 어떻게 포스트휴먼이 되었는가』 (서울: 열린책들, 2013), 286.

18 Ibid., 5. 과학기술에 의한 육체 초월을 근대 휴머니즘의 소산으로만 단정하는 건 무리일지 모르겠다. 육신에서 벗어난 영원한 삶, 순수한 영혼의 세계에 대한 열망은 기독교의 오랜 꿈이기도 하다. 윌리엄 깁슨(William Gibson)의 뉴로맨서(Neuromancer)에서 주인공 케이스(Case)가 고깃덩어리에 불과한 육신의 상자(Case)에서 벗어나 사이버스페이스에 머물고 싶어 하는 것도 이와 무관하지 않다. 기독교 유토피아적인 가상공간으로서의 사이버스페이스에 대해서는 Margaret Wertheim, 『공간의 역사』(서울: 생각의 나무, 2002), 서론(21-58) 및 8장 "사이버-유토피아"(393-431) 참조.

19 Bruno Latour 외, 『인간 · 사물 · 동맹: 행위자네트워크 이론과 테크노사이언스』, 홍성욱 편역(서울: 이음, 2010), 21.

외재적인 사물이 아니라 인간과의 '내재적 연관' 속에서 작동하는 것으로 이해되어야 한다.[20] 인간과 기계는 서로에게 침투해 있다는 점에서 상호 내재적이다. 다른 도구들과 마찬가지로 기계를 인간이 편의를 위해 고안한 대상으로만 보면 인간과 기계 사이에는 불연속만 남는다. 그러나 "인간이 세계와 만나고 활동하는 데 필연적인 미디어로 본다면 거기엔 광대한 연속성이 펼쳐진다."[21] '인간-기계 앙상블'을 역설한 기술철학자 질베르 시몽동(Gilbert Simondon)에 따르면, 이렇게 연속되어 있는 인간과 기계는 서로에게 "비결정적으로 열려 있는 관계적 존재자"이다.[22] 인간과 세계, 인간과 인간 개체들을 연결해주는 게 기술이라면, 기계적 개체들의 관계를 새롭게 조정하고 기술성을 진화시키는 것은 인간이다. '관계'에 입각한 시몽동의 기술철학은 브루노 라투르(Bruno Latour)의 행위자-네트워크 이론(ANT)에 의해 인간은 기계나 다른 인공물 같은 비인간(non-human)들과 분리될 수 없다는 주장으로 확장된다.[23] 라투르에 따르면, "비인간은 인간과 마찬가지 행위자여서, 내가 다른 사람의 행위를 바꾸는 것처럼, 비인간도 우리 인간의 행위를 바꿀 수 있다."[24] 여기서 비인간은 기계나 기술적 대상들뿐 아니라, 실험기기, 표, 그

---

20 최진석, "휴머니즘과 포스트 휴머니즘의 (탈)인간학", 『문학동네』 87(2016), 1-21.

21 Ibid.

22 김재희, 『시몽동의 기술철학: 포스트휴먼 사회를 위한 청사진』(서울: 아카넷, 2017), 234. 시몽동은 포스트휴머니즘 논의가 시작되기 이전의 학자이지만, 인간과 기계의 이항대립 구도에서 벗어나, 궁극적으로는 인간 생명체와 기계들 사이의 관계를 동등한 위상의 개체들 사이의 상호 협력 관계를 동등한 위상의 개체들 사이의 상호 협력 작동인 "인간-기계 앙상블(기술공학적 기계인 인간-기계 앙상블은 외부와의 상호 작용 속에서 자기 변형과 자기 창조의 가능성을 열어두는 준안정적 시스템이다)"로 파악했던 기술철학자로서 최근 주목을 받고 있다. 시몽동이 라투르에게 끼친 영향에 대해서는 Bruno Latour, 『인간 · 사물 · 동맹: 행위자네트워크 이론과 테크노사이언스』, 5장 참조.

23 Actor-Network Theory. 1980년대 중반 라투르, 미셸 칼롱(Michel Callon), 존로(John Law) 등의 과학기술학, 일명 STS(Science and Technology Studies) 학자들이 정립한 이론. 학문 간 경계를 넘나들며 인간 행위자와 비인간 행위자들의 네트워크가 번역을 거쳐 형성되는 과정에 초점을 맞춘다.

24 Latour, 『인간 · 사물 · 동맹: 행위자네트워크 이론과 테크노사이언스』, 22.

래프, 문서, 기관, 세균, 지진 등 이질적인 모든 사물을 포괄한다. 따라서 세상을 제대로 이해하기 위해서는 인간과 비인간 사이에 형성되는 네트워크에 주목해야 한다.

이처럼 포스트휴먼은 인간의 독보적인 행위능력(agency)을 자부한 근대 휴머니즘이 배제했던 '휴먼' 아닌 것들에 열려 있다. 어쩌면 그동안 인간 타자들에 가려져 타자로서 취급받지도 못했을 존재들, 동물, 기계, 물질 혹은 인간 주체의 대상으로만 간주되었던 사물들에 주목함으로써, 포스트휴먼은 인간과 비인간 사이의 경계를 새롭게 바라보고자 한다.

3
포스트휴먼 시대의 윤리

3.1 관계론적 윤리

"인공지능은 도덕행위자가 될 수 있는가?"의 물음이 소위 인공지능의 도덕적 지위에 관한 핵심 물음이다. 말하자면 그것은 '지능적 기계'가 도덕적 행위자(agent)나 피동자(patient)로서의 지위를 갖는가의 문제이다. 이 장에서는 도덕적 지위 문제에 대해 근대의 윤리적 사고[25]가 해체되는 과정을 군켈(David Gunkel)의 "동물의 물음"과 "기계의 물음"을 경유하여 코켈버그(Mark Coeckelbergh)의 관계론적 접근을 중심하여 살펴보고자 한다.

다윈의 진화론이 출현한 이후, 인간과 동물 사이에 과연 근본적인 범주의 차이가 존재하는지에 관해서 많은 의문이 제기되었으며, 동물의 도덕적 지위에 관해서도 상당한 정도의 인식 변화가 진행되었다. 18-19세기에 활동했던 영국의 공리주의자 벤담은 동물과 관련한 가장 핵심적인 윤리적 문제는 "그들이 고통을 느낄 수 있는가"(유정성: sentience)의 물음이라고 주장했다. 군켈은 이러한 물음을 '동물의 물음'(animal question)이라고 명명하면서,

---

[25] 근대 윤리적 사고는 대개 권리와 책임을 동시에 갖는 합법적 도덕 주체에 초점을 맞추는 행위자 중심의 윤리라 할 수 있다. 이러한 인간중심주의 윤리가 드러내는 기본 양상은 도덕적 이해관계를 고려해야 하는 도덕 공동체 구성원의 범위를 인간으로 국한시키려는 경향이 있다.

벤담의 물음은 도덕 행위자(agent)의 능력이나 힘이 아니라 피동자(patient)의 피동성에 초점을 맞춘 도덕철학의 코페르니쿠스적 전환에 해당한다고 진단한다.[26] 이러한 질문이 인간의 검증되지 않은 특권적 지위를 문제 삼고, 윤리학의 인간중심주의적 전통에 도전함으로써 도덕적 사유의 기본 구조에 중요한 변화를 가져왔다는 것이다.

'동물의 물음'을 누구보다 더 깊이 있게 밀고 나간 것이 바로 피터 싱어(Peter Singer)나 톰 리건(Tome Regan)과 같은 철학자들이다. 싱어는 다음과 같이 말하고 있다. "어떤 존재가 고통을 겪는다면, 그러한 고통에 대한 고려를 거부하는 것은 도덕적으로 정당화될 수 없다. 그 존재의 본성이 무엇이든 간에 평등의 원칙은 그것의 고통이 다른 모든 존재의 고통과 동등하게 고려될 것을 요구한다."[27] 싱어는 종의 경계와 관련된 생물학적 사실은 도덕적인 의미나 중요성이 없으며, 이에 근거하여 도덕적 지위 여부를 결정하는 것은 특정 인종을 우대하는 인종주의자와 다를 바가 없다고 한다. 싱어의 주장을 따르면, 고통을 느낄 수 있는 모든 동물은 최소한 도덕적 지위를 부여받아야 한다. 물론 도덕적 피동자가 된다고 해서 그것들이 곧 도덕적 행위 능력을 갖는 행위자인 것은 아니다. 이들이 피동자로 인정되는 표면적인 근거는 그것들이 고통을 경험할 수 있는 유정성을 지닌 존재이기 때문이다. 리건에 따르면 우리 인간이 도덕적으로 중요한 것은 우리가 이성적이기 때문이 아니라 스스로 생명의 주체(subject-of-a-life)임을 경험하는 존재이기 때문이다.[28] 리건은 만약 이것이 인간에게 내재적 가치를 부여하고 존중받을 도덕

26　David Gunkel, *The Machine Question: Critical Perspectives on AI, Robots, and Ethics* (Cambridge: MIT Press, 2012), 4-5, 109.

27　Peter Singer, *Animal Liberation: A New Ethics for Our Treatment of Animals* (New York: Review of Books, 1975), 9.

28　Tome Regan, *The Case for Animal Rights* (Washington, DC: the Humane Society of the United States, 1986). https://www.wellbeingintlstudiesrepository.org/cgi/viewcontent.cgi?article=1003&context=acwp_awap (2025. 5. 2. 접속)

적 권리를 부여하는 근거라면, 우리는 그와 일관되게 생명 주체로서의 지위를 갖는 비인간 동물들에 대해서도 내재적 가치와 함께 단지 수단으로서가 아니라 목적으로 대우받을 도덕적 권리를 부여해야만 한다고 주장한다.

동물과 관련된 인식의 전환은 윤리의 실천적 영역에서 인간이 갖는 특권적 지위에 의문을 제기하면서 실천적 인간중심주의의 오랜 전통에 도전한다는 점에서 그 중요한 의의가 있다. 이제 도덕적으로 유의미하고 중요한 존재는 인간들로만 국한되지 않는다. 그리고 어떤 기준을 채택하느냐에 따라 동물들 또한 그 도덕적 이해관계를 고려해야만 하는 도덕공동체의 정당한 일원으로 인정될 수 있다. 한 걸음 더 나아가 우리는 자연의 다른 존재에 대해서도 그 구성원의 자격 여부를 고민할 수 있다. 도덕적 피동자의 범위를 동식물뿐 아니라 산과 바다와 같은 자연 세계를 포함하도록 확장하려는 생태윤리가 바로 그러한 시도 중의 하나이다.

인공지능이나 로봇의 등장은 행위자/피동자의 도덕적 지위 문제에 대한 더욱 근본적인 인식 전환의 계기를 제공한다. 군켈은 "지능적 기계의 도덕적 지위는 무엇인가?", "지능적 기계는 도덕적 행위자나 피동자로서의 지위를 가지는가?", "우리는 지능적 기계를 도덕 공동체의 한 일원으로 인정할 수 있는가?"의 물음을 제기하면서, 이 물음을 '동물 물음'에 빗대어 '기계 물음'(machine question)이라 부른다.

우리에게 익숙한 사고방식을 따르자면 모든 기계는 인간이 자신의 목적 달성을 위해 만든 수단적 도구에 불과하다. 따라서 그것들의 도덕적 지위를 고민한다는 것 자체가 사실은 난센스이다. 하지만 데카르트가 동물과 기계에게 동등한 도덕적 지위를 부여했음을 상기해보자.

오늘날 우리는 개나 고양이 같은 반려동물이나 고등한 포유류에게 도덕적 지위를 부여하는 일에 큰 거부감을 느끼지 않는다. 데카르트의 사고방식을 따르자면 이는 어이없는 일일 것이다. 하지만 진화론의 등장과 함께 인간과 동물 사이의 근본적인 경계가 불확실해지고 고통에 대한 동물의 유정능력 혹은 그 생명-주체성에 주목함으로써, 우리는 동물의 권리를 당연한 것으로 수용하기 시작했다. 그 결과, 동물과 기계 사이에도 도덕적 지위의 차이가 문제시되기 시작한 것이다. 기계는 여전히 도덕적 고려 대상이 아니기 때문이다.

'기계의 물음'은 이제 동물에게 일어났던 인식의 변화가 인공지능을 중심으로 기계에 대해서도 일어나고 있음을 상징한다. 브루스 매즐리시(Bruce Mazlish)는 인간이 세계의 다른 존재들에 비해 특권적 지위를 갖는다는 생각의 배후에는 인간과 다른 존재 사이에 모종의 근본적 불연속이 존재한다는 가정이 있다고 진단한다. 지구-우주 불연속을 깬 코페르니쿠스의 지동설, 인간-동물 불연속을 깬 다윈의 진화론, 자아-무의식의 불연속을 깬 프로이트의 정신분석학의 역사적 기여는 인간과 다른 존재를 차별 짓는 범주적 구분들의 타당성에 의문을 제기하고 그것들을 해체한 것이다. 인공지능의 도덕적 지위 문제는 인간과 기계, 자연과 인공 사이의 구분이 불확실해지고 있는 상황과 관련이 있다. 매즐리시는 우리가 지금 인간-기계 사이의 네 번째 불연속을 깨는 문턱에 와 있으며, 인간의 자존심을 훼손시키긴 하지만, 이제 더 이상 인간과 기계가 완전히 다르다는 생각을 유지하기 어렵다고 주장한다.[29] '기계 물음'은 우리 직관의 배후에서 작동하는 근대적 상식에 입각하여 인공지능의 도덕적 지위 문제에 접근하는 것 자체가 여전히 유효한가를 문제 삼고 있다.

코켈버그의 관계론은 도덕적 지위의 문제를 도덕과 유관한 속성과 관련된 형이상학이나 존재론의 문제가 아니라 일상적인 경험이나 실천의 맥락 속에서 우리가 실제로 그것들을 어떻게 대우하고 상호작용하는가에 초점을 맞춘 현상학이나 해석학의 문제로 접근할 것을 제안한다. 이러한 접근

---

29 매즐리시의 주장은 인간과 기계가 아무런 차이가 없다는 것이 아니라, 차이가 있다 하더라도 정도의 차이일 뿐, 인간과 기계를 완전히 분리해서 생각할 수 없다는 의미다. Bruce Mazlish, 『네번째 불연속: 인간과 기계의 공진화』, 김희봉 역(서울: 사이언스북스, 2001), 17-18.

은 주체와 객체 사이의 구체적 관계성, 즉 우리가 인식적, 도덕적으로 인공지능과 어떻게 관계 맺는가에 초점을 맞추어 그것들의 도덕적 지위 문제에 접근해야 한다는 제안이다.

코켈버그에 따르면, 도덕적 지위는 인간과 다른 존재들이 맺고 있는 관계로부터 창발하는 것이다. "도덕적 지위는 더 이상 우리의 경험이나 활동으로부터 분리되어 있는 객관적인 어떤 것으로 이해되지 않는다. 대신에, 그것은 우리의 언어적·과학적 그리고 언어적·철학적 개념화에 앞서는 경험적·실천적인 관계의 바탕 위에서 자라나는(grow) 어떤 것으로 이해된다."[30] 말하자면 어떤 존재의 도덕적 지위는 과학이나 철학의 범주화 작업에 앞서 우리의 일상적 삶의 양식 속에서 실천되는 경험을 통해 구성되는 것으로, 도덕적 지위 귀속의 주체인 인간과 해당 대상인 객체 사이의 상호작용이나 관계 맺기라는 과정의 토양 위에서 자라나는 것이다. 그런 만큼 어떤 존재에게 일어나는 도덕적 지위의 변화도 새로운 삶의 양식의 발전(자라남)과 동시에 혹은 그것에 수반하여 일어나는 관계의 자람으로 이해될 수 있다.

여기서 우리가 물어야 할 핵심 질문은 "해당 존재가 실제로 무엇인가?"가 아니라 우리가 그것을 "어떻게 보는가?" 혹은 "그것이 우리에게 어떻게 나타나는가?"와 관련된 문제이다. 우리는 우리의 삶 속에서 다양한 비인간 존재자들과 상호작용하고 관계를 맺는다. 그런데, 일반적으로 말해서, 우리는 과학에 의해서 밝혀지는 본성을 토대로 그것들이 어떤 존재인지를 파악한 다음에, 어떻게 그것들을 대우할지를 정하지는 않는다. 오히려 더 중요하게 작용하는 것은 일상적 맥락에서 우리가 그것들을 경험하거나 혹은 그것들이 우리에게 드러나는 양상이나 방식인 것처럼 보인다. 비인간 존재자들은 우리에게 특정한 방식으로 나타난다. 그리고 그 나타남(appearance)의 양상은 역사의 특정 지점에 존재하는 삶의 형식과 문화 사고방식이라는 맥락과

---

[30] Mark Coeckelbergh, *Growing Moral Relations: Critique of Moral Status Ascription* (New York: Palgrave Macmillan, 2012), 44.

독립적일 수 없다. 동일한 비인간 존재자라 할지라도 삶의 양식이나 이를 구성하는 문화적 조건이나 생각이 바뀜에 따라 다른 방식으로 나타날 수 있다. 도덕적 지위는 그러한 나타남의 양상에 의존하여 정해진다는 것이 코켈버그의 기본적인 주장이다.

비인간 동물의 경우를 생각해보자. 만약 실재론의 입장에서라면 모든 동물 혹은 동물 일반이 공유하는 공통의 속성이 무엇인가가 문제시될 것이다. 그러나 관계론적 접근을 따르면, 비인간 동물의 도덕적 지위는 오직 인간과 동물이 맺고 있는 다양한 관계의 맥락 속에서만 말해질 수 있다. 관계의 대상이 되는 동물의 종류는 다양하며, 인간과 이들 사이의 관계 양상이나 맥락도 다양하다. 이러한 구체적 관계나 맥락을 떠나서 일의적으로 규정될 수 있는 동물 일반(the animal)은 존재하지 않는다. 각각의 동물은 생태계와 다른 동물 및 인간과의 사회적 관계망 안에서 그것의 위치를 가지며, 이 관계들은 역사적이며, 특정의 장소, 서식지, 사물들과 엮여 있다. 코켈버그는 이러한 관계들을 떠나서 어떤 속성을 가진 추상적 존재에서 출발하여 도덕적 지위를 규정하는 것은 그 자체가 이미 도덕적 오류라고 주장한다. 도덕적 지위의 귀속과 관련하여 '동물'이라는 용어 자체가 그러한 추상에 해당한다. 동물의 도덕적 지위는 '동물'이라는 추상적 속성에 근거하여 일의적으로 결정되는 것이 아니라, 각각의 동물들이 처한 맥락적 상황과 그것들이 인간과 맺고 있는 다양한 사회적 관계를 통해서만 정의될 수 있다.

동물들은 그것들이 처한 맥락에 따라서 다르게 나타나며, 그에 따라 우리는 그것들과 다르게 관계 맺는다. 동물은 우리에게 애완동물이나 반려동물, 살아있는 고기(가축), 노동의 생산단위, 혹은 사냥감이나 실험재료, 오락물(동물원의 동물)과 같이 그 맥락에 따라서 다양한 모습으로 나타난다. 심지어 동일한 동물이 맥락에 따라 다르게 나타날 수도 있다. 가령, 문화에 따라서 개는 식용으로 지각되기도 하고 반려나 노동력으로 지각될 수도 있다. 우리는 이런 나타남의 양상에 따라서 어떤 동물과는 반려(가족)관계를 맺기도 하고, 어떤 동물과는 식량이나 음식의 관계를 또는 노동력이나 실험 수단, 오락의 대상 차원에서 관계를 맺게 된다. 각 동물의 도덕적 지위는 해당 동물이 처한 이러한 맥락 속에서 정해진다. 이때 관계나 지위의 다름을 설명하는 것은 단순히 과학에 의해 규정되는 동물들의 존재 특징이 아니라 "맥락 속의 드러남"(appearance-in-context)이다.[31] 드러남의 양상이나 맥락은 시대나 지역 혹은 문화에 따라서 달라지며, 도덕적 지위는 이러한 맥락 속에서 일어나는 다양한 관계의 토양 위에서 자라나고 구성되는 것이다.

인공지능이 갖는 도덕적 지위의 문제에 대해서도 우리는 비슷한 이야기를 할 수 있다. 그것의 도덕적 지위를 결정하기 위해서, 우리는 먼저 그것들이 인간 및 다른 기계들과 맺고 있는 관계, 기계의 상황성, 역사, 위치(장소)를 알아야 한다. "우리는 그것들이 어떻게 자연적으로 물질적으로, 사회적으로, 문화적으로 내장되고(embedded) 구성되는지를 알 필요가 있다. 우리는 존재물을 도덕적 지위의 과학(moral status science)이라는 해부학적 극장 안에서 원자론적인 호기심의 대상(curiosum)으로 연구할 것이 아니라, 도덕적 지위(standing)를 맥락화할 필요가 있다."[32]

인공지능 로봇은 동물과 마찬가지로 다른 상황과 맥락에 따라 여러 다른 사람들에게 각기 다른 방식으로 나타날 수 있다. 그런 점에서 '기계 일반'(the machine)이라는 일의적인 지위는 필연적이지도 않고 인공지능 로봇을 이해하는 유일한 방법이지도 않다. AI 로봇은 산업·가정·오락의 맥락 등에서 우리에게 다르게 나타난다. 우리는 자동차 공장의 조립로봇과는 단순한 기계 혹은 노예라는 관계를 맺겠지만, 전쟁터에서 함께 싸우는 군사로봇과는 동료의 관계를 맺을 수 있고, 가정이나 요양원, 나아가 잠자리에서 만나

---

[31] M. Coeckelbergh, "Humans, Animals, and Robots: A Phenomenological Approach to Human-Robot Relations," *International journal of Social Robotics*, 3-2 (2011), 200.

[32] M. Coeckelbergh, "The Moral Standing of Machines: Towards a Relational and Non-Cartesian Moral Hermeneutics," *Philosophy and Technology*, 27-1 (2014), 64.

는 감정 로봇과는 가족애, 우정 또는 사랑과 같은 또 다른 양상의 관계를 맺을 수도 있다. 도덕적 지위라는 것이 이러한 관계의 토양 위에서 자라나는 것이라면, 로봇과 대면하고 상호작용하며 구체적 관계가 이루어지는 특정한 장소와 상황에 따라서 그것들의 도덕적 지위는 다르게 이해되고 해석될 수 있다.

속성 실재론적 견해는 어떤 대상이 하나의 '올바른'(correct) 도덕적 지위를 갖는다고 가정한다. 그런 관점에서 인공지능 로봇의 의인화를 지적하는 사람들은 실재 자체로서의 사물과 그 사물이 드러나는 (나타나는) 현상 사이의 이원론적 구분을 전제하면서, 과학이 밝혀주는 실재 자체로서 사물이 갖는 본성이 도덕적 지위를 결정하는 유일한 혹은 최우선의 기준임을 주장한다. 바로 코켈버그는 이러한 이분법적 사고를 거부하고, 하나의 대상은 우리에게 여러 다른 방식으로 나타날 수 있으며, 그러한 관점들 중의 어느 것도 선험적으로 결정된 존재론 혹은 해석학적 우선성을 갖지 않는다고 주장한다. 과학이 말해주는 사물의 존재론적 본성 또한 사물이 우리에게 드러나는 한 가지 방식일 뿐이다.

그런데 상황이나 맥락에서 의존한다고 해서, 도덕적 지위의 구성이 임의적으로 이루어진다거나 일부 사람들의 자의적인 선택에 의해 바뀔 수 있음을 의미하지는 않는다. 코켈버그의 표현을 빌리자면 "어떤 대상의 도덕적 지위는 인식적 주체로서 우리가 그것과 맺는 관계의 토양위에서, 우리가 통제할 수 없는 정도까지 자라나는 것이다."[33] 달리 말해서, 도덕 지위의 귀속은 단순히 '나와 너'의 관계를 넘어서서, 관계들과 관련된 여러 가능성의 조건, 즉 언어적 관계, 사회적 관계, 기술적 관계, 영적인 관계, 공간적 관계 등에 의존한다. 여기서 논의되는 관계의 토양은 현재 우리 삶의 문법을 규정하는 특정한 삶의 양식에 해당한다. 특정한 삶의 양식과 그것을 지배하는

---

[33] Ibid., 65.

언어적 문법은 상대적인 의미에서 도덕적 지위의 귀속이라는 언어놀이를 가능하게 하는 일종의 선험적 조건에 해당한다.

특정한 로봇이 나에게 어떻게 나타나는가 혹은 그 로봇과 구체적으로 어떻게 하는가 혹은 그 로봇과 구체적으로 어떻게 관계 맺을 것인가는 언어놀이로서 우리 문화가 기계를 이해하고 구성하는 방식에 의해서 영향을 받는다. 우리 문화 속에서 우리는 로봇에 대해 기계로 부르는가, 반려로 부르는가? 우리는 로봇과 어떻게 어느 정도 함께 생활하고 있는가? 기술 발전에 대한 우리 사회의 태도는 어떠한가? 우리 문화에 비인간 존재자에게 모종의 귀속을 고무시키는 문화적·종교적 태도는 없는가? 혹은 인간과 비인간 존재자 사이에 타자성의 관계를 발전시키기 어렵게 하는 범주 구분은 없는가? 우리의 문화 혹은 언어 문법에 내재한 이러한 요소들이 인공지능 로봇에 대한 우리의 개인적인 이해나 구성에 영향을 끼치는 조건들이다. 어떤 존재의 도덕적 지위에 관해 말할 때, 우리는 결코 백지 상태에서 출발하지 않는다. 우리는 이미 해석의 패턴, 행동(습관)의 패턴, 삶의 패턴, 평가의 패턴이 존재하는 구체적인 언어 놀이의 맥락 속에 있다. 그리고 도덕적 지위의 구성은 단지 어휘적 과정이 아니라 그 자체가 하나의 삶의 실천이 과정이며, 우리가 '사회' 혹은 '문화'라 부르는 살아 있고 변화하는 전체로부터 창발한다.

도덕적 지위 귀속의 선험적 조건으로서 관계의 토양이란 것은 고정된 것이 아니기에 관계론적 접근은 문화적 배경에 따라 어떤 존재를 대하는 관점이 서로 다를 수 있음을 허용한다. 심지어 하나의 문화 내에서도 언제나 일의적인 지위의 귀속을 강제하는 것은 아니며, 사람이나 관계의 양상에 따라 서로 다른 복수의 관점이 동시에 허용될 수 있다. 그렇다면 관계론적 접근은 일종의 문화상대주의이며, 도덕적 지위는 단순히 문화적 선택의 문제일 뿐이라고 주장하는 것인가? 나는 관계론적 접근이 일종의 문화 다원주의를 지지할 수는 있지만, 어떤 선택이 되었든 그것은 해당 문화의 문제이므로 그 자체로 존중되어야 한다는 식의 극단적 상대주의를 함축할 필요는 없다고 생각한다.

코켈버그는 또한 도덕적 지위에 관한 모든 관심이 동등하게 좋은 관점으로 인정되는 것은 아니라고 주장한다. 비인간 동물이나 로봇을 대하는 어떤 특정의 보는 방식, 어떤 특정의 구성이나 지위의 귀속은 분명 다른 방식보다 더 나은 혹은 올바른 방식으로 평가될 수 있다. 여기서 관계론적 접근이 제안하는 바는 그 우열에 대한 평가가 표준적 접근에서와 같이 어떤 속성 형이상학에 의해서만 결정될 문제는 아니라는 것이다. 과학이나 기술 또한 우리 삶의 양식 혹은 언어 놀이를 구성하는 중요한 부분이다. 과학의 발견이나 기술의 성과를 어떻게 받아들이고 얼마나 중요하게 취급할 것인가에 대한 태도 또한 우리의 문화를 구성하는 중요한 요소이다. 그러나 그렇다고 해서 모든 문제에 대한 해답을 과학에서 찾을 수 있는 것은 아니다. 관계론적 접근이라고 해서 과학의 발견을 무시할 필요는 없다. 과학도 중요하게 고려되어야 할 한 가지 요소이다. 다만 그것은 여러 요소들 중의 하나일 뿐이다.

관계론적 접근은 비인간 존재의 도덕적 지위에 대한 각 관점 사이의 우열에 대한 평가는 과학이나 존재론의 기준/원칙에만 의존하는 것이 아니라, 그 존재를 대하는 우리의 태도를 포함하여 그것과 관련된 여러 실천 및 경험적 상황과의 관련성 속에서 복합적이고 중층적인 방식으로 이루어져야 함을 주장한다. 실재론의 입장에 선 과학자나 철학자들은 인공지능 로봇의 위치나 도덕적 지위에 관한 하나의 실재론적 진리가 있다고 가정한다. 그러나 관계론적 접근은 우리가 인공지능과 대면하는 구체적인 경험이나 관계에 주목하면서, 훨씬 더 다면적이고 광범위한 형태의 해석학적 시도를 통해 이 문제에 접근해야 한다고 제안한다. 거기에 만약 진리라고 말할 수 있는 것이 있다면 (혹은 특정 관점의 우월성을 말할 수 있다면), 그것은 존재론적 차원의 진리가 아니라 도덕에서 우리가 도달할 수 있는 일종의 상호주관성의 영역에 속하는 것이다.

이는 결국 인공지능의 도덕적 지위 문제가 연구실에서 이루어지는 선험적 논증만으로 해결될 수 있는 추상적인 철학 질문이 아니라, 우리가 그것들과 어떻게 관계 맺고 반응할지에 관한 실천적 질문의 성격을 띠고 있음을 의미한다. 코켈버그가 제안하는 관계론적 접근에서는 무엇보다 해당 대상과 대면하고, 상호 작용하며, 그것에게 어떤 행동을 하며, (도덕적 지위의 문제가 아니라) 개별 대상과 구체적으로 어떻게 관계 맺을 것인지의 문제에 직면한 실제 사람인 주체의 경험에 주목해야 한다고 주장한다. 인공지능과 어떻게 관계 맺을지의 질문에 대한 대답이 필요한 곳은 인공지능 존재들이 우리와 상호작용하며 모종의 역할을 수행하는 병원, 드론통제실, 가정과 같은 특징의 장소와 상황 속이다. 그에 따라, 우리의 윤리적 관심은 존재론에서 인식론으로, 객체에서 주체(주관)로, "사물이 실제로 무엇인가"에서 우리가 그것들을 어떻게 보는가로 이전된다.

그런 점에서, 코켈버그는 인공지능의 도덕적 지위와 관련해서 도덕적 지위에 관한 추상적 논증만큼이나 로봇 개와의 구체적인 대면의 이야기가 필요함을 주장한다. 즉, 우리는 로봇 기계 일반이나 추상으로서의 로봇이 아니라 인간을 쳐다보는 휴머노이드 로봇이 '현전'하는 상황에서 그 로봇과의 상호작용에 주목하고, 인간과 로봇이 함께 교감하는 것의 의미화에 대한 질문을 던져야 한다.[34]

'기계의 물음'은 인공지능 로봇들이 우리에게 '타자'로서 나타날 수 있는가 혹은 타자로 구성될 수 있는가의 물음이다. 이 물음에 대한 답은 표준적(실재론적) 접근에서처럼 특정한 속성을 언급함으로써 대답될 수 없으며, 일상적 경험의 삶의 현상학 속에서 발견되고 해석될 필요가 있다는 것이 코켈버그의 주장이다. 우리는 이 질문에 답함에 있어서 애완로봇을 돌보는 사람이나 반려로봇과 지내는 노년층과 같이, 인공지능 로봇을 만나서 함께 일

---

[34] Ibid., 68-69.

하며 상호작용하는 인간을 고려해야 한다. 도덕적 지위의 문제는 인간과 기계 사이의 이러한 대면과 상호작용에 의미를 부여하는 한 가지 방식이며, 이를 위해 구체적인 인간-로봇의 대면에서 배우는 풍부한 도덕적 해석학을 필요로 한다. 우리는 거기서 발견되는 구체적인 도덕 경험을 진지하게 인정하고 인간과 기계 사이의 독특한 대면의 의미나 그것의 도덕적 중요성을 논의해야 한다. '기계'라는 용어 자체는 이미 추상이며, 규범적으로 가치적인 표현이다. 우리는 인공지능 로봇과의 대면이나 관계적 경험을 올바로 해석하고 그것에 정당한 의미를 부여하기 위해, '기계'가 아니라 '우정', '애정'과 같은 입각한 다른 해석학적 가능성에도 열려 있어야 할 것이다.

관계론적 접근을 통해 다른 존재의 도덕적 지위를 묻는 일은 또한 인간의 위치가 어디인가를 묻는 일이기도 하다. 이는 인간이 무엇이며 도덕주체로서 나의 위치는 무엇인가를 문제 삼는 방식으로 도덕적 지위의 언어 놀이 방식을 바꾼다. 여기서 도덕적 지위는 단순히 그 해당 존재에 관한 것이 아니라 인간인 우리에 관한 것이며, 우리와 그 존재 사이의 관계에 관한 것으로 바뀐다. 이때 우리가 묻는 질문은 더 이상 인공지능의 속성에 관한 것이 아니라 그것의 타자성에 관한 것으로 바뀌며 그것과 대면하는 우리의 구체적 경험에 대한 것이 된다.

비판적 포스트휴머니즘은 보철기술, 인지과학, 나노기술, 생명공학 등의 발달로 인간과 기계의 경계가 모호해지는 시대에 요구되는 새로운 윤리관, 즉 포스트휴머니스트 윤리의 정립이 필요하다는 인식을 중시한다. 포스트휴머니스트 윤리는 인간이 특별한 생명체라는 인간중심주의와 그 인간중심주의에 의해 비인간 생명체들에 대한 폭력과 인간이 자연 세계를 통제할 권리를 가졌다고 믿는 관념을 거부하는 것을 기초로 하는 타자성의 윤리이다. 첨단기술이 사회를 지배하는 시대에 요구되는 윤리를 모색하지 않을 수 없다.

포스트휴먼은 과학과 기술을 활용하여 인간의 생물학적 한계들을 극복하고 신체적으로 향상된 몸과 타자성의 윤리를 통해 도덕적으로 향상된 마음을 동시에 지닌 존재라고 정의할 수 있다. 헤일스는 "현재 포스트휴먼의 여러 버전들 중 일부는 반인간적이고 묵시록적인 방향을 가리키고 있다. 그러나 우리는 생물학적이든 인공적이든 지구와 우리 자신을 공유하고 있는 다른 생명 형태와 우리 인간의 장기적인 생존에 도움이 되는 또 다른 포스트휴먼을 만들어낼 수도 있다"[35]고 함으로써 트랜스휴머니즘만이 아니라 그 이후의 새로운 포스트휴머니즘의 긍정적 가능성을 예상한다.

포스트휴먼 조건은 인간의 종말이 아니라 인간중심적 세계의 종말, 즉 인간의 우월성과 독특성에 대한 자만을 토대로 한 휴머니즘과 그러한 휴머니즘의 경향을 극대화하는 포스트휴머니즘의 종말을 통해 구현될 것이다. 이 포스트휴먼 조건은 인간이 아닌 다른 생명 형태들과 존재들에 대한 인간의 폭력을 거부하는 타자성의 윤리, 즉 포스트휴머니스트 윤리를 지지한다. 포스트휴머니스트 윤리는 인간이 특별한 생명체라는 관념과 함께, 인간이 자연 세계를 통제할 권리를 가졌다고 믿는 관념을 거부하는 것을 기초로 하는 윤리이다. 이 윤리를 고취하는 비판적 포스트휴머니즘은 유기체적 신체와 테크놀로지, 그리고 다양한 생명 형태들이 상호 의존하고 상호 진화하는 방식을 주목한다. 닉 보스트롬이 말하듯이 "더 많이 일체를 포함하는 자비로운 윤리, 동시대의 인간들만이 아니라 미래의 테크놀로지적으로 수정된 사람들까지 포용하는 윤리",[36] 즉 인간, 인간 사이보그로 업로드된 개성 등을 모두 존중하는 것이 포스트휴머니스트 윤리라고 할 수 있다.

비판적 포스트 휴머니즘에서의 윤리적 문제는 "우리가 다른 존재 형태들과 어떻게 함께 평화롭게 살아가야 하는가이다. 여기서 "다른 존재 형태들"이라고 하는 것은 과학과 테크놀로지의 기하급수적 발전에 의해 우리의

---

[35] Katherine Hayles, *How We Became Posthuman*, 502-510.

[36] Nick Bostrom, "In Defense of Posthuman Dignity." *Bioethics*, 19-3 (2005), https://nickbostrom.com/ethics/dignity.pdf (2025. 4. 12. 접속).

일상적 삶 속으로 이미 들어온 형태들, 인공지능을 활용한 로봇들이나 보철 기술에 의한 사이보그들을 포함한다. 이와 같은 맥락에서 이른바 4차 혁명 시대의 새로운 삶의 방식과 윤리에 대한 논의가 중요하게 된다.

3.2 시몽동의 기술철학

시몽동(Gilbert Simondon)은 하이데거나 엘륄(Jacque Ellul) 같은 고전적 기술철학자들과 관점을 달리한다. 하이데거는 기술을 '세계 내 존재'라는 근원적 차원에서 존재론으로 이해했다. 현대 기술의 '닦달함'(Gestell)은 우리가 어떤 다른 이해의 맥락 내에서 세계를 경험하는 것은 방해하는 위협이 된다는 것이다. '닦달함'이 그 자체로 탈은폐의 한 방식임에도 불구하고, 그것은 탈은폐의 다른 방식들을 차단하기에, 현대 기술은 우리에게 주변의 모든 것을 관찰하고 계산하여 짜내게 하기에 존재의 위험이 된다는 것이다. 그리고 기술문명의 위험으로부터 구원될 가능성을 하이데거는 예술로서의 '시를 씀'(Dichtung)과 '거주함'을 통한 근원적 윤리에서 찾는다. 시적으로 거주함[37]은 예술의 구원적 힘과 '내어맡김'(Gelassenheit)과 같은 신비적인 삶의 방식을 대안으로 제시했던 것이다. 거주는 대지를 정복·개발·소모·지배하거나 어떤 외부적인 명령에 대지를 종속시키려는 주관적 의지를 포기하고 세계와 사물을 아끼며 살아가는 태도를 통해 오히려 대지를 대지로 존재할 수 있게 하는 것이다.[38]

---

[37] 시적으로 세계 내에 거주한다는 것은 "죽어야 할 운명의 인간으로서, 우리는 대지 위에서, 하늘 아래에서, 그리고 신성한 것의 눈앞에서 거주할 수 있다는 것, 이 모든 것은 바로 시적인 것에 의해서이고, 시적인 말함이 비로소 사방세계(das Geviert)를 빛나게 한다." Martin Heidegger, "Sprache und Heimat," ed. Ludwig Koopman & Erich Trunz, *Heidegger in Holstein* (Westholsteinische Verlagsanhalt Boyens & Co., 1960), 50.

[38] M. Heidegger, "Bauen Wohnen Denken," *Vorträge und Aufsätze* (Tübingen: Günther Neske

엘륄 역시 기술의 자율적 발전을 문제 삼고 그것이 인간을 통제하고 전복시킬 위험을 예견했다. 엘륄에 따르면 우리 시대의 결정적인 요소는 기술이다. 엘륄은 기술이 인간 활동의 모든 영역에 침투하여 우리의 개인적, 집단적 삶 일체를 통합하고 지배한다는 점을 강조한다. 또한 그는 인간의 본성을 변형시키고 그의 행위와 열망을 근본적으로 왜곡시키는 기술의 위험을 경고한다. 엘륄이 말하는 '기술'(la technique)은 기계나 도구와 같은 물질적 대상이나 응용과학과 동일시되거나 그것들에 흡수될 수 없다. 그는 기술들의 총체로서의 현대 기술을 '기술 현상'이라는 말로 표현한다.[39] 엘륄은 효율성이 모든 인간 활동에 더 이상 하나의 선택이 아니라 필연으로 작용하는 현대 문명에서 모든 개별적 기술들을 포함하는 '기술'은 이제 모든 것을 기술적 대상이요 재료로 만들어버리는 '하나의 총체적 현상'이 되었다고 주장한다. 이 기술 현상은 주체와 대상 사이의 변증법적 거리를 허용하지 않는다.[40] 이리하여 기술은 전체주의적인 것이 된다. 오늘날 기술이 하나의 체계가 되었다는 것인데, '기술 체계'는 기술 현상과 기술 진보로 구성되며, 따라서 기술의 특징들은 이 두 차원에서 설명될 수 있다. 그가 제시하고 상술하는 기술의 특징들은 자율성, 선택의 자동성, 자기 증식, 단일성, 보편성, 가속화 등이다. 엘륄이 체계로서의 기술과 기술의 특징들에 대한 논의를 통해 내린 최종적인 명제는 '기술은 이제 자율적인 것이 되었다'는 것이다.

엘륄의 기술철학에서 핵심 논제는 기술의 자율성이다.[41] 기술은 정치적·경제적·사회적 변화와 무관하게 '자기 지시적'인 경로를 따라 발전하

Pfullingen, 1985), 150 참조.

[39] Jacques Ellul, *Perspectives on Our Age* (New York: Seabury Press, 1981), 33.

[40] 기술의 논리가 비변증법적이라는 의미는 기술적 의식의 대상화는 헤겔에서의 대상화와 무관한 대상화라는 것인바, 이런 관점에서 기술적 의식의 대상화는 결국 의식의 붕괴, 주체성의 상실을 초래한다는 점이 강조되는 것이다. J. Ellul, *The Technological System* (New York: The Continuum Publishing Corporation, 1980), 12.

[41] J. Ellul, *Perspectives on Our Age,* 100-101.

며, 나아가 그 변화의 조건을 결정하는 하나의 폐쇄된 체계라는 것이다. 일반적으로 어떤 것이 외부의 법칙이나 강제력에 의해 지배되는 것이 아니라 독립적이고 자치적일 때, 그것은 자율적인 것이라고 말할 수 있다. 그런데 엘륄은 자율적인 것은 이제 기술이며, 이 기술의 자율성 앞에서 인간의 자율성은 존재할 수 없다고 주장한다. 여기서 우리는 자율적 기술이 전통적 의미에서 이야기되는 주체와 객체 관계의 정확한 역전을 의미한다는 것을 확인하게 된다.[42]

엘륄에 따르면, 기술에 대한 전통 윤리학적 접근은 잘못된 관점과 확신에 근거해 있다고 비판한다. 기술을 단순히 중립적인 도구로 보거나 기술을 인간 목적을 달성하기 위한 일련의 수단에 지나지 않는다고 확신하는 것은 잘못이라는 것이다. 여기서 우리는 하나의 기술 도구와 기술 체계를 명백히 구별해야 한다. 후자는 중립적이지도 않고 인간에 의해 지배되지도 않는다. 한편으로 엘륄의 자율적 체계로서의 기술 개념은 이 점을 재확인시켜준다. 다른 한편으로 그것은 기술 성장의 비합리성, 즉 기술의 제한받지 않은 성장에서 나타나는 역기능과 위험을 보여준다. 이 점을 그는 피드백을 결여한 체계라는 말로써 강조한다. 결국 엘륄에 있어서 기술은 자신을 완전한 체계로서 정립시키지 못한다고 할 수 있다. 기술은 '참된 무한'을 제공할 능력을 가지고 있지 않은 것이다. 엘륄의 일관된 주제는 인간에 대한 기술적 횡포, 즉 모든 다른 인간적 가치를 희생해서 성립하는 기술적 효율성의 횡포이다. 엘륄은 전체주의적 기술 사회에서 인간이 기술의 성장 과정을 결정하거나 통제할 수 없으며, 오히려 그것에 적용되도록 강요받는다는 점을 강조하고 비판한다.

---

[42] 기술이 그 자체로 무엇이 도덕인지 판단하는 기준이 되었고 새로운 도덕을 만드는 창조가 되었고, 기술은 인간을 일종의 '기술적 동물'로, '기술 노예들의 왕'으로 만들었다. 한마디로, "인간은 하나의 촉매 수준으로 전락"하게 된 것이다. J. Ellul, *The Technological Society* (New York: Vintage, 1964), 133-138.

적용은 프로파간다[43]와 같은 다양한 심리적 기술에 기초한다. 프로파간다는 기술사회가 유지되는 데 필수적이다. 그것은 기술 사회의 요구와 개인의 심리적 만족 사이에 하나의 가교를 제공한다. 여기에 자유의 환상이 필히 존재하게 된다. 기술은 현대인들에게 자신의 자유를 증진하는 도구로 생각된다. 그러나 엘륄은 이 자유가 하나의 환상, 특히 프로파간다와 미디어가 만들어내는 정치적 환상이라는 점을 강조한다. 일반적으로 정치는 인간 자유를 표현하는 영역, 즉 인간이 자신의 삶을 선택하고 결정하며 통제하는 영역으로 간주된다. 그러나 엘륄은 이러한 견해를 통박한다. 그에 따르면 프로파간다, 그리고 그것을 사회적 규모로 가능하게 하는 미디어는 다 같이 정치를 통한 기술 통제라는 환상을 생산해낸다.[44] 프로파간다의 유일한 목적은 개인들을 기술 사회의 제도적·집단적 삶에 참여시키는 것이다. 프로파간다가 만들어내는 환경 속에서 개인들 사이의 진정한 커뮤니케이션과 상호작용은 존재할 수 없다는 것이다.

엘륄은 현대사회에서 효율성이라는 기술적 정신의 승리를 향한 문화적 전환을 본다. 이러한 전환에서 위험은 자유의 상실에 있다. 그의 자유 개념은 필연성과의 변증법적 긴장 속에 존재한다. 엘륄에게 자유와 필연의 변증법은 인간이 자신의 환경 속에서 결정인자와 대결하는 것으로 나타난다. 물론 엘륄은 기술을 그 결정인자로 본다. 기술이 오늘날 우리의 특수한 환경이 되고 있기 때문이다. 그러나 엘륄은 동시에 기술 환경과의 관계 속에서 자신의 자유를 쟁취할 수 있는 희망의 근원으로서의 개인을 강조한다.[45] 그에게 자유는 항상 개인적 수준에서 존재한다. 자유는 실로 개인의 행위와

---

[43] 엘륄에게서 프로파간다는 사회통제 기술의 한 형태로 현대사회에서 매우 중요하게 다루어야 할 기술이다. 특히 이는 교육 기술과 함께 사회 구성원들을 기술사회에 통합시키고 순응시키는 역할을 한다.

[44] J. Ellul, *The Political Illusion* (New York, Knopf, 1967), 96.

[45] J. Ellul, "The Technological Order," in *Philosophy and Technology*, ed. C. Mitcham & R. Machey (New York: Free Press, 1972), 90.

삶의 스타일과 관련되는 것이다. 이러한 인식에서 엘륄은 하나의 윤리학을 제안한다. 그것은 비권력, 자유, 갈등, 위반의 가치들로 특징지을 수 있다. 이른바 비권력의 윤리학을 통해서 엘륄은 '윤리적인 것'(the ethical)이 '기술적인 것'(the technological)을 지배할 수 있게 하는 길을 모색했다 할 수 있겠다.[46]

반면, 시몽동은 기술에 대한 새로운 이해를 위해 인간과 기술의 상호협력적 관계성을 주목하면서 인간과 기술 그리고 자연과 기술을 하나로 바라보게 하는 독특한 관점을 제시함으로 기술의 고유한 존재 양식을 설명했다. 그의 관심은 특히 양립 불가능하고 불일치하며 격차가 있는 것들을 서로 연결하고 소통시키는 '관계'의 작동 방식에 있다. 시몽동은 대립과 차이를 무화시키는 추상적 차원에서의 변증법적 종합보다는 대립과 차이의 공존으로 인해 가능한 상호 협력의 관계 맺음에 주목한다. 인간과 기술의 관계 역시 이러한 시선에서 조명되고 있음은 물론이다. 시몽동의 기술철학은 '실체로부터 관계로' 사유 패러다임을 전환시킨 독특한 개체화론과 역동적 관계론을 배후에 두고 있다. 기술과 인간의 관계에 대한 시몽동의 사유를 언급하기 전에, 그의 개체화론에 대해 먼저 알아볼 필요가 있다.

'개체화'(Individuation)는 그의 관계론적 사유를 특징짓는 핵심 개념이다. 개체화는 한마디로 준안정적 시스템에 내재하는 불일치, 양립 불가능성, 긴장과 갈등의 문제를 개체발생을 통해 해결하는 변환 작동(opération transductive)이라 할 수 있다. 그의 개체화론은 물리적·생명적·심리사회적·기술적인 실재의 각 영역마다 고유한 개체들의 발생과정과 개체화의 조건들을 추적하고, 이 상이한 개체화 체제들 사이의 연속과 불연속 관계를 해명하여 실재 전체의 역동적인 생성과 다층적 복잡화에 관한 종합적인 통찰을 제시한다. 그것은 전통적인 실체 중심의 정적 사유 패러다임을 관계 중

---

[46] J. Ellul, *The Political Illusion*, 155.

심의 동적 사유 패러다임으로 전환시킨다.[47]

우리는 세계를 바라볼 때 통상 윤곽과 형태로 구분되는 개별 대상들, 동일성과 통일성을 지닌 개체들이 먼저 있고, 그다음에 그 개체들 사이의 관계를 따져볼 수 있다고 생각한다. 하지만 시몽동은 이 책상, 저 칠판, 그 컴퓨터 등 구체적인 어떤 형태나 구조로 개체화된 실재는 그 자체로 독립적인 실체가 아니라, 항상 주어진 환경이나 어떤 조건들과의 관계 속에서 그러한 방식으로 존재할 수 있게 되는 것이라는 점에 주목한다. 개체는 일차적이고 근본적인 존재 양상이라기보다 그러한 개체를 발생시킨 개체화 과정의 산물, 즉 개체화되지 않은 실재 전체로부터 변환 작동에 의해 개체화된 것으로서 이차적이고 부분적인 존재 양상이다.[48] 어떤 형태의 개체가 존재한다는 것은, 그것이 물리적인 것이든 생명적인 것이든 사회적인 것이든 기술적인 것이든 간에, 해당 영역의 준안정적인 환경이나 장(場) 안에서 양립 불가능하고 불일치하는 것들 사이의 갈등을 해결하는 소통의 '관계'가 그런 개체의 형태로 구조화되었다는 것을 의미한다.

시몽동은 존재의 실상과 개체의 본질을 이해하고자 한다면, 실체화된 정적 구조보다 그러한 구조를 발생시킨 역동적인 생성 작용에 초점을 맞추어야 하며, 그러한 발생적 작용의 위상학적이고 역사적인 관계망 안에서 개체화된 존재를 바라보아야 한다고 주장한다. 개체 중심의 실체론적 사유는 개체를 발생시킨 개체화되지 않은 실재의 생성 역량을 간과할 뿐만 아니라, 개체의 관계적 본성 자체를 은폐한다. 시몽동은 부분적 실재이자 개체화 작용의 산물인 개체에 입각해서 존재를 이해할 것이 아니라, 실재의 개체화 작용에 입각해서 개체에 접근할 것을, 즉 결과적인 구조 자체보다는 전체와의 관계 속에서 그 구조의 발생적 작용에 주목할 것을 강조한다.[49]

---

[47] 김재희, 『시몽동의 기술철학: 포스트휴먼 사회를 위한 청사진』, 21.

[48] Ibid., 20.

[49] Ibid., 20-21.

기술과 인간의 관계성에 집중하는 관점은 근대기술에 대한 통제와 지배의 인간중심주의를 넘어서서 현대사회 첨단 기술의 역량과 더불어 인간과 기계의 조화와 인간과 비인간의 새로운 관계를 모색하는 데 유익하다. 인간과 기술 발전의 관계를 긍정적으로 바라보는 시몽동의 작업은 인간의 발명에 의한 기술적 대상의 자율성을 인정하고 기술은 그 자체로 존재적인 양식을 가지고 있어서 그 내적 필연성의 전개를 추적하여 인간과 기술의 근본적 관계를 재조명하는 것이다. 인간과 기술을 이렇게 관계적으로 바라보는 관점은 소셜 네트워크와 스마트 기기의 확산으로 인간 각각이 거대한 네트워크에 항시적으로 접속해 있는 유비쿼터스 시대, 기술적 대상 없이는 일상의 삶이 가능하지 않은 기술 의존의 시대에, '기술의 존재가치'와 '인간과 기술의 관계'에 대한 중요한 통찰을 던져주고 있으며 우리에게 기술에 대한 진지한 성찰뿐 아니라 오히려 인간의 책임을 불러일으킨다.

더욱이 기술과 인간을 협력적 앙상블(assemble)로 바라보는 시몽동의 관점은 인공지능과 로봇 그리고 지피티와 웨어러블 컴퓨터가 발명되는 시대의 기술본성이 인간과 사물 그리고 인간과 인간의 새로운 관계를 가능하게 하고, 기술개체는 나름의 행위능력을 가지고 인간에게 새로운 가능성을 열어주는 존재로 사용할 수 있도록 한다. 이렇게 시몽동은 자연물과 인공물의 존재 방식을 관계론적으로 바라보면서 인간과 비인간, 즉 물질과 기술 대상의 고유한 존재 방식을 정립했다. 기술적 대상의 존재와 발생에 대한 시몽동의 독특한 관점에서 출발하면 이 지구의 역사는 그리고 인간의 삶은 기술과 생명 사이에 존재하는 심층적 관계가 있음을 짐작할 수 있다. 기술은 단순히 인간과 세계를 매개해주는 하나의 도구가 아니며 인간이 처음 기술을 사용하던 시기부터 이미 인간과 기술은 긴밀히 접속되어 있었고 공진화(co-evolution)의 역사로 보게 된다. 즉, "물질(자연)-인간-기계(사물)"가 연속적으로 맺고 있는 앙상블 안에서 인간과 기계의 공진화를 논할 수 있다면 기술 대상들의 존재양식은 마치 유기체와 동일한 것, 혹은 유익한 대화를 이끌어낼 수 있을 만큼 유사한 것으로 바라보며 각기 다른 뿌리와 그에 상응하는 사유를 발전시키는 것은 인간을 무시하는 것이 아니라 인간의 기술 본성을 세계와의 관계 속에서 파악하게 하는 중요한 관점을 제시한다는 것이다.

특별히 중요한 지점은 기술과 인간이 함께하는 세계에서 인간의 고유한 역할은 열린 기계들의 협력과 총체적 조화를 실현하는 상설조직자로, 그리고 기계들을 서로 연결시켜주는 살아 있는 통역자로 그 역할을 수행해야 함을 강조한다.[50] 인간과 기술의 존재론적인 관계에서 인간의 책임에 대한 강조가 인간이 자신을 강화시키거나 확장하려는 방향이 아니라 오히려 인간의 특권화를 내려놓고 다양한 타자를 향해 개방한다는 점에서 포스트휴먼 윤리의 정초를 위해 중요한 통찰을 제공했다. 이렇게 인간과 기술개체와의 관계성의 변화로 제기되는 핵심 논점은 더 이상 고전적 휴머니즘의 패러다임으로는 이해하기 어려운 단계로 접어든 첨단기술 사회는 기술적 전환의 과정에서 기술은 그저 인간에 위험만이 아니라 동시에 새로운 휴머니즘에 대한 기회도 동시에 제공하고 있다는 것이다.

이렇게 디지털 전환(digital turn)의 시대에 인간과 기계의 관계론적 관점은 기술개체의 행위성을 심도 있게 평가하는 최근의 인문학적 배경과 연동되고 인간중심주의 윤리의 한계와 영혼보다 열등하게 평가해온 물질과 도구화해온 기술 대상에 대한 반성적 성찰을 토대로 좀 더 인간과 기술과 물질의 존재론적 관계성에 대한 윤리적 해석이 가능해질 것으로 보인다.

---

[50] Gilbert Simondon, 『형태와 정보 개념에 비추어 본 개체화』, 김재희 역(서울: 그린비, 2011), 214.

3.3 되기 윤리

인간은 인간 자신의 불완전한 생물학적 한계를 극복하기 위해 부단히 노력해왔다. 유전공학이나 인공지능의 발달로 인간이 트랜스휴먼이 되고 있는데, 트랜스휴먼과 구별될 수 있는 진정한 포스트휴먼은 어떤 양식으로 존재할 수 있는가? '포스트휴먼'이라는 개념은 인간과 동물, 인간과 기계, 인간과 비인간 등 인간과 인간이 아닌 것을 구별하는 그 경계선을 가로질러 자유롭게 무엇이든 새로운 존재로 주체성을 구성할 수 있는, '되기'(devenir: becoming)의 가능성을 내포하게 된다. 들뢰즈와 가타리는 『천개의 고원』(A Thousand Plateaus)에서 이러한 '되기' 개념을 사회문제를 해결하는 미시 정치적 해법으로서 생성의 원리인 '되기'로 제안한다. 즉, 생성 운동으로서의 '되기'는 몰적인 집합에서 분자운동으로, 중심에서 주변으로, 다수자에서 소수자로 전개되어나간다. 풀어서 말하면, '되기'는 몰적인 집합 내의 분자운동을 활성화시켜 분자적인 흐름을 만들고, 그것을 추출하여 다른 분자와 합성해내는 새로운 조성이다. 예컨대 곤경에 처한 타자가 눈앞에 있다면, 그 타자는 '몰적 타자'다. 그러나 내가 그 타자의 처지를 이해하고 애태우고 있다면 나는 '분자-친구'로 생성되는 것이다. 들뢰즈와 가타리가 "동물-되기", "어린이-되기", "여성-되기"를 생성의 전략으로 제시하는 것이 바로 그러한 차원에서이다. '되기'는 유사성에 따라 연결되는 계열화의 선이나 상동성에 따라 연결되는 상징적인 구조화의 선이 아니라, 서로를 횡단하면서 서로를 변용시키는 현실적 과정이다.

'되기'는 중심에서 주변으로 전개되는 특성을 띤다. 변화를 동반하는 생성은 무리들의 주변에서 일어난다. 연주회장의 예를 든다면, 청중은 하나의 성격을 갖는 '무리'(meute)[51]가 된다. 그런데 연주회장의 문을 열었다 닫았

---

[51] '무리'는 원래 사람들의 모임이나 집합을 가리키며 '떼'를 의미하지만, 들뢰즈와 가타리가 획일성을 특징으로 하여 통합화의 대상이 될 수 있는 '군중'과 구별하기 위해 특별하게 사용한 용어이다.

다 하는 사람들에 의해 무리가 새로운 힘에 개방되고 이행이 시작된다. 원의 중심이 아니라 가장자리에서 생성이 발생하는 것이다. 실상 변화나 개혁은 중심에서 이루어지지 않는다. 중심의 자리는 언제나 그것을 유지하고 수호하려 하며 변화나 개혁을 싫어한다. 따라서 변화와 개혁, 그리고 모든 생성은 중심이 아니라 그 주변부에서 시작된다 할 수 있다. 아울러 '되기'는 다수자에서 소수자로 전개된다. 다수는 동질화된 표준이나 표준의 대표자다. 세계적 차원에서는 백인이 다수자이자 표준이다. 백인을 기준으로 해서 다른 인종들은 차등 분류된다. 이렇듯 사회는 다수자와 다수자를 대표하는 표준이 존재한다. 이에 비해 소수자란 다수자에 속하지 않는 자들이다. 흑인-여성-노인-장애인은 지극히 소수자란 것을 의심할 여지가 없다. 들뢰즈와 가타리의 '되기'는 이러한 소수자의 입장을 취함으로써 다수자의 굴레로부터 벗어나는 행위를 뜻한다.[52] 다수자의 가치와 척도를 벗어난 곳에서만 새로운 생성이 있다. 여성이 남성의 권력에 침묵했다면, 흑인이 백인의 권력에 침묵했다면, 장애인이 비장애인의 권력에 침묵했다면 인간 역사의 발전이란 상상할 수 없을 것이다.

이 '되기'는 다른 종류의 삶을 향해 자신을 창조적으로 변용시키려는 의지와 욕망이 있어야 가능하게 되는데, 동시에 새로운 양태가 되기 위해 문턱을 넘는 힘, 즉 최소한의 '강도'(intensity)[53] 또는 힘의 의지가 있어야 한

다양체이면서 다방향적이고 다성의 울림을 갖는 소수집단을 가리킨다 하겠다. 군중이나 대중이 몰적인 집단이라면, 무리는 분자적인 집단이라 할 수 있다. 이진경, 『노마디즘 1』(서울: 휴머니스트, 2002), 143.

[52] 들뢰즈와 가타리는 "'되기'는 소수적이며, 모든 되기는 소수일 수밖에 없다"고 단언한다. 말하자면 '남성-되기' 또는 '백인-되기'란 없다는 것이다. Gilles Deleuze & Felix Guattari, 『천개의 고원: 자본주의와 분열증2』, 김재인 역(서울: 새물결, 2001), 204.

[53] 모든 현상은 고정된 것이 아니라 자체가 지닌 힘에 의해 다양한 방향으로 나아갈 수 있으며, 따라서 지금 있는 '어떤 것'은 항상 여러 방향으로 움직일 수 있는 내재적 리듬을 가지고 있다. 이러한 리듬은 다른 것과 접속하면서 새로운 것을 만들어갈 수 있는 근거가 되는데, 이 리듬을 '강도'라 한다. 강도는 순수 차이를 포착하기 위해, 그것을 대립이나 모순으로 환원하지 않기 위해, 그리고 힘의 변환을 통해 문턱을 넘는 변이와 생성을 포착하기 위해 중요하게 사용하는 개념이다.

다. 들뢰즈와 가타리의 '되기' 개념의 윤리적 함의는 다양성과 이질성의 긍정, 그리고 창조성과 기쁨의 증진에 있다고 말할 수 있겠다. 그런데 '되기'의 개념은 바로 우리가 여기서 논의하고 있는 인간-아닌 것들과의 관계 중에서 바로 '기계'의 개념과 연결된다. 가타리는 기계를 기술의 표현이 아니라 오히려 기술보다 선재하는 것으로 이해하고, 기술적 기계를 훨씬 능가하는 기계 개념의 재구축을 통해 '기계주의'를 총체적으로 고찰한다. 들뢰즈와 가타리는 매우 일반화된 의미로 '기계'라는 개념을 사용한다. 기계란 "다른 것과 접속하여 어떤 흐름을 절단하여 채취하는 방식으로 작동하는 모든 것"을 의미한다. 예컨대 입은 식도와 접속하여 영양소의 흐름을 절단하여 채취하는 먹는-기계가 된다. 하지만, 입이 성대와 접속하여 공기의 흐름을 절단하여 음운적 소리로 채취하게 되면 말하는-기계가 되고, 공기의 음악적 소리로 절단하여 채취하면 노래하는-기계가 된다.[54] 이런 관점에서 들뢰즈와 가타리는 통상적인 기계는 물론 생명체나 그의 기관들을 '기계'라는 개념으로 파악한다. 이처럼 생물권과 인간권 그리고 기계권의 경계를 넘어서 모든 것을 기계로 보는 입장을 '일반화된 기계주의'(machinism)라 부른다.[55] 기계주의에서 중요한 것은 어떤 기계도 접속하는 항이 달라지면 다른 기계가 된다는 것이다. 이는 접속하는 이웃항에 의해 사물의 의미가 달라지기에 그 어떤 것도 정해진 불변의 본질은 없으며, 이웃항과 어떤 관계, 어떤 배치를 이루는가에 따라 다른 본성을 갖는 다른 기계가 된다는 것이다.

그리하여 인간과 기계들 사이의 관계를 "정보와 소통의 기술공학적 기계들이 인간 주체성의 핵심에서, 그것의 기억과 지성 안에서만이 아니라, 그것의 감성, 정념들, 무의식적 환상들 안에서도 작동"하는 "인간-기계의 조립체"(assemblage)로 이해했다.[56] 가타리의 존재론적 기계(인간-기계의 아상블라주)

---

54 이진경, 『노마디즘 1』, 60.

55 Ibid., 153.

56 Felix Guattari, *Chaosmosis: An Ethico-Aesthetic Paradigm* (Sydney: Power Publication, 1992), 4.

는 자기 동일적인 닫힌 시스템이 아니라, 외부와의 상호작용 속에서 자기 변형과 자기 창조의 가능성을 열어두는 준안정적 시스템이다.

비인간중심적인 방식으로 포스트휴먼으로서의 새로운 주체성을 생산하기 위해서는 가타리의 리좀적 횡단성(transversality)과 연동될 필요가 있다. 횡단성이란 개별성을 보존하면서도 그 개별성들 간의 교차, 횡단, 소통을 통해 일련의 연대적·집합적 공동성을 이루는 것을 말한다. 개체를 초월하는 집단성에는 횡단적 소통이 필요하다는 주장이다. 들뢰즈와 가타리는 강도적 차이들의 초월론적인 장을 탈지층화·탈영토화된 비유기적 생명력의 물질적 흐름으로 대체하면서 유기적인 형태 발생의 역량보다는 오히려 모든 종류의 영토들-지층들-경계들을 가로지르는 소통의 역량을 강조한 것이다. 인간중심적이고 개체중심적인 자유주의 휴머니즘의 한계를 넘어서기 위해서는 개체를 초월한 관계가 실현되어야 하며, 또한 이 개체초월적 집단성의 예속화와 고착화를 방지하기 위해서는 무엇보다 '횡단적 소통'이 필수적이다. 가타리는 이 집단의 주체화·예속화 정도를 측정할 수 있는 횡단적 소통의 계수[57]를 제시했는데, 이는 개체초월성의 예속화를 가늠하고 경고하는 데 유용하다. 가타리는 주체 집단(스스로 규정한 기획들을 능동적으로 탐색할 수 있음)과 예속 집단(수동적으로 방향성을 부여받음)을 구분한다. 예속 집단은 중앙집권적이고 위계적이며 획일화되어 있어서 창조적 발전을 방해하고 다른 집단의 배경에 근거하는 자기 보존적 메커니즘을 지닌다. 반면, 주체 집단은 획일화된 수행적 통제성과 수직적 위계성을 다 피하는 횡단적 소통을 통해 자

---

[57] 집단 속에서의 횡단성은 피라미드 구조와 같은 수직성과 대립되며, 개성들이 소멸된 수평성과도 대립한다. 가령, 경마장에서 말들의 눈가리개 조절이 '횡단적 계수'라 할 수 있다. 말들이 완전히 볼 수 없게 되어 있을 때 횡단적 소통의 정도는 낮고 말들의 외상적 충돌이 커진다. 반면 눈가리개가 열려 있을수록 횡단적 소통의 정도는 높고 말들의 경주가 조화롭게 이루어질 수 있다. 마치 추위와 서로의 가시로부터 자신들을 보호하기 위해 적당한 거리에서 서로 뭉쳐 있는 고슴도치들처럼, 집단을 유지하는 소통의 정도가 횡단성 계수다. 횡단성은 접속과 소통을 개방함으로써 동일성의 고정된 벽을 부수고자 한다. F. Guattari, *Psychanalyse et transversalité* (Paris: Maspero, 1972), 80.

기 갱신과 자기 창조를 실현한다. 그러나 이 구분은 절대적인 것이 아니라서 주체 집단은 언제나 스스로를 유지하려는 편집증적 경련 속에서 예속화될 위험이 있다. '횡단성' 개념은 가타리가 자신이 일했던 프랑스의 라 보르드 병원(Clinique de la Borde)에서 주체성의 제도적 형성에 대한 실험과 분석을 실행할 때 치료적이고 정치적인 도구로 사용한 개념이다. 가령, 병원은 단지 환자를 치료하기 위해 위계적으로 조직화된 기관이 아니다. 개인과 개인 사이에, 상이한 수준의 집단들 사이에, 의미와 에너지가 상호 교차되는 하나의 역동적인 장이다. 가타리는 그 병원에서 의사와 간호사 사이에, 인턴과 간호사 사이에, 간호사와 환자 사이에, 의료진과 의료진 사이에, 관료들과 조합원들 사이에, 병원과 정부 부처 사이에 존재하는 다양한 권력 관계들을 서로 뒤섞고 순환시키면서 횡단적 소통을 실험했다. 그는 병원 구성원들이 새로운 물질적 표현 도구들을 가지고 평소에 해보지 못했던 구체적인 작업들, 예를 들어 조형 예술, 드라마, 비디오, 정원 가꾸기, 요리, 승마, 도자기 굽기 등을 하면서 실현하는 주체성의 생산을 목격했다. 그는 특히 의사와 환자 사이의 '횡단성'을 통해 새로운 주체성의 생산 가능성을 실험했던 것이다.

가타리의 횡단적 주체성은 복수적이고 다성적인(polyphonic) 기계적 아상블라주로서, 이질적인 것들 간의 리좀적 접속에 기초한다. 수렴(convergence)과 발산(divergence) 중 어느 쪽을 강조하느냐에서 사유 방향의 차이는 있지만, 불일치하고 이질적인 것들 사이의 소통과 관계 조절을 새로운 주체생성 과정으로 보고 있다는 점에서, 인간 개체의 역량 강화를 목표로 하는 사이보그화의 자유주의적 트랜스휴머니즘을 넘어 이 집단의 예속화를 방지하는 높은 계수의 횡단적 소통을 유지할 때, 포스트휴먼의 주체성은 생산될 수 있을 것이다.

3.4 포스트휴먼 시대의 사회윤리

필자의 관점에서, 포스트휴머니즘 윤리가 명심해야 할 포인트는 어떠한 형태의 포스트휴먼이든 그것은 막대한 자본을 바탕으로 한 기술을 토대로 해서만 가능한 개념이라는 점이다. 이는 "자본과 테크놀로지에 소외된 타자들은 … 주체가 될 수 없으며 포스트휴먼 사회의 주역은 자본주의 테크노크라트(technocrat)들"[58]일 수밖에 없는 미래적 현실 혹은 현실적 미래를 예시한다. 포스트휴머니즘은 우리 시대의 가장 명백한 모순 중 하나를 적나라하게 노출하는데, "한편으로 우리의 기술적으로 매개된 세상을 위한 새롭고 정치적이며 윤리적 행위성을 가진 대안적 양식들을 발견해야 하는 긴급성과 다른 한편으로 기존의 무력한 정신적 습관 사이에서 형성되는 긴장"인데, 해러웨이의 표현처럼, 기계들은 활발하고 인간들은 너무 무기력하다.[59] 이는 우리 시대를 지배하는 구조, 즉 전 지구적 자본주의로부터 비롯되는 것이다. 선진 자본주의는 차이들을 무한하게 생산하여 그것들을 적극적으로 상품화시키는 물신에 다름 아니며, 탈영토화된 차이들을 순식간에 재영토화시키고 다시 그것을 탈영토화시키는 무한한 반복을 추동하는 절대적 번식자이다.[60] 이 탈영토화된 차이들은 '새롭고 역동적이며 타협 가능한 정체성'과 소비재의 무한한 선택이라는 이름으로 포장되어 판매된다. 따라서 전 지구적 자본주의는 본질적으로 모든 것을 과학적이고 경제적으로 통제

---

58 마정미, 『포스트휴먼과 탈근대적 주체』(서울: 커뮤니케이션북스, 2014), 87.

59 Rosi Braidotti, 『포스트휴먼』, 79.

60 『안티 오이디푸스』에서 언급된 바와 같이, 자본주의는 본성상 모든 욕망의 흐름들을 탈코드화하고 탈영토화하면서 동시에 자신의 공리계(axiomatic system) 안으로 재코드화하고 재영토화한다. "자본주의는 자기가 한 손으로 탈코드화하는 것을 다른 손으로 공리화한다." 자본주의는 자기의 사회 안에서는 과학적이고 기술적인 코드의 흐름들을 포함한 모든 탈코드화된 흐름들이 자본주의 시스템의 이익과 목적에 복무하는 것이다. Gilles Deleuze & Felix Guattari, 『안티 오이디푸스: 자본주의와 분열증』, 김재인 역(서울: 민음사, 2014), 416, 422.

하고 상품화시키기 위해 투자하고 그로써 막대한 수익을 창출한다.⁶¹ 포스트휴먼 시대를 이끄는 "아포칼립스의 네 마부(나노기술, 생명공학, 정보기술, 그리고 인지과학)"는 우리 시대 지구 경제 혹은 경제의 지구를 추동시키는 중핵으로서 자본주의 메커니즘의 일등공신이 되는 것이다.⁶²

따라서 우리는 유전공학적 자본주의의 정치·경제에서처럼, '탈-인간중심적'인 것을 '포스트-휴머니즘적'인 것과 무조건적으로 동일시하는 우를 범해서는 안 된다. 유전공학적 인지자본주의는 이미 '탈-인간적'이지만, 그것이 휴머니즘에 함의된 인간중심주의의 한계를 극복하기 위한 탈-인간주의적 시도가 아니라, 자본이라는 인간의 통제를 넘어선 힘의 논리를 통해 탈-인간화를 도모하고 있다는 점에서 포스트-휴먼, 즉 탈-인간의 진정성을 담지하고 있다고 보기 어렵다. 사실 포스트휴먼과 과학기술, 그리고 자본과의 관계는 "학자의 지속적이고 비판적인 검토"⁶³가 필요하다. 사실상 전 지구적 경제는 궁극적으로 시장의 명령으로 모든 종을 통합하고 그 과도함이 우리 인간을 포함한 행성 전체의 지속 가능성을 위협한다는 점에서만 탈-인간중심적인 것처럼 보인다.⁶⁴ 말하자면, 포스트 휴먼 시대에도 여전히 근대의 휴머니즘이 곤혹을 치렀던 그 늪으로 다시 빠져들 가능성이 농후하다. 자본주의에 포섭되지 않는, 그 수렁에서 해방되고자 몸부림치는 가난하고 힘없는 민중을 위해 전 지구적 시민사회의 연대가 필연적으로 요청된다.

---

61 Rosi Braidotti, 『포스트휴먼』, 81.

62 Ibid., 80.

63 Ibid., 84. 이 대목에서 나는 포스트휴먼 시대의 지식인들이 그람시의 "유기적인 지식인"의 태도를 견지해야 한다고 생각한다.

64 Ibid., 85.

4
포스트휴먼 시대의 종교

해러웨이(Donna Haraway)는 사이보그를 위한 선언문에서 "나는 여신보다 사이보그가 되고 싶다"고 선언했다.[65] 그 이후로 이 선언을 둘러싸고 논쟁과 분석이 촉발되었다. 그녀가 사이보그라는 존재를 옹호한 것은 여성주의 이론, 문화 연구, 기술 철학을 포함하여 문화와 사회에 대한 첨단 기술의 영향을 고려하는 다양한 학문 분야에 큰 영향을 미쳤다. 고정된 유기적 본질에 도전하는 사이보그는 종과 범주 경계(인간/기계, 자연/문화, 생물학적/사이버네틱)를 넘어서는 것을 나타내므로 인종, 성별 또는 종의 본질주의 또는 모든 총체적 정체성을 거부하는 상징이 되었다. 그것은 "무너진 경계, 강력한 융합, 위험한 가능성에 대한 신화"이다.[66] 부속품들의 하이브리드, 유동적 혼합물인 사이보그는 "괴물의 약속"을 구현하며[67] 하이브리드, 유동적이며 상호 연결된 정체성 가운데서 해방의 돌파구를 찾으라는 외침을 드러내준다.

이 절에서 필자는 해러웨이의 글에서 언급된 사이보그와 여신 사이의

---

65 Donna Haraway, "A Cyborg Manifesto: Science, Technology, and Socialist-Feminism in the Late Twentieth Century," in ed. D. J. Haraway, *Simians, Cyborgs and Women: The Reinvention of Nature* (New York: Routledge, 1991), 181.

66 Haraway, "Manifesto," 154.

67 Donna Haraway, "The Promises of Monsters: a Regenerative Politics for Inappropriate/d Others," in *The Haraway Reader* (London: Routledge, 2004), 63-124.

이분법적 대립에 주목한다. 이는 종교학자들이 오랫동안 흥미롭게 추진했던 바이다.[68] 증강된 신체, 하이브리드 정체성, 복잡한 친화성을 찬양하는 글의 맥락에서, 비판적 포스트휴머니즘이라는 학문의 기초가 된 글에서, 우리는 해러웨이의 이원론의 한 형태로 보이는 진술을 어떻게 읽어낼 것인지 고찰하고자 한다. 그것은 신성이 불변하고 냉정한 신과 연관시키는 특정한 종류의 신학적 사고에 대한 거부를 의미하는지도 검토해야 할 것이다. 그 신의 이미지에서 인류는 과연 무육체적 '초월'을 갈망하고 있는지도 논의해볼 필요가 있다. 그리고 그 관점에서 종교, 신학, 신성함(육신과 인격에 대한 이해 포함)을 어떻게 위치시킬 수 있는지에 대한 숙고를 통해 포스트휴먼 비전에 종교적 차원을 위한 공간의 대체적인 윤곽을 그려보고자 한다.

4.1 탈세속주의의 종교

확실히 현대 기술과학과 종교와 과학, 신앙과 회의주의, 유신론과 무신론이 양립할 수 없는 반대 개념으로 여겨지는 세속주의적이고 합리주의적인 관점 사이에는 강력한 친화성이 있다. 해러웨이의 이분법은 현대 과학 및 기술 연구와 페미니스트 이론의 지배적이고 세속적이고 유물론적인 강조점 내에서 어느 정도 타당하다. 페미니스트 이론은 첨단 기술의 도입과 자연과 기술에 대한 인간의 친화성을 찬양하는 것을 고정된 본질과 신체/정신의 위계에 대한 상상적인 종교적 세계관의 정반대로 간주한다. 또한 인

---

[68] Elaine Graham, *Representations of the Post/Human* (Manchester: Manchester University Press, 2002); Nina Lykke, "To Be a Cyborg or a Goddess?" *Gender, Technology and Development*, 1.1 (1997), 5-22; Ruth Mantin, "Thealogy of Radical Immanence: Goddess and the Posthuman," *Feminist Theology* (2019), 6-19; Scott Midson, *Cyborg Theology: Humans, Technology and God* (London: I.B. Tauris, 2018); Jeanine Thweatt-Bates, *Cyborg Selves: A Theological Anthropology of the Posthuman* (Farnham: Ashgate, 2012).

간의 잠재력에 대해 본질화된 '신이 부여한' 모종의 한계를 거부한다. 따라서 비판적이고 트랜스휴머니즘적인 다양성 속에서 포스트휴머니즘은 종교의 관심사에서 멀리 떨어져 있을 것이라는 가정이 존재한다. 하지만 그럼에도 불구하고 종교가 포스트휴머니즘의 담론과 표현에서 두드러지는 중요한 방식도 있다. 이는 일부 사람들이 '탈세속적' 문화라고 부르는 것의 출현을 반영하는데, 여기서는 새롭고 지속적인 형태의 종교성이 지속적인 세속적 무신론의 세계관과 공존한다. 탈세속적 패러다임 내에서는 종교에 대해 과학적 진보와 인간의 발전에 적대적인 것으로 간주하는 동시에 인간이 되는 것, 그리고 확장하여 포스트휴먼이 되는 것이 무엇을 의미하는지에 대한 이해를 지속적으로 알려주는 고대 지혜의 원천으로 간주할 수 있다.

사이보그와 신을 그런 대안적이고 탈세속적 관점으로 해석하는 것은 종교적으로 신성함의 문제를 현대사회 이론적 논의에 다시 초대한다는 의미를 갖는다. 따라서 세속화의 궤적과 세속주의의 사고방식에 도전하여 우리는 인간, 자연, 기술의 존재론적 경계를 넘어설 뿐만 아니라 종교와 신성함 사이의 '최후의 경계선'을 넘나드는 논의를 마주하게 된다. 우선 서구 근대성을 형성한 가정에 대한 비판에서 포스트휴먼과 탈세속화의 테제의 계보학적 기원을 살펴야 할 것이다.[69] 이는 인간 주체를 자율적이고 자기결정적이며 동물, 자연, 기계와 구별되는 존재로 격상시키고, 또한 독특하게 합리적이며 미신, 전통, 종교의 경계에 의해 제약받지 않는 존재로 격상시키는 것과 관련이 있다.

앞에서 우리는 트랜스휴머니즘에서 현대 서양 휴머니즘 철학의 야망에 봉사하는 기술에 대한 철저히 확장된 수용을 확인한 바 있다. 트랜스휴머니즘은 급진적 계몽주의 휴머니즘을 수용하는 것을 전제로 하며, 새로운 기술은 인간 종의 지속적인 진화를 계속 촉진한다고 낙관한다. 인간 종의

---

[69] Talal Asad, *Formations of the Secular: Christianity, Islam, Modernity* (Stanford: Stanford University Press, 2003).

지속적인 특성은 발명과 자기 향상에 대한 창의적이고 합리적인 본능에 있는 것이다.[70] 이 비전에 따르면, 인간 향상은 합리성, 자율성 및 자기 개선이라는 우리의 본질적인 특성을 실제로 확장한 것이기 때문에 인간의 인격성에 위협을 가하지 않는다. 트랜스휴머니즘은 인간 생물학에 대한 제한이나 한계성의 개념에 도전하고 자연과 기술을 정반대 개념으로 자리매김한다. 후자는 전자에서 발생하는 유한성, 엔트로피, 위험의 문제에 대한 해결책으로 작용한다. 인간의 필요를 충족시켜주는 도구적 자원으로서의 자연은 인간의 면밀한 조사와 조작의 전적으로 합법적인 대상이며, 자연에 대한 문화의 '우월'과 '초월'은 인간과 다른 종 사이의 존재론적·도덕적 거리를 표현한 것이다. 그러나 필자의 견해로는 기술화된 인간에 대한 이 광범위한 포용 속에서도 종교를 위한 공간은 있다는 점이다.

이와 대조적으로, 비판적 포스트휴머니즘은 전반적으로 더 논란이 많은 인간 존재론에 대한 이해와 관련하여 자리매김된다. 그것은 '인간'과 '비인간'이라는 범주의 안정성이 의문시될 수 있는 "일반적인 비판적 공간"의 외연을 나타내준다.[71] 포스트휴머니즘이 휴머니즘의 패러다임 너머에서 상상된 인간성이라면, 그것은 또한 인간과 비인간의 본성의 유전적 및 생태적 연속성, 유전적 및 디지털 기술의 가단성(可鍛性), 가상 및 컴퓨터 매개 커뮤니케이션의 편재성, 그리고 공간, 장소, 커뮤니티 및 구체화에 대한 우리의 변화된 경험에 미치는 영향을 강조한다. 그것은 생물학적 및 기술적, 물질적인 것(또는 '실제') 및 가상적인 것은 공존하고 공진화한다는 것을 의미한다. 일

---

70 Nick Bostrom, "A History of Transhuman Thought," http://www.nickbostrom.com. 휴머니즘과 기술에 대한 비판적 관점에 대한 보다 심도 있는 논의를 위해서는 다음의 글을 참고하라. Taner Edis, "Technological Progress and Pious Modernity: Secular Liberals Fall Behind the Times," in Anthony B. Pinn (ed.), *Humanism and Technology: Opportunities and Challenges* (New York: Palgrave Macmillan, 2016), 123-142.

71 Catherine Waldby, *The Visible Human Project: Informatic Bodies and Posthuman Medicine* (London: Routledge, 2000), 43.

상생활을 첨단 기술에 대한 상호 의존성에서 분리할 수 없는 무능력은 고전적인 인본주의의 주제를 무익하게 만든다.

라투르는 근대 휴머니즘의 우세에 대해, 그것이 '비인간성'의 동시적 탄생, 즉 사물, 대상, 동물과 마찬가지로 이상한 시작, 즉 "뒷방으로 밀려난 강등된 신"의 탄생을 전제로 한다고 주장한다.[72] 라투르가 신학을 언급한 것은 근대성의 출현에서 또 다른 구성 요소를 암시한다. 즉, '세속적'이라고 알려진 철학 또는 삶의 영역의 탄생이다. 자율적이고 자기 실현적인 인류의 창조는 초월적인 것, 신성한 비인간적 존재에 대한 억압을 근간으로 하고 있으며, 자연, 동물 왕국 또는 도구, 기술 및 기계의 세계에서 규범적인 인간과 그 '타자' 사이의 이분법적 대립의 창조에 달려 있다 하겠다. 그러나 휴머니즘의 계보에 대한 조사가 서구 근대성의 탄생과 관련된 특정 물질적 및 담론적 경계의 확립에 뿌리를 두고 있음을 밝혀낸다면, 우리는 필연적으로 또 다른 존재론적 및 인식론적 단층선, 즉, 세속성과 종교, 물질과 형이상학, 이성과 미신을 구분하는 경계선으로 인도되는 것이다.

하버마스의 작업은 사회 이론과 정치 철학의 '탈세속적' 전환과 밀접하게 연관되어왔으며, 처음에는 20세기 말 세계 시민사회에서 종교가 정치적 힘으로 부활한 것을 설명하는 방법으로 사용되었다.[73] 세속화 이론의 예측에도 불구하고 종교는 공공 영역에서 사라지지 않았다. 이는 기독교, 이슬람, 힌두교에서 종교적으로 동기를 부여받은 행동주의의 지구적 부활에서 뿐만 아니라 자신을 영적이지만 종교적으로 범주화되길 부인하는 사람들을 포함한 비정통적 형태의 개인적 영성이 지속되거나 신학 및 성서학 형태에 대한 관심이 새롭게 나타난 것에서도 분명하게 드러난다.

그러나 탈세속주의의 복잡성의 일부는 그것이 서구 사회의 많은 부분

---

[72] Bruno Latour, *We Have Never Been Modern* (Cambridge: Harvard University Press, 1993), 13.

[73] Jürgen Habermas et al. (eds.), *An Awareness of what is Missing: Faith and Reason in a Post-Secular Age* (Cambridge: Polity, 2010).

이 기능적으로 세속적이라는 것을 부정하지 않는다는 것이다. 지난 30년 동안 종교의 '새로운 가시성'에도 불구하고, 이 중 어느 것도 세속화의 역전을 나타내지 않으며, 의학, 정치, 성 역할, 우주론 등의 전근대적 또는 신정정치적 패러다임으로의 회귀는 더더욱 아니다. 조직적인 종교의 문화적 영향력과 공식적인 소속감의 쇠퇴는 부인할 수 없으며, 정치, 법, 교육, 도덕과 같은 공적 영역에서 종교의 영향력에 대한 합법성을 인정하는 것에 대해 지속적이고도 강력한 저항이 있어왔다. 따라서 탈세속주의는 종교적 믿음과 소속감의 동시적인 쇠퇴, 변이 그리고 재부상을 인정하는 흐름과 같이한다.[74] 따라서 탈세속주의는 종교, 영성, 신성함의 갱신된 또는 지속적인 현존과 세속주의, 유물론, 인본주의의 정치적 정착과 인식론적 유산의 인터페이스에 위치한다. 탈세속주의가 근대성과 포스트모더니티, 세속성과 종교가 겹치고 상충되는 패러다임으로 공존하는 상황을 설명하는 것처럼, 종교와 신성함이 포스트휴먼의 버전에서 결코 완전히 사라지지 않을 것이라는 것을 예측하기 어렵지 않을 것이다.

휴머니즘과 트랜스휴머니즘의 자아실현 담론과 함께, 특정한 종류의 형이상학적·영적 노력의 실현으로서 기술에 대한 태도의 증거가 항상 존재해왔다. 에릭 데이비스(Erik Davis)는 탈종교적 근대성이 "신비한 꿈, 영적 변형, 종말론적 비전"을 제거하는 데 성공하지 못했다고 주장했다. 대신, 그러한 것들은 "지하로 숨어들어 현대 세계의 기초를 형성하는 문화적·심리적·신화적 동기 속으로 숨어들었다"[75]고 말한다. 첨단 기술에는 유사-마술적이고 신비로운 힘이 투여된 듯하며, "영혼의 이미지 또는 구원적이고, 악마적이고, 마법적이고, 초월적이고, 최면적이고, 살아 있는 이미지의 무리를

---

74 Elaine Graham, *Between a Rock and a Hard Place: Public Theology in a Post-Secular Age* (London: SCM Press, 2013), 3.

75 Erik Davis, *Techgnosis: Myth, Magic and Mysticism in the Age of Information* (London: Serpent's Tail, 1998), 2-3.

구현한다."⁷⁶ 인간의 기술적 노력과 일종의 데미우르고스적 본능, 즉 신이 되고, 천국으로 올라가고, 인간적 육화의 '몸'을 버리고 가상의 불멸의 존재를 얻고자 하는 본능 사이에는 흥미로운 유사점이 있다.

마찬가지로, 트랜스휴머니즘과 같은 운동은 디지털, 사이버네틱, 유전 및 생물의학 기술이 인간 진화의 다음 단계의 도구가 되는 세상을 예견한다. 호모사피엔스는 호모 사이버네티쿠스 또는 테크노 사피엔스로 돌연변이가 될 것이다. 이는 기술적으로 촉진된 인간 한계의 향상과 초인적이고 신과 같은 힘의 가정 사이에 명확한 유비를 그려준다. 트랜스휴머니즘은 카리스마 있는 지도자, 신성한 텍스트 및 인간의 완벽성과 인간의 신화(神化)에 대한 신중하게 묘사된 종말론을 갖춘 새로운 종교 운동과 유사해진다. 따라서 분명히 세속적이라고 여겨지는 시대에도 종교의 표현은 우리의 기술적 야망과 진보된 기술이 우리를 데려갈 목적지에 대한 우리의 비전에 계속 땔감을 공급해준다 하겠다.

따라서 우리는 여신보다 사이보그를 선호한다는 해러웨이의 태도를 탈세속적 관점에서 읽을 수 있는지 검토할 필요가 있다. 그것은 우리가 해러웨이의 작업에서 전통 종교의 사후 세계와 그 돌연변이가 기능하는 방식을 찾도록 안내한다. 우리는 그녀가 어떻게 탈세속화의 모순과 복잡성을 구현하는지, 특히 자신을 반가톨릭으로 묘사하면서도 생생한 그리스도교 상징주의를 활용하는 방식을 발견한다. 예를 들어, 그녀가 선언문에서 창세기의 창조와 타락에 대한 서사에 장난스럽게 암시하는 내용에서 사이보그의 사후 인간성에 대한 비전은 고정된 본질에 대한 향수나 타락에 대한 순수함의 상실, 내지 옛날 옛적의 통전성에 대해 상상하는 것을 말하는 것은 아니다.⁷⁷ 하지만 자신의 존재론적 모호성을 편안하게 받아들이는 종들의 포괄

---

76 Davis, *Techgnosis*, 9.

77 Haraway, "Manifesto," 175.

적이고 윤리적이며 우주적인 연대를 형성하는 것에 관한 것이다. 사이보그는 해러웨이의 "아이러니한 신앙, 나의 신성모독"[78]으로 가부장제와 산업 자본주의의 비정통성을 넘어 이단적이라 할 사고 실험을 촉구한다. 다른 논문에서는 유방암 연구 목적으로 종양 유전자를 이식한 유전자 변형 실험용 쥐인 온코마우스가 가시 면류관과 고난받는 종의 성서적 모티브를 암시하면서 그리스도와 같은 구원의 의미를 지닌다고 주장하는 것이다.

이런 점에서 해러웨이의 '가톨릭 성사주의'는 이원론에 대한 저항 전략으로서 '물질성'[79]이 중요한 의미를 갖는다. "해러웨이가 물질적인 것과 기호적인 것의 분리에 저항한 것은 상징적이고 신성한 것의 물질적 실체를 수용하는 성사주의의 철학적 결과로 볼 수 있다."[80] 성사에서 신성함은 물질적인 것, 즉 수단 또는 매개체, 그리고 신성한 은혜의 기호들에 스며든다. 그것은 물질과 정신, 자연과 행위, 초월과 육화를 재결합시키는 역할을 한다. 물질적인 것과 형이상학적인 것, 신성한 것과 세속적인 것의 경계 자체가 무너지게 되는 것이다. 신성은 "급진적인 내재성과 원시적인 우주적 힘"[81]을 통해 물질적·기술적 세계, 그리고 자연적/비인간적 생태계와 환경을 다시 매혹시키며, 이를 통해 세속적 현대성의 허위적 이분법을 해소한다. 그러므로 비판적 맥락에서 여신을 되찾는 효과는 다음과 같다. 포스트휴머니즘은 초월적/내재적, 신성함/세속적, 영적/물질적이라는 이분법을 해체하는 탈형이상학적 신학으로의 전환을 가져오는 것이다. 이 과정에서 여신의 모습은 이단적이고 가부장적인 신과 신성함이 결여된 물질적이고 구체화되고 일시적인 존재에 대한 세속적·근대주의적 이해에 도전한다. 탈세속주의가

78　"Manifesto," 149.

79　Thyrza Nichols Goodeve, *How Like a Leaf: An Interview with Donna Haraway* (London: Routledge, 2000), 24; Thweatt-Bates, *Cyborg Selves*, 83.

80　Thweatt-Bates, *Cyborg Selves*, 82.

81　Mantin, "Thealogy of Radical Immanence," 19.

종교를 우리의 삶의 나머지 경험과 존재론적, 인식론적으로 분리하는 것에 도전하는 것처럼, 성사주의는 신성함, 거룩함, 초월성을 문화, 기술, 윤리와 분리된 것이 아니라 그 일부로 자리매김한다. 사이보그와 여신을 물질적/형이상학적 존재론의 반대편에 배치할 필요가 없다면, 차이점보다는 유사점을 고려하는 것이 분명하다. 여신과 사이보그는 서로 분리된 우주에 살고 있지 않으며, 유사 괴물적이고, 혼합적이며, 규준에 대한 위반적 존재론을 공유한다. 둘 다 인간-자연-기술의 존재론적 순수성에 도전한다. 그리고 둘 다 같은 범주에 대한 환원주의적 설명을 전복할 수 있는 포스트휴먼과 신성한 '타자'의 깨달음의 잠재력을 보여준다.

비판적 포스트휴머니즘이 자연, 문화, 기술과 관련하여 우리 자신의 정체성의 인위성을 지적하는 것처럼, 종교가 문화적 상상력으로 복귀하려면 탈주술화의 변동하는 단층선을 재고해야 한다. 탈세속성은 이러한 이분법을 재고하고 비판적 포스트휴머니즘처럼 세속적 근대성이 부과한 범주를 넘어 인간의 인격과 공동체를 구상할 수 있는 기회를 보여준다. 포스트휴먼이 인간과 비인간, 기술과 생물학, 인공과 자연을 구분하는 경계의 우연성에 대해 경고한다면, 탈세속성은 과학과 종교, 세속성과 거룩성, 그리고 공적 및 도덕적 이성으로 수용된 인습으로부터 신앙을 제거하려는 근대성 사이에서 자리 잡은 고정된 경계선에 의문을 제기한다.

따라서 탈세속적 관점을 채택함으로써 우리는 해러웨이의 상징적인 진술을 영적인 것과 물질적인 것을 분리시키는 서구 근대주의의 전통이 규정한 초월성에 대한 고정된 인식을 거부하는 방식으로 읽을 수 있겠다. 해러웨이의 진술이 세속주의 담론을 포함하여 '인간, 비인간, 인간을 넘어서는 초인간' 간의 유사성을 인정하는 미래를 선호하는 것은 당연하다. 기술, 자연, 우주의 재주술화된 영역의 맥락에서 그것은 지구적 삶에 대한 보다 통합적이고 지속 가능한 비전을 추구하기 위한 새로운 신학적 인간학과 생태학을 제공할 것으로 예견된다.

4.2 데이터 종교

사이버 불멸성을 추구하는 마인드 업로딩, 부패하지 않을 몸을 상정하는 바이오-나노테크놀로지, 그리고 보살(菩薩)과 같은 관대한 사이보그 형성 등의 종교적 개념으로 인해 어떤 종교인들은 트랜스휴머니즘에 대해 긍정적으로 보기도 하지만 트랜스휴머니즘은 신을 찬탈하고 신 놀음을 하려고 하는 교만의 산물이며 신을 떠나 인간이 스스로 강대하게 되려고 쌓아 올리는 일종의 바벨탑에 대한 숭배로 인도하는 운동이라고 비판되기도 한다.

페이스북의 임원이었던 팀 켄달(Tim Kendall)은 "인공지능이 이용자의 인적 사항, 관심사 등 광범위한 정보를 분석해 이용자에게 적합한 콘텐츠를 제공하는 방식이나 규칙, 체계"를 뜻하는 알고리즘(algorithm)이 세상을 지배하고 있다고 진단했다. "유튜브, 페이스북 등은 알고리즘을 활용해서 당신이 좋아할 만한 콘텐츠를 끊임없이 제공한다. … 당신을 중독시키는 것이 목적이다. … 소셜미디어의 알고리즘은 극단적이고 사회 양극화를 부추기며, 논란이 될 만한 콘텐츠를 우선순위에 두고 추천하는데, 그 이유는 자극적인 콘텐츠가 우리를 오래 붙잡아둘 수 있기 때문 … 알고리즘은 단순히 좋아할 만한 콘텐츠를 추천하는 것을 넘어 인간의 심리적 약점을 교묘히 파고드는 고도의 기술"이라 말한다.[82] 켄달은 소셜미디어 사용자들이 폭발적으로 증가하고 알고리즘이 전지전능한 힘을 가지게 되어 결국 사람들이 지배당하게 되는 것을 우려한다.

유발 하라리는 켄달보다 급진적으로 포스트휴먼 시대의 데이터교라는 신흥 종교의 등장을 예고했다. 미래 역사는 인간 중심의 세계관에서 데이터 중심의 세계관이 지배하는 시대로 전환할 것이며, 만물인터넷(Internet-of-All-Things)이라 불리는 초효율적 시스템의 등장으로 호모사피엔스 시대가

---

[82] "팀 켄들 인터뷰", 『조선일보』, 2021년 1월 1일자.

마감될 것이란 우울한 전망이다. "18세기에 인본주의는 신 중심적 세계관에서 인간 중심적 세계관으로 이동함으로써 신을 밀어냈다. 21세기 데이터교는 인간 중심적 세계관에서 데이터 중심적 세계관으로 이동함으로서 인간을 밀어낼 것이다."[83] 그에 따르면 기술종교인 데이터교는 "빅데이터와 알고리즘을 신뢰하는" 이념이다.[84] 컴퓨터 과학과 생물학에 기반을 둔 이 데이터교는 우주적 데이터 처리능력이 훨씬 뛰어난 전자 알고리즘을 믿고, 그 알고리즘이 분석해낸 데이터에 따라 살아가도록 이끈다. 조만간 만물인터넷의 등장으로 데이터교는 인류역사를 지배할 것이다. 인간은 "단일한 데이터 처리 시스템이고" 역사는 "이 시스템의 효율을 높이는 과정으로 이해할 수"있기 때문에, "만물 인터넷이라 불리는 새롭고 훨씬 더 효율적인 시스템이" 등장하게 된다면 … 이런 우주적 규모의 데이터 처리 시스템은 마치 신과 같을 것이며, … 어디에나 존재하며 모든 것을 통제할 것이고, 인간은 그 안으로 흡수되고 말 것이다."[85] 그 단계에서 인간은 신성화된 만물인터넷을 의지하고 데이터를 숭배하는 새로운 신앙을 가진 호모 렐리기오수스(Homo Religiosus)[86]로 전락하게 될지 모른다.[87]

---

[83] Yuval Harari, 『호모 데우스』, 김명주 역 (서울: 김영사, 2017), 534.

[84] Ibid., 504.

[85] Ibid., 521-522.

[86] 하라리가 전망하는 호모 렐리기오수스는 존재론적 차원에서의 종교적 존재가 아니고, 사회기능적 차원에서의 의존적 존재다. 이는 데이터를 숭배하는 인간을 종교적 인간으로 정의하고 있는 것이다.

[87] Ibid., 534.

4.3 트랜스휴머니즘 종교

카렌 르바크즈(Karen Lebacqz)는 성서에서의 창조 이야기를 읽을 때 구속 활동 속에서 드러나는 신이 궁극적 목적의 빛으로 읽어야 한다고 말한다.[88] 그는 "미래의 실재를 향한 성스러운 견인"[89]이라고 말하면서 완전한 인간이 된다는 것은 어떤 원래의 상태로 혹은 옛 창조로 돌아가는 것이 아니라 "처음 이루어지는 미래의 도착"(a future arrival for the first time)[90]이라고 말한다. "이 세상은 신의 발명이라기보다 신의 모험이고, 신의 산물이라기보다 기획이다."[91] 이 세상을 신의 '모험'과 '기획'이라고 보는 관점은 열린 신학만이 아니라 인간을 '창조된 공동 창조자'로 보는 믿음인데, 인간의 신화(神化)와 이 세상을 신의 나라로 만들려고 하는 노력과도 무관하지 않다. 신체성과 무한성 혹은 인간과 신의 통합을 존재 양식으로 하는 사람의 아들이면서 신의 아들인 예수 그리스도의 정신을 기초로 하는 기독교를 1세기경에 출현한 일종의 트랜스휴머니즘이라고 볼 수 있다는 것이다. "그러므로 우리가 이제부터는 아무 사람도 육체대로 알지 아니하노라 비록 우리가 그리스도도 육체대로 알았으나 이제부터는 이같이 알지 아니하노라 그런즉 누구든지 그리스도 안에 있으면 새로운 피조물이라 이전 것은 지나갔으니 보라 새것이 되었도다"(고후 5:16-17)라는 바울의 말과 같이 그리스도가 창조로 시작한 새로운 질서에 속하게 됨으로써 인간은 '트랜스휴먼'으로 거듭나고 나아가서 '포스트휴먼'으로 재창조될 수 있다는 것이다.

---

[88] Karen Lebacqz, "Dignity and Enhancement in the Holy City," *Transhumanism and Transcendence: Christian Hope in an Age of Technological Enhancement*, ed. Ronald Cole-Turner (Washington, DC: Georgetown University Press, 2011), 57-58.

[89] Ibid., 147.

[90] Ibid., 156.

[91] Ibid., 30.

와이절(George Weigel)은 복음서에서의 예수의 부활은 "보편적 인간 포스트휴먼"(the post-human universal person)의 최초의 입증이라 주장한다. 부활 이후 예수는 죽기 전의 신체로부터 벗어나서 신체성(physicality)의 다음 수준으로 고양된 모습으로 사람들에게 나타나 우리도 그렇게 될 수 있다는 전망을 보여주었는데, 예수의 삶은 호모사피엔스에서 호모 유니버살리스(Homo universalis)로의 변형에 대한 모델로 볼 수 있다는 생각이다.[92]

트랜스휴머니스트 기독교 혹은 기독교적 트랜스휴머니즘에서는 예수가 어떤 존재로 선재했었든 간에 이 땅에서는 신도 천사도 아닌 완전한 인간이었다는 점을 인정하고 중시해야 한다는 주장도 제시된다.[93] 따라서 "그리스도를 본받아"(imitatio Christi)의 모델인 예수를 기독교적 트랜스휴먼/포스트휴먼 존재 양식으로 보고 예수의 존재 양식 혹은 다양한 양태로 논의되었던 기독론에 대한 교리적 검토를 시도한다. 예수의 인성을 강조하는 유니테리언(Unitarian) 신학자 앤서니 버저드(Anthony Buzzard)는 기독론의 증명 본문이라고 보는 시편 110:1을 중시하는데, "여호와께서 내 주에게 말씀하시기를 내가 네 원수들로 네 발판이 되게 하기까지 너는 내 오른쪽에 앉아 있으라 하셨도다"라는 내용이다. 비저드에 따르면, 메시아에 관해 예언된 가장 인상적인 사실들 중의 하나는 그가 분명히 신이 아니라 신의 아들이라는

---

[92] George Weigel, "Critter Prayers and Transhumanism," *First Things*, 2012. 5. 23. https://www.firstthings.com/web-exclusives/2012/05/critter-prayers-and-transhumanism

[93] A.D. 325년 제1차 니케아 공의회에서 채택한 신앙고백문 니케아 신경에 "하나님에게 나신 하나님이시며…"(very God of very God…)라는 표현이 나온다. 커건 챈들러(Kergan Chandler)는 『예수의 하나님』(*The God of Jesus*)에서 니케아 신경에 나오는 이 표현이 비성서적이라 주장한다[Kegan Chandler, *The God of Jesus: In Light of Christian Dogma* (McDonough: Restoration Fellowship, 2016), 246]. 니케아 공의회에서 예수를 창조된 존재로 보는 아리우스파가 이단으로 파문당하고 아타나시우스파의 삼위일체주의가 공인되어 정통이 되었다. 이후 로마 교회의 정치권력의 유지와 증대에 위협이 된다고 느낀 견해들을 모두 이단으로 정죄하고 배척하게 되었다. 삼위일체주의에 대해서는 데일 터기(Dale Tuggy)의 『삼위일체란 무엇인가?』(*What is the Trinity? Thinking about the Father, Son, and Holy Ghost*)를 참조할 수 있는데, 그는 성서가 예수 자신을 하나님 자신으로 제시하지 않고, 하나님의 아들, 인간인 메시아/그리스도로, 즉 기름 부음 받은 존재(the annointed)인 구원자로 제시하고 있다는 견해를 옹호한다.

것이다. 시편 110:1은 신약성서에서 약 23번 인용된 지배적인 그리스도론의 증명 본문이 되는 셈이다. 신과 메시아 사이의 관계는 메시아에게 부여된 경칭인 '아도니'에 의해 정확히 지시된다(시편 10:1). '아도니'라는 말의 이 형태는 구약성서에서도 195번 등장하는데, 그 용법은 예외 없이 '비신적 존재'(non-Deity)를 지칭한다. '아도니'는 '아도나이'와 엄밀히 구별되어야 한다. '아도나이'는 449번 등장하는 모든 성서 본문에서 신격(Godhead)을 의미한다. '아도나이'는 시편 110:1에 나오는 단어가 아니다. 신과 인간 사이의 이 결정적인 구별은 그 성스러운 본문의 중요한 부분이고 마태 22:41-46을 비롯한 다른 구절들에서 예수 자신에 의해 확증된다.[94] 그 본문은 메시아를 그가 아무리 고양되었다고 할지라도 인간 범주에 설정한다. 시편 110:1은 신약성서 전체를 통해 유일한 분인 신과의 관련 속에서 메시아의 지위를 묘사하는 핵심 본문이 된다는 것이다.[95]

맥키(Robin McKie)가 말하듯이, 트랜스휴머니즘의 추종자들은 인간이 모든 신체적 제한들(corporeal restraints)로부터 해방될 날을 예견한다. 커즈와일과 그를 추종하는 사람들은 전환점(특이점)이 2030년경일 것이라 추정한다. 생명공학이 인간과 지적인 컴퓨터와 인공지능이 결합될 수 있는 시점이 바로 그때이다. 그리고 2040년대가 되면 문명의 축적된 지식을 생물학적 인

---

[94] "다윗이 성령에 감동하여 … 주(야훼)께서 내 주께(그리스도) 이르시되 내가 네 원수를 네 발 아래 둘 때까지 내 우편에 앉았으라 하셨도다"

[95] Anthony Buzzard, 『예수는 누구인가?』, 정형철 역(서울: 부크크, 2020), 115. 버저드가 인용하는 콜린 브라운(Colin Brown)의 주장은 참고할 만하다. "문제의 요체는 우리가 신의 아들이라는 용어를 어떻게 이해하는가에 있다. 신의 아들이라는 호칭은 그 자체가 개성적 존재로서 신적 위상을 나타내는 표현 혹은 신격(Godhead) 내의 형이상학적 구별들의 표현이 아니다. 참으로 '신의 아들'이기 위해서는 신이 '아닌' 존재이어야만 한다. 그것은 신과의 특별한 관계를 지시하는 피조물에 대한 지칭이다. … 요한복음의 서론 첫 부분을 마치 "태초에 아들이 있었다. 그리고 그 아들은 하나님과 함께 있었고, 그 아들이 하나님이었다 (요 1:1)"라고 쓴 것처럼 해석하는 것은 그 부분에 대한 흔하지만 전매특허 받은 오독이다. 여기서 생긴 것은 말씀(logos)을 아들로 대체한 것인데, 그렇게 함으로써 아들을 태초부터 존재했었던 신격의 한 구성원으로 만들게 되었다는 것이다." Anthony Buzzard, 『예수는 누구인가?』, 121-122.

간 지능보다 수십억 배 유능한 연산 플랫폼에 모두 옮길 수 있게 될 것이고, 2045년이 되면 인간의 수명을 무한히 연장시킬 수 있게 되고, 그렇게 되면 인간-기계 정신이 자유롭게 자체를 컴퓨터에 업로드하고 마치 신들(부활한 예수)처럼 될 것이라는 것이다.[96] 줄리오 프리스코(Guilio Prisco)는 세계가 필요로 하는 근본적 낙관주의를 트랜스휴머니즘과 기독교가 둘 다 촉진한다고 본다. 둘을 합친 기독교적 트랜스휴머니즘은 더욱 과감하다. 기독교는 사랑과 배려의 신이 세계를 재창조하고 죽은 자들을 부활시킬 것이라고 믿는다. 예수의 부활은 죽음 이후의 새로운 세계에서의 삶에 대한 우리의 희망을 대표한다. 트랜스휴머니즘은 진보된 테크놀로지가 인간을 향상시키고 궁극적으로 재창조한 가능성과 능력을 긍정할 뿐만 아니라 초월적인 우주적 공학(transcendent cosmic engineering)의 비전도 긍정한다. 기독교적 트랜스휴머니즘은 신에 의해 인도되고 과학과 테크놀로지로 무장한 채 우리가 신의 나라를 건설하고 죽은 자들을 부활시키는 신의 사업에서 중요한 역할을 할 것이라고 믿는다.[97] 신은 세상을 창조했지만 완성된 것은 아니며, 지금도 창조 작업이 지속되고 있는 것으로 보고 인간이 공동 창조자로서 세상을 완전하게 만들기 위해 노력해야 할 책임이 있다는 것이다.

그런데 기술적으로 가능한 것들이 모두 사회적으로 가능하다거나 바람직한 것은 아닐 수 있고, 우리가 할 수 있다고 해서 반드시 해야 하는 것은 아니다. 초장수 혹은 불멸성이 가능해지는 경우 초래된 문제들 중에는 인구 폭발과 같은 것과 독재자의 권력이 무한정 연장된다거나 하는 것들만이 아니라 빈부격차에 따라 발생한 신분격차, 즉 부유한 사람들이 초장수를

---

[96] Robin McKie, "No death and an enhanced life: Is the future transhuman?" *The Guardian*, 2019. 5. 6, https://www.theguardian.com/technology/2018/may/06/no-death-and-an-enhanced-life-is-the-funure-transhuman

[97] Giulio Prison, "The radical, daring and vital optimism of Christian Transhumanism," *Turning Church*, 2019. 5. 16, https://turingchurch.net/the-radical-daring-and-vital-optimism-of-christian-transhumanism-17860574cbb

누리는 동안 빈자들이 영원히 노역해야 한다는 문제가 파생될 수 있다. 토마스(Alexander Thomas)는 근대적인 우리가 부단히 감시당하고 있다는 푸코의 감시사회 진단을 '초판옵티콘'(super-panopticon)으로 확장되고 있다고 본다. 트랜스휴머니스트 테크놀로지가 만들어내는 지식과 정보는 분명 그 지식이 생성되는 시스템의 내적 논리를 결빙시키는 현존 권력구조를 강화하는 경향이 있다. 고도로 효율적인 정신약물학(psycho-pharmaceuticals), 유전자 수정, 초지능, 뇌-컴퓨터 접면, 나노공학, 로봇 보철, 수명 연장 등의 도입으로 현존하는 불공평과 부정의는 더욱 확장될 것이다. 이러한 가능성들이 모든 사람에 의해 향유될 가능성은 커 보이지 않는다. 근본적으로 그와 같은 테크놀로지적 수단들은 반평등주의적이기 때문이다.

스미스(Wesley Smith)는 트랜스휴머니스트들은 "근본적인 생명 연장"과 "인간 지성의 기하급수적 증가"를 추구하면서, 왜 사랑을 표출하는 인간의 능력을 향상시키는 일에 대해서는 무관심한가를 비판한다. 그는 트랜스휴머니스트들이 기대하는 특이점, 즉 과학적 진보의 속도를 멈출 수 없게 되고 인간이 포스트휴먼들로 재창조하게 되는 그 시점, 기독교의 사랑이 극대화되는 그 시점은 기독교인들이 고대하는 휴거(Rapture)와 같은 순간일 될 것이라 말한다.[98]

하지만 사랑할 수 있는 우리의 능력을 기하급수적으로 확장하는 것이 인간의 이기심을 극복하고 인간 종과 세계를 향상시킬 수 있는 수월한 방법으로 솔깃하지만 예수의 완전한 사랑의 윤리의 실천을 위한 자기희생 정신의 무한화가 포스트휴먼의 기술로 달성될지는 휴먼으로서의 필자로서는 전혀 확신할 수 없다. 우리에게 신비롭게 현현하는 타자의 얼굴, 모든 것을 박탈당한 궁핍한 자의 얼굴, 고통받는 얼굴로 나에게 현현하는 타자들, 정의를 외치다가 부당하게 체포당하고 고문당하는 타자의 얼굴, 전쟁으로 무력하

---

[98] Wesley Smith, "What's Love Got to do with Transhumanism," *First Things*, 2017. 6. 23, https://www.firstthings.com/web-exclusives/2017/06/whats-love-got-to-do-with-transhumanism

게 아무런 영문도 모른 채 죽어가는 어린 타자의 얼굴들, 비참한 굶주림의 상황에서 우리에게 도움을 간청하는 타자의 얼굴들에 무한한 책임을 갖도록, 정의를 실현할 수 있도록 포스트휴먼의 기술이 어떤 역할을 할 수 있을까 고민하지 않을 수 없다.

4.4 프롬의 기술사회의 종교

프롬은 기술사회의 문제성과 위기에 대한 비판, 사회이론과 정신분석적 비판을 통해 개인적이고 사회적인 차원의 변혁을 주장한다. 그리고 그 대안으로 기독교 정신에 입각한 휴머니즘을 제시한다는 점에서 포스트휴먼 시대의 종교를 성찰하는 데 유의미한 것으로 보인다. 프롬은 현대 기술문명을 일종의 형이상학적이고 종교적 현상으로 파악하고, 인간의 고유한 특성을 인간의 세계 관련성에서 찾는다. 동물이 자신의 본능에 의해서 개시되는 환경세계에 매몰되어 있는 반면, 인간은 본능의 지배로부터 벗어나 있으며 자신의 힘으로 삶을 개척해나가야 한다. 인간은 이와 아울러 본능적인 시야에 따라서 이미 구조화된 세계에 직면하는 것이 아니라 하나의 낯선 세계에 직면한다. 이에 따라 인간에게는 새로운 과제가 부과된다. 인간은 자신의 이성을 통해서 전체로서의 세계와의 고차적인 조화를 회복하지 않으면 안 되는 것이다.[99] 프롬은 인간의 최대의 열망은 낯선 세계를 다시 하나의 안온한 고향으로 다시 복귀하는 것이라고 주장했다.

인간이 무엇보다 자신이 어디에 있는가, 무엇을 해야 하는가 하는 질문에 대한 해답을 제공하는 정신적 준거틀을 기투하는 것을 통해서 자연과의

---

[99] Erich Fromm, 『건전한 사회』, 김병익 역 (서울: 범우사, 1975), 33.

새로운 화합과 균형을 회복하려고 한다.[100] 그러한 정신적 준거틀을 마련해 주는 것이 종교였다는 것이다. 이 경우 프롬의 종교는 반드시 신이나 우상과 관련된 체계를 가리키는 것도 아니고, 또 종교로서 의식되는 체계를 지시하는 것도 아니다. 종교는 "집단이 공유하는 사상과 행위의 체계로서 개인에게 지향의 틀과 삶의 의미를 제공하는 모든 것"을 가리킨다.[101]

현대를 사실상 지배하고 규정하는 종교를 프롬은 산업종교라 보고 있다. 서구에서는 기독교라는 가면을 쓰고 '산업종교'라는 은밀한 사이비종교(occult)가 실제로 지배하고 있다는 것이다. 이러한 산업종교는 진정한 기독교와는 완전히 모순되며 그것은 인간에게 인간 자신이 만든 경제와 기계의 노예가 되기를 강요하는 것이다. 이 시대에는 종교가 다시 부흥하고 있으나 신에 대한 사랑은 사람들의 소외된 성격에 적합한 우상숭배가 되고 있다. 사람들의 매일의 생활은 물질적 안락에 대한 갈망, 퍼스널리티 시장에서 성공하려는 갈망에 바쳐지고 있다.[102] 풍요로운 산업사회에서 사람들, 자연, 그리고 살아 있는 구조에 대한 관심은 소멸해가고, 그 대신에 생명이 없는 기계와 같은 인공물에 사람들의 마음이 더욱 끌리고 있다. 이러한 경향을 보여주는 많은 실례 중의 하나로 프롬은 산업화된 세계에서는 배우자보다도 자신의 자동차와 같은 상품에 대해 보다 더 다정하고 보다 더 큰 관심을 갖는 현대인을 거론하고 있다. 그들은 자신의 자동차를 자랑스럽게 생각하고 소중히 다루지만 살아 있는 인간에 대해서는 그만큼의 관심을 보이지 않는다는 것이다.[103]

현대의 기술문명에서 모든 것은 고유한 생명을 갖는 것으로서 간주되는 것이 아니라 하나의 기계부품으로 간주될 뿐이다. 이에 현대전(現代戰)에

---

100 Erich Fromm, 『희망이냐 절망이냐』, 종로서적 편집부 역(서울: 종로서적, 1983), 115.
101 Erich Fromm, 『소유냐 존재냐』, 최혁순 역(서울: 범우사, 1978), 164.
102 Erich Fromm, 『사랑의 기술』(서울: 문예출판사, 2020), 147-148.
103 Erich Fromm, 『희망이냐 절망이냐』, 207.

서는 자신이 누르는 버튼 하나로 수천 명, 때로는 10만 명 이상의 인간이 학살될 것이라는 사실에 대해서 어떠한 양심의 가책도 느끼지 못한다. 사람들은 지적으로 알고는 있지만 감정적으로는 알지 못한다.[104] 이런 의미에서 현대인들을 규정하는 네크로필리아적인 정신은 정신분열적이다. 현대인들은 지성적으로 뛰어나 있을지는 모르나 그러한 지성은 감정과 분리되어 있다. 감정과 분리된 지성은 따뜻한 생명을 모르는 냉혹한 정신이며, 지성과 분리된 감정은 승화되지 못한 야만적인 감정이다.

기술문명의 주지주의적인 경향은 감정이 야만적이고 조야한 형태로 방치되는 사태와 공존하는 것이다. 감정은 지성에 의해서 순화되고 정화되는 것이 아니라 야생 그대로이다. 그것은 다른 사람들을 경쟁적으로 이기고, 다른 사람보다 뛰어나 있음을 과시하며, 파괴하는 정열이 되어 나타나며, 또 섹스나 스피드나 소음에 대한 흥분이 되어 나타난다.[105] 이러한 근대기술문명은 공격적이면서도 거친 힘이 찬양된다. 이러한 맥락에서 프롬은 현대인들에 대해서 영향을 미치는 많은 문화적인 산물들이 극히 단순하고 파괴적인 영향을 초래하는 자극이라는 데 주목한다. 프롬은 우리 인간이 삶을 유지하기 위해서는 휴식과 아울러 어떤 최소한의 흥분과 자극이 필요하다고 말하고 있다. 사람들은 열심히 자신을 흥분시킬 자극을 구하며 그것에 반응한다.[106] 프롬은 인간을 흥분시키는 자극에는 먹고 싶다거나 성관계를 맺고 싶다는 충동적인 반응을 야기하는 단순한 자극 이외에, 인간을 능동적이고 창조적으로 만드는 자극이 있다고 보고 있다. 이러한 자극들은 단순한 반응을 낳지는 않는다. 그것들은 말하자면 우리 자신으로 하여금 공감을 가지면서 그것들과 결합되도록 촉구하며, 능동적으로 관심을 갖고 그것 안에서 새로운 모습을 보고 발견하게 하고, 보다 더 의식적으로 반응하도록 촉구한다.

---

[104] Ibid., 212.
[105] Ibid., 219.
[106] Ibid., 82.

이 경우 인간은 능동적이고 생산적으로 반응하지 않으면 안 되는 것이다. 그는 수동적으로 움직이는 것이 아니라 능동적으로 어떤 목표를 찾아서 노력하게 된다.[107]

프롬에 의하면 수동적인 자극은 능동적인 자극과 다르다. 수동적인 단순한 종류의 자극은 조금만 되풀이되면 더 이상 우리를 자극하지 않는다. 그것이 끊임없이 자극을 주기 위해서는 자극의 강도를 높이든지 그렇지 않으면 내용을 바꾸든지 하지 않으면 안 된다. 지속적으로 새로운 자극이 필요한 것이다.[108] 이에 비해 능동성을 주는 자극은 우리의 생산적인 반응을 촉구하며, 그 결과 그것들은 그 자체로 항상 새롭게 변하고 있다. 자극을 받은 사람은 자극에 활기를 주고 그것 안에서 항상 새로운 모습을 찾아냄으로써 그것들을 변화시킨다. 자극과 '피자극자'와의 사이에 존재하는 것은 상호관계이며, 기계적인 자극-반응이론에서 보는 바와 같은 일방적인 관계는 아니다.[109]

프롬에 의하면 현대의 산업사회에서 인간들의 삶은 거의 완전하게 단순하고 수동적인 자극에 의해 움직이고 있다. 현대사회에서 대중매체와 상품시장 등에 의해 중개되는 자극들은 성욕, 탐욕, 새디즘과 같은 직접적이고 수동적인 반응을 유발한다. 이러한 자극-반응의 메커니즘은 지극히 단조롭다. 현대사회에서 자극이 효과를 잃지 않도록 끊임없이 바뀌는 이유가 여기에 있다.[110] 그래서 프롬은 현대인들이 만성적인 권태에 빠져 있다고 진단한다. 능동성을 주는 자극에 생산적으로 반응할 수 있는 인간은 권태에 빠지지 않으나 현대인들은 그러한 자극에 대해서 생산적으로 반응할 수 있는 능력을 상실하고 있기에, 결과적으로 현대인들은 끊임없이 변하는 얄팍한 자

---

107 Ibid., 82-83.
108 Ibid., 83.
109 Ibid.
110 Ibid., 84.

극을 찾는 데 혈안이 되어 있다. 이러한 현대인들은 사실은 만성적인 권태에 빠져 있으나, 그는 그 권태를 끊임없이 보상받고 있으므로 그것을 의식하지 못하고 있다는 것이 심각한 사태인 것이다. 인간은 자연을 지능적으로 지배하는 것을 통해 자신의 안심과 행복을 구하고자 한다. 이 경우 행복은 육체적인 안건과 감각적인 쾌락과 동일시되고 있다. 이러한 육체적인 안전과 감각적인 쾌락에 대한 몰두는 현대인들을 고립적이고 개인주의적으로 만들고 인간들과 깊은 관계를 맺는 것을 불가능하게 한다. 모든 사람들과 인간들은 자신의 안전을 보장해주고 쾌락을 주어야 할 대상으로서 간주될 뿐이다. 그리하여 프롬은 현대 산업사회를 정신분석적으로 '사디즘'과 '네크로필리아'(necrophilia: 시체애호)라 규정한다. 지배에의 의지는 모든 것을 자신의 지배 의지하에 두기 위해 대상들을 계산의 대상으로 전락시키는 의지다. 달리 말해, 존재하는 모든 것들로부터 독자적인 생명을 앗아가고 하나의 처리 가능한 죽은 부품으로 만들려는 의지인 것이다. 이와 아울러 프롬은 파괴성-잔혹성에 대한 감수성이 급속히 옅어져가고, 생명 없는 것, 전혀 기계적인 것에 매혹되는 마음이 우리의 기술문명 전체에 증가해가고 있는 것이다. 말하자면, 시체에 대한 병리적 애호를 의미하는 네크로필리아는 현대에서는 정결하고 화려하며 많은 경우에 에로틱한 아름다움마저 갖추고 있는 생명 없는 인공물에 대한 집착으로 나타나고 있다는 것이다. "기술적 진보에 대한 지속적인 추구를 통해, 인간들은 우상숭배를 위해 모든 생명을 자진하여 희생시키려 한다."[111]

프롬은 현대 기술문명의 근본적인 문제를 기독교의 근본정신을 망각함으로써 그것을 제대로 구현하지 못하고 있다는 데서 찾는다. 단적으로 말해서 프롬은 우리 시대의 근본적인 문제점을 기독교뿐 아니라 고등한 종교들이 진리가 제대로 구현되지 못한 데서 찾고 있는 것이다. 프롬에 의하면

---

111   Ibid., 217.

종교발달의 궁극점에서 신은 진리이며 정의의 원리와 동일시된다. 이 과정은 야스퍼스가 말하는 차축시대, 즉 기원전 5세기경 중국에서는 공자와 노자, 인도에서는 불타, 그리스에서는 철학자들 그리고 팔레스타인에서는 예언자들의 출현, 그리고 기독교와 이슬람교의 성립 등에서 완성되었다. 여기서 신은 이미 사람이나 남성이나 아버지가 아니며, 현상의 다양성의 배후에 존재하는 통일원리에 대한 상징이며, 인간의 내면에 있는 정신적 종자로부터 피어날 가능성에 대한 상징이다. 신은 진리, 사랑, 정의가 되며 인간이 이러한 원리를 구현하면 할수록 그는 신에게 가까이 가며 신적으로 된다. 신을 사랑하는 것은 신의 원리인 사랑과 정의 그리고 진리의 힘과 하나가 되는 것이다.

프롬은 인류역사의 근본적인 문제점을 이러한 고등종교가 여러 가지 저급한 종교형태들과 단호하게 투쟁하지 못하고 타협해왔다는 데서 찾는다. 이러한 맥락에서 진정한 종교적인 문제는 무신론과 유신론 사이의 대립이 아니라, 천박하고 저열한 우상숭배와 무신론을 포함한 진정한 인도주의적 종교들 사이의 대립이다. 역사적으로 종교가 많은 문제점을 드러내왔고, 그런 점에서 근대의 사상가들이 거의 이구동성으로 반종교적 태도를 취하고 있음에도 불구하고 프롬은 우리 시대가 아직 참된 종교가 표방한 정신에까지 성숙하지 못했다고 보며, 이에 이러한 종교의 진정한 실현을 희망한다.

물론 프롬은 기독교를 인류의 진화과정에서 나타난 종교의 한 형태로 보면서 새로운 종교, 즉 인류의 발전에 상응하는 진정한 종교가 앞으로 수백 년 내에 발달하리라고 희망한다. 그러나 프롬은 이러한 새로운 종교는 전통적인 고등종교와 단절되는 것은 아니라고 확신한다. 그는 그러한 새로운 종교가 가장 중요한 특징으로 기독교를 비롯한 모든 고등종교에서 표방되고 있는 사해동포주의를 계승할 것이라고 보고 있다. 그것은 동양과 서양의 모든 위대한 종교에 공통된 휴머니즘의 가르침을 포용하게 될 것이다. 그 교리는 오늘날 인류의 합리적인 통찰과 모순되지 않을 것이며, 교리를 중시하는 신앙보다는 실제 생활을 더욱 강조할 것이다.[112] 이런 맥락에서 볼 때 프롬이 생각하는 새로운 정신혁명은 기존의 고등종교 안에 아직 잔존하는 모든 우상숭배적인 요소를 척결하고 그러한 고등종교의 근본정신을 보다 더 발전시킨 것이라는 것을 알 수 있다.

4.5 본래적인 삶과 사랑의 윤리

포스트휴먼 시대에 우리가 어떤 기술에 의해서 우리의 인간성을 모조리 담보 잡히는 그런 삶이 아니라 그런 기술력의 도움 속에서 진정으로 인간성을 회복하는 새로운 시대는 어떻게 가능할까. 우리는 어떤 능력을 통해서 진정한 인간성을 회복하고, 그런 어떤 기술, 어떤 기계화된 삶, 노동으로 점철된 삶, 비인간적인 삶으로부터 진정한 인간적인 삶으로의 해방을 맞이할 수 있는가를 생각하지 않으면 안 될 것이다. 이미 살펴본 대로 트랜스 휴먼이든 포스트 휴먼이든 인간의 능력의 한계를 초월한 어떤 새로운 인간을 이야기하는 것은 분명해 보인다. 과연 그런 새로운 어떤 인간은 어떻게 만들어지는가. 그것은 바로 로봇과 기계의 도움으로 인간의 신체가 그런 로봇과 기계로 대체되는 과정을 이야기하는 것이다. 이 시대의 특징 중에 하나가 죽음을 인간의 삶에서 몰아내는 시대라 할 수 있다. 기계화된 실체를 인간의 신체에 장착한다면, 기계화된 인간의 신체라는 것은 결국 죽음을 잊게 만드는 영생의 기술을 상상할 수 있다. 그래서 포스트휴먼의 시대는 죽음의 상실이 현실화될 가능성이 커져가는 시대로 규정할 수 있을 것이다.

그렇다면 죽음이 약화되거나 소멸되는 시대에 우리는 무엇을 얻고 무엇을 잃게 되는가, 그 점을 평가해볼 필요가 있어 보인다. 필자는 죽음의 상

---

112 E. Fromm, 『건전한 사회』, 349.

실은 우리에게 영생을 줄 수도 있으나 결국은 우리 삶의 의미를 탈취하는 것이라 생각한다. 우리가 죽음으로 인해서 우리 삶의 의미를 되묻고 또 죽는다는 이유 때문에 우리의 삶은 유일해지고 유한해지고 또 그러한 유한성 때문에 어떤 초월의 욕구가 생겨나고, 그러면서 세속적인 가치 외에도 우리가 진정한 인간성을 회복하고 싶어 하는 욕망들이 생겨날 것인데, 만약 죽지 않는다면 그러한 욕망들, 그러한 숭고한 가치들은 모두 사라지고 말 것이다. 그래서 필자는 죽음의 상실을 무의미한 영생으로, 그리고 포스트(트랜스)휴먼 시대는 자칫 무의미한 영생의 시대로 퇴락하지 않을까 우려하는 것이다.

우리는 지금도 이미 유한한 삶을 살아가고 있으면서도 그리고 질병과 어떤 장애나 어떤 위험 속에서 살아가고 있으면서도 죽음을 제대로 생각하지 않는다. 그래서 마치 영원히 살 것처럼 우리는 일상을 살아가고 있다. 영원히 살 것처럼 살아간다는 말은 한마디로 죽음 앞에 선다면 사실 별 가치가 없는 그런 것들을 매일매일 쫓으면서 그냥 그렇게 즉자적으로 살아가고 있다는 말일 것이다. 한마디로 의미 있는 삶을 추구하는 것이 아니라 그냥 세상 속인(Das Man)들의 삶, 그냥 우리에게 주어진 삶 아니면 다른 이들이 살아가는 보통의 삶이다. 그런 삶을 나 또한 살아가면서 한마디로 자기 진실한 가치, 진정한 나, 아니면 본래적인 나를 회복한 삶 아니면 진정으로 내가 소중하게 생각하는 나만의 가치를 추구하든지 주체적인 삶을 살아가는 것이 아니라 이 세상적 가치의 노예가 돼서 살아가는 삶을 말하는 것이다. 영원히 살 것처럼 살아간다는 말은 죽음을 생각하지 않고 살아간다는 의미다. 하지만 우리는 죽음을 내다볼 때에라야 우리는 삶의 방식을 변화시키게 된다.

세상 속에서 승승장구하는 사람들도 죽음 앞에 서면 아니면 어느 날 밤하늘의 별을 바라보면서 아니면 해질녘의 노을을 바라보면서 내가 지금 이렇게 사는 것이 정말 가치 있고 의미 있고 내가 원하는 진실한 삶이었던가를 되묻기도 한다. 그리고 자신의 살아온 삶을 후회하기도 하고 그리고 어떤 실존적인 변화와 결단을 내리기도 한다. 그래서 이 죽음이라는 것은 그저 우리에게 그냥 비극적인 사건으로 끝나는 것이 아니라 도리어 우리 삶을 진정한 삶으로 이끌어주는 우리 삶의 중요한 하나의 단계라고 볼 수 있을 것이다. 그래서 우리에게 주어진 질병으로부터 해방된 영원한 삶, 모든 장애를 극복할 가능성이 현실화된 세계에서 우리가 더욱더 끌어안아야 할 것이 바로 '죽음'이라 생각한다. 죽음을 우리 삶 속에서 추방시키면서 살아가는 삶, 한마디로 죽음을 망각하고 살아가는 삶과 죽음을 대면하고 살아가는 삶은 그 의미와 가치가 같을 수 없을 것이다. 무엇이 의미가 있고 가치 있는 삶인가 하는 가르침은 교과서적으로 주어지는 것이 아니다. 사람마다 그들이 생각하는 의미와 가치는 서로 다를 것이며, 또한 그 다름을 각자가 살아가는 것이야말로 진정한 자유라 할 수 있다. 그렇지만 공통적으로 그들에게 그 가치와 의미를 일깨워주는 사건은 바로 죽음을 우리가 정직하게 대면하는 것이라는 것을 하이데거는 가르쳐주고 있다.

그래서 자아의 본래적 삶을 위해 죽음을 사색한 삶의 철학자 하이데거와 타자를 위한 사랑의 윤리를 제1철학이라 강변했던 레비나스의 철학을 통해 근원 상실의 현대 기술사회에서의 근원적이고 본래적인 윤리와 초월적인 책임윤리를 살펴보는 것으로 포스트휴먼 시대에 대한 반성을 마무리하고자 한다. 하이데거는 인간이 어떻게 살아야 하는가, 인간의 본질은 무엇인가라는 인간 삶의 이념이나 인간 삶의 본질 같은 것들을 탐색했던 철학자가 아니다. 실제로 인간이 어떻게 살아야 하는가가 아니라 실제로 이 세계 안에서 인간이 어떻게 살아가고 있는가, 그래서 그것이 옳다 그르다 아니면 그것이 좋다 나쁘다가 아니라, 그냥 있는 그대로 인간이 살아가는 삶의 방식을 현상학적으로 분석해 들어가기 시작한다. 도대체 인간은 이 세계 안에서 어떻게 살아가고 있는가 하는 것을 사실적으로 그려내고 있는 셈이다. 그는 인간을 "피투성(Geworfenheit)의 존재"라 간주한다. '피투성'이라는 말은 누군가에 의해서 내던져졌다는 뜻이다. 그 어떤 인간도 태어나고 싶어서 태어난 것이 아니고, 이 땅에 오고 싶어서 온 것도 아니고, 또한 우리가 속한 세계에 속하고 싶어서 속한 것은 더더욱 아닐 것이다. 그런 의미에서 우리는 절대적으로 자유로운 것은 아닌, 누군가에 의해서 이 세계 속에 내던져진 수동적인 인간이다.[113] 그래서 우리는 세계 내적 존재(In-der-Welt-sein)이다. 우리는 어떤 세계 속에 내던져져서 살아간다. 우리가 세계 속에 살아가기 위해서는 그 세계의 전통과 관습과 문화와 어떤 규범 같은 것들을 우리가 내면화하면서 그 세계와 동화되어야만 모든 사람이 더불어 그 세계 속에 살아갈 수 있을 것이다.[114] 그래서 우리는 이 세계 속에 던져져서 책임의 존재로 살아간다는 말은 우리는 애초에 이 세계 속에 존재하게 되면서부터 나로 존재하는 것이 아니라 이 세계로 존재하게 된다는 것을 말한다. 나는 나를 사는 것이 아니라 세계를 살아간다고 말하는 것이다. 한마디로 어쩔 수 없이 자신의 본래적인 어떤 삶을 잃어버리고 모든 사람이 살아가는 그러한 방식으로 나 또한 살아가게 되는데, 이것을 '퇴락'(verfallen)한 삶이라 불렀다.[115]

하이데거도 바로 그러한 삶을 본래성을 상실한 퇴락의 삶으로 지적하고 있지만, 문제는 거의 대부분의 인간은 그렇게 살아가고 있다는 것이다. 퇴락이란 세계에 동화되어 자신의 본래성을 잃어버린 사회이다. 그렇다면 우리는 자신의 본래적 가치 아니면 내가 원하는 진실한 삶이라는 것을 어떻게 일깨울 수 있을까. 하이데거는 그것을 바로 "죽음에로의 선구"(das Vorlauf zum Tode)라는 말을 통해서 우리에게 가르쳐준다.[116] 그가 말하는 죽음에로

---

[113] Daniel Dahlstrom, *The Heidegger Dictionary* (London: Bloomsbury Academic, 2013), 212.

[114] '세계-내-존재'는 현존재가 더 이상 내재적인 주관성에 갇혀 있는 고립된 주체가 아니라 바깥 세계에 열려 있으며 세계 속에 있는 사물들과 함께 존재함을 의미한다. Martin Heidegger, 『철학입문』, 이기상·김재철 역(서울: 까치글방, 2006), 241.

[115] Martin Heidegger, 『존재와 시간』, 이기상 역(서울: 까치글방, 2007), 229-246 참조.

[116] 박찬국은 톨스토이의 『이반 일리치의 죽음』에서 그려진 이반 일리치의 삶과 죽음을 단서로 하이데거의 현존재의 본질적인 존재구조에 대한 현상학적 분석을 해설한다. 하이데거의 난해한 이론에 대한 탁월한 대중적 해설이기에 참고할 가치가 충분하다. 박찬국, 『들길의 사상가, 하이데거』(서울: 그린비, 2013), 70-133 참조.

의 선구라는 것은 바로 우리는 지금 당장 죽지 않지만 그 죽음의 가능성 앞으로 우리가 먼저 달려가보자는 것이다. 지금 당장 죽는다면 내 앞의 그 죽음이 나에게 말해주는 어떤 삶의 질이라는 것은 무엇일까를 귀담아 들어보라는 것이다. 그래서 인간은 그러한 죽음에의 선구를 통해서 자기의 본래성을 상실한 인간이 그 본래성을 회복할 수 있다고 말했다.[117] 그러니까 이 세상이 요구하는 가치를 또 그것들을 더욱 많이 소유하는 것이 가장 훌륭한 삶이고 행복한 삶이라 여기겠지만 우리가 죽음 앞에 서게 되면 그동안 내가 추구해왔던 이 모든 가치들이 무의미해지고, 때로는 살면서 내가 가장 사소하게 여겼던 것들이 한마디로 어떤 가족과의 사랑이라든지 연민의 감정이라든지 동정이라든지 용서라든지 이런 인간성의 발휘, 정말 인간만이 가질 수 있는 신적인 속성들, 또 그리고 정말 인간을 아름답게 만들어주는 어떤 초월의 가치들, 그런 것들이 우리 삶에서 훨씬 더 중요한 것들로 떠오르기도 한다는 것이다.

그래서 죽음은 퇴락한 삶을 구원하는 존재론적 사건이다. 한마디로 존재론적 사건이라는 말은 우리를 완전히 새로운 어떤 삶으로 이끌어주는, 어제와 다른 오늘의 삶으로 이끌어주는 사건이 된다는 것이다. 그래서 우리는 미래로 우리 자신을 내던짐으로써, 그래서 어제와는 다른 오늘의 새로운 날을 발견하게 되기도 하고, 또 완전히 새로운 삶을 결단하게 되기도 하고, 그래서 미래를 통해 과거와 현재가 구별되는 그런 어떤 시간의 관계들이 만들어진다는 것이다. 그것을 시간 속의 초월이라 부르는 것이다. 이 세속적인 가치와 이 세속적인 세계 안에 살면서도 그러한 가치로부터 초월해나가는 것, 이것이 바로 죽음이 우리에게 주는 어떤 선물 같은 경험이다. 우리는 죽음의 두려운 사건 그리고 죽음을 삶의 마지막이라 생각하는 경우들도 있지만, '죽어야 할 자'로서 우리가 죽음을 안고 살아갈 때 우리의 삶은 더욱더

---

117 Martin Heidegger, 『존재와 시간』, 406-412 참조.

유의미해진다는 것이 바로 하이데거의 철학이다.

이런 죽음을 사유했던 많은 사람들의 이야기들에 귀 기울일 필요가 있다. 특히 톨스토이는 자신이 왜 죽어야 하는가 하는 문제를 가지고 평생을 고민했던 사람인데, 그가 결국 깨달은 것은 인간이 영원히 살 수는 없다는 것이다. 그래서 "오늘 밤까지 살라. 동시에 영원히 사는 마음으로 일하라. 그리고 지금 곧 죽을 각오로 일하라. 또한 이제 곧 죽을지도 모른다고 하는 마음으로 행동하라"[118]는 말을 남겼다. 우리의 삶은 양적인 측면으로는 영원히 살 수 없다. 인간은 언젠가는 죽게 마련이다. 그러나 영원히 산다는 것을 톨스토이는 이제 더 이상 양적인 개념으로 생각하는 것이 아니라 질적인 깊이로서 생각하는 것이다. 오늘 밤까지 살라. 오늘 밤에 죽는다는 마음으로 오늘 하루를 살아보라는 것이다. 내가 만나는 어머니가 마지막 어머니이고, 그리고 내가 길에서 만나는 친구가 마지막 친구이고, 친구와 나누는 이야기가 생애 마지막 이야기가 될 것이고, 내가 길거리에서 보는 그 들꽃이 내가 이 세상에서 보는 마지막 꽃이 될 것이다. 마지막이라는 생각으로 누군가를 만나고, 누구와 대화하고 세상을 바라본다는 것은 나에게 완전히 충만하고 새로운 어떤 의미로 다가온다는 것이다. 그런 태도로 우리가 매일매일을 살아간다면 우리가 시간적으로는 영원히 살 수 없지만 질적으로는 무한히 풍부한 어떤 자기 성장을 이룰 수 있을 거라는 것이 바로 톨스토이의 생각이다.

그리고 하이데거에 따르면, 초월이 진정한 자신을 이룬다. 초월이라는 것은 이 세계 속에서 세상 가치 속에서 죽음을 대면함으로써 그런 것들을 넘어서서 본래적인 나, 진정한 나, 그리고 본래적인 삶, 진정한 삶, 이런 것들이 비로소 떠오르게 된다는 것이다. 죽음 앞에서, 삶의 마지막 순간에 간절히 바라게 될 것을 생각하며 바로 지금 살아가라고 말한다. 그리고 그렇게 살아가는 삶이야말로 바로 이 세계 속에서 잃어버린 본래성, 자기의 어

---

[118] Leo Tolstoy, 『인생의 길: 참된 삶으로의 초대』, 동완 역 (서울: 신원문화사, 2007), 456-457.

떤 진실성 그리고 삶의 진정한 의미 같은 것들이 회복되고, 또 그런 것들을 살아가는 진정한 삶으로의 변화와 결단을 이끌어내는 것이 가능해진다. 그래서 모든 사람이 날 때는 다른 사람들과 똑같이 태어나지만 죽음 앞에 서면 비로소 단독자가 된다. 그들과는 달리 죽음 앞에서 나는 비로소 진정한 개별자의 삶을 살아가게 된다는 것이다.

그렇다면 죽음이 우리를 이끌어주는 초월이란 무엇일까. 단순하게 생각하면 가족을 보살피기 위해서, 부모를 봉양하기 위해서 열심히 일할 수밖에 없지만, 오로지 일에 빠져 가족들과 단절된 삶을 살아가는 경우에는 사태가 심각해질 것이다. 진정으로 가족을 위한다는 것은 그렇게 그들을 편히 먹고살도록 만들어주는 데만 그치는 것이 아니라 그들과 사랑을 함께 나누는 일이 될 것이다. 죽음을 앞둔 사람들이 마지막으로 했던 일들은 한 푼이라도 더 벌기 위해 바둥거리는 것이 아닐 것이다. 가족과 지인들과 제대로 시간을 보내지 못했던 것을 후회하면서 자신의 모순적인 인생에 대해 반성하게 될 것이다. 가슴 아픈 '세월호 참사', 그 고통받던, 죽음의 두려움 앞에 있던 아이들이 마지막으로 했던 것은 무엇이었을까. 제주항공 참사 직전 공포에 떨었던 승객들은 마지막으로 어떤 생각을 했을까. 아마도 평소에는 전혀 해보지 못했던 사랑의 표현을 했을 것이다. 그리고 마지막으로 정말 내 눈앞에 중요하게 드러나는 것은 바로 가족에 대한 사랑이었을 것이다. 죽음 앞에서도 후회하지 않는 삶이라는 것은 과연 어떤 것일까. 결국 죽음은 우리에게 사랑의 삶을 명령할 것이다.

그리스도교는 사랑의 종교라고 한다. 예수 그리스도의 삶이 인간에 대한 사랑으로 점철되었기 때문이다. 인간에 대한 사랑의 요체는 이웃사랑이다. 이웃이 함의하는 바는 가족의 테두리를 넘어선다는 의미이다. 우리라는 테두리에 든 사람들을 우리가 가족이라고 상정한다면 그 테두리 바깥에 내몰린 사람들, 우리 안에 들어오지 못하고 배제된 사람들, 한마디로 우리 사회에서 보자면 가장 열악한 처지에 놓여 있는 사람들, 고통받는 사람들, 나

약한 사람들, 아픈 사람들, 그런 사람들을 그리스도교는 이웃이라는 말로 상징한다. 그러니까 나보다 높은 지위에 있고, 나보다 많은 것을 가지고 있고, 내가 사랑을 베풀었을 때 그로부터 보상받을 것이 있는 그런 사람에 대한 사랑은 계산적인 행위이다. 하지만 예수가 명령하는 사랑은 내가 모든 것을 베풀어도 단 하나도 받을 것이 없는 훨씬 더 열악한 처지에 있는 사람들에게 베푸는 사랑이다. 이웃이란 우리로부터 배제된 타자다.

레비나스는 "타자의 얼굴"[119]이라는 이 테제를 가지고 아주 심오한 윤리적 철학, 윤리학을 전개했다. 그는 가장 고통받는 사람들의 얼굴은 우리에게 사랑을 명령한다고 말한다. 신은 저 하늘에서 마치 수염을 기르고 큰 의자에 앉아서 우리에게 어떤 명령을 내리는 것이 아니라 신은 바로 그 고통받는 타자의 얼굴이며, 그 얼굴이 우리에게 사랑의 명령을 내린다는 것이다. 이 고통받는 타자는 바로 신의 얼굴이다. 신은 자신의 얼굴을 통해서 우리에게 윤리적 명령을 내린다. 고통받는 타자를 사랑하고 구제하라고 명령한다. 이러한 사랑의 명령, 고통받는 타자의 얼굴을 보고 우리가 그걸 외면하지 않고 그의 얼굴에 응답하는 것, 그의 얼굴이 내리는 윤리적 명령에 응답하는 것, "내가 여기 있나이다"라 응답할 수 있는 것, 그것이야말로 인간의 책임이라고 말하는 것이다. 그리고 이것이야말로 진정한 인간, 그리고 '초월적인 인간'에 해당한다. 책임을 다한다는 것, 그것이 인간을 참으로 인간답게 하는 '초월'인 셈이다.[120]

---

[119] 윤리는 한 사람이 타자와 맺는 실천적인 관계이며, 존재론에 우선하는 관계다. 절대적 타자는 다른 사람이다. 타자는 '적나라함'이다. 적나라함은 무엇인가가 벗겨지면서 나타나는 적나라함이 아니다. 진정한 적나라함은 오히려 우리를 부추기는 현현으로서의 타자의 얼굴이며, 외부로부터 우리에게 다가오는 얼굴이다. "얼굴은 스스로 존재하는 것이지, 어떤 체계에 준하는 것이 아니다." Emmanuel Levinas, *Totality and Infinity*, trans. Alphonso Lingis (Pittsburgh: Duquesne University Press, 1987), 47.

[120] 레비나스의 '초월'은 개념화, 이론화, 시각화, 객관환, 즉 보편화될 수 있는 서구의 초월성의 기획과 상충하는 초월이다. 그의 초월은 '단절'(rupture), 그리고 타자에 대한 개방이란 의미로 사용된다. 이는 동일자에 의해 추동되는 객관화, 보편화의 경향 속에서 타자를 동일자로 환원시켜온 서

종교적으로 요구되는 사랑은 절대 나보다 높은 자를 향하는 것이 아니라 늘 나보다 연약하고 어리고 무력하고 약한 자들을 향하는 사랑이다. 모든 이들이 자기보다 힘이 없는 열악한 처지에 있는 사람들에게 자신의 힘을 나누어줄 수 있을 때, 이 사회는 그래도 살 만한 세상, 한번 살아볼 만한 그런 세상이 된다는 것이 바로 종교의 가르침이자 또한 철학의 어떤 가르침이다. "타자를 진정으로 환대하는 가운데, 고통받는 타자를 진정으로 영접하는 가운데 우리는 내면에 닫힌 세계, 즉 자기 중심적 에고이즘으로부터 벗어나서 진정으로 초월적인 주체가 되는 것이다."[121] 한마디로 자기중심성으로부터 벗어나서 타자를 향해서 살아가는 그런 사랑의 단계에 이르게 된다는 것이다. 그리고 이것이야말로 인간이 추구하는 죽음 앞에서 맞이하는 최고의 초월의 아닐까. 한마디로 죽음은 진정한 삶의 가치란 사랑에 있다는 것을 우리에게 가르쳐주는 것이다.

포스트휴먼 시대에 우리는 어떻게 삶을 혁신해야 하는가? 초월의 능력인 죽음이 우리를 인도하는 그 초월의 영역, 그것은 바로 사랑하는 삶이다. 임종을 앞둔, 죽음을 앞둔 사람들이 자기 삶에서 가장 아름다웠던 순간을 떠올릴 때, 그것은 내가 아주 절박한 고통의 상황 속에 있을 때 누군가가 나의 손을 잡고 함께 아파해주던 그런 기억들, 그리고 자신이 정말 씻을 수 없는 아주 치명적인 실수를 하고 잘못을 했을 때 감히 이성적으로는 용서되지 않는 그러한 잘못마저도 너그러이 용서해주었던 경험들, 그리고 내 삶을 그렇게 떠받쳐주고 지탱해주고 다시 살도록 힘을 주었던 경험, 그런 것들이 정말 자기 삶에서 가장 아름다운 순간으로, 그리고 반대로 내가 또한 누군가를 위해서 그런 어떤 삶을 베풀었을 때 가장 충만한 어떤 기쁨을 경험했다고 말한다. 내가 나를 사랑하는 것이 아니라 도리어 내가 남을 사랑하

구적 전통과는 대립하는 지점이다.

121 E. Levinas, *Otherwise than Being, or Beyond Essence*, trans. Alphonso Lingis (Pittsburgh: Duquesne University Press, 1998), 112.

고 남이 자신을 사랑하는 것이 아니라 나를 사랑해줄 때, 인간은 그렇게 서로가 서로를 사랑하며 살아갈 때 그것이 정말 살 만한 세계, 그리고 살아볼 만한 인생인 것이다. 그것을 종교에서는 천국이라 이야기하지만 천국은 우리가 죽어서 가는 곳이 아니다. 우리가 어떻게 살아가는가, 우리가 무엇을 위해 살아가는가, 우리 모두가 어떤 마음으로 살아가는가에 따라 이 세계는 지옥이 되기도 하고 천국이 되기도 한다. 지옥과 천국이라는 것은 죽어서 우리가 심판받는 그런 우화적 이미지가 아니라 우리가 이 땅 위에 건설해야 할 가장 이상적인 인간 삶의 모형을 이야기하는 것이다. 천국은 천사들이 사는 곳이다. 우리 인간이 천사가 된다면 바로 이 땅이 천국인 것이다. 우리 모두가 이 세속적인 가치에 쫓겨서 서로 경쟁하고 미워하고 질투하고, 그렇게 격렬하게 살아갈 것이 아니라 서로 용서하고 함께 아파하고, 그리고 고통받는 자들에게 손을 내밀어줄 수 있는 이런 능력들 갖출 때라야 비로소 포스트휴먼 시대는 참으로 인간다운 삶이 실현되는 시대가 될 것이다.

5
결론

 포스트휴먼 시대의 종교가 어떤 형태의 종교가 될지 과학기술 분야에 과문(寡聞)한 나로서는 가늠하기 어렵지만, 하라리나 지젝이 우려했던 데이터종교나 테크노-영지주의 종교[122]가 도래할 것처럼 보이지 않는다. 적어도 한국사회에서는 그렇다. 한국의 종교들에게서 베버의 근대성, 탈주술화의 과정을 거친 흔적을 찾기 어렵고, 가장 진화된 종교, 아니 종교적 진리를 독점한 것처럼 주장하는 근본주의 개신교는 그것의 태생적 반근대주의, 반지성주의로 인해 오히려 근대적 탈주술화의 과정은 요원해 보이기 때문이다. 근대성의 핵심적 테제가 이성을 중심으로 작동하는 휴머니즘이 아니던가. 자유와 평등 정의의 민주적 가치를 구현함으로써 인간 존엄성의 실현을 이상으로 했던 휴머니즘은 권위주의, 주술화, 비이성적이고 반지성적인 열광주의가 언제든 자극만 주어지면 광장의 집단적 광기로 표출되는 현실을 이번 12·3 내란사태를 통해서 적나라하게 경험한 바 있다. 파블로프의 개와 같은 조건적 반응은 이데올로기에 대한 병적인 수준의 편집증 증상을 드러

---

[122] 슬라보예 지젝(Slavoj Žižek)은 우리 시대가 "테크노-디지털 묵시주의"에 의해 소위 "테크노-영지"(tech-gnosis)로 발전하고 있다면서, 우리 시대에 출현하는 '기술 영지주의'를 경고한 바 있다. Slavoj Žižek & John Milbank & Creston Davis, *Paul's New Moment: Continential Philosophy and the Future of Christian Theology* (Michigan: Brazos Press, 2010), 192.

내는 현실이다. 현재 극우적이고 파시즘화된 개신교의 과제는 포스트휴먼의 담론 이전에 보다 근대적이고 더욱 계몽된 신학과 신앙의 요청에 응답해야 할 것으로 보인다.

12·3 내란 사태에서 극우 파시즘 종교가 우리의 입헌민주주의의 붕괴를 위해 어떻게 작동했는지를 생생히 경험한 필자는 포스트휴먼을 논해야 하는 이 첨단의 시대에 20세기 초중반에 활약했던 과거의 인물 바르트를 복기하지 않을 수 없다. 21세기 포스트휴먼 시대의 한국 개신교는 교회 그 자체의 독자적 과업을 완수하기 위해서 바르트가 거칠게 제시했던 시민 공동체의 과업에 참여를 요청한다. 그리스도인은 하나의 정치적 이념을 가질 수 있지만 그 이념을 맹신하거나 무조건 추종해서는 안 되며, 현실의 왜곡된 정치 체제를 유지하거나 정당화하는 정치 이념에 동의해서도 안 된다. 정치적 영역에서 이루어져야 할 기독교적 결정들과 관련된 사상, 체제, 프로그램은 없어도 된다. 하지만 그와 관련하여 모든 상황 속에서 분명히 알 수 있고 또한 지켜져야 할 방향과 노선은 존재해야 한다. 물론 교회는 정치적 영역에 신의 나라를 단순하게 곧바로 가지고 들어갈 수는 없지만, 교회 공동체는 정치적 영역에서 반드시 사회 정의를 위해 투쟁하고 달려가야 하는 것이다.[123] 특히 바르트가 강조한 것은 '익명성'이다. 그리스도인이 기독교적인 것(das Christliche) 혹은 기독교적 가치(christliche Werte)를 실현하기 위해 자신이 그리스도인이라는 것을 내세우거나 강요할 필요가 없음을 의미한다. 다시 말해, 이것은 그리스도인이 자신의 종교적 정체성을 세속의 영역에서 명시적으로 내세우지 않고도 법치주의나 민주적 다양성을 위해 그것을 실천함으로써 기독교적 가치를 실현할 수 있음을 의미한다. 따라서 교회와 그리스도인들은 기독교적 가치를 우리 사회와 세계 내에서 실현하기 위해 오직 익명으로만(nur anonym) 기독교와 함께 세상 속에서 비인간화를 조장하는 권력

---

[123] Karl Barth, *Christengemeinde und Bürgergemeinde* (Zürich: EVZ-Verlag, 1946), 12, 17, 21, 27.

또는 메커니즘과 투쟁하고 서로 연대해야 할 것이다.

포스트휴먼의 담론은 윤리적·실천적 관점에서 인간중심주의의 한계를 반성하고 비판하는 일은 필요해 보인다. 인공지능이 진정한 타자로 등장할지 여부는 아직 알 수 없으나, 앞으로 인공지능이 더욱 고차원적으로 발전함에 따라 그것들과 맺게 될 관계의 양상과 삶의 양식의 변화에 따라 그 답변이 달라질 것이라는 점만은 알 수 있다. 도덕적 지위를 포함한 도덕적 사고의 변화는 여러 가능성의 조건에 달려 있다. 이는 기술적 조건, 언어의 변화, 관계에 대한 태도 등 기술·사회·문화적 차원을 포괄하는 삶의 양식의 전체적 변화에 동반하는 것이다. 여기서 우리가 이야기할 수 있는 최소한의 부분은 지금 현재는 근대적인 삶의 양식 자체가 흔들리고 있는 문명의 대전환기라는 사실이다. 인공지능 로봇과 같은 자율 기술적 존재들의 출현은 우리가 너무나 당연하게 가정하고 있는 의미의 체계나 사고방식과 끊임없이 마찰을 일으키며, 우리가 지향하는 삶의 방식이나 가치, 바람직한 사회의 모습 등에 대해서 새로운 반성을 요구할 것이다. 우리의 도덕 경험을 더욱 풍부하게 이해하고 새롭게 해석하기 위해서는, 새로운 상상을 가능하게 만들 새로운 윤리적 논의를 요청할 것으로 본다.

참고문헌

김건우. "포스트휴먼의 개념적, 규범학적 의의". 한국포스트휴먼학회 편, 『포스트휴먼 시대의 휴먼』, 서울: 아카넷, 2016.
김재희. 『시몽동의 기술철학: 포스트휴먼 사회를 위한 청사진』. 서울: 아카넷, 2017.
마정미. 『포스트휴먼과 탈근대적 주체』. 서울: 커뮤니케이션북스, 2014.
박찬국. 『들길의 사상가, 하이데거』. 서울: 그린비, 2013.
신상규. 『호모 사피엔스의 미래: 포스트휴먼과 트랜스휴머니즘』. 서울: 아카넷, 2014.
이경란. "포스트휴먼 시대의 포스트휴먼 담론들". 『문학동네』 97(2016).
이진경. 『노마디즘 1』. 서울: 휴머니스트, 2002.
이화인문과학원 편. 『인간과 포스트휴머니즘』. 서울: 이화여자대학교출판부, 2013.
최진석. "휴머니즘과 포스트 휴머니즘의 (탈)인간학". 『문학동네』 87(2016).
"팀 켄들 인터뷰". 『조선일보』, 2021년 1월 1일자.
하대청. "슈퍼휴먼이 된 장애인". 한국포스트휴먼학회 편저, 『포스트휴먼시대의 휴먼』, 서울: 아카넷, 2016.
홍성욱. "과학기술학의 관점에서 본 과학과 인문학의 융합". 『안과 밖』 41(2016).
Asad, Talal. *Formations of the Secular: Christianity, Islam, Modernity*. Stanford: Stanford University Press, 2003.
Barth, Karl. *Christengemeinde und Bürgergemeinde*. Zürich: EVZ-Verlag, 1946.
Bates, Jeanine Thweatt. *Cyborg Selves: A Theological Anthropology of the Posthuman*. Farnham: Ashgate, 2012.
Bostrom, Nick. "A History of transhumanist Thought." http://www.nickbostrom.com
_____. "In Defense of Posthuman Dignity." *Bioehics*, 19-3 (2005), https://nickbostrom.com/ethics/dignity.pdf (2025. 4. 12. 접속)
Braidotti, Rosi. 『포스트휴먼』. 이경란 역, 서울: 아카넷, 2015.
Buzzard, Anthony. 『예수는 누구인가?』. 정형철 역, 서울: 부크크, 2020.
Chandler, Kegan. *The God of Jesus: In Light of Christian Dogma*. McDonough: Restoration Fellowship, 2016.
Coeckelbergh, Mark. "Humans, Animals, and Robots: A Phenomenological Approach to Human-Robot Relations." *International journal of Social Robotics*, 3-2 (2011).
_____. "The Moral Standing of Machines: Towards a Relational and Non-Cartesian Moral

Hermeneutics." *Philosophy and Technology*, 27-1 (2014).

―――. *Growing Moral Relations: Critique of Moral Status Ascription*. New York: Palgrave Macmillan, 2012.

Dahlstrom, Daniel. *The Heidegger Dictionary*. London: Bloomsbury Academic, 2013.

Davis, Erik. *Techgnosis: Myth, Magic and Mysticism in the Age of Information*. London: Serpent's Tail, 1998.

Deleuze, Gilles and Felix Guattari. 『안티 오이디푸스: 자본주의와 분열증』. 김재인 역, 서울: 민음사, 2014.

―――. 『천개의 고원: 자본주의와 분열증2』. 김재인 역, 서울: 새물결, 2001.

Edis, Taner. "Technological Progress and Pious Modernity: Secular Liberals Fall Behind the Times." in Anthony B. Pinn (ed.). *Humanism and Technology: Opportunities and Challenges*, New York: Palgrave Macmillan, 2016.

Ellul, Jacques. "The Technological Order." in *Philosophy and Technology*, ed. C. Mitcham & R. Machey, New York: Free Press, 1972.

―――. *Perspectives on Our Age*. New York: Seabury Press, 1981.

―――. *The Political Illusion*. New York, Knopf, 1967.

―――. *The Technological Society*. New York: Vintage, 1964.

―――. *The Technological System*. New York: The Continuum Publishing Corporation, 1980.

Fromm, Erich. 『건전한 사회』. 김병익 역, 서울: 범우사, 1975.

―――. 『사랑의 기술』. 서울: 문예출판사, 2020.

―――. 『소유냐 존재냐』. 최혁순 역, 서울: 범우사, 1978.

―――. 『희망이냐 절망이냐』. 종로서적 편집부 역, 서울: 종로서적, 1983.

Fukuyama, Francis. 『부자의 유전자, 가난한 자의 유전자』. 송정화 역, 서울: 한국경제신문, 2003.

Goodeve, Thyrza Nichols. *How Like a Leaf: An Interview with Donna Haraway*. London: Routledge, 2000.

Graham, Elaine. *Between a Rock and a Hard Place: Public Theology in a Post-Secular Age*. London: SCM Press, 2013.

―――. *Representations of the Post/Human*, Manchester: Manchester University Press, 2002.

Guattari, Felix. *Chaosmosis: An Ethico-Aesthetic Paradigm*. Sydney: Power Publication, 1992.

―――. *Psychanalyse et transversalité*. Paris: Maspero, 1972.

Gunkel, David. *The Machine Question: Critical Perspectives on AI, Robots, and Ethics*. Cambridge: MIT Press, 2012.

Habermas, Jürgen et al. (eds.). *An Awareness of what is Missing: Faith and Reason in a Post-Secular Age*. Cambridge: Polity, 2010.

Harari, Yuval Noah. 『사피엔스』. 조현욱 역, 서울: 김영사, 2015.

_____. 『호모 데우스』. 김명주 역, 서울: 김영사, 2017.

Haraway, Donna. "The Promises of Monsters: a Regenerative Politics for Inappropriate/d Others." in *The Haraway Reader*, London: Routledge, 2004.

_____. "A Cyborg Manifesto: Science, Technology, and Socialist-Feminism in the Late Twentieth Century." in ed. D. J. Haraway, *Simians, Cyborgs and Women: The Reinvention of Nature*, New York: Routledge, 1991.

Hayles, Katherine. *How We Became Fosthuman*. 허진 역, 『우리는 어떻게 포스트휴먼이 되었는가』, 서울: 열린책들, 2013.

Heidegger, Martin. 『철학입문』. 이기상·김재철 역, 서울: 까치글방, 2006.

_____. "Bauen Wohnen Denken." *Vorträge und Aufsätze*, Tübingen: Günther Neske Pfullingen, 1985.

_____. "Sprache und Heimat." Heidegger in Holstein. ed. Ludwig Koopman & Erich Trunz, Westholsteinische Verlagsanhalt Boyens Buchverlag, 1960, 50.

_____. 『존재와 시간』. 이기상 역, 서울: 까치글방, 2007.

Herbrechter, Stefan. *Posthumanism: a Critical Analysis*. London: Bloomsbury, 2013.

Latour, Bruno. *We Have Never Been Modern*. Cambridge: Harvard University Press, 1993.

Latour, Bruno, et al. 『인간·사물·동맹: 행위자네트워크 이론과 테크노사이언스』. 홍성욱 편역, 서울: 이음, 2010.

Lebacqz, Karen. "Dignity and Enhancement in the Holy City." Transhumanism and Transcendence: Christian Hope in an Age of Technological Enhancement, ed. Ronald Cole-Tumer, Washington, DC: Georgetown University Press, 2011.

Levinas, Emmanuel. *Otherwise than Being, or Beyond Essence*. trans. Alphonso Lingis, Pittsburgh: Duquesne University Press, 1998.

_____. *Totality and Infinity*. trans. Alphonso Lingis, Pittsburgh: Duquesne University Press, 1987.

Lykke, Nina. "To Be a Cyborg or a Goddess?" *Gender, Technology and Development*, 1-1 (1997).

Mantin, Ruth. "Thealogy of Radical Immanence: Goddess and the Posthuman." *Feminist Theology* (2019).

Mazlish, Bruce. 『네번째 불연속: 인간과 기계의 공진화』. 김희봉 역, 서울: 사이언스북스, 2001.

McKie, Robin. "No death and an enhanced life: Is the future transhuman?" The Guardian, 2018. 5. 6, https://www.theguardian.com/technology/2018/may/06/no-death-and-an-enhanced-life-is-the-funure-transhuman

Midson, Scott. *Cyborg Theology: Humans, Technology and God*. London: I.B. Tauris, 2018.

More, Max. "Transhumanism: Towards a Futurist Philosophy." *Extropy: The Journal of transhumanist Thought*, 6 (1990), https://www.scribd.com/doc/257580713/Transhumanism-Toward-a-Futurist-Philosophy.

Prison, Giulio. "The radical, daring and vital optimism of Christian Transhumanism." Turning Church, 2019. 5. 16, https://turingchurch.net/the-radical-daring-and-vital-optimism-of-christian-transhumanism-17860574cbb

Regan, Tome. *The Case for Animal Rights*. Washington, DC: the Humane Society of the United States, 1986. https://www.wellbeingintlstudiesrepository.org/cgi/viewcontent.cgi?article=1003&context=acwp_awap (2025. 5. 2. 접속)

Simondon. Gilbert. 『형태와 정보 개념에 비추어 본 개체화』. 김재희 역, 서울: 그린비, 2011.

Singer, Peter. *Animal Liberation: A New Ethics for Our Treatment of Animals*. New York: Review of Books, 1975.

Smith, Wesley. "What's Love Got to do with Transhumanism." First Things, 2017. 6. 23, https://www.firstthings.com/web-exclusives/2017/06/whats-love-got-to-do-with-transhumanism

Tolstoy, Leo. 『인생의 길: 참된 삶으로의 초대』. 동완 역, 서울: 신원문화사, 2007.

Waldby, Catherine. *The Visible Human Project: Informatic Bodies and Posthuman Medicine*. London: Routledge, 2000.

Weigel, George. "Critter Prayers and Transhumanism." First Things, 2012. 5. 23, https://www.firstthings.com/web-exclusives/2012/05/critter-prayers-and-transhumanism

Wertheim, Margaret. 『공간의 역사』. 서울: 생각의 나무, 2002.

Žižek, Slavoj & John Milbank & Creston Davis. *Paul's New Moment: Continental Philosophy and the Future of Christian Theology*. Michigan: Brazos Press, 2010.

*
기독교사회문화연구소 학술총서 3은
고마우신 분들의 북펀딩(https://go.missionfund.org/) 도움으로 제작되었습니다.

강두리: 축하드립니다!!

강성호: 교수님 응원하고 축하드립니다.

공광식: 교수님의 끊임없는 열정에 존경을 표합니다.

권순현: 교수님의 귀한 책에 이렇게 조금이나마 보탬이 될 수 있어 영광입니다!!!

권영국: 박 교수님, 대작을 출판한 노고에 큰 박수를 보냅니다.

김기성: 축하드립니다^^

김두원: 사랑하는 교수님! 영원한 제자입니다. 많이많이 사랑하고 축복합니다.

김병일: 축하드립니다^^

김성록: 진리를 향한 투쟁의 길, 학문의 주체로서의 길을 학자의 삶으로써 열어주시는 교수님. 감사합니다. 존경합니다.

김영규: 박 교수, 기독교사회문화연구소 세 번째 학술총서 발간을 기대하며 축하하네~~

김재민: 박 목사님 출판되는 저서를 통해 많은 분들에게 그리스도인의 삶에 도움이 되기를 기도합니다. 샬롬♡

김재오: 축하드립니다^^

김정빈: 교수님의 학문에 대한 열정과 수고를 존경하고 도전받습니다~^^♡ 은퇴 이후의 삶도 기대가 됩니다~^^

김정숙: 축하드립니다^^

김해성: 축하드립니다^^

리종빈: 대형 사고는 이렇게 치는 거군요ㅎㅎ 이런 사고는 기분을 좋게 하네요. 축하합니다^^

문경호: 이 시대의 의인이신 교수님의 저서 출간을 축하드립니다.

문국일: 화이팅입니다~^^

박선영: 교수님 귀한 지도에 감사드리며 응원합니다^^

박영호: 존경하는 박종균 교수님, 알찬 연구로 우리 인식의 지평을 넓혀 주셔서 감사드립니다! 응원하고 기도합니다!!

박은주: 교수님~ 축하드립니다. 그리고 응원합니다~!

박진영: 파이팅, 파이팅, 화이팅!

박태영: 펀딩 성공 기원합니다^^

박호헌: 방향과 꾸준한 연구를 지지합니다.

박홍보: 선교와 주님의 사역에 귀하게 쓰이는 작품이 되길 기원하며… 무궁한 발전을 기원합니다.

배동희: 열정 있는 일상을 응원합니다.

백상환: 축하드립니다^^

백애자: 수고하셨습니다. 대단한 그 열정에 박수를 보냅니다.

서복순: 축하드립니다^^

서복순: 축하합니다~~~^^ 늘 응원합니다.

소수용: 박동지. 축하드립니다!

손호정: 교수님! 항상 응원합니다.

신숙희: 깨달음의 즐거움을 주심에 감사합니다!

심은미: 성실한 학자요. 성실한 성도요. 성실한 교수님의 모든 시간을 응원합니다!!!

오대석: 어려운 가운데서도 굴하지 않고 주 예수 그리스도를 위해 평생을 헌신해온 친구에게 멀리서나마 박수와 격려를 보낸다.

유진이: 늘 열정 가득하신 교수님을 응원하고 축복합니다.~^^~

윤형배: 축하드립니다!

이영광: 축하드립니다^^

이재우: 축하드립니다^^ 손두부 드시러 오세요.

이재훈: 의~~~리!!!!

이정현: 사랑합니다~

임재석: 교수님의 연구활동을 응원합니다^^

임주식: 교수님 힘내세요.

전윤영: 교수님 축하드립니다~

정성령: 축하드립니다^^

정승진: 축하드립니다^^

정용순: 박종균 교수님! 책 출판을 축하드립니다. 민들레 씨앗처럼 널리 널리 알려지기를 희망합니다. 부산장신대학교 제자 정용순🌼

정용우: 축하드립니다^^

정충만: 교수님 응원합니다.

조범연: 축하드리고 응원합니다.

조봉래: 수고하셨습니다. 잘하셨습니다.

조신호: 세상의 일반적인 상식으로 전혀 이해할 수 없는 기독교 윤리 탐구 책 출간을 축하하며, 오직 한 길 기독교 윤리연구에 대한 식을 줄 모르는 열정에 찬사를 보냅니다. 뉴욕에서 조신호.

최병기: 강단에서, 교제 속에서 교수님께서 보여주셨던 뜨거운 사랑과 열정 잊지 않겠습니다.

최운철: 박 교수님 추카추카!

최재화: 교수님 응원합니다^^

박종균
vivabach21@naver.com

부산대학교에서 영문학을 공부하고, 장로회신학대학 신학대학원에서 목사 후보생 교육을 받았다. 동 대학원에 진학하여 석사, 박사 과정에서 기독교사회윤리를 공부했고 문화윤리를 주제로 최종 학위를 받았다. 학위 취득 이후 장로회신학대학, 서울장신대, 한남대, 대전신대에서 기독교윤리학, 조직신학을 가르쳤다. 그리고 새천년 시대에 들어 존경하는 노무현의 봉하에서 멀지 않은 부산장신대학에서 기독교사회윤리, 사회철학, 정치철학, 문화철학을 공부하며 하나님 나라 운동의 실천 및 세계사랑(amor mundi)의 행위에 관심하고 있다. 종교개혁 500주년 기념 이후 종교개혁운동에서 주목을 받지 못했을 뿐 아니라 차별과 배제, 나아가 박해까지 받았던 아웃사이더 사상가들(에라스뮈스, 토마스 뮌처, 세바스티앙 카스텔리옹, 메노 시몬스)의 사상을 조명하고 그들 사상의 현대적 의의를 연구했다. 다른 한편으로 정치철학자 한나 아렌트 관련 연구("아우구스티누스와 아렌트의 악의 개념 비교연구", "세월호 참사와 악의 문제: 아렌트를 중심으로", "악의 문제에 대한 실천적 대응: 본회퍼와 아렌트의 악의 이해를 중심으로", "시민사회의 적, 극우 개신교의 레드-포비아 현상에 대한 비판적 일고", "자본의 전지구화 시대의 '잉여화'의 문제: 아렌트의 근본악 개념을 중심으로")를 수행한 바가 있다. 그리고 최근 20대 후반부터 흠모해왔던 블로흐(Ernst Bloch) 선생의 사상에 용기를 내어 마주하고 있다.